Neue Formen der Einkaufsbündelungen nach deutschem und europäischem Kartellrecht

Europäische Hochschulschriften

Publications Universitaires Européennes
European University Studies

Reihe II
Rechtswissenschaft

Série II Series II
Droit
Law

Bd./Vol. 3962

PETER LANG
Frankfurt am Main · Berlin · Bern · Bruxelles · New York · Oxford · Wien

Inken Welling

Neue Formen der Einkaufsbündelungen nach deutschem und europäischem Kartellrecht

PETER LANG
Europäischer Verlag der Wissenschaften

Bibliografische Information Der Deutschen Bibliothek
Die Deutsche Bibliothek verzeichnet diese Publikation in der Deutschen Nationalbibliografie; detaillierte bibliografische Daten sind im Internet über <http://dnb.ddb.de> abrufbar.

Zugl.: Hamburg, Univ., Diss., 2004

D 18
ISSN 0531-7312
ISBN 3-631-52713-6

www.peterlang.de

Meinen Eltern

Vorwort

Die vorliegende Arbeit wurde im April 2003 von der Universität Hamburg als Dissertation angenommen. Literatur und Rechtsprechung wurden so vollständig wie möglich berücksichtigt, soweit sie bis Anfang 2003 erschienen waren. Die Entscheidung des BGH vom 12. November 2002 wurde an wesentlichen Stellen der Arbeit nachträglich eingearbeitet.

Mein besonderer Dank gilt an dieser Stelle meinem Doktorvater Herrn Professor Dr. Marian Paschke, der nach einer Erkrankung von Herrn Professor Dr. H.-J. Bunte die Betreuung meiner Doktorarbeit problemlos übernommen und fortgeführt hat. Er hat damit die wesentlichen Teile meiner Arbeit betreut. Bedanken möchte ich mich auch bei Herrn Professor Dr. Peter Behrens für das Zweitvotum.

Weiterhin danke ich Herrn Sven H. Schneider für viele nützliche Anregungen und die Unterstützung in allen Phasen meiner Arbeit.

Besonders bedanken möchte ich mich auch bei meinen Eltern, die mich während meiner ganzen Ausbildung unterstützt und mir damit diese Arbeit ermöglicht haben.

Düsseldorf, im März 2004

Inhaltsverzeichnis

Abkürzungsverzeichnis

a. A.	andere Ansicht
ABl.	Amtsblatt
Abs.	Absatz
a. F.	alte Fassung
AG	Aktiengesellschaft
Alt.	Alternative
Anm.	Anmerkung
Art., Artt.	Artikel
Aufl.	Auflage
AWD	Außenwirtschaftsdienst des Betriebs-Beraters
Begr.	Begründung
BB	Betriebsberater
Bd.	Band
BGB	Bürgerliches Gesetzbuch
BGBl.	Bundesgesetzblatt
BGH	Bundesgerichtshof
BGHZ	Entscheidungen des BGH in Zivilsachen
BKartA	Bundeskartellamt
BReg	Bundesregierung
BT-Drucks.	Drucksache des Deutschen Bundestages
BverfGE	Entscheidungssammlung des Bundesverfassungsgerichts
bzw.	beziehungsweise
ca.	circa
DB	Der Betrieb
ders.	derselbe
d. h.	das heißt
dies.	Dieselben
Diss.	Dissertation
DVBl	Deutsche Verwaltungsblätter
DZWir	Deutsche Zeitschrift für Wirtschaftsrecht
E.C.L.R.	European Competition Law Review
EG	Europäische Gemeinschaft
EuG	Europäisches Gericht
Einf.	Einführung
EnWG	Gesetz über die Elektrizität und Gasversorgung
EuGH	Europäischer Gerichtshof
EuR	Europarecht
EGV	Vertrag zur Gründung der Europäischen Gemeinschaft
ET	Energiewirtschaftliche Tagesfragen
EuZW	Europäische Zeitschrift für Wirtschaftsrecht
EVU	Energieversorgungsunternehmen
EWiR	Entscheidungen zum Wirtschaftsrecht

EWS	Europäisches Wirtschafts- und Steuerrecht
f.; ff.	folgende Seiten
FKVO	Fusionskontrollverordnung
FS	Festschrift
GFVO	Gruppenfreistellungsverordnung
GRUR	Gewerblicher Rechtsschutz und Urheberrecht
GRUR int.	Gewerblicher Rechtsschutz und Urheberrecht international
GWB	Gesetz gegen Wettbewerbsbeschränkungen
Hrsg.	Herausgeber
HS	Halbsatz
i.S.d.	im Sinne des
i.S.v.	im Sinne von
i.V.m.	in Verbindung mit
JR	Juristische Rundschau
JUS	Juristische Schulung
JZ	Juristische Zeitung
KG	Kammergericht
K & R	Kommunikation und Recht
Lit.	litera (Buchstabe)
LG	Landgericht
Mio.	Millionen
MMR	Multimedia und Recht
m. w. N.	mit weiteren Nachweisen
n. F.	neue Fassung
NJW	Neue Juristische Wochenschrift
Nr.	Nummer
NZG	Neue Zeitschrift für Gesellschaftsrecht
OLG	Oberlandesgericht
RdE	Recht der Energiewirtschaft
Rdn.	Randnummer
RIW	Recht Internationaler Wirtschaft
S.	Seite(n), Satz
Slg.	(amtliche) Sammlung
sog.	sogenannte(r)
TB	Tätigkeitsbericht
Tz.	Textziffer
u.a.	unter anderem
usw.	und so weiter
UWG	Gesetz gegen den unlauteren Wettbewerb
v.	von, vom
VEnergR	Veröffentlichung des Instituts für Energierecht an der Universität zu Köln
Verg.	Vergabe
VersorgungsW	Versorgungswirtschaft
vgl.	vergleiche
VO	Verordnung

WRP	Wettbewerb in Recht und Praxis
WuW	Wirtschaft und Wettbewerb
WuW/E	Wirtschaft und Wettbewerb Entscheidungssammlung zum Kartellrecht
z.B.	zum Beispiel
ZIP	Zeitschrift für Wirtschaftsrecht
ZGR	Zeitschrift für Unternehmens- und Gesellschaftsrecht
ZHR	Zeitschrift für das gesamte Handelsrecht und Wirtschaftsrecht

Literaturverzeichnis

Ackermann, Thomas „Die neuen EG-Wettbewerbregeln für vertikale Beschränkungen", EuZW 1999, Seite 741 – 746.

Ahlborn, Christian
Seeliger, Daniela „Business to Business Exchange: EG-kartellrechtliche Probleme bei Unternehmenskooperationen im Internet", EuZW 2001, Seite 552 – 558.

Autenrieth, Karlheinz „Die Anzeigepflicht beim Zusammenschluß ausländischer Unternehmen", RIW/AWD 1980, Seite 820 – 824.

Badura, Peter „Das öffentliche Unternehmen im europäischen Binnenmarkt", ZGR 1997, Seite 291 – 305.

Bahr, Christian „Das Erfordernis freien Zugangs zu B2B-Marktplätzen nach EG-Kartellrecht", WuW 2002, Seite 230 – 241.

ders. „Die Verhinderung, Einschränkung oder Verfälschung des Wettbewerbs in § 1 GWB", WuW 2000, Seite 954 – 965.

Ballerstedt, Kurt „Der private Haushalt als rechtswissenschaftliches Problem"; Seite 212; in „Normen der Gesellschaft" Festgabe für Oswald von Nell-Breuning zu seinem 75. Geburtstag; herausgegeben von Hans Achinger, Ludwig Preller, Hermann Josef Wallraff; Mannheim 1965 (zitiert: Ballerstedt in Festschrift für v. Nell-Breuning).

Basedow, Jürgen „Entwicklungslinien des internationalen Kartellrechts", NJW 1989, Seite 627 - 638.

Bechtold, Rainer GWB, Kartellgesetz, Gesetz gegen Wettbewerbsbeschränkungen, 2. Auflage, München 1999 (zitiert: Bechtold).

Beck, Hanno „Wettbewerbspolitische Relevanz des Internets", WuW 1999, Seite 460 – 467.

Bleckmann, Albert Europarecht, 6. Auflage, Köln/Berlin/Bonn/München 1997 (zitiert: Bleckmann).

Belke, Rolf „Die vertikalen Wettbewerbsbeschränkungsverbote nach der Kartellrechtsnovelle 1973 - Teil 4: Das Verbot der Verhaltensabstimmung nach § 25 I unter besonderer Berücksichtigung der Vertikalsachverhalte - in ZHR 139 (1975), Seite 51 – 97.

Belke, Rolf „Grundfragen des Kartellverbots", ZHR 143 (1979), Seite 74 – 94.

Benisch, Werner „Bestimmung der Marktstellung bei Nachfragern", WuW 1977, Seite 619 – 630.

Bergmann, Helmut Nachfragemacht in der Fusionskontrolle; Berlin 1989 (zitiert: Bergmann).

Beuthien, Volker Handelskooperationen und europäisches Wettbewerbsrecht, Göttingen 1998 (zitiert: Beuthien).

BKartA, TB

TB 1962 = BT-Drucks. IV/1220
TB 1963 = BT-Drucks. IV/2370
TB 1965 = BT-Drucks. V/530
TB 1968 = BT-Drucks. V/42/36
TB 1971 = BT-Drucks. VI/3570
TB 1973 = BT-Drucks. 7/2250
TB 1975 = BT-Drucks. 7/5390
TB 1976 = BT-Drucks. 8/704
TB 1977 = BT-Drucks. 8/1925
TB 1978 = BT-Drucks. 8/2980
TB 1979/1980 = BT-Drucks. 9/565
TB 1981/1982 = BT-Drucks. 10 (1983)/243
TB 1983/1984 = BT-Drucks. 10 (1985)/3350
TB 1987/1988 = BT-Drucks. 11 (1989)/4611
TB 1989/1990 = BT-Drucks. 12 (1991)/947
TB 1991/1992 = BT-Drucks. 12 (1993)/5200
TB 1995/1996 = BT-Drucks. 13 (1997)/7900
TB 1997/1998 = BT-Drucks. 14 (1999)/1139
TB 1999/2000 = BT-Drucks. 14 (2001)/6300

BKartA Diskussionspapier des Bundeskartellamtes: „Kooperation zwischen Wettbewerbern – Ist eine Neubewertung erforderlich?" (zitiert: Diskussionspapier des Bundeskartellamtes).

Blank, Josef Europäische Fusionskontrolle im Rahmen der Artt. 85, 86 des EWG-Vertrages, Baden-Baden 1991 (zitiert: Blank).

Blaurock, Uwe „Vertikale Wettbewerbsbeschränkungen" in Schwarze, Jürgen (Hrsg.): Neuere Entwicklungen auf dem Gebiet des europäischen Wettbewerbsrechts; 1. Aufl.; Baden-Baden 1999; Seite 71 – 78 (zitiert: Blaurock in Schwarze, Neuere Entwicklungen auf dem Gebiet des Europäischen Wettbewerbsrechts).

Böge, Ulf „Elektronische Marktplätze und Kartellrecht", Vortrag beim 9. St. Gallener Unternationalen Kartellrechtsforum, am 26. April 2002 in St. Gallen (zitiert: Böge, Elektronische Marktplätze und Kartellrecht).

ders. „Liberalisierung der Energiemärkte“, Vortrag am Energieinstitut der Freien Universität Berlin, am 18.03.2002 (zitiert: Böge, Liberalisierung der Energiemärkte).

ders. „Ist das deutsche Kartellrecht für elektronische Marktplätze noch zeitgemäß?“, Vortrag auf dem XXXIV. FIW-Symposium, am 2. März 2001 in Innsbruck (zitiert: Böge, Ist das deutsche Kartellrecht für elektronische Marktplätze noch zeitgemäß?).

Börner, A. - R. „Aspekte zum Wettbewerb um Tarifkunden in der Stromwirtschaft“, Versorgungs Wirtschaft 1999, Seite 225 – 232.

Böwing, Andreas
Rosin, Peter „Aktuelle Problem der Gestaltung von Stromlieferverträgen“, ET 2000, Seite 74 – 80.

dies. „Neue juristische Probleme bei Stromlieferverträgen“, ET 2000, Seite 249 – 255.

Brinker, Ingo „Die neue Gruppenfreistellungsverordnung für vertikale Wettbewerbsbeschränkungen“ in Schwarze, Jürgen (Hrsg.): Europäisches Wettbewerbsrecht im Wandel; 1. Aufl., Baden-Baden 2001; Seite 131 (zitiert: Brinker in Schwarze, Europäisches Wettbewerbsrecht im Wandel).

Bunte, Hermann-Josef „Der Grundsatz der dezentralen Beschaffung der öffentlichen Hand“, BB 2001, Seite 2121 – 2126.

ders. „carpartner“ und seine Folgen, NJW 1999, Seite 93 – 96.

ders. „Die kartellrechtliche Beurteilung von Einkaufsgemeinschaften der öffentlichen Hand“ in Schwerpunkt des Kartellrechts 1998, Seite 45 – 63.

ders. „Die kartellrechtliche Beurteilung von Einkaufsgemeinschaften der öffentlichen Hand“, WuW 1998, Seite 1037 - 1049.

ders. „Abschied vom „gemeinsamen Zweck“ und den „gleichgerichteten Interessen“?“, WuW 1997, Seite 857 – 865.

ders. „Das Verhältnis von deutschem zu europäischem Kartellrecht“, WuW 1989, Seite 7 – 21.

Bunte, Hermann-Josef
Sauter, Herbert EG-Gruppenfreistellungsverordnungen, Kommentar, München 1988 (zitiert: Bunte/Sauter, EG-Gruppenfreistellungsverordnungen).

Burrichter, Jochen	„Kartellrechtlich zulässige Unternehmenskooperationen" in Schwerpunkt der Kartellrechts 1999, Seite 1 – 19 (zitiert: Burrichter in Schwerpunkt des Kartellrechts 1999).
Cox, Helmut **Jens, Uwe** **Markert, Kurt**	Handbuch des Wettbewerbs, München 1981 (zitiert: Autoren in Cox/Jens/Markert, Handbuch des Wettbewerbsrechts).
Dauner, Klaus Jörg	Einkaufsgemeinschaften im Kartellrecht, 1. Auflage, Baden-Baden 1988 (zitiert: Dauner).
Dauses, Manfred	Handbuch des EU-Wirtschaftsrechts, Band 2, München 2000 (zitiert: Autor in Dauses, Handbuch des EU-Wirtschaftsrechts).
De Bronett, G.-K.	„Der Entzug des Vorteils der Anwendung einer Gruppenfreistellung durch nationale Behörden", WuW 1999, Seite 825 – 832.
Dick, Claudia **Matthey, Philip**	„Die Energiewirtschaft im Gemeinsamen Markt – Rechtliche Probleme, Handlungsmöglichkeiten", DZWir 1998, Seite 40 – 42.
Dittrich, Alfred	„Die Fünfte Kartellrechtsnovelle", DB 1990, Seite 98 – 101.
Ebenroth, Carsten	„Einkaufskooperationen und Kartellverbot", DB 1985, Seite 1825 – 1832.
Ehlermann, Claus-Dieter	„Neuere Entwicklung im europäischen Wettbewerbsrecht", EuR 1991, Seite 307 – 328.
Einem, Christoph von	Kartellcharakter von Einkaufskooperationen, Untersuchung zum deutschen und amerikanischen Kartellrecht, München 1988 (zitiert: von Einem).
Einsele, Dorothee	„Auswirkungen der europäischen Fusionskontrollverordnung auf Gemeinschaftsunternehmen", RIW - Beilage 2 zu Heft 8/1992.
Ellwanger, Niels **Dudenhausen, Roman**	„Energiehandels-Strategien für kommunale Unternehmen", ET 1998, Seite 501 - 505.
Emmerich, Volker	Kartellrecht; 7. Auflage, München (zitiert Emmerich, 7. Aufl.), 8. Auflage, München 1999 (zitiert: Emmerich, 8. Aufl.), 9. Auflage, München 2001 (zitiert: Emmerich).
ders.	„Die fünfte GWB-Novelle", AG 1989, Seite 261 - 270.

ders. „Die Form wettbewerbsbeschränkender Verträge", NJW 1980, Seite 1363 – 1368.

Ende, Lothar
Klein, Alexander „Grundzüge des Vertriebrechts im Internet", München 2001 (zitiert: Ende/Klein).

Ensthaler, Jürgen
Stopper, Martin EG-Kartellrecht, Loseblattsammlung (Stand .8/2000) (zitiert: Autor in Ensthaler/Stopper).

Ensthaler, Jürgen
Gesmann-Nuissl, Dagmar „Virtuelle Unternehmen in der Praxis – eine Herausforderung für das Zivil-, Gesellschafts- und Kartellrecht", BB 2000, Seite 2265 – 2271.

Everling, Ulrich „Zum Vorrang des EG-Rechts vor nationalem Recht", DVBl 1985, Seite 1201 – 1206.

Fikentscher, Wolfgang Wirtschaftsrecht, Europäisches Wirtschaftsrecht; Band I, München 1983 (zitiert: Fikentscher, Wirtschaftsrecht).

Frankfurter Kommentar Kommentar zum Kartellrecht (Loseblattsammlung), hrsg. von Glassen, v. Hahn u.a., Band I bis VI, Stand November 2001 (zitiert: Autor in Frankfurter Kommentar).

Fritzsche, Jörg Die Auslegung des § 1 GWB und die Behandlung von Einkaufsgemeinschaften im Kartellrecht; FIW - Schriftenreihe Heft 149; Köln/Berlin/Bonn/München 1993 (zitiert Fritzsche).

Gamm, Otto-Friedrich Frhr. von Kartellrecht, 2. Auflage, Stand 1. April 1990, Köln/Berlin/Bonn/ München 1990 (zitiert: von Gamm).

Gandenberg, Otto Was ist ein Unternehmen?, 1963 (zitiert: Gandenberg, Was ist ein Unternehmen).

Gassner, Ulrich M. „Internet-Handelsplattform im Spiegel des Kartellrechts", MMR 2001, Seite 140 – 144.

Gayk, Andreas Restriktion des Tatbestandes des Art. 85 I EWGV. Anwendungsfälle einer Rule of Reason in der Entscheidungspraxis des Gerichtshofes der Europäischen Gemeinschaften?, Bremen 1991 (zitiert: Gayk, Restriktion des Tatbestandes).

Geers, Ulrich Die Gruppenfreistellung im EG-Kartellrecht; Dissertation, Münster/Hamburg/London 2000 (zitiert: Geers).

Geiger, Andreas „Die neuen Leitlinien der EG-Kommission zur Anwendbarkeit von Art. 81 EG auf Vereinbarungen über horizontale Zusammenarbeit", EuZW 2000, Seite 325 – 328.

Gemeinschaftskommentar Gesetz gegen Wettbewerbsbeschränkungen und Europäisches Kartellrecht"; begründet von Hans Müller-Henneberg und Gustav Schwartz; Köln/Berlin/Bonn/ München:
3. Auflage, 3. Lieferung 1972, Europäisches Kartellrecht (bis Art. 85 EWGV);
3. Auflage, 11. Lieferung 1978, Europäisches Kartellrecht EWGV Art. 85 (Forts.), Art. 86, Vo Nr.17;
4. Auflage, 1. Lieferung 1980, §§ 1 – 4 GWB;
4. Auflage, 2. Lieferung 1981, §§ 25 – 33 GWB;
4. Auflage, 8. Lieferung 1984, §§ 5 – 14 GWB;
4. Auflage, 10. Lieferung 1985, §§ 98 – 101 GWB;
4. Auflage, 17. Lieferung 1995, § 5 c GWB;
5. Auflage, 1. Lieferung 1999, § 1 GWB
(zitiert: Autor in Gemeinschaftskommentar).

Gerlach, Ekkehard „Der Regierungsentwurf für eine Fünfte Kartellrechtsnovelle", WRP 1989, Seite 289 – 299.

Gerwing, Bernd Kooperative Gemeinschaftsunternehmen im EWG-Kartellrecht unter besonderer Berücksichtigung der Abgrenzungsfrage; Eine Analyse der Praxis der EG-Kommission; FIW - Schriftenreihe Heft 157; Köln/Berlin/Bonn/München 1994 (zitiert: Gerwing).

Gleiss, Alfred;
Hirsch, Martin;
Bearbeiter:
Hirsch, Martin
Burkert, Thomas O.J. Kommentar zum EWG-Kartellrecht, 4. Aufl.; Heidelberg 1993 (zitiert: Gleiss/Hirsch).

Gleiss, Alfred
Bechtold, Reiner „Das neue deutsche Kartellgesetz" , BB 1973, Seite 1142 – 1151.

Görgemanns, Thomas „Der Begriff der kleinen und mittleren Unternehmen im Gesetz gegen Wettbewerbsbeschränkungen", Dissertation, Frankfurt am Main 1998 (zitiert: Görgemanns).

Grabitz, Eberhard
Hilf, Meinhard (Hrsg.) Das Recht der Europäischen Union, Kommentar; Band I, Stand: 18. Ergänzungslieferung Mai 2001 (zitiert: Autor in Grabitz/Hilf).

Groeben, Hans von der
Thiesing, Jochen
Ehlermann, Claus-Dieter (Hrsg.) Kommentar zum EU-/EG-Vertrag,
Band 2/I, Art. 85-87 EGV, 5. Aufl.; Baden-Baden 1999;
Band 2/II, Art. 88-102 EGV, 5.Aufl.; Baden-Baden 1999

(zitiert: Autor in von der Groeben/Thiesing/Ehlermann).

Hailbronner, Kay
Klein, Eckardt
Magiera, Siegfrid
Müller-Graff, Peter-Christian
Handkommentar zum Vertrag über die Europäische Union (EUV/EGV), Ordner 1, Köln/Berlin/Bonn/München 1998, Stand November 1998 (zitiert: Autor in Hailbronner/Klein/Magiera/Müller-Graf).

Held, Stefan
Seifert, Dorothea
Kartellrechtspraxis und Kartellrechtssprechung,
6. Aufl., Köln 1990/1991 (zitiert: Held/Seifert, Kartellrechtspraxis und Kartellrechtssprechung, 6. Aufl., 1990/91).
8. Aufl., Köln 1993 (zitiert: Held/Seifert, Kartellrechtspraxis und Kartellrechtssprechung, 8. Aufl., 1993).

Herrmann, Bodo J.
Dick, Claudia
Die Bündelung der Stromnachfrage als kartell- und energierechtliches Problem“, Baden-Baden 2000 (zitiert: Hermann/Dick, Die Bündelung der Stromnachfrage als kartell- und energierechtliches Problem).

dies.
„Einkaufskooperationen zum Zweck des gemeinsamen Einkaufs von Strom“, WuW 1999, Seite 1071 – 1080.

dies.
„Die Kundenbündelung und ihre Bedeutung für das Energie- und Konzessionsabgabenrecht“, BB 2000, Seite 885 – 893.

Hirsbrunner, Simon
„Neue Entwicklungen der Europäischen Fusionskontrolle in den Jahren 1999 und 2000“, EuZW 2001, Seite 197 – 202.

ders.
„Die Entwicklung der Europäischen Fusionskontrolle in den Jahren 1997 und 1998“, EuZW 1999, Seite 389 – 395.

Hopt, Klaus J.
Hehl, Günter
Gesellschaftsrecht; 4. Auflage, München 1996 (zitiert: Hopt/Hehl).

Huber, Ulrich
„Auswirkungstheorie und extraterritoriale Rechtsanwendung im internationalen Kartellrecht“, ZGR 1981, Seite 510 – 549.

Huppertz, Stefanie
„Rechtliche Probleme von Online-Auktionen“, MMR 2000, Seite 65 – 72.

Immenga, Ulrich
Mestmäcker, Ernst-Joachim
GWB, Gesetz gegen Wettbewerbsbeschränkungen, Kommentar 2. Auflage, München 1992 (zitiert: Autor in Immenga/Mestmäcker, 2. Aufl.);
GWB, Kommentar zum Kartellgesetz; 3. Auflage, München 2001 (zitiert: Autor in Immenga/Mestmäcker).

Immenga, Ulrich
Mestmäcker, Ernst-Joachim EG-Wettbewerbsrecht, Kommentar, Band I, München 1997 (zitiert: Autor in Immenga/Mestmäcker, EG-Wettbewerbsrecht).

Immenga, Frank A.
Lange, Knut Werner „Elektronische Marktplätze: Wettbewerbsbeschränkende Verhaltensweisen im Internet?“, RIW 2000, Seite 733 – 739.

Immenga, Frank A.
Stopper, Martin „Die europäischen und US-amerikanischen Leitlinien zur horizontalen Kooperation“, RIW 2001, Seite 241 – 249.

Jestaedt, Thomas „Funktionalität, Effizienz, und Wettbewerb: B2B Marktplätze und das Kartellrecht“, BB 2001, Seite 581 – 587.

Jüttner-Kramny, Lioba „Die wirtschaftliche Betätigung des Staates“ in Der Staat als Wettbewerber und Auftraggeber privater Unternehmen, Referate des XVII. FIW - Symposiums, Köln/Berlin/Bonn/München 1984 (zitiert: Jüttner-Kramny, Der Staat als Wettbewerber und Auftraggeber privater Unternehmen).

Kallfass, Hermann H. „Vertikale Verträge in der Wettbewerbspolitik der EU“, WuW 1999, Seite 225 – 244.

Kevekordes, Johannes Auslandszusammenschlüsse im internationalen und materiellen Kartellrecht; Dissertation, 1986 (zitiert: Kevekordes).

Kindler, Peter „Europäische Fusionskontrolle auf Abwegen“, EWS 1995, Seite 321 – 329.

Kirchner, Christian, „Internetmarktplätze, Markttransparenz und Marktinformationssysteme“, WuW 2001, Seite 1030 – 1041.

Klemm, Andreas „Strom aus dem Ausland“, EuZW 2000, Seite 69 – 74.

Koch, N. „Das Verhältnis der Kartellvorschriften des EWG-Vertrages zum Gesetz gegen Wettbewerbsbeschränkungen, BB 1959, Seite 241 – 248.

Köhler, Helmut „Rote Karte für das „Power-Shopping“?“, BB 2000, Heft 7, Die erste Seite.

ders. „Gründung und Nutzung von Internet Marketplaces - die Rahmenbedingungen des europäischen und deutschen Kartellrechts, K & R 2000, Seite 569 – 581.

ders. „Zulässigkeit von Wettbewerbsbeschränkungen beim Energievertrieb“, WuW 1999, Seite 445 – 459.

ders. „Die Rechte des Verbrauchers beim Teleshopping (TV-Shopping, Internet-Shopping), NJW 1998, Seite 185 – 190.

ders. „Zur Reform des GWB", WRP 1996, Seite 835 – 848.

ders. Wettbewerbs- und kartellrechtliche Kontrolle der Nachfragemacht, Heidelberg 1979 (zitiert: Köhler, Wettbewerbs- und kartellrechtliche Kontrolle der Nachfragemacht).

ders. Wettbewerbsbeschränkungen durch Nachfrager, München 1977 (zitiert: Köhler, Wettbewerbsbeschränkungen durch Nachfrager).

Koenig, Christian
Müller, Eva-Maria
Trafkowski, Armin „Internet-Handel mit Arzneimitteln und Wettbewerb im EG-Binnenmarkt", EWS 2000, Seite 97 – 105.

Kühne, Gunther „Rechtsfragen der Kooperation in der Energiewirtschaft" Seite 79 – 95 in Baur, Jürgen F. (Hrsg.), Die Energiewirtschaft im Gemeinsamen Markt", Baden-Baden 1998 (zitiert: Kühne, Energiewirtschaft).

ders. „Rechtsfragen der Kooperation in der Energiewirtschaft", RdE 1998, Seite 41 – 48.

Lambert, Thomas
Michel, Antje „B2B-Marktplätze im Internet", K & R 2002, Seite 505 – 516.

Lange, Knut Werner Handbuch zum deutschen und europäischen Kartellrecht; Heidelberg 2001 (zitiert: Autor in Lange).

ders. „Unternehmenskooperation im Internet und EG-Kartellrecht", EWS 2000, Seite 291 – 297.

ders. „Räumliche Marktabgrenzung in der deutschen Fusionskontrolle", BB 1996, Seite 1997 – 2003.

Langen, Eugen
Niederleithinger, Ernst
Ritter, Lennart
Schmidt, Ulrich Kommentar zum Kartellgesetz, 6. Auflage, Neuwied/Darmstadt 1982 (zitiert: Langen/Niederleithinger/Ritter/Schmidt).

Langen, Eugen
Bunte, Hermann-Josef Kommentar zum deutschen und europäischen Kartellrecht, Band I,
8. Auflage, Neuwied/Kriftel/Berlin 1998 (zitiert: Autor in Langen/Bunte, 8.Aufl.),
9. Auflage, Neuwied/Kriftel/Berlin 2001 (zitiert. Autor in Langen/Bunte).

Langer, Lutz — Der Begriff Unternehmen im GWB, Dissertation, Berlin 1978 (zitiert: Langer, Der Begriff Unternehmen im GWB).

Leible, Stefan
Sosnitza, Olaf — „Virtuelle Einkaufsgemeinschaften", ZIP 2000, Seite 732 – 740.

Lenz, Carl Otto — EG-Vertrag, Art. 85ff.; 1. Aufl.; Köln 1994 (zitiert: Lenz).

Loewenheim, Ulrich
Belke, Rolf — GWB, Kommentar, Loseblatt, Stand März 1989 (Autor in Loewenheim/Belke).

Lohse, Andrea — „Gemeinschaftsunternehmen nach Inkrafttreten der Fusionskontrollverordnung", ZHR 159 (1995), Seite 164 - 206.

dies. — Kartellfreie Gemeinschaftsunternehmen im europäischen Wettbewerbsrecht, Köln/Berlin/Bonn/München 1992 (zitiert: Lohse).

Lübbert, Hans-Dieter — Das Verbot der abgestimmten Verhaltensweisen im deutschen und europäischen Kartellrecht, Dissertation, Heidelberg 1975 (zitiert: Lübbert).

Lutz, Helmuth — „Begriff des Kartellvertrages und kartellfreie Kooperation", BB 1975, Seite 1417 – 1420.

Mankowski, Peter — EWiR 2000, Seite 247 – 248.

Markert, Kurt — „Mißbrauchsaufsicht über Anbieter und Nachfrager 1978/79" in Schwerpunkt des Kartellrechts 1978/1979, Seite 87 – 105 (zitiert: Markert in Schwerpunkt des Kartellrechts 1978/1979).

Martinek, Michael
Habermeier, Stefan — „Das Chaos der EU-Gruppenfreistellungsverordnung", ZHR 158 (1994), Seite 107 – 148.

Meessen, Karl Matthias — „Zusammenschlußkontrolle in auslandsbezogenen Sachverhalten", ZHR 143 (1979), Seite 273 – 287.

Mehrings, Josef — „Vertragsabschluß im Internet", MMR 1998, Seite 30 – 33.

Menke, Burkhart — „Community Shopping und Wettbewerbsrecht", WRP 2000, Seite 337 – 346.

Mestmäcker, Ernst-Joachim — Europäisches Wettbewerbsrecht, München 1974 (zitiert: Mestmäcker).

ders.	„Zum Begriff des Mißbrauchs in Art. 86 des Vertrages über die Europäische Gemeinschaft"; Seite 441; in Festschrift für Raisch, 1995 (zitiert: Mestmäcker in Festschrift für Raisch).
Möhring, Oskar **Illert, Sven**	„Teileinigung im Kartellrecht", BB 1974, Seite 817 – 820.
Möschel, Wernhard	„Anpassung des GWB an das europäische Wettbewerbsrecht", EuZW 1995, Seite 817 – 821.
ders.	„Neuere Entwicklungen im europäischen Wettbewerbsrecht"; Seite 328; in Festschrift für Arved Deringer, Europarecht, Kartellrecht, Wirtschaftsrecht; 1. Auflage; Baden-Baden 1993; (zitiert: Möschel, Neuere Entwicklungen im europäischen Wettbewerbsrecht in Festschrift für Deringer).
ders.	Recht der Wettbewerbsbeschränkungen, Köln/Berlin/Bonn/München 1983 (zitiert: Möschel, Wettbewerbsbeschränkungen).
Monopolkommission	XIII. Hauptgutachten der Monopolkommission 1998/1999, BT-Drucks. 14/4002, Seite 1 – 520.
	Sondergutachten 7: Mißbräuche der Nachfragemacht und Möglichkeiten zu ihrer Kontrolle im Rahmen des Gesetzes gegen Wettbewerbsbeschränkungen, Baden-Baden 1977 (zitiert: Monopolkommission, Sondergutachten 7).
	Sondergutachten 14: Die Konzentration im Lebensmittelhandel, Baden-Baden 1985 (zitiert: Monopolkommission, Sondergutachten 14).
	Sondergutachten 28: Kartellpolitische Wende in der Europäischen Kommission?: Zum Weißbuch der Kommission vom 28. April 1999,.....; Baden-Baden 1999 (zitiert: Monopolkommission, Sondergutachten 28).
Monti, Mario	„Competition in the e-Economy", abrufbar unter http://.europa.eu.int/comm/competition/speeches/index_speeches_by_the_comissioner.html.
Müller, Heinz **Gießler, Peter** **Scholz, Ulrich**	Wirtschaftskommentar – Kommentar zum Gesetz gegen Wettbewerbsbeschränkungen – Kartellgesetz, 4. Auflage, Frankfurt am Main 1981.
Müller-Uri, Rolf	Kartellrecht, Köln/Berlin/Bonn/München 1989 (zitiert: Müller-Uri)

Münchner Kommentar Band 7, 2. Aufl., 1990; Kartellrecht (nach Art. 37) (zitiert: Autor in Münch-Komm).

Nourry, Alex
Lawrence, Maddi B2Bs: overcoming the antitrust concerns, Global Counsel, October 2000, page 33 – 42.

Nowack, Andreas Michael Einkaufskooperationen zwischen Kartellverbot und Legalisierung nach dem Gesetz gegen Wettbewerbsbeschränkungen, Dissertation; Bochum 1993 (zitiert: Nowack).

Ostler, Anton M. Einkaufskooperationen des Handels im Deutschen Kartellrecht, München 1994 (zitiert: Ostler).

Polley, Romina
Seeliger, Daniela „Die neue Gruppenfreistellungsverordnung für Vertikalverträge Nr. 2790/1999 – Ihre praktische Anwendung –“, WRP 2000, Seite 1203 – 1217.

Pukall, Kirstin „Neue EU-Gruppenfreistellungsverordnung für Vertriebsbindungen“, NJW 2000, Seite 1375 – 1386.

Rehbinder, Eckard „Zur kartellrechtlichen Beurteilung von Absprachen und Empfehlungen und Geschäftszeiten und Betriebsferien“, BB 1964, Seite 895 – 901.

Rehbinder, Eckard Extraterritoriale Wirkungen des deutschen Kartellrechts, Baden-Baden 1965 (zitiert: Rehbinder).

Rittner, Fritz Wettbewerbs- und Kartellrecht, 6. Auflage, Heidelberg 1999 (zitiert: Rittner).

Rösler, Patrick „Der relevante Markt in der Europäischen Fusionskontrolle“, NZG 2000, Seite 761 – 770.

Rotthege, Georg Die Beurteilung von Kartellen und Genossenschaften durch die Rechtswissenschaft, Tübingen 1982 (zitiert: Rotthege).

Ruttley, Philip „E.C. Competition Law in Cyberspace: An Overview of Recent Developments”, ECLR 1998, page 186 - 203.

Salje, Peter „Kartellrechtliche Grenzen der Kooperation“, ET 1999, Seite 625 – 629.

ders. Die mittelständische Kooperation zwischen Wettbewerbspolitik und Kartellrecht, Tübingen 1981 (zitiert: Salje, Die mittelständische Kooperation).

Schaub, Alexander
„Kartellrechtliche Probleme des elektronischen Marktplatzes aus der Sicht der EU-Kommission", abrufbar unter http://.europa.eu.int/comm/competition/speeches/index_speeches_in de_2001.html (zitiert: Schaub, Kartellrechtliche Probleme des elektronischen Marktplatzes aus der Sicht der EU-Kommission).

Scheufele, Helmut
„Behandlung der „beherrschenden Stellung" von Nachfragern im EWG-Kartellrecht", BB 1973, Beilage 4 zu Heft 9/1973.

Schmidt, Karsten
„Altes" und „neues" Kartellverbot, AG 1998, Seite 551 – 561.

ders.
„EG-Gruppenfreistellung und nationale Gerichtsbarkeit"; Seite 669 – 680; in Festschrift für Karlheinz Quack, Berlin/New York 1991 (zitiert: .K. Schmidt in Festschrift für Quack).

ders.
„Unternehmen" und „Abhängigkeit": Begriffseinheit und Begriffsvielfalt im Kartell- und Konzernrecht, ZGR 1980, Seite 277 – 288.

ders.
„Wettbewerbsverbot und Kartellverbot", BB 1979, Seite 1173 – 1175.

ders.
Kartellverbot und „sonstige Wettbewerbsbeschränkungen", Köln/Berlin/Bonn/München 1978 (zitiert: K. Schmidt, Kartellverbot).

Schnichels, Dominik
„Liberalisierung der Energiemärkte – quo vadis?", EuZW 2001, Seite 545.

Scholtka, Boris
Uthoff, Birgit
„Energiewirtschaft – Der neue energie- und kartellrechtliche Rahmen," Rde 1999, Seite 43 – 44.

Schulte, Günther
Geiger, Andreas
„Das Schicksal der Verbundgruppen unter der neuen Gruppenfreistellungsverordnung (EG) Nr. 2790/99 für Vertikalvereinbarungen", EuZW 2000, Seite 396 – 400.

Schulte-Beckhausen, Sabine
„Stromhandel – Möglichkeiten und Grenzen im neuen europäischen und nationalen Ordnungsrahmen für Energie", RdE 1999, Seite 51 – 59.

Schumacher, Eva
Schalast, Christoph
„Wettbewerb und Rationalisierung fiskalischer Tätigkeit durch Kommunen als Wertwiderspruch", DZWir 1998, Seite 296 – 299.

Schumacher, Kai
„Sonstige Kartelle, § 7 GWB, und Umweltschutzkartelle", WuW 2002, Seite 121 – 131.

Schwartz, Ivo Eduard | Deutsches Internationales Kartellrecht; 2. Unveränderte Auflage; Köln/Berlin/Bonn/München 1968 (zitiert: Schwartz, Deutsches Internationales Kartellrecht).

Schwarz, Günter Christian | „Konvergenz des nationalen und des europäischen Kartellrechts", EWS 2001, Seite 565 – 573.

ders. | „Kartellvertrag und sonstige wettbewerbsbeschränkende Verträge", Köln/Berlin/Bonn/München 1984 (zitiert: Schwarz, Kartellvertrag und sonstige wettbewerbsbeschränkende Verträge).

Schwarze, Jürgen | „Die extraterritoriale Anwendbarkeit des EG-Wettbewerbsrechts – Vom Durchführungsprinzip zum Prinzip der qualifizierten Auswirkung", WuW 2001, Seite 1190 – 1202.

ders. | EU-Kommentar, 1. Auflage, Baden-Baden 2000 (zitiert: Autor in Schwarze, EU-Kommentar).

ders. (Hrsg.) | Neuere Entwicklungen auf dem Gebiet des europäischen Wettbewerbsrechts, 1. Auflage, Baden-Baden 1999 (zitiert: Autor in Schwarze, Neuere Entwicklungen auf dem Gebiet des europäischen Wettbewerbsrechts).

ders. | „Die Auswirkungen des Vorrangs des Gemeinschaftsrechts auf das deutsche Kartell- und Wettbewerbsrecht", JZ 1996, Seite 57 – 64.

Sedemund, Jochim | „Zwei Jahre Europäische Fusionskontrolle: Ausgewählte Zentralfragen und Ausblick"; Seite 379; in Festschrift für Arved Deringer, Europarecht, Kartellrecht, Wirtschaftsrecht; 1. Aufl.; Baden-Baden 1993 (zitiert: Sedemund, „Zwei Jahre Europäische Fusionskontrolle: Ausgewählte Zentralfragen und Ausblick"; in Festschrift für Deringer).

Seeliger, Daniela | „EG-kartellrechtliche Probleme in Vertikalverhältnissen beim Vertrieb übers Internet", WuW 2000, Seite 1186 - 1174.

Semler, Franz-Jörg
Bauer, Michael | „Die neue EU-Gruppenfreistellungsverordnung für vertikale Wettbewerbsbeschränkungen – Folgen für die Rechtspraxis", DB 2000, Seite 193 – 200.

Steindorff, Ernst | „Aufgaben und Zuständigkeiten im europäischen Kartellverfahren", ZHR 162 (1998), Seite 290 - 317.

Stoffmehl, Thomas | „Powershopping und Customer-driven Pricing als Marketing- und Vertriebsformen im Internet", Eine kritische Betrachtung der bisherigen Rechtsprechung, MMR Beilage 8/2001, Seite 35 - 40.

Stopper, Martin „Leitlinien für Horizontalvereinbarungen: Ende des Regel-Ausnahme-Prinzips von Art. 81 EG?“, EuZW 2001, Seite 426 – 437.

Taupitz, Jochen/ Kritter, Thomas „Electronic Commerce - Probleme bei Rechtsgeschäften im Internet“, Jus 1999, Seite 839 – 846.

Tilch, Horst (Hrsg.) Deutsches Rechts-Lexikon, Band 1 A – F, 2. Auflage, München 1992 (zitiert: Tilch, Deutsches Rechts-Lexikon).

Traugott, Rainer „Zur Abgrenzung von Märkten“, WuW 1998, Seite 929 – 939.

Trimarchi, Pietro „Die rechtliche Beurteilung abgestimmter Verhaltensweisen auf oligopolistischen Märkten“ in GRUR Int. 1970, Seite 311 – 320.

Ulmer, Peter Abgestimmte Verhaltensweisen im Kartellrecht, Karlsruhe 1972 (zitiert: Ulmer, Abgestimmte Verhaltensweisen im Kartellrecht).

Vajda, Christopher Gahnström, Anders „E.C. Competition Law and Internet“, ECLR (European Competition Law Review) 2000, page 94 – 106.

Wellenhofer-Klein, Marina „Das neue Kartellverbot und seine Abgrenzung zu den Vertikalvereinbarungen, WuW 1999, Seite 557 – 567.

Weyer, Hartmut „Neue Fragen des Mißbrauchs marktbeherrschender Stellungen nach § 19 GWB“, AG 1999, Seite 257 – 263.

Wiedemann, Gerhard Handbuch des Kartellrechts, München 1999 (zitiert: Autor in Wiedemann, Handbuch des Kartellrechts).

ders. Kommentar zu den Gruppenfreistellungsverordnungen des EWG-Kartellrechts,
Band I: Allgemeiner Teil, Köln 1989;
Band II: Besonderer Teil, Köln 1990
(zitiert: Wiedemann, Kommentar zur Gruppenfreistellungsverordnung).

Wolter, Jörn Zulässige Kartelle nach EWG-Vertrag und GWB, Göttingen 1992 (zitiert: Wolter).

Zimmer, Daniel „Kartellrecht und neue Erkenntnisse der Spieltheorie“, ZHR 154 (1990), Seite 470 – 487.

Zuleeg, Manfred „Das Verhältnis des Gemeinschaftsrechts zum nationalen Recht“, JR 1973, Seite 441 – 448.

Erster Teil: Einführung in die Thematik und Gang der Untersuchung

A. Ausgangspunkt der Themenstellung

Einkaufsbündelungen, häufig auch unter dem Begriff der Einkaufsgemeinschaft, Einkaufskooperation oder Verbundgruppe bekannt, sind vielfältige Zusammenschlüsse des Handels (Bedarfsträger) zur Erzielung möglichst günstiger Konditionen beim gemeinsamen Einkauf von Waren oder Dienstleistungen. Sinn und Zweck von Einkaufsbündelungen ist es, die Nachteile kleiner und mittlerer Unternehmen auszugleichen, denen diese nach einer verbreiteten Meinung im Wettbewerb ausgesetzt sind, weil es ihren großen Konkurrenten wegen des von ihnen vertretenen größeren Einkaufsvolumens häufig gelinge, günstigere Konditionen als ihre kleineren Konkurrenten durchzusetzen. Dieser Ausgleich von Strukturnachteilen gegenüber großen Unternehmen kann sich dann bei den kleinen und mittleren Unternehmen in zwei Bereichen auswirken:
Zum einen tritt bei den Unternehmen eine Gewinnmaximierung ein, wenn sie die gleichen Preise gegenüber den Endabnehmern beibehalten; zum anderen wird den Unternehmern die Möglichkeit eröffnet, die Preise gegenüber den Abnehmern zu verringern, um dadurch mit den großen Anbietern mithalten zu können bzw. konkurrenzfähig zu bleiben.

Die tatsächlichen Ausgestaltungen der Einkaufsbündelungen variieren in der Praxis erheblich. Trotz der anzutreffenden Vielfalt basieren Einkaufsbündelungen letztlich aber auf ein und demselben Grundkonzept, dem die nachfolgende Definition zu Grunde gelegt werden kann:
Einkaufsbündelungen stellen ein System zwischen Lieferanten (Anbietern) und Kunden (Nachfragern) dar, bei dem die Kunden durch Bündelung der Nachfrage ihre Marktmacht stärken, um dadurch bei den Lieferanten bessere Konditionen zu erhalten. Dadurch sollen Strukturnachteile gegenüber großen Unternehmen (größeren Bedarfsträgern) ausgeglichen werden.

Die kartellrechtliche Beurteilung der Zusammenarbeit in Einkaufsbündelungen, stellt sich im Schrifttum immer noch uneinheitlich dar. Obgleich sich der Gesetzgeber mit der Beurteilung von Einkaufsbündelungen in den beiden letzten GWB-Novellen befaßt hat (5. GWB-Novelle 1990 und 6. GWB-Novelle 1998), ist die kartellrechtliche Beurteilung von Einkaufsbündelungen bis heute nicht eindeutig geklärt.
Das Thema der Arbeit „Neue Formen der Einkaufsbündelung nach deutschem und europäischem Kartellrecht“ ist zur Zeit einerseits sehr aktuell und andererseits noch nicht ergiebig behandelt. In jüngster Zeit erreichen Einkaufsbündelungen mit neuen Formen besondere Bedeutung: Einkaufsbündelungen über das Internet, Einkaufsbündelungen im Rahmen der Stromnachfrage und Einkaufsbündelungen der öffentlichen Hand.
Die Märkte werden zusätzlich erweitert durch neue Kommunikationsformen bzw. durch ein ganz neues und sich sehr schnell ausbreitendes Medium, dem Internet. Dadurch entstehen neue Möglichkeiten, sich für den gemeinsamen Einkauf schneller und unkomplizierter zusammenzuschließen. Neben der Nutzung des Internets zu Informationszwecken und für den allgemeinen Verkauf von Waren und Dienstleistungen an Verbraucher dient das Internet als Kommunikationsweg, um damit den Kontakt und das Handeln zwischen den Unternehmen

herzustellen. Es entwickelte sich ein Forum für geschäftliche Transaktionen. Die Zahl der weltweit tätigen Internet-Marktplätze nimmt täglich zu.[1] Einen besonderen Bekanntheitsgrad hat in diesem Zusammenhang die „Covisint-Entscheidung" des Bundeskartellamtes[2] erlangt, die zu den ersten Entscheidungen des Bundeskartellamtes hinsichtlich eines Internet-Marktplatzes zählt.
Des weiteren hat in den letzten Jahren eine Aufhebung der Gebietsversorgungsmonopole für Strom und Gas stattgefunden, wodurch den Unternehmen die Möglichkeit eröffnet wurde, sich mit anderen Unternehmen für den gemeinsamen Einkauf zusammenzuschließen, um dadurch gemeinsam günstigere Konditionen zu erlangen. Die Energiemärkte haben sich vergrößert.
Auch die öffentliche Hand mit ihren wirtschaftlichen Aktivitäten, ist inzwischen dazu übergegangen, kostengünstiger einzukaufen, indem sie ihren Bedarf bündelt.
In einigen Fällen gehen diese neuen Formen der Einkaufsbündelungen auch ineinander über. So etwa, wenn Unternehmen der öffentlichen Hand sich in Form von Einkaufsbündelungen zusammenschließen, um gemeinsam Strom einzukaufen.
Das Spektrum der Einkaufsbündelungen wurde durch diese neuen Formen enorm erweitert.

Diese neuen Formen der Einkaufsbündelungen bringen jedoch nicht nur Vorteile mit sich, sondern auch Probleme im deutschen und europäischen Kartellrecht. Das Ziel dieser Arbeit wird es sein, diese „neuen Formen" der Einkaufsbündelung in ihrer Funktionsweise darzustellen und die ihnen zu Grunde liegenden Vereinbarungen auf ihre Vereinbarkeit mit deutschem und europäischem Kartellrecht zu untersuchen. Weiterhin sollen die damit im Zusammenhang stehenden Legalisierungsmöglichkeiten untersucht werden.
Ziel der Arbeit soll es somit sein, die Besonderheiten der neuen Einkaufsbündelungen aufzuzeigen, die gerade dadurch entstehen, daß es sich zum einen um Märkte handelt, die besondere Eigenschaften aufweisen und zum anderen um Einkaufsbündelungen mit besonderer Ausgestaltung. Hier treten im Rahmen der Vereinbarkeit der Einkaufsbündelungen mit dem deutschen und europäischen Kartellrecht dadurch Probleme auf, daß sich die Bündelung der Nachfrage auf Märkten bildet, die erst in den letzten Jahren durch eine immer weitergehende Öffnung entstanden sind. Durch die immer weitergehende Europäisierung der Märkte und die damit im Zusammenhang stehenden Auswirkungen der Einkaufskooperationen auch auf diese Märkte und die Bildung von grenzüberschreitenden Einkaufskooperationen, wird eine Überprüfung anhand des europäischen Kartellrechts immer bedeutender und auch notwendig. Im Zentrum des Interesses stehen die einschlägigen Art. 81 und 82 des EG-Vertrags aus dem Bereich des europäischen Kartellrechts. Zwar haben diese Vorschriften gegenüber dem deutschen Kartellrecht den Vorteil, daß sie zahlreiche tatbestandliche Distinktionen zwischen Kartellen und kartellfreien Kooperationen einerseits, sowie zwischen horizontalen und vertikalen Wettbewerbsbeschränkungen andererseits nicht kennen. Jedoch wird durch die Unterscheidung zwischen Gruppen- und Einzelfreistellung und der damit in Zusammenhang stehenden Trennung zwischen horizontalen und vertikalen Vereinbarungen dieser Vorzug mehr als auf-

[1] Böge, Ist das deutsche Kartellrecht für elektronische Marktplätze noch zeitgerecht?, Seite 5; Quelle: B2B-Marktplätze in Deutschland, Berlecon Research, Berlin Juli 2000; FTIT, Beilage zur London Financial Times vom 18.10.2000, Seite 1.
[2] BKartA v. 25.9.2000, WuW DE-V 321ff. „Covisint".

gezehrt. Im Rahmen der Überprüfung der Einkaufsbündelungen anhand des Art. 81 EGV kommt auch den horizontalen Leitlinien[3] besondere Bedeutung zu.

Der technische Wandel und die immer weiter zunehmenden neuen Formen der Einkaufsbündelungen werfen somit die Frage auf, ob das bestehende deutsche und europäische Kartellrecht den Anforderungen, die sich aus diesen neuen Formen ergeben, überhaupt gewachsen ist und den wirtschaftlichen und rechtspolitischen Anforderungen auch gerecht wird.

B. Gang der Darstellung

Die Arbeit gliedert sich in zwei Hauptteile.
Im ersten Teil der Arbeit findet eine allgemeine kartellrechtliche Beurteilung von Einkaufsbündelungen statt. Dabei sollen die Probleme im deutschen und europäischen Kartellrecht aufgezeigt werden, die sich bei jeder Einkaufsbündelung und nicht erst speziell im Rahmen der „Neuen Formen" der Einkaufsbündelungen stellen. Diese kartellrechtliche Beurteilung findet anhand der einzelnen relevanten Normen im deutschen und europäischen Kartellrecht statt.

Den Mittelpunkt der Arbeit bildet der zweite Teil, in dem es um die kartellrechtliche Beurteilung der neuen Formen der Einkaufsbündelungen nach deutschem und europäischem Recht geht. Es wird dabei zwischen den drei neuen Formen der Einkaufsbündelung genaustens unterschieden. Jede dieser drei „Neuen Formen der Einkaufsbündelung" wird zuerst einmal in groben Zügen hinsichtlich ihrer Funktions- und Organisationsform dargestellt, um dann im Laufe der kartellrechtlichen Untersuchung die gerade daraus resultierenden kartellrechtlichen Probleme besser verdeutlichen zu können. Hierbei wird unterschieden zwischen der Einkaufsbündelung über das Internet, der Bündelung der Stromnachfrage und der Einkaufsbündelungen der öffentlichen Hand.

Bei der Einkaufsbündelung über einen Internet-Marktplatz sollen im Rahmen dieser Arbeit aber die kartellrechtlichen Probleme, die dadurch entstehen, daß mit einem Internet-Marktplatz auch gleichzeitig ein Marktinformationssystem geschaffen wird, unberücksichtigt bleiben.[4] Es findet ein Informationsaustausch zwischen den Nachfragern und den Anbietern statt. Auch die Zugangsfragen zu einem solchen Internet-Marktplatz, also ob die Teilnahme an dem jeweiligen Internet-Marktplatz auf einen bestimmten Kreis beschränkt ist, bleiben unberücksichtigt.
Die Nachfragebündelung über einen Internet-Marktplatz bringt verschiedene kartellrechtliche Probleme mit sich. Es beginnt schon mit dem Problem, daß sich durch den virtuellen Charakter der Einkaufsbündelungen über das Internet die Frage stellt, welche Kartellrechtsordnungen überhaupt zur Anwendung gelangen. Des weiteren stellen sich die Fragen, wie die Kontakt-

---

[3] Leitlinien zur Anwendbarkeit von Art. 81 EG-Vertrag auf Vereinbarungen über horizontale Zusammenarbeit, ABl. der EG 2001 Nr. C 3, Seite 2/17, Tz. 115; Lange in Lange, Seite 53f.
[4] Vgl. dazu Immenga/Lange, RIW 2000, 733ff.; Gassner, MMR 2001, 140ff.; Köhler, K & R 2000, 569ff.; Jestaedt, BB 2001, 581ff.; Kirchner, WuW 2001, 1030ff.; Bahr, WuW 2002, 230ff.; Lampert/Michel, K & R 2002, 505ff.

aufnahme zwischen den einzelnen Nachfragern über das Internet stattfindet und wie diese Kontaktaufnahme kartellrechtlich zu beurteilen ist, also ob ein Kartellverbot vorliegt.
Einen Schwerpunkt bei der kartellrechtlichen Beurteilung der Einkaufsbündelungen über das Internet wird die Frage einnehmen, inwieweit die nachfragenden Unternehmen bei dem gemeinsamen Einkauf über das Internet überhaupt einen Preisdruck auf die jeweiligen Anbieter ausüben und dadurch möglicherweise eine Wettbewerbsbeschränkung bewirken. Die Tatsache, daß auf die Anbieter kein Preisdruck ausgeübt wird, wirkt sich dann auch möglicherweise auf die Beurteilung aus, ob und in welcher Form die nachfragenden Unternehmen eine marktbeherrschende Stellung innehaben und ob sie diese mißbrauchen.
Auch stellt sich die Frage, inwieweit bei der Gründung eines Internet-Marktplatzes in Form eines Gemeinschaftsunternehmens diese Gründung als Zusammenschluß anzusehen ist und dementsprechend bestimmten Kontrollen im deutschen und europäischen Kartellrecht unterliegt.

Durch die vielen verschiedenen Formen der Bündelung der Stromnachfrage kommt es möglicherweise dadurch auch zu unterschiedlichen kartellrechtlichen Problemen. Ein Problem stellt sich schon dadurch, daß die Kontaktaufnahme der nachfragenden Unternehmen in sehr unterschiedlicher Weise stattfindet.
Besondere Bedeutung wird die Bestimmung des relevanten Marktes im Rahmen der Stromnachfrage einnehmen, da die Liberalisierung der Strommärkte diesen Markt in besonderer Weise beeinflussen wird und wodurch eine besondere Marktstruktur entsteht. Diese Bestimmung des relevanten Marktes wirkt sich dann weiterhin auch auf die Beurteilung aus, ob die nachfragenden Unternehmen im Strombereich eine marktbeherrschende Stellung einnehmen und diese gegenüber den Anbietern mißbrauchen.
Besondere Probleme ergeben sich bei der Feststellung, ob eine Bezugsverpflichtung der nachfragenden Unternehmen durch die besondere Ausgestaltung der Stromlieferungsverträge in Form von Dauerschuldverhältnissen vorliegt. Es stellt sich die Frage, wie sich diese Ausgestaltung der Stromlieferungsverträge auf die kartellrechtliche Beurteilung auswirkt und ob dadurch vielleicht sogar eine Freistellungsmöglichkeit entfällt.

Bei der Einkaufsbündelung der öffentlichen Hand wird sich sowohl im deutschen als auch im europäischen Kartellrecht die Frage stellen, inwieweit die jeweiligen Vorschriften auf die wirtschaftlichen Aktivitäten des Staates und seiner Gliederungen anzuwenden sind. Auch im Bereich der Einkaufsbündelung der öffentlichen Unternehmen spielt wieder die Marktstruktur eine besondere Rolle, vor allem im Bereich derjenigen Produkte, die ausschließlich von Unternehmen der öffentlichen Hand nachgefragt werden.
Des weiteren stellt sich die Frage, ob und wenn ja in welcher Form eine Berücksichtigung der Tatsache stattfindet, daß durch die Einkaufsbündelungen der öffentlichen Hand eine Einsparung der zur Verfügung stehenden öffentlichen Mittel stattfindet, die dann an anderer Stelle eingesetzt werden können.
Einen Schwerpunkt der Untersuchung bildet die Frage, ob es für diese Form der Einkaufsbündelungen auch eine Legalisierungsmöglichkeit gibt und wenn ja unter welchen speziellen Voraussetzungen diese stattfindet. In diesem Zusammenhang stellt sich unter anderem das Problem, ob durch den gemeinsamen Einkauf auch die Wettbewerbsfähigkeit der öffentlichen Unternehmen verbessert wird.

Zweiter Teil: Kartellrechtliche Beurteilung von Einkaufsbündelungen

Dieser Teil der Arbeit befaßt sich mit der grundsätzlichen Behandlung von Einkaufsbündelungen nach deutschen und europäischem Kartellrecht, d.h. die Stellung dieser im Rahmen des deutschen Gesetztes gegen Wettbewerbsbeschränkungen und des Gemeinschaftsrechts (europäisches Gemeinschaftsrecht). Es findet dabei zunächst keine Unterscheidung zwischen den verschiedenen neuen Formen der Einkaufsbündelungen statt, sondern eine kartellrechtliche Beurteilung von Einkaufsbündelungen im Allgemeinen.

A. Beurteilung nach deutschem Kartellrecht

Bei der Beurteilung nach deutschem Kartellrecht steht das Kartellverbot gemäß § 1 GWB im Vordergrund und bildet den Schwerpunkt der Arbeit. Weiterhin kann jedoch auch ein Verstoß gegen § 16 GWB, § 19 GWB, § 20 Abs. 4 GWB und die Zusammenschlußkontrolle nach § 35ff. GWB vorliegen. Dazu muß jedoch erst einmal geklärt werden, unter welchen Voraussetzungen das deutsche Kartellrecht überhaupt anwendbar ist.

I. Anwendbarkeit des deutschen Kartellrechts

Nach § 130 Abs. 2 GWB gilt das Gesetz für sämtliche Wettbewerbsbeschränkungen, die sich im Inland auswirken, selbst wenn sie im Ausland veranlaßt wurden (Auswirkungsprinzip). Diese Norm sagt insofern in zweifacher Hinsicht etwas über den Anwendungsbereich des Gesetzes aus: Sie unterwirft im Ausland veranlaßte Wettbewerbsbeschränkungen mit Inlandsauswirkungen dem deutschen Kartellrecht, auch wenn daran ausschließlich ausländische Unternehmen beteiligt sind, und sie klammert im Inland veranlaßte Wettbewerbsbeschränkungen ohne Inlandsauswirkung aus dem Anwendungsbereich aus.
Unter einer Wettbewerbsbeschränkung versteht man jeden Tatbestand, der im ersten Teil des GWB unter der Überschrift „Wettbewerbsbeschränkungen" aufgeführt ist.[5]
Der Wortlaut der Vorschrift läßt es jedoch offen, welche Anforderungen an die Auswirkungen im Inland zu stellen sind. Jedoch ist eine Einschränkung und Konkretisierung des Begriffs „Inlandsauswirkung" nötig, damit es nicht zu einer uferlosen Anwendung des deutschen Kartellrechts kommt.[6] Aus diesem Grund sind nur solche Inlandsauswirkung relevant, durch die das von der betreffenden Sachnorm, deren Anwendung in Frage steht, geschützte Rechtsgut im Inland beeinträchtigt wird.[7]

---

[5] BGH v. 29.5.1979, WuW/E BGH 1613/1614 „Organische Pigmente"; KG v. 5.4.1978, WuW/E OLG 1993/1995 „Organische Pigmente"; Lindemann in Frankfurter Kommentar, § 130 Abs. 2, Rdn.8; Bechtold, § 130, Rdn.12; Rehbinder in Immenga/Mestmäcker, § 130 Abs. 2, Rdn.10.

[6] BGH v. 12.7.1973, WuW/E BGH 1276/1277f. „Ölfeldrohre"; BGH v. 29.5.1979, WuW/E 1613/1614 „Organische Pigmente".

[7] Kevekordes, Seite 128ff.; Basedow, NJW 1989, 627/628; BGH v. 20.6.1989, WuW/E BGH 2596/2597 „Eisenbahnschwellen"; BGH v. 12.7.1973, WuW/E BGH 1276/1278 „Ölfeldrohre"; BGH v. 29.5.1979, WuW/E 1613/1614 „Organische Pigmente".

Damit es zu einer sachgerechten Anwendung des deutschen Kartellrechts kommt, muß bei den Merkmalen des § 130 Abs. 2 GWB unterschieden werden, ob es sich um eine Inlandsauswirkung handelt, die im Inland veranlaßt worden ist, oder um eine Inlandsauswirkung, die im Ausland verursacht worden ist.[8]

1. Anforderungen an Inlandsauswirkungen, die im Inland veranlaßt worden sind

Inlandsauswirkungen, die im Inland veranlaßt worden sind, können sowohl von inländischen als auch von ausländischen Unternehmen hervorgerufen worden sein. Ausländische Unternehmen mit näherer Inlandsbeziehung, wozu unter anderem der Sitz des Unternehmens zählt, und inländische Unternehmen werden in diesem Fall gleich behandelt.[9] Im Zusammenhang mit Wettbewerbsbeschränkungen, die im Inland veranlaßt worden sind, werden zur Begrenzung insbesondere die Spürbarkeit, die Unmittelbarkeit und die Tatsächlichkeit (Eignung) herangezogen.[10]
Die Inlandsauswirkung muß nach Rechtsprechung des BGH und der Praxis des Bundeskartellamtes spürbar sein,[11] und auch die Literatur ist dieser Ansicht überwiegend gefolgt.[12] Jedoch sind keine festen Kriterien für die Spürbarkeit entwickelt worden. Das Kriterium der Spürbarkeit soll alleine dazu führen, daß nur geringe Auswirkungen im Inland keine Beachtung finden.[13] Es handelt sich um eine sogenannte Bagatellklausel.

Unterschiedlich wird dagegen beurteilt, ob auch eine mittelbare Auswirkung auf den Inlandsmarkt ausreichend ist. Die Befürworter dieser Ansicht führen als Argument an, daß auch durch eine mittelbare Auswirkung die Wirtschaftskraft der an der Wettbewerbsbeschränkung Beteiligten gestärkt wird und dadurch der Wettbewerb im Inland beeinträchtigt wird.[14] Dem wird entgegengehalten, daß die bloße Beeinflussung des inländischen Wettbewerbs durch Regelungen, die unmittelbar einen Export- oder Drittmarkt betreffen und dadurch dann nur mittelbare Inlandsauswirkung haben, nicht in den Anwendungsbereich des § 130 Abs. 2 GWB fallen kann, da dies sonst zu einem uferlosen Anwendungsbereich des deutschen Kartellrechts führen würde.[15] Gegen dieses Argument spricht jedoch, daß es nicht gerechtfertigt erscheint,

---

[8] Zum Teil wird auch noch danach unterschieden, ob es sich um ein inländisches oder ein ausländisches Unternehmen handelt; siehe Rehbinder in Immenga/Mestmäcker, § 130 Abs. 2; Rdn.72; Schwartz, Deutsches Internationales Kartellrecht, Seite 100.

[9] KG v. 5.4.1978, WuW/E OLG 1993/1997 „Organische Pigmente"; Huber, ZGR 1981, Seite 510/524f.; Jungbluth in Langen/Bunte, § 130 Abs. 2, Rdn.108; a. A. Rehbinder in Immenga/Mestmäcker, § 130 Abs. 2, Rdn.71f.; Autenrieth, RIW/AWD 1980, 820/824.

[10] Jungbluth in Langen/Bunte, § 130 Abs. 2, Rdn.103ff.; Rehbinder in Immenga/Mestmäcker, § 130 Abs. 2, Rdn.58ff.; Koenigs in Gemeinschaftskommentar, § 98 Abs. 2 a. F., Rdn.17ff.

[11] BGH v. 29.5.1979, WuW/E BGH 1613/1615 „Organische Pigmente"; Tätigkeitsbericht des Bundeskartellamtes 1963, Seite 39; 1979, Seite 95; 1975, Seite 45; 1978, Seite 102.

[12] Rehbinder in Immenga/Mestmäcker, § 130 Abs. 2, Rdn.68; Jungbluth in Langen/Bunte, § 130 Abs. 2, Rdn.106; Koenigs in Gemeinschaftskommentar, § 98 Abs. 2, Rdn.36ff.; Bechtold, § 130, Rdn.15; a.A. Kevekordes, Seite 124, Meessen, ZHR 143, 273/284.

[13] Rehbinder in Immenga/Mestmäcker, § 130 Abs. 2, Rdn.69; Lindemann in Frankfurter Kommentar, § 130 Abs. 2, Rdn.23.

[14] Rehbinder in Immenga/Mestmäcker, § 130 Abs. 2, Rdn.58ff.; Jungbluth in Langen/Bunte, § 130 Abs. 2, Rdn.107; Koenigs in Gemeinschaftskommentar, § 98 Abs. 2 a. F., Rdn.21, 25 bei überwiegender und voraussehbarer Verursachung.

[15] OLG Düsseldorf v. 8.7.1969, WuW/E OLG 1061/1063 „Kundenschutzvereinbarung"; Lindemann in Frankfurter Kommentar, § 130 Abs. 2, Rdn.22.

Wettbewerbsbeschränkungen mit Auslandsbezug aber inländischer Beteiligung gegenüber reinen Inlandsbeschränkungen besserzustellen.[16] Weiterhin ist dem entgegenzuhalten, daß eine uferlose Ausdehnung des Anwendungsbereichs des § 130 Abs. 2 GWB auch in diesem Fall schon durch die Bagatellklausel der Spürbarkeit eingegrenzt wird. Ist die mittelbare Auswirkung zu gering, scheitert sie schon am Merkmal der Spürbarkeit. Ist dies nicht der Fall, so muß auch eine Überprüfung anhand des deutschen Kartellrechts stattfinden.
Somit fallen grundsätzlich auch mittelbare Inlandsauswirkungen von inländischen Unternehmen unter den Anwendungsbereich des § 130 Abs. 2 GWB, so daß dem einschränkenden Merkmal der Unmittelbarkeit bei Veranlassung im Inland keine Bedeutung zukommt.

Als weitere Einschränkung des Anwendungsbereichs des § 130 Abs. 2 GWB wird teilweise angeführt, daß eine tatsächliche Inlandsauswirkung vorliegen muß und daß alleine eine Eignung für eine Wettbewerbsbeschränkung nicht ausreichend ist. Dafür, daß eine Eignung zu Beeinträchtigung des Wettbewerbs ausreichend ist, spricht jedoch schon § 1 GWB. Dies ergibt sich daraus, daß es für das Vorliegen eines Kartellverbots gemäß § 1 GWB ausreichend ist, wenn die Wettbewerbsbeschränkung ausschließlich bezweckt wird. Würde man allerdings für die Eröffnung des Anwendungsbereichs des deutschen Kartellrechts verlangen, daß eine tatsächliche Auswirkung vorliegen muß, so wäre es gar nicht möglich, daß ein Bezwecken im Rahmen von § 1 GWB als ausreichend angesehen werden kann. In diesem Fall käme es gar nicht erst zu einer Überprüfung anhand des Kartellverbots. Somit gelangt das deutsche Kartellrecht auch bei einer Eignung zur Beeinträchtigung zur Anwendung.[17]
Bezogen auf Einkaufsbündelungen bedeutet das, daß das deutsche Kartellrecht dann anwendbar ist, wenn die Wettbewerbsbeschränkung spürbar ist und sich unmittelbar oder mittelbar im Inland auswirkt bzw. geeignet ist sich auszuwirken. Allerdings muß diese Einkaufsbündelung im Inland verursacht worden sein, wobei es in diesem Zusammenhang unbeachtlich ist, ob an dieser Einkaufsbündelung inländische oder ausländische Unternehmen beteiligt sind.

2. Anforderungen an im Ausland veranlaßte Wettbewerbsbeschränkungen

Durch den Halbsatz „auch wenn sie außerhalb des Geltungsbereiches dieses Gesetzes veranlaßt werden“ in § 130 Abs. 2 2. HS GWB ist der Anwendungsbereich des deutschen Kartellrechts auch dann eröffnet, wenn die Wettbewerbsbeschränkungen von ausländischen Unternehmen ausgehen, die nicht einmal im Inland einen Stützpunkt haben oder eine Geschäftstätigkeit ausüben.[18] Bei den Wettbewerbsbeschränkungen, die im Ausland veranlaßt worden sind, werden zum Teil jedoch andere Anforderungen an die bereits oben erwähnten Merkmale gestellt.

In diesem Zusammenhang muß besonders beachtet werden, daß die Auslegung des § 130 Abs. 2 GWB in Bezug auf ausländische Unternehmen, die die Wettbewerbsbeschränkung im Ausland veranlaßt haben, sich in den völkerrechtlichen Schranken des Auswirkungsprinzips hält. Dies kommt dadurch zustande, daß grundsätzlich das GWB nur im Gebiet der Bundesrepublik Deutschland zur Geltung gelangt. Durch die Anwendung des Auswirkungsprinzips in § 130

[16] Rehbinder in Immenga/Mestmäcker, § 130 Abs. 2, Rdn.63; Rehbinder, Seite 138ff., 140; Immenga in Münch-Komm., nach Art. 37 Kartellrecht, Rdn.36; Koenigs in Gemeinschaftskommentar, § 98 Abs. 2 a. F., Rdn.21.
[17] Rehbinder in Immenga/Mestmäcker, § 130 Abs. 2, Rdn.66ff.; Jungbluth in Langen/Bunte, § 130 Abs. 2, Rdn.109; Koenigs in Gemeinschaftskommentar, § 98 Abs. 2 a. F.; Rdn.26ff.
[18] Jungbluth in Langen/Bunte, § 130 Abs. 2, Rdn.110.

Abs. 2 GWB kommt es zu einer extraterritorialen Anwendung des Gesetzes. Das Auswirkungsprinzip besagt, daß auch Beschränkungen, die im Ausland veranlaßt worden sind und Inlandsauswirkungen haben, erfaßt werden. Diesem Auswirkungsprinzip werden völkerrechtliche Schranken entgegengesetzt, indem bestimmte Mindestanforderungen an die Inlandsauswirkung gestellt werden.[19] Diese Mindestanforderungen entsprechen weitgehend den schon oben angeführten Merkmalen.
Grundsätzlich ist die Anwendung des GWB auf von ausländischen Unternehmen im Ausland veranlaßte Wettbewerbsbeschränkungen nur dann möglich, wenn sie von dem betreffenden Unternehmen eigenverantwortlich veranlaßt werden. Erfolgen sie aufgrund hoheitlicher Maßnahmen des betreffenden ausländischen Staates, so kommt eine Anwendung des GWB nicht in Betracht.[20]

Somit wird auch bezüglich ausländischer Unternehmen eine Mindestintensität der Wettbewerbsbeeinträchtigung als sogenannte Bagatellklausel verlangt.[21] Dies entspricht der Spürbarkeit bei Veranlassungen im Inland. Hingegen genügen entfernte und mittelbare Rückwirkungen ausländischer Wettbewerbsbeschränkungen, die sich nie ganz ausschließen lassen, für die Anwendung des GWB bei der Veranlassung im Ausland nicht.[22]
Weiterhin reicht jedoch auch bei einer Veranlassung im Ausland eine mögliche Inlandsauswirkung aus, so daß keine tatsächliche Auswirkung gegeben sein muß. Jedoch darf diese mögliche Inlandsauswirkung nicht rein abstrakter Natur sein, das heißt, die abstrakte Möglichkeit oder Wahrscheinlichkeit ist nicht ausreichend, sondern es müssen konkrete Tatsachen darauf hinweisen, daß eine Eignung zur Auswirkung gegeben ist.[23]

In Bezug auf Einkaufsbündelungen bedeutet dies, daß das deutsche Kartellrecht anwendbar ist, wenn die Wettbewerbsbeschränkung eine Mindestintensität aufweisen, unmittelbar verursacht worden ist und die Beschränkung aus dem Ausland aufgrund abstrakter Tatsachen geeignet ist, eine Inlandsauswirkung hervorzurufen. Das bedeutet, daß auch Einkaufsbündelungen, die im Ausland veranlaßt worden sind, nach dem deutschen Kartellrecht überprüfbar sind.

II. Kartellverbot gemäß § 1 GWB

Die Kernfrage im Bereich des deutschen Kartellrechts ist, ob Einkaufsbündelungen gegen das Kartellverbot gemäß § 1 GWB verstoßen. Es stellt sich somit die Frage, ob und wenn ja unter welchen Voraussetzungen Einkaufsbündelungen als Kartelle im Sinne der Generalklausel des § 1 GWB anzusehen sind oder ob sie sich noch im kartellfreien Raum bewegen.

---

[19] Rehbinder in Immenga/Mestmäcker, § 130 Abs. 2, Rdn.71ff.; Jungbluth in Langen/Bunte, § 130 Abs. 2, Rdn.116ff.; Koenigs in Gemeinschaftskommentar, § 98 Abs. 2 a. F., Rdn.49.
[20] Jungbluth in Langen/Bunte, § 130 Abs. 2, Rdn.111.
[21] Rehbinder in Immenga/Mestmäcker, § 130 Abs. 2, Rdn.29ff.
[22] BGH v. 12.7.1973, WuW/E BGH 1276/1277ff. „Ölfeldrohre"; KG, v. 5.4.1978, WuW/E OLG 1993/1995f. „Organische Pigmente"; OLG Düsseldorf v. 8.7.1969, WuW/E OLG 1061/1063; OLG Karlsruhe v. 8.10.1980, WuW/E OLG 2340/2341 „Ausgleichsanspruch"; OLG Stuttgart v. 22.12.1980, WuW/E OLG 2376/2377 „CRP-Umzüge"; Schwartz, Deutsches Internationales Kartellrecht, Seite 258f.; Rehbinder, Seite 91, 127.
[23] Koenigs in Gemeinschaftskommentar, § 98 Abs. 2, a. F., Rdn.52; Rehbinder in Immenga/Mestmäcker, § 130 Abs. 2, Rdn.32; Jungbluth in Langen/Bunte, § 130 Abs. 2, Rdn.124; a. A. Autenrieth, RIW/AWD 1980, 820/821.

1. Sinn und Zweck der Norm

Besonders hilfreich bei der Auslegung der einzelnen Tatbestandsmerkmale sind der Sinn und Zweck der Norm, die nie außer acht gelassen werden dürfen. Das durch § 1 GWB geschützte Rechtsgut ist nicht die Handlungsfreiheit der Parteien, die an der Kartellvereinbarung oder am Kartellbeschluß beteiligt sind, sondern geschützt werden die Auswahlalternativen der Marktgegenseite, die durch die Beschränkung der Handlungsfreiheit der Vertrags- oder Beschlußparteien beeinträchtigt werden.[24] Was jedoch nicht bedeutet, daß die Regelung nicht auch den Schutz der unmittelbar Betroffenen bezweckt.[25] Das Verbot des Anbieterkartells schützt die Nachfrager, das Verbot des Nachfragekartells die Anbieter.

Geschützt ist außerdem der Wettbewerb als „Institution" im Interesse der Allgemeinheit.[26] Es geht um die Erhaltung eines funktionsfähigen Wettbewerbs, der im allgemeinen Interesse erwünscht ist. Der Wettbewerb muß somit vor Beschränkungen der Unternehmen geschützt werden. Die Funktionsfähigkeit des Wettbewerbs beruht auf der Freiheit der Nachfrager, zwischen unabhängigen Anbietern wählen zu können, und der Anbieter, zwischen unabhängigen Nachfragern wählen zu können, und auf der Freiheit des Marktzutritts von Außenseitern. Indem das Gesetz diese Freiheiten schützt, schützt es zugleich den Wettbewerb als Institution.[27]

2. Tatbestand des Kartellverbots

a) Unternehmen

Das Kartellverbot wendet sich gegen Unternehmen und ihre Vereinigungen. Fraglich ist, wie der Unternehmensbegriff zu bestimmen ist. Schon aus der Begründung zum Entwurf des GWB[28] geht hervor, daß der Unternehmensbegriff des GWB nicht mit anderen Gesetzen identisch ist, sondern nach dem Sinn und Zweck des GWB ausgelegt werden muß. Dieser besteht darin, den inländischen Wettbewerb zu schützen, indem vertragliche Beschränkungen beim geschäftlichen Verkehr unterbunden werden sollen[29]. Hieraus ergibt sich der sogenannte „funktionale Unternehmensbegriff", das bedeutet, daß der Begriff des Unternehmens weit auszulegen ist. Dieser weite Unternehmensbegriff liegt den Normen des GWB gesamt und einheitlich zugrunde.[30] Seine Funktion beschränkt sich im wesentlichen darauf, die Sphäre des privaten Verbrauchs und der hoheitlichen Tätigkeit des Staates von der Anwendung des Gesetzes auszuklammern, so daß der persönliche Geltungsbereich eingeschränkt wird.

Der Anwendungsbereich umfaßt somit natürliche und juristische Personen, die sich als Anbieter oder Nachfrager von Waren oder Leistungen gegen Entgelt am Wirtschaftsleben beteiligen.[31]

---

[24] Huber/Baums in Frankfurter Kommentar, § 1, Rdn.18ff.

[25] BGH v. 22.10.1973, WuW/E BGH 1299/1300 „Strombezugspreis".

[26] Immenga in Immenga/Mestmäcker, § 1, Rdn.5ff.; BGH v. 12.10.1973, WuW/E BGH 1299/1300 „Strombezugspreis".

[27] Huber/Baums in Frankfurter Kommentar, § 1, Rdn.20.

[28] BT-Drucksache II/1158, Seite 31, Abschnitt C 3 c zu § 1.

[29] Bunte in Langen/Bunte, § 1, Rdn.12ff.

[30] So die herrschende Meinung; vgl. Immenga in Immenga/Mestmäcker, § 1 Rdn.31; Bunte in Langen/Bunte, § 1 Rdn.13; Rittner, § 6 Rdn.3; a.A. K. Schmidt in ZGR 1980, 277/279f.

[31] Stockmann in Wiedemann Handbuch des Kartellrechts, § 7, Rdn.43; Bunte In Langen/Bunte, § 1, Rdn.12ff.

Mit dem Begriff des Unternehmens soll der „private Haushalt“ aus dem Anwendungsbereich des GWB ausgegrenzt werden. Eine Tätigkeit im geschäftlichen Verkehr, die lediglich der Deckung des eigenen privaten Verbrauchs dient, ist keine unternehmerische Tätigkeit im Sinne des § 1 GWB.[32] Die rechtspolitische Bedeutung der Beschränkung des Adressatenkreises liegt vor allem darin , daß die Einbeziehung der privaten Verbraucher in den Adressatenkreises des Gesetzes dem Sinn und Zweck widerspräche. Denn das GWB soll die bestmögliche Versorgung der Verbraucher sicherstellen und diese nicht in ihrem Handeln beschränken. Werden die Verbraucher somit selbständig tätig, um ihre Situation zu verbessern, fällt dies nicht in den Schutzbereich des GWB.

Hiervon ist jedoch die Situation abzugrenzen und zu unterscheiden, und somit das Vorliegen eines Unternehmen anzunehmen, wenn die beschaffte Leistung einer unbestimmten Vielzahl von Interessenten zu deren eigenem Verbrauch zugänglich gemacht werden soll. Dies hat der BGH in einem Fall angenommen, in dem eine Besucherorganisation für Theateraufführungen Theaterstücke aussuchte und für diese Eintrittskarten beschaffte.[33] Auch ist ein Privatmann, der unentgeltlich Aufträge anderer Verbraucher entgegennimmt, um sie als „Sammelbestellung“ an Lieferanten weiterzugeben und hierbei günstigere Bedingungen erlangt, als Unternehmen anzusehen.[34] Hieran wird ersichtlich, daß Privatpersonen zu dem Zeitpunkt zu Unternehmen werden, wenn hinter der Organisation der Einkaufsbündelung nicht nur rein private Absichten stehen, das heißt die Bündelung nicht mehr zur Deckung des eigenen Verbrauchs dient.
Findet folglich eine Einkaufsbündelung zwischen privaten Endverbrauchern statt, so wird hierdurch nicht gegen das Kartellverbot gemäß § 1 GWB verstoßen. Anders sieht es dagegen aus, wenn Unternehmen als Endverbraucher auf dem Markt auftreten, dies hindert nicht die Überprüfung anhand des Kartellverbots.

b) Vereinbarung oder abgestimmte Verhaltensweise

(1) Vereinbarung

Der Tatbestand der Vereinbarung ist erst durch die 6. GWB-Novelle zum 1.1.1999 eingeführt worden. Dies geschah in Anlehnung und in Angleichung an den Wortlaut von Art. 81 Abs. 1 EGV.[35] Vor der GWB-Novelle war in § 1 GWB die Rede von Verträgen, die Unternehmen oder Vereinigungen von Unternehmen schließen. Jedoch sollte durch diese angepaßte Formulierung keine wesentliche Änderung des Tatbestandsmerkmals „Verträge“ stattfinden.[36]
Der Begriff der Vereinbarung umfaßt somit unstreitig alle Verträge im zivilrechtlichen Sinne und darüber hinaus jede förmliche oder formlose, ausdrückliche oder stillschweigende[37] Willenseinigung zwischen zwei oder mehreren natürlichen oder juristischen Person, durch die das

[32] Ballerstedt in Festschrift für v. Nell-Breuning, Seite 212/223ff.; Gandenberg, Was ist ein Unternehmen?, Seite 95ff.; Immenga in Immenga/Mestmäcker § 1 Rdn.26; BGH v. 20.10.1970, WuW/E BGH 1142/1143 „Volksbühne II“; a. A Langer, Der Begriff Unternehmen im GWB, Seite 110ff.
[33] Bunte in Langen/Bunte, § 1 Rdn.18; BGH v. 20.10.1970, WuW/E BGH 1142/1143 „Volksbühne II“.
[34] Bunte in Langen/Bunte, § 1, Rdn.18; Immenga in Immenga/Mestmäcker, § 1, Rdn.24; Müller-Uri, Seite 38.
[35] Begr. RegEntw., WuW-Sonderheft 1998, Seite 65; Schwarz, EWS 2001, 565/566.
[36] Bunte in Langen/Bunte, § 1, Rdn.34f.; Emmerich, Seite 34.
[37] BGH, Beschluß v. 15.2.1962, WuW/E BGH 495/497 „Ausschreibung für Putzarbeiten II“; BGH, Beschluß v. 17.12.1970, WuW/E BGH 1147/1153 „Teerfarben“; Immenga in Immenga/Mestmäcker, § 1, Rdn.85ff.

Marktverhalten wenigstens eines Erklärungspartners geregelt wird[38]. Von dem Begriff der Vereinbarung werden weiterhin auch die gentlemen's agreements erfaßt, die dadurch gekennzeichnet sind, daß bei ihnen keine rechtlich, sondern eine moralische, wirtschaftliche oder gesellschaftliche Bindung bezweckt wird.[39]

(2) Abgestimmte Verhaltensweise

Nicht ganz unproblematisch ist dagegen die Frage, ob eine Einkaufsbündelung auch durch abgestimmte Verhaltensweisen zwischen den Unternehmen stattfinden kann. Ursprünglich verlangte der Begriff der Einkaufsgemeinschaft eine organisationsvertragliche Grundlage[40], so daß eine Einkaufsgemeinschaft nur dann vorlag, wenn die Zusammenarbeit aufgrund vertraglicher Abmachungen oder gemeinsamer Beschlüsse erfolgte. Hiernach wäre das Vorliegen einer abgestimmten Verhaltensweise im Rahmen von Einkaufsgemeinschaften nicht möglich gewesen. Der Begriff der Einkaufsbündelung geht jedoch weiter als der Begriff der Einkaufgemeinschaften und umfaßt somit auch gemeinsamen Einkauf, der auf einer lockereren Verbindung als einer Vereinbarung oder einem Beschluß basiert[41] Folglich kann eine Einkaufsbündelung grundsätzlich auch auf einer abgestimmten Verhaltensweisen beruhen.

Fraglich bleibt allerdings, was unter einer abgestimmten Verhaltensweise im Sinne des § 1 GWB zu verstehen ist. Das Verbot der abgestimmten Verhaltensweisen ist erst mit der 6. GWB-Novelle in § 1 GWB eingefügt worden. Anders als Art. 81 Abs. 1 EGV bezog sich § 1 Abs. 1 Satz 1 GWB zuvor nur auf wettbewerbsbeschränkende Verträge und Beschlüsse und nicht auf abgestimmte Verhaltensweisen. Ein Abstimmungsverbot wurde überhaupt erst durch die 2. GWB-Novelle 1973 in das Gesetz gegen Wettbewerbsbeschränkungen eingefügt (§ 25 Abs. 1 GWB a. F.) und die 6. GWB-Novelle integrierte das Abstimmungsverbot des § 25 Abs. 1 GWB a. F. dann in § 1 GWB und stellt damit auch formal Gleichklang mit Art. 81 Abs. 1 EGV her. Somit erlangt man weiteren Aufschluß zu dem Begriff der abgestimmten Verhaltensweise in § 1 GWB, wenn man einen Blick auf die umfangreiche Praxis der Gemeinschaftsorgane zu dem Parallelbegriff in Art. 81 Abs. 1 EGV (Art. 85 Abs. 1 EGV a. F.) wirft.[42] Aus diesem Grund sah der Gesetzgeber es auch nicht für erforderlich an, eine nähere Umschreibung des Begriffs „aufeinander abgestimmte Verhalten" zu geben, denn der Begriff hat durch die Rechtsprechung des EuGH schon eine ausreichende und umfangreiche Auslegung erfahren.

So soll das Verbot abgestimmter Verhaltensweisen verhindern, daß Unternehmen auch ohne Verträge und Beschlüsse ihr Verhalten auf wettbewerbsbeschränkende Weise koordinieren und im Ergebnis den Wettbewerb in gleichem Maße schädigen. Eine Umgehung des Kartellverbots gemäß § 1 GWB soll auf diese Weise verhindert werden.[43] Folglich wird der Anwen-

---

[38] BGH, Beschluß v. 15.2.1962, WuW/E BGH 495/497"Ausschreibung für Putzarbeiten II"; Immenga in Immenga/Mestmäcker, § 1, Rdn.85ff.; Bunte in Langen/Bunte, § 1, Rdn.34ff.

[39] Emmerich, Seite 34; EuG, Slg. 1995 II, 791/830f. Rdn.96 „Tréfileurope"; Bunte in Langen/Bunte, § 1, Rdn.42; Immenga in Immenga/Mestmäcker, §1, Rdn.88ff.

[40] Siehe zur organisationsvertraglichen Grundlage: Ostler, Seite 8f.; Olesch/Tiedke, Seite 9; Dauner, Seite 30f.

[41] Horizontale Leitlinien (Fn.3) Tz.115.

[42] Emmerich, Seite 34ff.; Huber in Frankfurter Kommentar, § 1 n. F. Kurzdarstellung, Rdn.28; Rittner, § 7, Rdn.57ff.

[43] Bunte in Langen/Bunte, § 1, Rdn.57.

dungsbereich von § 1 mit dem Begriff der abgestimmten Verhaltensweisen erweitert. Die Abgrenzung der abgestimmten Verhaltensweise von der zur Vereinbarung und zum Beschluß hat grundsätzlich keine große praktische Bedeutung, da alle drei Tatbestandsmerkmale dem Kartellverbot unterliegen. Anders sieht es jedoch im Zusammenhang mit den Legalisierungsmöglichkeiten aus, da die abgestimmten Verhaltensweisen hier nicht genannt werden, und es somit einen Unterschied macht, ob eine Vereinbarung oder eine abgestimmte Verhaltenswiese vorliegt. Auch muß eine Abgrenzung zwischen bewußtem Parallelverhalten und abgestimmten Verhaltensweisen stattfinden, da das bewußte Parallelverhalten nicht vom Verbot des § 1 GWB erfaßt wird und somit zulässig ist.
Um Einkaufsbündelungen nach einer abgestimmten Verhaltensweise im Sinne des § 1 GWB beurteilen zu können, muß geklärt werden, welche Anforderungen an die Abstimmung zwischen den Unternehmen gestellt wird (a) und ob dieses Abstimmung sich in einem bestimmten Verhalten widerspiegeln muß (b).

(a) Abstimmung

Der Gesetzgeber hat auf eine Begriffsbestimmung der Abstimmung bewußt verzichtet. Im Bericht des Wirtschaftsausschusses wird insoweit auf die „in der Kartellrechtspraxis geläufige" Stufenfolge „Vertrag - Abstimmung - bloßes Parallelverhalten" hingewiesen, angesichts derer eine gesetzliche Definition der Abstimmung nicht erforderlich sei.[44] Die Teerfarben-Urteile des EuGH[45] haben nach Ansicht des Ausschusses klargestellt, daß ein bewußtes Parallelverhalten „noch keine Abstimmung" darstellt[46]. Der Ausschluß von Parallelverhalten aus dem Anwendungsbereich von § 1 GWB wird damit begründet, daß ein bloßes - wenn auch bewußtes - Parallelverhalten noch Handeln im Wettbewerb sei und damit den Risiken ausgesetzt sei, die Wettbewerbshandlungen allgemein innewohne.[47]

Nach der ständigen Rechtsprechung des EuGH[48] stellen aufeinander abgestimmte Verhaltensweisen „eine Form der Koordinierung zwischen Unternehmen dar, die zwar noch nicht bis zu einem Abschluß im eigentlichen Sinne gediehen ist, jedoch bewußt eine praktische Zusammenarbeit an die Stelle des mit Risiken verbundenen Wettbewerbs treten läßt". Aufeinander abgestimmte Verhaltensweisen erfüllen daher schon ihrem Wesen nach nicht alle Tatbestandsmerkmale einer Vereinbarung, sondern können sich insbesondere auch aus einer im Verhalten der Beteiligten zutagetretenden Koordinierung ergeben.
Der Gerichtshof betont in diesem Zusammenhang vor allem das sog. Selbständigkeitspostulat, d.h. die Verpflichtung der Unternehmen, ihr Verhalten am Markt selbständig zu bestimmen, woraus er das Verbot jeder Fühlungnahme von Unternehmen zwecks Information über das geplante eigene oder das Verhalten der Konkurrenten abgeleitet hat.

---

[44] Bericht des Wirtschaftsausschusses, BT-Drucksache 7/765 Seite 9.
[45] Vgl. z. B. EuGH, 14.7.1972, Slg. 1972, 713/734 „BASF"; zur europäischen Praxis ferner EuGH v. 15.7.1970, WuW/E EWG/MUV 229/237 „Chinin-Hersteller II".
[46] So auch schon Ulmer, Abgestimmte Verhaltensweisen im Kartellrecht, Seite 12ff.
[47] Langen/Niederleithinger/Ritter/Schmidt, § 25; Rdn.12f.; Mestmäcker, Europäisches Wettbewerbsrecht, Seite 210f.; Zimmer in ZHR 145, 470/471.
[48] EuGH, Slg. 1972, 619/658 Rdn.64/67 „ICI"; Slg. 1975, 1663/1942 Rdn.26/28 „Suiker Unie"; Slg. 1981, 2021/2031 Rdn.12 „Züchner"; die Kommission hat diese Definition ausdrücklich übernommen, Kommission, ABl. der EG 1989 Nr. L 74, Seite 21/32, Rdn.39 „LDPE".

Bewußte praktische Zusammenarbeit ist aus diesem Grund nur dann verboten, wenn diese aufeinander abgestimmt ist, d. h. ein Minimum an gegenseitigem Kontakt, in Form von mittelbarer und unmittelbarer Fühlungnahme, zwischen den Unternehmen stattgefunden hat.
Aus diesem Grund stellt das bewußte Nachahmen und erst recht das gleichförmige Verhalten (unbewußtes und bewußtes Parallelverhalten) kein koordiniertes Zusammenwirken dar, da hierbei die bewußte Mitwirkung der anderen Seite gänzlich fehlt.[49] Es handelt sich lediglich um ein einseitiges Verhalten, eine bloße einseitige Anpassungen des Verhaltens. Somit stellt das bewußte Parallelverhalten kein „aufeinander Abstimmen" dar, so daß es einer Abgrenzung zwischen dem bewußten Parallelverhalten und der aufeinander abgestimmten Verhaltensweise bedarf.
Diese Abgrenzung findet gerade durch das Merkmal des praktischen Zusammenwirken aufgrund einer Abstimmung, d.h. einer gegenseitigen Verständigung, statt. Von einem bewußten Parallelverhalten ist dann auszugehen, wenn dies ohne eine vorherige Abstimmung in Form von mittelbarer oder unmittelbarer Fühlungnahme, also nur in Anpassung an das festgestellte oder erwartete Verhalten der Mitbewerber geschieht.[50] Bewußtes und unbewußtes Parallelverhalten liegt selbst dann vor, wenn dieses im Bewußtsein oder mit dem Ziel der Gleichförmigkeit von dem einzelnen Beteiligten praktiziert wird.[51]

Fraglich ist nun, was für Anforderungen an die der bewußten praktischen Zusammenarbeit zugrunde liegende Abstimmung, also die gegenseitige Verständigung, gestellt werden. Grundsätzlich kann die Abstimmung durch jede Fühlungnahme zwischen den Unternehmen, auf welchen Wegen und mit welchen Mitteln auch immer, geschehen.[52] Deshalb ist unter einer abgestimmten Verhaltensweise jede Form der willentlichen Koordinierung unternehmerischen Verhaltens am Markt ohne faktische oder gar rechtliche Bindungskraft zu verstehen, die sich auch ganz formlos vollziehen kann und ganz häufig nur aus den Umständen zu folgern ist. Eine typische Form der Fühlungnahme liegt vor bei direktem Kontakt durch Informationsaustausch.[53]
Regelmäßig kommt eine Abstimmung dadurch zustande, daß sich die beteiligten Unternehmen selbst abstimmen, aber es können auch Dritte dafür eingeschaltet werden. Deshalb stellt sich die Frage, ob auch diese Form der Abstimmung unter § 1 GWB fällt. Schon nach dem Wortlaut des § 1 GWB kann aufeinander abgestimmtes Verhalten auch ein „Abgestimmt-Werden" meinen, das von einem inszeniert und koordiniert wird,[54] beispielsweise als Vermittler oder als Zwischenglied einer Abstimmung zwischen Unternehmen. Vom wirtschaftspolitischen Schutzzweck der Vorschrift her sind keine Gründe ersichtlich, weshalb alleine das aktive Untereinander-Abstimmen erfaßt sein soll. Ob die Abstimmung von den Beteiligten selbst organisiert ist oder ob ein Dritter für ihre Koordination federführend ist, macht in Bezug auf

[49] Bunte in Langen/Bunte, 8. Aufl., § 25, Rdn.13ff.; Bericht des Wirtschaftsausschusses, WuW 1973, 592.
[50] EuGH, Slg. 1975, 1663/1942 Rdn.26/28 „Suiker Unie"; Slg. 1981, 2021/2031, Rdn.12 „Züchner"; Beuthien, Seite 82ff.; EuGH, Slg. 1972, 619/658 „ICI"; Bunte in Langen/Bunte, Art .85, Rdn.21.
[51] Ulmer/Wiedemann in Cox/Jens/Markert, Handbuch des Wettbewerbs, Seite 277.
[52] Roth/Ackermann in Frankfurter Kommentar, Grundfragen Art. 81 Abs. 1, Rdn.117, 129f.; Trimarchi in GRUR Int. 1970, 311/316.
[53] Belke in ZHR 139, 51/67.
[54] Die Rechtsfigur der Abstimmung über Dritte lehnen im Rahmen des § 25 I GWB a. F. alle diejenigen ab, die für das Vorliegen des abgestimmten Verhaltens ein bewußt und gewolltes Zusammenwirken aufgrund eines gemeinsamen Plans fordern: so Belke in ZHR 139, 51/77.

die schädliche Auswirkung auf die Wettbewerbsverhältnisse keinen Unterschied. Somit werden grundsätzlich auch Abstimmungen durch Dritte von § 1 GWB erfaßt.[55]

Hiervon zu unterscheiden ist jedoch der Fall, daß ein gleichförmiges Verhalten (bewußtes und unbewußtes Parallelverhalten) alleine auf die Initiative eines Dritten und nicht auf die Initiative der Unternehmen zurückzuführen ist.[56] In diesem Fall liegt keine abgestimmte Verhaltensweise zwischen den an der Durchführung beteiligten Unternehmen vor. Hierbei liegt eine Empfehlung vor, bei der es sich im Gegensatz zur abgestimmten Verhaltensweise um eine einseitige Einflußnahme des Empfehlenden auf das Verhalten des Empfängers handelt.[57] Zur Abgrenzung ist somit auf die Ursächlichkeit des koordinierten Verhaltens abzustellen, die nur zur Anwendung des § 1 GWB führt, wenn eine Verständigung der Beteiligten untereinander oder jeweils mit dem Empfehlenden gegeben ist.[58]
Dies führt dazu, daß eine Abstimmung zwischen den Unternehmen vorliegt, wenn diese den Dritten einschalten, um eine Abstimmung untereinander zu erreichen, also die Initiative von den Unternehmen ausgeht. Geht die Initiative dagegen vom Dritten aus, ergibt sich eine Abstimmung nur, wenn die Beteiligten untereinander signalisieren, daß sie sich den Vorschlag zu eigen machen. Hieraus wird deutlich, daß die Grenze zwischen einer Empfehlung eines Dritten und einer abgestimmten Verhaltensweise unter Zuhilfenahme eines Dritten gemäß § 1 GWB überschritten ist, wenn nicht nur ein gleichförmiges unabhängig voneinander vorliegendes Verhalten gegeben ist, sondern man von einer bewußten Abstimmung ausgehen kann.

Im Rahmen des § 25 Abs. 1 GWB a. F. wurde nach der Einführung der Formulierung der abgestimmten Verhaltensweise diskutiert, ob die Abstimmung zwischen den Unternehmen sich in einem Plan widerspiegeln muß. Dies wurde bzw. wird häufig bejaht.[59] Dem kann jedoch im Rahmen des § 1 GWB nicht zugestimmt werden. Dies läßt sich damit begründen, daß der Tatbestand der abgestimmten Verhaltensweise mit der 6. GWB-Novelle mit der Begründung eingefügt worden ist, daß einerseits eine Anpassung an das Europäische Recht stattfinden soll[60] und andererseits, daß der Tatbestand der Vereinbarung und Beschlüsse nicht mehr umgangen werde kann bzw. der Begriff der Vereinbarung nicht mehr so weit ausgelegt werden muß. Das bedeutet, daß bei der abgestimmten Verhaltensweise gerade keine Vereinbarung, also keine Willensübereinstimmung vorliegt. Würde man nun verlangen, daß der Abstimmung ein Plan zu Grunde liegen muß, so läge schon eine Vereinbarung im Sinne des § 1 GWB vor. Somit kann das Vorliegen eines Plan nicht verlangt werden.[61]

---

[55] Immenga in Immenga/Mestmäcker, 2. Aufl., § 25, Rdn.18; Roth/Ackermann in Frankfurter Kommentar, Art. 81 Abs. 1, Rdn.130; Roth in Frankfurter Kommentar, § 25, Rdn.49; Bunte in Langen/Bunte, 8. Aufl., § 25, Rdn.11.
[56] Roth in Frankfurter Kommentar, § 25, Rdn.13; OLG Stuttgart v. 26.10.1984, WuW/E OLG 3332/3333 „Familienzeitschrift"; Benisch in Gemeinschaftskommentar, § 25 Abs. 1, Rdn.8; Belke in ZHR 139, 51/94ff.
[57] Roth in Frankfurter Kommentar, § 25, Rdn.13.
[58] Immenga in Immenga/Mestmäcker, 2. Aufl., § 25, Rdn.18.
[59] Gleiss/Bechtold in BB 1973, 1142/1144; Möhring/Illert in BB 1974, 819f.; Fikentscher, Wirtschaftsrecht I, Seite 593; Mestmäcker, Seite 208; Mailänder in Gemeinschaftskommentar, Art. 85, Rdn.13.
[60] Begr. RegEntw. 1998, BTDrucks. 13/9720, Seite 30f.
[61] Ablehnend für § 25 Abs. 1 GWB a. F. auch Benisch in Gemeinschaftskommentar, § 25 Abs. 1, Rdn.4; Immenga in Immenga/Mestmäcker, 2. Aufl., § 25, Rdn.13f.; Ulmer/Wiedemann in Cox/Jens/Markert, Handbuch des Wettbewerbs, Seite 277.

Ob bestimmte Erklärungen bzw. Verhaltensweisen als Aufforderung zu einer praktischen Zusammenarbeit zu verstehen sind, ist eine Frage der Auslegung des Parteiverhaltens, die nach den Umständen des Einzelfalls zu entscheiden ist.

(b) Marktrelevantes Verhalten

§ 1 GWB spricht von abgestimmten Verhaltensweisen. Diese Formulierung wirft die Frage auf, ob die Abstimmung durchgeführt, d. h. auch in ein konkretes marktrelevantes Verhalten umgesetzt werden muß.
Im Europäischen Kartellrecht (Art. 81 Abs. 1 EGV) wird die Frage, ob das Tatbestandsmerkmal des „abgestimmten Verhaltens" - wofür der Wortlaut des Art. 81 Abs. 1 EGV spricht - eine Umsetzung der Abstimmung in ein Verhalten verlangt[62] oder eine Abstimmung über künftiges Verhalten genügt[63], seit langem kontrovers diskutiert. Läßt sich auch im Rahmen des § 1 GWB durch die gleichlautende Formulierung diese Frage unterschiedlich beantworten? Muß die Abstimmung durchgeführt, d.h. auch in konkretes marktrelevantes Verhalten umgesetzt werden oder erfüllt bereits eine Abstimmung über künftiges Verhalten den Tatbestand des § 1 GWB?

Für das Erfordernis des Vorliegen eines Verhaltens spricht Folgendes: Während bei Vereinbarungen und Beschlüssen zwischen den beteiligten Unternehmen eine Willensübereinstimmung vorliegt, die beide Parteien bindet, ist dies bei einer abgestimmten Verhaltensweise nicht der Fall. Die Unternehmen bleiben weiterhin frei und können sich jederzeit entscheiden, ob sie sich der praktischen Kooperation anschließen oder eigenständig bleiben. Im Vergleich zur Vereinbarung fehlt es hier somit an einer vergleichbaren Konkretisierung, so daß sich diese Konkretisierung gerade in einem Verhalten widerspiegeln muß.
Im Rahmen des Art. 81 EGV wird gegen dieses Argument jedoch eingewandt, daß gemäß Art. 81 Abs. 2 EGV auch die Vereinbarungen und Beschlüsse nichtig sind und somit auch von diesem keine bindende Wirkung ausgeht.[64] Im deutschen Kartellrecht gibt es zwar keine dem Art. 81 Abs. 2 EGV entsprechende Bestimmung, aber seit der 6. GWB-Novelle sind Vereinbarungen und Beschlüsse, die gegen das Kartellverbot aus § 1 GWB verstoßen, kraft Gesetzes nichtig (§ 1 GWB in Verbindung mit § 134 BGB)[65], so daß dieses Argument auch im Rahmen des § 1 GWB anzuwenden ist und gegen das Erfordernis des Vorliegens eines Verhaltens spricht.

Weiterhin ist als Argument anzuführen, daß es einer Beurteilung nach den Umständen des Einzelfalls bedarf, um entscheiden zu können, ob eine Aufforderung zu einer praktischen Zusammenarbeit vorliegt[66] und somit eine gegenseitige Fühlungnahme vorliegt. Zwischen Unternehmen gibt es jedoch auch Fühlungnahmen, die sich kartellrechtsneutral verhalten und

---

[62] Bunte in Langen/Bunte, 8. Aufl., § 25, Rdn.7ff. und § 1, Rdn.68ff.; Lübbert, Seite 51ff.; Immenga in Immenga/Mestmäcker, 2. Aufl., § 25, Rdn.20f.; Stockmann in Wiedemann, Handbuch des Kartellrechts, § 7, Rdn.10f.; Schröter in Groeben/Thiesing/Ehlermann, Art. 85 Rdn.66; GA Mayras, Slg. 1972, 667/674 „ICI"; GA Gand, Slg. 1970, 706/719 „ACF Chemiefarma".
[63] Koch in Grabitz/Hilf, Art. 85, Rdn.28; differenzierend Müller-Graff in Hailbronner/Magiera/Müller-Graff, Art. 85, Rdn.54.
[64] Roth/Ackermann in Frankfurter Kommentar, Art. 81 Abs. 1, Rdn.124.
[65] Begr. RegEntw. 1998, BTDrucks. 13/9720, Seite 46.
[66] Roth/Ackermann in Frankfurter Kommentar, Art. 81 Abs. 1, Rdn.119.

somit nicht unterbunden werden sollen. Geht man davon aus, daß eine Abstimmung ohne ein darauf erfolgendes Verhalten ausreichend ist, so müssen an die Abstimmung hohe Anforderungen gestellt werden, damit kartellrechtsneutrale Kontaktaufnahmen nicht unter das Kartellverbot fallen.[67]
Hiergegen läßt sich jedoch anführen, daß diese Auswirkungen schon dadurch verhindert werden, daß als weiteres Tatbestandsmerkmal im Rahmen des § 1 GWB auch noch eine Wettbewerbsbeschränkung vorliegen muß. Folglich schadet es nicht, wenn der Begriff der Abstimmung erst einmal weiter gefaßt wird und dann erst zu einem späteren Zeitpunkt durch ein weiteres Tatbestandsmerkmal eingeschränkt wird.

Betrachtet man dagegen alleine den Wortlaut der abgestimmten Verhaltensweise, so wird deutlich, daß gerade von einer „abgestimmten Verhaltensweise" und nicht nur von einer „Abstimmung" zwischen den beteiligten Unternehmen die Rede ist, woran sich erkennen läßt, daß nicht alleine eine Abstimmung ausreichend ist, sondern daß es auch noch auf das darauf resultierende Verhalten ankommt.
Dem ist jedoch – auch mit dem Wortlaut des § 1 GWB – entgegenzuhalten, daß, wenn man nicht isoliert die Formulierung der abgestimmten Verhaltensweise betrachtet, sondern den gesamten Tatbestand, so heißt es in § 1 GWB „...abgestimmte Verhaltensweisen, die eine Verhinderung, Einschränkung oder Verfälschung des Wettbewerbs bezwecken oder bewirken, sind verboten", ein Bezwecken ausreichend ist. Sowohl für Vereinbarungen wie für Beschlüsse ist anerkannt, daß sie den Tatbestand schon dann erfüllen, wenn sie eine Wettbewerbsbeschränkung bezwecken, also ein entsprechendes Marktverhalten noch nicht eingetreten ist. Dies muß dann auch für abgestimmte Verhaltensweisen gelten. Denn das Verbot der abgestimmten Verhaltensweise ist unter anderem als Auffangtatbestand in § 1 GWB aufgenommen worden, damit eine Umgehung des Kartellverbots verhindert wird[68] und bildet einen fließenden Übergang zum Merkmal Vereinbarung[69]. Aus diesen Gründen überzeugt es wenig, wenn der Abstimmungstatbestand im Gegensatz zur Vereinbarung erst bei einem konkreten Verhalten erfüllt sein soll. Hiermit würde der Zweck des Auffangtatbestandes verkannt, da an die Abstimmung erhöhte Anforderungen gestellt werden. An der Systematik des § 1 GWB und besonders an der Verwendung des Begriffs „bezwecken" wird deutlich, daß nicht erst ein Marktverhalten vorliegen muß, sondern, daß es schon ausreicht, wenn ein bestimmtes Marktverhalten bezweckt wird, das heißt eine Abstimmung über künftiges Marktverhalten ist ausreichend.[70] Die Erfüllung des Tatbestandes des § 1 GWB löst somit Rechtsfolgen aus, ohne daß ein Marktverhalten vorliegen muß.[71] An dieser Darstellung wird ersichtlich, daß man aus dem Wortlaut weder schließen kann, daß ein Verhalten erforderlich, noch daß die alleinige Abstimmung ausreichend ist. Folglich hilft der Wortlaut bei der Auslegung der Norm nicht weiter.
Betrachtet man als weitere Auslegungshilfe den Sinn und Zweck des § 1 GWB, nämlich daß es darum geht zu verhindern, daß die „Partner" einer Kartellvereinbarung oder einer abge-

---

[67] Roth/Ackermann in Frankfurter Kommentar, Art. 81 Abs. 1, Rdn.124.
[68] Bunte in Langen/Bunte, § 1, Rdn.57; Emmerich in Immenga/Mestmäcker, EG-Wettbewerbsrecht, Art. 85 Abs. 1, Rdn.100; Grill in Lenz, Art.81, Rdn.5; Müller-Graff in Hailbronner/Klein/Magiera/Müller-Graff, Art. 85, Rdn.5; Schröter in von der Groeben/Thiesing/Ehlermann, Art. 85, Rdn.59.
[69] Emmerich in Immenga/Mestmäcker, EG-Wettbewerbrecht, Art. 85 Abs. 1, Rdn.103.
[70] Schröter in von der Groeben/Thiesing/Ehlermann, Art. 85, Rdn.67; Emmerich in Immenga/Mestmäcker, EG-Wettbewerbsrecht, Art. 85 Abs. 1, Rdn.118; Koch inGrabitz/Hilf; Art. 85, Rdn.28.
[71] Immenga in Immenga/Mestmäcker, 2. Aufl., § 25, Rdn.20.

stimmten Verhaltensweise sich wirksam zu wettbewerbsbeschränkenden Verhaltensweisen verpflichten oder abstimmen können[72], so wird auch hieraus deutlich, daß es für das Vorliegen einer abgestimmten Verhaltensweise ausreichend ist, wenn nur eine Abstimmung gegeben ist.

Aus dieser Gegenüberstellung der Argumente für und gegen das Vorliegen eines Verhaltens neben der Abstimmung wird deutlich, daß neben der Abstimmung kein zusätzliches Verhalten vorliegen muß. Die Argumente, die für die Annahme eines Verhalten sprechen, lassen sich entkräften. Folglich sprechen die überwiegenden Gründe dafür, daß auf ein Verhalten neben der Abstimmung verzichtet werden kann.
Dies bedeutet für die Einkaufsbündelungen, daß auch dann von einer abgestimmten Verhaltensweise ausgegangen werden kann, wenn zwar eine Abstimmung stattgefunden hat, sich diese aber nicht oder noch nicht in einem Verhalten äußert.

c) Miteinander im Wettbewerb stehende Unternehmen

(1) Allgemein

§ 1 GWB fordert, daß die wettbewerbsbeschränkende Vereinbarungen „zwischen miteinander im Wettbewerb stehenden Unternehmen" geschlossen werden. Durch die 6. GWB-Novelle ist das Tatbestandsmerkmal „zu einem gemeinsamen Zweck" durch die sprachlich treffendere Formulierung, daß die Vereinbarung „zwischen miteinander in Wettbewerb stehenden Unternehmen" abgeschlossen wird, ersetzt worden.[73] Trotz der Anpassung des § 1 GWB an Art. 81 Abs. 1 EGV, wollte der Gesetzgeber in § 1 GWB die strenge Unterscheidung zwischen horizontalen und vertikalen Wettbewerbsbeschränkungen beibehalten.[74] Diese Unterscheidung wird auch in den Überschriften des 1. und 2. Abschnitts (Kartellvereinbarungen und Vertikalvereinbarungen) ersichtlich.
Stellt man alleine auf den Wortlaut der Norm ab, so könnte man zu dem Ergebnis gelangen, daß nur beim Vorliegen einer Vereinbarung die Unternehmen miteinander im Wettbewerb stehen müssen. Jedoch ergibt sowohl der Sachzusammenhang als auch das Nebeneinander der verschiedenen Verhaltensformen, daß sich das Tatbestandsmerkmal „zwischen miteinander im Wettbewerb stehenden Unternehmen" auch auf Beschlüsse und abgestimmte Verhaltensweisen bezieht.[75] Des weiteren würde es auch keinen Sinn machen, wenn das einschränkende Tatbestandsmerkmal sich nur auf Vereinbarungen und nicht auf abgestimmte Verhaltensweisen und Beschlüsse bezöge, denn damit würden formlose und unverbindliche Verhaltensabstimmungen einem weitergehenden Verbot unterworfen werden als förmliche und bindende Vereinbarungen[76]. Dies entspräche nicht dem Schutzzweck der Norm.

§ 1 GWB verbietet somit nur Vereinbarungen und abgestimmte Verhaltensweisen zwischen miteinander im Wettbewerb stehenden Unternehmen, also nur die sogenannten horizontalen Vereinbarungen und abgestimmten Verhaltensweisen und nicht die vertikalen. Die vertikalen

[72] Roth in Frankfurter Kommentar, § 25, Rdn.17.
[73] Begr. RegEntw. 1998, WuW-Sonderheft 1998, Seite 65.
[74] Begr. RegEntw. 1998, BTDrucks. 13/9720 Seite 31.
[75] Bunte in Langen/Bunte, § 1, Rdn.87; Huber in Frankfurter Kommentar, § 1 n. F. Kurzdarstellung, Rdn.12, 52; a. A. Schwarz, EWS 2001, 565/568.
[76] Huber in Frankfurter Kommentar, § 1 n. F. Kurzdarstellung, Rdn.52.

Wettbewerbsbeschränkungen, d.h. zwischen Unternehmen auf unterschiedlichen Marktstufen, sind somit dem Anwendungsbereich des § 1 GWB entzogen.

(2) Wettbewerbsverhältnis

Das GWB definiert weder in § 1 GWB noch in anderen Vorschriften den Begriff des Wettbewerbs. Jedoch erscheint eine präzise Definition, was unter Wettbewerb zu verstehen ist, als entbehrlich, weil es um die Feststellung einer Wettbewerbsbeziehung bzw. eines Wettbewerbsverhältnis geht. Der Wettbewerb ist in zwei verschiedenen Formen möglich: Anbieter- und Nachfragewettbewerb. Beim Anbieterwettbewerb geht es um den Geschäftsabschluß mit den Kunden und beim Nachfragewettbewerb um einen Geschäftsabschluß mit den Lieferanten.
Dabei wird sowohl der aktuelle als auch der potentielle Wettbewerb zwischen den Unternehmen erfaßt.[77] Die Anwendung des § 1 GWB n. F. setzt in jedem Fall voraus, daß die beteiligten Unternehmen auf einem bestimmten Markt für Waren oder sonstige Leistungen als Anbieter oder Nachfrager tätig sind (aktueller Wettbewerb) oder zumindest tätig sein können (potentieller Wettbewerb). Jedoch reicht eine rein theoretische Möglichkeit, auf dem Markt des anderen beteiligten Unternehmen in den Wettbewerb einzutreten nicht aus. Es muß eine mehr oder weniger große Wahrscheinlichkeit bestehen.[78] Bei der Einbeziehung des potentiellen Wettbewerbs muß die Funktion des Tatbestandsmerkmals „zwischen miteinander im Wettbewerb stehende Unternehmen" berücksichtigt werden, was dazu führt, daß nur Wettbewerber auf der gleichen Marktstufe (horizontal) unter den Begriff der potentiellen Wettbewerber fallen.[79]

Unternehmen stehen miteinander im Wettbewerb, wenn zwischen ihnen ein Wettbewerbsverhältnis besteht. Ein Wettbewerbsverhältnis liegt vor, wenn Unternehmen auf dem gleichen relevanten Markt tätig sind.[80] Hierzu bedarf es der Bestimmung des relevanten Marktes, wozu der sachlich, räumlich und zeitlich relevante Markt zählt. In diesem Zusammenhang kann auf die Grundsätze der Marktabgrenzung im Rahmen der Feststellung einer marktbeherrschenden Stellung gemäß § 19 GWB zurückgegriffen werden.

Bei der Frage nach dem sachlich relevanten Markt geht es um das Problem, welche Güter oder Leistungen zu einem Markt gehören, weil zwischen ihnen Wettbewerbsbeziehungen bestehen (Bedarfsmarktkonzept).[81] Zu einem sachlich relevanten Markt gehören „sämtliche Erzeugnisse, die sich nach ihren Eigenschaften, ihrem wirtschaftlichen Verwendungszweck und ihrer Preislage so nahe stehen, daß der verständige Verbraucher sie als für die Deckung eines bestimmten Bedarfs geeignet, in berechtigter Weise abwägend miteinander vergleicht und als

---

[77] Begr. RegEntw. 1998, BTDrucks., 13/9720 Seite 31.
[78] Huber in Frankfurter Kommentar, § 1 n. F. Kurzdarstellung, Rdn.30ff.
[79] Bunte in Langen/Bunte, § 1, Rdn.97 und 98.
[80] Bunte in Langen/Bunte, § 1, Rdn.101; Ebel, § 1, Rdn.12.
[81] Emmerich, Seite 168; vertiefend Immenga/Mestmäcker, 2. Aufl., § 5 c , Rdn.59; von Gamm, Einführung A, Rdn.36.

gegeneinander austauschbar ansieht".[82] Entscheidend ist damit die funktionelle Austauschbarkeit aus der Sicht der Marktgegenseite.[83]
Geht es dagegen nicht um einen Absatzmarkt, sondern wie bei der Einkaufsbündelung um die Nachfrageseite des Marktes, ist bei der Abgrenzung des sachlich relevanten Marktes entsprechend auf die Sicht der Marktgegenseite, also auf die Sicht der Anbieter, abzustellen.[84] Entscheidend ist die Austauschbarkeit aus der Sicht der Anbieters. Es ist zu prüfen, welche Ausweichmöglichkeiten für die Anbieter bestehen, so daß aus ihrer Sicht (!) alle Nachfrager zu demselben Markt gehören, auf die sie ohne große Schwierigkeiten ausweichen können. Wobei nicht nur an unterschiedliche Vertriebswege und Absatzmärkte, sondern auch an unterschiedliche Produktionslinien zu denken ist.[85] Somit lassen sich die Bedarfsmärkte aus Gruppen sachlich verwandter Produkte konstituieren.[86]

Bei der Abgrenzung des räumlich relevanten Marktes ist ebenso auf die Marktgegenseite, also die Anbieter (Lieferanten), abzustellen. Somit ist bei Beschaffungsmärkten entscheidend, welche räumlichen Ausweichmöglichkeiten für die Anbieter bestehen.[87]
Nicht eindeutig geklärt ist im deutschem Recht dagegen, ob es eine Maximalgröße des räumlich relevantern Marktes gibt, nämlich dahingehend, daß der räumlich relevante Markt nicht größer sein kann als das Bundesgebiet. So kann der räumlich relevante Markt zum einen den Geltungsbereich des Gesetzes umspannen, oder aber er kann sich auch auf einzelne regionale und lokale Teilmärkte beschränken.[88] Seit der 6. GWB-Novelle werden jetzt auch Märkte erfaßt, die über das Bundesgebiet hinausgehen, so daß in diesem Zusammenhang unter anderem auch der europäische Binnenmarkt Berücksichtigung findet.[89] Entscheidende Kriterien für die räumliche Marktabgrenzung sind beispielsweise die Transportkosten, die Haltbarkeit des Produkts und regionale Besonderheiten.

Bei der zeitlichen Marktabgrenzung ist darauf abzustellen, auf welchen Zeitraum sich die Nachfrage der wettbewerbsbeschränkenden Unternehmen erstreckt, welche anderen Unternehmen in diesem Zeitraum noch als Nachfrager auftreten können und ob die Anbieter auf andere Zeiträume ausweichen können.[90]

---

[82] KG v. 18.2.1969, WuW/E OLG 995/996 „Handpreisauszeichner"; mehrfach vom BGH bestätigt, BGH. Beschluß v. 3.7.1976, WuW/E BGH 1435/1440 „Vitamin-B12"; BGH, Beschluß v. 16.12.1976, WuW/E BGH 1445/1447 „Valium"; BGH, Beschluß v. 25.6.1985,WuW/E BGH 2150/2153 „Edelstahlbestecke".
[83] Vgl. etwa BkartA v.19.7.1984, WuW/E BKartA 2169/2173 „TUI-Air-Conti"".
[84] BGH v. 23.2.1988, WuW/E BGH 2483/2488 „Sonderungsverfahren"; KG v. 24.4.1985, WuW/E OLG 3577/3585 „Hussel-Mara"; KG v. 5.11.1985, WuW/E OLG 3917/3927 „Coop-Wandmaker"; OLG Düsseldorf v. 12.2.1980, WuW/E OLG 2274/2277 „Errichtung von Fernmeldetürmen"; Markert in Schwerpunkt des Kartellrechts 1978/79, Seite 87/103; Köhler, Wettbewerbsbeschränkung durch Nachfrager, Seite 65f.;ders. Wettbewerbs- und kartellrechtliche Kontrolle der Nachfragemacht, Seite 36.
[85] Traugott, WuW 1998, 929/933; Emmerich, Seite 171.
[86] So auch die Rechtsprechung, vgl. KG, WuW/E OLG 3917ff. „Coop Wandmaker".
[87] Grundlegend BGH, NJW 1996, 1820 = Die AG 1996, 266/267 „HaGe Kiel/RHG Hannover"; Paschke/Kersten in Frankfurter Kommentar, § 22, Rdn.75; Ruppelt in Langen/Bunte, § 19, Rdn.25.
[88] Möschel in Immenga/Mestmäcker, § 19, Rdn.35.
[89] Dies ergibt sich aus § 19 Abs. 2 Nr. 2 GWB; so auch schon Traugott, WuW 1998, 929/934.
[90] Möschel in Immenga/Mestmäcker, § 19, Rdn.39; Ruppelt In Langen/Bunte, § 19, Rdn.30.

d) Wettbewerbsbeschränkungen

Das Hauptproblem der kartellrechtlichen Beurteilung von Einkaufsbündelungen ist das vorliegen einer Wettbewerbsbeschränkung (Verhinderung, Einschränkung oder Verfälschung des Wettbewerbs) im Sinne des § 1 GWB. Vereinbarungen zwischen miteinander im Wettbewerb stehenden Unternehmen, Beschlüsse von Unternehmensvereinigungen und aufeinander abgestimmte Verhaltensweisen sind nach § 1 GWB nur dann verboten, wenn sie eine Verhinderung, Einschränkung oder Verfälschung des Wettbewerbs bezwecken oder bewirken.

(1) Allgemein

Durch die 6. GWB-Novelle wurde § 1 GWB dem Art. 81 Abs. 1 EGV angepaßt und weicht in wichtigen Punkten von dem früheren Kartellverbot ab. Im früheren Kartellverbot wurde darauf abgestellt, ob der fragliche Vertrag oder Beschluß geeignet ist, die Erzeugung oder die Marktverhältnisse für den Verkehr mit Waren oder gewerblichen Leistungen durch Beschränkung des Wettbewerbs zu beeinflussen. Durch die Angleichung an Art. 81 Abs. 1 EGV sollte nicht nur eine formelle, sondern auch eine materielle Anpassung des deutschen Kartellrechts an das europäische Kartellrecht stattfinden.[91]
Jedoch kann eine Veränderung des Anwendungsbereichs des Kartellverbots aus dieser Angleichung an das europäische Kartellrecht nicht gefolgert werden. Dies läßt sich mit der Entscheidungspraxis des Gerichtshofs zu Art. 81 Abs. 1 EVG begründen, denn diese entspricht der Rechtsprechung zur „Wettbewerbsbeschränkung“ gemäß § 1 GWB a. F. Folglich ist bei der Bestimmung der Tatbestandsmerkmale sowohl auf § 1 GWB a. F. als auch auf die Rechtsprechung zu Art. 81 Abs. 1 EGV zurückzugreifen. Allerdings darf in diesem Zusammenhang nicht vernachlässigt werden, daß von § 1 GWB n. F. nur horizontale Wettbewerbsbeschränkung erfaßt werden.
Die Verhinderung und Einschränkung des Wettbewerbs wird überwiegend unter dem Oberbegriff der Wettbewerbsbeschränkung zusammengefaßt[92], da die Verhinderung des Wettbewerbs lediglich eine besonders schwerwiegende Form der Einschränkung des Wettbewerb, nämlich dessen vollständigen Ausschluß, darstellt. Problematischer verhält es sich dagegen mit dem Begriff der Wettbewerbsverfälschung. Diesbezüglich ist noch nicht abschließend geklärt, ob der Begriff gleichfalls nur eine besondere Erscheinungsform der Wettbewerbsbeschränkung darstellt oder ihm eine eigenständige Bedeutung zukommt. Überwiegend wird vertreten, daß es sich um eine besondere Form der Wettbewerbsbeschränkung handelt. Davon soll auch im Folgenden ausgegangen werden.

(2) Wettbewerbsbeschränkung

Um beurteilen zu können, was unter einer Wettbewerbsbeschränkung im Sinne von § 1 GWB zu verstehen ist, hilft eine Hinzuziehung der Ausnahmen vom Kartellverbot (§§ 2-8 und §§ 28 - 31 GWB, sowie der Beispielkatalog in Art. 81 Abs. 1 EGV). Das grundsätzliche Verständnis

---

[91] So auch Roth in Frankfurter Kommentar, Kurzdarstellung zu § 1 n. F., Rdn.92.

[92] Emmerich, Seite 38; Emmerich in Immenga/Mestmäcker, EG-Wettbewerbsrecht, Art. 85 Abs. 1, Rdn.136f.; EuGH, Slg. 1977, 1875/1908f. „Metro“; Slg. 1986 , 353/382 „Pronuptia“; Slg. 1986, 611/653 „Windsurfing International“;auch der EuGH verwendet die Begriffe „Wettbewerbsbeschränkung“ und „Wettbewerbsverfälschung“ teilweise synonym: EuGH, Slg. 1966, 321/390f. „Grundig/Consten“.

des Wettbewerbs als Freiheitsgewährleistung bestimmt auch die Auslegung des Begriffs Wettbewerbsbeschränkung.
Grundsätzlich ist davon auszugehen, daß der Wettbewerb beschränkt wird, wenn die Verhaltensfreiheit oder Handlungsmöglichkeit von Marktteilnehmern eingeengt wird.[93] Eine Wettbewerbsbeschränkung im Rahmen der Einkaufsbündelungen ist in zweierlei Hinsicht vorstellbar. Zum einen kann der Nachfragewettbewerb zwischen den Mitgliedern der Einkaufsbündelung beschränkt werden, zum anderen der Wettbewerb zwischen den Lieferanten. Es geht somit um die Frage, ob im Sinne des § 1 GWB n. F. nur eine Wettbewerbsbeschränkung zwischen den Vertragsparteien denkbar ist oder ob die Vertragsbeteiligten auch den Wettbewerb zwischen ihren Konkurrenten oder auf der Marktgegenseite beschränken können, also den Drittwettbewerb.

(a) Beschränkung der Handlungsfreiheit der an der Abstimmung Beteiligten (Binnenwirkung)

Eine Wettbewerbsbeschränkung im Sinne des § 1 GWB a. F. liegt vor, wenn die an der Vereinbarung oder an der abgestimmten Verhaltensweise Beteiligten ihren eigenen Handlungsspielraum manipulieren (beschränken) und dadurch den Wettbewerb untereinander, das bedeutet auf der horizontalen Ebene verringern oder sogar ganz ausschließen.
Hieran hat sich auch nichts durch die 6. GWB-Novelle geändert, denn nach dem Wortlaut des neuen § 1 GWB sind Adressaten die „miteinander im Wettbewerb stehenden Unternehmen", so daß auch weiterhin eine Wettbewerbsbeschränkung vorliegt, wenn die wettbewerbliche Handlungsfreiheit der beteiligten Unternehmen beeinträchtigt wird.[94] Es geht darum, daß jeder Marktteilnehmer sein Verhalten unabhängig und damit selbständig bestimmt (sog. Selbständigkeitspostulat).

Zu klären bleibt, wie diese Wettbewerbsbeschränkung bei Einkaufsbündelungen möglicherweise aussieht:
Eine Beschränkung der Handlungsfreiheit der an der Abstimmung Beteiligten kann sich darin äußern, daß eine Beschränkung des Nachfragewettbewerbs zwischen den Kartellmitgliedern auftritt. Bei Einkaufsbündelungen sind die Nachfrager bestrebt, bessere Einkaufsbedingungen auszuhandeln als sie einzeln dazu in der Lage wären. Hierdurch wird durch sie auch eine Beschränkung des leistungserhaltenden Nachfragewettbewerbs bezweckt. Denn würden die Nachfrager einzeln eine Verbesserung der Einkaufsbedingungen verlangen, gingen sie das Risiko ein, daß der Anbieter (Lieferant) auf den Vertragsabschluß verzichtet, weil noch genügend andere Nachfrager vorhanden sind, auf die er ausweichen kann. Dieses Risiko mindert sich, wenn die Nachfrager sich zu Einkaufsbündelungen zusammenschließen, so daß sich eine Beschränkung des Nachfragewettbewerbs zwischen den Kartellmitgliedern einstellt.

Fraglich ist jedoch, ob eine Beschränkung des Nachfragewettbewerb nur dann eine Wettbewerbsbeschränkung im Sinne von § 1 GWB darstellt, wenn die Mitglieder der Einkaufsbündelung einem Bezugszwang ausgesetzt sind.

---

[93] Beuthien, Seite 16ff.; Zimmer in Immenga/Mestmäcker, § 1, Rdn.194.; Bunte in Langen/Bunte, § 1, Rdn.127ff.
[94] Bahr, WuW 2000, 954/956f.; Bunte in Langen/Bunte, § 1, Rdn.135; Hootz in Gemeinschaftskommentar, § 1, Rdn.99f.

Werden die Mitglieder (Teilnehmer) einer Einkaufsbündelung der wechselseitigen Pflicht unterworfen, ihren Bedarf an bestimmten Gütern ausschließlich bei der Gemeinschaft zu decken (Bezugszwang), so erfüllt dies den Tatbestand der Wettbewerbsbeschränkung.[95]
Weiterhin kann jedoch auch ein mittelbarer Bezugszwang vorliegen. Dies ist dann der Fall, wenn dem Mitglied der Einkaufsbündelung für den Fall des Fremdbezugs Nachteile angedroht werden.[96] In diesem Zusammenhang ist vor allem entscheidend, ob der Nachteil so erheblich ist, daß er geeignet ist, ein rational handelndes Unternehmen vom Fremdbezug abzuhalten.
Problematischer erweist sich die Beurteilung einer Wettbewerbsbeschränkung, wenn die Mitglieder keinem Bezugszwang unterworfen sind. Hieraus ergibt sich die Frage, ob auch eine Wettbewerbsbeschränkung im Sinne des § 1 GWB gegeben sein kann, wenn kein wettbewerbsbeschränkender rechtlicher oder faktischen Bezugszwang vorliegt.[97] In der ständigen Praxis des Bundeskartellamtes[98] und auch in der Rechtsprechung[99] wurde angenommen, daß Einkaufskooperationen nur dann unter § 1 GWB fallen, wenn sie den Mitgliedern eine Verpflichtung zum Bezug auferlegen, sei es ausdrücklich und unmittelbar oder mittelbar. Dagegen sind Einkaufskooperationen ohne Bezugspflicht kartellrechtlich unbedenklich. Die Begründung hierfür ergab sich zunächst unschwer aus der ursprünglich herrschenden „Gegenstandstheorie“[100], nach der Wettbewerbsbeschränkungen Inhalt oder Gegenstand der vertraglichen Abrede der beteiligten Unternehmen sein mußten. Auf der Grundlage dieser Theorie waren bei Einkaufskooperationen nur solche Absprachen vom Kartellverbot erfaßt, die für die beteiligten Unternehmen eine echte Bezugspflicht begründeten.
Diese Stellung ist seit dem ZVN-Beschluß des BGH[101] und der darauf folgenden allgemeinen Entfernung von der Gegenstandstheorie[102] aufgegeben worden. Die Rechtsprechung des Kammergerichts hat seit der grundlegenden Entscheidung HFGE im Jahre 1982[103] und der späteren Selex-Tania-Entscheidung aus dem Jahre 1986[104], die seit der ZVN-Entscheidung geltenden Grundsätze zur Beurteilung von Verkaufskooperationen auf Einkaufskooperationen übertragen und angenommen, daß auch Einkaufsgemeinschaften ohne Bezugspflicht eine Beschränkung des Nachfragewettbewerbs bewirken können, wenn die Einkaufsgemeinschaft wie eine die Anschlußunternehmen verpflichtende Vereinbarung wirkt und daher den Anbietern durch eine Vereinheitlichung des Nachfrageverhaltens der Anschlußunternehmen Ausweich-

---

[95] BGH v. 13.12.1983, WuW/E BGH 2049/2049f. „Holzschutzmittel“; BKartA, Briefe des BKartA vom 8./9. 2 und 27./28.3.1962, WuW/E BKartA 575/576 „Freiwillige Ketten“; Tätigkeitsbericht des Bundeskartellamtes 1971, Seite 74; 1977, Seite 72f.; 1978, Seite 8f.; 1978, Seite 74.
[96] Tätigkeitsbericht des Bundeskartellamtes 1962, Seite 29; 1965, Seite 32; 1978, Seite 8f.; vgl. dazu auch Köhler, Wettbewerbsbeschränkungen durch Nachfrager, Seite 122ff.; Huber/Baums in Frankfurter Kommentar, § 1, Rdn.166.
[97] Ostler, Seite 132ff.; Fritzsche, Seite 116ff.; Köhler, Wettbewerbsbeschränkung durch Nachfrager, Seite 91ff.; Zimmer in Immenga/Mestmäcker, § 1, Rdn.352ff.
[98] BKartA, Briefe des BKartA vom 8./9. 2 und 27./28.3.1962, WuW/E BKartA 575/576 „Freiwillige Ketten“; Tätigkeitsbericht des Bundeskartellamtes 1976, Seite 51; 1978, Seite 8.
[99] OLG Stuttgart v. 7.11.1963, WuW/E OLG 650/650 „E-Wolle“; OLG Stuttgart v. 27.6.1980, WuW/E OLG 2352/2353f.
[100] Näher dazu Huber/Baums in Frankfurter Kommentar, § 1, Rdn.150; Emmerich, 7. Auflage, Seite 68ff; Ostler, Seite 114f.
[101] BGH, Beschluß v. 19.6.1975, WuW/E BGH 1367 „Zementverkaufsstelle Niedersachsen“.
[102] Huber/Baums in Frankfurter Kommentar § 1, Rdn.154ff.
[103] KG v. 16.6.1982, WuW/E OLG 2745 „HFGE“; Untersagungsverfügung des Bundeskartellamtes, BKartA v. 29.11.1980, WuW/E BKartA 1870 „Handelsgesellschaft Freier Groß- und Einzelhandelsbetriebe“; siehe zur HFGE-Entscheidung auch Dauner, Einkaufsgemeinschaften im Kartellrecht, Seite 29f.
[104] KG v.26.2.2986, WuW/E OLG 3737 „Selex-Tania“; dazu Fritzsche, Seite 47.

möglichkeiten entzieht, die bei individueller Erfüllung des Nachfragebedarfs bestanden hätten. Im Ergebnis fallen Einkaufsgemeinschaften nach dieser Rechtsprechung schon dann unter das Verbot des § 1 GWB, wenn mit ihnen ein faktischer Verzicht der Mitglieder auf selbständige Einkaufsverhandlungen verbunden ist.[105]
Auch durch die Einführung des § 5 c GWB a. F. durch die 5. GWB-Novelle wird deutlich, daß auch Einkaufsbündelungen ohne Bezugszwang den Tatbestand des § 1 GWB erfüllen können, da ansonsten Einkaufsbündelungen ohne Bezugszwang nie den Tatbestand des § 1 GWB erfüllen und somit keine Freistellung notwendig wäre. Durch die 6. GWB-Novelle wurde § 5 c GWB a. F. dahingehend geändert, daß nun mit § 4 Abs. 2 GWB im Einzelfall ein Bezugszwang für zulässig erklärt wird.
Folglich kann eine Beschränkung des Nachfragewettbewerbs auch dann eine Wettbewerbsbeschränkung im Sinne des § 1 GWB darstellen, wenn die Mitglieder der Einkaufsbündelung keinem Bezugszwang ausgesetzt sind.[106] Allerdings muß die Einkaufsbündelung wie eine die Anschlußunternehmen verpflichtende Vereinbarung wirken und den Anbietern durch eine Vereinheitlichung des Nachfrageverhaltens der Anschlußunternehmen Ausweichmöglichkeiten entziehen.

In vereinzelten Fällen sind auch die Auswirkungen auf den Absatzwettbewerb zwischen den Mitgliedern der Einkaufsbündelung relevant. Eine Beeinträchtigung des Absatzwettbewerbs kann in der Form auftreten, daß die Mitglieder der Einkaufsbündelung durch die gleichen Konditionen beim Einkauf beim Absatz nicht mehr in einem Wettbewerbsverhältnis zueinander stehen, weil sie durch den gemeinsamen Einkauf auch annähernd gleiche Preise beim Absatz (Weiterverkauf) haben. Diese Beeinträchtigung des Absatzwettbewerbs ist jedoch nur in vereinzelten Fällen gegeben, weil der überwiegende Teil der Produktionskosten im Bereich der Verarbeitung entsteht. Anders dagegen sieht es nur aus, wenn keine wesentliche Verarbeitung des eingekauften Produkts mehr stattfindet und die Kosten für den Rohstoff die Herstellungskosten für das Endprodukt wesentlich beeinflussen.

(b) Veränderung des Marktzustandes zu Lasten Dritter (Außenwirkung)

Fraglich ist, ob unter das Kartellverbot des § 1 GWB auch solche Fälle subsumiert werden können, in denen durch den Vertrag oder die abgestimmte Verhaltensweise alleine in die wettbewerbliche Handlungsfreiheit Dritter eingegriffen wird (Errichtung künstlicher Marktzutrittsschranken). Durch die Bildung von Einkaufsbündelungen können in verschiedenen Bereichen Beschränkungen von Drittwettbewerb auftreten.
Bei der Bildung von Einkaufsbündelungen stellt sich diese Frage gerade im Bereich der Lieferanten, weil durch den gemeinsamen Einkauf vor allem die Auswahlmöglichkeiten der Anbieter (Lieferanten) eingeschränkt werden, d.h. es tritt eine Beschränkung der wettbewerblichen Handlungsfreiheit der Anbieter auf. Für die Marktgegenseite werden die Verhaltensalternativen im Sinne der tatsächlichen Möglichkeiten auf andere Nachfrager auszuweichen, verringert.

---

[105] KG v. 26.2.1986, WuW/E OLG 3737/3742 „Selex-Tania"; vgl. auch KG v. 26.1.1983, WuW/E OLG 2961/2962f. „Rewe"; Hootz in Gemeinschaftskommentar, § 1, Rdn.154; Huber/Baums in Frankfurter Kommentar, § 1, Rdn.310.
[106] So auch Bunte in Langen/Bunte, § 1, Rdn.282.

Der Lieferantenwettbewerb, d.h. der Wettbewerb, der zwischen den Lieferanten um die Gunst der Abnehmer besteht, wird durch Einkaufsbündelungen dagegen grundsätzlich nicht beschränkt. Vielmehr verschärfen sich die Wettbewerbsbedingungen für die Hersteller, da sie Gefahr laufen mit einem Schlag eine große Zahl von Kunden zu verlieren, wenn sie der Einkaufsbündelung kein akzeptables Angebot machen. Die Möglichkeit der Einkaufsbündelung, die Hersteller gegeneinander auszuspielen, wird sehr viel größer sein als bei einzelnen Nachfragern.
Anders verhält es sich dagegen bei der Vereinbarung von Bezugspflichten, die verhindern sollen, daß die Mitglieder Direktangebote von Herstellern oder anderen Lieferanten unter Umgehung der Einkaufsbündelung annehmen: Sie können die mit den „Vertragslieferanten" konkurrierenden Hersteller oder andere Lieferanten im Wettbewerb benachteiligen, weil sie gehindert sind, mit günstigeren Angeboten in den Anbieterwettbewerb einzugreifen, während sich dies für die Mitglieder der Einkaufsbündelung in einer Einschränkung ihrer Wahlmöglichkeiten niederschlägt.
Weiterhin kann auch eine Beschränkung des Drittwettbewerbs durch die Bildung von Marktzutrittsschranken auftreten. Dies ist dann der Fall, wenn die Mitglieder der Einkaufsbündelung ihre Bezüge auf einen Anbieter konzentrieren, wodurch für die nicht zum Zuge kommenden Lieferanten eine Marktzutrittsschranke geschaffen wird.

Eine weitere Beschränkung des Drittwettbewerbs, die nicht zu vernachlässigen ist, kann durch die Beschränkung des Absatzwettbewerbs[107] zwischen den Mitgliedern der Einkaufsbündelung und einem weiteren Nachfrager auf der gleichen Wirtschaftsstufe auftreten.
Ob der Absatzwettbewerb auf der Wirtschaftsstufe der Nachfrager durch die Tätigkeit einer Einkaufsbündelung belebt wird oder möglicherweise eine Verzerrung erleidet, läßt sich nicht allgemein, sondern nur anhand der jeweiligen Verhältnisse auf dem Absatzmarkt entscheiden. Werden durch die Einkaufsbündelung kleine Unternehmen in die Lage versetzt, gleich günstige Einkaufsbedingungen wie große Unternehmen durchzusetzen, bedeutet dies nur die Herstellung gleicher Bedingungen zwischen den Nachfragern. Es wird also nur eine bestehende Wettbewerbsverzerrung beseitigt und die Voraussetzungen für eine Intensivierung des Absatzwettbewerbs geschaffen.
Es kann sich aber auch anders verhalten. Dies ist dann der Fall, wenn durch die Einkaufsbündelung für die Mitglieder günstigere Bedingungen erzielt werden, als für andere Nachfrager. Diese Einkaufsvorteile können entweder dem Gewinn zugeführt werden, dann bewirkt die Einkaufsbündelung nur eine Umverteilung der Gewinne von den Lieferanten auf die Händler ohne positive preisliche Auswirkung auf den Endverbraucher. Die Einkaufsvorteile können aber auch in Form verbesserter Angebote an die niedrigere Wirtschaftsstufe weitergegeben werden. Dies kann zur Folge haben, daß Anbieter ohne diese Einkaufsvorteile auf dem Markt nicht mehr konkurrenzfähig sind und aus dem Markt ausscheiden. Die häufigste Erscheinungsform ist jedoch eine Kombination dieser beiden Fälle: Einkaufsbündelungen erzielen zwar bessere Einkaufsbedingungen als ihre nichtorganisierten Konkurrenten, aber erreichen damit nur Chancengleichheit mit Unternehmen, die selbst über ein großes Nachfragevolumen verfügen. Dann wird im Verhältnis zu einer Gruppe eine Wettbewerbsverzerrung auf dem Absatzmarkt geschaffen, im Verhältnis zu einer anderen Gruppe aber beseitigt.

---

[107] Köhler, Wettbewerbsbeschränkung durch Nachfrager, Seite 158ff.; Zimmer in Immenga/Mestmäcker, § 1, Rdn.350; v. Einem, Seite 100ff.

Unterliegen die Mitglieder der Einkaufsbündelung einem Bezugszwang, so daß sie attraktivere Angebote von außenstehenden Lieferanten nicht annehmen können, kann dies natürlich auch ihre Wettbewerbsfähigkeit auf dem Absatzmarkt und damit die Wettbewerbsstruktur auf diesen Märkten beeinträchtigen.

In allen diesen aufgeführten Fällen wird jedoch nicht der Wettbewerb zwischen den an der Vereinbarung oder abgestimmten Verhaltensweise beteiligten Unternehmen beschränkt, sondern entweder der Wettbewerb zwischen einem Kartellmitglied und einem Dritten oder aber der reine Drittwettbewerb, also der Wettbewerb zwischen Unternehmen, die nicht an einer Vereinbarung oder einer abgestimmten Verhaltensweise beteiligt sind und somit nicht Mitglied der Einkaufsbündelung sind.
In diesem Zusammenhang stellt sich die Frage, ob durch die Vereinbarung oder die abgestimmte Verhaltensweise der Wettbewerb gerade zwischen den Parteien (Unternehmen) beschränkt sein muß, d.h., daß der Wettbewerb, der zwischen den Parteien besteht, und der Wettbewerb, den die Parteien beschränken, identisch ist, oder ob es auch möglich ist, daß ein Drittwettbewerb beschränkt wird.
Folglich muß geklärt werden, ob die Beschränkung von Drittwettbewerb grundsätzlich von § 1 GWB erfaßt wird. In Bezug auf die Berücksichtigung von Drittwirkungen im Rahmen der Wettbewerbsbeschränkungen gemäß § 1 GWB stellen sich zwei Fragen[108]: Zum einen, ob es auch ausreichend ist, wenn ausschließlich der Drittwettbewerb beschränkt wird. Und zum anderen stellt sich die Frage, ob eine alleinige Beschränkung des Wettbewerbs zwischen den Beteiligten ausreichend ist oder ob neben dieser Beschränkung auch noch eine zusätzliche Beschränkung des Wettbewerbs in Form von Drittwettbewerb notwendig ist.

(aa) Unbedingt Wettbewerbsbeschränkung der Beteiligten

Zunächst ist zu klären, ob unbedingt eine Einschränkung der wettbewerblichen Handlungsfreiheit der Beteiligten erforderlich ist oder ob eine ausschließliche Beeinträchtigung Dritter ausreichend ist (auch Vertragspartner zu Dritten). Dieses Problem tritt insbesondere dann auf, wenn eine Beschränkung des Wettbewerbs zwischen den Parteien nicht nachgewiesen werden kann oder gar nicht erst vorliegt.

Geht man nach dem Wortlaut des § 1 GWB, so ist dieser so zu verstehen, daß die Parteien auf irgendeinem beliebigen Markt im Wettbewerb stehen müssen, und daß es ihnen in diesem Fall verboten ist, eine Vereinbarung zu treffen, durch die der Wettbewerb auf irgendeinem beliebigen anderen Markt, auf dem sie nicht im Wettbewerb stehen müssen, zu beschränken.[109] Zwar kann das Gesetz wettbewerbsbeschränkende Vereinbarungen oder abgestimmte Verhaltensweisen zwischen Unternehmen schlechthin verbieten, ohne Rücksicht darauf zu nehmen, ob die Vereinbarung oder die abgestimmte Verhaltensweise sich auf einen zwischen den Parteien bestehenden Wettbewerb bezieht oder auf „Drittwettbewerb“. Aber eine solche Auslegung wäre nicht sinnvoll und zweckmäßig. Ließe man im Rahmen des § 1 GWB zu, daß eine ausschließliche Drittwirkung der Wettbewerbsbeschränkung erfaßt wird, so führte dies nämlich dazu, daß das Vorliegen des Kartellverbots davon abhängig gemacht wird, ob zwischen den

[108] Emmerich, 8. Auflage, Seite 416f; Bahr, WuW 2000, 954/958ff.
[109] Huber/Baums in Frankfurter Kommentar, § 1 a. F., Rdn.180f.; BGH v. 6.5.1997, WuW/E BGH 3137/3138f. „Sole“.

Parteien ein aktuelles oder potentielles Wettbewerbsverhältnis besteht. Es liegt kein Kartellverbot vor, wenn es an einem solchen Wettbewerbsverhältnis mangelt. Faßt man den Anwendungsbereich des § 1 GWB allerdings so weit, so kann es auch keinen Unterschied machen, ob die beteiligten Unternehmen untereinander im Wettbewerb stehen oder nicht.[110] Für den Drittschutz würde dieses Tatbestandselement „miteinander im Wettbewerb stehende Unternehmen" somit keinen Sinn machen, weil es in diesem Zusammenhang dann irrelevant ist, ob die an der Vereinbarung Beteiligten noch im Wettbewerb miteinander stehen oder nicht.

Weiterhin entspricht die Erfassung von ausschließlichen Drittwirkungen nicht dem Ziel des Gesetzgebers. Dieser wollte eine klare Unterscheidung zwischen vertikalen und horizontalen Vereinbarungen bzw. abgestimmten Verhaltensweisen[111], indem er das Tatbestandsmerkmal des „gemeinsamen Zwecks" durch das Merkmal „zwischen miteinander im Wettbewerb stehenden Unternehmen" ersetzte. Diesem Ziel wird man nicht gerecht, wenn man eine reine Drittwirkung im Rahmen des § 1 GWB für eine Wettbewerbsbeschränkung ausreichen läßt, denn dadurch wird dem Erfordernis, daß die Unternehmen miteinander im Wettbewerb stehen müssen, seine Bedeutung genommen. Eine horizontale Wettbewerbsbeschränkung zeichnet sich somit gerade dadurch aus, daß der zwischen den Parteien bestehende Wettbewerb beschränkt wird[112] und dies ist bei einer ausschließlichen Drittwirkung nicht der Fall.

Zieht man weiter die Begründung zum Regierungsentwurf[113] und somit das Ziel des Gesetzgebers zur Auslegung heran, so läßt sich erkennen, daß der Gesetzgeber durch die Neuformulierung keine Änderung wollte. Folglich ist eine reine Beschränkung des Drittwettbewerbs genauso wie nach § 1 GWB a. F. zu behandeln. Dies hilft jedoch auf den ersten Blick nicht weiter, weil diese Frage auch schon im Rahmen des alten § 1 GWB umstritten war.
Einerseits wurde auch schon früher angeführt, daß es aus dem Wortlaut des alten § 1 GWB nicht ersichtlich war, daß unbedingt eine Beschränkung der Handlungsfreiheit zwischen den Vertragsbeteiligten notwendig war. § 1 a. F. GWB ist dennoch vor der 6. GWB-Novelle häufig so verstanden worden, daß die Vereinbarung sich auf einen zwischen den Parteien bestehenden Wettbewerb bezieht oder auf „Drittwettbewerb".[114] Dies wurde damit begründet, daß die Herausnahme bloßer Drittwirkungen aus dem Tatbestand zu ungerechtfertigten Schutzlücken führe.[115] Das Bundeskartellamt führte aus, es sei nicht einzusehen, warum die wettbewerbliche Handlungsfreiheit der Vertragspartner schutzwürdiger sein solle als die der betroffenen Marktgegenseite.[116]
Andererseits wurde auch schon zur alten Fassung des § 1 GWB überwiegend die Auffassung vertreten, daß das Kartellverbot nicht zur Anwendung gelangt, wenn durch den Vertrag nicht die Handlungsfreiheit der Beteiligten, sondern ausschließlich die Handlungsfreiheit Dritter

[110] Huber in Frankfurter Kommentar, Kurzdarstellung § 1 n. F., Rdn.48f.
[111] WuW-Sonderheft 1998, Seite 65; Möschel, EuZW 1995, 517/518; Köhler, WRP 1996, 835/836.
[112] Huber in Frankfurter Kommentar, Kurzdarstellung § 1 n. F., Rdn.49.
[113] Begr. RegEntwu 1998, BTDrucks 13/9720, Seite 31.
[114] BGH v. 10.10.1974, WuW/E BGH 1332/1335 „Bahnen aus Kunststoff"; BGH v. 4.4.1975, WuW/E BGH 1361/1364 „Krankenhauszusatzversicherung"; BGH v. 10.4.1984, WuW/E BGH 2088/2090 „Korkschrott"; OLG Düsseldorf v. 7.4.1987, WuW/E OLG 4056/4060 „Schlachthof-Benutzung"; BKartA v. 24.1.1964, WuW/E BKartA 802/803 „Ratio-Verbrauchermarkt"; BKartA v. 7.7.1995, WuW/E BKartA 2795/2810 „CP-System"; Köhler, Wettbewerbsbeschränkungen durch Nachfrager, Seite 95ff.; Huber/Baums in Frankfurter Kommentar, § 1 a. F., Rdn.181 und 458ff.
[115] BkartA v. 29.4.1985, WuW/E BKartA 2191/2201 „Selex-Tania".
[116] BkartA v. 29.4.1985, WuW/E BKartA 2191/2202 „Selex-Tania".

beeinträchtigt wurde.[117] Diese Auffassung begründete ihre Ansicht mit dem Wortlaut der Vorschrift. So heißt es, daß die Drittwirkung der Wettbewerbsbeschränkung schon im Tatbestandsmerkmal „Eignung zur Beeinträchtigung der Marktverhältnisse" berücksichtigt wird und die Beeinträchtigung der Marktverhältnisse durch Beschränkung des Wettbewerbs erfolgen müsse. Hieran wird deutlich, daß es sich bei dem Verhältnis der beiden Tatbestandmerkmale zueinander um ein Verhältnis von Ursache und Wirkung handelt. Die bloße Beeinträchtigung der Marktstellung Dritter kann aber nicht beides zugleich sein.[118]
Weiterhin wäre durch das alleinige Abstellen auf Drittwirkungen für eine Wettbewerbsbeschränkung die Eignungsklausel überflüssig geworden.[119]

Daran ist auch nach der Neufassung des § 1 GWB festzuhalten. Fraglich ist nun welche dieser Ansichten dem neuen § 1 GWB gerecht wird. Gegen die Ansicht, daß auch die Beschränkung der Handlungsfreiheit Dritter unter § 1 GWB fällt, spricht, daß die Marktgegenseite in diesen genannten Fällen hinreichend von Bestimmungen über vertikale Vereinbarungen geschützt wird.[120] Diesbezüglich sind § 16 GWB n. F., § 19 GWB n. F. und § 20 GWB n. F. zu nennen, die den Schutz des Drittwettbewerbs übernehmen.
Durch die Neuformulierung des § 1 GWB ist zwar das Tatbestandmerkmal „Eignung zur Beeinträchtigung der Marktverhältnisse" weggefallen, jedoch wollte der Gesetzgeber dadurch keine wesentliche Änderung erreichen[121], so daß dieses Tatbestandsmerkmal im Rahmen der Wettbewerbsbeschränkung weiterhin Berücksichtigung findet.
Auch wird im Rahmen des § 1 GWB und des Art. 81 EGV immer wieder das Selbständigkeitspostulat erwähnt, das nicht eingeschränkt oder beeinträchtigt werden darf. Dies ist jedoch nur dann tangiert, wenn zumindest eines der beteiligten Unternehmen sich in seiner wettbewerblichen Handlungsfreiheit einschränkt und nicht beim Vorliegen einer ausschließlichen Drittwirkung.[122] Findet dagegen eine Einschränkung der wirtschaftlichen Handlungsfreiheit eines der Vertragsbeteiligten statt, die sich auch auf die Regelung des Wettbewerbsverhältnisses im Verhältnis zu Dritten beziehen kann, so muß sich zumindest eine Rückwirkung auf den Erstmarkt ergeben, auf dem die Vertragsbeteiligten im Wettbewerb stehen[123].
Folglich fallen ausschließliche Drittwirkungen von Wettbewerbsbeschränkungen nicht unter das Kartellverbot gemäß § 1 GWB.

(bb) Zusätzliche Erforderlichkeit der Beeinträchtigung Dritter

In diesem Zusammenhang ergibt sich dann weiterhin die Frage, ob zusätzlich zu der Beeinträchtigung der Handlungsfreiheit der Beteiligten eine Beeinträchtigung Dritter erforderlich ist.
Durch die Änderung des § 1 GWB aufgrund der 6. GWB-Novelle ist nämlich die frühere Formulierung „soweit sie geeignet sind, die Erzeugung oder die Marktverhältnisse für den

---

[117] Belke ZHR 143 , 74/85; Immenga in Immenga/Mestmäcker, 2. Aufl., § 1, Rdn.229; Möschel, Wettbewerbsbeschränkungen, Rdn.185; Müller-Henneberg in Gemeinschaftskommentar, § 1, Rdn.59.
[118] Siehe Bahr WuW 2000, 954/956.
[119] Bahr WuW 2000, 954/960.
[120] K. Schmidt, AG 1998, 551/560.
[121] Begr. RegEntw. 1998, BT-Drucksache 13/9720, Seite 31.
[122] Bahr, WuW 2000, 954/960.
[123] Bunte in Langen/Bunte, § 1, Rdn.138; Huber/Baums in Frankfurter Kommentar, § 1, 181; Polley, WuW 1998, 939/945: § 1 würde bei Einbeziehungen von Auswirkungen auf die Marktgegenseite uferlos.

Verkehr mit Waren oder gewerblichen Leistungen durch Beschränkung des Wettbewerbs zu beeinflussen" entfallen. Dies ist vor allem deshalb von Bedeutung, weil dadurch die Auswirkung der Vereinbarung auf Dritte im Rahmen des § 1 GWB a. F. berücksichtigt wurden.
Zum Teil wurde aus dem Wegfall geschlossen, daß es auf eine Außenwirkung der Wettbewerbsbeschränkung nun nicht mehr ankommt.[124] Dieser Rückschluß widerspricht jedoch dem Willen des Gesetzgebers, der in der Begründung zum Regierungsentwurf deutlich wird[125]. Dort heißt es, daß in der Praxis zwischen der im EG-Recht gewählten Formulierung, die jetzt der im deutschen Kartellrecht entspricht, und der Auslegung des bisherigen Tatbestandselements durch die deutsche Rechtsprechung kein wesentlicher Unterschied besteht. Hieran wird deutlich, daß durch die Neuformulierung keine inhaltliche Änderung herbeigeführt werden sollte. Folglich findet das Tatbestandelement der „Eignung zur Wettbewerbsbeschränkung" im neuen Tatbestandselement der „Verhinderung, Einschränkung oder Verfälschung des Wettbewerbs" weiterhin Berücksichtigung.
Vor der Neuformulierung des § 1 GWB wurde im Rahmen der Eignungsklausel auch immer die Außenwirkung der Vereinbarung geprüft.[126] Dies hat der BGH damit begründet, daß das Kartellverbot die wettbewerblichen Handlungsfreiheiten der Parteien nicht um ihrer selbst willen schütze, sondern wegen ihrer Außenwirkung auf den Markt.[127]

Zu klären bleibt somit, was unter der „Eignung zur Beeinflussung der Marktverhältnisse" zu verstehen ist. Für eine Beeinflussung der Marktverhältnisse reicht jede Veränderung der Marktbedingungen auf den betroffenen Märkten. Um diese Veränderung feststellen zu können, muß man zunächst den relevanten Markt in sachlicher und räumlicher Hinsicht abgrenzen, um dann für diesen Markt zu prüfen, ob sich die infolge der wettbewerbsbeschränkenden Vereinbarung tatsächlich bestehenden Markt- und Wettbewerbsverhältnisse von den Verhältnissen unterscheiden, die ohne diese Vereinbarung vorgelegen hätten.[128] Hierbei muß besonders der wirtschaftliche und rechtliche Gesamtzusammenhang beachtet werden, der unter anderem durch die Art und Menge der von der Vereinbarung erfaßten Produkte und durch die Marktstellung der Beteiligten geprägt wird.[129] Die gegebenen Marktverhältnisse müssen durch die Vereinbarung oder die abgestimmte Verhaltensweise verändert werden, damit eine Außenwirkung vorliegt. Dies ist insbesondere dann der Fall, wenn eine Beeinträchtigung der Auswahlalternativen der Marktgegenseite oder eine Errichtung oder Erhöhung von Marktzutrittsschranken vorliegt.[130] Diese Voraussetzungen erfüllt jede Wettbewerbsbeschränkung mit Außenwirkung ohne Rücksicht darauf, ob sie positiv oder negativ ist.[131]
Folglich muß im Rahmen der Wettbewerbsbeschränkung die Eignung zur Beeinflussung der Marktverhältnisse überprüft werden. Dies bedeutet, daß es für eine tatbestandsmäßige Wettbewerbsbeschränkung neben der Einschränkung der wettbewerblichen Handlungsfreiheit der

[124] LG Mannheim, WRP 1999, 695/698 „Stromversorgung".
[125] Begr. RegEntw. 1998, BT-Drucksache 13/9720, Seite 31.
[126] Bunte in Langen/Bunte, § 1, Rdn.152ff.; Immenga in Immenga/Mestmäcker, 2. Aufl., § 1, Rdn.328ff.; BGH, Beschluß v. 29.1.1975, WuW/E BGH 1337/1342 „Aluminium-Halbzeug"; BGH v. 14.10.1976, WuW/E BGH 1458/1461 „Fertigbeton".
[127] BGH v. 14.10.1976 , WuW/E BGH 1458/1461 „Fertigbeton"; BGH v. 14.1.1997, WuW/E BGH 3115/3119f. „Druckgußteile".
[128] EuGH, Slg. 1966, 281/304 „Maschinenbau Ulm".
[129] EuGH, Slg. 1966, 281/304 „Maschinenbau Ulm"; Slg. 1991 I, 935/984, Rdn.14ff. „Delimitis"; Slg. 1994 I, 1477/1518 „Almelo".
[130] BGH v. 24.6.1980, WuW/E BGH 1732/1734 „Fertigbeton II".
[131] Bunte in Langen/Bunte, § 1, Rdn.155.

Beteiligten zusätzlich auch einer Außenwirkung in dem Sinne bedarf, daß eine entsprechende Drittwirkung eintritt oder zu befürchten ist.

(c) Arbeitsgemeinschaftsgedanke

Verpflichten sich mehrere Unternehmen vertraglich gegenüber einem Dritten, gemeinsam eine Leistung zu erbringen, unterliegt dieser Vertrag dann nicht dem Kartellverbot, wenn die Kooperation erforderlich ist, damit die Unternehmen überhaupt am Markt auftreten können. Jedem Unternehmen fehlt somit die wirtschaftliche Möglichkeit, die Leistung alleine zu erbringen. Bei dieser Kooperation spricht man von einer Arbeitsgemeinschaft, die dem Kartellverbot deswegen nicht unterliegt, weil die Kooperation erst den Marktzutritt eröffnet und einen neuen Wettbewerber schafft.[132] Der Wettbewerb wird nicht beschränkt.

Für die Einkaufsbündelung und damit für den Nachfragewettbewerb bedeutet das: An einer Wettbewerbsbeschränkung fehlt es, und § 1 GWB ist, ohne Rücksicht auf den Freistellungstatbestand des § 4 Abs. 2 GWB, unanwendbar, wenn sich Nachfrager einer Ware oder einer gewerblichen Leistung zusammenschließen, die einzeln als Nachfrager überhaupt nicht in Betracht kämen.[133] Das kann zum Beispiel der Fall sein, wenn der einzelne Nachfrager, etwa aus Gründen der Transportkosten oder weil die Anbieter Mindestabnahmen festsetzen, vernünftigerweise für sich allein keine Bestellung aufgibt.[134]
Grundsätzlich ist es jedoch die Aufgabe einer Einkaufsbündelung, besonders günstige Konditionen zu erhalten und nicht Bezugsmöglichkeiten herzustellen, die sonst nicht möglich sind. Anders sieht es dagegen bei einer Arbeitsgemeinschaft aus. Diese liegt nur dann vor, wenn dadurch ein weiterer Wettbewerber am Markt auftritt.[135] An diesem Merkmal fehlt es, wenn durch die Einkaufsbündelung lediglich bessere Konditionen erlangt werden, denn die Mitglieder der Einkaufsbündelung können das abgegebene Angebot zu schlechteren Konditionen auch einzeln wahrnehmen. Es tritt somit in den überwiegenden Fällen kein weiterer Wettbewerber am Markt auf, so daß in den wenigsten Fällen eine Einkaufsbündelung in Form einer Arbeitsgemeinschaft vorliegt.

e) Zweck oder Wirkung

Das Kartellverbot richtet sich seit der 6. GWB-Novelle gegen Vereinbarungen oder abgestimmte Verhaltensweisen, die eine „Wettbewerbsbeschränkung" bezwecken oder bewirken. Auch diesbezüglich weicht das Gesetz von der alten Fassung des § 1 GWB ab, in der von einer „Eignung zur Beeinflussung der Marktverhältnisse durch eine Wettbewerbsbeschränkung" die Rede war. Bei der früheren Fassung des § 1 GWB war umstritten, in welchem Verhältnis die Wettbewerbsbeschränkung zu dem Vertrag stehen mußte.

---

[132] Tätigkeitsbericht des Bundeskartellamtes 1968, Seite 76; OLG Stuttgart v. 15.7.1983, WuW/E OLG 3108/3109 „Parkhaus"; KG v. 19.1.1984, WuW/E OLG 3115/3115f. „Rohrleitungsbau"; KG v. 26.2.1986, WuW/E OLG 3737/3745 „Selex-Tania"; KG v. 8.11.1995, WuW/E OLG 5565/5575ff. „Fernsehübertragungsrechte".

[133] Köhler, K & R 2000, 569/575 Fn.35; Huber/Baums in Frankfurter Kommentar, § 1, Rdn.316 und 374f.?.

[134] Huber/Baums in Frankfurter Kommentar, § 1, Rdn.316; Monopolkommission, Sondergutachten 14, Seite 54; Immenga in Festschrift Pfeiffer, 1988, Seite 659/665.

[135] Zimmer in Immenga/Mestmäcker, § 1, Rdn.366ff.

In diesem Rahmen entwickelten sich verschiedene Theorien. Nach der Gegenstandstheorie mußte die Wettbewerbsbeschränkung Inhalt oder Gegenstand der vertraglichen Abrede der beteiligten Unternehmen sein,[136] während sich die Zwecktheorie mit einer wettbewerbsbeschränkenden Zielsetzung der Parteien begnügte[137]. Die Folgetheorie dagegen rückt die wettbewerbsbeschränkenden Auswirkungen des Vertrages auf die Beteiligten oder auf Dritte in den Vordergrund.[138] Durch die Neufassung des § 1 GWB hat sich dieser Streit jedoch erledigt.[139] Der Gesetzgeber hat mit der Neuformulierung eine Anpassung an Art. 81 Abs. 1 EGV bezweckt, so daß bei der Tatbestandsauslegung auf die Rechtsprechung und Literatur des Art. 81 Abs. 1 EGV zurückgegriffen werden kann.[140] Diesbezüglich wird zwischen der bezweckten und der bewirkten Wettbewerbsbeschränkung unterschieden, wobei es ausreichend ist, wenn diese entweder bezweckt oder bewirkt wird[141], so daß es sich hierbei um Tatbestandsalternativen handelt. Gefolgert wird dies vor allem aus dem Wort „oder". Deutlicher läßt sich dies jedoch mit dem Schutzzweck des § 1 GWB begründen. Danach sollen Wettbewerbsbeschränkungen auch dann unterbunden werden, wenn sie nicht beabsichtigt waren und gegen beabsichtigte Wettbewerbsbeschränkungen soll bereits vorgegangen werden, wenn sie nur drohen.
Somit ist es ausreichend, wenn die Beteiligten die Einschränkung ihrer wettbewerblichen Handlungsfreiheit bezwecken, eine Außenwirkung dagegen nur bewirken oder umgekehrt.[142]

(1) Bezweckte Wettbewerbsbeschränkung

Eine Wettbewerbsbeschränkung wird dann bezweckt, wenn die Parteien darauf abzielen, die wettbewerbliche Handlungsfreiheit der beteiligten Unternehmen einzuschränken und dadurch die Marktverhältnisse zu verändern.[143] Der Begriff des „Bezweckens" hat einen objektiven Charakter. Es geht um wettbewerbsbeschränkende Zielsetzung oder Tendenz der Maßnahme.[144] Die subjektiven Vorstellungen der Parteien treten dahinter zurück, so daß es nicht entscheidend ist, welches Motiv die Parteien verfolgen. Jedoch muß die Vereinbarung oder die abgestimmte Verhaltensweise zumindest ihrem Inhalt nach geeignet sein, den Wettbewerb zu beeinflussen.[145]
Stellt man fest, daß eine Wettbewerbsbeschränkung bezweckt wird, so brauchen die Auswirkungen der Vereinbarung oder der abgestimmten Verhaltensweise auf die Marktverhältnisse nicht mehr festgestellt zu werden.[146] Die Voraussetzungen für die Anwendung des Kartellver-

---

[136] BGH v. 6.12.1962, WuW/E BGH 519/522 „Kino"; BGH, Beschluß v. 29.1.1975, WuW/E BGH 1337/1338 „Aluminium-Halbzeug"; BKartA, Briefe des BKartA vom 8./9. 2 und 27./28.3.1962, WuW/E BKartA 575/576 „Freiwillige Ketten"; BKartA v. 14.5.1971, WuW/E BKartA 1351/1353 „Tubenhersteller"; Immenga in Immenga/Mestmäcker, 2. Aufl., § 1, Rdn.284.
[137] BGH, Beschluß v. 19.6.1975, WuW/E BGH 1367/1373 „Zementverkaufsstelle Niedersachsen".
[138] Bunte in Langen/Bunte, § 1, Rdn.162.
[139] Emmerich, Seite 45; Bahr, WuW 2000, 954/960f.; Bunte in Langen/Bunte, § 1, Rdn.160ff.
[140] So auch Hootz in Gemeinschaftskommentar, § 1, Rdn.180ff.
[141] EuGH, Slg. 1966, 281/303 „Maschinenbau Ulm"; Slg. 1997 I, 4411/4435 „Ferriere Nord"; Schröter in von der Groeben/Thiesing/Ehlermann, Art. 85 Abs. 1, Rdn.111.
[142] Bahr, WuW 2000, 954/961; ebenso für das EG-Recht Koch in Grabitz/Hilf, Art. 85, Rdn.85.
[143] Schröter in von der Groeben/Thiesing/Ehlermann, Art. 85 Abs. 1, Rdn.113.
[144] Kommission, ABl. der EG 1990 Nr. L 21 Seite 71/76 „Bayo-n-ox".
[145] Schröter in von der Groeben/Thiesing/Ehlermann, Art. 85 Abs. 1, Rdn.111; Bunte in Langen/Bunte, Art. 85, Generelle Prinzipien, Rdn.123f.
[146] EuGH, Slg. 1984, 1679/1703f. (Rdn.26) „Cram und Rheinzink"; Slg. 1985, 391/423, Rdn.22 „BNIC/Clair".

bots sind selbst dann erfüllt, wenn die Parteien die Absprache nicht ausführen.[147] Es handelt sich bei dem Tatbestand des „Bezweckens" um einen Gefährdungstatbestand[148].

Für Einkaufsbündelungen bedeutet das, daß es unbeachtlich ist, wenn die beteiligten Unternehmen nur günstigere Konditionen erreichen wollten und eine Beschränkung des Wettbewerbs gar nicht bezweckt haben. Denn es geht ausschließlich um die Tendenz der Maßnahme und nicht die subjektiven Vorstellungen der Parteien.

(2) Bewirkte Wettbewerbsbeschränkung

Kann ein wettbewerbsbeschränkender Zweck nicht festgestellt werden, so kommt es auf die Wirkung der Maßnahme an. „Bewirken" zielt auf die objektiven Konsequenzen einer Vereinbarung oder abgestimmten Verhaltensweise ab. Somit bewirken Vereinbarungen eine Wettbewerbsbeschränkung, wenn sie die Handlungsfreiheit der Beteiligten einschränken und dadurch die Marktstellung Dritter spürbar beeinträchtigen.[149]

Im europäischen Kartellrecht braucht diese Wirkung noch nicht eingetreten zu sein. Es genügt, daß sie sich mit hinreichender Wahrscheinlichkeit in naher Zukunft ergeben wird.[150] Hieraus wird deutlich, daß es für das Bewirken einer Wettbewerbsbeschränkung schon ausreichend sein kann, daß eine Vereinbarung abgeschlossen wird. Somit erlaubt auch die zweite Alternative des Kartellverbots ein frühzeitiges Eingreifen.
Fraglich ist jedoch, ob entsprechendes auch im Rahmen von § 1 GWB gilt. Grundsätzlich sollte durch die Neuformulierung eine Angleichung an Art. 81 Abs. 1 EGV stattfinden,[151] so daß diesbezüglich auch davon auszugehen ist, daß bereits der Abschluß einer Vereinbarung unter das Kartellverbot fällt. Weiterhin spricht auch für diese Annahme, daß das Gesetz schon die Vereinbarung als solche für nichtig erklärt (§ 1 GWB n. F. i.V.m. § 134 BGB), also sowohl den Abschluß als auch die Durchführung verhindern will.[152] Vor der Neuformulierung wurde dieses Tatbestandselement im Rahmen der Eignungsklausel überprüft, so daß hier eine bloße objektive Eignung zur spürbaren Änderung der Marktverhältnisse ausreichend war.[153] In diesem Fall kann eine Beurteilung, ob eine Wettbewerbsbeschränkung „bewirkt" wird, nur nach dem objektiven Inhalt der Vereinbarung beurteilt werden. Es handelt sich somit um die voraussichtliche Wirkung der Vereinbarung, also eine Prognose.[154] Keine Probleme bereitet die Prognose, wenn in der Vereinbarung die Verpflichtungen der Parteien festgelegt werden, denn dann steht ohne Zweifel fest, daß die Durchführung der Vereinbarung eine Wettbewerbsbeschränkung bewirkt. Anders sieht es dagegen aus, wenn in der Vereinbarung nicht die

---

[147] Kommission, ABl. der EG 1978 Nr. L 46 Seite 33/41 (Nr. 22) „BMW Belgium"; Kommission, ABl. der EG 1984 Nr. L 212 Seite 13/19 (Nr. 42) „Flachglas Benelux; Kommission, ABl. der EG 1986 Nr. L 232 Seite 15/26 (Nr. 76) „Dach- und Dichtungsbahnen"; Kommission, ABl. der EG 1989 Nr. L 74 Seite 1/12f. (Nr. 37) „PVC".
[148] Müller-Graff in Hailbronner /Klein/Magiera/Müller-Graff, Art. 85, Rdn.106; Schröter in von der Groeben/Thiesing/Ehlermann, Art. 85 Abs. 1, Rdn.105.
[149] Koch in Grabitz/Hilf, Art. 85, Rdn.83; Hootz in Gemeinschaftskommentar, § 1 GWB, Rdn.184.
[150] Schröter in von der Groeben/Thiesing/Ehlermann, Art. 85, Rdn.115.
[151] Begr. RegEntw. 1998, BT-Drucksache 13/9720, Seite 31.
[152] Huber in Frankfurter Kommentar, Kurzdarstellung § 1 n. F., Rdn.59.
[153] BGH v. 10.4.1984, WuW/E 2088/2090 „Korkschrott"; KG v. 23.6.1976, WuW/E OLG 1738/1740 „Feltbase".
[154] Huber in Frankfurter Kommentar, Kurzdarstellung § 1 n. F., Rdn.59ff.

Verpflichtungen der Parteien festgelegt worden sind, sondern den Parteien gewisse Freiheiten gelassen werden, das heißt keine Verhaltensbindung gegeben ist. In diesem Fall wird eine Wahrscheinlichkeitsprüfung durchgeführt. Der EuGH hat ein „Bewirken" angenommen, wenn die Prognose eine hinreichende Wahrscheinlichkeit ergibt, daß eine Wettbewerbsbeschränkung tatsächlich eintreten wird.[155] Jedoch wird nicht näher erläutert, was darunter zu verstehen ist. Somit wird häufig darauf abgestellt, ob eine Wettbewerbsbeschränkung überwiegend wahrscheinlich ist.[156] Dies ist jedenfalls dann nicht der Fall, wenn eine Wettbewerbsbeschränkung nur theoretisch möglich ist.
Dies bedeutet für Einkaufsbündelungen, daß es für das „Bewirken" einer Wettbewerbsbeschränkung bereits ausreichend ist, wenn die Beteiligten eine Vereinbarung bezüglich des gemeinsamen Einkaufs treffen, die mit überwiegender Wahrscheinlichkeit eine Wettbewerbsbeschränkung hervorruft. Durch die Bildung von Einkaufsbündelungen tritt in jedem Fall eine Beschränkung des Nachfragewettbewerbs auf: die beteiligten Unternehmen der Einkaufsbündelung stehen beim Aushandeln der besten Konditionen nicht mehr untereinander im Wettbewerb. Sie ziehen an einem gemeinsamen Strang.

Ein weiteres Problem ergibt sich dadurch, daß weiterhin unklar ist, inwieweit wettbewerbsbeschränkende Auswirkungen einer Maßnahme auf die Beteiligten oder auf Dritte diesen Beteiligten tatsächlich zugerechnet werden können. Hierbei handelt es sich insbesondere um Fälle, bei denen eine bewirkte, aber nicht eine bezweckte Wirkung vorliegt. Dabei müssen die Wirkungen ursächlich auf die Vereinbarung oder abgestimmte Verhaltensweise zurückzuführen sein.[157] Probleme ergeben sich in diesem Zusammenhang vor allem, wenn Vertragsparteien untereinander in unmittelbarem Wettbewerb stehen und Vereinbarungen treffen, die außenstehende Dritte behindern oder ihren Marktzutritt hindern. Solche bewirkten, aber nicht bezweckten Wettbewerbsbeschränkungen können nicht ohne weiteres den Vertragsbeteiligten zugerechnet werden.[158] Dies würde zu einer Ausuferung des Kartellverbots führen. Somit muß es in diesen Fällen bei den durch die Rechtsprechung entwickelten Grundsätzen zur Zwecktheorie bleiben.[159] Danach muß den Vertragsbeteiligten eine Einigung über die Wettbewerbsbeschränkung als Zweck des Vertrages nicht nachgewiesen werden, aber es muß sich um typische Wirkungen des Vertrages auf Dritte handeln, bei denen den vertragsschließenden Unternehmen unterstellt werden kann, daß sie diese Wirkung auch erwartet und bezweckt hatten.[160]

Durch Einkaufsbündelungen werden viele Wettbewerbsbeschränkungen hervorgerufen, die Drittwirkungen haben. Diese Drittwirkungen, die sowohl auf der Marktgegenseite als auch bei anderen Wettbewerbern auftreten, werden überwiegend auch unter das Tatbestandselement des „Bewirkens" fallen, da diese Wirkungen von den Teilnehmern der Einkaufsbündelung erwartet werden können und größtenteils auch bezweckt werden.

---

155 EuGH, Slg. 1980, 2511/2536 „Lancome".
156 Immenga in Immenga/Mestmäcker, 2. Aufl., § 1, Rdn.307; Huber in Frankfurter Kommentar, Kurzdarstellung § 1 n. F., Rdn.62f.
157 Bunte in Langen/Bunte, § 1, Rdn.170.
158 Vgl. Bunte, WM 1998, 2305/2307.
159 Emmerich, Seite 45f.
160 BGH v. 18.11.1986, WuW/E BGH 2313/2317 „Baumarktstatistik"; Bunte in Langen/Bunte, § 1, Rdn.162.

f) Spürbarkeit

Vor der Neuformulierung des § 1 GWB wurde dieser durch ein zusätzliches ungeschriebenes Tatbestandsmerkmal ergänzt, nämlich daß die wettbewerbsbeschränkende Vereinbarung oder die Verhaltensabstimmung geeignet sein muß, sich auf die Marktverhältnisse spürbar auszuwirken.[161] Diese Frage der Spürbarkeit wurde vor der Neuformulierung beim Tatbestandsmerkmal der Eignung zur Beeinflussung der Marktverhältnisse geprüft. Durch die Neuformulierung des § 1 GWB ist dieses Tatbestandsmerkmal weggefallen, so daß sich die Frage stellt, ob es weiterhin der Prüfung des ungeschriebenen Tatbestandsmerkmals der Spürbarkeit bedarf. Der Gesetzgeber wollte einerseits durch diese Neuformulierung keine wesentliche Änderung[162], so daß an dem Merkmal der Spürbarkeit der Wettbewerbsbeschränkung weiterhin festzuhalten ist.[163] Und andererseits sollte eine Anpassung an Art. 81 Abs. 1 EGV stattfinden, bei dem nach der ständigen Praxis der Gemeinschaftsorgane auch als ungeschriebenes Tatbestandsmerkmal das Erfordernis der Spürbarkeit der Wettbewerbsbeschränkung verlangt wird.[164] Folglich bedarf es weiterhin der Überprüfung der Spürbarkeit im Rahmen des § 1 GWB.

Das Merkmal der Spürbarkeit wurde eingeführt, um nur theoretisch denkbare Wettbewerbsbeschränkungen aus dem Bereich des Kartellverbots herauszunehmen.[165] Es ging auch darum, solche Wettbewerbsbeschränkungen aus dem Tatbestand des § 1 GWB herauszunehmen, die zwar prinzipiell Außenwirkungen haben können, sich aber aufgrund des verbleibenden Wettbewerbs oder der geringen Marktanteile der Vertragspartner auf dem Markt letztlich nicht bemerkbar machen.[166]

Unter der Spürbarkeit der Wettbewerbsbeschränkung versteht man, daß von der Wettbewerbsbeschränkung konkret feststellbare Veränderungen der relevanten Produktions- oder Marktfaktoren zum Nachteil Dritter ausgehen müssen, wobei in erster Linie an die Verringerung der Alternativen der Marktgegenseite zu denken ist.[167] In diesem Zusammenhang sind insbesondere die Anzahl der Marktteilnehmer, sowie der Marktanteil der Beteiligten zu berücksichtigen.[168] Um solche Auswirkungen einer Wettbewerbsbeschränkung feststellen zu können, muß zunächst der relevante Markt in sachlicher und räumlicher Hinsicht abgegrenzt werden, um sodann feststellen zu können, ob sich die Vereinbarung oder abgestimmte Verhaltensweise auf dem Markt spürbar auswirkt.

Bei der Frage nach dem sachlich relevanten Markt geht es um die Bestimmung, welche Güter oder Leistungen zu einem Markt gehören, weil zwischen ihnen Wettbewerbsbeziehungen be-

---

[161] BGHZ 37, 194/200f.; BGHZ 68, 6/11; BGH v. 7.6.1962, WuW/E 486/491 „Spar"; BGH v. 1.7.1964, WuW/E BGH 605/611 „Flußspat"; BGH, Beschluß v. 29.1.1975, WuW/E BGH 1337/1342 „Aluminium-Halbzeug"; BGH, v. 14.10.1976, WuW/E BGH 1458/1462 „Fertigbeton"; BGH v. 6.3.1979, WuW/E BGH 1597/1600 „Erbauseinandersetzung".

[162] Begr. RegEntw. 1998, BT-Drucksache 13/9720, Seite 31.

[163] a. A. LG Mannheim v. 16.4.1999, WuW/E DE-R 298/302 „Stromversorgung": ab 1.1.1999 gibt es das Spürbarkeitskriterium nicht mehr; nach der Neufassung ist der Zweck, den Wettbewerb untereinander und mit Dritten einzuschränken, ausreichend.

[164] EuGH, Slg. 1989, 2117/2185ff. „Belasco (Dach-und Dichtungsbahnen)"; Kommission, ABl. der EG 1984 Nr. L 220, Seite 27/37f. „Zinc Producer Group"; Kommission, ABl. der EG 1986 L 232, Seite 15/26f. „Dach- und Dichtungsbahnen".

[165] BGH v. 9.3.1999, WuW/E DE-R 289/295 „Lottospielgemeinschaft".

[166] Huber/Baums in Loewenheim/Belke, § 1, Rdn.78.

[167] Emmerich, Seite 43.

[168] Emmerich, Seite 43.

stehen (Bedarfsmarktkonzept).[169] Geht es dagegen, wie bei der Einkaufsbündelung, um die Nachfrageseite des Marktes, ist bei der Abgrenzung des sachlich relevanten Marktes entsprechend auf die Sicht der Marktgegenseite, also der Anbieter, abzustellen.[170] Es ist zu prüfen welche Ausweichmöglichkeiten für die Anbieter bestehen. Hiernach gehören alle Nachfrager und Produzenten zu demselben Markt, auf die die Anbieter ohne große Schwierigkeiten ausweichen können.[171]
Bei der Abgrenzung des räumlich relevanten Marktes ist ebenso auf die Marktgegenseite, also die Anbieter, abzustellen, so daß es auf die räumlichen Ausweichmöglichkeiten für die Anbieter ankommt.[172]
Für die Beurteilung, ob auf diesem relevanten Markt eine spürbare Wettbewerbsbeschränkung vorliegt, ist nicht der Marktanteil der Beteiligten alleine entscheidend, sondern es kommt insbesondere auf die Gesamtumstände des Einzelfalls an[173]. Eine feste Marktanteilsgrenze gibt es nicht. Als ungefährer Wert wird im Allgemeinen aber ein Anteil aller Beteiligten von höchstens 5% angegeben[174], bei dem die Spürbarkeit noch verneint werden kann. Aber vom BGH wurden teilweise auch geringere Marktanteile für die Annahme einer Spürbarkeit als ausreichend erachtet.[175]

Für die Einkaufsbündelungen wirkt sich das in der Form aus, daß im allgemeinen bereits der Ausfall eines nicht gänzlich unbedeutenden Abnehmers Probleme bereitet, weil der Anbieterseite nur in engen Grenzen Ausweichmöglichkeiten offenstehen.[176] Insofern dürfte in diesem Fall bereits bei Marktanteilen unter 5% eine Spürbarkeit zu bejahen sein,[177] weil ein anderweitiger Absatz in diesen Fällen häufig schwierig sein dürfte.
Im Rahmen der Spürbarkeitsgrenze gibt es keine besondere Privilegierungsmöglichkeit für Einkaufsbündelungen von kleinen und mittleren Unternehmen,[178] die beispielsweise dafür sorgen, daß bei kleinen und mittleren Unternehmen die Spürbarkeitsgrenze erst bei einem Marktanteil von weit über 5% erreicht wird.

---

[169] Vertiefend Immenga/Mestmäcker, § 4 , Rdn.51; von Gamm, Einführung A, Rdn.36; Emmerich, Seite 168.
[170] BGH v. 23.2.1988, WuW/E BGH 2483/2488 „Sonderungsverfahren"; KG v. 24.4.1985, WuW/E OLG 3577/3585 „Hussel-Mara"; KG v. 5.11.1986, WuW/E OLG 3917/3927 „Coop-Wandmaker"; OLG Düsseldorf v. 12.2.1980, WuW/E OLG 2274/2277 „Errichtung von Fernmeldetürmen"; Markert in Schwerpunkt des Kartellrechts 1978/79, Seite 87/103; Köhler, Wettbewerbsbeschränkung durch Nachfrager, Seite 65f.;ders. Wettbewerbs- und kartellrechtliche Kontrolle, Seite 36.
[171] Emmerich, Seite 171.
[172] Grdlg. BGH, NJW 1996, 1820 = Die AG 1996, 266/267 „HaGe Kiel/RHG Hannover".
[173] BGH v. 14.10.1976, WuW/E BGH 1458/1462 „Fertigbeton"; BGH v. 14.4.1983, WuW/E BGH 2000/2001f. „Beistand bei Kostenangeboten".
[174] BGH, Beschluß v. 14.1.1960, WuW/E BGH 369/372 „Kohlenplatzhandel"; OLG Frankfurt v.2.3.1989, WuW/E OLG 4488/4491 „Konkurrenz im selben Haus"; Hootz in Gemeinschaftskommentar, § 1, Rdn.144.
[175] BGH v. 7.6.1962, WuW/E 486/491 „SPAR"; BGH, ZIP 1999, 1021/1025 „Lottospielgemeinschaft"; BGH, Beschluß v.12.3.1991, WuW/E BGH 2697/2704 „Golden Toast"; krit. hierzu Huber/Baums in Frankfurter Kommentar, § 1, Rdn.400.
[176] KG v. 16.6.1982, WuW/E OLG 2745/2752 „HFGE"; Ebenroth, DB 1985, 1825/1827; Lutz, BB 1975, 1417/1420.
[177] Vgl. für Einkaufsgemeinschaften KG v. 16.6.1982, WRP 1983, 25/28; KG 26.2.1986, WuW/E OLG 3737/3746f. „Selex-Tania"; OLG Celle v. 16.2.1983, WuW/E OLG 2979/2980f. „Holzschutzmittel"; BKartA v.29.4.1985, WuW/E BKartA 2191/2203f. „Selex-Tania".
[178] Immenga in Festschrift für Pfeiffer, 1988, Seite 659/663f.; Emmerich, Seite 43; a. A. Tätigkeitsbericht des Bundeskartellamtes 1979/80, Seite 7 und 130; Tätigkeitsbericht des Bundeskartellamtes 1981/82, Seite 7; 1987/88, Seite 23ff.

3. Rechtsfolgen des Kartellverbots

a) Zivilrechtliche Rechtsfolgen

Gegen § 1 GWB verstoßende Vereinbarungen, Beschlüsse und abgestimmte Verhaltensweisen sind kraft Gesetzes nichtig, was sich aus § 1 GWB in Verbindung mit § 134 BGB ergibt[179], was auch auf die 6. GWB-Novelle zurückzuführen ist. Es fand auch diesbezüglich eine Anpassung an Art. 81 Abs. 1 EGV statt.
Etwa anderes gilt nur dann, wenn die Freistellungsvoraussetzungen der §§ 2 - 8 GWB erfüllt sind, d.h. Freistellungsfähigkeit vorliegt, und die Vereinbarung oder der Beschluß gemäß § 9 GWB bei der zuständigen Kartellbehörde angemeldet worden ist. In diesem Fall ist die Vereinbarung, der Beschluß oder die abgestimmte Verhaltensweise schwebend unwirksam.[180]
Hieraus ergibt sich, daß die die Einkaufsbündelungen begründenden Vereinbarungen oder Beschlüsse (Kooperationsvereinbarungen oder - beschlüsse), soweit sie dem Kartellverbot unterliegen und keine Freistellungsmöglichkeit besteht, nichtig sind. Die Nichtigkeit beschränkt sich zunächst auf die einzelnen Vertragsklauseln, die gegen § 1 GWB verstoßen. [181] Jedoch wird meistens das gesamte Vertragswerk nach § 139 BGB nichtig sein[182], dies muß jedoch für jeden Einzelfall gesondert untersucht werden.

Von dieser Nichtigkeit werden auch die sog. Ausführungsverträge erfaßt. Hierunter versteht man Verträge, die zwischen den Kartellmitgliedern oder mit Dritten zur Durchführung, Verstärkung oder Ausdehnung der Wettbewerbsbeschränkung vereinbart worden sind. Sie stehen mit der Kartellvereinbarung in unmittelbarem Zusammenhang.
Anders verhält es sich dagegen mit Folgeverträgen, die zur Vollziehung der Kartellabsprache dienen und mit unbeteiligten Dritten geschlossen worden sind. Im Rahmen von Einkaufsbündelungen fallen hierunter insbesondere Kaufverträge mit Lieferanten oder Herstellern. Diese Verträge werden von der Rechtsfolge des § 1 GWB i.V.m. § 134 BGB nicht erfaßt.[183]
Gemäß § 33 S. 1 HS. 1 GWB löst ein schuldhafter Verstoß gegen Vorschriften des GWB Schadensersatzansprüche Dritter aus, soweit es sich bei der verletzten Vorschrift um ein Schutzgesetz (i.S.d. § 823 Abs. 2 BGB) handelt. Um beurteilen zu können, ob es sich bei dem Kartellverbot gemäß § 1 GWB um ein solches Schutzgesetz handelt, muß man nach dem vom Kartell betroffenen Unternehmen unterscheiden, d.h. das § 1 GWB den Schutz des jeweiligen Unternehmens bezwecken muß.[184]
Das Kartellverbot hat unter anderem die Aufgabe, die Wettbewerber der Kartellmitglieder vor der Errichtung künstlicher Marktzutrittsschranken zu schützen. Somit ist das Kartellverbot dann als Schutzgesetz anzusehen, wenn die Wettbewerber dadurch in ihrer wirtschaftlichen Entfaltungsfreiheit beeinträchtigt sind.[185] Hierunter fallen im Zusammenhang mit Einkaufsbündelungen insbesondere Konkurrenten, die sich der Einkaufsbündelung nicht anschließen

---

179 Begr. RegEntw. 1998, BT-Drucks. 13/9720 Seite 46.
180 Huber in Frankfurter Kommentar, Kurzdarstellung § 1 n. F., Rdn.80; Emmerich, 8. Aufl., Seite 59.
181 Bunte in Langen/Bunte, § 1, Rdn.225ff.; Emmerich, Seite 57.
182 BGH v. 24.6.1980, WuW/E BGH 1732/1735 „Fertigbeton II“.
183 Emmerich, Seite 57; Bunte in Langen/Bunte, § 1, Rdn.240; Immenga in Immenga/Mestmäcker, § 1. Rdn.340ff.
184 Emmerich, Seite 58.
185 BGHZ 64, 232/237f.; OLG Düsseldorf v. 21.2.1984, WuW/E OLG 3271/3275f.; OLG Düsseldorf v. 9.11.1993, WuW/E OLG 5213/5218 und 5223f. „Gemischwirtschaftliche Abfallverwertung“; OLG Stuttgart v. 4.1.1988, WuW/E OLG 4326/4327 „Heilpraktikerverband“.

können oder dürfen und somit nicht in den Genuß der besseren Konditionen der Lieferanten gelangen.
Umstritten ist, ob das Kartellverbot außerdem auch als Schutzgesetz zugunsten der Lieferanten und Abnehmer qualifiziert werden kann. Im Rahmen der Einkaufsbündelung kommt es besonders darauf an, ob § 1 GWB auch als Schutzgesetz für die Lieferanten in Betracht zu ziehen ist. Der BGH hat anerkannt, daß es sich bei § 1 GWB um ein Schutzgesetz i.S.d. § 823 Abs. 2 BGB handelt, wenn sich die Vereinbarung oder abgestimmte Verhaltensweise gezielt gegen diesen Personenkreis richten.[186] Dies ist auch dann der Fall, wenn durch die Kartellabsprache die Konditionen verschlechtert werden.[187] Dies bedeutet für die Einkaufsbündelung, daß § 1 GWB für die Lieferanten, mit denen die Kartellmitglieder bessere Konditionen ausgehandelt haben, ein Schutzgesetz darstellt. Der gemeinsame Einkauf der Kartellmitglieder richtet sich gegen die Lieferanten, die mittelbar gezwungen werden, bessere Konditionen zu bewilligen. Die Kartellmitglieder selbst sind nicht geschützt[188] und können somit gegeneinander keine Schadensersatzansprüche geltend machen.

Unter den genannten Voraussetzungen bestehen gemäß § 33 S.1 HS.1 GWB auch Unterlassungsansprüche der betroffenen oder geschädigten Unternehmen gegen die weitere Praktizierung des Kartells.[189]

b) Kartellbehördliche Sanktionen

Gemäß § 32 GWB kann die Kartellbehörde Unternehmen und Vereinigungen von Unternehmen ein Verhalten untersagen, das nach dem GWB verboten ist, also sowohl den Abschluß als auch die Praktizierung.

Nach § 81 Abs. 1 Nr. 1 GWB handelt ordnungswidrig, wer vorsätzlich oder fahrlässig dem Verbot des § 1 GWB zuwiderhandelt. Hieran wird deutlich, daß heutzutage nicht mehr erst die Praktizierung des verbotenen Kartells eine Ordnungswidrigkeit darstellt, sondern bereits schon der Abschluß einer solchen verbotenen Vereinbarung. Hierdurch wurde ein weiterer Unterschied zwischen den deutschen und dem europäischen Kartellrecht beseitigt (vgl. Art. 81 Abs. 1 EGV i.V.m. Art. 15 Abs. 2 lit. a der VO Nr. 17).

III. Legalisierungsmöglichkeiten

Wenn eine Einkaufbündelung unter das Kartellverbot des § 1 GWB fällt, bestehen Legalisierungsmöglichkeiten. Diese Möglichkeiten werden in den §§ 2 - 8 GWB genannt, wonach Kartelle vom Verbot freigestellt werden können.
Nach diesen Vorschriften erlangen Kartelle im Einzelfall Wirksamkeit, indem sie entweder als Anmelde- , Widerspruchs- oder Erlaubniskartelle durch den Anmeldeakt, das wider-

[186] BGH v. 25.1.1983, WuW/E BGH 1985/1988 „Familienzeitschrift".
[187] OLG Düsseldorf v. 2.9.1997, WuW/E DE-R 183/186 „Berliner Positivliste"; BGH v. 12.5.1998, WuW/E DE-R 206/207 „Depotkosmetik"; OLG Bremen v. 20.4.1989, WuW/E OLG 4478/4480 „Versteigerung der Käuferposition"; OLG Frankfurt/M. v. 26.1.1989, WuW/E OLG 4475/4477 „Negatives Bietabkommen"; im Ansatz auch OLG Düsseldorf v. 23.5.1989, WuW/E OLG 4454 „Ennepetal-Vertrag"; OLG Hamburg v. 4.8.1994, WuW/E OLG 5376/5379 „Schlechte Verhandlungsposition".
[188] KG v. 7.9.1977, WuW/E OLG 1903/1905 „Air-Conditioning-Anlagen".
[189] BGH v. 4.4.1975, WuW/E BGH 1361/1364f. „Krankenhaus Zusatzversicherung".

spruchslose Verstreichenlassen einer Widerspruchsfrist oder durch die jeweilige Kartellbehörde nach erfolgter Anmeldung bzw. aufgrund eines Verwaltungsaktes der Kartellbehörden erlaubt sind oder indem sie kraft Gesetzes bei Vorliegen gewisser Voraussetzungen vom Kartellverbot ausgenommen sind.[190]

1. Mittelstandskartell gemäß § 4 Abs. 2 GWB

Als besondere Form der Mittelstandskartelle im Sinne des § 4 Abs. 1 GWB regelt das GWB in § 4 Abs. 2 die sogenannten Einkaufskooperationen. § 4 Abs. 2 GWB sieht vor, daß § 1 GWB nicht für Vereinbarungen und Beschlüsse gilt, die den gemeinsamen Einkauf von Waren oder die gemeinsame Beschaffung von gewerblichen Leistungen zum Gegenstand haben, ohne einen über den Einzelfall hinausgehenden Bezugszwang für die beteiligten Unternehmen zu begründen, wenn dadurch der Wettbewerb auf dem Markt nicht wesentlich beeinträchtigt wird und die Vereinbarung oder der Beschluß dazu dient, die Wettbewerbsfähigkeit kleiner oder mittlerer Unternehmen zu verbessern.
Für Einkaufskooperationen stellt § 4 Abs. 2 GWB die zentrale kartellrechtliche Vorschrift dar.

a) Normzweck

Durch § 4 Abs. 2 GWB sollen die Marktchancen mittelständischer Unternehmen dadurch verbessert werden, daß ein Ausgleich struktureller Nachteile gegenüber Großunternehmen erfolgt.[191] Diese Nachteile sollen entstehen, weil es den Großunternehmen wegen des von ihnen vertretenen Einkaufsvolumens häufig gelinge, bei den Lieferanten günstigere Konditionen als ihre kleinen Konkurrenten durchzusetzen.[192] Vorteile, die Großunternehmen schon kraft ihrer Größe besitzen, sollen ausgeglichen werden in der Erwartung zunehmender Wettbewerbsintensität auf dem Anbietermarkt der kleinen und mittleren Unternehmen in Konkurrenz zu den dort ebenfalls tätigen Großunternehmen. Durch diesen Freistellungstatbestand soll somit gerade der Mittelstand geschützt werden.

b) Tatbestandsvoraussetzungen von § 4 Abs. 2 GWB

Der Freistellungstatbestand des § 4 Abs. 2 GWB ist, vom Gegenstand der Freistellung abgesehen, im wesentlichen demjenigen des § 4 Abs. 1 GWB nachgebildet. Beide begünstigen Kooperationen kleiner und mittlerer Unternehmen.

(1) Vereinbarung oder Beschluß

Vom Wortlaut des § 4 Abs. 2 GWB her besteht nur für Vereinbarungen und Beschlüsse gemäß § 1 GWB die Möglichkeit dieser Legalisierung. Entscheidend ist somit, daß mit Rechtsbindungswillen wettbewerbliches Verhalten von Unternehmen koordiniert wird. Dabei verlangt die Freistellungsnorm, daß die jeweils zu beurteilende Vereinbarung oder der Beschluß den gemeinsamen Einkauf von Waren oder die gemeinsame Beschaffung gewerblicher Leis-

---

[190] zum Ganzen Emmerich, Seite 60ff.
[191] Siehe Immenga in Immenga/Mestmäcker, § 4, Rdn.10ff.; Bechtold, § 4, Rdn.1; Schulte-Franzheim in Müller/Gießler/Scholz, § 5 c, Rdn.; Kiecker in Langen/Bunte, § 4, Rdn.36; Salje, Die mittelständische Kooperation Seite 50.
[192] Siehe Begr. RegEntw. 1989, BT-Drucks. 11/4610, Seite 14ff.

tungen zum Gegenstand haben muß.[193] Die Vereinbarung oder der Beschluß muß also auf diese Tätigkeit gerichtet sein. Ist dies nicht der Fall, ist eine Freistellung gemäß § 4 Abs. 2 GWB nicht möglich.

Es stellt sich nun die Frage, was für die Freistellung von abgestimmten Verhaltensweisen gilt. Geht man alleine nach dem Wortlaut, so können abgestimmte Verhaltensweisen nicht nach § 4 Abs. 2 GWB freigestellt werden. Fraglich ist, ob die Freistellung der abgestimmten Verhaltensweise als Tatbestandmerkmal bei der entsprechenden Anpassung des § 4 Abs. 2 GWB an die Neuformulierung des § 1 GWB und die damit im Zusammenhang stehende Einführung des Tatbestandsmerkmals der „abgestimmten Verhaltensweise" vergessen worden ist oder ob es absichtlich aus dem Tatbestand des § 4 Abs. 2 GWB herausgelassen worden ist.
Durch die 6. GWB-Novelle sollte eine Anpassung des deutschen Kartellrechts an das europäische Kartellrecht stattfinden.[194] Zieht man somit Art. 81 Abs. 3 EGV zur Auslegung des § 4 Abs. 2 GWB heran, so fällt auf, daß hiernach auch aufeinander abgestimmte Verhaltensweisen vom Kartellverbot des Art. 81 Abs. 1 EGV freigestellt werden können. In den Materialien zur 6. GWB-Novelle finden sich keine Hinweise darauf, aus welchem Grund, abgestimmte Verhaltensweisen nicht in den §§ 2ff. GWB aufgeführt worden sind und somit auch nicht nach §§ 9ff. GWB anmeldefähig sind. Geht man grundsätzlich davon aus, daß eine Anpassung an Art. 81 Abs. 3 EGV stattfinden sollte, bei dem eine Freistellung von abgestimmten Verhaltensweisen möglich ist, muß man hieraus schließen, daß das gleiche, obwohl es nicht ausdrücklich im Wortlaut erwähnt worden ist, auch für § 4 Abs. 2 GWB gelten muß.

Weiterhin spricht für die Freistellungsmöglichkeit der abgestimmten Verhaltensweise nach § 4 Abs. 2 GWB die wirtschaftliche Betrachtungsweise. Betrachtet man nämlich die wirtschaftlichen Auswirkungen einer Vereinbarung im Vergleich zur abgestimmten Verhaltensweise auf dem entsprechenden Markt, so sind zwischen diesen beiden Tatbestandsmerkmalen des § 1 GWB keine Unterschiede bezüglich der wirtschaftlichen Auswirkung ersichtlich. Eine Wettbewerbsbeschränkung durch eine abgestimmte Verhaltensweise hat somit keine andere oder schwerwiegendere Auswirkung auf den bestehenden Wettbewerb als eine Wettbewerbsbeschränkung durch eine Vereinbarung. Folglich spricht aus dieser Sicht kein Grund dafür, diese Tatbestände unterschiedlich in Bezug auf ihre Freistellungsmöglichkeit zu behandeln.
Nach diesen Argumenten ist folglich davon auszugehen, daß die Aufnahme des Tatbestandsmerkmals der abgestimmten Verhaltensweise in § 4 Abs. 2 GWB bei der 6. GWB-Novelle vergessen worden ist. Danach sind auch abgestimmte Verhaltensweisen freistellungsfähig.[195]

Gegen diese Ansicht spricht jedoch, daß es der bisherigen Rechtslage entspricht, daß abgestimmte Verhaltensweisen nicht freigestellt werden können, denn auch nach den §§ 2ff. GWB a.F. galten die Ausnahmen vom Kartellverbot nur für Verträge und Beschlüsse.
Auch vom Wortlaut des § 4 Abs. 2 GWB können nur Vereinbarungen und Beschlüsse freigestellt werden.
Die Entscheidung des Gesetzgebers, weiterhin abgestimmte Verhaltensweisen nicht für legalisierungsfähig zu halten, macht aber durchaus Sinn. Für das absichtliche Herauslassen der „abgestimmten Verhaltensweise" aus dem Tatbestand des § 4 Abs. 2 GWB spricht, daß den Kar-

---

[193] Immenga in Immenga/Mestmäcker, § 4, Rn.94; Bunte in Frankfurter Kommentar, § 4, Rdn.100.
[194] Begr. RegEntw. 1998, BT-Dr. 13/9720, Seite 30.
[195] So auch Schroeder in Wiedemann, Handbuch des Kartellrechts, § 8, Rdn.80; Immenga in Immenga/Mestmäcker, 2. Aufl., § 5 c, Rdn.23; Krimphove in Gemeinschaftskommentar, § 5 c, Rdn.35.

tellbehörden nur dann eine sichere Beurteilungsgrundlage für die Legalisierung von Kartellen gegeben wird, wenn die Form einer Vereinbarung oder eines Beschlusses vorliegt. Für die Vereinbarung und den Beschluß gilt allerdings nicht mehr das Schriftformerfordernis. Dies wurde mit der Begründung herausgenommen, daß es nicht mehr erforderlich ist, die Kartellbehörden und Gerichte auf diesem Wege zu informieren, da die Information über Kartelle bereits durch das Anmeldeerfordernis gewährleistet ist[196].

Somit ergibt sich ein absichtliches Herauslassen der abgestimmten Verhaltensweise auch aus der gesetzgeberischen Begründung zur Streichung der Schriftform.[197] Hiernach liegt es „im Rahmen von Freistellungen vom Kartellverbot" im „eigenen Interesse der vertragsschließenden Parteien", den Kartellbehörden die für die Legalisierung ihrer Vereinbarung relevanten wettbewerbsbeschränkenden Umstände von sich aus mitzuteilen. In diesem Zusammenhang läßt sich dann auch nachvollziehen, warum abgestimmte Verhaltensweise absichtlich nicht nach § 4 Abs. 2 GWB freigestellt werden können. Die Kartellbehörden lassen nur dann eine Legalisierungsmöglichkeit für ein Kartell zu, wenn ihnen, obwohl kein Schriftformerfordernis mehr gegeben ist, hinreichenden Fakten der Wettbewerbsbeschränkung zur Beurteilung vorliegen.

Es ist somit erforderlich, daß das Bundeskartellamt die voraussichtlichen Auswirkungen der jeweiligen Kooperation auf den Wettbewerb in den betroffenen Märkten beurteilen kann. Dazu muß der vollständige Kreis der beteiligten Unternehmen und der genaue Umfang der Kooperation bekannt sein. Abgestimmte Verhaltensweisen beruhen gerade nicht auf einer verbindlichen Einigung der Beteiligten und sind in aller Regel auch nicht schriftlich festgehalten. Insofern sind sie nicht bestimmt genug, damit sie hinreichend und in allem Umfang geprüft werden können.

Diese Anforderungen sind nur erfüllt, wenn eine Vereinbarung oder ein Beschluß gegeben ist, weil hier gegenseitige Verpflichtungen der Parteien bestehen, die besser nachzuprüfen sind. Bei einer abgestimmten Verhaltensweise dagegen gibt es keine gegenseitige Verpflichtungen der beteiligten Unternehmen, so daß deren Verhalten wenig greifbar ist. Somit werden die verbindlichen Vereinbarungen und Beschlüsse bevorzugt behandelt. Aus diesem Grund ist eine bewußte Entscheidung des Gesetzgebers gegen die Legalisierungsfähigkeit von abgestimmten Verhalten anzunehmen.[198] Wollen die Parteien somit die Chance einer Legalisierungsmöglichkeit, müssen sie mit Rechtsbindungswillen ihr wettbewerbliches Verhalten koordinieren. Abgestimmte Verhaltensweisen können also nicht nach § 4 Abs. 2 GWB freigestellt werden.

(2) Gemeinsamer Einkauf von Waren

Gegenstand der Vereinbarung oder des Beschlusses muß der gemeinsame Einkauf von Waren oder die gemeinsame Beschaffung gewerblicher Leistungen sein. Indem nur der Gegenstand der Vereinbarung festgelegt wurde, ist klargestellt, daß die Freistellung unabhängig von der gewählten Rechtsform erfolgt. Es ist sogar eine ad-hoc-Kooperation möglich.[199] Mit dem gemeinsamen Einkauf von Waren sind sämtliche Aktivitäten von Unternehmen gemeint, die mit der Beschaffung von Waren zusammenhängen. Das Spektrum reicht von der Festlegung der

---

196 Begr. RegEntw. 1998, WuW-Sonderheft 1998, Seite 79.
197 Gegenäußerung der BReg., BT-Drucks. 13/9720, Seite 81.
198 So auch Bunte in Langen/Bunte, § 1, Rdn.85; Bunte in Frankfurter Kommentar, § 5, Rdn.25.
199 Bechtold, § 4, Rdn.5.

Konditionen über die Verteilung der Ware und die Abwicklung der Geschäfte bis zu dem sogenannten Zentralregulierungs- und Delkrederegeschäft, d.h. die Übernahme von Ausfallbürgschaften der Einkaufsgemeinschaft.[200] Es muß sich allerdings immer um Beschaffungsmaßnahmen handeln, d.h. um Tätigkeiten auf der Einkaufseite. Tätigkeiten auf der Absatzseite werden dagegen nicht erfaßt.

Das Merkmal der gemeinsamen Beschaffung gewerblicher Leistungen ist ohne explizite Begründung auf Empfehlung des Wirtschaftsausschusses in die Vorschrift eingefügt worden.[201] In diesem Zusammenhang hatte der Wirtschaftsausschuß betont, daß der umfassende heutige Bereich von Einkaufskooperationen auf eine sichere Rechtsgrundlage gestellt werden sollte. Was allerdings unter der gemeinsamen Beschaffung gewerblicher Dienstleistungen zu verstehen ist, ist weiterhin unklar. „Beschaffung" dürfte wohl in einem weiteren Sinne zu verstehen sein und sowohl die Beschaffung von Dritten meinen als auch Dienstleistungen der Einkaufskooperationen gegenüber den Mitgliedsunternehmen.[202]

(3) Kein über den Einzelfall hinausgehender Bezugszwang

(a) Im Grundsatz kein Bezugszwang

Weiterhin darf kein über den Einzelfall hinausgehender Bezugszwang der beteiligten Unternehmen vorliegen, das bedeutet, es darf kein allgemeiner Bezugszwang begründet werden.
Dieses Tatbestandsmerkmal betrifft das Innenverhältnis der zu beurteilenden Einkaufsbündelung.[203] Es erweist sich als besonders problematisch, weil eine Einkaufsbündelung häufig gar nicht anders möglich ist, als durch einen Bezugszwang der Mitglieder.
Jedoch wird mit diesem Tatbestandmerkmal der Zweck verfolgt, weitgehend die Selbständigkeit der Mitglieder der Einkaufbündelung zu stärken bzw. zu bewahren, die in der Tat bei weitgehender Zulassung von Bezugsbindungen nachhaltig gefährdet wäre[204]. Ist diese Selbständigkeit nicht mehr gewährleistet, bleibt es bei der Anwendung des § 1 GWB.

Unter den Begriff des Bezugszwangs i.S. von § 4 Abs. 2 GWB fallen alle rechtlichen Bezugsverpflichtungen und alle faktischen Bindungen, die in ihrer Wirkung einer rechtlichen Bezugspflicht gleichkommen[205] und über den Einzelfall hinausgehen. Nicht ausreichend für die Annahme eines Bezugszwangs ist dagegen die wirtschaftliche Anreiz- oder Sogwirkung einer Einkaufsbündelung, da es sich hierbei gerade um die Verbesserung der Nachfragesituation der

---

200 So Begr. RegEntw. 1989 , BT-Dr. 11/4610, Seite 15; Begr. RegEntw. 1998, BT-Dr. 13/9720, Seite 32; Tätigkeitsbericht des Bundeskartellamtes 1995/96, Seite 37; Fritzsche, Seite 157f.; Immenga in Immenga/Mestmäcker, § 4; Rdn.95ff.; Kiecker in Langen/Bunte, § 4, Rdn.43.
201 Bericht des Wirtschaftsausschusses 1989, BTDrucks. 11/5949, Seite 4, 19.
202 Held/Seifert, Kartellrechtspraxis und Kartellrechtsrechtsprechung, 8. Aufl. 1993, Seite 35; Bunte in Frankfurter Kommentar, § 4, Rdn.108.
203 Vgl. hierzu Held/Seifert, Kartellrechtspraxis und Kartellrechtsrechtsprechung, 6.Aufl. 1990/91, Seite 44.
204 Siehe Begr. RegEntw. 1998, BTDrucks. 13/9720, Seite 32; Tätigkeitsbericht des Bundeskartellamtes 1995/96, Seite 37ff.
205 Begr. RegEntw. 1989, BTDrucks. 11/4610, Seite 15.

beteiligten Unternehmen handelt.[206] Ein bloß tatsächlicher Bezugszwang, etwa aus dem Grund, daß der gemeinsame Einkauf günstiger ist, reicht somit nicht aus.[207]

Bei der Beurteilung, ob im jeweiligen Fall eine Bezugspflicht vorliegt, kommt es darauf an, ob diese rechtlichen Pflichten sich unmittelbar oder ausdrücklich aus dem Vertrag, mittelbar aus anderen Vertragspflichten oder aus faktischen Bindungen ergeben.
Bei rechtlichen bzw. unmittelbaren Bezugsverpflichtungen im Rahmen des § 4 Abs. 2 GWB unterwerfen sich die Mitglieder wechselseitig oder gegenüber der Einkaufsbündelung der rechtlichen Verpflichtung, ihren Bedarf an bestimmten Gütern ausschließlich oder zum Teil über bzw. durch die Einkaufsbündelung zu decken.[208] Hieraus ergibt sich eine Beschränkung des Nachfragewettbewerbs, weil die Mitglieder nicht mehr selbständig entscheiden können von wem sie ihre Waren beziehen, obwohl bei einem anderen Anbieter die Ware möglicherweise zu besseren Konditionen angeboten wird. Dies ist selbst dann der Fall, wenn sich dieser Bezugszwang nicht auf den gesamten Bedarf, sondern nur auf einen bestimmten Teil des Bedarfs bezieht.

Neben der rechtlichen Bezugsbindung können auch faktische bzw. mittelbare Bezugsbindungen die Freistellung einer Einkaufsbündelung verhindern. Die Feststellung, ob eine mittelbare bzw. faktische Bezugsverpflichtung vorliegt, erweist sich dagegen als problematischer. Da die reine wirtschaftliche Sogwirkung einer Einkaufsbündelung noch nicht als Bezugszwang zu qualifizieren ist, kann ein faktischer bzw. mittelbarer Bezugszwang erst dann angenommen werden, wenn er über diese Sogwirkung hinausgeht. Unter einer faktischen oder mittelbaren Bezugsbindung sind unter anderem vertragliche Vereinbarungen zu verstehen, die den Fremdbezug zwar nicht direkt verbieten, ihn aber mit rechtlichen oder wirtschaftlichen Nachteilen verbinden.[209] Besonders zu beachten ist in diesem Zusammenhang, ob die Eigeninitiative der Mitglieder der Einkaufsbündelung sich noch entfalten kann. Ein Indiz dafür, daß eine faktische Bezugsverpflichtung vorliegt, ist, wenn ein Mitglied der Einkaufsbündelung selbst dann noch über die Einkaufsbündelung bezieht, obwohl es seinen Bedarf anderweitig nach objektiven Maßstäben ökonomischer decken könnte.[210]

(b) Bezugszwang im Einzelfall - Ausnahmen

Durch die 6. GWB-Novelle ist in § 4 Abs. 2 GWB dahingehend geändert worden, daß nur ein über den Einzelfall hinausgehender Bezugszwang unzulässig ist. Diese Ausnahme läßt sich damit begründen, daß bei Verpflichtungen zur Abnahme bestimmter Mengen, solange es sich um einen Einzelfall handelt, die unternehmerische Dispositionsfreiheit der Beteiligten der Einkaufsbündelung nicht im Grundsatz beeinträchtigt wird.[211] Als problematisch erweist sich jedoch die Beurteilung, wann nur ein Einzelfall vorliegt und wann der Bezugszwang über einen Einzelfall hinausgeht.

---

[206] Tätigkeitsbericht des Bundeskartellamtes 1987/88, Seite 25f.; Begr. RegEntw.1989, BTDrucks. 11/4610, Seite 15; Bechtold, § 4, Rdn.6; von Gamm, § 5 c, Rdn.5; Immenga in Immenga/Mestmäcker, § 4, Rdn.117.
[207] So auch Nowack, Seite 115
[208] Bunte in Frankfurter Kommentar, § 4, Rdn.114.
[209] Bunte in Frankfurter Kommentar, § 4, Rdn.116.
[210] So auch Immenga in Immenga/Mestmäcker, § 4, Rdn.118.
[211] Begr. RegEntw. 1998, BTDrucks. 13/9720, Seite 32.

Grundsätzlich darf erst einmal keine übermäßige Beschränkung der Mitglieder auftreten. Besondere Kriterien für die Beurteilung, ob eine übermäßige Beschränkung vorliegt, sind der Zeitraum der Maßnahme, die Begrenzung des gebundenen Bezugsvolumens und dessen Relation zum Volumen des Gesamtsortiments.[212]
Weiterhin hilft bei der Auslegung des Begriffs „Einzelfall“ der Bericht des Wirtschaftsausschusses zur 5. GWB-Novelle. Hier heißt es, daß das Verbot des Bezugszwangs keinesfalls ein absolutes Verbot ist, sondern lediglich „ein genereller Bezugszwang ausgeschlossen werden soll“[213]. Diese Äußerung im Bericht des Wirtschaftsausschusses läßt sich bei der Auslegung, ob nur ein „Einzelfall“ vorliegt, mit heranziehen.
Auch hat sich der Gesetzgeber hierzu geäußert: Eine Bezugsbindung ist dann zulässig, wenn im Einzelfall Verpflichtungen zur Abnahme bestimmter Mengen vereinbart werden, weil dadurch die unternehmerische Dispositionsfreiheit des Einzelhändlers nicht beeinträchtigt wird[214]. Es ist daher nicht gerechtfertigt, aufgrund solcher Bindungen die Einkaufsbündelung dem Kartellverbot zu unterwerfen.
An diesen verschiedenen Äußerungen bezüglich des Bezugszwanges in § 4 Abs. 2 GWB wird ersichtlich, daß erst dann ein über den Einzelfall hinausgehender Bezugszwang vorliegt, wenn es sich um einen generellen Bezugszwang handelt, der den Mitgliedern ihre Dispositionsfreiheit insgesamt und nicht nur in Bezug auf eine bestimmte Situation nimmt. Es darf somit keine übermäßige Beschränkung der Bezugsfreiheit der Mitglieder einer Einkaufsbündelung auftreten.

(4) Verbesserung der Wettbewerbsfähigkeit kleiner und mittlerer Unternehmen

Weiterhin stellt § 4 Abs. 2 GWB Einkaufsbündelungen nur dann frei, wenn durch die Vergemeinschaftung der Einkaufsfunktionen die Leistungsfähigkeit kleiner und mittlerer Unternehmen gefördert wird. Damit stellen sich grundsätzlich zwei Fragen, nämlich welche Kriterien für die Eigenschaft als kleines bzw. mittleres Unternehmen heranzuziehen sind und ob die Beteiligung von Großunternehmen schlechterdings ausgeschlossen ist.

(a) Verbesserung der Wettbewerbsfähigkeit

Die Abreden über den gemeinsamen Einkauf müssen dem Zweck dienen, die Wettbewerbsfähigkeit kleiner und mittlerer Unternehmen zu verbessern. Es geht um die Stärkung der Wettbewerbsposition der kleinen und mittleren Unternehmen. Wettbewerbspolitisch liegt dem die Annahme zugrunde, daß die Stärkung der Marktteilnehmer geeignet ist, den Wettbewerb insgesamt zu intensivieren.[215]

Streitig ist, ob die Verbesserung der Wettbewerbsfähigkeit auf dem Beschaffungsmarkt genügt oder ob die Verbesserung zumindest auch auf dem Absatzmarkt eintreten muß. Müssen den Mitgliedern nur Vorteile bei der Beschaffung entstehen, so läßt sich dies in den überwiegenden Fällen annehmen, da die Verhandlungsposition durch Einkaufsbündelungen immer gestärkt wird, so daß jede Bündelung der Nachfrage zu Vorteilen bei der Beschaffung führt.

---

[212] Kiecker in Langen/Bunte, § 4, Rdn.54.
[213] Bericht des Wirtschaftsausschusses 1989, BTDrucks. 11/5949 Seite 5.
[214] Begr. RegEntw. 1998, BTDrucks. 13/9729, Seite 32.
[215] Fritzsche, Seite 156.

Was in diesem Fall dazu führt, daß das Tatbestandsmerkmal der Verbesserung der Wettbewerbsfähigkeit leerlaufen würde.[216]
Schwieriger wird es dagegen, wenn sich auch eine Verbesserung der Wettbewerbsfähigkeit auf dem Absatzmarkt einstellen muß. Das bedeutet, daß sich die Vorteile bei der Beschaffung auch positiv auf das Marktverhalten auf dem Absatzmarkt auswirken müssen.
Das OLG Düsseldorf[217] hat ausführlich begründet, daß nur der Beschaffungsmarkt im Rahmen des Tatbestandsmerkmal der „Verbesserung der Wettbewerbsverhältnisse" gemeint ist. Es geht dabei davon aus, daß Einkaufskooperationen stets (auch) auf die Erzielung günstigerer Preise gerichtet sind und somit die Zusammenfassung der Einkaufsmengen der Kooperationspartner nach der Lebenserfahrung genügt, um die Verhandlungsstärke der Nachfrageseite gegenüber den Anbietern zu steigern und dadurch strukturelle Nachteile im Verhältnis zur „geborenen" Verhandlungsstärke der großen Nachfrager mehr oder weniger auszugleichen. Hiermit ist dem Zweck der Verbesserung der Wettbewerbsfähigkeit, für die gerade die Verhandlungsstärke wesentlich ist, hinlänglich entsprochen.
Auch in der Literatur wird überwiegend angenommen, daß eine Verbesserung der Wettbewerbsfähigkeit auf dem Beschaffungsmarkt ausreichend ist.[218] Zum Teil wird demgegenüber betont, daß Verbesserungen auf dem Anbietermarkt auftreten können, daß aber die Verbesserungen nicht auf allen Märkten eintreten müssen, sondern daß Verbesserungen auf einem Markt ausreichend sind.[219]
In der Begründung des Regierungsentwurfs zur 5. GWB-Novelle zu § 5c GWB (§ 4 Abs. 2 GWB n. F.)[220] heißt es in der Abgrenzung zu § 5 GWB (§ 5 GWB n. F.), daß die Tatbestandsmerkmale der Rationalisierung und der Förderung der „Leistungsfähigkeit nicht von allen wettbewerbspolitisch wünschenswerten Einkaufskooperationen erfüllt" werden, denn:

> „Die bloße Erzielung von günstigeren Konditionen aufgrund größerer Verhandlungsstärke infolge der Zusammenfassung von Einkaufsvolumina genügt nicht für die erforderliche Verbesserung des innerbetrieblichen Verhältnisses von Aufwand und Ertrag. Um auch in solchen Fällen eine Freistellung zu ermöglichen, wird der neue § 5c GWB (§ 4 Abs. 2 GWB) geschaffen."

Aus dieser Äußerung des Gesetzgebers wird deutlich, daß er die Einführung des § 5c GWB damit rechtfertigt, daß eine Erzielung von günstigeren Konditionen aufgrund größerer Verhandlungsstärke erreicht wird. Somit tritt im Fall des § 5c GWB eine Verbesserung der Wettbewerbsfähigkeit auf dem Beschaffungsmarkt ein. Es muß keine Verbesserung der Wettbewerbsfähigkeit auf den Märkten auftreten, auf denen die gemeinsam einkaufenden Unternehmen ihrerseits als Anbieter tätig sind. Eine Verbesserung der Wettbewerbsfähigkeit auf dem Beschaffungsmarkt ist folglich ausreichend.

Das OLG Koblenz[221] hat dagegen die Auffassung vertreten, daß es neben der Verbesserung der Wettbewerbsfähigkeit auf dem Beschaffungsmarkt auch zu einer Verbesserung der Wett-

---

[216] So auch OLG Koblenz, v. 5.11.1998, WuW/E Verg. 184 „Feuerlöschgeräte".
[217] OLG Düsseldorf v. 12.5.1998, WuW 1998, 720/726 „Löschfahrzeuge".
[218] Kiecker in Langen/Bunte, § 4, Rdn.60; Krimphove in Gemeinschaftskommentar, § 5 c, Rdn.64; Immenga in Immenga/Mestmäcker, § 4, Rdn.108; Bunte, WuW 1998, 1050.
[219] Bechtold, § 4, Rdn.9.
[220] Begr. RegEntw. 1989, BT-Drucks. 11/4610, Seite 15.
[221] OLG Koblenz, v. 5.11.1998, WuW/E Verg. 134 „Feuerlöschgeräte".

bewerbsfähigkeit im Angebot, d.h. auf der Absatzseite kommen muß. Diese Ansicht wird unter anderem damit begründet, daß das Merkmal der Verbesserung der Wettbewerbsfähigkeit leer laufen würde, wenn das Kriterium bereits dann erfüllt wäre, wenn durch die Nachfragebündelung die konkrete Verhandlungsposition verbessert würde. Jede vertragliche Bindung der Nachfrage führe zu Vorteilen bei der Beschaffung, sonst würde sie nicht praktiziert. Erforderlich sei, daß sich die begünstigten Unternehmen gegenüber den größeren Unternehmen in einem Wettbewerb behaupten müssen und durch einen günstigeren Einkauf diesen gegenüber eine stärkere Wettbewerbskompetenz gewinnen.

Dieses Ergebnis ist jedoch nicht vertretbar. Denn erstens läßt es sich nicht aus den Materialien zur Gesetzgebung ableiten und zweitens läßt sich gegen die Auffassung des OLG Koblenz anführen, daß es Sinn und Zweck der Vorschrift des § 4 Abs. 2 GWB ist, daß für kleine und mittlere Unternehmen ein Nachteilsausgleich gegenüber den großen Unternehmen stattfindet, den diese aufgrund ihres Einkaufsvolumen und der daraus entstehenden Einkaufsmacht inne haben. Somit besteht grundsätzlich einmal der Nachteil der kleinen und mittleren Unternehmen gerade auf dem Beschaffungsmarkt. Und dieser Nachteil auf dem Beschaffungsmarkt soll durch die Bündelung der Nachfrage ausgeglichen werden. Eine Verbesserung der Wettbewerbsfähigkeit auf dem Absatzmarkt wird dagegen nur mittelbar angestrebt, d.h. als Reflexwirkung der Erzielung von günstigeren Einkaufskonditionen. Denn es ist jedem Unternehmen selbst überlassen, wie es die erlangten günstigen Konditionen weiterverarbeitet, wobei es jedem Unternehmen zu empfehlen ist, auch seine Wettbewerbsfähigkeit auf dem Absatzmarkt zu verbessern. Als Tatbestandselement des § 4 Abs. 2 GWB ist die Verbesserung der Wettbewerbsfähigkeit auf dem Absatzmarkt allerdings nicht anzusehen.
Folglich ist es ausreichend, wenn eine Verbesserung der Wettbewerbsfähigkeit ausschließlich auf dem Beschaffungsmarkt eintritt.
Diese Verbesserung der Wettbewerbsfähigkeit muß jedoch nicht erreicht werden. Es ist ausreichend, wenn sie lediglich von den Beteiligten beabsichtigt oder bezweckt wird; die Beteiligung muß objektiv dazu geeignet sein, die Wettbewerbsfähigkeit kleiner und mittlere Unternehmen zu fördern.[222] Dies ergibt sich aus dem Tatbestandsmerkmal „dienen“.[223]

(b) Kleine und mittlere Unternehmen

Der Begriff der kleinen und mittleren Unternehmen ist auslegungsbedürftig. Allerdings ist bis heute nicht ganz klar, was der Gesetzgeber unter dem Begriff der kleinen und mittleren Unternehmen versteht.
Betrachtet man ausschließlich den Wortlaut dieser Vorschrift, könnte man annehmen, daß sich die Beurteilung auf alle in Deutschland tätigen Unternehmen bezieht. Dies würde jedoch zu einem zu großen Anwendungsgebiet des Begriffs der kleinen und mittleren Unternehmen führen.[224] Beispielsweise würde ein Unternehmen, das zwar in einer bestimmten Branche zu den großen Unternehmen zählt, aber im gesamtdeutschen Bereich eine geringe Unternehmensgröße hat, unter den Begriff der kleinen und mittleren Unternehmen fallen. Dies ist nicht Sinn und Zweck der Vorschrift.

---

[222] Bunte in Frankfurter Kommentar, § 4, Rdn.124; Kiecker in Langen/Bunte, § 4, Rdn.14.
[223] Krimphove in Gemeinschaftskommentar, § 5c, Rdn.62; Bunte in Frankfurter Kommentar, § 4, Rdn.124.
[224] Vgl. Fritzsche, Seite 167.

Der Begriff der „kleinen und mittleren Unternehmen" wird auch in anderen Vorschriften verwendet, so daß diese im Rahmen der Auslegung möglicherweise heranzuziehen sind. So wies schon der Wirtschaftsausschuß des Deutschen Bundestages bei der Einführung des § 5 c a.F. GWB darauf hin, daß der Begriff „kleine und mittlere Unternehmen“ eine Relation enthält, die sich aus der Stellung der betreffenden Unternehmen im Verhältnis zu ihren Wettbewerbern ergibt[225]. Dieses Tatbestandsmerkmal ist somit ein relativer Begriff; auf absolute Größenmerkmale kommt es nicht an.[226] Entscheidend ist die Relation zu den großen Konkurrenten auf der Nachfrageseite, denn gerade deren aus der Verhandlungsmacht resultierende Vorteile sollen durch die gesetzliche Erlaubnis von Einkaufskooperationen (Einkaufsbündelungen) ausgeglichen werden.
Die relative Stellung eines Unternehmens bemißt sich aufgrund einer Gesamtbewertung neben dem Umsatz u.a. nach Marktanteil, Kapitalausstattung, Verkaufsfläche und Warensortiment.[227] Dies Umstände spielen nämlich im Hinblick auf die Verhandlungsstärke der jeweiligen Unternehmen eine entscheidende Rolle.

So kommt es auch, daß die Freistellung auch für solche Unternehmen möglich ist, die in ihrer Branche an sich zu den Großunternehmen rechnen. Sie müssen lediglich auf dem betreffenden Beschaffungsmarkt zu den kleinen oder mittleren Unternehmen gehören. Nicht die absolute, sondern die relative Größe ist maßgebend.[228]

(c) Beteiligung von Großunternehmen

In diesem Zusammenhang stellt sich bei der Freistellung von Einkaufsbündelungen die Frage, ob und inwieweit die Beteiligung von Großunternehmen zulässig bzw. freistellungsschädlich ist.
Betrachtet man zuerst einmal den Wortlaut der Vorschrift, so würde man hieraus schließen, daß die Beteiligung von Großunternehmen möglich ist,[229] solange eine Verbesserung der Wettbewerbsfähigkeit von kleinen und mittleren Unternehmen eintritt. Eine so pauschale Beurteilung steht jedoch nicht im Einklang mit dem Sinn und Zweck der Norm gerade einen Nachteilsausgleich zu Gunsten des Mittelstandes durchzuführen. Hierzu bedarf es einer differenzierten Betrachtungsweise, damit nicht auch Großunternehmen ihren Vorteil aus der Einkaufsbündelung ziehen.
Jedoch auch der Sinn und Zweck der Norm als alleinige Auslegungshilfe liefert für die Frage der Beteiligung von Großunternehmen keine eindeutige Antwort. Denn einerseits besteht die Möglichkeit, daß durch die Beteiligung von Großunternehmen erst die entsprechende Nachfragemacht erreicht wird, damit günstigere Konditionen ausgehandelt werden können, die dann für die kleinen und mittleren Unternehmen einen Nachteilsausgleich herbeiführen.[230] Und andererseits kann eine Beteiligung von Großunternehmen – wie bereits oben erwähnt – dazu führen, daß diese auch Vorteile aus der Beteiligung an der Nachfragebündelung ziehen und somit ihren Vorsprung gegenüber den kleinen und mittleren Unternehmen noch weiter ausbauen.

---

[225] Begr. RegEntw. 1971, BTDrucks. 7/7653, Seite 3; Görgemanns, Seite52 und 42.
[226] OLG Düsseldorf v. 12.5.1998, WuW/E DE-R 150/154 „Löschfahrzeuge“.
[227] Görgemanns, Seite 52f.; Bunte in Frankfurter Kommentar, § 4, Rdn.126.
[228] Köhler, K & R 2000, 569/576; Immenga in Immenga/Mestmäcker, § 4, Rdn.110.
[229] So auch Ostler, Seite 205.
[230] Vgl. Gerlach, WRP 1989, 289/291; Ostler, Seite 205.

Folglich spricht der Sinn und Zweck der Vorschrift weder eindeutig für noch gegen eine Mögliche Beteiligung von Großunternehmen.

Dieser zuletzt genannten Ansicht folgen auch andere Autoren[231] und lehnen somit eine Beteiligung von Großunternehmen ab. Zum Teil findet jedoch keine generelle Ablehnung der Beteiligung von Großunternehmen statt, sondern nur bei Unternehmen der Spitzengruppe des jeweiligen Marktes.[232] Dies wird damit begründet, daß ansonsten der Zweck des Nachteilsausgleichs gefährdet werden könnte, so daß für den Regelfall eine Freistellungsmöglichkeit zu verneinen ist.
Überwiegend wird jedoch eine Beteiligung von Großunternehmen im Rahmen des § 4 Abs. 2 GWB für zulässig und damit für freistellungsfähig erachtet.[233] Dies wird damit begründet, daß eine solche Erweiterung des Kreises der kooperierenden Unternehmen im Einzelfall notwendig sein kann, damit eine Verbesserung der Wettbewerbsfähigkeit der mittelständischen Unternehmen überhaupt erst ermöglicht werden kann. Dies ist dann der Fall, wenn die Beteiligung dieser großen Unternehmen im jeweiligen Einzelfall dazu dient, die Wettbewerbsfähigkeit der kleinen und mittleren Unternehmen zu verbessern.[234]
Dies muß allerdings auf besondere Fälle begrenzt werden. Das bedeutet, daß die Beteiligung von Großunternehmen nur solang zulässig und damit freistellungsfähig bleibt, wie dies dem Sinn und Zweck der Vorschrift, also der Verbesserung der Wettbewerbsfähigkeit kleiner und mittlerer Unternehmen, entspricht.[235] Wird der Zweck der Kooperation in gleichem Grade auch ohne Großunternehmen erreicht, so ist deren Beteiligung ausgeschlossen, weil sie dann nur noch zum eigenen Vorteil an der Kooperation teilnehmen würden.[236] Die Teilnahme von Großunternehmen der Spitzengruppe ist regelmäßig unzulässig,[237] weil ansonsten der Zweck des Ausgleichs bestehender Nachteile in Frage gestellt wäre.[238]

Hieraus wird ersichtlich, daß eine Beteiligung von Großunternehmen so lange zulässig ist, wie ein Nachteilsausgleich zwischen den kleinen und mittleren Unternehmen auf der einen Seite und den Großunternehmen auf der anderen Seite stattfindet. Die Großunternehmen müssen gerade hierzu beitragen, und es darf nicht ihre Verbesserung der Wettbewerbsfähigkeit im Vordergrund stehen.

(5) Keine wesentliche Wettbewerbsbeeinträchtigung

Obwohl eine Beteiligung von Großunternehmen grundsätzlich zugelassen wird, wird dies häufig, insbesondere bei Spitzenunternehmen, dazu führen, daß eine weitere Freistellungsvoraussetzung nicht mehr erfüllt sein wird, nämlich die nicht wesentliche Beeinträchtigung des Wettbewerbs durch die Einkaufsbündelung.

---

[231] Emmerich, Seite 75, ders. AG 1989, 261/263; Immenga in Immenga/Mestmäcker, § 4, Rdn.111.
[232] Immenga in Immenga/Mestmäcker, § 4, Rdn.111; Begr. RegEntw. 1989, BT-Drucks.11/4610, Seite 16.
[233] Kiecker in Langen/Bunte, § 4, Rdn.62; Bunte in Frankfurter Kommentar, § 4, Rdn.28; Tätigkeitsbericht des Bundeskartellamtes 1989/90, Seite 32f.; Begr. RegEntw. 1989, BT-Drucks.11/4610, Seite 16.
[234] Bunte in Langen/Bunte, § 1, Rdn.282; Tätigkeitsbericht des Bundeskartellamtes 1989/90, Seite 32f.; 1991/92, Seite 83.
[235] Dittrich, DB 1990, 98/100.
[236] Kiecker in Langen /Bunte, § 4, Rdn.62.
[237] Begr. RegEntw. 1989, BT-Drucks.11/4610, Seite 16.
[238] Immenga in Immenga/Mestmäcker, § 4, Rdn.111.

Durch das Kartell darf der Wettbewerb auf dem Markt nicht wesentlich beeinträchtigt werden. Diese Einschränkung der Freistellung ergibt sich aus dem Sinn und Zweck der Norm[239], denn die Freistellung dient dazu, größenbedingte Nachteile gegenüber Wettbewerbern auszugleichen und dadurch einen funktionsfähigen Wettbewerb zu sichern und zu intensivieren. Wird dadurch jedoch gleichzeitig eine wesentliche Wettbewerbsbeeinträchtigung hervorgerufen, wäre dies mit dem Zweck der Vorschrift jedoch nicht zu vereinbaren. Es würde kein ausgewogener Wettbewerb mehr bestehen.
Zur Feststellung, ob eine wesentliche Beeinträchtigung vorliegt, ist zunächst der relevante Markt abzugrenzen und dann zu klären, was unter einer wesentlichen Wettbewerbsbeeinträchtigung zu verstehen ist.

(a) Relevanter Markt

Im Zusammenhang mit dem Tatbestandsmerkmal „keine wesentliche Wettbewerbsbeschränkung" erlangt die Abgrenzung des im Einzelfall relevanten Marktes in sachlicher, räumlicher und zeitlicher Hinsicht wieder an Bedeutung.
Besondere Schwierigkeiten bereitet hier die Abgrenzung des sachlich relevanten Marktes, da es sich um einen Nachfragemarkt und nicht um einen Angebotsmarkt handelt. Dies ergibt sich daraus, daß sich bei Einkaufsbündelungen das marktrelevante Handeln auf den Einkauf von Waren bezieht und somit der hier relevante Markt der Nachfragemarkt ist. Bei der Abgrenzung des sachlich relevanten Marktes ist somit entsprechend auf die Sicht der Marktgegenseite, also der Anbieter, abzustellen.[240] Es ist zu prüfen welche Ausweichmöglichkeiten für die Anbieter bestehen, so daß aus ihrer Sicht alle Nachfrager und Produzenten zu demselben Markt gehören, auf die sie ohne große Schwierigkeiten ausweichen können, das sogenannte Produktkonzept.[241] Allerdings ist nicht nur an unterschiedliche Vertriebswege und Absatzmärkte, sondern auch an unterschiedliche Produktionslinien zu denken, das bedeutet, daß der Hersteller durch Umstellung seiner Produktion und des Vertriebes zusätzliche Nachfrager erreicht, sogenanntes Angebotsumstellungskonzept.[242] Somit lassen sich die Bedarfsmärkte aus Gruppen sachlich verwandter Produkte konstituieren.[243]

Als problematisch erweist sich in diesem Zusammenhang die Frage, inwieweit bei der Bestimmung des relevanten Marktes auch der Angebotsmarkt der Lieferanten zu berücksichtigen ist. Betrachtet man in diesem Zusammenhang die Begründung zum Regierungsentwurf[244], so heißt es hier, daß der relevante Marktanteil auf dem Beschaffungsmarkt nach Umsatzvolumen zu prüfen ist, das von der jeweiligen Kooperationszentrale durch ihre freistellungsbedürftige Tätigkeit beeinflußt wird. Dementsprechend kommt es nach der herrschenden Meinung in der

239 Immenga in Immenga/Mestmäcker, § 4, Rdn.131.
240 BGH v. 23.2.1988, WuW/E BGH 2483/2488 „Sonderungsverfahren"; KG v. 24.4.1985, WuW/E OLG 3577/3585 „Hussel-Mara"; KG v. 5.11.1986, WuW/E OLG 3917/3927 „Coop-Wandmaker"; OLG Düsseldorf v. 12.2.1980, WuW/E OLG 2274/2277 „Errichtung von Fernmeldetürmen"; Markert in Schwerpunkt des Kartellrechts 1978/79, Seite 87/103; Köhler, Wettbewerbsbeschränkung durch Nachfrager, Seite 65f.;ders. Wettbewerbs- und kartellrechtliche Kontrolle, Seite 36.
241 Benisch, WuW 1977, 619/624ff.
242 Emmerich, Seite 171; Immenga in Immenga/Mestmäcker, § 4, Rdn.133; Köhler, Wettbewerbs- und kartellrechtliche Kontrolle der Nachfragemacht, Seite 36ff.
243 So auch die Rechtsprechung, vgl. KG, WuW/E OLG 3917ff. „Coop Wandmaker".
244 Begr. RegEntw. 1989, BT-Drucks. 11/4610, Seite 16f.

Kommentarliteratur[245] nur auf die wettbewerblichen Auswirkungen auf dem Nachfrage- (=Beschaffungs-)Markt an. Dieser Ansicht folgt auch das OLG Düsseldorf[246] und der BGH.[247] Anderer Ansicht sind dagegen das OLG Celle[248] und ein Teil der Literatur[249], die auf die Auswirkungen der Nachfragebündelung auf beide Marktseiten, sowohl auf die Nachfrage- als auch auf die Lieferantenseite abstellen. Hiernach darf also weder der Beschaffungswettbewerb noch der Lieferantenwettbewerb wesentlich beeinträchtigt werden.
Dieser Auffassung ist mit der Begründung zu folgen, daß nur dadurch der Zusammenhang zwischen Angebot und Nachfrage hinreichend berücksichtigt wird; denn durch die Bildung von Nachfragebündelungen findet eine Verengung der Nachfrage auf einzelne Produkte statt, die dann überwiegend auch eine Einschränkung der Vielfalt auf der Angebotsseite zur Folge hat. Würde man nämlich lediglich die Auswirkungen auf der Nachfrageseite berücksichtigen, wäre dann keine wettbewerbliche Relevanz feststellbar, wenn das nachgefragte Produkt ohne quantitative Einschränkungen am Markt verfügbar ist. Der günstige Einkauf des einen behindert den Einkauf des anderen Nachfragers grundsätzlich nicht und beeinflußt auch nicht die individuelle Preisgestaltung. Wettbewerbsbeschränkungen ergeben sich regelmäßig erst durch die Auswirkungen des Nachfrageverhaltens auf die Anbieterseite.[250]
Diese Auffassung führt somit dazu, daß auch dann eine wesentliche Wettbewerbsbeschränkung im Sinne des § 4 Abs. 2 GWB vorliegen kann, wenn zwar nicht der Nachfragewettbewerb wesentlich beeinträchtigt wird, dafür aber der Lieferantenwettbewerb.
Im Vergleich zum Beschaffungsmarkt ist der relevante Markt auf der Absatzseite der normale Produktmarkt, das bedeutet es findet hier das Bedarfsmarktkonzept oder das Konzept der funktionalen Austauschbarkeit aus der Sicht der Abnehmer Anwendung. Hierunter versteht die Praxis „sämtliche Erzeugnisse, die sich nach ihren Eigenschaften, ihrem wirtschaftlichen Verwendungszweck und ihrer Preislage so nahestehen, daß der verständige Verbraucher sie als für die Deckung eines bestimmten Bedarfs geeignet in berechtigter Weise abwägend miteinander vergleicht und als gegeneinander austauschbar ansieht“.[251]

Bei der Abgrenzung des räumlich relevanten Marktes ist ebenso auf die Marktgegenseite, also die Anbieter (Lieferanten), abzustellen. In diesem Zusammenhang sind die Anbieter zu berücksichtigen, die als Gegenseite der Kooperation in Betracht kommen. Dabei ist bei Beschaffungsmärkten darauf abzustellen, welche räumlichen Ausweichmöglichkeiten für diese Anbieter bestehen.[252] Um den räumlichen Markt bestimmen zu können, muß man feststellen, inwieweit dem Lieferanten ein Ausweichen auf andere Gebiete technisch möglich und zumutbar ist, was häufig auch produktabhängig ist. Geht es um Lieferanten, die bundesweit tätig sind, so umfaßt der räumlich relevante Markt die gesamte Bundesrepublik Deutschland. In diesem

---

245 Immenga im Immenga/Metsmäcker, § 4, Rdn.132.

246 OLG Düsseldorf v. 12.5.1998 – U (Kart) 11/98, WuW/E DE-R 150/155f. „Löschfahrzeuge“.

247 BGH v. 12.11.2002, ZIP 2003, 1813, 1816.

248 OLG Celle v. 13.5.1998 – 13 U (Kart) 260/97, WuW/E Verg. 188 „Feuerwehrbedarfsartikel“; OLG Celle Kartellsenat, v. 31.5.2001, 13 U (Kart) 248/98 -nicht rechtskräftig-, NJW-RR 2002, 476ff.

249 Bechtold, § 4, Rdn.8; Bunte in Frankfurter Kommentar, § 4, Rdn.130f.; Kiecker in Langen/Bunte, § 4, Rdn.57; so auch Anmerkung von Lotze zu BGH, Urt. V. 12.11.2002 ZIP 2003, 1817,1820.

250 Bunte, WuW 1998, 1037/1047; OLG Düsseldorf, v. 12.5.1998, WuW/E DE-R 150/155 „Löschfahrzeuge“; OLG Celle Kartellsenat, v. 31.5.2001, 13 U (Kart) 248/98 -nicht rechtskräftig-, NJW-RR 2002, 476ff.

251 KG v. 18.2.1969, WuW/E OLG 995/996 „Handpreisauszeichner“; KG v. 6.9.1976, WuW/E OLG 1745/1748; „Sachs“; KG v. 28.8.1979, WuW/E OLG, 2182/2183 „hydraulischer Schreitausbau“; BGH, Beschluß v. 3.7.1976 WuW/E BGH 1435/1440 „Vitamin-B-12“.

252 Grdlg. BGH, NJW 1996, 1820 = Die AG 1996, 266/267 „HaGe Kiel/RHG Hannover“.

Zusammenhang kann dann sogar der europäische Binnenmarkt Berücksichtigung finden.[253] Geht es dagegen um kleinere Lieferanten, die hauptsächlich regional tätig sind, so kann nicht davon ausgegangen werden, daß diese überregional, bundesweit oder sogar europaweit tätig werden.[254] Dies ergibt sich bei kleineren Lieferanten häufig schon aus dem Umstand, daß die finanziellen Mittel für einen räumlich weitergehenden Vertrieb fehlen.
Für die Beurteilung, ob eine wesentliche Wettbewerbsbeeinträchtigung vorliegt, kommt es auf den jeweiligen Einzelfall an. Jedoch kann eine wesentliche Wettbewerbsbeeinträchtigung auf jeden Fall dann angenommen werden, wenn den jeweiligen Lieferanten es nicht möglich ist, die große Nachfrage der Einkaufsbündelungen zu decken und diese somit auf andere Lieferanten ausweichen müssen. Kommt dann noch hinzu, daß für die Lieferanten keine Ausweichmöglichkeit auf andere Nachfrager besteht, so kann in diesem Fall eine wesentliche Beeinträchtigung des Wettbewerbs angenommen werden.
Bei der zeitlichen Marktabgrenzung ist darauf abzustellen, auf welchen Zeitraum sich die Nachfrage der wettbewerbsbeschränkenden Unternehmen erstreckt, welche anderen Unternehmen in diesem Zeitraum noch als Nachfrager auftreten können und ob die Anbieter auf andere Zeiträume ausweichen können.[255]

(b) Wesentliche Wettbewerbsbeeinträchtigung

Auf diesem sachlich, räumlich und zeitlich relevanten Markt darf dann keine wesentliche Wettbewerbsbeeinträchtigung eintreten. Fraglich ist, wann die Schwelle erreicht bzw. überschritten ist, die eine wesentliche Beeinträchtigung des Wettbewerbs darstellt.
Es läßt sich feststellen, daß nicht spürbare Wettbewerbsbeeinträchtigungen gar nicht erst unter § 1 GWB fallen[256], so daß hier die untere Grenze für eine wesentliche Wettbewerbsbeeinträchtigung liegt. Weiterhin liegt die Grenze der Zulässigkeit auf jeden Fall unterhalb der Schwelle der Marktbeherrschung.[257]
Dies begründet der Gesetzgeber[258] damit, daß wenn man Einkaufskooperationen bis zur Größe der Marktbeherrschung (§ 19 Abs. 3 GWB – Marktanteil von mindestens einem Drittel) zulassen würde, sei dies mit einer weitgehenden Aufhebung des Kartellverbots gleichzusetzen. Dies würde dann sowohl die Gefahr nach sich ziehen, daß kein wirksamer Wettbewerb mehr besteht, weil ein Trend zu größeren Einheiten bei den Einkaufskooperationen, bei den Konkurrenten und auf der Marktgegenseite bestehen würde als auch die Gefahr einer zunehmenden Einschränkung der Wahlmöglichkeiten potentieller Kooperationsmitglieder und die Gefahr einer wettbewerbspolitisch inakzeptablen Vermachtung der Märkte, ausgerichtet am Maßstab des jeweils Größten.
Auch kann aus der Schwelle der Marktbeherrschung bei der Untersagungen von Fusionen nichts bezüglich der Grenze der wesentlichen Wettbewerbsbeeinträchtigung bei der Freistellung vom Kartellverbot entnommen werden. Dies begründet der Gesetzgeber[259] damit, daß die Fusionskontrolle wegen ihres eigentumsbeschränkenden Charakters stärker in die Dispositionsfreiheit der Unternehmen eingreift als das Kartellverbot und somit bis zur Grenze

[253] Dies ergibt sich aus § 19 Abs. 2 Nr. 2 GWB.
[254] So auch OLG Celle v. 13.5.1998, WuW/E Verg. 188/191 „Feuerwehrbedarfsartikel".
[255] Köhler, Wettbewerbs- und kartellrechtliche Kontrolle der Nachfragemacht, Seite 41; Immenga in Immenga/Mestmäcker, 2. Aufl., § 5 c, Rdn.65.
[256] Siehe oben im Rahmen des § 1 GWB Seite 33ff.
[257] Begr. RegEntw. 1989, BT-Drucks. 11/4610, Seite 16.
[258] Begr. RegEntw. 1989, BT-Drucks. 11/4610, Seite 16.
[259] Begr. RegEntw. 1989, BT-Drucks. 11/4610, Seite 16.

onsfreiheit der Unternehmen eingreift als das Kartellverbot und somit bis zur Grenze der Marktbeherrschung erlaubt sind. Kartelle dagegen sind grundsätzlich verboten.

Somit bedarf es jeweils einer Einzelfallentscheidung, wo die Grenze für die wesentliche Wettbewerbsbeeinträchtigung auf dem relevanten Markt verläuft. Ob die Beeinträchtigung des Wettbewerbs auf dem Markt wesentlich ist, ist im Rahmen einer Gesamtabwägung von quantitativen und qualitativen Gesichtspunkten zu bestimmen. In diesem Zusammenhang kann jedoch die vom Wirtschaftsausschuß des Bundestages bei Einführung des § 5 b GWB a. F. genannte Größenordnung für einen kritischen Marktanteil von 10 bis 15% zur Hilfe genommen werden. Wobei jedoch durchaus im Einzelfall bei geringerer Intensität der Wettbewerbsbeschränkung ein höherer Marktanteil für zulässig erachtet werden kann. Es gibt somit keine festen Marktanteile, bei denen von einer wesentlichen Wettbewerbsbeeinträchtigung ausgegangen werden kann. Bei der somit notwendigen Gesamtabwägung sind unter anderem dann die unterschiedlichen Gestaltungen und die internen Organisationen als auch das wettbewerbliche Umfeld der Kooperationen zu berücksichtigen.[260]
Bei dem entscheidenden Marktanteil einer Einkaufskooperation auf dem Nachfragemarkt ist von dem Umsatzvolumen auszugehen, das von der jeweiligen Kooperationszentrale durch ihre freistellungsbedürftige Tätigkeit beeinflußt wird.[261] Damit sind die Umsätze gemeint, die die Einkaufskooperation als solche erzielt, d.h. deren Eigen- und Vermittlungsumsatz, wobei dazu grundsätzlich nicht die kumulierten Umsätze der einzelnen selbständigen Kooperationsmitglieder zählen, deren Umsätze über dem Umsatz der Kooperationszentrale liegen, weil die beteiligten Unternehmen auch außerhalb dieser Einkaufskooperationen Beschaffungsdispositionen tätigen. Anders sieht es dagegen nur aus, wenn es absehbar ist, daß die Mitglieder auch die anderweitig beschafften Güter über die Kooperationszentrale beziehen.[262]

(6) Freistellung

Einkaufsbündelungen des Mittelstandes gemäß § 4 Abs. 2 GWB sind kraft Gesetzes vom Kartellverbot freigestellt. Es bedarf keines kartellbehördlichen Verfahrens, damit die Kooperation wirksam wird. Gemäß § 9 Abs. 4 GWB muß die Vereinbarung oder der Beschluß allerdings unverzüglich angemeldet werden (Anmeldekartell).

2. Mittelstandskartell gemäß § 4 Abs. 1 GWB

Als weitere Freistellungsvorschrift für Einkaufsbündelungen kommt neben § 4 Abs. 2 GWB § 4 Abs. 1 GWB in Betracht. § 4 Abs. 1 GWB bestimmt, daß das Kartellverbot nicht für Vereinbarungen und Beschlüsse gilt, die die Rationalisierung wirtschaftlicher Vorgänge – anders als durch Spezialisierung (§ 3 GWB) – zum Gegenstand haben, wenn dadurch der Wettbewerb auf dem Markt nicht wesentlich beeinträchtigt wird und die Vereinbarung oder der Beschluß dazu dient, die Leistungsfähigkeit kleiner oder mittlerer Unternehmen zu fördern.

Nach dieser Vorschrift können Einkaufskooperationen freigestellt werden, wenn die Zusammenarbeit im Einkauf bei den Beteiligten zu einer Rationalisierung wirtschaftlicher Vorgänge,

---

[260] Begr. RegEntw. 1989, BT-Drucks. 11/4610, Seite 16.
[261] Begr. RegEntw. 1989, BT-Drucks. 11/4610, Seite 16.
[262] Vgl. Immenga in Immenga/Mestmäcker, § 4, Rdn.141.

d.h. zu einer Verbesserung des Verhältnisses von Aufwand und Ertrag, bezogen auf die einzelnen Produktionseinheiten, führt[263]. Es ist erforderlich, daß diese Verbesserung der Rentabilität durch Beeinflussung des Geschäftsablaufs in einem zusammenhängenden Bereich eintritt[264], es geht somit um eine gewisse Leistungssteigerung. Allein die durch Marktmacht erlangten Vorteile stellen keine Rationalisierung im Sinne von § 4 Abs. 1 GWB sowie § 5 GWB dar, da die Vorteile auf Kosten anderer Unternehmen erzielt werden.[265] Eine bloße Verbesserung der Unternehmenserträge ist aus diesem Grund nicht ausreichend. Dasselbe gilt für sonstige Kartelle, die lediglich durch den Ausschluß des Wettbewerbs, und nicht durch Kostensenkung, zu einer Ertragssteigerung führen.[266] Aus diesem Grund hielt der Gesetzgeber 1989 eine Sondervorschrift für Einkaufskooperationen in Form des früheren § 5c GWB a. F. (heute § 4 Abs. 2 GWB) neben dem allgemeinen § 4 Abs. 1 GWB für erforderlich, da eben der „Rationalisierungseffekt" von Einkaufskooperationen häufig allein in der Durchsetzung besserer Konditionen und damit in der Ertragsverbesserung besteht.[267] Und das bloße Durchsetzten günstigerer Konditionen kann nicht als Rationalisierungseffekt angesehen werden.[268]
Sollte man dennoch eine Rationalisierung bei einer Einkaufsbündelung annehmen können, so ergibt sich weiterhin das Problem, daß § 4 Abs. 1 GWB voraussetzt, daß die innerbetriebliche Rationalisierung der Hauptzweck der Zusammenarbeit ist.[269] Bei einer Einkaufsbündelung liegt der eigentliche primäre Zweck des Zusammenschlusses aber darin, daß den Mitgliedern durch das große Nachfragevolumen besonders günstige Konditionen ermöglicht werden. Die eigentlichen Rationalisierungsmaßnahmen stellen wenn überhaupt nur technische Nebenabreden dar, so daß in dieser Form eine Legalisierung nicht möglich ist.
Gegenüber § 4 Abs. 2 GWB ist § 4 Abs. 1 GWB somit tatbestandlich enger gefaßt, als hier die kooperative Zusammenarbeit bei der Warenbeschaffung eine Rationalisierung und der Steigerung der Leistungsfähigkeit von kleinen und mittleren Unternehmen gefordert wird, während es bei § 4 Abs. 2 GWB genügt, daß durch die Zusammenarbeit die Wettbewerbsfähigkeit von Klein- und Mittelbetrieben verbessert wird. Aus diesem Grund wird es in den überwiegenden Fällen einer Einkaufsbündelung eher zu einer Freistellung nach § 4 Abs. 2 GWB als nach § 4 Abs. 1 GWB kommen.

3. Rationalisierungskartell gemäß § 5 GWB und Spezialisierungskartell gemäß § 3 GWB

Kartelle, die schon nach § 4 Abs. 2 GWB legalisierungsfähig sind, können nicht auch noch nach § 5 GWB vom Kartellverbot freigestellt werden, weil sie nicht vom Verbot des § 1 GWB erfaßt werden[270], dies aber eine Voraussetzung für die Anwendung von § 5 GWB ist.
Das gleiche gilt für § 3 GWB. Folglich können § 5 GWB und § 3 GWB nur dann zur Anwendung gelangen, wenn keine Legalisierungsmöglichkeit nach § 4 Abs. 2 GWB gegeben ist.

---

263 OLG Frankfurt v. 10.2.1989, WuW/E OLG 4495/4498 „Doppelgenossen"; Bunte in Frankfurter Kommentar, § 4, Rdn.22ff.; Emmerich, Seite 71.

264 Immenga in Immenga/Mestmäcker, § 5, Rdn.27.

265 Immenga in Festschrift für Pfeiffer, Seite 659/666f.; Deringer/Benisch in Gemeinschaftskommentar, § 5, Rdn.5; Loewenheim in Loewenheim/Belke, § 5, Tz.35; Immenga in Immenga/Mestmäcker, § 5, Rdn.37.

266 OLG Frankfurt v. 10.2.1989, WuW/E OLG 4495/4498 „Doppelgenossen"; Tätigkeitsbericht des Bundeskartellamtes 1976, Seite 49.

267 Begr. RegEntw. 1989, BT-Drucks. 11/4610, Seite 15.

268 So auch Nowack, Seite 71.

269 Ebenroth, DB 1985, 1825/1829; MonopolKommission Sondergutachten 14, Tz.88.

270 Kiecker in Langen/Bunte, § 5, Rdn.42.

Aber auch wenn keine Legalisierungsmöglichkeit nach § 4 Abs. 2 GWB vorliegt, so scheidet in den meisten Fällen der Einkaufskooperation eine Freistellung als Rationalisierungskartell bzw. Spezialisierungskartell nach § 5 und 3 GWB regelmäßig aus. Der Grund hierfür ist zum einen darin zu sehen, daß § 4 Abs. 1 GWB lex specialis zu § 5 Abs. 1 und 2 GWB ist.[271] Zum anderen werden an § 5 GWB strengere Anforderungen an das Mindestmaß der Rationalisierung im betriebswirtschaftlichen Sinn gestellt[272] als bei § 4 Abs. 1 GWB. Weiterhin kommt dann noch hinzu, daß der Hauptzweck der Gründung von Einkaufskooperationen gerade darin liegt, die Verbesserung der Einkaufskonditionen herzustellen und sich lediglich am Rande gewisse Rationalisierungen der Einkaufsorganisationen ergeben. Diese Rationalisierung ist dann aber nicht Gegenstand der Kooperationsvereinbarung, jedenfalls aber nicht maßgeblicher Vertragszweck der Einkaufskooperation[273]. Nach überwiegender Auffassung in der Literatur ist es für § 5 GWB nicht ausreichend, wenn durch den kooperativen Einkauf ein Teil von Unternehmensfunktionen ausgelagert wird, und so als lediglich typische Folge eines Einkaufskartells durch Einsparung von Potentialfaktoren Rationalisierungswirkungen eintreten.[274] Damit kann eine Legalisierung nach § 5 GWB in der Regel nicht erfolgen[275], denn der wesentliche Zweck einer Einkaufskooperation erschöpft sich in der Erlangung günstigerer Konditionen.

Im Rahmen des § 3 GWB muß die Rationalisierung der wirtschaftlichen Vorgänge gerade durch Spezialisierung hervorgerufen werden und gemäß § 5 Abs. 1 S. 2 GWB unterliegt der Rationalisierungserfolg dann weiterhin noch einer Angemessenheitsprüfung. Aus diesem Grund kommt es in den seltensten Fällen zu einer Anwendung von § 3 GWB.

4. Sonstiges Kartell gemäß § 7 GWB

Wegen der Regelung des § 7 Abs. 2 GWB (Sperrklausel) dürfen Kartelle, die dem Typus der §§ 3; 4 Abs. 1, 2 und 5 GWB zwar entsprechen, aber nicht deren Tatbestandsmerkmale erfüllen, nicht nach § 7 GWB freigestellt werden, weil diese Vorschrift keine allgemeine Auffangklausel ist[276].

Somit kann man auch aus der Subsidiaritätsklausel des § 7 Abs. 2 GWB folgern, daß bei Einkaufsgemeinschaften aus größeren Unternehmen eine Inanspruchnahme der dem Art. 81 Abs. 3 EGV nachgebildeten Freistellungsmöglichkeit des § 7 Abs. 1 GWB durch diese Einkaufsgemeinschaften ausgeschlossen ist.[277] Der Grund dafür ist, daß die Einkaufsbündelungen, an denen große oder größere Unternehmen beteiligt sind, grundsätzlich dem Typus des § 4 Abs. 2 GWB entsprechen, nicht freigestellt werden können, weil hierunter nur kleine und mittlere Unternehmen fallen.[278]

Weiterhin ist in diesem Zusammenhang auch anzuführen, daß § 7 GWB nach seinem Sinn und Zweck keine Legalisierungsmöglichkeit von Wettbewerbsbeschränkungen mit dem vorrangigen Zweck des Marktausgleichs darstellt.[279] Mit dem gemeinsamen Einkauf mehrere Un-

---

[271] Bunte in Frankfurter Kommentar, § 4, Rdn.75.

[272] v. Einem, Seite 172; ablehnend auch Dauner, Seite 170; Ostler, Seite 235.

[273] Monopolkommission, Sondergutacheten 14, Tz. 88.

[274] Vgl. Immenga in Immenga/Mestmäcker, § 5, Rdn.18, 67; a. A. Dauner, Seite 164ff.

[275] So auch die Monopolkommission, Sondergutachten 14, Tz.88.

[276] Kieker in Langen/Bunte, § 7, Rdn.11f.; § 3, Rdn.31; § 4, Rdn.63; Emmerich, Seite 84f.; Schumacher, WuW 2002, 121/123f.

[277] Siehe Burrichter in Schwerpunkt des Kartellrechts 1999, Seite 1/11.

[278] Siehe oben Seite 44: Ausnahmen bei der Beteiligung von Großunternehmen.

[279] BKartA, v. 25.8.1999, WuW/E De-V 209/213f. „Stellenmarkt für Deutschland II“.

ternehmen über eine sogenannte Einkaufsbündelung wird jedoch gerade der Zweck verfolgt, eine größere Marktmacht zu erlangen, um dadurch bessere Einkaufskonditionen bei den Lieferanten zu erlangen und somit mit den großen Unternehmen mit der entsprechenden Marktmacht mithalten zu können. Folglich wird es bei Einkaufskooperationen in den überwiegenden Fällen nicht zu einer Freistellung nach § 7 GWB kommen.

5. Ministererlaubnis gemäß § 8 Abs. 1 GWB

Nach § 8 Abs. 1 GWB besteht die Möglichkeit einer Freistellung als Sonderkartell durch Erlaß des Bundesministers für Wirtschaft, das deswegen auch „Ministerkartell" genannt wird.Diese Möglichkeit besteht, wenn die Wettbewerbsbeschränkung aus überwiegenden Gründen der Gesamtwirtschaft und des Gemeinwohls notwendig ist. Im Rahmen dieses Tatbestandsmerkmals wäre dem Minister aufgrund seines weiten Beurteilungsspielraums[280] die Freistellung von Einkaufsbündelungen zwar durchaus mit der Begründung möglich, daß der Mittelstand erhalten werden muß, doch dürfte hierfür neben § 4 Abs. 2 GWB kaum mehr Platz sein.[281]
Insofern wird es im Rahmen der Einkaufsbündelungen nicht zu einer Freistellung gemäß § 8 GWB durch den Bundesminister der Wirtschaft kommen.

IV. Kartellrechtliche Kontrolle außerhalb des Kartellverbots

Auch außerhalb des Kartellverbots gibt es weitere Tatbestände im GWB, die der Einkaufsbündelung entgegenstehen könnten. So darf die Einkaufsbündelung nicht gegen das Verbot von Vereinbarungen über Preisgestaltung oder Geschäftsbedingungen gemäß § 14 GWB, nicht gegen das Diskriminierungsverbot gemäß § 20 Abs. 4 GWB und nicht gegen die Fusionskontrolle gemäß §§ 35ff. GWB verstoßen.
Während sich das Kartellverbot des § 1 GWB seit der 6. GWB-Novelle ausschließlich auf Vereinbarungen zwischen miteinander im Wettbewerb stehende Unternehmen bezieht, sogenannte Horizontalvereinbarungen, richten sich die Vorschriften §§14ff. GWB gegen Vertikalvereinbarungen d.h. Vereinbarungen zwischen Unternehmen verschiedener Wirtschaftsstufen. Die vertikalen Auswirkungen von Einkaufsbündelungen im deutschen Kartellrecht sind bis jetzt weitgehend unberücksichtigt geblieben. Zu untersuchen bleibt somit, wie die vertikalen Auswirkungen der Einkaufsbündelungen im deutschen Kartellrecht zu beurteilen sind und ob möglicherweise ein Zusammenschluß nach §§ 35ff. GWB vorliegt.

1. Vertikalvereinbarungen: Preis- und Konditionenkartell § 14 GWB

Gemäß § 14 GWB sind Vereinbarungen zwischen Unternehmen über Waren oder gewerbliche Leistungen, die sich auf Märkte innerhalb des Geltungsbereichs dieses Gesetzes beziehen, verboten, soweit sie einen Beteiligten in der Freiheit der Gestaltung von Preisen oder Geschäftsbedingungen bei solchen Vereinbarungen beschränken, die er mit Dritten über die gelieferten Waren, über andere Waren oder über gewerbliche Leistungen schließt.

---

[280] Immenga in Immenga/Mestmäcker, § 8, Rdn.37.

[281] Vgl. Dauner, Seite 172f., der erst bei drohender Unterversorgung der Bevölkerung nach Untersagung einer Einkaufskooperation im Käufermarkt einen Fall des § 8 GWB annehmen will.

Zweck dieser Vorschrift ist es, die freie Preis- und Konditionenbildung auf den jeweiligen Marktstufen zu schützen.
Bei Einkaufsbündelungen besteht vor allem die Gefahr, daß diese Einfluß auf die Preisbildungsprozesse nehmen. Dies geschieht vor allem dadurch, daß in Verträgen zwischen den Einkaufsbündelungen und den Lieferanten oft Beschränkungen festgelegt werden, die den Inhalt der in der Folgezeit abzuschließenden Verträge betreffen. Dies geschieht beispielsweise in der Form, daß vereinbart wird, daß den Einkaufsbündelungen bzw. deren Mitgliedern künftig besondere Preise und Konditionen einzuräumen sind, die anderen Abnehmern nicht zustehen.[282]

a) Anwendungsbereich

§ 14 GWB verbietet Bestimmungen in Vertikalvereinbarungen, die einer Partei Beschränkungen hinsichtlich des Inhalts der von ihr in der Folgezeit abzuschließenden sogenannten Folge- oder Zweitvereinbarungen auferlegen.
Von Vertikalvereinbarungen ist auszugehen, wenn die Unternehmen, zwischen denen die Vereinbarung geschlossen wird, auf unterschiedlichen Marktstufen und nicht miteinander im Wettbewerb stehen. Unter den sogenannten Folge- oder Zweitvereinbarungen versteht man solche Vereinbarungen, die die gebundene Partei mit Dritten über die gelieferten oder andere Waren in der Folgezeit abschließt (Drei-Personen-Verhältnis).[283]

Anhand der vorliegend erläuterten Kriterien kommt somit im Rahmen einer Einkaufsbündelung nur eine Vereinbarungen zwischen den Lieferanten und der Einkaufsbündelung bezüglich des Folgevertrages mit den Mitgliedern in Betracht. Allerdings müssen alle Beteiligten wirtschaftlich selbständig sein, damit von einem Drei-Personen-Verhältnis ausgegangen werden kann.[284] Dies hat zur Folge, daß die Einkaufskooperation für ihre Mitglieder die Konditionen faktisch selbst aushandeln muß und nicht nur deren Vorstellungen weiterreicht.

b) Preis- und Konditionenbindung

§ 14 GWB verbietet sowohl die unmittelbare oder mittelbare Festsetzung von Preisen als auch von sonstigen Bedingungen in der Erstvereinbarung für die Zweitvereinbarung. Hiervon erfaßt werden neben vertikalen Preisabsprachen insbesondere die Festlegung von Höchst- oder Mindestpreisen und die Regelung von Preisbestandteilen oder Preisnachlässen wie der Gewinnspanne, der Frachtkosten, der Rabatte oder der Skonti.[285]

---

282 BGHZ 80, 43/45ff.; OLG Hamburg v. 8.12.1983, WuW/E OLG 3195/3196 „Metall-Lösungsmittel"; OLG München v. 28.6.1990, WuW/E OLG 4650/4654 „Windsurfing"; Emmerich in Immenga/Mestmäcker, § 14, Rdn.53f.
283 Emmerich in Immenga/Mestmäcker, § 14, Rdn.9, 42f.; Klosterfelde/Metzlaff in Langen/Bunte, § 14, Rdn.25ff.; 31ff.
284 Emmerich, Seite 102; Emmerich in Immenga/Mestmäcker, § 14, Rdn.53f.
285 BGHZ 54, 227/235; BGHZ 60, 312/316; BGH v. 29.10.1970, WuW/E BGH 1168/1171 „Blitzgeräte"; BGH v. 23.10.1979, WuW/E BGH 1661/1664 „Berliner Musikhochschule"; OLG München v. 13.10.1988, WuW/E OLG 4444/4445ff. „Rationalisierungsboni".

Hiervon werden somit auch Lieferanten- und Konditionenvereinbarungen der Einkaufsbündelung mit ihren Lieferanten erfaßt, wenn in den Verträgen die Preise und Konditionen für die Verträge der Lieferanten mit den Mitgliedern der Einkaufsbündelung geregelt werden.[286]

Unter § 14 GWB fallen auch Meistbegünstigungsklauseln, durch die mächtige Abnehmer versuchen, ihre Lieferanten dazu zu zwingen, ihnen jede einem Dritten eingeräumte Vergünstigung ebenfalls zu gewähren.[287] Bei Einkaufsbündelungen tritt das möglicherweise in der Form auf, daß zwischen den Lieferanten und der Einkaufskooperation eine Vereinbarung zugunsten der angeschlossenen Unternehmen geschlossen wird, in der vereinbart wird, daß die Lieferanten verpflichtet werden den Mitgliedern der Einkaufsbündelung jede auch einem Dritten gewährte Vergünstigung ebenfalls einzuräumen.
Durch diese Klausel kommt es zwar zu einer Gleichbehandlung aller Abnehmer (Nachfrager), was gegen die Annahme eines Preiskartells spricht, aber es wird auch gleichzeitig der Handlungsspielraum der Anbieter (Händler und Lieferanten) eingeschränkt, indem sie keinen für jeden Abnehmer individuellen Preis machen können.
Für die Annahme eines Preiskartells spricht auch, daß durch die Gewährung von Vergünstigungen an Dritte in Zweitverträgen dies zugleich mit Nachteilen bei den Erstverträgen verbunden ist, weil den Unternehmen in den Erstverträgen die gleichen Vergünstigungen zugestanden werden müssen. Der Sache nach läuft es auf ein vertragliches Verbot der Bevorzugung anderer Abnehmer und damit auf eine Preis- und Konditionenbindung für die Zweitverträge hinaus.[288]

c) Rechtsfolgen

Bei § 14 GWB handelt es sich um ein gesetzliches Verbot, so daß gegen § 14 GWB verstoßende Vereinbarungen nichtig sind (§ 134 BGB).[289] Der Rest des Vertrages beurteilt sich dann nach § 139 BGB[290], wobei im Rahmen von Einkaufsbündelungen grundsätzlich die Durchführung der Zusammenarbeit auch für den Fall gewollt sein wird, wenn einige Klauseln kartellrechtswidrig sein sollten.
Liegt ein schuldhafter Verstoß gegen das Verbot vor, so handelt es sich außerdem um eine Ordnungswidrigkeit gemäß § 81 Abs. 1 Nr. 1 GWB. Auch besteht die Möglichkeit einer Untersagung gemäß § 32 GWB.
Schadensersatzansprüche Dritter ergeben sich aus § 33 GWB, da § 14 GWB als Schutzgesetz zugunsten der gebundenen Vertragspartner, der geschützten Dritten und der Konkurrenten heranzuziehen ist.

---

[286] Monopolkommission, Sondergutachten 7, Tz.192ff.; Tätigkeitsbericht des Bundeskartellamtes 1979/80, Seite 73, 84f.
[287] Grdl. BGHZ 80, 43/45ff.; OLG Hamburg v. 8.12.1983, WuW/E OLG 3195/3196 „Metall-Lösungsmittel"; OLG München v. 28.6.1990, WuW/E OLG 4650/4654 „Windsurfing"; Emmerich in Immenga/Mestmäcker, § 14, Rdn.53ff.
[288] Emmerich, Seite 104.
[289] Siehe Begründung zum RegE, BT-Drucks. 13/9720, Seite 35/50.
[290] BGH, Beschluß v. 8.2.1994, WuW/E BGH 2909/2913 „Pronuptia II"; OLG Stuttgart v. 30.3.1984, WuW/E OLG 3410/3411ff. „Preisabstandsklausel".

d) Legalisierungsmöglichkeiten

Fraglich ist, ob auch eine Legalisierungsmöglichkeit der gegen § 14 GWB verstoßenden Vertikalvereinbarungen möglich ist, wie im Rahmen des § 1 GWB. Greifen die Freistellungsvoraussetzungen des § 4 Abs. 2 GWB ein, so sind damit auch die in Zusammenhang stehenden vertikalen Bindungen freigestellt, d.h. auch die vertikalen Preisbindungen der Lieferanten, zu den von der Einkaufskooperation verhandelten Preisen und Konditionen die Mitgliedsunternehmen zu beliefern[291], obwohl an sich solche Vereinbarungen den Tatbestand des § 14 GWB erfüllen.
Der Grund dafür ist darin zu sehen, daß der Gesetzgeber der 6. GWB-Novelle offenkundig selbst davon ausging[292], daß die Festlegung von Konditionen zur freigestellten Tätigkeit von Einkaufskooperationen gehört.
Anders sieht es bei der Vereinbarung von Meistbegünstigungsklauseln aus: Da diese nicht zwingend zur freigestellten Tätigkeit der Einkaufsbündelung gehören, können diese nicht freigestellt werden.

2. Ausschließlichkeitsbindung § 16 Nr. 2 GWB

Nach § 16 Nr. 2 GWB kann die Kartellbehörde Vereinbarungen zwischen Unternehmen über Waren oder gewerbliche Leistungen für unwirksam erklären und die Anwendung neuer, gleichartiger Bindungen verbieten, soweit sie einen Beteiligten darin beschränken, andere Waren oder gewerbliche Leistungen von Dritten zu beziehen und soweit durch das Ausmaß solcher Beschränkungen der Wettbewerb auf dem Markt für diese oder andere Waren oder gewerblichen Leistungen wesentlich beeinträchtigt wird.

a) Voraussetzungen

§ 16 GWB setzt einen Vertrag zwischen Unternehmen voraus, in dem Beschränkungen der in Nr. 1-4 genannten Art enthalten sind. Der Unternehmensbegriff ist der gleiche wie in § 1 GWB[293], so daß es sich sowohl bei der Einkaufskooperation als auch bei deren Mitgliedern um Unternehmen handeln muß. Auch gilt der gleiche Begriff der Vereinbarung wie in § 1 GWB[294].
Von § 16 Nr. 2 GWB werden solche Vereinbarungen erfaßt, in denen die eine Partei zum ausschließlichen Geschäftsverkehr mit der anderen Partei verpflichtet wird. Hierunter fallen rechtliche und wirtschaftliche Bindungen.[295] Es wird sowohl der Bezug von Mindestmengen[296] als auch eine Gesamtbedarfsdeckungsklausel[297], und es werden Bindungen zugunsten Dritter erfaßt.[298] In diesem Fall braucht der Bindende nicht die Voraussetzungen der Unter-

[291] Bunte in Frankfurter Kommentar, § 4, Rdn.139.
[292] Siehe Begründung zum RegE 1998, BTDrucks. 13/9720, Seite 32.
[293] Siehe oben Seite 9.
[294] Siehe oben Seite 10.
[295] BKartA v. 15.3.1972, WuW/E BKartA 1413/1414 „Exportförderung Festzellwolle".
[296] OLG Hamburg v. 4.3.1983, WuW/E OLG 3147/3148 „Cinema"; OLG Schleswig v. 31.5.1983, WuW/E OLG 3042/3034; BKartA v. 22.5.1968, WuW/E BKartA 1199/1203 „Kraftfahrzeugpflegemittel".
[297] OLG Hamburg v. 8.12.1983, WuW/E OLG 3195/3196 „Metall-Lösungsmittel"; OLG Stuttgart v. 25.5.1977, WuW/E OLG 1873/1874 „Gaststätte zum Hirsch".
[298] BGH v. 14.7.1980, WuW/E BGH 1745/1747 „Mallendarer Bürgerstube"; BGH v. 9.4.1970, WuW/E BGH 1113/1114ff. „Biesenkate II"; OLG Düsseldorf v. 8.7.1996, WuW/E OLG 1005/1006 „Biesenkate".

nehmenseigenschaft zu erfüllen, es genügt, wenn der Gebundene und der begünstigte Dritte Unternehmen sind.[299]
Im Rahmen von Einkaufsbündelungen kann eine solche Ausschließlichkeitsbindung darin zu sehen sein, daß die Mitglieder in vielen Fällen bestimmten Bezugsverpflichtungen unterliegen, indem sie sich gegenüber der Einkaufskooperation verpflichten alles oder zumindest eine bestimmte Menge über diese zu beziehen und nicht über Dritte.
Die Bezugspflicht der Mitglieder kann entweder in der Form vorliegen, daß die Mitglieder verpflichtet sind über die Einkaufskooperation zu beziehen oder daß die Einkaufskooperation eine Bezugsverpflichtung mit den Mitglieder zugunsten der Lieferanten/Händler vereinbart. Hierbei können die Mitglieder dazu verpflichtet werden eine bestimmte Menge oder aber ihren gesamten Bedarf an dem jeweiligen Produkt zu decken.

Allein das Vorliegen dieser Ausschließlichkeitsbindung ist jedoch für eine Mißbrauchsaufsicht noch nicht ausreichend, sondern es muß noch eine wesentliche Beeinträchtigung des Wettbewerbs hinzukommen. Allein der Abschluß wettbewerbsbeschränkender Verträge führt noch nicht automatisch zu einer wesentlichen Beeinträchtigung des Wettbewerbs.[300] Diese Beurteilung findet anhand der Auswirkungen der Beschränkungen aus § 16 Nr. 2 GWB auf die Handlungsfreiheit der geschützten Dritten im Einflußbereich der an der jeweiligen Vereinbarung beteiligten Unternehmen statt.[301]
Im Rahmen von Einkaufsbündelungen bedeutet dies, daß es auf die Auswirkungen auf andere Lieferanten ankommt, von denen die Einkaufsbündelungen keine Produkte beziehen und auf die auch deren Mitglieder aufgrund des Bezugszwangs nicht zurückgreifen können.

Bei der Bestimmung des relevanten Marktes ist auf die Sicht des geschützten Dritten abzustellen, so daß es darauf ankommt, welchen Anbietern gleichartiger Waren oder Leistungen damit die Absatzwege verstopft werden und ob diesen dann auf die für sie mit zumutbarem Aufwand erreichbaren Märkten noch ausreichende Alternativen offenstehen.
Von einer wesentlichen Wettbewerbsbeeinträchtigung ist jedoch nur dann auszugehen, wenn wegen des Eingriffs in die wirtschaftliche Bewegungsfreiheit der gebundenen Unternehmen und der geschützten Dritten Unternehmen die Funktionsfähigkeit des Wettbewerbs spürbar beeinträchtigt wird, so daß der Wettbewerb seine zentralen Lenkungsaufgaben nicht mehr in dem erforderlichen Ausmaß erfüllen kann.[302]

b) Mißbrauchsaufsicht

§ 16 GWB begründet lediglich eine Mißbrauchsaufsicht hinsichtlich Ausschließlichkeitsbindungen, so daß diese Vereinbarungen grundsätzlich wirksam sind und bei Vorliegen der entsprechenden Voraussetzungen von der Kartellbehörde für unwirksam erklärt werden können.
Als Problem im Rahmen der Ausschließlichkeitsbindung erweist sich im Vergleich zum europäischen Recht, daß das GWB aufgrund des § 16 GWB lediglich eine Mißbrauchsaufsicht kennt, die sich bislang als nahezu wirkungslos erwiesen hat. Art 81 Abs. 1 EGV hat sich dagegen für ein grundsätzliches Verbot der Ausschließlichkeitsbindungen mit einer Freistellungsmöglichkeit im Einzelfall entschieden.

---

[299] Klosterfelde/Metzlaff in Langen/Bunte, § 16, Rdn.63; Emmerich, NJW 1980, 1363/1365.
[300] Wolters in Frankfurter Kommentar, § 18, Rdn.134.
[301] Wolter in Frankfurter Kommentar, § 18, Rdn.131.
[302] BGHZ 112, 218/225 = NJW 1991, 490/492f. „TUI I".

3. Mißbrauch einer marktbeherrschenden Stellung § 19 Abs. 4 Nr. 1, 2 GWB

Gemäß § 19 GWB kann marktbeherrschenden Unternehmen eine mißbräuchliche Ausnutzung ihrer Wettbewerbsstellung durch die Kartellbehörde untersagt werden.
Bei Einkaufsbündelungen kann sich diese marktbeherrschende Stellung vor allem dadurch ergeben, daß eine Begründung bzw. Ausübung von Nachfragemacht gegeben ist. Es geht zum einen vor allem darum, daß die Einkaufskooperationen eine starke Nachfragestellung haben und damit gegenüber den Lieferanten eine gewisse Einkaufsmacht ausüben können, um besonders günstige Preise und Konditionen zu erhalten und zum anderen unterliegen die Mitglieder der Einkaufskooperation teilweise einer Bezugsverpflichtung gegenüber der Kooperation.
Die Kontrolle von marktbeherrschenden Unternehmen, die durch externes Wachstum entstanden sind, ist auch durch die Vorschriften des Zusammenschluß gemäß §§ 35ff. GWB gewährleistet.[303]

a) Marktbeherrschung

Das Mißbrauchsverbot des § 19 Abs. 1 GWB gilt nur für marktbeherrschende Unternehmen. Die Definition dieses Begriffs befindet sich in § 19 Abs. 2 Satz 1 GWB. Hiernach ist ein Unternehmen marktbeherrschend, soweit es als Anbieter oder Nachfrager „einer bestimmten Art von Waren oder gewerblichen Leistungen“ entweder keinem wesentlichen Wettbewerb ausgesetzt ist (Nr. 1) oder eine überragende Marktstellung besitzt (Nr. 2).
Damit die marktbeherrschende Position eines Unternehmen festgestellt werden kann, muß auch hier erst einmal der relevante Markt in sachlicher, räumlicher und zeitlicher Hinsicht bestimmt werden.[304] Die Bestimmung des sachlich relevanten Marktes bei einer marktbeherrschenden Stellung der Nachfrageseite bedeutete, daß auf die Sicht der Marktgegenseite, also die Anbieter abzustellen ist. Es ist zu prüfen, welche Ausweichmöglichkeiten für die Anbieter bestehen, so daß aus ihrer Sicht alle Nachfrager und Produkte zu demselben Markt gehören, auf die sie ohne Probleme ausweichen können, um dem Druck des Unternehmens mit Nachfragemacht zu entgehen.
Bei der Abgrenzung des räumlich relevanten Marktes ist ebenso auf die Marktgegenseite, also die Anbieter (Lieferanten), abzustellen. Somit ist bei Beschaffungsmärkten entscheidend, welche räumlichen Ausweichmöglichkeiten für die Anbieter bestehen.[305] Bei der Bestimmung des räumlich relevanten Marktes gibt es keinerlei normative Begrenzung.[306]

Nach § 19 Abs. 2 Satz 2 GWB gelten als marktbeherrschend auch zwei oder mehrere Unternehmen, soweit zwischen ihnen für eine bestimmte Art von Waren ein wesentlicher Wettbewerb nicht besteht und soweit sie in ihrer Gesamtheit marktbeherrschend sind oder eine überragende Marktstellung inne haben.
Im Rahmen von Einkaufsbündelungen bedeutet das, daß mehrere nachfragende Unternehmen gemeinsam eine marktbeherrschende Stellung einnehmen können. In den überwiegenden Fällen besteht zwischen diesen Unternehmen zumindest kein Nachfragewettbewerb mehr für das

---

[303] Siehe hierzu unten Seite 66.
[304] Zu den an dieser Stelle nicht mehr vertieften Einzelheiten siehe oben Seite 47ff.
[305] Grdlg. BGH, NJW 1996, 1820 = Die AG 1996, 266/267 „HaGe Kiel/RHG Hannover“.
[306] Siehe hierzu oben Seite 19; Lange, BB 1996, 1997/1998ff.; a.A. BGH, v. 24.10.1995, BB 1996, 1901f.; nicht eindeutig Lange, EWS 2000, 291/293.

jeweilige Produkt, das gemeinsam bezogen wird. Hinzukommen muß dann allerdings noch, daß sie in ihrer Gesamtheit marktbeherrschend sind.

Gemäß § 19 Abs. 3 GWB wird vermutet, daß ein Unternehmen marktbeherrschend ist, wenn es einen Marktanteil von mindestens einem Drittel hat. Einkaufsgemeinschaften des Handels haben es bislang in der Regel nicht zu Marktanteilen gebracht, die die Marktbeherrschungsvermutung erfüllen können.

b) Mißbrauch

Unter dem Gesichtspunkt der Ausnutzung von Nachfragemacht besteht im Rahmen von Einkaufsbündelungen die Gefahr des Mißbrauchs in der Form, daß die Wettbewerbsmöglichkeiten anderer Unternehmen in einer für den Wettbewerb auf dem Markt erheblichen Weise ohne sachlich gerechtfertigten Grund beeinträchtigt wird (§ 19 Abs. 4 Nr. 1 GWB).
Dies kann bei Einkaufsbündelungen dann der Fall sein, wenn sie aufgrund ihrer Marktmacht bei den Lieferanten/Händlern besonders günstige Preise und Konditionen verlangen. Allerdings muß in diesem Zusammenhang erwähnt werden, daß der Behinderungsmißbrauch den Wettbewerb als Institution vor Wettbewerbsbeschränkungen schützt[307] und nicht den Lieferanten vor Ausbeutung[308]. Hierzu dient der Ausbeutungsmißbrauch gemäß § 19 Abs. 4 Nr. 2 GWB. Aus diesem Grund fällt das Aushandeln der Einkaufskooperationen von besonders günstigen Preisen und Konditionen nicht unter den Behinderungsmißbrauch, sondern unter den Ausbeutungsmißbrauch.

Weiterhin könnte jedoch die Ausschließlichkeitsbindung, die dadurch besteht, daß das marktbeherrschende Unternehmen (Einkaufskooperation) seinen Abnehmern (Mitglieder) Ausschließlichkeitsbindungen in der Form auferlegt, daß diese zumindest einen gewissen Teil über die Kooperation beziehen müssen, unter den Behinderungsmißbrauch fallen. Dadurch werden Konkurrenten (andere Lieferanten) die Absatzwege verstopft. Diese Sicht der Dinge setzt sich jedoch in Deutschland, anders als im europäischen Kartellrecht, nur langsam durch.[309]
Grundsätzlich können Wettbewerber auch durch Ausschließlichkeitsverträge i.S.d. § 19 Abs. 4 Nr. 1 behindert werden.[310] Zu der Beeinträchtigung der Wettbewerbsmöglichkeiten anderer Unternehmen muß noch hinzukommen, daß ihre Wettbewerbsmöglichkeiten in einer für den Wettbewerb auf dem Markt erheblichen Weise beeinträchtigt werden. Dies bedeutet, daß eine Beeinträchtigung der Wettbewerbsmöglichkeiten nur dann beachtlich ist, wenn sie auch die Marktverhältnisse insgesamt zu verschlechtern droht: Es geht um dem Marktschutz mittels des Schutzes einzelner Unternehmen.[311]
Weiterhin darf es für diese Beeinträchtigung keinen sachlich gerechtfertigten Grund geben. Hierbei handelt es sich um eine Abwägung der Interessen der Beteiligten: marktbeherrschendes Unternehmen und beeinträchtigtes Unternehmen unter Berücksichtigung der Zielsetzung

---

[307] Schultz in Langen/Bunte, § 19, Rdn.87.
[308] Schultz in Langen/Bunte, § 19, Rdn.134.
[309] Möschel in Immenga/Mestmäcker, § 19, Rdn.133.
[310] Tätigkeitsbericht des Bundeskartellamtes 1987/88, Seite 80.
[311] Schultz in Langen/Bunte, § 19, Rdn.135; Baur/Weyer in Frankfurter Kommentar, § 22, Rdn.546; Möschel in Immenga/Mestmäcker, § 19, Rdn.113.

des Gesetzes, die Freiheit des Wettbewerbs zu sichern.[312] Dies bedeutet für die Bezugverpflichtung der Kooperationsmitglieder, daß eine Interessenabwägung zwischen dem Interesse der Einkaufskooperation an der Bindung ihrer Mitglieder und den anderen Lieferanten, deren Absatzwege verstopft werden, stattfindet. In den überwiegenden Fällen wird unter der Berücksichtigung der Zielsetzung des Gesetzes, die Freiheit des Wettbewerbs zu sichern, das Interesse der Einkaufskooperation hinter dem Interesse der anderen Lieferanten zurücktreten müssen, es sei denn, daß der gemeinsame Einkauf auf anderem Wege nicht realisierbar ist und gute Gründe dafür sprechen.

Als mögliche Erscheinungsform des Mißbrauchs im Sinne des § 19 Abs. 4 GWB kommt hier weiterhin die Erzwingung von Entgelten oder sonstigen Geschäftsbedingungen, die von denjenigen abweichen, die sich bei wirksamen Wettbewerb mit hoher Wahrscheinlichkeit ergeben würden, gemäß § 19 Abs. 4 Nr. 2 GWB in Betracht (Ausbeutungsmißbrauch). In Bezug auf Einkaufskooperationen macht sich das in der Form bemerkbar, daß die marktbeherrschende Kooperation extrem niedrige Preise gegenüber den Lieferanten/Händlern durchsetzt.[313] Um die von der Einkaufskooperation erlangten Einkaufspreise beurteilen zu können, bedarf es eines Vergleichs dieser Preise von Unternehmen auf vergleichbaren Märkten mit wirksamem Wettbewerb (Vergleichsmarktkonzept). In diesem Zusammenhang gibt es das räumliche und das zeitliche Vergleichsmarktkonzept.

Das räumliche Vergleichsmarktkonzept beruht auf der Annahme, daß bei Vorhandensein zweier ähnlicher Märkte, auf denen in unterschiedlichem Maße Wettbewerb herrscht, die Preise auf dem vom Wettbewerb geprägten Markt einen Anhaltspunkt für den hypothetischen Wettbewerbspreis abgeben kann, so daß dieser als Maßstab herangezogen werden kann.[314] Das Problem ergibt sich aber daraus, daß es nur selten zwei Märkte gibt, die so übereinstimmen, daß sie zum Preisvergleich geeignet sind.

Das zeitliche Vergleichsmarktkonzept führt dazu, daß ein Preis zum Vergleich herangezogen wird, der sich früher auf demselben Markt bei noch wirksamem Wettbewerb gebildet hat.[315] Problematisch bei diesem Ansatz ist, daß hierbei nicht berücksichtigt wurde, ob oder unter welchen Wettbewerbsbedingungen dieser frühere Preis gebildet wurde.

Eine andere Beurteilungsmöglichkeit ist das vom EuGH entwickelte Konzept der Gewinnbegrenzung, bei dem auf das Verhältnis zwischen dem Preis und dem wirtschaftlichen Wert der entsprechenden Ware oder Leistung abgestellt wird[316]. Problematisch erweist sich in diesem Zusammenhang aber die Bestimmung des wirtschaftlichen Wertes eines Produkts oder einer Dienstleistung. Der Gerichtshof und die Kommission haben hierbei auf den Vergleich zwi-

[312] Schultz in Langen/Bunte, § 19, Rdn.138.
[313] Vgl. Monopolkommission, Sondergutachten 7, Tz.204; Tätigkeitsbericht des Bundeskartellamtes 1977, Seite 30f.
[314] BGHZ 59, 42/47ff. „Stromtarif"; BGHZ 67, 104/112 „Vitamin B 12"; BGHZ 68, 23/30ff. „Valium II"; KG v. 10.12.1990, WuW/E OLG 4640/4644f. „Hamburger Benzinpreise"
[315] Baur/Weyer in Frankfurter Kommentar, § 22, Rdn.635; Schultz in Langen/Bunte, § 19, Rdn.99.
[316] EuGH, Slg. 1994 I, 5097/5106 (Nr. 25) „Centre d'insémination de la Crespelle (Rinderbesamung)"; Slg. 1997 I, 4453/4466 (Nr. 39) „GT-Link"; zustimmend Kommission, Mitteilung betreffende Zugangsvereinbarung vom 22.8.1998, ABl. der EG 1998 Nr. C 265 Seite 2/17f. (Nr. 105ff.).

schen erzwungenem Preis und den Gestehungskosten zurückgegriffen.[317] Gegen die Heranziehung der Kosten für die Bestimmung des Tatbestandsmerkmals der „Angemessenheit" läßt sich jedoch anführen, daß es in der Praxis fast unmöglich ist die Kosten exakt zu ermitteln.[318]

c) Rechtsfolgen

Durch die 6. GWB-Novelle ist § 19 Abs. 1 GWB zum unmittelbar geltenden gesetzlichen Verbot umgewandelt worden. Dies hat unter anderem zur Folge, daß sich durch mißbräuchliche Verhaltensweisen geschädigte Dritte selbst wehren können, indem sie Unterlassungs- und Schadensersatzansprüche (§ 33 GWB i.V.m. §§ 249–252 BGB) geltend machen können, weil § 19 GWB Schutzgesetz i.S.d. § 33 S.1 GWB ist[319].
Weiterhin sind gegen § 19 Abs. 1 GWB verstoßende Verträge gegebenenfalls nach § 134 BGB nichtig. Das bedeutet, daß nicht jedes Rechtsgeschäft eines marktbeherrschenden Unternehmens, das mit dem Mißbrauch von Marktmacht im Zusammenhang steht, nichtig ist.[320] Denn die Nichtigkeit berührt auch die Interessen anderer Marktteilnehmer: Dies ist jedoch nur beim Behinderungsmißbrauch (Nr. 1) und beim Ausbeutungsmißbrauch (Nr. 2) der Fall.[321]

Im Rahmen von Einkaufskooperationen handelt es sich gegebenenfalls um Behinderungs- oder Ausbeutungsmißbrauch. Ein Behinderungsmißbrauch ohne Vorteile für andere Marktteilnehmer führt regelmäßig zur Unwirksamkeit der entsprechenden Klausel[322], zum Beispiel der Ausschließlichkeitsklausel. Beim Ausbeutungsmißbrauch muß man grundsätzlich die Interessenlage der Anbieter beachten, so daß es hier zu einer Anpassung der Preise kommen müßte. Diesbezüglich bestehen jedoch Bedenken unter dem Gesichtpunkt der Rechtssicherheit. Folglich ist von Nichtigkeit und nicht von einer Preisanpassung auszugehen.
Auch können die Kartellrechtsbehörden gegen mißbräuchliches Verhalten mit Untersagungsverfügungen nach § 32 GWB vorgehen.

4. Diskriminierungsverbot gemäß § 20 Abs. 1 - 4 GWB

Diskriminierungen, die von marktstarken Unternehmen ausgehen, stellen regelmäßig eine Gefahr für die Wettbewerbsordnung dar. Aus diesem Grund soll diese Diskriminierung verhindert werden, damit eine allseitige Öffnung der Märkte gewährleistet wird.[323]

---

[317] EuGH, Slg. 1978, 207/305 „United Brands"; Slg. 1989, 803/850 „Flugtarife"; ABl. der EG 1988 Nr. L 284 Seite 41/54f. „Napier Brown/British Sugar"; ABl. der EG 1988 Nr. L 317 Seite 47/52 „Sabena".
[318] Nähere Ausführungen zum Problem der Kostenermittlung Emmerich in Dauses, Handbuch des EU-Wirtschaftsrechts, H. I § 1, Rdn.363; Möschel in Immenga/Mestmäcker, EG-Wettbewerbsrecht, Art. 86, Rdn. B 140ff.
[319] Begr. RegEntw. 1998, BT-Drucks. 13/9720, Seite 35.
[320] Emmerich, Seite 207.
[321] Weyer, AG 1999, 257/258.
[322] Weyer, AG 1999, 257/258.
[323] Monopolkommission, Sondergutachten 7, Tz.217ff.; BReg., in Tätigkeitsbericht des Bundeskartellamtes 1975, Seite IV; 1977, Seite IV.

a) *Behinderungsverbot gemäß § 20 Abs. 1, 2 GWB*

(1) Adressat

Adressat des Diskriminierungsverbot sind in erster Linie marktbeherrschende Unternehmen des § 19 Abs. 2 GWB. Wegen der Einzelheiten sind auf die oben gemachten Ausführungen zu dieser Vorschrift zu verweisen.[324]
Weiterhin gilt das Diskriminierungsverbot auch für erlaubte Kartelle. Der Grund hierfür ist darin zu sehen, daß Kartelle wenigstens über ein gewisses Maß an wirtschaftlicher Macht verfügen werden, so daß es für notwenig gehalten wird, ihnen gleichfalls Diskriminierungen zu untersagen[325]. Bei der Anwendung auf legalisierte Kartelle muß die Behinderung allerdings auf dem Markt stattfinden, auf den sich die Freistellung bezieht[326] und es wird nur die Verhaltensweise erfaßt, die auf die vereinbarte Wettbewerbsbeschränkung bzw. die dadurch bewirkte Machtstellung zurückzuführen ist.[327] Verbotene Kartelle sind aus dem Anwendungsbereich des § 20 Abs. 1 GWB ausgeklammert worden.[328] In den überwiegenden Fällen sind Einkaufsbündelungen zwar nicht marktbeherrschend nach § 19 Abs. 2 GWB, aber als freigestelltes Kartell gemäß § 4 Abs. 2 GWB unterliegen auch sie dem Diskriminierungsverbot.

Durch § 20 Abs. 2 GWB wird der Adressatenkreis auf solche Unternehmen und Unternehmensvereinigungen erweitert, von denen kleine oder mittlere Anbieter oder Nachfrager einer bestimmten Art von Waren oder gewerblichen Leistungen in der Weise abhängig sind, daß ausreichend und zumutbare Ausweichmöglichkeiten nicht bestehen.
Bei den Unternehmensvereinigungen kann es sich nicht um freigestellte Kartelle handeln, da diese schon nach § 20 Abs. 1 GWB Adressat des Diskriminierungsverbots sind. Fraglich ist jedoch, ob hiervon dann verbotene Kartelle erfaßt werden. Gegen diese Annahme spricht die bewußte Streichung des § 1 GWB aus dem Anwendungsbereich des § 20 Abs. 1 GWB.[329]
Diese Unternehmen und Unternehmensvereinigungen unterliegen jedoch nur dann dem Diskriminierungsverbot, soweit von ihnen kleine und mittlere Unternehmen als Anbieter abhängig sind, also ein sogenanntes Abhängigkeitsverhältnis vorliegt.
Im Rahmen von Einkaufskooperationen kommt eine nachfragebedingte Abhängigkeit in Betracht. Um feststellen zu können, ob eine nachfragebedingte Abhängigkeit eines Lieferanten von einem marktstarken nachfragemächtigen Unternehmen besteht, ist zuerst der sachlich relevante Markt abzugrenzen[330], um dann feststellen zu können, ob der Anbieter die entsprechende Ware auch anderweitig absetzen kann und ob ihm die Absatzmärkte zuzumuten sind. Dabei müssen auch Absatzalternativen im Ausland berücksichtigt werden.[331] Bei der Bestimmung, ob es sich um kleine und mittlere Unternehmen handelt, sind auf die in § 4 Abs. 2 GWB genannten Kriterien zurückzugreifen.[332]

---

[324] Siehe oben zur Marktbeherrschung Seite 58.
[325] BkartA v. 13.11.1963, WuW/E BKartA 747/755f. „Linoleum".
[326] Schultz in Langen/Bunte, § 20, Rdn.39.
[327] KG v. 21.11.1991, WuW/E OLG 4907/4912 „Offizieller Volleyball".
[328] KG v. 21.11.1991, WuW/E OLG 4907/4912f. „Offizieller Volleyball"; Schultz in Langen/Bunte, § 20, Rdn.38.
[329] Dies geschah im Rahmen der 2. Kartellrechtsnovelle: Markert in Immenga/Mestmäcker, § 20, Rdn.30.
[330] Siehe hierzu oben Seite 18.
[331] KG v. 10.4.1995, WuW/E OLG 5439/5446 „Kraftwerkkomponenten"; OLG Düsseldorf U (Kart) 35/98 „Art Cologne".
[332] Siehe oben § 4 Abs. 2 GWB : Seite 44.

Die nachfragebedingte Abhängigkeit ist eine besondere Form der unternehmensbedingten Abhängigkeit. Eine nachfragebedingte Abhängigkeit eines Lieferanten setzt nach § 20 Abs. 2 S.1 GWB voraus, daß der Lieferant auf bestimmte Absatzkanäle angewiesen ist, weil es keine zumutbaren Ausweichmöglichkeiten gibt.[333] Es ist somit zu überprüfen, ob der betreffende Absatzmarkt für den Hersteller unverzichtbar ist. Dies läßt sich anhand des Abnahmeanteils des Nachfragers an der Produktion des Herstellers feststellen, der ab einer Größenordnung von 7,5 bis 10% als „Unverzichtbarkeitskriterium" angesehen wird.[334]

Nach § 20 Abs. 2 S.2 GWB wird die Abhängigkeit eines Anbieters vermutet, wenn der Nachfrager zusätzlich zu den verkehrsüblichen Preisnachlässen oder sonstigen Leistungsentgelten regelmäßig besondere Vergünstigungen erlangt, die gleichartigen Nachfragern nicht gewährt werden. Von besonderen Vergünstigungen, die zusätzlich zu den verkehrsüblichen Preisnachlässen gewährt werden ist dann auszugehen, wenn zu den Preisnachlässen, die in der Branche üblich sind, noch weitere gewährt werden, die darüber hinaus gehen.[335] Von einer Regelmäßigkeit ist dann auszugehen, wenn die Vergünstigungen über einen längeren Zeitraum hinweg gewährt werden.[336]
Zum Adressatenkreis des Diskriminierungsverbots gemäß § 20 Abs.2 GWB gehören auch Einkaufskooperationen mit relativer vertikaler Marktmacht gegenüber den Anbietern, wenn eine sogenannte nachfragebedingte Abhängigkeit gegeben ist.

(2) Weitere Tatbestandsvoraussetzungen

§ 20 Abs. 1 GWB verbietet den Adressaten des Abs. 1 und Abs. 2 jede unbillige Behinderung und grundlose Diskriminierung anderer Unternehmen in einem Geschäftsverkehr, der gleichartigen Unternehmen üblicherweise zugänglich ist. Eine genau Abgrenzung der beiden Verhaltensformen ist nicht möglich und notwendig, denn die Ungleichbehandlung stellt eine Gestaltungsform der Diskriminierung dar[337].
Der Begriff der Behinderung anderer Unternehmen umfaßt jede Beeinträchtigung der Betätigungs- und Wettbewerbsmöglichkeiten anderer Unternehmen.[338] Die alleinige Behinderung ist jedoch für die Annahme einer Diskriminierung nicht ausreichend, sondern sie muß „unbillig" sein, so daß es hier einer Interessenabwägung unter Berücksichtigung der auf die Freiheit des Wettbewerbs gerichteten Zielsetzung bedarf.

Eine mittelbare Behinderung bei Einkaufskooperationen kann dann vorliegen, wenn die Mitglieder der Einkaufskooperation einem (teilweisen) Bezugszwang unterliegen, so daß sie nicht frei auf anderer Lieferanten ausweichen können. Eine Anwendung des Diskriminierungsverbots ist weiterhin darin zu sehen, wenn die Einkaufskooperationen versuchen zu verhindern, daß anderen Nachfrager gleiche oder günstigere Konditionen, insbesondere durch eine Meistbegünstigungsklausel, von den Lieferanten gewährt werden.

---

[333] Emmerich, Seite 220ff.
[334] BKartA, 26.2.1999 WuW/E DE-V 94/96f. „Metro"; Bechtold § 20, Rdn.22; Lübbert in Wiedemann, Handbuch des Kartellrechts, § 25, Rdn.16 (Seite 863).
[335] Schultz in Langen/Bunte, § 20, Rdn.84f.
[336] Begr. RegEntw. 1978, BT-Drucks. 8/2136, Seite 24.
[337] BGH v. 12.11.1991, WuW/E BGH 2762/2767f. „Amtsanzeiger".
[338] BGHZ 116, 47/56f. „Stadtkurier".

b) Passive Diskriminierung gemäß § 20 Abs. 3 GWB

Nach § 20 Abs. 3 GWB dürfen marktbeherrschende und marktstarke Unternehmen ihre Position nicht dazu ausnutzen, andere Unternehmen im Geschäftsverkehr dazu zu veranlassen, ihnen ohne sachlich gerechtfertigten Grund Vorzugsbedingungen zu gewähren.
Der Begriff der Vorzugsbedingungen wird definiert als „besonderer Vorteil", der zusätzlich zu den leistungsbedingten Nachlässen oder sonstigen Leistungsentgelten von dem Nachfrager aufgrund seiner besonderen Marktstellung bei dem Anbieter mit der Absicht durchgesetzt wird, sich damit im Wettbewerb eine markt- oder leistungsbedingte Vorzugsstellung gegenüber Konkurrenten zu verschaffen.[339] Hieraus wird ersichtlich, daß neben dem objektiven Tatbestandsmerkmal auch ein subjektives Tatbestandsmerkmal, nämlich die Absicht des Verbotsadressaten, sich eine ungerechtfertigte Stellung im Wettbewerb zu verschaffen, gegeben sein muß. Jedoch ist es für das Vorliegen einer passiven Diskriminierung nicht ausreichend, wenn die günstigen Bedingungen alleine auf der Nachfragemenge beruhen.[340] Dies alleine ist jedoch für die Annahme einer passiven Diskriminierung nicht ausreichend, sondern es muß noch hinzukommen, daß die Vorzugsbedingungen nicht sachlich gerechtfertigt sind. Über die sachliche Rechtfertigung kann wiederum nur im Rahmen einer Interessenabwägung für den jeweiligen Einzelfall entschieden werden. In den überwiegenden Fällen wird jedoch beim Vorliegen einer Vorzugsbedingung die fehlende sachliche Rechtfertigung indiziert.[341] Als letzte Voraussetzung wird von § 20 Abs. 3 GWB weiterhin noch verlangt, daß die Vorzugsbedingungen von dem marktstarken Nachfrager unter Ausnutzung seiner Stellung hervorgerufen wird, also eine gewisse Kausalität.[342] Hieran fehlt es beispielsweise bei der freiwilligen Gewährung dieser Bedingungen.

Einkaufsbündelungen dürfen sich somit keine sachlich nicht gerechtfertigten Vorzugsbedingungen gewähren lassen. Gerade dies kann aber bei Einkaufskooperationen eintreten, wenn sie von den Lieferanten unter Hinweis auf ihre gebündelten Nachfragevolumina bessere Konditionen verlangen. Diese Konditionen dürfen nicht günstiger sein als diejenigen, die anderen Abnehmern mit der gleichen Abnahmemenge gewährt werden oder sie müssen alleine auf der Nachfragemenge und nicht auf der Ausnutzung der Nachfragemacht beruhen. Hier kommt es auf die Umstände des Einzelfalls an. Ein Indiz dafür, daß Einkaufsbündelungen im Verhältnis gesehen bessere Konditionen durchsetzen können, zeigt möglicherweise der Beitritt von Großunternehmen.

c) Horizontales Behinderungsverbot § 20 Abs. 4 GWB

Gemäß § 20 Abs. 4 GWB dürfen Unternehmen mit „gegenüber kleinen und mittleren Wettbewerbern überlegener Marktmacht" ihre Marktmacht nicht dazu ausnutzen, solche Wettbewerber unbillig zu behindern.
Die Bedeutung des § 20 Abs. 4 GWB im Verhältnis zu § 20 Abs. 3 GWB liegt darin, daß der Adressat keine marktbeherrschende Stellung haben muß, es genügt vielmehr eine relative Marktstärke im Verhältnis zu kleinen und mittleren Wettbewerbern. Es handelt sich somit ge-

---

[339] Begr. RegEntw. 1978, BT-Drucks. 8/2136, Seite 25; Schultz in Langen/Bunte, § 20, Rdn.217f.; Markert in Immenga/Mestmäcker, § 20, Rdn.261.
[340] KG v. 23.6,1999, WuW/E DE-R 367/367f. „Schulbuchbeschaffung".
[341] Schultz in Langen/Bunte, § 20, Rdn.219; Markert in Immenga/Mestmäcker, § 20, Rdn.262.
[342] OLG Düsseldorf v. 28.6.1985, WuW/E OLG 3613/3616f. „Elternsammelbestellung von Schulbüchern"; Möschel, Wettbewerbsbeschränkungen, Tz.662f.; Bechtold, § 20, Rdn.55.

rade um ein horizontales Behinderungsverbot. Absatz 4 Satz 1 gewährt den kleinen und mittleren Unternehmen direkten zivilrechtlichen Schutz, ist also nicht nur Grundlage für eine Untersagungsverfügung.
Auch hier gilt der weite Behinderungsbegriff des § 20 Abs. 1 GWB,[343] wonach jede Beeinträchtigung der wettbewerbliche Betätigungsmöglichkeiten als Behinderung zu verstehen ist. Erst das Tatbestandmerkmal der Unbilligkeit führt zu einer weiteren Einschränkung. Folglich bedarf es auch hier einer Interessenabwägung unter Berücksichtigung der auf die Freiheit des Wettbewerbs gerichteten Zielsetzung des Gesetzes.
Eine unbillige Behinderung nach Satz 2 liegt insbesondere dann vor, wenn ein Unternehmen Waren oder gewerbliche Leistungen nicht nur gelegentlich, sondern systematisch unter Einstandspreis verkauft, es sei denn dies ist sachlich gerechtfertigt.

Nach § 20 Abs. 5 GWB wird das Vorliegen des Tatbestandes des § 20 Abs. 4 GWB vermutet, wenn sich „aufgrund bestimmter Tatsachen nach allgemeiner Erfahrung der Anschein" einer unbilligen Behinderung ergibt. Die Folge ist, daß das marktstarke Unternehmen diesen „Anschein" widerlegen muß.[344]

Unter dem Gesichtspunkt der Ausnutzung von Nachfragemacht können Einkaufskooperationen kleine und mittlere Mitbewerber unbillig behandeln, wenn sie für sich günstigere Preise und Konditionen bei den Lieferanten durchsetzen, um dann die jeweiligen Produkte besonders günstig anzubieten oder sogar die Waren systematisch unter Einstandspreis zu verkaufen.

d) Rechtsfolgen

Gemäß § 32 GWB können die Kartellbehörden bei Verstößen gegen das Diskriminierungsverbot dem marktstarken Unternehmen das diskriminierendes Verhalten untersagen. Allerdings muß die Kartellbehörde dem Unternehmen selbst überlassen, wie es die Diskriminierung beseitigen will,[345] so daß ihm kein bestimmtes Verhalten auferlegt werden kann.
Bei einem schuldhaften Verstoß gegen das Diskriminierungsverbot kann auch ein Bußgeld nach § 81 Abs. 1 Nr. 1 GWB verhängt werden.

In der Praxis sind die zivilrechtlichen Sanktionen wichtiger als die kartellbehördlichen Maßnahmen. Das Diskriminierungsverbot ist ein Schutzgesetz im Sinne des § 33 GWB[346], so daß diskriminierte Unternehmen selbst Unterlassungs- und Schadensersatzansprüche geltend machen können.
Außerdem stellt das Diskriminierungsverbot ein gesetzliches Verbot im Sinne des § 134 BGB dar, so daß in sich diskriminierende Vertragssysteme nichtig sind.[347]

---

[343] Siehe oben: Seite 63.
[344] Ausschußbericht von 1989, BT-Drucks. 11/5949, Seite 21.
[345] BGH, Beschluß v. 3.4.1975, WuW/E BGH 1345/1346f. „Polyester Grundstoffe".
[346] BGH v. 26.10.1961, WuW/E BGH 442/448 „Gummistrümpfe"; BGH v. 20.11.1975, WuW/E BGH 1391/1395 „Rossignol".
[347] OLG Düsseldorf v. 7.4.1987, WUW/E OLG 4056/4058 „Schlachthof-Benutzung"; OLG Koblenz, GRUR 1990, 64/67.

5. Fusionskontrolle gemäß §§ 35ff. GWB

Einkaufsbündelungen können auch in Form von Gemeinschaftsunternehmen gebildet werden, das nicht lediglich als Einkaufsorgan seiner Mitglieder, sondern als selbständige Wirtschaftseinheit tätig wird. Dies kann in der Form geschehen, daß das Gemeinschaftsunternehmen die Aufgaben der vorgelagerten Wirtschaftsstufe vollständig übernimmt.
Gemeinschaftsunternehmen sind Unternehmen, die der gemeinsamen Kontrolle durch mindestens zwei andere Unternehmen, die sogenannten Gründer oder Mütter, unterliegen (Art. 3 Abs. 1 lit. b FKVO). In diesem Fall enthält die FKVO Begriffsbestimmungen, die auch für das Verständnis des deutschen Rechts von Interesse sind. In diesem Fall ist es der Begriff des Gemeinschaftsunternehmens.

a) Verhältnis zwischen § 1 GWB und der Fusionskontrolle

Damit die Einkaufsbündelungen in Form eines Gemeinschaftsunternehmen auch an den Vorschriften der Fusionskontrolle zu überprüfen sind, muß erst einmal das Verhältnis zwischen § 1 GWB und den Vorschriften der FKVO geklärt werden.
Die Frage, wie sich die auf Gemeinschaftsunternehmen anzuwendenden Fusionskontrollvorschriften zu dem Kartellverbot (§ 1 GWB und Art. 81 EGV) verhalten, wenn sowohl die Voraussetzungen für das Kartellverbot als auch der § 37 Abs. 1 GWB vorliegen, zählt zu den alten Streitfragen des deutschen und des europäischen Kartellrechts. Es stellt sich die Frage, ob den Fusionskontrollvorschriften ganz oder partiell der Vorrang vor den Vorschriften über Kartelle zukommt oder ob beide Vorschriften nebeneinander anwendbar sind.
Im Zusammenhang mit diesem Problem sind die Trennungstheorie und die Zweischrankentheorie entwickelt worden. Die Trennungstheorie versucht anhand wechselnder Kriterien zwischen kooperativen und konzentrativen Gemeinschaftsunternehmen zu unterscheiden.[348] Die Zweischrankentheorie dagegen geht davon aus, daß die Kartell- und Fusionskontrollvorschriften auf Gemeinschaftsunternehmen parallel zur Anwendung gelangen, wenn die Voraussetzungen beider Vorschriften erfüllt sind.[349] Der Zweischrankentheorie ist schon aus dem Grund zu folgen, da es keinen Grund gibt, warum Gemeinschaftsunternehmen nicht dem Kartellverbot unterfallen sollten.

b) Zusammenschluß gemäß § 37 Abs. 1 GWB

Die Fusionskontrolle richtet sich nur gegen „Zusammenschlüsse" von Unternehmen im Sinne des § 37 GWB.
Nach § 37 Abs. 1 Nr. 2 S.1 GWB stellt auch der Erwerb der Kontrolle durch mehrere Unternehmen über ein anderes Unternehmen, d.h. die Gründung eine Gemeinschaftsunternehmens, einen Zusammenschluß dar. Dieser Fall ist gegeben, wenn mehrere Unternehmen zusammen die Möglichkeit erwerben, einen bestimmenden Einfluß auf die Tätigkeit eines anderen Unternehmens, des Gemeinschaftsunternehmens, auszuüben, insbesondere, weil die Mütter ihr Vorgehen gegenüber dem Gemeinschaftsunternehmen koordinieren (§ 37 Abs. 1 Nr. 2 S. 2 GWB).[350]

---

[348] Emmerich, Seite 279f.
[349] Immenga in Immenga/Mestmäcker, § 1, Rdn.403ff.; Möschel, Wettbewerbsbeschränkungen, Rdn.202 (Seite 130f.).
[350] Mestmäcker/Veelken in Immenga/Mestmäcker, § 37, Rdn.25; Emmerich, Seite 276.

Liegt kein gemeinsamer Kontrollerwerb vor, so kann bei der Gründung eines Gemeinschaftsunternehmens auch ein Zusammenschluß im Sinne des § 37 Abs. 1 Nr. 3 S.3 GWB vorliegen. Die dort angeordnete Fiktion der Teilfusion der Mütter hat zur Folge, daß bei der Gründung eines Gemeinschaftsunternehmens mehrere Zusammenschlüsse zu unterscheiden sind:

- § 37 Abs. 1 Nr. 3 S.1 GWB zwischen dem Gemeinschaftsunternehmen und der jeweiligen Mutter (Vertikal), die mit mindestens 25 % an dem Unternehmen beteiligt sein muß[351]
- § 37 Abs. 1 Nr. 3 S.3 GWB als Zusammenschluß der Mütter untereinander (horizontal), jedoch nur für den Markt des Gemeinschaftsunternehmens[352]

Nach § 37 Abs. 1 Nr. 4 GWB liegt ein Zusammenschluß noch in jeder sonstigen Verbindung von Unternehmen, aufgrund derer ein oder mehrere Unternehmen unmittelbar oder mittelbar einen wettbewerblich erheblichen Einfluß auf ein anderes Unternehmen auszuüben vermögen. Trotz des entgegenstehenden Wortlauts beschränkt sich der Anwendungsbereich auf gesellschaftsrechtliche Unternehmensverbindungen, da es sonst zu einem uferlosen Anwendungsbereich kommt.[353] Zusätzlich zu der Unternehmensverbindung, muß das Unternehmen einen wettbewerblich erheblichen Einfluß auf ein anderes Unternehmen ausüben. Dies ist dann der Fall, „wenn aufgrund des zwischen den Unternehmen bestehenden gesamten Beziehungsgeflechts zu erwarten ist, daß der Wettbewerb zwischen den beteiligten Unternehmen so wesentlich eingeschränkt ist, daß die Unternehmen nicht mehr unabhängig am Markt auftreten“.[354] Entscheidend ist somit, ob aufgrund der Verbindung ein Interessenausgleich stattfindet, der sowohl darauf beruhen kann, daß der Erwerber Einfluß auf das Marktverhalten des erworbenen Unternehmens nimmt als auch darauf, daß das erworbene Unternehmen sein Wettbewerbsverhalten an dem des Erwerbers ausrichtet.[355]

c) Anwendungsbereich

Die deutsche Fusionskontrolle greift nur dann ein, wenn es sich bei der zu prüfenden Unternehmensverbindung um einen Zusammenschluß im Sinne des § 37 GWB handelt, der die Umsatzschwellen des § 35 GWB überschreitet und der nicht in den Anwendungsbereich der europäischen Fusionskontrollverordnung fällt (§ 35 Abs. 3 GWB, Art. 21 Abs. 1 FKVO).
Nach § 35 Abs. 1 GWB finden die Vorschriften über die Zusammenschlußkontrolle nur dann Anwendung, wenn die beteiligten Unternehmen im letzten Geschäftsjahr vor dem Zusammenschluß insgesamt weltweit Umsatzerlöse von mehr als 500 Mio. Euro erzielt haben (Nr. 1) und mindestens ein beteiligtes Unternehmen im Inland Umsatzerlöse von mehr als 25 Mio. Euro hatte (Nr. 2). Die Berechnung des Umsatzerlöses richtet sich dabei nach § 38 GWB.
Der Unternehmensbegriff ist in der Fusionskontrolle ebenso weit wie sonst im GWB zu verstehen.[356] Als „beteiligte Unternehmen“ sind diejenigen zu verstehen, zwischen denen sich

[351] BKartA v. 13.5.1985, Die AG 1985, 337 „Badenwerk/Rhein-Neckar AG“.
[352] Ruppelt in Langen/Bunte, § 37, Rdn.44.
[353] Begr. RegEntw. 1989, BTDrucks. 11/4610, Seite 20; Begr. RegEntw. 1998, BTDrucks. 13/9720 Seite 57; Bechtold, § 37, Rdn.31f.; Richter in Wiedemann, Handbuch des Kartellrechts, § 19, Rdn.108; Mestmäcker/Veelken in Immenga/Mestmäcker, § 37, Rdn.93f.
[354] Begr. RegEntw. 1989, BTDrucks. 11/4610, Seite 20.
[355] Ruppelt in Langen/Bunte, § 37, Rdn.52.
[356] Siehe oben Seite 9.

der Zusammenschluß nach § 37 GWB vollzieht.[357] Dies ist wiederum davon abhängig, in welcher Form der Zusammenschluß erfolgt.
Liegt ein Kontrollerwerb nach § 37 Abs. 1 Nr. 2 S.1 GWB vor, sind als beteiligte Unternehmen diejenigen anzusehen, die die Kontrolle erwerben und diejenigen, die dieser Kontrolle unterworfen sind.
Beim Anteilserwerb nach § 37 Abs. 1 Nr. 3 S.1 und S.3 GWB ist der Erwerber und dasjenige Unternehmen, an dem die erworbenen Anteile bestehen, als beteiligtes Unternehmen anzusehen.

d) Eingreifkriterien gemäß § 36 GWB

Liegt ein Zusammenschluß i.S.d. § 37 GWB vor, der die Schwellenwerte des § 35 Abs. 1 GWB überschreitet, so ist der Zusammenschluß vom Bundeskartellamt gemäß § 36 Abs. 1 GWB zu versagen, sofern zu erwarten ist, daß durch ihn eine marktbeherrschende Stellung entsteht oder verstärkt wird.
Der Begriff der marktbeherrschenden Stellung ist grundsätzlich derselbe wie in § 19 Abs. 2 und 3 GWB.[358] Abweichungen ergeben sich jedoch im Rahmen der Marktabgrenzung. Der Grund hierfür ist darin zu sehen, daß bei der Mißbrauchsaufsicht nach §§ 19, 20 GWB Beanstandungen gegen ein ganz bestimmtes Marktverhalten eines Unternehmens erhoben werden, während sich die Fusionskontrolle mit einer zukünftigen Strukturveränderung befaßt. Dies führt dann bei der Fusionskontrolle dazu, daß die generell als austauschbar angesehenen Produkte einen einheitlichen Markt bilden, ohne daß es auf die Ausweichmöglichkeiten ankommt.[359]

Trotz des Vorliegens einer marktbeherrschenden Stellung, ist ein Zusammenschluß jedoch dann erlaubt, wenn die beteiligten Unternehmen nachweisen, daß durch den Zusammenschluß auch Verbesserungen der Wettbewerbsbedingungen eintreten und daß diese Verbesserungen die Nachteile der Marktbeherrschung überwiegen (Abwägungsklausel). Die Anwendung der Abwägungsklausel setzt voraus, daß neben der Verschlechterung der Wettbewerbsbedingungen auch eine Verbesserung eintritt. Diese Verbesserung kann sowohl auf dem Markt eintreten, auf dem der Zusammenschluß zu einer Verschlechterung der Marktbedingungen geführt hat als auch auf einem beliebigen dritten (deutschen) Markt.[360] Jedoch wird die Verbesserung der Wettbewerbsbedingungen nur dann berücksichtigt, wenn sie gerade auf dem Zusammenschluß beruht (Kausalität)[361]
Als letzte Voraussetzung der Abwägungsklausel müssen die durch den Zusammenschluß entstandenen Vorteile dessen Nachteile überwiegen, also nicht nur ausgleichen, sondern übersteigen.
Eine allgemeine Aussage für Einkaufsbündelungen ist in diesem Zusammenhang nicht zu machen, sondern es kommt auf den jeweiligen Einzelfall an.

---

[357] Ruppelt in Langen/Bunte, § 35, Rdn.13.
[358] Siehe oben § 19 GWB: Seite 58.
[359] BKartA v. 28.10.1980, WuW/E BKartA 1840/1841 „Texaco/Zerssen“; BKartA v. 13.12.1985, WuW/E BKartA 2213/2214 „Linde/Agefko“.
[360] BKartA v. 5.9.1977, WuW/E BKartA 1695/1698 „Uran“; Ruppelt in Langen/Bunte, § 36, Rdn.50ff.
[361] Ruppelt in Langen/Bunte, § 36, Rdn.52.

B. Beurteilung nach Gemeinschaftsrecht

Bei der Beurteilung nach europäischem Kartellrecht steht das Verbot wettbewerbsbeschränkender Vereinbarungen und Verhaltensweisen gemäß Art. 81 EGV im Vordergrund. Weiterhin kann jedoch auch ein Verstoß gegen Art. 82 EGV und die Fusionskontrollvorschriften vorliegen. Dazu muß jedoch erst einmal geklärt werden, wann das europäische Kartellrecht anwendbar ist und wie es sich zum deutschen Kartellrecht verhält.

I. Anwendbarkeit des EG-Kartellrechts[362]

1. Anwendung auf Wettbewerbsbeschränkungen in den Mitgliedstaaten

Eine Regelung, die dem § 130 Abs. 2 GWB ähnlich ist, gibt es weder im EG-Vertrag noch in der Fusionskontrollverordnung. Somit ist auf allgemeine Grundsätze des Gemeinschaftsrechts und die jeweiligen Normen zurückzugreifen.

a) Zwischenstaatlichkeit

Das Gemeinschaftsrecht (europäische Kartellrecht) gilt innerhalb der Gemeinschaft für und gegen jedermann.[363] Nach Art. 81 Abs. 1 EGV bzw. Art. 82 EGV und Art. 2 EGV setzt die Anwendung dieser Wettbewerbsregeln voraus, daß die wettbewerbsbeschränkende Vereinbarung oder der Mißbrauch der marktbeherrschenden Stellung geeignet ist, den Handel zwischen den Mitgliedstaaten zu beeinträchtigen. Hierbei spricht man von der sogenannten Zwischenstaatlichkeitsklausel. Fehlt es an einer solchen Beeinträchtigung des Handels zwischen den Mitgliedstaaten, ist nationales Kartellrecht zu prüfen.
Die praktische Bedeutung der Zwischenstattlichkeitsklausel ist heutzutage nur noch gering, da es für ihre Erfüllung bereits ausreicht, daß die jeweilige Maßnahme geeignet ist, die Freiheit des Handels zwischen den Mitgliedstaaten zu gefährden. Diese Verwirklichung eines einheitlichen Marktes kann bereits dadurch behindert werden, daß die vom Vertrag gewollte gegenseitige Durchdringung der Märkte erschwert wird.[364] Dabei darf der zu beurteilende Vertrag nicht für sich alleine auf seine Eignung zur Beeinträchtigung des Handels zwischen den Mitgliedstaaten überprüft werden, sondern es muß untersucht werden, ob der jeweilige Vertrag nicht Teil eines umfassenden Vertragssystem ist, das dann in seiner Gesamtheit untersucht werden muß (sog. Bündeltheorie).[365] Eine Beeinträchtigung des Handels braucht noch nicht vorzuliegen, sondern es ist ausreichend, wenn eine Eignung zur Beeinträchtigung vorliegt bzw. der Zweck verfolgt wird, eine Beeinträchtigung zu erreichen.[366]

---

[362] Immenga/Lange, RIW 2000, 733/73; Lange, EWS 2000, 291/292; Wiedemann, Handbuch des Kartellrechts, Seite 66ff.; Köhler, K & R 2000, 569/571.
[363] EuGH Slg. 1963, 1/24 „Tarifcommissie"; Slg. 1991 I, 935/992ff. „Delimitis".
[364] Grdlg. EuGH, Slg. 1966, 281/303 „Maschinenbau Ulm"; Slg. 1981, 851/867f. „Cooperatieve Stremsel- en Kleurselfabriek"; Slg. 1981, 1563/1578f. „Salonia"; Slg. 1988, 1935/1939f. „Erauw-Jaquery/La Hesbignonne".
[365] EuGH, Slg. 1967, 543/555f. „Brasserie de Haecht"; Slg. 1977, 65/91f „Concordia"; Slg. 1988, 5249/5286 „Süllhöfer"; Slg. 1991 I, 935/983ff. „Delimitis"; Slg. 1994 I, 1508/1518f. „Almelo".
[366] EuGH, Slg. 1978, 131/150f. Tz.15 „Miller"; Slg. 1983, 3461/3522f. (Tz. 103f.) „Michelin"; Slg. 1991 I, 1979/2018, Tz. 32 „Höfner".

Angesichts der geringen Anforderungen, die an die Zwischenstaatlichkeit gestellt werden, ist davon auszugehen, daß Einkaufsbündelungen geeignet sind, den zwischenstaatlichen Handel zu beeinträchtigen.

Im Rahmen der Fusionskontrollverordnung kommt die Zwischenstaatlichkeitsklausel nicht zur Anwendung. Die Anwendbarkeit richtet sich in diesem Fall ausschließlich nach Größenkriterien.[367] So heißt es in Art. 1 Abs. 1 FKVO, daß diese nur für „Zusammenschlüsse von gemeinschaftsweiter Bedeutung“ gilt. Dieser Begriff wird anhand von Umsatzschwellenwerten definiert (Art. 1 Abs. 2 und 3 FKVO).

b) Spürbarkeit

Weiterhin muß die Beeinträchtigung des zwischenstaatlichen Handels spürbar sein, so daß geringfügige Auswirkungen keine Beachtung finden.[368] Bei dem Merkmal der Spürbarkeit geht es darum, die gemeinschaftsrechtliche Relevanz festzustellen.[369]
Eine spürbare Beeinträchtigung des Handels zwischen den Mitgliedstaaten ist bereits dann zu bejahen, wenn der Marktanteil eines der beteiligten Unternehmen innerhalb des Gemeinsamen Marktes 5% übersteigt[370], wenn 10% der Einfuhren aus einem Mitgliedstaat in einen anderen betroffen sind[371] oder wenn das Gebiet eines Mitgliedstaates flächendeckend erfaßt wird[372].
In ihrer Bagatellebekanntmachung[373] geht die Kommission davon aus, daß bei horizontalen Vereinbarungen bei Marktanteilen von weniger als 5% und bei vertikalen Vereinbarungen bei Marktanteilen von unter 10% regelmäßig keine Spürbarkeit gegeben ist. Diese Bekanntmachung ist jedoch nur mittelbar für Handelsbeeinträchtigungen von Bedeutung.[374] Die Bekanntmachung enthält weder Rechtsnormen noch normative Regelungen. Durch sie tritt zwar eine begrenzte Selbstbindung der Kommission, nicht jedoch eine Bindung der Gerichte oder der nationalen Kartellbehörden ein.[375]

Ob die Spürbarkeitsgrenze bei der jeweiligen Einkaufskooperation überschritten ist, muß für jeden Einzelfall gesondert beurteilt werden. Je mehr große Unernehmen sich jedoch an der Einkaufskooperation beteiligen, desto eher wird die Spürbarkeit anzunehmen sein.

---

[367] Rehbinder in Immenga/Mestmäcker, EG-Wettbewerbsrecht, Einleitung, Rdn.8.
[368] EuGH, Slg. 1978, 131/149ff. „Miller“; Slg. 1978, 1391/1415 „TEPEA“; Slg. 1988, 1935/1940f. „Erauw-Jaquery/La Hesbignonne“.
[369] Gayk, Seite 56.
[370] Kommission, ABl. der EG 1984 Nr. L 136, Seite 9/13 „Polistil/Arbois“.
[371] EuGH, Slg. 1983, 4173/4183 „Société de Vente de Ciments et Bétons/Kerpen“.
[372] Möschel, Neuere Entwicklungen im europäischen Wettbewerbsrecht, in Festschrift für Deringer, Seite 328/330.
[373] Kommission, Bekanntmachung über Vereinbarungen von geringer Bedeutung, die nicht unter Art. 85 Abs. 1 des Vertrages fallen, ABl. der EG 1997 Nr. C 372 Seite 13ff.
[374] Rehbinder in Immenga/Mestmäcker, EG-Wettbewerbsrecht, Einleitung, Rdn.27.
[375] Emmerich in Immenga/Mestmäcker, EG-Wettbewerbsrecht, Art. 85 Abs. 1, Rdn. A 213; Schröter in Groeben/Thiesing/Ehlermann, Art. 85, Rdn.198; Stockmann in Wiedemann, Handbuch des Kartellrechts, § 7, Rdn.28.

2. Anwendung auf Wettbewerbsbeschränkungen außerhalb der Mitgliedstaaten

Die Anwendbarkeit der Wettbewerbsregeln (Art. 81, 82 EGV) auf eine wettbewerbsbeschränkende Handlung setzt, wie schon oben näher erläutert, grundsätzlich voraus, daß die zu untersuchende Handlung überhaupt wettbewerbsbeschränkende Wirkung innerhalb der Gemeinschaft hat. Probleme ergeben sich in diesem Zusammenhang insbesondere, wenn EG-kartellrechtlich relevante Maßnahmen zwar außerhalb des Gemeinschaftsgebiets vorgenommen werden, sich aber auf den zwischenstaatlichen Handel auswirken.

Es stellt sich somit die Frage der extraterritorialen Anwendung des EG-Kartellrechts. Dieses Problem wird nach den allgemeinen Regeln des Völkerrechts gelöst, an das auch die Gemeinschaft gebunden ist.[376] Nach dem völkerrechtlich überwiegend anerkannten Auswirkungsprinzip[377] ist das EG-Kartellrecht anwendbar, wenn die Handlung sich innerhalb der Gemeinschaft auswirkt.[378] Aber nicht jede extraterritoriale Anwendung muß auf das Auswirkungsprinzip gestützt werden. Nach dem Territorialprinzip kann das EG-Kartellrecht nämlich auch dann Anwendung finden, wenn die tatbestandsmäßige Handlung innerhalb der EG vorgenommen wird.[379] In diesem Zusammenhang sind vor allem Maßnahmen zu nennen, die von ausländischen Unternehmen in der EG vorgenommen werden. Wird dagegen eine Maßnahme von Unternehmen im Ausland vorgenommen, die jedoch ihren Sitz in der EG haben, so ermöglicht das Personalitätsprinzip die Anwendbarkeit des EG-Kartellrechts.
Der EuGH hat die Anwendbarkeit des EG-Kartellrechts nicht ausschließlich mit dem Auswirkungsprinzip begründet, sondern nimmt häufig Bezug auf das Territorialprinzip.[380]
Im Gegensatz zum EuGH wendet die Kommission in ständiger Rechtsprechung das reine Auswirkungsprinzip an, allerdings wendet sie es gelegentlich mit einer gewissen Zurückhaltung an.[381]
Bezüglich der Vorschriften der EG-FKVO folgert die Kommission aus Art. 1 der FKVO, daß die Verordnung beim Erreichen dieser Mindestumsätze in der Gemeinschaft auch auf Zusammenschlüsse in Drittstaaten Anwendung findet, die sich zum Teil noch nicht einmal in der Gemeinschaft auswirken.[382]

II. Das Verhältnis zwischen europäischem und nationalem Kartellrecht

Die weite Auslegung der Zwischenstattlichkeitsklausel führt in immer mehr Fällen dazu, daß es gleichzeitig zur Anwendung des nationalen und europäischen Kartellrechts kommt. In diesem Zusammenhang sind vier verschiedene Konstellationen denkbar:

---

[376] EuGH, Slg. 1972, 1219/1227 „International Fruit Company".
[377] Nähere Beschreibung bei der Anwendbarkeit des deutschen Kartellrechts auf im Ausland verursachte Wettbewerbsbeschränkungen Seite 7.
[378] Wiedemann in Wiedemann, Handbuch des Kartellrechts, § 5, Rdn.6; Meng in von der Groeben/Thiesing/Ehlermann, Vorbemerkung zu den Art. 85 – 89, Rdn.70–74.
[379] Bunte in Langen/Bunte, Einführung zum EG-Kartellrecht, Rdn.60; Meng in Groeben/Thiesing/Ehlermann, Vorbemerkung zu den Artikeln 85 - 89, Rdn.73.
[380] EuGH, Slg. 1988, 5193/5243 „Zellstofhersteller"; Slg. 1978, 207/278ff. „United Brands"; Slg. 1974, 223/253ff. „Commercial Solvents"; siehe hierzu auch Schwarze, WuW, 2001, 1190/1193f.
[381] Kommission, ABl. der EG 1989 Nr. L 74, Seite 1/14 „PVC"; Kommission, ABl. der EG 1985, Nr. L 92, Seite 1/48 „Aluminiumeinfuhr aus Osteuropa"; Kommission, ABl. der EG 1975 Nr. L 29, Seite 11/12 „Duro-Dyne/Europair".
[382] Wiedemann inWiedemann, Handbuch des Kartellrechts, § 5, Rdn.15.

- die Maßnahme wird erstens von keiner der beiden Kartellrechtsordnungen verboten;
- die Maßnahme wird zweitens von beiden Rechtsordnungen untersagt;
- die Maßnahme wird drittens vom nationalen Recht nicht verboten, vom Gemeinschaftsrecht dagegen untersagt;
- die Maßnahme verstößt viertens gegen nationales Recht, nach Gemeinschaftsrecht hingegen ist sie nicht verboten.

Diesbezüglich treten insbesondere Schwierigkeiten auf, wenn die Beurteilungen nach nationalem und europäischen Kartellrecht voneinander abweichen.
Nach der früher herrschenden sogenannten Zweischrankentheorie[383] waren das EG-Kartellrecht und das nationale Recht uneingeschränkt nebeneinander anwendbar. Ein Sachverhalt wurde nach beiden Regelungen überprüft. Im Konfliktfall setzte sich im Ergebnis die jeweils strengere Vorschrift durch. Im Einzelfall konnte dies durchaus zum Vorrang des nationalen Rechts vor dem Gemeinschaftsrecht führen.
Dadurch würde jedoch die einheitliche Geltung des Gemeinschaftsrechts in der ganzen Gemeinschaft in Frage gestellt. Heutzutage besteht Einigkeit darüber, daß zwar die EG-Wettbewerbsregeln in ihrem Geltungsbereich nicht zu einer Verdrängung der nationalen Kartellgesetze führen, sondern daß zunächst grundsätzlich von einer parallelen Anwendung der verschiedenen Regelungen auszugehen ist.[384] Soweit aber die gleichzeitige Anwendung der Wettbewerbsregeln des EG-Vertrages und des nationalen Kartellrechts zu einem Konflikt führt, ist dieser nach dem Vorrang des Gemeinschaftsrechts zu lösen. Die wichtigste Konsequenz aus dem Vorrang des Gemeinschaftsrechts ist, daß sich das Gemeinschaftsrecht gegenüber dem nationalen Kartellrecht durchsetzt.
Diese Ansicht des Vorrangs des Gemeinschaftsrechts wird sowohl von der Rechtsprechung des EuGH[385] als auch von der heute herrschenden Meinung[386] vertreten. Insbesondere dürfen die von der Kommission gemäß Art. 81 Abs. 3 EGV freigestellten Kartelle nicht nach dem nationalen Recht untersagt werden. Andererseits ist Art. 81 EGV auch dann anwendbar, wenn ein Kartell durch die nationalen Behörden ausdrücklich gebilligt worden ist.

Eine Ausnahme vom Prinzip der parallelen Anwendbarkeit gilt für die Fusionskontrollregelung des Gemeinschaftsrechts.[387] Die EG-Fusionskontrollverordnung Nr. 4064/89 enthält eine ausdrückliche Regelung bezüglich ihres Verhältnisses zum nationalen Recht. Gemäß Art. 21 Abs. 2 der FKVO wenden die Mitgliedstaaten ihr innerstaatliches Wettbewerbsrecht nicht auf Zusammenschlüsse von gemeinschaftsweiter Bedeutung an. Etwas anderes gilt nur für solche Fälle, die die Kommission gemäß Art. 9 der FKVO an die Kartellbehörden der Mitgliedstaaten verweist. Für alle der FKVO unterfallenden Zusammenschlüsse gilt daher das Prinzip der ausschließenden Anwendbarkeit des Gemeinschaftsrechts.

---

[383] Begründet von Koch, BB 1959, 241; Koch in Grabitz/Hilf, vor Art. 85, Rdn.31; Schwartz, Deutsches Internationales Kartellrecht, Seite 5ff.
[384] Bunte, WuW 1989, 7ff.; Schwarze, JZ 1996, 57ff.; Schröter in von der Groeben/Thiesing/Ehlermann, Vorb. Art. 85-89, Rdn.128-130.
[385] EuGH, Slg. 1969, 1/14 "Walt Wilhelm"; Slg. 1980, 2327/2374f. „Giry und Guerlain".
[386] Bleckmann, Rdn.1070-1085; Everling, DVBl 1985, 1201ff.; Fikentscher, Wirtschaftsrecht I, Seite 457ff; Zuleeg, JR 1973, 441ff.
[387] Vgl. Emmerich, Seite 376.

III. Gemeinschaftsunternehmen

Im Bereich der Einkaufskooperationen findet deren Organisation häufig in Form von Gemeinschaftsunternehmen statt.[388] Gemeinschaftsunternehmen sind Unternehmen, die im Sinne des Art. 3 Abs. 1 lit. b FKVO der gemeinsamen Kontrolle durch mindestens zwei andere Personen oder Unternehmen, die sogenannten Gründer oder Mütter, unterliegen. Somit stellt sich diesbezüglich die Frage, inwieweit die Gründung von Gemeinschaftsunternehmen als Zusammenschluß im Sinne der FKVO anzusehen ist oder aber ein Kartell im Sinne des Art. 81 Abs. 1 EGV darstellt.

Die Kontrolle anhand der FKVO ist für die Unternehmen günstiger als die nach Art. 81 EGV, weil ein Kartell nach Art. 81 Abs. 1 EGV grundsätzlich verboten ist, ein Zusammenschluß dagegen nur untersagt werden kann, wenn er eine marktbeherrschende Stellung begründet oder verstärkt. In diesem Zusammenhang spricht man auch von einem Konzentrationsprivileg.[389]

Für die Beurteilung, ob auf das Gemeinschaftsunternehmen nur Art. 81 EGV oder nur die FKVO oder beide Vorschriften anwendbar sind, muß zwischen Teilfunktionsgemeinschaftsunternehmen und (kooperativen und konzentrativen) Vollfunktionsgemeinschaftsunternehmen unterschieden werden.

1. Kooperative Teilfunktionsgemeinschaftsunternehmen

Kooperative Teilfunktionsgemeinschaftsunternehmen mit gemeinschaftsweiter Bedeutung unterfallen ausschließlich dem Kartellverbot des Art. 81 EGV i.V.m. der VO Nr. 17.[390]

Nach Art. 3 Abs. 2 FKVO liegt ein Vollfunktionsgemeinschaftsunternehmen vor, wenn das Gemeinschaftsunternehmen auf Dauer alle Funktionen einer selbständigen wirtschaftlichen Einheit übernimmt. Nach Ansicht der Kommission ist dies anzunehmen, wenn das fragliche Gemeinschaftsunternehmen über die erforderlichen Ressourcen und das nötige Management verfügt, um die entsprechende Tätigkeit unabhängig auf Dauer ausführen zu können.[391] Das Gemeinschaftsunternehmen muß auf Dauer mit Vollfunktion angelegt sein und eine angemessene personelle und sachliche Ausstattung besitzen.[392]

Anders sieht es dagegen bei den Teilfunktionsgemeinschaftsunternehmen aus, die lediglich einzelne Aufgaben innerhalb der Geschäftstätigkeit der Muttergesellschaft übernehmen und dabei keinen Zugang zum Markt haben. In diesem Zusammenhang sind häufig Gemeinschaftsunternehmen zu nennen, die für die Mütter gemeinsam die Forschung und Entwicklung neuer Produkte betreiben, die Vorprodukte herstellen oder die den Einkauf oder Verkauf für die Mütter koordinieren.[393]

---

388 Siehe oben zur Fusionskontrolle im deutschen Kartellrecht Seite 66.

389 Kindler, EWS 1995, 321/323; Vgl. Lohse, ZHR 159 (1995), 164/165ff.

390 Schroeder in Wiedemann, Handbuch des Kartellrechts, § 8, Rdn.19f.; vgl. ferner die Mitteilung der Kommission v. 2.3.1998 über die Beurteilung von Vollfunktionsgemeinschaftsunternehmen nach der Verordnung Nr. 4064/89 des Rates über die Kontrolle von Unternehmenszusammenschlüsse, ABl. der EG 1998 Nr. C 66, Seite 1.

391 Kommission, ABl. der EG 1998 Nr. C 66, Seite 1.

392 Kleemann in von der Groeben/Thiesing/Ehlermann, Art. 3 Abs. 2 FKVO, Rdn.105; Lohse, ZHR 159, 164/184; Wiedemann in Wiedemann, Handbuch des Kartellrechts, § 15, Rdn.61.

393 Emmerich in Immenga/Mestmäcker, EG-Wettbewerbsrecht, Art. 85 Abs. 1, Rdn. B 326ff.; Sedemund/Montag in Dauses, Handbuch des EU-Wirtschaftsrechts, H I, Rdn.270ff.; Ehlermann, EuR 1991, 307/309ff.; Sedemund, „Zwei Jahre Europäische Fusionskontrolle: Ausgewählte Zentralfragen und Ausblick"; in Festschrift für Deringer, Seite 379/381ff.

Wird somit nur ein Teil der Aufgaben von dem Gemeinschaftsunternehmen übernommen, wie zum Beispiel der gemeinsame Einkauf bei der Einkaufsbündelung, liegt nur ein Teilfunktionsunternehmen vor. In diesem Fall gelangt alleine die Vorschrift Art. 81 EGV i.V.m. der VO Nr. 17 zur Anwendung, so daß es zu keiner Zusammenschlußkontrolle anhand der FKVO kommt.

2. Konzentrative und kooperative Vollfunktionsgemeinschaftsunternehmen

Grundsätzlich sind bei der Annahme eines Vollfunktionsgemeinschaftsunternehmen die FKVO anwendbar. Jedoch unterfallen nicht alle Vollfunktionsgemeinschaftsunternehmen der FKVO, denn sie müssen auch die Schwellenwerte des Art. 1 Abs. 2 und Abs. 3 FKVO überschreiten. Liegen diese Voraussetzungen bei einem Vollfunktionsgemeinschaftsunternehmen nicht vor, so gelangen nicht die Vorschriften der FKVO, sondern Art. 81 EGV zur Anwendung.
Weiterhin muß im Rahmen der Vollfunktionsgemeinschaftsunternehmen zwischen konzentrativen und kooperativen Vollfunktionsgemeinschaftsunternehmen unterschieden werden, weil diese unterschiedlichen Kontrollen unterliegen. Konzentrative Vollfunktionsgemeinschaftsunternehmen mit gemeinschaftsweiter Bedeutung werden ausschließlich anhand der FKVO geprüft und kooperative Vollfunktionsgemeinschaftsunternehmen werden sowohl anhand der FKVO als auch anhand der Kriterien des Art. 81 EGV, Art. 2 Abs. 4 FKVO überprüft. Art. 2 Abs. 4 FKVO bestimmt, daß bei kooperativen Gemeinschaftsunternehmen deren kooperativen Aspekte, d.h. die mit ihnen verbundene Koordinierung des Wettbewerbsverhaltens der Mütter, weiterhin nach Art 81 Abs. 1 und Abs. 3 EGV zu beurteilen sind. Dies geschieht allerdings im Rahmen des Verfahrens nach der FKVO.

Gemäß Art. 3 Abs. 2 FKVO liegt ein konzentratives Vollfunktionsgemeinschaftsunternehmen nur dann vor, wenn das Unternehmen auf Dauer alle Funktionen einer selbständigen wirtschaftlichen Einheit erfüllt. Eine Hilfe bei der Auslegung dieser Vorschrift und somit auch bei der Abgrenzung zwischen kooperativen und konzentrativen Gemeinschaftsunternehmen, liefert die Bekanntmachung der Kommission zur FKVO[394]. Von einer selbständigen wirtschaftlichen Einheit kann danach nur gesprochen werden, wenn die Existenz und Selbständigkeit der Gemeinschaftsunternehmen auf lange Sicht gewährleistet sind und diese nicht lediglich als Hilfsinstrument der Gründerunternehmen dienen.

Ein Kriterium für die Unterscheidung kooperativer und konzentrativer Gemeinschaftsunternehmen ist die funktionelle Selbständigkeit des Gemeinschaftsunternehmens. Das konzentrative Gemeinschaftsunternehmen stellt eine selbständige Planungseinheit dar[395], so daß die Muttergesellschaften alleine für die Kapitalausstattung zuständig sind.
Demgegenüber handelt es sich gemäß Art. 2 Abs. 4 FKVO um ein kooperatives Gemeinschaftsunternehmen, wenn durch dessen Gründung unabhängig bleibende Unternehmen (Muttergesellschaften) eine Koordinierung ihres Wettbewerbsverhaltens bezwecken oder bewirken.

---

[394] Bekanntmachung der Kommission zur Verordnung (EWG) Nr. 4064/89 des Rates v. 21.12.1989 über die Kontrolle von Unternehmenszusammenschlüssen, ABl. der EG 1990 Nr. C 203, Seite 10ff.; Bekanntmachung der Kommission über die Unterscheidung zwischen konzentrativen und kooperativen Gemeinschaftsunternehmen, ABl der EG 1994 Nr. C 385, Seite 1ff.; sowie die Bekanntmachung der Kommission über die Beurteilung kooperativer Gemeinschaftsunternehmen, ABl. der EG 1993 Nr. C 43, Seite 2ff.
[395] Einsele, RIW-Beilage 2 zu Heft 8/1992, Rdn.4-7; Gerwing, Seite 19ff.; Lohse, Seite 26ff.

Eine Koordinierung im Sinne Art. 2 Abs. 4 FKVO kann in Form einer Verhinderung, Einschränkung oder Verfälschung des Wettbewerbs auftreten.[396] Eine solche Koordinierung darf daher weder im Verhältnis zwischen den Gründern untereinander noch zwischen der Gesamtheit oder irgendeinem der Gründerunternehmen einerseits und dem Gemeinschaftsunternehmen andererseits bestehen. Dieser Gefahr der Koordinierung kann entgangen werden, wenn die Gründer weder in den Märkten der Gemeinschaftsunternehmen noch in solchen Märkten auftreten, die diesem vor- oder nachgelagert oder benachbart sind.[397]

In den überwiegenden Fällen treten Einkaufsbündelungen in der Form von Teilfunktionsgemeinschaftsunternehmen auf, so daß sie nur dem Kartellverbot des Art. 81 EGV i.V.m. der VO Nr. 17 unterfallen und keine Zusammenschlußkontrolle anhand der FKVO stattfindet. Jedoch gibt es auch Fälle, in denen das gegründete Gemeinschaftsunternehmen auf Dauer alle Funktionen einer selbständigen wirtschaftlichen Einheit übernimmt.

Ist im Rahmen der Einkaufsbündelung von einem Vollfunktionsgemeinschaftsunternehmen auszugehen, so wird es sich in den überwiegenden Fällen um ein kooperatives Vollfunktionsgemeinschaftsunternehmen handeln, da es nicht so weit kommen wird, daß sich die Muttergesellschaften allein auf die Wahrnehmung ihrer Kapitalbeteiligungen beschränken. Damit wäre der Sinn und Zweck der Einkaufsbündelung, nämlich gemeinsamer Einkauf gerade für die Muttergesellschaften, nicht mehr erfüllt.

IV. Verbotene Verhaltensabstimmung gemäß Art. 81 EGV

Nach Art. 81 Abs. 1 EGV sind alle Vereinbarungen zwischen Unternehmen, Beschlüsse von Unternehmensvereinigungen und aufeinander abgestimmte Verhaltensweisen verboten, die den Handel zwischen Mitgliedstaaten zu beeinträchtigen geeignet sind und eine Verhinderung, Einschränkung oder Verfälschung des Wettbewerbs innerhalb des gemeinsamen Marktes bezwecken oder bewirken; verschiedene Beispiele nennt Art. 81 Abs. 1 2. HS EGV. Nach Art. 81 Abs. 2 EGV sind gegen dieses Verbot verstoßende Vereinbarungen oder Beschlüsse nichtig.
Art. 81 EGV bildet eine wesentliche Grundlage für die Verwirklichung des von Art. 3 Abs. 1 lit. g EGV angestrebten Systems unverfälschten Wettbewerbs im Gemeinsamen Markt.[398]

1. Leitlinien der Kommission zur Anwendbarkeit von Art. 81 EGV auf horizontale und vertikale Vereinbarungen

Weiterhin müssen im Rahmen des Art. 81 EGV die Leitlinien der Kommission zur Anwendbarkeit von Art. 81 EGV auf Vereinbarungen über horizontale Zusammenarbeit[399] und die Leitlinien der Kommission für vertikale Beschränkungen[400] beachtet werden. Durch die Leitlinien über horizontale Zusammenarbeit führt die Kommission unter anderem bestimmte

---

[396] Hirsbrunner, EuZW 2001, 197/198.
[397] Bekanntmachung der Kommission (Fn.394), ABl. der EG 1990 Nr. C 203, Seite 10/12; vgl. auch WuW 1990, 930/933.
[398] Roth/Ackermann in Frankfurter Kommentar, Grundfragen Art. 81 Abs. 1, Rdn.1.
[399] Horizontale Leitliniern (Fn.3), Seite 2ff.; vgl. dazu Geiger, EuZW 2000, 325.
[400] Leitlinien für vertikale Beschränkungen, ABl. der EG 2000 Nr. C 291 Seite 1ff.

Marktbedingungen ein, von denen die Anwendbarkeit des Art. 81 EGV auf horizontale Zusammenarbeit abhängig ist. Die Leitlinien über vertikale Beschränkungen stellen dagegen „bloße" Auslegungshilfen bezüglich Art. 81 Abs. 1 und Abs. 3 EGV dar.

a) Charakter der Leitlinien der Kommission

Die Leitlinien der Kommission bilden kein sekundärrechtliches Gemeinschaftsrecht im Sinne des Art. 249 EGV.[401] Vielmehr entsprechen sie nur veröffentlichten Verwaltungsgrundsätzen, die zu einer Selbstbindung der Kommission bei der Behandlung horizontaler Kooperationen und vertikaler Beschränkungen führen[402]. Sie dienen als Auslegungshilfe in Bezug auf die Bewertung von Horizontalvereinbarungen. Es gibt keine Ermächtigung der Kommission für derartige allgemeine Bekanntmachungen in Form von Leitlinien, woraus man auf die rechtliche Bindungswirkung der Leitlinien schließen kann.
Grundsätzlich unberührt von diesen Leitlinien bleibt aus diesem Grund auch die Auslegung der Gerichte erster Instanz (EuG) und des Gerichtshofs der Europäischen Gemeinschaft (EuGH) in Bezug auf die Anwendung von Art. 81 EGV auf horizontale und vertikale Vereinbarungen.[403] Damit entfalten die Leitlinien auch erst recht keine Bindungswirkung für die nationalen Wettbewerbsbehörden und Gerichte.[404] Auch entfalten sie keine mittelbare Wirkung über Art. 10 Abs. 1 EGV[405], da es ansonsten doch zu einer rechtlichen Bindungswirkung dieser Leitlinien kommen würde und damit die Normhierarchie sowie Art. 249 EGV ausgehebelt würden.[406]

Allerdings darf in diesem Zusammenhang nicht vernachlässigt werden, daß die Leitlinien große praktische Bedeutung haben, die der von Gruppenfreistellungsverordnungen gleich kommt.[407] Die Praxis geht davon aus, daß Leitlinien nicht nur Maßstab für Entscheidungen der Kommission sind, sondern auch die Entscheidungen der nationalen Kartellbehörden und der Gerichte maßgeblich beeinflussen werden.[408] Der Grund dafür ist darin zu sehen, daß die Kommission vor dem Hintergrund der nach dem Weißbuch geplanten Verfahrensänderung bei weitgehenden Abweichungen von den Leitlinien mit einem verstärkten An-sich-ziehen von Fällen zur eigenen Entscheidung reagieren wird[409].
Weiterhin ist zu beachten, daß im Falle einer abweichenden Behandlung der horizontalen Vereinbarungen von den Leitlinien der Kommission nach nationalem Kartellrecht, von den betroffenen Unternehmen der Vorwurf einer diskriminierenden Benachteiligung zu erwarten

---

401 Monopolkommission Sondergutachten 28, Tz.48.
402 Geiger, EuZW 2000, 325; Bunte in Langen/Bunte, Einführung zum EG-Kartellrecht, Rdn.24ff.
403 Siehe ausdrücklich Horizontale Leitlinien (Fn.3) Tz. 16 und Vertikale Leitlinien (Fn.400) Tz. 4; Schröter in von der Groeben/Thiesing/Ehlermann, Vorbem. zu den Art. 85 bis 89, Rdn.13 m. w. N.
404 Geiger, EuZW 2000, 325; Monopolkommission, Sondergutachten 28, Tz. 48; Bunte in Langen/Bunte, Einführung zum Europäischen Kartellrecht, Rdn.24f.
405 Nach Art. 10 Abs. 1 EG unterlassen die Mitgliedstaaten „alle Maßnahmen, welche die Verwirklichung der Ziele dieses Vertrages gefährden könnten".
406 Diskussionspapier des Bundeskartellamtes: „Kooperation zwischen Wettbewerbern – Ist eine Neubewertung erforderlich?", Seite 26; a. A: Geiger, EuZW 2000, 325, der den Leitlinien Über Art. 10 Abs. 2 EGV i. V. m. drohender Vertragsverletzung zumindest eine „faktische" Bindungswirkung zuschreibt.
407 Bechtold, EWS 2001, 49/53.
408 Bechtold, EWS 2001, 49/53; vgl. auch Diskussionspapier des Bundeskartellamtes: „Kooperation zwischen Wettbewerbern – Ist eine Neubewertung erforderlich?", Seite 26ff.
409 Siehe Weißbuch der Kommission, ABl. der EG 1999 Nr. C 113 Tz.105.

ist.[410] Aus diesem Grund könnte sich ein faktischer Nivellierungsdruck zur Angleichung der nationalen Rechtspraxis an die Grundsätze der Leitlinien ergeben, der die Spielräume für eine abweichende Beurteilung stark einschränkt.

b) Anwendungsbereich der Leitlinien

(1) Horizontalleitlinien

Diese horizontalen Leitlinien erstrecken sich auf Vereinbarungen oder aufeinander abgestimmte Verhaltensweisen, die zwischen zwei oder mehr Unternehmen eingegangen werden, welche auf derselben Marktstufe tätig sind.[411] Sie finden Anwendung sowohl im Bereich der Waren als auch der Dienstleistungen.[412] In den überwiegenden Fällen handelt es sich um Zusammenarbeit zwischen Wettbewerbern, jedoch werden auch Nichtwettbewerber von diesen Leitlinien erfaßt.[413]

Unter diese genannten Voraussetzungen fallen insbesondere auch Vereinbarungen über den gemeinsamen Einkauf.[414] Der Grund für diese besondere Beurteilung der Einkaufsvereinbarungen liegt darin, daß diese Vereinbarungen häufig von kleinen und mittleren Unternehmen geschlossen werden, die ähnliche Einkaufsmengen und damit auch Rabatte wie ihre großen Wettbewerber erzielen wollen.[415] Gerade diese Vereinbarungen zwischen kleinen und mittleren Unternehmen sind jedoch als wettbewerbsfördernd anzusehen[416], weil die großen Unternehmen dadurch mit mehr Wettbewerb konfrontiert werden. Selbst ein bestimmtes Maß an Marktmacht kann durch den Größenvorteil wieder ausgeglichen werden.[417]

Die Einkaufsvereinbarungen unterfallen jedoch nur insoweit den Leitlinien, als es sich um Beurteilung der horizontalen Vereinbarungen zwischen den Unternehmen handelt. Anders sieht es dagegen bezüglich der vertikalen Vereinbarungen aus. Zunächst werden die Einkaufsvereinbarungen anhand der Horizontalen Leitlinien überprüft. Kommt man diesbezüglich zu dem Ergebnis, daß die Vereinbarung zulässig ist, so muß im Rahmen einer weiteren Untersuchung beurteilt werden, ob die mit Lieferanten und Einzelhändlern geschlossenen Vereinbarungen vertikale Wettbewerbsbeschränkungen enthalten.[418]

Diese Würdigung sollte auf den in den Leitlinien über vertikale Beschränkungen[419] niedergelegten Grundsätzen beruhen. Dabei haben diese fast ausschließlich den Zweck, die Gruppenfreistellungsverordnung über vertikale Beschränkungen zu erläutern bzw. zu kommentieren[420].

---

[410] Diskussionspapier des Bundeskartellamtes: „Kooperation zwischen Wettbewerbern – Ist eine Neubewertung erforderlich?“, Seite 27.
[411] Horizontale Leitlinie (Fn.3) Tz. 9.
[412] Horizontale Leitlinie (Fn.3) Tz. 13.
[413] Horizontale Leitlinie (Fn.3) Tz. 1.
[414] Horizontale Leitlinien (Fn.3) Tz.115ff.
[415] Horizontale Leitlinien (Fn.3) Tz.116.
[416] Horizontale Leitlinien (Fn.3) Tz.116.
[417] Horizontale Leitlinien (Fn.3) Tz.116.
[418] Horizontale Leitlinien (Fn.3) Tz. 117.
[419] Vertikale Leitlinien (Fn.400) Seite 1ff.
[420] Verordnung (EG) Nr. 2790/1999 über die Anwendung von Art. 81 Abs. 3 auf Gruppen von vertikalen Vereinbarungen und aufeinander abgestimmte Verhaltensweisen, ABl. der EG 1999 Nr. L 336 Seite 21ff; vgl- dazu Stopper in Ensthaler/Stopper, EG-Kartellrecht, Loseblatt(Stand 8/2000), E-100-E, Seite 7ff.

(2) Vertikale Leitlinien

Die Leitlinien über vertikale Zusammenarbeit dienen als Auslegungshilfen bezüglich Art. 81 Abs. 1 EGV und ergänzen die Gruppenfreistellungsverordnung für vertikale Beschränkungen[421], wobei hierin der Hauptzweck der Leitlinien über vertikale Beschränkungen zu sehen ist.
Somit gelangen die Leitlinien hauptsächlich zur Anwendung, wenn es sich um vertikale Vereinbarungen im Sinne der Gruppenfreistellung handelt.

2. Praxis der Kommission bezüglich Einkaufsvereinbarungen aufgrund der Horizontalen Leitlinien[422]

a) Grundsätzliche Auswirkungen und Probleme der Horizontalleitlinien

Die Leitlinien über horizontale Zusammenarbeit haben erhebliche praktische Bedeutung, denn sie sollen den Unternehmen mehr Rechtssicherheit beim Abschluß von horizontalen Vereinbarungen und damit in Zusammenhang stehenden Einkaufskooperationen geben. Insbesondere die Horizontalleitlinien sollen bewirken, daß horizontale Kooperationen künftig stärker im Rahmen ihres ökonomischen Kontextes betrachtet werden.[423]

Nach den Leitlinien ist eine weitere Untersuchung der horizontalen Zusammenarbeit anhand des Art. 81 EGV nicht mehr erforderlich, wenn sich die Vertragspartner gemeinsam in einer schwachen Marktposition befinden.[424] Begründet wird dies damit, daß in diesem Fall eine wettbewerbsbeschränkende Wirkung der Zusammenarbeit unwahrscheinlich ist.
Zur Feststellung der Marktposition der Vertragspartner sind die von der Zusammenarbeit betroffenen Märkte zu untersuchen. Ausgangspunkt der Bewertung einer Horizontalvereinbarung durch die Kommission ist danach die Untersuchung der Stellung der beteiligten Unternehmen im Markt.[425] In diesem Zusammenhang soll vor allem auf die Art der Zusammenarbeit, die Marktmacht der beteiligten Unternehmen sowie weitere strukturelle Faktoren wie Marktkonzentration, Marktzugangsschranken oder Gegenmacht abgestellt werden.

Besonders zu erwähnen ist in diesem Zusammenhang, daß durch die Berücksichtigung ökonomischer Kriterien im Rahmen der Überprüfung von Einkaufsvereinbarungen anhand des Art. 81 Abs. 1 EGV die Vorteile des klaren zweistufigen Regel-Ausnahme-Systems auf EU-Ebene verloren gehen[426]: Zunächst ist die Erfüllung des Verbotstatbestandes zu prüfen und dann in einem zweiten Schritt, ob die entsprechende Vereinbarung freigestellt werden kann.
Diese Aufhebung des zweistufigen Regel-Ausnahme-Systems kommt dadurch zustande, daß durch die Überprüfung der horizontalen Vereinbarungen anhand der ökonomische Kriterien, die durch die Leitlinien vorgegeben werden, nur wenige Vereinbarungen vom Verbotstatbestand des Art. 81 Abs. 1 EGV erfaßt werden. Folglich wird Art. 81 Abs. 3 EGV in diesem Fall

---

[421] Gruppenfreistellungsverordnung (Fn.420).
[422] Horizontale Leitlinien (Fn.3) Tz.130.
[423] Diskussionspapier des Bundeskartellamtes: „Kooperation zwischen Wettbewerbern – Ist eine Neubewertung erforderlich?", Seite 23.
[424] Horizontalleitlinie (Fn.3) Tz. 28.
[425] Horizontale Leitlinien (Fn.3) Tz.27.
[426] Diskussionspapier des Bundeskartellamtes: „Kooperation zwischen Wettbewerbern – Ist eine Neubewertung erforderlich?", Seite 24; Immenga/Stopper, RIW 2001, 241/249; Stopper, EuZW 2001, 426/430.

gänzlich seiner Funktion beraubt, denn die Kontrolle, die eigentlich erst im Rahmen des Art. 81 Abs. 3 EGV stattfindet, wird durch die Leitlinien vor den Tatbestand des Art. 81 Abs. 1 EGV gezogen.

Kommt man dennoch zu der Entscheidung, daß die in den Leitlinien genannten ökonomischen Kriterien im Rahmen des Art. 81 Abs. 1 EGV berücksichtigt werden müssen bzw. sollen, so muß eine wirtschaftliche Gesamtbetrachtung der jeweiligen Kooperation im Vorfeld oder im Rahmen des Art. 81 Abs. 1 EGV stattfinden.

b) Auswirkungen auf Einkaufsbündelungen

Wie bereits oben erwähnt, führen die Leitlinien zur Anwendbarkeit von Art. 81 EGV auf Vereinbarungen über horizontale Zusammenarbeit im Rahmen der Praxis der Kommission dazu, daß schon im Rahmen des Tatbestandes des Art. 81 Abs. 1 EGV ökonomische Kriterien der Einkaufsvereinbarung berücksichtigt werden.[427] Obwohl Einkaufsvereinbarungen sowohl horizontale als auch vertikale Vereinbarungen beinhalten können, werden anhand dieser Leitlinien nur die horizontalen Vereinbarungen gewürdigt. Die vertikalen Vereinbarungen werden anhand anderer Kriterien beurteilt.[428]

Nach den Horizontalleitlinien fallen schon bestimmte Gruppen von Vereinbarungen nicht unter Art. 81 Abs. 1 EGV[429]: Hierunter fällt die Zusammenarbeit zwischen Nichtwettbewerbern, die Zusammenarbeit zwischen Wettbewerbern, die aber die von der Zusammenarbeit erfaßte Tätigkeit oder das entsprechende Projekt nicht eigenständig durchführen können (Arbeitsgemeinschaft) und die Zusammenarbeit, die eine Tätigkeit betrifft, die weit von der Vermarktungsebene entfernt ist. Diese Formen der Zusammenarbeit werden nur dann von Art. 81 Abs. 1 EGV erfaßt, wenn Unternehmen mit einem großen Marktanteil an der Vereinbarung beteiligt sind und dadurch eine Abschottung gegenüber Dritten stattfindet.[430]
Für Einkaufsvereinbarungen bedeutet das, daß Art. 81 Abs. 1 EGV dann nicht zur Anwendung gelangt, wenn es sich bei den Unternehmen nicht um Wettbewerber handelt. Einkaufsvereinbarungen werden aber grundsätzlich zwischen Unternehmen geschlossen, die zumindest Wettbewerber auf dem jeweiligen Einkaufsmarkt sind. Trotzdem werden die Unternehmen dann nicht als untereinander im Wettbewerb stehend angesehen, wenn sie nicht auf demselben relevanten nachgeordneten Markt tätig sind.[431] Art. 81 Abs. 1 EGV gelangt in einem solchen Fall nur dann zur Anwendung, wenn die Vertragspartner eine starke Stellung auf den Einkaufsmärkten innehaben, die zu einer Wettbewerbsbeeinträchtigung führen kann.[432]
Bei den meisten Vereinbarungen über den gemeinsamen Einkauf stehen die Unternehmen aber sowohl auf dem Einkaufs- als auch auf dem Verkaufsmarkt im Wettbewerb, so daß es zur Anwendung des Art. 81 Abs. 1 EGV kommt. Auch fallen Einkaufsvereinbarungen dann unzweifelhaft unter Art. 81 Abs. 1 EGV, wenn die Vereinbarung nicht primär dem gemeinsamen Einkauf dient, sondern zur Verschleierung eines Kartells mit anderen Zielen dient.[433]

[427] Horizontale Leitlinien (Fn.3) Tz.115ff.
[428] Gruppenfreistellungsverordnung (Fn.420); Vertikalleitlinien (Fn.400).
[429] Horizontale Leitlinien (Fn.3) Tz.24.
[430] Horizontale Leitlinien (Fn.3) Tz.24.
[431] Horizontale Leitlinien (Fn.3) Tz.123.
[432] Horizontale Leitlinien (Fn.3) Tz.123.
[433] Horizontale Leitlinien (Fn.3) Tz.124.

Abgesehen von den zuvor bereits genannten Einordnungsmöglichkeiten des gemeinsamen Einkaufs, gibt es auch Vereinbarungen, bei deren Beurteilung es gerade auf das rechtliche und wirtschaftliche Umfeld im Einkaufs- und Verkaufsmarkt ankommt[434]. So kommt es, daß auch, wenn es sich grundsätzlich um zulässige Vereinbarungen handelt, bestimmte Marktbedingungen erfüllt bzw. nicht erfüllt sein müssen.
Als erster Untersuchungspunkt ist auf die Nachfragemacht der Vertragspartner abzustellen.[435] Von einer Nachfragemacht ist nach den horizontalen Leitlinien dann auszugehen, wenn die Einkaufsvereinbarung konkurrierenden Abnehmern den Marktzugang versperrt oder in der Lage ist, Einfluß auf die Preise in der Form zu nehmen, so daß sie unter das Wettbewerbsniveau fallen.
Neben der positiven Bewertung von Nachfragemacht, niedrigere Preise auszuhandeln, hat die Nachfragemacht aber auch nachteilige Auswirkungen. Diese liegen darin, daß die Nachfrager mit den Unternehmen, mit denen sie gemeinsam Einkaufen, möglicherweise in keinem Absatzwettbewerb mehr stehen, wenn sie aufgrund des gemeinsamen Einkaufs auch zu den gleichen Preisen ihre Produkte an die Verbraucher verkaufen. Oder aber aufgrund der Nachfragemacht sehen sich die Unternehmen nicht mehr verpflichtet, die niedrigeren Preise auch an die nachgeordnete Kunden weiterzugeben.
Zwar gibt es keinen Schwellenwert, der anzeigt, wann eine entsprechende Nachfragemacht gegeben ist. Horizontalvereinbarungen sollen jedoch unterhalb bestimmter Marktanteilsschwellen erlaubt sein.[436] Die Kommission geht davon aus, daß es in den meisten Fällen unwahrscheinlich ist, daß Marktmacht vorhanden ist, wenn die an der Vereinbarung Beteiligten einen gemeinsamen Marktanteil von weniger als 15% haben.[437] Ist die Schwelle von 15% überschritten, bedeutet das jedoch auch nicht, daß aufgrund dieser Zusammenarbeit Nachteile am Markt entstehen, sondern es bedarf einer genauen Bewertung der Auswirkungen der Einkaufsvereinbarung anhand von Faktoren wie Marktkonzentration und eine mögliche Gegenmacht starker Lieferanten.[438] Erst bei weit über 15% wird der gemeinsame Einkauf höchst wahrscheinlich unter Art. 81 Abs. 1 EGV fallen, so daß die Unternehmen beweisen müssen, daß ihre Leistungsgewinne gegenüber der Beschränkung am Markt schwerer wiegen.[439]
Diese Schwelle der Marktmacht führt in erster Linie dazu, daß ein großer Teil der Vereinbarungen gar nicht erst unter das Kartellverbot des Art. 81 Abs. 1 EGV fallen.

3. Tatbestandsvoraussetzungen

Sieht man einmal von der Praxis der Kommission aufgrund der horizontalen Leitlinien[440] ab oder aber kommt man zu dem Ergebnis, daß Art. 81 Abs. 1 EGV trotzdem zur Anwendung gelangt, so sind alle Vereinbarungen zwischen Unternehmen, Beschlüsse von Unternehmensvereinigungen und aufeinander abgestimmte Verhaltensweisen verboten, welche den Handel zwischen Mitgliedstaaten zu beeinträchtigen geeignet sind und eine Verhinderung, Einschränkung oder Verfälschung des Wettbewerbs innerhalb des Gemeinsamen Marktes bezwecken oder bewirken.

---

[434] Horizontale Leitlinien (Fn.3) Tz.125.
[435] Horizontale Leitlinien (Fn.3) Tz.126.
[436] Horizontale Leitlinien (Fn.3) Tz.130.
[437] Horizontale Leitlinien (Fn.3) Tz.130.
[438] Horizontale Leitlinien (Fn.3) Tz.130.
[439] Horizontale Leitlinien (Fn.3) Tz.131.
[440] Horizontale Leitlinien (Fn.3) Tz.1ff. und 115ff.

a) Unternehmen

Der Unternehmensbegriff nimmt die gleichen Ausmaße wie der in § 1 GWB ein.[441] Es wird somit auch hier von dem funktionalen Unternehmensbegriff ausgegangen, der eine sehr weite Auslegung zuläßt. Dementsprechend wird jede, eine wirtschaftliche Tätigkeit ausübende Einheit als Unternehmen bezeichnet, unabhängig von ihrer Rechtsform, von dem Vorliegen oder Fehlen der Gewinnerzielungsabsicht sowie von der Art ihrer Finanzierung.[442]
Als problematischer erweist sich die Anwendbarkeit des Art. 81 EGV auf die Öffentliche Hand.[443]

b) Unternehmensvereinigungen

Auch von Art. 81 Abs. 1 EGV werden Unternehmensvereinigungen erfaßt. Diese stehen somit den Unternehmen gleich. Auch der Begriff der Unternehmensvereinigung wird wie der Unternehmensbegriff weit ausgelegt.[444] Zweck und Organisation spielen ebensowenig eine Rolle wie die gewählte Rechtsform[445] der Vereinigung. Es ist vielmehr entscheidend, daß es sich um einen Zusammenschluß mehrerer Unternehmen handelt, dessen Zweck es ist, die Interessen seiner Mitglieder wahrzunehmen.
Unternehmensvereinigungen können schon aus dem Grund Adressat des Art. 81 EGV sein, weil sie eigenständige und wirtschaftliche Tätigkeit entfalten, also als Anbieter oder Nachfrager am Markt auftreten und als Rechtsträger fungieren können und somit unter den Unternehmensbegriff[446] fallen. Sogar wenn die Unternehmensvereinigungen nicht selbst wirtschaftlich tätig werden, sind sie Adressat des Art. 81 EGV, wenn ihren Mitgliedern Unternehmensqualität zukommt.[447]

Obwohl man aufgrund des engen Wortlautes des Art. 81 Abs. 1 EGV davon ausgehen könnte, daß nur Beschlüsse von Unternehmensvereinigungen von diesem erfaßt werden, besteht auch die Möglichkeit, daß sich diese an wettbewerbsbeschränkenden Vereinbarungen beteiligen und dadurch das Verhalten ihrer Mitglieder steuern. Damit keine Umgehungsmöglichkeiten des Kartellverbots entstehen, findet Art. 81 Abs. 1 EGV ebenfalls auf solche Fälle Anwendung.[448]

Gerade im Bereich der Einkaufsbündelungen tritt die Erscheinungsform der Unternehmensvereinigungen auf. Der gemeinsame Einkauf kann über eine gemeinsam kontrollierte Gesellschaft oder ein Unternehmen erfolgen, an dem mehrere Unternehmen einen kleinen Anteil

---

[441] Siehe zum Unternehmensbegriff oben Seite 9.
[442] EuGH, Slg. 1984, 2999/3016 „Hydrotherm"; Slg. 1991 I, 1979/2016f. „Höfner"; Slg. 1997 I, 7140/7147 „Job-Centre".
[443] Siehe unten Seite 215 „Einkaufsbündelungen der öffentlichen Hand".
[444] Gleiss/Hirsch, Art. 85 Abs. 1, Rdn.68-71; Emmerich in Dauses, Handbuch des Eu-Wirtschaftsrechts, H I Rdn.64ff.; Emmerich in Immenga/Mestmäcker, EG-Wettbewerbsrecht, Art. 85 Abs. 1, Rdn.36.
[445] Kommission, ABl. der EG 1971 Nr. L 10. Seite 15/18 „Keramische Fliesen"; ABl. der EG 1985 Nr. L 35, Seite 35/39, Tz.27 „Milchförderungsfonds (BGB-Gesellschaft); ABl. der EG 1993 Nr. L 73, Seite 38/40, Tz.21-22 „Tarifstrukturen im kombinierten Güterverkehr".
[446] Siehe oben Seite 9: funktionaler Unternehmensbegriff
[447] Roth/Ackermann in Frankfurter Kommentar, Grundfragen Art. 81 Abs. 1, Rdn.73ff.; Bunte in Langen/Bunte, Art. 81, Rdn.13.
[448] EuG, Slg. 1994 II, 49/80f. „CB und Europay"; Kommission, ABl. der EG 1994 Nr. L 343, Seite 1/97ff. „Zement".

halten, oder über eine vertragliche Regelung oder eine noch lockerere Form der Zusammenarbeit. Die Unternehmen, die gemeinsam Einkäufe tätigen wollen, treffen häufig nicht nur eine Vereinbarung bezüglich des gemeinsamen Einkaufs, sondern schließen sich zu einer „Vereinigung" zusammen. Diese hat dann den Zweck, die gemeinsamen Einkaufsinteressen der einzelnen Mitglieder (Unternehmen) wahrzunehmen.
Allerdings wird diese „Vereinigung" in den überwiegenden Fällen selbst wirtschaftlich als Nachfrager tätig, so daß sie schon aufgrund des Unternehmensbegriffs Adressat von Art. 81 Abs. 1 EGV ist. Da auch die Beteiligung von Vereinigungen an wettbewerbsbeschränkenden Vereinbarungen von Art. 81 Abs. 1 EGV erfaßt wird, ist eine genauere Differenzierung in den meisten Fällen nicht notwendig.

c) Vereinbarung oder abgestimmte Verhaltensweisen von Unternehmen

Als verbotene Maßnahme nennt Art. 81 Abs. 1 EGV nebeneinander Vereinbarungen zwischen Unternehmen, Beschlüsse von Unternehmensvereinigungen und aufeinander abgestimmte Verhaltensweisen. Zu den Vereinbarungen und den abgestimmten Verhaltensweisen, die im vorliegenden bei Einkaufsbündelungen in Betracht zu ziehen sind, wurde bereits im Rahmen des § 1 GWB Stellung genommen,[449] so daß aufgrund desselben Tatbestandsmerkmals in Art. 81 Abs. 1 EGV hierzu keine Ausführungen mehr gemacht werden müssen. Denn auch im Rahmen des § 1 GWB wurde bei dem Tatbestandsmerkmal der abgestimmten Verhaltensweise schon auf die Rechtsprechung des EuGH und die Auslegung von Art. 81 Abs. 1 EGV zurückgegriffen. Auch bei Art. 81 Abs. 1 EGV ist keine Ausführung der Verhaltensabstimmung erforderlich, so daß die bloße Abstimmung zwischen den Unternehmen als ausreichend anzusehen ist.[450]

Ein besonders bedeutender Unterschied zum deutschen Kartellverbot (§ 1 GWB) liegt darin, daß die Vereinbarung oder abgestimmte Verhaltensweise zwar zwischen Unternehmen vorliegen muß, diese aber nicht miteinander im Wettbewerb stehen müssen, d.h. es muß sich nicht um Konkurrenten handeln. Es werden somit sowohl horizontale als auch vertikale Vereinbarungen bzw. abgestimmte Verhaltensweisen von Art. 81 Abs. 1 EGV erfaßt.[451] Art. 81 Abs. 1 EGV gilt somit gleichermaßen für Abreden zwischen Konkurrenten wie für Abreden zwischen Unternehmen auf verschiedenen Wirtschaftsstufen.[452] Dies führt im Rahmen der Einkaufsbündelung dazu, daß nicht nur die Vereinbarung über den gemeinsamen Einkauf von Waren zwischen den beteiligten Unternehmen von Art. 81 Abs. 1 EGV erfaßt wird, sondern daß auch die Vereinbarungen zwischen einem Mitglied der Einkaufsbündelung und dem Lieferanten oder dem Hersteller vom europäischen Kartellverbot erfaß wird.

---

[449] Siehe oben Seite 10ff.
[450] Siehe oben Seite 15ff.: § 1 GWB „Verhalten".
[451] Bunte in Langen/Bunte, Art. 81, Rdn.2; Emmerich, Seite 390.
[452] Grdlg. EuGH Slg. 1966, 281/302ff. „Maschinenbau Ulm"; Slg. 1966, 321/387f. „Grundig/Consten"; Slg. 1983, 4173/4182 „Société de Vente de Ciments et Bétons/Kerpen"; Slg. 1985, 2015/2046 „Binon/AMP"; Slg. 1987, 3821/3826ff. „Flämisches Reisebüro"; Slg. 1995 I, 3459/3467 „BMW/ALD"; Slg. 1995 I, 3508/3516 „Volkswagen und VAG-Leasing".

d) Verhinderung, Einschränkung oder Verfälschung des Wettbewerbs

Die in Art. 81 Abs. 1 EGV genannten Maßnahmen sind nur verboten, wenn sie eine Verhinderung, Einschränkung oder Verfälschung des Wettbewerbs bezwecken oder bewirken. Diese drei Arten der Wettbewerbsbeschränkung müssen nicht streng voneinander abgegrenzt werden, weil Art. 81 Abs. 1 EGV sie wettbewerbsrechtlich gleich behandelt.

(1) Regelbeispiele des Art. 81 Abs. 1 EGV

Art. 81 Abs. 1 EGV führt unter lit. a bis lit. e eine Reihe von typischen Wettbewerbsbeschränkungen auf. Aus dem einleitenden Wort „insbesondere" läßt sich erkennen, daß die Aufzählung nicht abschließend ist. Vereinbarungen, Beschlüsse oder abgestimmte Verhaltensweisen können also auch dann unter das Kartellverbot fallen, wenn sie keinen der im Katalog aufgeführten Fallgruppen erfüllen. Die Regelbeispiele erläutern lediglich den Begriff der „Verhinderung, Einschränkung oder Verfälschung des Wettbewerbs", so daß der entsprechende wirtschaftliche Sachverhalt auch den anderen Tatbestandvoraussetzungen entsprechen muß.

(a) Festsetzung von Preisen und Geschäftsbedingungen

Art. 81 Abs. 1 EGV nennt in lit. a zunächst als Beispiel für Wettbewerbsbeschränkungen „die unmittelbare oder mittelbare Festsetzung der An – und Verkaufspreise oder sonstiger Geschäftsbedingungen". Hierbei handelt es sich um die typischen Preis- und Konditionenkartelle. Preiskartelle sind in allen Formen und auf allen Handelsstufen verboten, wobei zwischen horizontalen und vertikalen Abreden ebensowenig, wie zwischen der unmittelbaren und der mittelbaren Fixierung von Preisen oder Preisbestandteilen unterschieden werden muß.[453] Der Beispieltatbestand des Art. 81 Abs. 1 lit. a EGV umfaßt somit auch das Verbot von vertikalen Preisabsprachen, die nicht zwischen Wettbewerbern, sondern zwischen Unternehmen verschiedener Wirtschaftsstufen getroffen werden.[454]

Als problematisch in diesem Zusammenhang erweist sich jedoch, daß jeder entgeltliche Vertrag über Waren oder Dienstleistungen die Festsetzung eines Preises oder auch sonstiger Geschäftsbedingungen beinhaltet. Aus diesem Grund wird angenommen, daß die Formulierung des Regelbeispiels in lit. a dahingehend zu korrigieren ist, daß nur solche Absprachen gemeint sind, die eine Preisbindung für zukünftige Vereinbarungen der beteiligten Unternehmen mit Dritten enthalten.[455]

Gerade im Bereich von Einkaufsbündelungen findet eine solche Festsetzung von Preisen in vielen Fällen statt. Hierbei ist aber besonders zu berücksichtigen, daß die Festsetzung der Ankaufspreise einen Teilaspekt von Einkaufskooperationen bildet, so daß diese zusammen zu

---

[453] Roth/Ackermann in Frankfurter Kommentar, Grundfragen Art. 81 Abs. 1, Rdn.295; Emmerich in Immenga/Mestmäcker, EG-Wettbewerbsrecht, Art. 85 Abs. 1, Rdn.8.
[454] Bunte in Langen/Bunte, Art. 81, Rdn.80; Emmerich in Immenga/Mestmäcker, EG-Wettbewerbsrecht, Art. 85 Abs. 1, Rdn.8.
[455] Bunte in Langen/Bunte, Generelle Prinzipien, Art. 81, Rdn.79; Schröter in von der Groeben/Thiesing/Ehlermann, Art. 85 Abs. 1, Rdn.130.

würdigen sind.[456] Bei Einkaufsbündelungen kann eine unmittelbare oder mittelbare Festsetzung der An- oder Verkaufspreise zwischen der Einkaufskooperation bzw. ihren Mitgliedern und dem Lieferanten bzw. dem Händler vorliegen. In Verträgen zwischen den Einkaufskooperationen und den Lieferanten bzw. Händlern werden letztere oft Beschränkungen bezüglich der in der Folgezeit abzuschließenden Folge- oder Zweitverträge unterworfen. Dies geschieht in der Form, daß den Mitgliedern der Einkaufskooperation künftig bestimmte Preise einzuräumen sind, wobei diese Vorzüge anderen Abnehmern nicht eingeräumt werden dürfen.[457]

Hierbei könnte es sich um eine vertikale Preisabsprache in Form von Festsetzungen der Ankaufspreise zwischen Unternehmen verschiedener Marktstufen handeln. Wie bereits oben erwähnt, muß es sich um Vereinbarungen handeln, die eine Preisbindung für zukünftige Vereinbarungen der beteiligten Unternehmen mit Dritten enthalten. Aus diesem Grund fallen im Rahmen von Einkaufskooperationen keine Vereinbarungen zwischen dem Lieferanten bzw. dem Händler und der Einkaufskooperation selbst unter den Beispieltatbestand des Art. 81 Abs. 1 lit. a EGV, denn in diesem Fall kann zwar eine Vereinbarung auch bezüglich zukünftiger Austauschverträge vorliegen, aber es liegt noch keine Vereinbarung mit Preisbindung über Zweitverträge vor. Dies ist erst dann der Fall, wenn weiterhin in der Vereinbarung geregelt ist, daß den Mitgliedern der Einkaufskooperation in zukünftigen Austauschverträgen bestimmte Preise zugestanden werden. Die Vereinbarung muß also einen Drittbezug haben.

Nicht zu vernachlässigen ist, daß das Verbot der Preisabsprachen auch alle Rabattarten umfaßt.[458] Da Rabatte aller Art Preisbestandteile darstellen, fallen Vereinbarungen hierüber unter das Verbot der Festsetzung von Preisen.[459]
Handeln die Einkaufskooperationen bei den Herstellern oder Lieferanten besondere Preise für sich oder aber ihre Mitglieder aus, so handelt es sich aufgrund der großen Abnahmemenge häufig auch um sogenannte Mengenrabatte, die ihnen zugestanden werden. Hierin liegt gerade der Sinn und Zweck der Einkaufsbündelung. Somit fällt alleine schon dieses Aushandeln von Mengenrabatten als Wettbewerbsbeschränkung unter Art. 81 Abs. 1 lit. a EGV, so daß (fast) alle Einkaufsbündelungen den Beispieltatbestand lit. a erfüllen.

Weiterhin fallen unter Art. 81 Abs. 1 lit. a EGV auch Absprachen zur Festlegung von Geschäftsbedingungen, die sogenannten Konditionenkartelle.[460] Auch sie stellen verbotene Wettbewerbsbeschränkungen dar. Dies gilt sowohl für horizontale Konditionenkartelle[461] als auch für vertikale Konditionenbindungen[462]. Hierunter fallen nur diejenigen Vertragsklauseln, die sich nicht gerade unmittelbar oder mittelbar auf den Preis, sondern auf sonstige Vertragsbestandteile beziehen. Gegenstand von Konditionenabsprachen können somit sämtliche denkbaren Vertragsbestandteile sein, sofern es sich nicht um Abreden über den Preis handelt.

[456] Kommission, ABl. der EG 1975 Nr. L 212 Seite 23/25f. „Intergroup“; ABl. der EG 1980 Nr. L 260 Seite 24/28f. "National Sulphuric Acid Association I"; ABl. der EG 1989 Nr. L 190 Seite 22/24 „National Sulphuric Acid Association II"; ABl. der EG 1991 Nr. L 28 Seite 32/35f. „Ijsselcentrale“.
[457] Siehe oben Seite 53ff.: Preis- und Konditionenbindung im deutschen Kartellrecht.
[458] Bunte in Langen/Bunte, Generelle Prinzipien, Art. 81, Rdn.81.
[459] Kommission, ABl. der EG 1972 Nr. L 303 Seite 24/34f. „CIMBEL“.
[460] Grill in Lenz, Art. 81, Rdn.27.
[461] Kommission, ABl. der EG 1967, Nr. L 163, Seite10 „Transocean I“; ABl. der EG 1985 Nr. L 219, Seite 35ff. „EATE-Beitrag“; bestätigt durch EuGH, Slg. 1987, 2201/2224f. „ANTIB“.
[462] Kommission, ABl. der EG 1991 Nr. L 258, Seite 18 und 29 „IATA Passenger Agency und Cargo Agency Programme“.

Im Rahmen von Einkaufsündelungen geht es auch bezüglich der Konditionen gerade um vertikale Vereinbarungen. Zwischen der Einkaufskooperation und den Lieferanten bzw. Händlern wird vereinbart, daß diese mit den Mitgliedern der Einkaufskooperation Verträge mit den jeweils zuvor vereinbarten Konditionen abschließen. Diesbezüglich gibt es keinen Unterschied zu der Vereinbarung von Einkaufspreisen. Es werden nicht die ausschließlichen Vereinbarungen zwischen Einkaufskooperation und Händlern bzw. Herstellern erfaßt, sondern auch in diesem Fall muß es sich um Absprachen handeln, die Konditionenfestsetzungen für zukünftige Vereinbarungen der beteiligten Unternehmen mit Dritten enthalten.

Nicht eindeutig geklärt dagegen ist, ob auch Meistbegünstigungsklauseln unter Art. 81 Abs. 1 lit. a EGV fallen. Hiernach hat der Lieferant dem Vertragspartner nachträglich die jeweils günstigsten Preise und Konditionen einzuräumen, die er einem dritten Partner zugesteht (mittelbare Preisbindung). Bei Einkaufskooperationen tritt so eine Meistbegünstigungsklausel häufig in der Form auf, daß zwischen dieser und dem Lieferanten bzw. Händler zugunsten der angeschlossenen Unternehmen vereinbart wird, daß diesen jede auch einem Dritten gewährte Vergünstigung einzuräumen ist. Zu klären ist somit, ob diese Klausel unter das Kartellverbot des Art. 81 Abs. 1 lit. a EGV fällt.
Durch diese Klausel kommt es zwar grundsätzlich zu einer Gleichbehandlung aller Abnehmer (Nachfrager), was gegen die Annahme eines Kartellverbots spricht, aber es wird auch gleichzeitig der Handlungsspielraum der Anbieter (Händler und Lieferanten) eingeschränkt, indem sie keinen für jeden Abnehmer individuellen Preis machen können. Es wird sogar teilweise angenommen, daß dies einem vertraglichen Diskriminierungsverbot sehr nahe kommt.[463]
Für die Annahme eines Kartellverbot gemäß Art. 81 Abs. 1 lit. a EGV spricht, daß durch die Gewährung von Vergünstigungen an Dritte in Zweitverträgen dies zugleich mit Nachteilen bei den Erstverträgen verbunden ist, weil den Unternehmen in den Erstverträgen die gleichen Vergünstigungen zugestanden werden müssen. Der Sache nach läuft es auf ein vertragliches Verbot der Bevorzugung anderer Abnehmer und damit auf eine Preis- und Konditionenbindung für die Zweitverträge hinaus.
Weiterhin spricht für die Annahme des Vorliegens eines Kartellverbots bei einer Meistbegünstigungsklausel auch, daß die Kommission[464] auch andere vertragliche Einschränkungen der Preisgestaltungsfreiheit des Lieferanten als kartellrechtlich relevant angesehen hat.[465] Aus diesen Gründen ist Art. 81 Abs. 1 lit. a EGV auch auf solche Meistbegünstigungsklauseln anwendbar, die von Einkaufskooperationen mit den Lieferanten bzw. Händlern vereinbart werden.

(b) Einschränkung oder Kontrolle des Absatzes

Art. 85 Abs. 1 lit. b EGV nennt als weiteres Beispiel für wettbewerbsbeschränkende Vereinbarungen die Einschränkung oder Kontrolle des Absatzes. Dieser Tatbestand wird ebenso wie lit. a weit auszulegen. Unter „Absatz" versteht man den Vertrieb von Wirtschaftsgütern. Liegt eine Absatzeinschränkung vor, so wird die Wahlfreiheit von Lieferanten oder Abnehmern be-

---

463 Schröter in von der Groeben/Thiesing/Ehlermann, Art. 85 Abs. 1, Rdn.137.
464 Kommission, ABl. der EG 1984 Nr. L 136, Seite 9/12 (insbesondere Nr. 44, 45) „Polistil/Arbois".
465 Schröter in von der Groeben/Thiesing/Ehlermann, Art. 85 Abs. 1, Rdn.137.

einträchtigt.[466] Bei Einschränkung oder Kontrolle des Absatzes geht es in den überwiegenden Fällen um Abreden über den gemeinsamen Einkauf.[467]

Vereinbarungen von Unternehmen über einen gemeinsamen Einkauf können somit gegen Art. 81 Abs. 1 lit. b EGV verstoßen, wenn, Spürbarkeit der Wettbewerbsbeschränkung vorausgesetzt, die beteiligten Unternehmen einer Bezugspflicht unterliegen, und sei es auch nur für einen nennenswerten Teil ihrer Bezüge.[468] Die Vereinbarung einer Bezugspflicht für ein bestimmtes Produkt, was bedeutet, daß die Mitglieder der Einkaufsbündelung dieses Produkt ausschließlich über die Einkaufskooperation oder bei einem bestimmten Lieferanten beziehen müssen, führt dazu, daß es den Mitglieder unmöglich gemacht wird, ihren Lieferanten bzw. Händlern nach den für sie jeweils besten Bedingungen auszusuchen. Sie sind gezwungen, das jeweilige Produkt über die Einkaufskooperation bei einem ganz bestimmten Lieferanten bzw. Händler zu beziehen. Durch diese Bezugspflicht wird dann der Absatzmarkt der Lieferanten bzw. Händler beeinträchtigt, weil die durch eine Bezugspflicht gebundenen Unternehmen nicht frei ihren Lieferanten bzw. Händler wählen können.

Aber auch wenn eine Bezugspflicht der beteiligten Unternehmen fehlt, kommt eine Anwendung des Art. 81 Abs. 1 lit. b EGV dann in Betracht, wenn die Vereinbarung wettbewerbsbeschränkende oder –verfälschende Auswirkungen hat, wobei sowohl die Bezugs- wie die Absatzmärkte der beteiligten Unternehmen ins Auge zu fassen sind.[469] Solche Wirkungen werden häufig vorliegen, wenn die beteiligten Unternehmen auf ihren Absatzmärkten eine Vereinheitlichung der Preise und Konditionen vornehmen.[470] Eine Wettbewerbsbeschränkung auf den Bezugsmärkten kann dagegen dadurch auftreten, daß ein faktischer ausschließlicher Bezug vorliegt. Dies kommt dadurch zustande, daß durch die Einkaufsbündelung vergleichsweise günstigere Preise und Bedingungen erzielt werden und häufig auch betriebswirtschaftliche Hilfen gegeben werden, wodurch die Mitglieder mittelbar gebunden werden.[471]

(c) Anwendung unterschiedlicher Bedingungen

In Art. 81 Abs. 1 lit. d EGV wird weiter die Anwendung unterschiedlicher Bedingungen bei gleichwertigen Leistungen gegenüber Handelspartnern genannt, wodurch diese im Wettbewerb benachteiligt werden. Diesem Tatbestand ist kein allgemeines Diskriminierungsverbot zu entnehmen, sondern die Diskriminierung muß gerade auf einer Vereinbarung mehrerer (mindestens zwei) Unternehmen beruhen. Daraus folgt, daß sich der Vertrag hier nur gegen kollektive Diskriminierungen seitens mehrerer Unternehmen zum Nachteil ihrer Handelspart-

---

[466] Müller-Graff in Hailbronner/Klein/Magiera/Müller-Graff, Art. 85, Rdn.99.
[467] Emmerich in Dauses, Handbuch des EU-Wirtschaftsrechts, H. I § 1, Rdn.158; Emmerich in Immenga/Mestmäcker, EG-Wettbewerbsrecht, Art. 85 Abs. 1, Rdn. B 48ff.
[468] Kommission, ABl. der EG 1980 Nr. L 51 Seite 19/23 „Lab"; ABl. der EG 1980 Nr. L 260 Seite 24/28 „National Sulphuric Acid Ass"; 11. Wettbewerbsbericht 1971, Tz 40f. (Seite 57f.).
[469] Mestmäcker, Seite 303f.
[470] Emmerich in Immenga/Mestmäcker, EG-Wettbewerbsrecht, Art. 85 Abs. 1, Rdn.52; anders nach den Umständen des Einzelfalls Kommission, ABl. der EG 1968 Nr. L 201 Seite 4/6 „SOCEMAS".
[471] Eine Ausnahme gilt freilich nach Meinung des Gerichtshofs für Bezugsgenossenschaften, sofern sich die den Mitgliedern auferlegten Beschränkungen im Rahmen dessen halten, was zur Sicherstellung der Funktionsfähigkeit der Genossenschaft erforderlich ist: EuGH, Slg. 1994 I, 5671/5687f. „DLG".

ner wendet.[472] Liegt dagegen eine autonome Diskriminierung durch ein einzelnes Unternehmen vor, kann diese nur unter den zusätzlichen Voraussetzungen des Art. 82 EGV als Mißbrauch einer marktbeherrschenden Stellung erfaßt werden (Art. 82 S.2 lit. c EGV).[473] Die Diskriminierung muß sich also aus der Vereinbarung, dem Beschluß oder der abgestimmten Verhaltensweise ergeben und darf nicht auf einem einseitigen Verhalten eines einzelnen Unternehmen beruhen.[474]
Erfaßt werden insbesondere Absprachen, durch die sich Hersteller verpflichten, bestimmten Abnehmern günstigere Preise zu berechnen als sonstigen Kunden.[475] Unter mittelbaren Preisabsprachen versteht man dagegen unter anderem die Einteilung der Abnehmer in verschiedene Kategorien, denen dann unterschiedliche Konditionen eingeräumt werden.[476]
Weiterhin müssen die Handelspartner durch diese unterschiedlichen Bedingungen im Wettbewerb benachteiligt werden. Das setzt voraus, daß sie zumindest potentielle Konkurrenten sind.[477] Eine weitere eigenständige Bedeutung kommt diesem Tatbestandsmerkmal indessen nicht zu, da sich die Benachteiligung bereits aus der schlechteren Behandlung ergibt.

Im Rahmen von Einkaufsbündelungen kann eine Anwendung unterschiedlicher Bedingungen in der Form auftreten, daß zwischen den Lieferanten und der Einkaufskooperation bzw. deren Mitglieder die Vereinbarung getroffen wird, daß die zwischen ihnen festgelegten günstigeren Preise und Konditionen keinem anderen Unternehmen gewährt werden.[478] Folglich kommt es in diesen Fällen dazu, daß verschiedene Unternehmen (Einkaufskooperation und ein dritter Abnehmer) für die gleichen Güter unterschiedliche Preise zahlen. Hinzukommen muß allerdings, daß die Einkaufskooperation bzw. deren Mitglieder und der diskriminierte Abnehmer potentielle Konkurrenten sind, d.h. sie müssen auf dem gleichen sachlich, räumlich und zeitlich relevanten Markt tätig werden.
In diesem Zusammenhang muß allerdings weiterhin beachtet werden, daß teilweise die Ungleichbehandlung auch darauf beruhen kann, daß die Einkaufskooperation größere Mengen abnimmt und aus diesem Grund Mengenrabatte erhält. In diesem Fall liegt dann keine Ungleichbehandlung vor, trotz einer entsprechenden Vereinbarung zwischen dem Lieferanten und der Einkaufskooperation.
Auch nicht von Art. 81 Abs. 1 lit. d EGV wird erfaßt, wenn der Lieferant der Einkaufskooperation ohne eine Absprache mit dieser anderen Nachfragern die Produkte zu schlechteren Preisen und Konditionen anbietet.

---

[472] Grdl. EuG, Slg. 1995 II, 17/38f. „VIHO"; Emmerich in Immenga/Mestmäcker, EG-Wettbewerbsrecht, Art. 85, Rdn. B 104-124.
[473] Siehe hierzu unten Seite 110ff.
[474] EuG, Slg. 1995 II, 17/38f. „VIHO".
[475] Kommssion, ABl. der EG 1982 L 232, Seite 1/22 „SSI".
[476] Kommission, ABl. der EG 1978 Nr. L 224 Seite 29/38 „FEDETAB-Empfehlung"; EuGH, Slg. 1980, 3125/3253ff. „van Landewyck".
[477] Schröter in von der Groeben/Thiesing/Ehlermann, Art. 85 Abs. 1 Rdn.161; Emmerich in Dauses, Handbuch des EU-Wirtschaftsrechts, H. I § 1, Rdn168.
[478] Vgl. auch Ostler, Seite 252.

(2) Allgemeine Beschreibung der Verhinderung, Einschränkung und Verfälschung des Wettbewerbs

Die Verhinderung und Einschränkung des Wettbewerbs wird überwiegend unter dem Oberbegriff der Wettbewerbsbeschränkung zusammengefaßt[479], da die Verhinderung des Wettbewerbs lediglich eine besonders schwerwiegende Form der Einschränkung des Wettbewerbs, nämlich den vollständigen Wettbewerbsausschluß, darstellt.
Bezüglich des Begriffs der Wettbewerbsverfälschung ist noch nicht abschließend geklärt, ob der Begriff gleichfalls nur eine besondere Erscheinungsform der Wettbewerbsbeschränkung darstellt oder ihm eine eigenständige Bedeutung zukommt.

(a) Wettbewerbsbeschränkung

Bei der Bestimmung des Begriffs der Wettbewerbsbeschränkung im Sinne von Art. 81 Abs. 1 EGV helfen die Ausnahmen vom Kartellverbot (Beispielkatalog in Art. 81 Abs. 1 lit. a bis lit. e EGV und die Gruppenfreistellungen). Aus diesen Beispielen wird deutlich, daß eine Wettbewerbsbeschränkung in der Einschränkung der wirtschaftlichen Handlungsfreiheit der an der Vereinbarung oder Verhaltensabstimmung beteiligten Unternehmen zu sehen ist.[480] Nicht so eindeutig verhält es sich dagegen, wenn die Handlungsmöglichkeiten dritter Marktteilnehmer eingeschränkt werden.[481]

Eine Wettbewerbsbeschränkung im Rahmen der Einkaufsbündelungen ist in zweierlei Hinsicht vorstellbar. Zum einen kann der Nachfragewettbewerb und auch der Anbieterwettbewerb zwischen den Mitgliedern der Einkaufsbündelung beschränkt werden und zum anderen aber auch der Wettbewerb zwischen den Lieferanten. Auch im europäischen Kartellrecht geht es somit um die Frage, ob nur eine Wettbewerbsbeschränkung zwischen den Vertragsparteien denkbar ist oder ob auch die Vertragsbeteiligten den Wettbewerb zwischen ihren Konkurrenten oder auf der Marktgegenseite beschränken können, also den Drittwettbewerb.

(aa) Beschränkung der Handlungsfreiheit der an der Abstimmung Beteiligten (Binnenwirkung)

Eine Wettbewerbsbeschränkung liegt auf jeden Fall dann vor, wenn die an der Vereinbarung oder an der abgestimmten Verhaltensweise Beteiligten ihren eigenen Handlungsspielraum beschränken und dadurch den Wettbewerb untereinander, das bedeutet auf der horizontalen Ebene verringern oder sogar vollkommen ausschließen. Es geht darum, daß jeder Marktteilnehmer sein Verhalten unabhängig und damit selbständig bestimmt (sog. Selbständigkeitspostulat).[482]

---

[479] Emmerich in Immenga/Mestmäcker, EG-Wettbewerbsrecht, Art. 85, Abs. 1, Rdn.136f.; EuGH, Slg. 1977, 1875/1908 „Metro"; Slg. 1986, 353/382 „Pronuptia"; Slg. 1986, 611/653 „Windsurfing International".

[480] Schröter in von der Groeben/Thiesing/Ehlermann, Art. 85 Abs. 1, Rdn.75; Emmerich in Immenga/Mestmäcker, EG-Wettbewerbsrecht, Art. 85 Abs. 1, Rdn.140; Grabitz/Koch, Art. 85, Rdn.45ff.; Bunte in Langen/Bunte, Art. 81, Rdn.60f.

[481] Beuthien, Seite 17.

[482] EuG, Slg. 1992 II, 1931/1934 „Dansk Pelsdyravlerforening"; EuGH, Slg. 1975, 1663/1965 Rdn.173/174 „Suiker Unie"; Slg. 1981, 2021/2031 „Züchner".

Eine Beschränkung der Handlungsfreiheit der an der Abstimmung Beteiligten führt unter anderem dazu, daß eine Beschränkung des Nachfragewettbewerbs zwischen den Kartellmitgliedern auftritt.[483] Eine Auswirkung auf den Absatzwettbewerb zwischen den Mitgliedern der Einkaufsbündelung tritt nur in vereinzelten Fällen auf.[484]

(bb) Veränderung des Marktzustandes zu Lasten Dritter (Außenwirkung)[485]

Fraglich ist, ob unter das Kartellverbot des Art. 81 Abs. 1 EGV auch solche Fälle subsumiert werden können, in denen durch den Vertrag oder die abgestimmte Verhaltensweise ausschließlich in die wettbewerbliche Handlungsfreiheit *Dritter* eingegriffen wird. Gerade durch die Bildung von Einkaufsbündelungen können in verschiedenen Bereichen Beschränkungen von Drittwettbewerb auftreten. Diesbezüglich ist auf die Ausführungen zur Außenwirkung im deutschen Kartellrecht zu verweisen.[486]

In diesem Zusammenhang stellt sich dann die Frage, ob durch die Vereinbarung oder die abgestimmte Verhaltensweise der Wettbewerb zwischen den Parteien beschränkt sein muß, d.h., daß der Wettbewerb, der zwischen den Parteien besteht, und der Wettbewerb, den die Parteien beschränken, identisch ist, oder ob es auch möglich ist, daß Drittwettbewerb beschränkt wird. Folglich muß grundsätzlich geklärt werden, ob die Beschränkung von Drittwettbewerb von Art. 81 Abs. 1 EGV – anders als im deutschen Kartellrecht (§ 1 GWB) - erfaßt wird. In Bezug auf die Berücksichtigung von Drittwirkungen im Rahmen der Wettbewerbsbeschränkungen stellen sich auch hier wieder, wie im Rahmen des § 1 GWB, zwei Fragen[487]: Zum einen, ob es auch ausreichend ist, wenn ausschließlich der Drittwettbewerb beschränkt wird, d.h. ohne eine Beschränkung der wettbewerblichen Handlungsfreiheit der Beteiligten; und zum anderen, ob eine Beschränkung des Wettbewerbs zwischen den Beteiligten der Vereinbarung oder abgestimmten Verhaltensweise ausreichend ist oder ob neben dieser Beschränkung auch noch eine zusätzliche Beschränkung des Wettbewerbs in Form von Drittwettbewerb notwendig ist.

(aaa) Wettbewerbsbeschränkung der Beteiligten

Das Problem, ob unbedingt eine Einschränkung der wettbewerblichen Handlungsfreiheit der Beteiligten erforderlich ist oder ob eine ausschließliche Beeinträchtigung Dritter ausreichend ist (auch Vertragspartner zu Dritten), tritt insbesondere dann auf, wenn eine Beschränkung des Wettbewerbs zwischen den Parteien nicht nachgewiesen werden kann oder gar nicht erst vorliegt.

Diese Frage ist auch im europäischen Kartellrecht sehr umstritten und bis heute nicht abschließend geklärt.[488] Von Art. 81 Abs. 1 EGV wird grundsätzlich die wettbewerbliche Handlungsfreiheit und damit auch die Verhaltensfreiheit und die Wahlmöglichkeiten aller Unternehmen und aller sonstigen Dritten, auf die sich ein Marktverhalten auswirken kann, ge-

---

[483] Siehe zu den näheren Einzelheiten bereits im Rahmen des deutschen Kartellrechts Seite 21ff.
[484] Siehe hierzu bereits im Rahmen des deutschen Kartellrechts Seite 21ff.
[485] Dauner, Einkaufsgemeinschaften im Kartellrecht, Seite 133ff.
[486] Siehe hierzu Seite 23.
[487] Emmerich, 8. Aufl., Seite 416f; Bahr, WuW 2000, 954/958ff.; Emmerich in Immenga/Mestmäcker, EG-Wettbewerbsrecht, Art. 85 Abs. 1, Rdn.157.
[488] Vgl. oben Seite 25ff: „Deutsches Kartellverbot § 1 GWB: Wettbewerbsbeschränkung“.

schützt.[489] Denn Art. Art. 81 Abs. 1 EGV soll nicht nur die wettbewerbliche Verhaltensfreiheit der an einer Absprache Beteiligten schützen, sondern auch gerade den Freiraum für die wirtschaftliche Betätigung Dritter sichern.[490] Damit ist jedoch noch nicht geklärt, inwieweit es für eine Wettbewerbsbeschränkung ausreichend ist, wenn sich die Abreden zwischen den beteiligten Unternehmen ausschließlich auf die wirtschaftliche Betätigung Dritter auswirkt. Im Rahmen von Einkaufsbündelungen sind diesbezüglich insbesondere die Lieferanten oder Händler, also die Marktgegenseite zu nennen.

Zum größten Teil wird im EG-Kartellverbot Art. 81 Abs. 1 EGV auch dann eine Wettbewerbsbeschränkung angenommen, wenn allein Dritte, insbesondere die Marktgegenseite, d.h. die Hersteller und Lieferanten, - ohne die im deutschen Kartellverbotstatbestand stets geforderte Begrenzung auch des eigenen Handlungsspielraums der Kartellmitglieder[491] – in ihrer Wettbewerbsposition beeinträchtigt werden[492], so daß Einkaufskooperationen dann wegen der von ihnen ausgehenden Wirkung auf die Hersteller bzw. die Lieferanten ohne Zweifel dem EG-Kartellverbot unterliegen.
Gegen diese Auffassung spricht, daß die alleinige Auswirkung auf Dritte zu einem uferlosen Anwendungsbereich des Art. 81 Abs. 1 EGV führt.[493]
Im Rahmen des Art. 81 Abs. 1 EGV muß man allerdings auch beachten, daß es zum Schutz des Drittwettbewerbs neben Art. 81 Abs. 1 EGV nur noch Art. 82 EGV gibt, der aber wiederum nur eingreift, soweit das jeweilige Unternehmen eine beherrschende Stellung auf dem Gemeinsamen Markt einnimmt. Fehlt es dagegen an diesem Merkmal, so muß ein Wettbewerbsschutz über Art. 81 Abs. 1 EGV gegeben sein. Dieser Schutz ist aber nur dann vollständig gewährleistet, wenn auch alleinige Drittwirkungen erfaßt werden. Insofern geht es nicht um einen uferlosen Anwendungsbereich, sondern um einen lückenlosen Wettbewerbsschutz bei Beschränkungen des Drittwettbewerbs.
Allerdings muß dieser Schutz des Drittwettbewerbs gewisse Grenzen erfahren, da der Verlust bzw. die Reduzierung tatsächlicher Handlungsalternativen Dritter bei jedem Vertrag auftreten. Der Zweck, den Wettbewerb zu schützen würde hiermit unterlaufen, wenn jeder Austauschvertrag in den Anwendungsbereich des Kartellverbots fällt. Um dies zu verhindern, fallen Beschränkungen des Drittwettbewerbs nur dann unter das Kartellverbot, wenn es sich um eine zukünftige Beschränkung handelt.[494] Es wird mit Blick auf die Zukunft ein autonomes Verhalten gefordert, damit keine Wettbewerbsbeschränkung vorliegt.

In Bezug auf Einkaufskooperationen bedeutet dies, daß eine Wettbewerbsbeschränkung auch dann anzunehmen ist, wenn ausschließlich die Handlungsfreiheit der Lieferanten/Händler eingeschränkt wird. Im Rahmen der Drittwirkungen der Einkaufsbündelungen kommen verschiedene Konstellationen in Betracht, d.h. es gibt verschiedene Wettbewerbsbeschränkungen in Form von Drittauswirkungen, die durch Einkaufsbündelungen hervorgerufen werden.[495]

---

[489] EuGH, Slg. 1975, 1663/1965f. „Suiker Unie"; Slg. 1981, 2021/2033 „Züchner".
[490] Müller-Graff in Hailbronner/Klein/Magiera/Müller-Graff, Art. 85, Rdn.68, 80.
[491] Siehe oben Seite 25ff.: § 1 GWB „Wettbewerbsbeschränkung".
[492] Bunte in Langen/Bunte, Art. 81, Rdn.62; Kommission, ABl. der EG 1985 Nr. L 219, Seite 35/41 „EATE-Beitrag".
[493] Emmerich, 8. Aufl., Seite 416f.; Emmerich in Immenga/Mestmäcker, EG-Wettbewerbsrecht, Art. 85 Abs. 1, Rdn.159.
[494] Roth/Ackermann in Frankfurter Kommentar, Grundfragen zu Art. 81 Abs. 1, Rdn.231.
[495] Nähere Beschreibung vgl. oben Seite 23ff.

So können die Lieferanten der Einkaufskooperation in der Weise beeinträchtigt werden, daß ihnen die Auswahlmöglichkeit zwischen vielen verschiedenen Nachfragern genommen wird, so daß sie auf die Einkaufskooperationen angewiesen sind. Weiterhin besteht die Möglichkeit, daß durch die Einkaufskooperationen gewisse Marktzutrittsschranken für andere Lieferanten geschaffen werden, indem diesen die Möglichkeit genommen wird auch diese Einkaufskooperationen zu beliefern.
Als weitere wichtige Drittwirkung einer Einkaufskooperation ist die Beeinträchtigung des Absatzwettbewerbs zu nennen. Dies ist dann der Fall, wenn durch die Einkaufsbündelung für ihre Mitglieder günstigere Bedingungen erzielt werden, als für andere Nachfrager. Diese Einkaufsvorteile können dann in Form verbesserter Angebote an die niedrigere Wirtschaftsstufe weitergegeben werden. Dies kann dann zur Folge haben, daß Anbieter ohne diese Einkaufsvorteile auf dem Markt nicht mehr konkurrenzfähig sind und aus dem Markt ausscheiden.

(bbb) Zusätzliche Erforderlichkeit der Beeinträchtigung Dritter (Außenwirkung)

Mit der Frage, ob eine Beeinträchtigung Dritter für die Annahme einer Wettbewerbsbeeinträchtigung ausreichend ist, ist noch nicht geklärt, inwieweit zusätzlich zu der Beeinträchtigung der Handlungsfreiheit der Beteiligten auch immer eine Beeinträchtigung Dritter erforderlich ist.
Von einem Teil der Literatur[496] wird eine notwendige Außenwirkung der Wettbewerbsbeschränkung mit dem Argument abgelehnt, daß es ausreichend ist, wenn man den Anwendungsbereich des Art. 81 Abs. 1 EGV durch das Tatbestandsmerkmal der Spürbarkeit der Wettbewerbsbeschränkung eingrenzt. Das zusätzliche Erfordernis einer Außenwirkung der Wettbewerbsbeschränkung sei dadurch überflüssig.
Die Praxis der Gemeinschaftsorgane[497] und auch die vorherrschende Auffassung im Schrifttum[498] tendieren jedoch zu der Ansicht, daß eine zusätzliche Auswirkung der betreffenden Maßnahme auf die Auswahl- oder Betätigungsmöglichkeiten Dritter erforderlich ist. Das vom EuGH vertretene „Selbständigkeitspostulat“[499] legt einen Wettbewerbsbeschränkungsbegriff nahe, der an dem durch Zwang zu autonomem Marktverhalten gekennzeichneten Wettbewerbsprozeß ansetzt. In ständiger Rechtsprechung definiert der EuGH als Beschränkung (des Wettbewerbs) hieraus die Entstehung von Wettbewerbsbedingungen, die „im Hinblick auf die Art der Waren oder erbrachten Dienstleistungen, die Bedeutung und Zahl der beteiligten Unternehmen, sowie den Umfang des in Betracht kommenden Marktes nicht den normalem Bedingungen dieses Marktes entsprechen“.[500] Hieran wird deutlich, daß die Außenwirkung einer Abrede – die Beeinflussung der Auswahlmöglichkeiten der Marktgegenseite bzw. die Marktzutrittschancen potentieller Wettbewerber – in den Begriff der Wettbewerbsbeschränkung mit einbezogen werden muß.

[496] Emmerich, 8. Aufl., Seite 416; Emmerich in Immenga/Mestmäcker, EG-Wettbewerbsrecht, Art. 85 Abs. 1, Rdn.157.
[497] EuGH, Slg. 1970, 661/701 „ACF Chemiefarma“; Slg. 1977, 1875/1914 „Metro“; Slg. 1980, 3125/3263 „van Landewyck“; Slg. 1995 I, 3477/3517 „Volkswagen und VAG Leasing“; Slg. 1999 I, 135/177 “Bagnasco”.
[498] Nachweis bei Koch in Grabitz/Hilf, Art. 85, Rdn.53.
[499] EuG, Slg. 1992 II, 1931/1934 „Dansk Pelsdyravlerforening“; EuGH, Slg. 1975, 1663/1965 „Suiker Unie“; Slg. 1981, 2021/2031 „Züchner“.
[500] EuGH, Slg. 1998 I, 3111/3163 „Deere“.

Folglich liegt eine Wettbewerbsbeschränkung im Sinne des Art. 81 Abs. 1 EGV nur dann vor, wenn die an der Abstimmung beteiligten Unternehmen ihre wettbewerbliche Verhaltensfreiheit einengen und sich infolgedessen die tatsächlichen Wahlmöglichkeiten Dritter verringern.

Für die Einkaufsbündelungen bedeutet das, daß die zwischen den beteiligten Unternehmen geschlossene Vereinbarung neben dem Wettbewerb zwischen den Unternehmen auch den Drittwettbewerb beeinträchtigen muß. Ist dies nicht der Fall liegt, keine Wettbewerbsbeschränkung im Sinne des Art. 81 Abs. 1 EGV vor.

(cc) Arbeitsgemeinschaftsgedanke

Verpflichten sich mehrere Unternehmen vertraglich gegenüber einem Dritten, gemeinsam eine Leistung zu erbringen, unterliegt dieser Vertrag dann nicht dem Kartellverbot, wenn die Kooperation erforderlich ist, damit die Unternehmen überhaupt am Markt auftreten können. Jedem Unternehmen fehlt somit die wirtschaftliche Möglichkeit, die Leistung alleine zu erbringen.[501] Bei dieser Kooperation spricht man von einer Arbeitsgemeinschaft, die dem Kartellverbot deswegen nicht unterliegt, weil die Kooperation erst den Marktzutritt eröffnet und einen neuen Wettbewerber schafft.[502] Das bedeutet, daß die beteiligten Unternehmen nicht im Wettbewerb miteinander stehen, was entweder der Fall ist, wenn sie aus unterschiedlichen Branchen kommen oder wenn sie alleine nicht in der Lage gewesen wären, den Auftrag auszuführen, so daß sie sich nur durch die Zusammenarbeit am Wettbewerb beteiligen können.

Für die Einkaufsbündelung und damit für den Nachfragewettbewerb bedeutet das folgendes: An einer Wettbewerbsbeschränkung fehlt es dann, wenn sich Nachfrager einer Ware oder einer gewerblichen Leistung zusammenschließen, die einzeln als Nachfrager überhaupt nicht in Betracht kämen[503] und somit bezüglich der Nachfrage auch in gar keinem Wettbewerbsverhältnis stehen. Das kann zum Beispiel der Fall sein, wenn der einzelne Nachfrager, etwa aus Gründen der Transportkosten oder weil die Anbieter Mindestabnahmen festsetzen, vernünftigerweise für sich allein keine Bestellung aufgibt.[504]

Grundsätzlich ist es jedoch die Aufgabe einer Einkaufsbündelung besonders günstige Konditionen zu erhalten und nicht Bezugsmöglichkeiten herzustellen, die sonst nicht möglich sind. Eine Arbeitsgemeinschaft liegt aber nur dann vor, wenn ein weiterer Wettbewerber am Markt auftritt.[505] An diesem Merkmal fehlt es, wenn durch die Einkaufsbündelung lediglich bessere Konditionen erlangt werden, denn die Mitglieder der Einkaufsbündelung können dieses Angebot zu schlechteren Konditionen auch einzeln wahrnehmen. Es tritt somit kein weiterer Wettbewerber am Markt auf.

In den wenigsten Fällen liegt folglich eine Einkaufsbündelung in Form einer Arbeitsgemeinschaft vor.

---

[501] Horizontale Leitlinien (Fn.3), Tz.24.

[502] Emmerich in Immenga/Mestmäcker, Art. 81 Abs. 1, Rdn. B 54; Ferderlin/Haag in von der Groeben/Thiesing/Ehlermann, Art. 85 Fallgruppen Kooperationsabsprachen, Rdn.41 (Seite 2/393).

[503] Köhler, K & R 2000, 569/575 Fn.35; Huber/Baums in Frankfurter Kommentar, § 1, Rdn.316 und 374f.

[504] Huber/Baums in Frankfurter Kommentar, § 1, Rdn.316; Monopolkommission, Sondergutachten 14, Seite 54; Immenga in Festschrift Pfeiffer, 1988, Seite 659/665.

[505] Immenga in Immenga/Mestmäcker, § 1, Rdn.369 m. w. N.

(b) Wettbewerbsverfälschung

Problematisch verhält es sich immer noch mit dem Begriff der Wettbewerbsverfälschung. Fraglich ist, ob es sich hierbei gleichfalls um eine besondere Erscheinungsform der Wettbewerbsbeschränkung handelt, wie die Einschränkung und Verhinderung, oder ob diesem Begriff neben der Wettbewerbsbeschränkung eigenständige Bedeutung zukommt.
Das Konzept der Wettbewerbsverfälschung aus Art. 81 Abs. 1 EGV muß vor allem im Zusammenhang mit Art. 3 lit. g EGV gesehen werden. Die Kommission geht hierbei davon aus, daß der Wettbewerbsverfälschung eine eigenständige Bedeutung zukommt.[506] Hiernach ist von einer Wettbewerbsverfälschung dann auszugehen, wenn die Beteiligten Wettbewerbsbedingungen künstlich zu ihren Gunsten und damit zum Nachteil Dritter verändern.[507] Hierbei handelt es sich nicht um eine direkte Einschränkung der Handlungsfreiheit Dritter. Es liegt keine Regelung von Drittwettbewerb vor, sondern eine künstliche Veränderung der Wettbewerbsbedingungen zum Nachteil Dritter. Jedoch bedeutet dies auch, daß auf eine sogenannte Drittwirkung der Vereinbarung oder abgestimmten Verhaltensweise abgestellt wird, bei der aber keine Einschränkung der Handlungsfreiheit Dritter vorliegt.

Im Rahmen von Einkaufsbündelungen kommt es immer zu einer Beschränkung der Handlungsfreiheit der an der Vereinbarung beteiligten Unternehmen oder aber Dritter, so daß diesbezüglich das Vorliegen einer Wettbewerbsverfälschung unbeachtlich ist.

e) Bezwecken oder Bewirken

Art. 81 Abs. 1 EGV setzt ferner voraus, daß die Wettbewerbsbeschränkung, d. h. die Beschränkung der wettbewerblichen Verhaltensfreiheit oder die Veränderung des Marktzustandes zu Lasten Dritter, bezweckt oder bewirkt wird.
Am Wortlaut der Vorschrift läßt sich nicht erkennen, in welchem Verhältnis die Worte „bezweckt" und „bewirkt" zueinander stehen. Zum einen könne sie sich aufeinander beziehen, was dazu führt, daß die Wettbewerbsbeschränkung, egal ob sie nur droht oder bereits eingetreten ist, stets bezweckt sein muß und zum anderen könnten sie aber auch unabhängig nebeneinander stehen, so daß es ausreichend ist, wenn die Wettbewerbsbeschränkung entweder bezweckt oder bewirkt wird. Es geht also darum, ob die Wettbewerbsbeschränkung stets beabsichtigt sein muß oder ob sie auch unbeabsichtigt eingetreten sein darf. Im zweiten Fall knüpft die bewirkte Wettbewerbsbeschränkung an den Handlungserfolg an und setzt nur eine adäquaten Ursachenzusammenhang voraus.[508]
Vor allem aus dem Wort „oder" wird gefolgert, daß die Wettbewerbsbeschränkung nur bewirkt und nicht gleichzeitig bezweckt sein muß.[509] Dies Begründung ist allerdings nicht sehr überzeugend, denn aus dem „oder" läßt sich ausschließlich erkennen, daß es für eine Wettbewerbsbeschränkung auch ausreichend ist, wenn diese bezweckt ist, aber noch nicht eingetreten ist.

---

[506] Vgl. Kommission, ABl. der EG 1974 Nr. L 160 Seite 1 „IFTRA-Verpackungsglas"; ABl. der EG 1978 Nr. L 50 Seite 16 „Distillers".
[507] Emmerich in Immenga/Mestmäcker, EG-Wettbewerbsrecht, Art. 85 Abs. 1 EGV, Rdn. A. 166-168; Emmerich, Seite 41.
[508] So z. B. Schröter in von der Groeben/Thiesing/Ehlermann, Art. 85 Abs. 1, Rdn.116.
[509] EuGH, Slg. 1966, 281/303 „Maschinenbau Ulm"; Schröter in von der Groeben/Thiesing/Ehlermann, Art. 85 Abs. 1, Rdn.111; Müller-Graff in Hailbronner/Klein/Magiera/Müller-Graff, Art. 85, Rdn106.

Vielmehr läßt sich aus dem Sinn und Zweck des Art. 81 Abs. 1 EGV erkennen, daß es sich bei den Tatbestandsmerkmalen „bezwecken" und „bewirken" um zwei selbständige und voneinander unabhängige Tatbestandsalternativen handelt. Von Art. 81 Abs. 1 EGV soll ein möglichst weitgehender Wettbewerbsschutz erreicht werden,[510] was aber nur dann der Fall ist, wenn eine Wettbewerbsbeschränkung auch dann unterbunden wird, wenn die Wettbewerbsbeschränkung nicht beabsichtigt war. Und gegen beabsichtigte Wettbewerbsbeschränkungen soll schon dann vorgegangen werden, wenn sie nur drohen, weil schon der Abstimmungsinhalt den Wettbewerb gefährdet.
Weiterhin läßt sich in diesem Zusammenhang auch anführen, daß Vorbild des Art. 81 EGV in erster Linie Art. 65 des EGKS-Vertrages, Verbot von Wettbewerbsbeschränkungen im Kohle- und Stahlbereich, war.[511] Dieser setzt voraus, daß die Vereinbarung auf die Wettbewerbsbeschränkung abzielt, während es Art. 81 Abs. 1 EGV genügen läßt, daß sie bezweckt oder bewirkt ist.[512] Hätte man gewollt, daß bei Art. 81 Abs. 1 EGV ebenfalls die Wettbewerbsbeschränkung stets auch bezweckt sein soll, so müßte die Formulierung dem Art. 65 EGKSV entsprechen.
Somit ist es ausreichend, wenn die Beteiligten die Einschränkung ihrer wettbewerblichen Handlungsfreiheit bezwecken, eine Außenwirkung dagegen nur bewirken oder umgekehrt.[513]
In der Praxis wird allerdings häufig nicht zwischen diesen beiden Tatbestandsmerkmalen unterschieden, sondern eine Gesamtwürdigung vorgenommen und in deren Rahmen angesichts des weiten Schutzzwecks des Art. 81 Abs. 1 EGV festgestellt, ob eine Wettbewerbsbeschränkung vorliegt oder nicht.[514] Bezüglich der näheren Ausführungen, wann eine Wettbewerbsbeschränkung bezweckt oder bewirkt wird, kann auf die Ausführungen im Rahmen des § 1 GWB verwiesen werden.[515]

f) Spürbarkeit

(1) Allgemeine Grundsätze

Nach ständiger Praxis der Gemeinschaftsorgane[516] enthält Art. 81 Abs. 1 EGV als weiteres ungeschriebenes Tatbestandsmerkmal das Erfordernis der Spürbarkeit der Wettbewerbsbeschränkung. Die Frage der Spürbarkeit der Auswirkungen spielt außerdem eine Rolle bei der Prüfung der Beeinträchtigung des Handels zwischen den Mitgliedstaaten.[517]

Eine Wettbewerbsbeschränkung unterfällt aufgrund dieses ungeschriebenen Tatbestandsmerkmals erst dann dem Kartellverbot, wenn sie am Markt spürbar ist oder als bezweckte Wettbewerbsbeschränkung jedenfalls geeignet ist, am Markt spürbar zu werden. Hierdurch

---

[510] Beuthien, Seite 7f.; Emmerich, 7.Aufl., § 33, 2.b).
[511] Emmerich in Immenga/Mestmäcker, EG-Wettbewerbsrecht, Art. 85 Abs. 1, Rdn. A 3.
[512] Vgl. dazu Blank, Seite 120f. m. w. N.
[513] Koch in Grabitz/Hilf, Art. 85, Rdn.85; EuGH, Slg. I 1998, 1997/2004f. „Javico".
[514] Gleis/Hirsch, Art. 85 Abs. 1, Rdn.146.
[515] Siehe hierzu Seite 29.
[516] Kommission, ABl. der EG 1964, Nr. L 58 Seite 915/916 „Grosfillex" (erste Entscheidung in der die Spürbarkeit vorausgesetzt wurde); ABl. der EG 1964, Nr. 161, Seite 2545/2548 „Grundig/Consten"; EuGH, Slg. 1966, 281/303f. „Maschinenbau Ulm"; Slg. 1969, 295/302 „Völk/Verwaecke"; Slg. 1978, 131/149f. „Miller"; Slg. 1983, 3151/3200 „AEG"; Slg. 1985, 3812/3824f. „NSO".
[517] Siehe dazu die Anwendung auf Wettbewerbsbeschränkungen in den Mitgliedstaaten Seite 69ff.

soll vor allem eine Anwendbarkeit des Art. 81 Abs. 1 EGV auf Bagatellkartelle verhindert werden. Dabei bilden Marktanteile und Marktstrukturen die wichtigsten Indikatoren für die Beurteilung einer Spürbarkeit.
Der EuGH geht davon aus, daß bei einem Marktanteil unterhalb der Schwelle von 1% die Spürbarkeit regelmäßig zu verneinen ist[518], während er die Spürbarkeit bei einem Marktanteil von mehr als 5% grundsätzlich annimmt[519]. Dabei reicht ein solcher Anteil am Markt eines einzelnen Mitgliedstaates meistens aus. Jedoch stellt der EuGH nicht ausschließlich auf die Marktanteile eines Unternehmens ab, sondern bezieht bei der Beurteilung noch weitere Kriterien mit ein: Inhalt der Bestimmung, Art und Menge der betroffenen Erzeugnisse, Stellung und Bedeutung der Beteiligten auf dem jeweiligen Markt und ganz allgemein die wirtschaftlichen und rechtlichen Zusammenhänge.[520]

Die Kommission dagegen stellt entsprechend ihrer Bekanntmachung quantitative Gesichtpunkte in den Vordergrund, so daß vor allem der Marktanteil der betreffenden Waren oder Dienstleistungen maßgeblich ist[521].
In verschiedenen Bekanntmachungen hat die Kommission präzisiert, wann in diesem Sinne eine Wettbewerbsbeschränkung spürbar ist, um den Unternehmen über den jeweiligen Einzelfall hinausreichende Hinweise zur Auslegung des Art. 81 Abs. 1 EGV zu geben. Es soll vor allem die Zusammenarbeit zwischen Unternehmen erleichtert werden, die wirtschaftlich erwünscht und wettbewerbspolitisch unbedeutend sind.[522] So geht es unter anderem auch darum, die Zusammenarbeit zwischen kleinen und mittleren Unternehmen als unbedenklich anzusehen.
Die Bekanntmachung enthält jedoch weder Rechtsnormen noch normative Regelungen. Durch sie tritt zwar eine begrenzte Selbstbindung der Kommission, nicht jedoch eine Bindung der Gerichte oder der nationalen Kartellbehörden ein.[523]
Nach der letzten Fassung vom Dezember 1997 wird zwischen horizontalen und vertikalen Vereinbarungen unterschieden.[524] Während bei horizontalen Vereinbarungen die Spürbarkeitsschwelle bei einem Marktanteil von 5% liegt, beträgt sie neuerdings bei vertikalen Vereinbarungen bereits 10%.[525]
Bei Vereinbarungen, die Absprachen über Preise, Mengen oder Märkte – also Hardcore-Beschränkungen – enthalten, schließt die Kommission die Anwendbarkeit von Art. 81 Abs. 1 EGV auch unterhalb der genannten Marktanteilschwelle nicht aus.[526] Die Absprachen über Preise fallen jedoch nur dann darunter, wenn diese im Horizontalverhältnis stattfindet. Genauso sieht es auch mit Vereinbarungen aus, die bezwecken, den Absatz einzuschränken.

Bei Einkaufsbündelungen ist diesbezüglich jedoch gerade zu beachten, daß diese Absprachen über Preise und den Absatz gerade im Vertikalverhältnis und nicht im Horizontalverhältnis

[518] EuGH, Slg. 1969, 295/302 „Völk/Verwaecke"; Slg. 1971, 949/959f. „Béguelin".
[519] EuGH, Slg. 1978, 131/149f. „Miller"; Slg. 1983, 3151/3201 „AEG".
[520] EuGH, Slg. 1971, 949/960 „Béguelin"; Slg. 1980, 2511/2536 „Lancôme"; Slg. 1980, 3757/3792 "L'Oréal".
[521] Kommission, ABl. der EG 1968, Seite 4/6 „SOCEMAS".
[522] Bekanntmachung über Vereinbarungen von geringer Bedeutung, ABl. der EG 1997 Nr. C 372, Seite 13, Tz.1.
[523] Emmerich in Immenga/Mestmäcker, EG-Wettbewerbsrecht, Art. 85 Abs. 1, Rdn. A 213; Schröter in Groeben/Thiesing/Ehlermann, Art.85, Rdn.198; Stockmann in Wiedemann, Handbuch des Kartellrechts, § 7, Rdn.28.
[524] Bagatellbekanntmachung, (Fn.522).
[525] Bagatellbekanntmachung (Fn.522), Tz. 9.
[526] Diskussionspapier des Bundeskartellamtes. „Kooperationen zwischen Wettbewerbern – Ist eine Neubewertung erforderlich?", Seite 22; Bagatellbekanntmachung (Fn.522), Tz. 11.

stattfinden, so daß diese von der Sonderregelung im Rahmen der Bagatellbekanntmachung nicht betroffen sind.
Die Anwendbarkeit von Art. 81 Abs. 1 EGV läßt sich auch dann nicht ausschließen, wenn die Marktanteile unterhalb der genannten Schwelle der Bagatellbekanntmachung verbleiben, jedoch besonders schwerwiegende Wettbewerbsbeschränkungen vorliegen oder ganze Netze gleichartiger wettbewerbsbeschränkender Vereinbarungen.[527] Dies muß gesondert für jeden Einzelfall von Einkaufskaufsbündelungen entschieden werden.

(2) Relevanter Markt

Die Spürbarkeit der Wettbewerbsbeschränkung ist im Hinblick auf den Markt zu untersuchen, auf den sie sich auswirkt oder voraussichtlich auswirken wird. Angesichts der zunehmenden Verflechtung und Internationalisierung der Märkte, wird ein immer weitergehender Begriff des relevanten Marktes der Spürbarkeitsprüfung zu Grunde zu legen sein.
Somit ist der Markt in sachlicher räumlicher und zeitlicher Hinsicht abzugrenzen. Es gibt keinen einheitlichen für alle EG-Vorschriften relevanten Markt, sondern es muß auf die jeweilige Vorschrift, insbesondere ihre Schutzrichtung und den verfolgten Zweck abgestellt werden.[528]

Bei der Frage nach dem sachlich relevanten Markt geht es sowohl im deutschen als auch im europäischen Recht grundsätzlich um das Problem, welche Güter oder Leistungen zu einem Markt gehören (Bedarfsmarktkonzept), d.h. welche Produkte aus der Sicht der Marktgegenseite wegen ihrer Eigenschaften zur Befriedigung eines gleichbleibenden Bedarfs gleichermaßen geeignet sind, während ihre Austauschbarkeit mit anderen Produkten gering ist.[529] Geht es dagegen, wie bei der Einkaufsbündelung, um die Nachfrageseite des Marktes, ist bei der Abgrenzung des sachlich relevanten Marktes entsprechend auf die Sicht der Marktgegenseite, also der Anbieter, abzustellen.[530] Es ist zu prüfen, welche Ausweichmöglichkeiten für die Anbieter bestehen (sog. Nachfragesubstituierbarkeit). Hiernach gehören alle Nachfrager und Produzenten zu demselben Markt, auf die sie ohne große Schwierigkeiten ausweichen können.[531]

Der räumlich relevante Markt[532] umfaßt grundsätzlich das Gebiet, in dem die beteiligten Unternehmen die relevanten Produkte oder Dienstleistungen anbieten, in denen die Wettbewerbsbedingungen hinreichend homogen sind und das sich von benachbarten Gebieten durch spürbar unterschiedliche Wettbewerbsbedingungen abhebt. Bei der Abgrenzung des räumlich relevanten Marktes ist ebenso auf die Marktgegenseite, also die Anbieter (Lieferanten), abzu-

---

[527] Bagatellbekanntmachung (Fn.522), Tz. 11, 18.
[528] Bunte in Langen/Bunte, Generelle Prinzipien Art. 81, Rdn.108; Emmerich in Immenga/Mestmäcker, EG-Wettbewerbsrecht, Art. 85 Abs. 1, Rdn. A 217.
[529] EuGH, Slg. 1991 I, 3359/3439ff. „Akzo"; Slg. 1994 I, 693/701f. Tz.13ff. „Hilti"; Slg. 1996 I, 5987/6004ff. Tz.11ff. „Tetra Pak"; Bekanntmachung der Kommission zur Definition des relevanten Marktes im Wettbewerbsrecht, ABl. der EG 1997 Nr. C 372 Seite 5. Tz.7, 13ff., 25ff.
[530] Kommission, ABl. der EG 1975 Nr. L 212 Seite 23/24f. „Intergroup"; Schröter in von der Groeben/Thiesing/Ehlermann, Art. 85 Abs. 1, Rdn.108; Roth/Ackermann in Frankfurter Kommentar, Grundfragen Art. 81 Abs. 1, Rdn.276; Emmerich in Immenga/Mestmäcker, EG-Wettbewerbsrecht, Art. 85 Abs. 1, Rdn. A 228; a. A. Müller-Graff in Hailbronner/Klein/Magiera/Müller-Graff, Art. 85, Rdn.86.
[531] Bekanntmachung der Kommission zur Definition des relevanten Marktes im Wettbewerbsrecht (Fn.529) Tz. 13ff.
[532] Siehe dazu Bekanntmachung der Kommission zur Definition des relevanten Marktes im Wettbewerbsrecht (Fn.529) Tz. 8, 28ff., 44ff.

stellen. So daß es darauf ankommt, welche räumlichen Ausweichmöglichkeiten für die Anbieter bestehen, d.h. auf welche Nachfrager sie ausweichen können. In diesem Zusammenhang ist dann auch besonders zu beachten, inwieweit die Lieferanten überhaupt auf weiter entferntere Absatzmärkte ausweichen können, da es auch auf die Produkteigenschaften, insbesondere die Haltbarkeit und Transportfähigkeit der Güter ankommt. Weitere entscheidende Kriterien für die räumliche Marktabgrenzung sind beispielsweise die Transportkosten, die Haltbarkeit des Produkts, regionale Besonderheiten, tarifäre und nichttarifäre Handelshemmnisse, sprachliche und kulturelle Unterschiede.

Der zeitlich relevante Markt ist der Zeitraum, auf den es bei der Prüfung der Wettbewerbswirkungen einer Koordinierung ankommt.[533] Jedoch hat er selten praktische Bedeutung. Bei Einkaufskooperation findet höchstens eine Begrenzung hinsichtlich der Dauer der Vereinbarung statt.

g) Rule of Reason?

In der Literatur ist vorgeschlagen worden, bereits im Rahmen des Tatbestandes des Art. 81 Abs. 1 EGV die wirtschaftliche Bedeutung einer Vereinbarung zu berücksichtigen und eine Differenzierung danach vorzunehmen, ob eine Vereinbarung überwiegend wettbewerbsbeschränkende oder wettbewerbsfördernde Wirkung hat: rule of reason.
Der Grundsatz der „rule of reason“ kann jedoch nur in besonderen Einzelfällen angewandt werden, da ansonsten der Anwendungsbereich des Art. 81 Abs. 3 EGV zu weit eingeschränkt würde.[534] Für Einkaufsbündelungen sind bisher im Rahmen der „rule of reason“ keine besonderen Ausnahmen gemacht worden.
Obwohl in diesem Zusammenhang zu erwähnen ist, daß durch die Horizontalleitlinien eine der „rule of reason“ entsprechende Wirkung eintritt, indem ökonomische Kriterien bereits im Rahmen des Art. 81 Abs. 1 EGV Beachtung erlangen.

4. Freistellung gemäß Art. 81 Abs. 3 EGV

Verstößt eine Vereinbarung oder abgestimmte Verhaltensweise gegen das Kartellverbot des Art. 81 Abs. 1 EGV, so besteht dennoch die Möglichkeit einer Freistellung nach Art. 81 Abs. 3 EGV. In Betracht kommen diesbezüglich sowohl generelle Freistellungen für Gruppen von Vereinbarungen und Einzelfreistellungen für bestimmte Verträge. Man unterscheidet deswegen zwischen Gruppen –und Einzelfreistellungen.

a) Gruppenfreistellungsverordnung (GFVO)

(1) Allgemeine Beschreibung

Die Gruppenfreistellungsverordnungen dienen dazu, die Kommission zu entlasten.[535] Diese Entlastung ist aufgrund der zahlreichen Anmeldungen von Verträgen mit dem Ziel der Frei-

---

[533] Bunte in Langen/Bunte, Generelle Prinzipien Art. 81, Rdn.116; Roth/Ackermann in Frankfurter Kommentar, Grundfragen Art. 81 Abs. 1, Rdn.293.
[534] Brinker in Schwarze, EU-Kommentar, Art. 81, Rdn.42ff.
[535] Geers, Seite 83.

stellung unerläßlich geworden.[536] Für die Unternehmen bedeuten die Gruppenfreistellungsverordnungen und der damit in Verbindung stehende Verzicht auf ein Verwaltungsverfahren eine Beschleunigung des Verfahrens und eine erhöhte Rechtssicherheit, wenn die Fassung der Freistellungsvoraussetzungen hinreichend bestimmt ist.[537] Gruppenfreistellungen können nur durch Verordnung ausgesprochen werden. Für deren Erlaß ist ausschließlich der Rat gemäß Art. 87 EGV zuständig.
Diese Verordnungen, die in wachsender Zahl ergehen, sind immer nach demselben Muster aufgebaut. Nach der Beschreibung der freistellungsfähigen Vereinbarungen folgt ein ausführlicher Katalog erlaubter und verbotener Klauseln, sogenannte weiße und schwarze Listen. Teilweise werden auch noch für wettbewerbsbeschränkende Vertragsbestimmungen Widerspruchsverfahren vorgesehen (sog. graue Klauseln).

Die Gruppenfreistellungsverordnungen binden als Gesetze im materiellen Sinn die Behörden und Gerichte der Mitgliedstaaten[538] Allerdings steht es den jeweiligen Unternehmen frei, ob sie sich auf die Gruppenfreistellungsverordnung berufen, indem sie die dort aufgeführten Abreden oder aber ob sie individuelle Vereinbarungen treffen und dann eine Freistellung nach Art. 81 Abs. 3 EGV anstreben.

Liegen die Voraussetzungen der GFVO vor, ist die Wettbewerbsbeschränkung kraft der Verordnung „automatisch" vom Verbot des Art. 81 Abs. 1 EGV freigestellt. Nicht so eindeutig verhält es sich dagegen, wenn neben den von der GFVO freigestellten Wettbewerbsbeschränkungen noch weitere Wettbewerbsbeschränkungen vereinbart werden („überschießende" Wettbewerbsbeschränkungen). Diesbezüglich kommen zwei Lösungsmöglichkeiten in Betracht: Entweder die Nichtanwendbarkeit der GFVO insgesamt (sog. „Alles oder Nichts-Prinzip)[539] oder aber die GFVO bleibt anwendbar und nur die hierüber hinausgehenden Wettbewerbsbeschränkungen werden anhand des Art. 81 Abs. 1 und 2 EGV überprüft.[540]
Die Frage ist durch die jeweilige Auslegung der GFVO zu beantworten.[541] Die GFVO legt die Voraussetzungen ihrer Anwendbarkeit fest und bestimmt daher insbesondere auch darüber, ob sie bei „überschießenden" Wettbewerbsbeschränkungen insgesamt nicht mehr zur Anwendung gelangt.

(2) Besondere Gruppenfreistellungsverordnungen für Einkaufsbündelungen in horizontaler und vertikaler Sicht

Ursprünglich hatte die Kommission eine Verordnung zur gruppenweisen Freistellung von Vereinbarungen über den gemeinsamen Ein- und Verkauf angestrebt und auch einen Vor-

---

[536] Schröter in von der Groeben/Thiesing/Ehlermann, Art. 85 Abs. 3, Rdn.283; Veelken in Immenga/Mestmäcker, GFVO, Rdn.1.
[537] Wiedemann, Kommentar zur Gruppenfreistellungsverordnung, Bd. I, AT Rdn.38; Schröter in von der Groeben/Thiesing/Ehlermann, Art. 85 Abs. 3, Rdn.283.
[538] EuGH, Slg. 1976, 111/118 „Fonderies Roubaix/Fonderies Roux; Slg. 1991 I, 977/992 „Delimitis"; K. Schmidt in Festschrift für Quack, Seite 669/671; siehe auch hierzu Bunte/Sauter, EG-Gruppenfreistellungsverordnungen, Einf. Rdn.90; Geers, Seite 41.
[539] Martinek/Habermeier ZHR 158, 107/128; Bunte/Sauter, EG-Gruppenfreistellungsverordnungen, Einf. Rdn.96; Wiedemann, Kommentar zur Gruppenfreistellungsverordnung, Bd. I, AT Rdn.317.
[540] Mestmäcker, § 23 I 1 (Seite 310).
[541] Vgl. EuGH, Slg. 1991 I, 935/990 „Delimitis".

schlag zum Erlaß einer entsprechenden Ermächtigung durch den Rat vorgelegt.[542] Aufgrund des Widerspruchs des Parlaments wurde dieser Vorschlag jedoch zurückgezogen. Auch in Zukunft ist nicht mit einer Gruppenfreistellungsverordnung für den gemeinsamen Einkauf zu rechnen. Dies hängt einerseits damit zusammen, daß es zu viele verschiedene Formen des gemeinsamen Einkaufs gibt, so daß es schwierig ist, hierfür eine gemeinsame Verordnung zu entwickeln und andererseits ist auch die Gefährlichkeit des gemeinsamen Einkaufs nicht zu vernachlässigen, so daß eine GFVO ein zu großes Risiko darstellt.[543]
Da es somit keine GFVO gibt, die Einkaufskooperationen in ihrer Gesamtheit erfaßt, muß diesbezüglich zwischen den horizontalen und den vertikalen Vereinbarungen unterschieden werden, die sich aus dem gemeinsamen Einkauf ergeben, damit eine automatische Freistellung über eine GFVO überhaupt möglich ist.

(a) GFVO für vertikale Vereinbarungen

(aa) Allgemeine Grundsätze der GFVO

Für den Bereich der vertikalen Wettbewerbsbeschränkungen (zwischen Unternehmen verschiedener Wirtschaftsstufen) hat die Kommission an die Stelle der bisherigen sektorspezifischen GFVO[544]eine umfassende, mit Marktanteilskriterien arbeitende Gruppenfreistellungsverordnung treten lassen, nämlich die ab 1. Juni 2000 geltende weitgefaßte GFVO Nr. 2790/1999[545] für alle vertikalen Vereinbarungen (außer Kfz-Vertrieb und Technologie-Transfer)[546].
Die neue GFVO bewirkt, daß alle Unternehmen, die keine bedeutende Marktmacht haben, infolge des „Marktanteilkriteriums“ in einem „sicheren Hafen“ agieren, d.h. sie müssen die Vereinbarkeit von Verträgen und einzelnen Klauseln, die keine hardcore restrictions beinhalten, mit Art. 81 EGV nicht mehr näher prüfen. Die neue GFVO schafft also ein Maximum an Rechtssicherheit für eine Vielzahl von Unternehmen im Hinblick auf wettbewerblich unbedenkliches Verhalten.
Auch hat die Kommission rechtzeitig zum Inkrafttreten der neuen GFVO umfangreiche Leitlinien[547] verabschiedet, die zusätzliche Orientierung, sowohl zur Auslegung der GFVO als auch hinsichtlich der Anwendung von Art. 81 Abs. 1 und Abs. 3 EGV außerhalb der GFVO geben sollen.

Grundsätzlich wird in GFVO zwischen „weißen“, „schwarzen“ und „grauen“ Klauseln unterschieden. Unter „weißen“ Klauseln versteht man solche, die ausdrücklich freigestellt sind. Die „schwarzen“ Klausel[548] führen dagegen zum Wegfall der GFVO insgesamt und die „grauen“

[542] Siehe Kommission, ABl. der EG 1970 Nr. C 92 Seite 14ff.
[543] Federlin/Haag in von der Groeben/Thiesing/Ehlermann, Art. 85, Fallgruppen Kooperationsabsprachen, Rdn.49.
[544] Ersetzt werden VO Nr. 1983/83/EWG über Alleinvertriebsvereinbarungen, VO Nr. 1984/83 über Alleinbezugsvereinbarungen und VO Nr. 4087/88/EWG über Franchisevereinbarungen
[545] Gruppenfreistellungsverordnung (Fn.420).
[546] Für Altverträge gelten nach Art 12 der GVO 2790/1999 bis zum 31.12.2001 noch Übergangsregelungen. Der Artikel widmet sich der neuen Rechtslage.
[547] Leitlinien über vertikale Beschränkungen (Fn.547) Tz. 46.
[548] Siehe Art. 4 VO 2790/1999 (Fn.420).

Klauseln[549], sind jene, die nicht freigestellt sind, deren Vereinbarung aber nicht zum Wegfall der Freistellung im Übrigen führt.
Anders sieht es jedoch in der GFVO für vertikale Vereinbarungen aus; denn hier werden nur noch verbotene Kernbeschränkungen in einer sogenannten „schwarzen" Liste geführt, während auf eine „weiße" Liste freigestellter Klauseln verzichtet wird, um der Vertragsgestaltung größere Spielräume zu lassen.[550]

(bb) Von der GFVO freigestellte Vereinbarungen

(aaa) Anwendungsbereich

Art. 2 Abs. 1 der GFVO regelt, daß das Kartellverbot des Art. 81 Abs. 1 EGV auf vertikale Vereinbarungen im Sinne dieser GFVO nicht anwendbar ist, wenn die in der Verordnung genannten Voraussetzungen gegeben sind. Vertikale Vereinbarungen werden definiert als „Vereinbarungen oder aufeinander abgestimmte Verhaltensweisen zwischen zwei oder mehr Unternehmen, von denen jedes zwecks Durchführung der Vereinbarung auf einer unterschiedlichen Produktions- oder Vertriebstufe tätig ist und welche die Bedingungen betreffen, zu denen die Parteien bestimmte Waren oder Dienstleistungen beziehen, verkaufen oder weiterverkaufen können".
Legt man der Beurteilung der Einkaufsbündelungen alleine diese Definition zu Grunde, so werden von der GFVO und damit nicht von Art. 81 Abs. 1 EGV folgende Vereinbarungen erfaßt: Vereinbarungen zwischen der Einkaufskooperation und dem Lieferanten bzw. Händler, zwischen dem einzelnen Unternehmen und der Einkaufskooperation und zwischen dem jeweils einzelnen Unternehmen und dem Lieferanten bzw. Händler. Dies ergibt sich daraus, daß Lieferant bzw. Händler, Einkaufskooperation und die einzelnen Unternehmen jeweils auf unterschiedlichen Wirtschaftsstufen tätig sind.

Begrenzt wird der Anwendungsbereich der vertikalen GFVO allerdings durch Art. 2 Abs. 2 bis 5 der GFVO. Gemäß Art. 2 Abs. 2 HS. 1 gilt die GFVO auch für „vertikale Vereinbarungen zwischen einer Unternehmensvereinigung und ihren Mitgliedern oder einer solchen Vereinigung und ihren Lieferanten", jedoch „nur dann, wenn alle Mitglieder der Vereinigung Wareneinzelhändler sind und wenn keines ihrer einzelnen Mitglieder zusammen mit seinen verbundenen Unternehmen einen jährlichen Gesamtumsatz von mehr als 50 Mio. EUR erzielt". Für Großunternehmen des Handels kommt daher diese Freistellung gar nicht erst in Betracht. Der Grund dafür, daß Unternehmensvereinigungen auch freigestellt werden können, liegt darin, daß diese nicht schlechter gestellt werden sollen als integrierte Unternehmen.[551]
Die Verordnung selbst definiert den Begriff der Unternehmensvereinigung von Wareneinzelhändlern nicht. Verwunderlich ist dies deswegen, weil die Verordnung an anderer Stelle mit Definitionen von unbestimmten Rechtsbegriffen nicht spart.[552] Allerdings läßt sich aus der Formulierung des Art. 2 Abs. 2 der GFVO erkennen, daß die Unternehmensvereinigung so gestaltet sein muß, daß sie auf jeden Fall Partei eines Vertrages sein kann.[553] Sie muß also ei-

---

549 Siehe Art. 5 VO 2790/1999 (Fn.420).
550 So auch Blaurock in Schwarze, Neuere Entwicklungen auf dem Gebiet des europäischen Wettbewerbsrechts, Seite 71/76.
551 Vgl. Pukall, NJW 2000, 1375/1377.
552 Vgl. Art. 1 und 11 der Verordnung Nr. 2790/99 (Fn.420).
553 Schulte/Geiger, EuZW 2000, 396/398.

gene Rechtspersönlichkeit besitzen. Weiterhin läßt sich aus der Formulierung „Vereinigung und ihren Lieferanten“[554] auch erkennen, daß die Unternehmensvereinigung auch ein eigenes Geschäft betreibt. Hinzu kommt noch, daß sie „Mitglieder“ haben muß, in deren Eigentum sie steht und deren Kontrolle sie unterworfen ist.
Bei den Mitgliedern dieser Unternehmensvereinigung muß es sich um Wareneinzelhändler handeln. Ein Unternehmen betreibt dann (Waren-)Einzelhandel, wenn es gewerbsmäßig Waren anschafft und sie unverändert oder nach im Einzelhandel üblicher Be- oder Verarbeitung in einer oder mehreren offenen Verkaufsstellen zum Verkauf an jedermann freihält.[555] Der Begriff der Wareneinzelhändler ist folglich so zu verstehen, daß es sich um Händler handelt, die Endprodukte wiederverkaufen bzw. Dienstleistungen an Endverbraucher erbringen.[556] Hinzu kommt noch, daß keines der einzelnen Mitglieder einschließlich der mit ihm verbundenen Unternehmen einen jährlichen Gesamtumsatz von mehr als 50 Mio. Euro erzielt. Allerdings wird dieser absolute Wert durch die Leitlinien[557] etwas relativiert, indem es dort heißt, daß die positive Bewertung der vertikalen Vereinbarung in der Regel unverändert bleibt, wenn eine begrenzte Anzahl von Einzelhändlern die Umsatzschwelle nicht erheblich überschreitet. Mit diesem Umsatzkriterium will die Kommission nur kleine und mittlere Unternehmen als Mitglieder einer Unternehmensvereinigung in den Genuß der GFVO für vertikale Wettbewerbsbeschränkungen kommen lassen.[558]

Zu klären ist somit im Rahmen von Einkaufsbündelungen erst einmal, ob diese Einschränkung der Anwendbarkeit der GFVO hier zur Anwendung gelangt. Dazu muß es sich bei dem Unternehmen, das den gemeinsamen Einkauf tätigt, um eine Unternehmensvereinigung im Sinne der oben genannten Kriterien handeln. Einkaufsbündelungen können in verschiedenen Erscheinungsformen auftreten[559]: Innen- und Außengesellschaft. Bei der Innengesellschaft übernimmt eines der an der Einkaufskooperation beteiligten Unternehmen den Einkauf, wogegen bei einer Außengesellschaft ein ausgelagertes Unternehmen, das von den Mitgliedern der Einkaufskooperation gegründet wird, diese Aufgabe übernimmt. Fraglich ist, ob auch bei der Beurteilung, ob eine Unternehmensvereinigung vorliegt, zwischen diesen Erscheinungsformen unterschieden werden muß. Gegen diese Trennung zwischen Innen- und Außengesellschaft ist jedoch anzuführen, daß es für die Anwendung der GFVO keinen Unterschied machen kann, ob ein Mitgliedsunternehmen den gemeinsamen Einkauf übernimmt oder ob dafür ein eigenständiges Unternehmen gegründet wird. In beiden Fällen handelt es sich um eine Vereinigung mehrerer Unternehmen („Mitglieder“) in Form einer Einkaufskooperation mit dem Zweck des gemeinsamen Einkaufs. Die Einkaufskooperation hat, unabhängig davon in welcher Erscheinungsform sie tätig wird, eine eigene Rechtspersönlichkeit und schließt auch teilweise eigene Geschäfte ab, wobei es hier auf den jeweiligen Einzelfall der Ausgestaltung der Einkaufskooperation ankommt. Aus diesem Grund fallen sowohl Innen- als auch Außengesellschaften unter den Begriff der „Unternehmensvereinigung“ von Wareneinzelhändlern.

---

[554] Siehe Art. 2 Abs. 2 der Verordnung Nr. 2790/99 (Fn.420).
[555] Tilch, Deutsches Rechts-Lexikon „Einzelhandel“, Seite 1152f.
[556] Leitlinien für vertikale Beschränkungen (Fn.400), Tz.28f.
[557] Leitlinien für vertikale Beschränkungen (Fn.400), Tz.28f.
[558] Wobei diesbezüglich der Kommission ein Fehler unterlaufen ist, da dies ein Problem der horizontalen Wettbewerbsbeschränkung darstellt und in diesem Rahmen gar nicht berücksichtigt werden muß; so auch Pukall, NJW 2000, 1375/1377; Schulte/Geiger, EuZW 2000, 396/399.
[559] Siehe oben Seite 5: Erscheinungsformen der Einkaufsbündelungen.

Folglich werden von dieser Einschränkung aus Art. 2 Abs. 2 GFVO die vertikalen Vereinbarungen zwischen der Einkaufskooperation und den einzelnen Mitgliedsunternehmen oder zwischen der Einkaufskooperation und ihren Lieferanten bzw. Händlern erfaßt. Hieraus ergibt sich, daß Einkaufskooperationen grundsätzlich unter die GFVO fallen.[560]

Weiter ist zu berücksichtigen, daß nach Art. 2 Abs. 4 der GFVO die Freistellung nur in Ausnahmefällen für vertikale Vereinbarungen zwischen Wettbewerbern gilt. Diese Ausnahmefälle sind dann gegeben, wenn es sich um eine nicht-gegenseitige vertikale Vereinbarung handelt und entweder der Jahresumsatz des Käufers 100 Mio. Euro nicht überschreitet oder es darf nur der Lieferant die in Frage stehende Ware produzieren. Diese Ausnahme ist allerdings im Rahmen von Einkaufsbündelungen nur dann zu beachten, wenn der Hersteller bzw. Händler selbst auf der Handelsstufe der einzelnen Unternehmen tätig ist.[561]

(bbb) Marktanteil

Sind die Voraussetzungen des Art. 2 Abs. 2 der Gruppenfreistellung für vertikale Vereinbarungen erfüllt und liegen bei vertikalen Vereinbarungen zwischen Wettbewerbern die Voraussetzungen von Art. 2 Abs. 4 der GFVO vor, so gilt nach Art. 3 Abs. 1 der Gruppenfreistellung für vertikale Vereinbarungen die Freistellung jedoch nur dann, wenn der Anteil des Lieferanten an dem relevanten Markt, auf dem er die Vertragswaren oder –dienstleistungen verkauft, 30% nicht überschreitet. Der Grund für diese Marktanteilsschwelle ist darin zu sehen, daß nach Auffassung der Kommission vertikale Beschränkungen in aller Regel zur Verbesserung der Produktions- und Vertriebsbedingungen führen, wenn der Marktanteil unter 30% liegt.[562]
Bei der Marktanteilsberechnung sind gemäß Art. 11 der GFVO alle Unternehmen mitzurechnen, die mit dem Lieferunternehmen im Sinne des Abs. 2 verbunden sind. Markmacht und Marktanteil werden in Art. 9 der GFVO spezifiziert.
Voraussetzung für die Bestimmung des Marktanteils ist die Definition des sachlich und räumlich relevanten Marktes.[563] In Art. 9 der GFVO hat die Kommission selbst Anhaltspunkte niedergelegt, die bei der Abgrenzung des relevanten Marktes beachtet werden sollen. Diese Grundsätze werden noch durch die Leitlinien der Kommission über vertikale Vereinbarungen[564] und die Mitteilung der Kommission über die Bestimmung des relevanten Marktes ergänzt[565]. Hiernach bestimmt sich der sachlich relevante Markt nach der Substituierbarkeit des Produkts aus der Sicht des Käufers (sog. Bedarfsmarktkonzept[566]); der räumlich relevante Markt umfaßt das Gebiet, in das die Waren geliefert werden[567]. Dies muß für die jeweilige Einkaufskooperation gesondert bestimmt werden.

In Art. 9 Abs. 2 Lit. c der GFVO sind die Fälle der Steigerung des Marktanteils über 30% geregelt: Steigt der Marktanteil auf über 30%, bleibt aber unter 35%, so gilt die GFVO für 2 Jah-

---

[560] Vgl. Brinker in Schwarze, Europäisches Wettbewerbsrecht im Wandel, Seite 131/139.
[561] Vgl. Semler/Bauer, DB 2000, 193/196.
[562] Erwägungsgründe 6 – 9 der GFVO 2790/1999; Leitlinien über vertikale Beschränkungen (Fn.400) Tz. 6; Kallfass, WuW 1999, 225/243.
[563] Nur vereinzelt ist der zeitlich relevante Markt zu berücksichtigen.
[564] Leitlinien über vertikale Beschränkungen (Fn.400).
[565] Bekanntmachung der Kommission zur Definition des relevanten Marktes im Wettbewerbsrecht (Fn.529).
[566] Siehe oben zum europäisches Kartellrecht Seite 96.
[567] Leitlinien über vertikale Beschränkungen (Fn.400) Tz.90.

re weiter. Um ein Jahr verlängert sich die Freistellung dagegen nur, wenn der Marktanteil von unter 30% auf über 35% steigt.

Die Anwendung dieser Norm (Art. 3 der GFVO) auf Einkaufskooperationen bereitet allerdings Probleme. Fraglich ist nämlich in diesem Zusammenhang, ob als „Lieferant" auch die Einkaufskooperation angesehen werden muß, wenn und soweit sie gegenüber ihren Mitgliedern Eigengeschäfte betreibt.[568] Handelt es sich um eine vertikale Vereinbarung zwischen der Unternehmensvereinigung und ihren Mitgliedern, also um eine vertikale Vereinbarung zwischen den Abnehmern und der für sie tätigen Einkaufskooperation, so muß in diesem Fall auch die Einkaufskooperation als Lieferant angesehen werden, da es ansonsten zu einer Besserstellung von vertikalen Vereinbarungen zwischen Unternehmensvereinigungen und ihren Mitgliedern kommt. Aus diesem Grund fällt auch die Unternehmensvereinigung in Form der Einkaufskooperation unter die Marktanteilsschwelle von 30 %.

(ccc) Schwarze Liste: Kernbeschränkungen

Weiterhin darf in der Vereinbarung keine der in Art. 4 der GFVO genannten Kernbeschränkungen vorliegen. Diese sogenannte „schwarze" Liste enthält Tatbestände, die zur Nichtanwendung der vertikalen GFVO auf alle getroffenen vertikalen Vereinbarungen führt.[569]
Nach Art. 4 lit. a der vertikalen GFVO ist es dem Lieferanten untersagt, dem Käufer direkt oder indirekt Fest- oder Mindestpreise vorzuschreiben. Hieraus wird ersichtlich, daß von Art. 4 lit. a der vertikalen GFVO nur Preisbindungsvereinbarungen zu Lasten des Käufers erfaßt werden. Liegt dagegen eine Preisbindung zu Lasten des Verkäufers vor, so unterliegt diese der Freistellung der vertikalen GFVO.[570] Dies hat zur Folge, daß nach europäischem Kartellrecht im Gegensatz zum deutschen Kartellrecht in Zukunft sogenannte Meistbegünstigungsklauseln zulässig sind.[571]

Für Einkaufsbündelungen bedeutet das, daß die vertikalen Vereinbarungen zwischen dem Lieferanten bzw. dem Händler und der Einkaufskooperation bezüglich der Gewährung besonders günstiger Konditionen in Form von niedrigeren Preisen gegenüber den Mitgliedern der Einkaufskooperation nicht unter die „schwarze" Liste fallen. Genauso verhält es sich auch mit eventuell vereinbarten Meistbegünstigungsklauseln zwischen dem Lieferanten bzw. Händler und der Einkaufskooperation, da in beiden aufgeführten Fällen eine Beschränkung zu Lasten des Verkäufers gegeben ist. Anders als nach deutschem Kartellrecht (§ 14 GWB) findet eine Freistellung dieser Vereinbarungen statt, so daß sie nicht unter das Kartellverbot des Art. 81 Abs. 1 EGV fallen.

(cc) Entzug und Erklärung der Nichtanwendbarkeit der GFVO

In den Artikeln. 6 bis 8 der GFVO sind die Möglichkeiten geregelt, die gruppenweise erteilte Freistellung wieder zu entziehen. Hiernach kann die Kommission eine durch die GFVO gewährte Freistellung wieder entziehen, wenn die Voraussetzungen des Art. 81 Abs. 3 EGV

[568] Köhler, K & R 2000, 569/575.
[569] Leitlinien über vertikale Beschränkungen (Fn.400) Tz. 46.
[570] Semler/Baur, DB 2000, 193/197; Polley/Seeliger, WRP 2000, 1203/1212.
[571] Vgl. Ackermann, EuZW 1999, 741/743; Semler/Bauer, DB 2000, 193/197.

nicht vorliegen. Auch die zuständigen Behörden eines Mitgliedstaates (z. B. das Bundeskartellamt[572]) können nach Art. 7 der GFVO einen Entzug der Freistellung anordnen, wenn die unter die GFVO fallende Vereinbarung im Gebiet eines Mitgliedstaates oder einem Teil desselben, der alle Merkmale eines gesonderten räumlichen Marktes aufweist, im Einzelfall Wirkungen hat, die mit den Voraussetzungen des Art. 81 Abs. 3 EGV unvereinbar sind.
Probleme ergeben sich in diesem Fall allerdings dann, wenn die Kommission und die nationalen Behörden bezüglich des Entzugs unterschiedliche Ansichten vertreten. Entzieht eine nationale Behörde einer Vereinbarung den Vorteil der Anwendung der GFVO, obwohl die Kommission der Ansicht ist, daß die Voraussetzungen des Art. 81 Abs. 3 EGV vorliegen, so kommt es zu Konfliktfällen[573]. In diesem Fall kann sich die Kommission dann aber durch Erteilung einer Einzelfreistellung durchsetzen.

Vom Entzug der Freistellung durch die Kommission oder nationale Behörden ist die Erklärung der Nichtanwendbarkeit der GFVO durch Verordnung gemäß Art. 8 der GFVO i.V.m. Art. 1 a VO Nr. 19/65/EWG[574] zu unterscheiden. Diese ist dann möglich, wenn in dem betreffenden Markt parallele Vertragsnetze bestehen, die mehr als 50% des Marktes erfassen. Eine derartige Verordnung würde aber gemäß Art. 8 Abs. 2 der GFVO erst sechs Monate nach ihrem Erlaß anwendbar sein.

(b) Horizontale Vereinbarungen

Die horizontalen Vereinbarungen und abgestimmte Verhaltensweisen im Rahmen der Einkaufskooperation werden von GFVO für vertikale Vereinbarungen nicht berührt.
Bei Einkaufsbündelungen liegen horizontale Vereinbarung oder abgestimmte Verhaltensweise zwischen den Mitgliedern der Kooperation vor. Dies kann insbesondere Bedeutung für die horizontale Vereinbarung bezüglich des gemeinsamen Einkaufs und dem häufig damit in Verbindung stehenden Bezugszwangs haben.
Diesbezüglich gibt es keine Gruppenfreistellungsverordnung, so daß im Rahmen der Einkaufsbündelung horizontale Vereinbarungen, die unter Art. 81 Abs. 1 EGV fallen, nur aufgrund einer Einzelfreistellung gemäß Art. 81 Abs. 3 EGV freigestellt werden können. Der Grund dafür ist darin zu sehen, daß Wettbewerbsbeschränkungen zwischen Unternehmen, die auf verschiedenen Marktstufen tätig sind, wettbewerbspolitisch nicht so gefährlich sind wie Vereinbarungen zwischen Unternehmen auf der gleichen Marktstufe.[575] Insofern ist mit GFVO für horizontale Vereinbarungen immer ein größeres wettbewerbspolitisches Risiko verbunden. In diesem Fall erlaubt eine Einzelfreistellung somit eine stärkere Kontrollmöglichkeit dieser Vereinbarungen.

---

572 § 50 Abs. 1 GWB.
573 Vgl. dazu bereits de Bronett, WuW 1999, 825/831.
574 Zuletzt geändert durch die VO (EG) Nr. 1215/1999, ABl. der EG 1999 Nr. L 148, Seite 1ff.
575 Federlin/Haag in von der Groeben/Thiesing/Ehlermann, Art. 85, Fallgruppen Kooperationsabsprachen, Rdn.49; Schulte/Geiger, EuZW 2000, 396/397.

b) Einzelfreistellung nach Art. 81 Abs. 3 EGV

(1) Allgemeine Grundsätze

Horizontale als auch vertikale Vereinbarungen, die unter die Tatbestandvoraussetzungen von Art. 81 Abs. 1 EGV fallen und gar nicht erst einer Gruppenfreistellungsverordnung unterliegen und daher grundsätzlich verbotene Wettbewerbsbeschränkungen darstellen, können nach Art. 81 Abs. 3 EGV in Form einer Einzelfreistellung freigestellt werden.
Art. 81 Abs. 3 EGV spricht von Vereinbarungen, Beschlüssen und aufeinander abgestimmten Verhaltensweisen, auf die die Bestimmungen des Abs. 1 für nicht anwendbar erklärt werden können. Hiermit sind die sogenannten Einzelfallfreistellungen gemeint. Weiterhin enthält Art. 81 Abs. 3 EGV eine Vielzahl unbestimmter Rechtsbegriffe, so daß der Kommission aus diesem Grund ein weiter Beurteilungsspielraum eröffnet wird.
Der Unterschied zum deutschen System besteht in erster Linie darin, daß das GWB explizit und abschließend die möglichen Freistellungstatbestände nennt, während Art. 81 Abs. 3 EGV lediglich allgemeine Bedingungen nennt, die eine Vereinbarung, damit sie freistellungsfähig ist, erfüllen muß.[576]

(2) Freistellungsvoraussetzungen

Eine Freistellung nach Art. 81 Abs. 3 EGV ist möglich, wenn die Vereinbarung oder die abgestimmte Verhaltensweise unter angemessener Beteiligung der Verbraucher an dem entstehenden Gewinn zur Verbesserung der Warenerzeugung oder –verteilung oder zur Förderung des technischen oder wirtschaftlichen Fortschritts beiträgt, ohne daß den beteiligten Unternehmen Beschränkungen auferlegt werden, die für die Verwirklichung dieser Ziele nicht unerläßlich sind, oder Möglichkeiten eröffnet werden, für einen wesentlichen Teil der betreffenden Waren den Wettbewerb auszuschalten.

Findet sich eine Vereinbarung zwischen zwei Vertragspartnern in der schwarzen Liste der GFVO über vertikale Beschränkungen[577] wieder, so ist dies auf jeden Fall ein gegen eine Einzelfreistellung sprechendes Indiz.[578] Grundsätzlich werden jedoch im Rahmen von Einkaufskooperationen keine Abreden vereinbart, die sich in der „schwarzen" Liste wiederfinden,[579] so daß hieran keine Einzelfreistellung scheitern kann.

(a) Verbesserung der Warenerzeugung oder -verteilung

Die wichtigste Voraussetzung des Art. 81 Abs. 3 EGV ist, daß das Kartell einen Beitrag zur Verbesserung der Warenerzeugung (Herstellung) oder -verteilung (Vertrieb) leistet. Dies bedeutet, daß mit dem Kartell im Einzelfall tatsächlich spürbare objektive Vorteile für die Verbraucher gegeben sein müssen, die die mit dem Kartell verbundenen Nachteile überwie-

---

[576] Diskussionspapier des Bundeskartellamtes: „Kooperationen zwischen Wettbewerbern – Ist eine Neubewertung erforderlich?", Seite22.
[577] Siehe Art. 4 VO Nr. 2790/1999 (Fn.420).
[578] Leitlinien über vertikale Beschränkungen (Fn.400) Tz. 46.
[579] Siehe oben Seite 103.

gen.[580] Damit man dies feststellen kann, müssen die Nach- und Vorteile des Kartells, die sich aus der horizontalen Vereinbarung ergeben, miteinander verglichen und gegeneinander abgewogen werden. Als entsprechender Vorteil ist die Verbesserung der Warenerzeugung und -verteilung anzusehen. Hierbei handelt es sich um eine Art Rationalisierungswirkung.[581] Je schwerwiegender die Wettbewerbsbeschränkung ist, desto größere müssen die daraus resultierenden Vorteile sein.

Im Rahmen von Einkaufsbündelungen tritt allerdings in den seltensten Fällen eine Rationalisierungswirkung ein,[582] Es handelt sich vielmehr um eine Verbesserung der Wettbewerbsfähigkeit durch bloßen „strukturellen Größenausgleich" ohne jeden Bezug zu einer Verbesserung der internen betriebswirtschaftlichen Leistung. Eine dem entsprechende, und somit dem § 4 Abs. 2 GWB gleichkommende, Freistellungsmöglichkeit ist im System des europäischen Wettbewerbsrechts nicht vorgesehen.[583]
Allerdings könnte eine Kostensenkung durch gemeinsamen Einkauf als Verbesserung der Warenerzeugung anzusehen sein. Im Vergleich zum deutschen Kartellrecht (§ 5 GWB)[584] wird im europäischen Kartellrecht im Rahmen des Art. 81 Abs. 3 EGV nicht verlangt, daß die Rationalisierung Gegenstand der Kooperationsvereinbarung bzw. maßgeblicher Vertragszweck sein muß[585], so daß es hierfür ausreichend ist, wenn durch den kooperativen Einkauf ein Teil von Unternehmensfunktionen ausgelagert wird, und so als typische Folge eines Einkaufskartells durch Einsparung von Potentialfaktoren Rationalisierungswirkungen eintreten.
Folglich ist es im Rahmen von Einkaufsbündelungen ausreichend, wenn objektive Vorteile in der Form auftreten, daß Kosten, egal ob beim Einkauf oder beim Transport, eingespart werden,[586] die schwerer wiegen als die wettbewerbsbeschränkende Wirkung der Vereinbarung. Als kritisch sieht die Kommission allerdings die Einkaufskooperationen im Rahmen des Tatbestandsmerkmals „zur Verbesserung der Warenerzeugung oder -verteilung" dann an, wenn an ihnen nicht nur mittelständische Unternehmen, sondern auch große Unternehmen beteiligt sind, weil dadurch die marktbeeinflussende Wirkung des koordinierten Einkaufsverhaltens wesentlich verstärkt wird.[587] Somit bedarf es bei der Beteiligung von Großunternehmen einer noch genaueren Untersuchung der Auswirkungen des koordinierten Verhaltens auf den Markt und den damit auch verbundenen Vorteilen.

(b) Verbraucherbeteiligung

Eine weitere materielle Freistellungsvoraussetzung ist, daß die Verbraucher angemessen an dem mit der wettbewerbsbeschränkenden Vereinbarung für die Kartellmitglieder verbundenem Gewinn beteiligt werden. Der Grund für dieses Tatbestandsmerkmal ist darin zu sehen, daß das System des unverfälschten Wettbewerbs dem Vorteil des Verbrauchers dienen soll.

---

[580] EuG, Slg. 1994 II, 595/632ff. „Matra"; Slg. 1995 II, 1533/1596ff. „Langnese-Iglo"; Slg. 1995 II, 1611/1662ff. „Schöller".
[581] Emmerich, Seite 423; Sauter in Immenga/Mestmäcker, EG-Wettbewerbsrecht, Art. 85 Abs. 3, Rdn. C 3.
[582] Siehe oben Seite 52.
[583] So auch Schwintowski, BB 1992, 368/373.
[584] Vgl. Legalisierungsmöglichkeiten gemäß § 5 GWB Seite 51f.
[585] Monopolkommission, Sondergutachten 14, Tz. 88.
[586] Horizontale Leitlinien (Fn.3) Tz.132; Sauter in Immenga/Mestmäcker, EG-Wettbewerbsrecht, Art. 85 Abs. 3, Rdn. C 9; Schröter in von der Groeben/Thiesing/Ehlermann, Art. 85 Abs. 3, Rdn.301.
[587] Sauter in Immenga/Mestmäcker, EG-Wettbewerbsrecht, Art. 85 Abs. 3, Rdn. C 17.

Unter den „Verbrauchern“ versteht man nicht nur die Endverbraucher, sondern alle unmittelbaren und mittelbaren Abnehmer der jeweiligen Waren und Dienstleistungen.[588]
Gewinn ist jeder Vorteil, der den Verbrauchern auf Grund der Absprache zufließt.[589] Hierunter fallen auch finanzielle Vorteile, die sich aus einer Preissenkung[590] oder der Beibehaltung der bisherigen Preise trotz gestiegener Kosten[591] ergeben.
Hinzu kommen muß, daß dieser Vorteil angemessen ist. Das bedeutet, daß die Verbraucher aus der Abrede erheblichen Nutzen ziehen, der die Nachteile, die sich für die Verbraucher aus der Wettbewerbsbeschränkung ergeben, übertrifft.[592] Für diese angemessene Beteiligung muß eine hinreichende Wahrscheinlichkeit bestehen.[593]

Für Einkaufsbündelungen bedeutet dies, daß sich das Einkaufen zu günstigeren Konditionen auch auf den Verbraucher auswirken muß, er also an den Einsparungen der Unternehmen beteiligt werden muß. Problematisch wird dies allerdings dann, wenn die beteiligten Unternehmen erhebliche Nachfragemacht ausüben, dann muß die Verbraucherbeteiligung genau untersucht werden, denn Kosteneinsparungen, die alleine durch Ausübung von Marktmacht verursacht werden und den Kunden keinen Vorteil bringen, können nicht freigestellt werden.[594]

Um beurteilen zu können, ob es sich um eine angemessene Gewinnbeteiligung der Verbraucher handelt, müssen Preissenkung und Wettbewerbsbeschränkung gegenübergestellt werden. Die Wettbewerbsbeschränkung durch gemeinsamen Einkauf der Unternehmen kann sich in der Weise auf die Verbraucher auswirken, daß die Mitglieder der Einkaufsbündelung durch die gleichen Konditionen beim Einkauf beim Absatz nicht mehr in einem Wettbewerbsverhältnis zueinander stehen, weil sie durch den gemeinsamen Einkauf auch annähernd gleiche Preise beim Absatz (Verkauf) haben (Absatzwettbewerb). In diesem Fall besteht keine Konkurrenz mehr zwischen den Unternehmen, der sich positiv auf die Verbraucher auswirkt. Diese Beeinträchtigung des Absatzwettbewerbs ist jedoch nur in vereinzelten Fällen gegeben, weil in der Regel der überwiegende Teil der Produktionskosten im Bereich der Verarbeitung entsteht. Anders sieht es nur aus, wenn keine wesentliche Verarbeitung des eingekauften Produkts mehr stattfindet und die Kosten für den Rohstoff die Herstellungskosten für das Endprodukt wesentlich beeinflussen. Folglich ist für die Verbraucher in den wenigsten Fällen ein Nachteil gegeben zu dem der Vorteil (Gewinn) in einem angemessenem Verhältnis stehen muß. Somit ist selbst die geringste Gewinnbeteiligung angemessen.

---

588 Schröter in von der Groeben/Thiesing/Ehlermann, Art. 85 Abs. 3, Rdn.304; Emmerich, Seite 424.
589 Gleiss/Hirsch, Art. 85, Rdn.1909; Bunte in Langen/Bunte, Generelle Prinzipien Art. 81, Rdn.157; Sauter in Immenga/Mestmäcker, EG-Wettbewerbsrecht, Art. 85, Rdn.19; Kommission, ABl. der EG 1964 Nr. 161 Seite 2545/2550 „Grundig/Consten“; EuGH, Slg. 1977 II, 1875/1916 „Metro“.
590 Kommission, ABl. der EG 1964 Nr. 161Seite 2545/2550 „Grundig/Consten“; ABl. der EG 1971 Nr. L 227, Seite 26/31 „Cematex I“; ABl. der EG 1980 Nr. L 260, Seite 24/29f. „National Sulphuric Acid Association I“; ABl. der EG 1988 Nr. L 52, Seite 51/60 „Olivetti/Canon“; ABl. der EG 1996 Nr. L 54, Seite 28/36 „Lufthansa/SAS“.
591 Kommission, ABl. der EG 1971 Nr. L 134, Seite 6/11 „FN/CF“; ABl. der EG 1991 Nr. L 19, Seite 25/34 „KSB/Goulds/Lowara/ITT“; ABl. der EG 1996 Nr. L 188, Seite 37/45 „BNP/Dresdner Bank“.
592 Kommission, ABL. der EG 1972 Nr. L 31, Seite 29/35f. „MAN/SAVIEM“; ABl. der EG 1983 Nr. L 224, Seite 19/25f. „Rockwell/Iveco“; ABl. der EG 1995 Nr. L 312, Seite 79/86 (Nr. 34) „Kraanverhuur“.
593 Ständige Praxis der Kommission, ABl. der EG 1968 Nr. L 201, Seite 7/9f. „ACEL/Berliet“; ABl. der EG 1983 Nr. L 224, Seite 19/25f. „Rockwell/Iveco“.
594 So auch Horizontale Leitlinien (Fn.3) Tz.132.

(c) Unerläßlichkeit

Selbst wenn die genannten Voraussetzungen vorliegen, scheidet eine Freistellung aus, wenn den beteiligten Unternehmen Beschränkungen auferlegt werden, die für die Verwirklichung dieser Ziele nicht unerläßlich sind (Art. 81 Abs. 3 lit. a EGV). In diesem Zusammenhang ist zu überprüfen, ob es zur Erreichung der genannten Vorteile (die dem Verbraucher zufließen müssen) Vereinbarungen getroffen werden können, die weniger wettbewerbsbeschränkend sind, aber die gleiche Wirkung entfalten (sogenannter Verhältnismäßigkeitsgrundsatz).[595]
Die Unerläßlichkeit ist grundsätzlich durch eine Würdigung im Einzelfall zu beantworten, wobei sich für Einkaufsbündelungen allgemein feststellen läßt, daß in den überwiegenden Fällen auf andere Weise, als durch den gemeinsamen Einkauf in Form von Nachfragebündelung, keine günstigeren Konditionen erreicht werden können, die dann beispielweise durch Preissenkungen an die Verbraucher weitergegeben werden können.

Weiterhin besteht jedoch auch die Möglichkeit, daß im Rahmen der Vereinbarung über den gemeinsamen Einkauf weitere Verpflichtungen getroffen werden, wie zum Beispiel, daß die beteiligten Unternehmen ausschließlich über die Einkaufskooperation einzukaufen haben und somit einem gewissen Bezugszwang unterliegen. Dieser Bezugszwang ist indes teilweise unerläßlich, um den erforderlichen Umfang für die Erzielung von Größenvorteilen zu erlangen.[596]

(d) Ausschluß des Wettbewerbs

Als letzte Voraussetzung der Freistellungsfähigkeit eines Kartells wird in Art. 81 Abs. 3 lit. b EGV genannt, daß den beteiligten Unternehmen keine Möglichkeiten eröffnet werden sollen, für einen wesentlichen Teil der betreffenden Waren den Wettbewerb auszuschließen. Dies bedeutet, daß die Kommission einerseits zu berücksichtigen hat, inwieweit die beteiligten Unternehmen trotz der Vereinbarung noch konkurrieren (Innenwettbewerb)[597], und andererseits, welche Stellung die Unternehmen auf dem sachlich, örtlich und zeitlich relevanten Markt[598] einnehmen und bis zu welchem Grad die Marktverhältnisse durch die Absprache verändert werden (Außenwettbewerb). Hierbei kommt es insbesondere auf die Marktstruktur und die Marktanteile der beteiligten Unternehmen an.[599] Marktanteile bis zu 30% werden grundsätzlich noch hingenommen.[600], Marktanteile von über 50% werden als kritisch angesehen und bei Marktanteilen von über 80% wird eine Freistellung in aller Regel abgelehnt[601]. Im Rahmen der Beurteilung des Außenwettbewerbs sind jedoch neben den Marktanteilsgrenzen noch wei-

---

[595] Sauter in Immenga/Mestmäcker, EG-Wettbewerbsrecht, Art. 85 Abs. 3, Rdn.C 23.

[596] Vgl. Horizontale Leitlinien (Fn.3) Tz.133.

[597] Schröter in von der Groeben/Thiesing/Ehlermann, Art. 85 Abs. 3, Rdn.317f.; Kommission, ABl. der EG 1978 Nr. L 322, Seite 26/34 „WANO-Schwarzpulver"; Kommission, ABl. der EG 1988 Nr. L 230, Seite 39/44 „Iveco/Ford".

[598] Siehe zur Definition des sachlich, örtlich und zeitlich relevanten Marktes Seite 102.

[599] Müller- Graff in Hailbronner/Klein/Müller-Graff/Magiera, Art. 85, Rdn.173; Sauter in Immenga/Mestmäcker, EG-Wettbewerbsrecht, Art. 85 Abs. 3, Rdn. C 28; auch Horizontale Leitlinien (Fn.3) Tz.134.

[600] Kommission, ABl. der EG 1975 Nr. L 29 Seite 11/12 „Duro-Dyne/Europair"; ABl. der EG 1982 Nr. L 314 Seite 34/37 „Amersham/Buchler"; ABl. der EG 1988 Nr. L 50 Seite 18/26 (Nr. 48) „Enichem/ICI"; ABl. der EG 1996 Nr. L 239 Seite 23/45ff. „Atlas".

[601] Kommission, ABl. der EG 1980 Nr. L 51 Seite 19/25 „Lab"; bestätigt durch EuGH, Slg. 1981, 851/868 „Cooperatieve Stremsel- en Kleurselfabriek".

tere Merkmale zu berücksichtigen, die im Einzelfall zu abweichenden Beurteilungen führen können: Art des Produkts, Zahl und Stärke der verbleibenden Konkurrenten und der Marktgegenseite, das Bestehen potentiellen Wettbewerbs oder die Verknüpfung des gemeinsamen Marktes mit dem Weltmarkt.[602]

Einkaufsbündelungen können somit nicht freigestellt werden, wenn die beteiligten Unternehmen durch die Abrede über den gemeinsamen Einkauf den Wettbewerb für einen wesentlichen Teil des betreffenden Produkts ausschalten. In diesem Zusammenhang sind sowohl die Einkaufs- als auch die Verkaufsmärkte zu berücksichtigen.[603]
Durch Einkaufsbündelungen findet keine vollständige Ausschaltung des Innenwettbewerbs, d.h. des Wettbewerb zwischen den beteiligten Unternehmen, statt. Denn alleine durch den gemeinsamen Einkauf eines Produkts zu den gleichen Konditionen wird nicht der Wettbewerb ausgeschaltet. In diesen Fällen kommt es höchstens zu einer Beschränkung des Nachfragewettbewerbs zwischen den Kartellmitgliedern.[604]

Anders sieht es dagegen mit dem Außenwettbewerb aus, wenn an der Einkaufsbündelung auch große Unternehmen beteiligt sind, so daß ein hoher Marktanteil erreicht wird. Ein hoher Marktanteil kann im Rahmen von Einkaufskooperationen jedoch dadurch zu einer anderen Beurteilung führen, wenn z. B. Gegenmacht der Lieferanten auf den Einkaufsmärkten oder Potential für einen Marktzutritt in den Verkaufsmärkten gegeben sind.[605] Eine beherrschende Stellung entweder auf dem Einkaufs- oder dem Verkaufsmarkt schließt eine Freistellung gemäß Art. 81 Abs. 3 EGV aus.[606] Dies bedarf einer Beurteilung des Einzelfalls.[607]

Grundsätzlich ist jedoch festzuhalten, daß Einkaufsbündelungen, die unter das Kartellverbot des Art. 81 Abs. 1 EGV fallen, unter dem Gesichtspunkt einer Verbesserung der Warenerzeugung und –verteilung durch Kosten- und Vertriebsgewinne, an der die Verbrauch durch niedrigere Preise beteiligt werden, häufig freistellungsfähig sind, wenn sie keine Beschränkung enthalten, die für die Verwirklichung der Ziele des gemeinsamen Einkaufs nicht unerläßlich sind.[608]

5. Zivilrechtsfolgen der Verletzung von Art. 81 Abs. 1 EGV

Gegen Art. 81 Abs. 1 EGV verstoßende Vereinbarungen oder Beschlüsse sind nach Art. 81 Abs. 2 EGV grundsätzlich nichtig (Art. 1 VO Nr. 17), solange keine Freistellung nach Art. 81 Abs. 3 EGV vorliegt.
Diese Nichtigkeit der wettbewerbsbeschränkenden Vereinbarungen beschränkt sich grundsätzlich auf die gegen Art. 81 Abs. 1 EGV verstoßenden Klauseln. Die restlichen Vereinbarungen

---

[602] Kommission, ABl. der EG 1971 Nr. L 134 Seite 6/12 „FN/CF"; ABl. der EG 1996 Nr. L 239 Seite 23/45ff. „Atlas"; ABl. der EG 1997 Nr. L 318 Seite 24/38 „Uniworld".
[603] Horizontale Leitlinien (Fn.3) Tz.134.
[604] Siehe oben Seite 21.
[605] Horizontale Leitlinien (Fn.3) Tz.134.
[606] Horizontale Leitlinien (Fn.3) Tz.134.
[607] Nähere Erläuterung siehe unten Seite 123.
[608] Vgl. Kommission, ABl. der EG 1989 Nr. L 190 Seite 22/24 „National Sulphuric Acid Association II"; ABl. der EG 1993 Nr. L 179 Seite 23/35f. „EBU/Eurovision-System".

der Parteien werden von der Nichtigkeit nur erfaßt, wenn sie sich von den wettbewerbsbeschränkenden Vereinbarungen nicht trennen lassen.[609]
Von der Nichtigkeit werden auch die sog. Ausführungsverträge erfaßt.[610] Hierunter versteht man Verträge, die zwischen den Kartellmitgliedern oder mit Dritten zur Durchführung, Verstärkung oder Ausdehnung der Wettbewerbsbeschränkung vereinbart worden sind.
Anders verhält es sich dagegen mit Folgeverträgen,[611] die zur Vollziehung der Kartellabsprache dienen und mit unbeteiligten Dritten geschlossen worden sind. Im Rahmen von Einkaufsbündelungen fallen hierunter insbesondere Kaufverträge mit Lieferanten oder Herstellern. Diese Verträge werden von der Rechtsfolge des Art. 81 Abs. 2 EGV nicht erfaßt.
Die Frage, ob Verstöße gegen Art. 81 Abs. 1 EGV außer der Nichtigkeit noch weitere zivilrechtliche Sanktionen auslösen können, beurteilt sich nach nationalem Recht.[612] Das sind insbesondere die Fälle, in denen Dritte gegebenenfalls von den Kartellmitgliedern Schadensersatz oder Unterlassung verlangen können. Im deutschen Recht ergeben sich derartige Ansprüche aus § 823 Abs. 2 BGB und § 1004 BGB, weil das Kartellverbot des Art. 81 Abs. 1 EGV als Schutzgesetz zugunsten der durch die Wettbewerbsbeschränkung betroffenen Dritten anerkannt ist.[613]

V. Mißbrauch einer marktbeherrschenden Stellung gemäß Art. 82 EGV

Art. 82 S.1 EGV verbietet die mißbräuchliche Ausnutzung einer marktbeherrschenden Stellung auf dem Gemeinsamen Markt oder einem wesentlichen Teil desselben durch ein oder mehrere Unternehmen, soweit dies dazu führen kann, den Handel zwischen den Mitgliedstaaten zu beeinträchtigen. Satz 2 nennt außerdem mehrere Beispiele eines derartigen Mißbrauchs. Der Mißbrauch einer marktbeherrschenden Stellung kann im Rahmen von Einkaufsbündelungen in der Form auftreten, daß diese durch die Zusammenfassung des Bedarfs mehrerer Unternehmen an dem jeweiligen Produkt eine bedeutende Marktmacht erlangt und diese dazu verwendet, um bei den Lieferanten und Herstellern besonders günstige Konditionen zu erlangen. Weiterhin unterliegen die Mitglieder der Einkaufskooperation in den meisten Fällen einem Bezugszwang, der es verhindert, daß diese auf andere Lieferanten/Händler zurückgreifen. In diesen genannten Fällen besteht die Möglichkeit des Mißbrauchs der beherrschenden Stellung.

1. Verhältnis zu Art. 81 EGV

Art. 81 und 82 EGV verfolgen beide das Ziel der Aufrechterhaltung und Entwicklung eines wirksamen, unverfälschten Wettbewerbs im Gemeinsamen Markt (Art. 3 lit. g EGV), jedoch

609 EuGH, Slg. 1966, 321/392f. „Grundig/Consten"; Slg. 1983, 4173/4183f. „Société de Vente de Ciments et Bétons/Kerpen".
610 Schroeter in von der Groeben/Thiesing/Ehlermann, Art. 85 Abs. 1, Rdn.166; Grill in Lenz, Art. 85, Rdn.35; Emmerich, Seite 420.
611 EuGH, Slg. 1983, 4173/4183f. „Société de Vente de Ciments et Bétons/Kerpen"; Slg. 1986, 4084/4088 "VAG France/Magne".
612 So auch die Auffassung der Kommssion – siehe Antwort auf die schriftliche Anfrage Nr. 519/72 der Abg. Vredeling ABl. der EG 1973 Nr. C 67 Seite 54f.; Gleiss/Hirsch, Art. 85, Rdn.441; Koch in Grabitz/Hilf, Art. 85, Rdn.146.
613 EuGH, 1974, 409/431 „Sacchi"; Slg. 1980, 2481/2500 „Estée Lauder"; OLG Düsseldorf v. 20.12.1988, WuW/E OLG 4407/4407 „Metro-Cartier".

mit unterschiedlichen Mitteln. Dies führt dazu, daß sich die Vertragsziele nicht widersprechen und somit eine Gesetzeskonkurrenz ausscheidet. Zwischen beiden Normen besteht somit Idealkonkurrenz.[614]

2. Tatbestandsvoraussetzungen

a) Relevanter Markt

Die Ermittlung einer marktbeherrschenden Stellung setzt eine sorgfältige Abgrenzung des relevanten Marktes voraus. Wie bereits erläutert[615], folgen die Kommission und der EuGH dem Bedarfsmarktkonzept.

Geht es dagegen, wie bei der Einkaufsbündelung, um die Nachfrageseite des Marktes, ist bei der Abgrenzung des sachlich relevanten Marktes entsprechend auf die Sicht der Marktgegenseite, also der Anbieter, abzustellen.[616] Es ist zu prüfen welche Ausweichmöglichkeiten für die Anbieter (in diesem Fall die Lieferanten) bestehen (sog. Nachfragesubstituierbarkeit). Hiernach gehören alle Nachfrager und Produzenten zu demselben Markt, auf die sie ohne große Schwierigkeiten ausweichen können.[617] Somit lassen sich die Bedarfsmärkte aus Gruppen sachlich verwandter Produkte konstituieren.

Der räumlich relevante Markt[618] umfaßt das Gebiet, in dem die beteiligten Unternehmen die relevanten Produkte oder Dienstleistungen anbieten bzw. bei Einkaufsbündelungen geht es hier um den Markt, auf dem die beteiligten Unternehmen als Nachfrager auftreten.

b) Wesentlicher Markt

Das Verbot des Art. 82 EGV richtet sich an Unternehmen, die eine beherrschende Stellung auf dem Gemeinsamen Markt oder einem wesentlichen Teil desselben einnehmen. Der räumlich relevante Markt, der von einem bestimmten Unternehmen beherrscht wird, muß aufgrund dieses Tatbestandsmerkmals eine bestimmte Größe erreichen. Entscheidend ist, welche Relevanz, d.h. wirtschaftliche Bedeutung, der betroffene Markt für den Wettbewerb in der Gemeinschaft hat.[619] Unter dem Begriff des Gemeinsamen Marktes versteht man die Gebiete aller in Art. 299 EGV genannten Mitgliedstaaten. Um die Gemeinschaftsrelevanz eines Marktes beurteilen zu können, stellt der Gerichtshof jedoch nicht alleine auf räumliche Kriterien, sondern in erster Linie auf die Struktur des betreffenden Marktes sowie auf Größe und Umfang

---

[614] Ganz überwiegende Ansicht; Möschel in Immenga/Mestmäcker, EG-Wettbewerbsrecht, Art. 86, Rdn. A 6ff.; Dirksen in Langen/Bunte, Art. 82, Rdn.2; Mestmäcker, Seite 358; Jung in Grabitz/Hilf, Art. 82, Rdn.15; Gleiss/Hirsch, Art. 86, Rdn.5; Mailänder in Gemeinschaftskommentar, Art. 86, Rdn.11.

[615] Siehe oben zur Definition des sachlich, örtlich und zeitlich relevanten Marktes Seite 96.

[616] Kommission, ABl. der EG 1975 Nr. L 212 Seite 23/24f. „Intergroup"; Schröter in von der Groeben/Thiesing/Ehlermann, Art. 85 Abs. 1, Rdn.108; Roth/Ackermann in Frankfurter Kommentar, Grundfragen Art. 81 Abs. 1, Rdn.276; Emmerich in Immenga/Mestmäcker, EG-Wettbewerbsrecht, Art. 85 Abs. 1, Rdn. A 228; a. A. Müller-Graff in Hailbronner/Klein/Magiera/Müller-Graff, Art. 85, Rdn.86.

[617] Bekanntmachung der Kommission zur Definition des relevanten Marktes im Wettbewerbsrecht (Fn.529) Tz. 13ff.

[618] Bekanntmachung der Kommission zur Definition des relevanten Marktes im Wettbewerbsrecht (Fn.529) Tz. 8, 28ff., 44ff.

[619] Emmerich in Dauses, Handbuch des EU-Wirtschaftsrechts, H. I § 1, Rdn.330.

der Produktion und des Verbrauchs ab, so daß auch qualitative Gesichtspunkte berücksichtigt werden.[620]
Es kommt selten vor, daß ein oder mehrere Unternehmen den gesamten Gemeinsamen Markt beherrschen[621], so daß entscheidend ist, ob die beherrschende Stellung auf einem wesentliche Teil des Gemeinsamen Marktes vorliegt. Einen wesentlichen Teil bilden unter anderem das Gebiet jedes Mitgliedstaates[622], sowie Teile von großen Mitgliedstaaten[623] als auch teilweise ein einziger bedeutender Flug- oder Seehafen[624]. Im Rahmen von Einkaufsbündelungen gibt es diesbezüglich keine Besonderheiten zu beachten, so daß die Beurteilung des jeweiligen Einzelfalls entscheidend ist.

c) Beherrschende Stellung

(1) Begriff

Das Mißbrauchsverbot des Art. 82 EGV richtet sich gegen solche Unternehmen, die auf dem jeweils relevanten Markt über eine beherrschende Stellung verfügen. Der EGV enthält keine Definition des Begriffs der beherrschenden Stellung.
Nach Auffassung des EuGH ist die marktbeherrschende Stellung im Sinne des Art. 82 EGV eine wirtschaftliche Machtstellung, die ein oder mehrere Unternehmen in die Lage versetzt, die Aufrechterhaltung eines wirksamen Wettbewerbs auf dem relevanten Markt zu verhindern, indem sie ihm die Möglichkeit verschafft, sich seinen Wettbewerbern, seinen Abnehmern und schließlich den Verbrauchern gegenüber in einem nennenswerten Umfang unabhängig zu verhalten.[625] Die wirtschaftliche Machtstellung äußert sich daher in der Fähigkeit des Unternehmens, die Preise zu bestimmen und die Produktion oder die Verteilung zu kontrollieren.[626]
Für eine wirtschaftliche Machtstellung kann es verschiedene Ursachen geben: so kann u. a. ein gesetzliches Monopol vorliegen oder aber ein besonders hoher Marktanteil des oder der Unternehmen. Hat das jeweilige Unternehmen eine Monopolstellung auf dem entsprechenden Markt, so wird von dem Vorliegen einer beherrschenden Stellung ausgegangen.[627] Anders

---

[620] EuGH, Slg. 1975, 1663/1995f. und 2011ff. „Suiker Unie"; Slg. 1978, 207/283ff. „United Brands"; Slg. 1979, 461/514ff. „Hoffmann-La Roche".
[621] Siehe aber Kommission, ABl. der EG 1972 Nr. L 299 Seite 51/54f. „Zola/CSC-ICI"; bestätigt durch EuGH, Slg. 1974, 223/248ff. „Commercial Solvents"; ABl. der EG 1988 Nr. L 272 Seite 27/38ff. (Nr. 40f.) „Tetra Pak I"; ABl. der EG 1989 Nr. L 43 Seite 27/40 (Nr. 90) „Decca Navigator System".
[622] Ständige Rechtsprechung: EuGH, Slg. 1983, 483/506f. (Nr. 44f.) „GVL"; Slg. 1983, 3461/35502f. (Nr. 28) „Michelin"; Slg. 1991 I, 1979/2018 (Nr. 28) „Höfner"; Slg. 1991 I, 2925/2961 (Nr. 31) „ERT"; Slg. 1991 I, 5941/5979 (Nr. 17) „GB-Inno-BM"; EuG, Slg. 1997 II, 1689/1714 (Nr. 58) „Deutsche Bahn/Kommission".
[623] EuGH, Slg. 1975 1663/1995f, und 2011ff. „Suiker Unie".
[624] EuGH, Slg. I 1991, 5889/5928 (Nr. 15) „Merci convenzionali porto di genova"; Slg. 1997 I, 4453/4465 „GT-Link"; Slg. I 1998, 3981/3994f. (Nr. 38) „Corsica Ferries France"; Kommission, ABl. der EG 1998 Nr. L 230, Seite 10/21 (Nr. 77ff.) „Alpha Flight Services/ADP".
[625] EuGH, Slg. 1978, 207/305 „United Brands".
[626] EuGH, Slg. 1971, 487/501 „Deutsche Grammophon/Metro"; Slg. 1975, 1367/1378f. „General Motors"; Slg. 1975 1663/1996, und 2013. „Suiker Unie"; Slg. 1978, 207/286 und 290f. „United Brands"; Slg. 1995 I, 2900/2911f. (Nr. 31) „Centro Servizi Spediporto"; EuG, Slg. 1991 II, 1439/1480 „Hilti"; Slg. 1994 II, 755/815ff. „Tetra Pak"; Slg. 1999 II, 2975/3007f. „Irish Sugar".
[627] EuGH, Slg. 1988, 2479/2514f. „Bodson"; Slg. 1999 I, 5863/5890 (Nr. 91) „Albany"; Slg. 1999 I, 6029/6056 (Nr. 91) „Albany"; Slg. 1999 I, 6125/6150 (Nr. 81) „Drijvende Bokken"; EuGH, EuZW 2000, 281/284 „DPAG/GZS/Citicorp".

sieht es dagegen aus, wenn das Vorliegen eines Monopols zu verneinen ist. Dann kommt es bei der Beurteilung, ob eine wirtschaftliche Machtstellung gegeben ist, in erster Linie auf die Höhe des Marktanteils des oder der jeweiligen Unternehmen an.

Für eine Marktbeherrschung auf der Nachfrageseite[628] bedeutet eine beherrschende Stellung entsprechend, daß ein Nachfrager von Produkten und Dienstleistungen dann als marktbeherrschend angesehen wird, wenn er die Möglichkeit besitzt, sich gegenüber den anderen Nachfragern und den Lieferanten unabhängig zu verhalten. Dies ist wiederum dann der Fall, wenn die Anbieter bzw. Lieferanten von dem Nachfrager wirtschaftlich abhängig sind, indem ihnen nicht die Möglichkeit gegeben ist, auf anderweitige Nachfrager auszuweichen, so daß kein wirksamer Nachfragewettbewerb vorliegt.[629] Es kann sogar so weit kommen, daß der Wettbewerb vollständig verhindert wird, denn die übrigen Abnehmer würden sich bei der entsprechenden Initiativen des Abnehmers diesem jederzeit anschließen, um zu günstigeren Bedingungen einzukaufen. Bei Einkaufsbündelungen kann es sich jedoch nur um eine beherrschende Stellung des oder der Unternehmen auf der Nachfrageseite handeln, wenn die Marktmacht dieser Kooperation in der Weise genutzt wird, daß bei den Lieferanten besonders günstige Konditionen ausgehandelt werden.

Als problematisch könnte sich jedoch in diesem Zusammenhang erweisen, wenn auf horizontaler Ebene weiterhin Wettbewerb besteht. Fraglich ist dann nämlich, ob in diesem Fall überhaupt eine beherrschende Stellung angenommen werden kann und Art. 82 EGV dann Anwendung findet.[630] Es stellt sich somit die Frage, ob eine beherrschende Stellung bei Nachfragern allein aus der Vertikalbeziehung hergeleitet werden kann. In mehreren Fällen, in denen die Unternehmen eine Monopolstellung inne hatten, haben die Kommission und der Gerichtshof die Abhängigkeit eines Handelspartners (vertikales Verhältnis) als Kriterium für die Annahme einer beherrschenden Stellung des Nachfragers genügen lassen.[631] Dasselbe muß auch für Unternehmen gelten, die zwar kein Monopol inne haben, aber aufgrund eines hohen Marktanteils und möglicherweise noch weiteren Kriterien sich dem Wettbewerbsdruck entziehen, unabhängige Strategien entwickeln und dadurch die Wettbewerbsbedingungen beeinflussen können.[632] Es sind keine Gründe ersichtlich, aufgrund derer eine unterschiedliche Behandlung dieser beiden Fälle vorgenommen werden sollte. Folglich kann bei Einkaufskooperationen eine marktbeherrschende Stellung allein aus der Vertikalbeziehung zum Lieferanten bzw. Anbieter hergeleitet werden. Im Rahmen von Einkaufsbündelungen stellt sich aber sogar die Frage, ob auf horizontaler Ebene überhaupt noch ein Nachfragewettbewerb besteht. Hat die Einkaufsbündelung eine marktbeherrschende Stellung hinsichtlich ihrer vertikalen Beziehung, so wird daneben auch eine marktbeherrschende Stellung auf der horizontalen Ebene anzunehmen sein.

---

[628] Möschel in Immenga/Mestmäcker, EG-Wettbewerbsrecht, Art.86, Rdn. B 69ff.

[629] So auch Schröter in von der Groeben/Thiesing/Ehlermann, Art. 86, Rdn.61; Dirksen in Langen/Bunte, Art. 82, Rdn.66; Möschel in Immenga/Mestmäcker, EG-Wettbewerbsrecht, Art. 86, Rdn.69ff.; Jung in Grabitz/Hilf, Art. 82, Rdn.59; Scheufele, BB 1973 Beilage 4, 1/12ff.

[630] Schröter in von der Groeben/Thiesing/Ehlermann, Art. 86, Rdn.62.

[631] Kommission, ABl. der EG 1971 Nr. L 134 Seite 15/21 „GEMA I"; ABl. der EG 1989 Nr. L 43 Seite 27/40 (Nr. 91) „Decca Navigator System"; ABl. der EG 1992 Nr. L 72 Seite 1/22 (Nr. 105) „Tetra Pak II"; EuGH, Slg.1975, 1367/1379 (Nr. 7/9) „General Motors Continental"; Slg. 1986, 3263/3300 „British Leyland".

[632] So auch Schröter in von der Groeben/Thiesing/Ehlermann, Art. 86, Rdn.63.

Da es sich bei Einkaufsbündelungen um eine beherrschende Stellung auf der Nachfrageseite handelt, ist zu klären, wie sich die Marktanteile des oder der Unternehmen auf die Beurteilung, ob eine marktbeherrschende Stellung gegeben ist, auswirken. Hierzu gibt es keine einschlägigen Entscheidungen der Kommission und des Gerichtshofes, so daß keine Marktanteile als Anhaltspunkte zur Hilfe herangezogen werden können.[633] Einigkeit besteht aber in der Hinsicht, daß die Bewertungsgrundsätze von der Anbieterseite nicht übernommen werden können.[634] Der Grund hierfür ist darin zu sehen, daß Nachfragemacht häufig gar nicht mit einem bestimmten Marktanteil in Zusammenhang steht, sondern es kommt vielmehr auch auf die Position des Anbieters an, die somit bei der Beurteilung mitberücksichtigt werden muß.
Aus diesem Grund findet beim Vorliegen einer Nachfragemacht die Beurteilung, ob eine marktbeherrschende Stellung gegeben ist, ausschließlich anhand der Kriterien statt, inwieweit der Wettbewerb zu anderen Nachfragern verhindert wird und inwieweit die Lieferanten in einer wirtschaftlichen Abhängigkeit der Einkaufskooperation stehen, also auf diese angewiesen sind.[635]

(2) Ein oder mehrere Unternehmen

Art. 82 EGV verbietet den Mißbrauch einer beherrschenden Stellung sowohl durch ein als auch „durch mehrere Unternehmen". Eine gemeinsame beherrschende Stellung von mehreren Unternehmen bedeutet, daß mehrere Unternehmen eine koordinierte Marktstrategie verfolgen und gemeinsam die erforderliche wirtschaftliche Machtstellung einnehmen.[636]
Dies ist auf verschiedene Weise möglich: So kann kollektive Marktbeherrschung auf kooperativer oder struktureller Verbundenheit verschiedener Unternehmen beruhen. Eine kooperative Verbundenheit der Unternehmen ist dann anzunehmen, wenn aufgrund einer Vereinbarung oder abgestimmten Verhaltensweise der Wettbewerb zwischen den Unternehmen beseitigt wird und sie in der Lage sind, wirksamen Wettbewerb von anderen Marktteilnehmern zu verhindern.[637] Wichtig ist vor allem das objektiv einheitliche Vorgehen am Markt und der Wille dazu.[638] Diese Voraussetzungen sind bei Einkaufsbündelungen grundsätzlich gegeben, da sie bewußt Vereinbarungen oder aber abgestimmte Verhaltensweisen bezüglich des gemeinsamen Einkaufs treffen und dadurch sowohl den Nachfragewettbewerb untereinander, als in gewissem Maße auch in Bezug auf andere Marktteilnehmer, ausschließen. Der Ausschluß des Nachfragewettbewerbs bezüglich anderer Nachfrager kommt dadurch zustande, daß aufgrund der Nachfragemacht der Einkaufskooperation diese den Nachfragemarkt bestimmen. Ein Nachfragewettbewerb hinsichtlich der Erlangung besonders günstiger Preise und Konditionen besteht nicht mehr. Dies wurde auch von den europäischen Gerichten bestätigt[639].

---

633 Schröter in von der Groeben/Thiesing/Ehlermann, Art. 86, Rdn.83.
634 Gleiss/Hirsch, Art. 86, Rdn.36; Jung in Grabitz/Hilf, Art. 82, Rdn.59.
635 Jung in Grabitz/Hilf, Art. 82, Rdn.59; Emmerich in Dauses, Handbuch des EU-Wirtschaftsrechts, H I § 1, Rdn.336; Schröter in von der Groeben/Thiesing/Ehlermann, Art. 86, Rdn.83.
636 EuGH, Slg. 1974, 223/255f. „Commercial Solvents"; Slg. 1989, 803/848ff. „Flugtarife"; EuG, Slg. 1992 II, 1403/1547 „SIV".
637 EuGH, Slg. 1975, 1663/2011 (Nr. 441ff.) „Suiker Unie"; EuG, Slg. 1992 II, 1403/1548 (Nr. 359f.) „SIV"; Kommission, ABl. der EG 1992 Nr. L 134 Seite 1/17ff. (Nr. 56, 64-66) „Reedereiausschüsse"; Dirksen in Langen/Bunte, Art. 82, Rdn.62.
638 EuG, Slg. 1996 II, 1201/1231 (Nr. 65f.) „Compagnie maritime belge transports".
639 EuGH, Slg. 1975, 1663 „Suiker Unie".

In diesem Zusammenhang ist zu erwähnen, daß Einkaufskooperationen in unterschiedlichen Erscheinungsformen als Innen- oder Außengesellschaft am Markt auftreten, was zur Folge hat, daß sie entweder als ein Unternehmen (Außengesellschaft) oder aber als mehrere Unternehmen (Innengesellschaft) angesehen werden. Liegt eine reine Außengesellschaft vor, so handelt es sich hierbei um ein eigenständiges Unternehmen, das für den gemeinsamen Einkauf zuständig ist, so daß nur auf die beherrschende Stellung dieses Unternehmens abzustellen ist.

d) Mißbräuchliche Ausnutzung

Allein die beherrschende Stellung eines Unternehmens ist jedoch für das Vorliegen eines Mißbrauchsverbots noch nicht ausreichend. Es muß weiterhin dazukommen, daß das oder die Unternehmen ihre beherrschende Stellung mißbräuchlich ausnutzen. Allerdings kommt Unternehmen, die eine beherrschende Stellung inne haben, eine „besondere Verantwortung" zu, daß die Wirksamkeit des unverfälschten Wettbewerbs durch ihre besondere Stellung nicht beeinträchtigt wird.[640] Dies führt häufig dazu, daß Unternehmen mit einer marktbeherrschenden Stellung eher ein Verhalten untersagt wird, als anderen Unternehmen.[641] Als problematisch erweist sich somit die Bestimmung des Zeitpunktes, ab wann grundsätzlich zulässiges Verhalten bei marktbeherrschenden Unternehmen nicht mehr zulässig ist und somit einen Mißbrauch darstellen.

(1) Mißbrauch – Allgemein

In Art. 82 EGV wird der Begriff des Mißbrauchs nicht definiert, sondern er beschränkt sich darauf, in Satz 2 vier Regelbeispiele aufzuzählen. Er spricht jedoch nur davon, daß in diesen genannten Beispielen ein Mißbrauch vorliegen kann. Diese Aufzählung ist nicht abschließend[642], was schon aus dem Wort „insbesondere" hervorgeht.
Primärer Zweck der Vorschrift ist gemäß Art. 3 lit. g EGV der Schutz des Systems des unverfälschten Wettbewerbs in der Gemeinschaft sowie gemäß Art. 82 S.2 EGV der Schutz der Marktpartner gegen machtbedingte Schädigung. Ziel der Mißbrauchsaufsicht ist es somit, eine Monopolisierung zu verhindern und den beherrschten Markt offen zu halten, damit dieser durch das Eindringen neuer Unternehmen erhalten bleibt.

(2) Ausbeutungsmißbrauch

Gemäß Art. 82 S. 2 lit. a EGV kann ein Mißbrauch in der unmittelbaren oder mittelbaren Erzwingung von unangemessenen Einkaufs- oder Verkaufspreisen oder sonstigen Geschäftsbedingungen liegen. Daraus ergibt sich, daß besonders die Preispolitik von Unternehmen mit einer marktbeherrschenden Stellung untersucht werden muß. Dies dient dem Schutz der Handelspartner vor Ausbeutung.

---

[640] EuGH, Slg. 1983, 3461/3511 (Nr. 57) „Michelin"; EuG, Slg. 1990 II, 309/362 (Nr. 37) „Tetra Pak"; Slg. 1996 II, 1201/1231 (Nr. 65f.) „Compagnie maritime belge transports"; Kommission, ABl. der EG 1997, Nr. L 258 Seite 1/19 (Nr. 115) „Irish Sugar".
[641] EuGH, Slg. 1983, 3461/3511 (Nr. 57) „Michelin"; Kommission, ABl. der EG 1999 Nr. L 69 Seite 31/36 (Nr. 27) „Portugiesische Flughäfen"; Mestmäcker, in Festschrift für Raisch, Seite 445.
[642] EuGH, Slg. 1973, 215/246 "Continental Can"; Slg. 1996 I, 5987/6011 (Nr. 37) "Tetra Pak".

Damit es zur Anwendung von Art. 82 S.2 lit. a EGV kommt, müssen zwei Voraussetzungen erfüllt sein: das beherrschende Unternehmen muß bestimmte Preise „erzwungen" haben und diese müssen unangemessen sein. Dabei wird der Begriff der „Erzwingung" weit ausgelegt.[643] Das bedeutet, daß unter den Begriff der „Erzwingung" jeder Einsatz der besonderen Macht des Unternehmens, das sich in der beherrschenden Stellung befindet, fällt.[644]
Folglich kommt es hauptsächlich auf das Tatbestandsmerkmal „unangemessen" an. Um dies beurteilen zu können, wird auf das Verhältnis zwischen dem Preis und dem wirtschaftlichen Wert der entsprechenden Ware oder Leistung abgestellt.[645] Problematisch erweist sich in diesem Zusammenhang die Bestimmung des wirtschaftlichen Wertes eines Produkts oder einer Dienstleistung. Der Gerichtshof hat hierbei auf den Vergleich zwischen erzwungenem Preis und den Gestehungskosten zurückgegriffen.[646] Gegen die Heranziehung der Kosten für die Bestimmung des Tatbestandsmerkmals der „Angemessenheit" läßt sich jedoch anführen, daß es in der Praxis fast unmöglich ist, die Kosten genau zu ermitteln.[647] Aus diesem Grund ist es sinnvoller, die Bestimmung des wirtschaftlichen Wertes auf Grundlage eines Vergleichsmarkts festzustellen, was bedeutet, daß die Preise vergleichbarer Waren am Gemeinsamen Markt zu Hilfe genommen werden.[648]
Von Art. 82 S.2 lit. a EGV wird auch erfaßt, wenn die Handelspartner durch sonstige Vertragsbedingungen unangemessen benachteiligt werden. Hiervon werden alle Vereinbarungen zwischen den Vertragsparteien erfaßt, die den wirtschaftlichen Wert der Geschäftsbeziehung beeinflussen.[649] Für die Beurteilung der Unangemessenheit gelten sinngemäß dieselben Grundsätze wie für den Preismißbrauch[650], was sich schon daraus ergibt, daß der Übergang zwischen Einkaufspreisen und sonstigen Geschäftsbedingungen fließend ist. Um eine Unangemessenheit feststellen zu können, muß eine Abwägung der Interessen der Geschäftspartner stattfinden.[651]
Tritt das marktbeherrschende Unternehmen als Nachfrager auf, wie es bei Einkaufsbündelungen der Fall ist, so kann die Unangemessenheit in der Erzwingung besonders niedriger Einkaufspreise[652] oder besonders günstiger Konditionen liegen.

---

[643] Emmerich, Seite 438.
[644] Schröter in von der Groeben/Thiesing/Ehlermann, Art. 86, Rdn.146; Emmerich in Dauses, Handbuch des EU-Wirtschaftsrechts, H. I § 1, Rdn.360; Möschel in Immenga/Mestmäcker, EG-Wettbewerbsrecht, Art. 86, Rdn. B 137; Gleiss/Hirsch, Art. 86, Rdn.71.
[645] EuGH, Slg. 1994 I, 5097/5106 (Nr. 25) „Centre d`insémination de la Crespelle (Rinderbesamung)"; Slg. 1997 I, 4453/4466 (Nr. 39) „GT-Link"; zustimmend Kommission, Mitteilung betreffende Zugangsvereinbarung vom 22.8.1998, ABl. der EG 1998 Nr. C 265 Seite 2/17f. (Nr. 105ff.).
[646] EuGH, Slg. 1978, 207/305 „United Brands; Slg. 1989, 803/850 „Flugtarif"; Kommission, ABl. der EG 1988 Nr. L 284 Seite 41/54f. „Napier Brown/British Sugar"; ABl. der EG 1988 Nr. L 317 Seite 47/52 „Sabena".
[647] Nähere Ausführungen zum Problem der Kostenermittlung: Emmerich in Dauses, Handbuch des EU-Wirtschaftsrechts, H. I § 1, Rdn.363; Möschel in Immenga/Mestmäcker, EG-Wettbewerbsrecht, Art. 86, Rdn. B 140ff.
[648] Vgl. EuGH, Slg, 1971, 487/501 „Deutsche Grammophon/Metro"; Kommission, ABl. der EG 1976 Nr. L 95 Seite 1/8ff. und 15ff. „Chiquita" (aus tatsächlichen Gründen aufgehoben durch EuGH, Slg. 1978, 207/307ff. „United Brands").
[649] Jung in Grabitz/Hilf, Art. 82, Rdn.149.
[650] Möschel in Immenga/Mestmäcker, EG-Wettbewerbsrecht, Art. 86, Rdn. B 148; Gleiss/Hirsch, Art. 86, Rdn.68; Schröter in von der Groeben/Thiesing/Ehlermann, Art. 86, Rdn.155.
[651] Möschel in Immenga/Mestmäcker, EG-Wettbewerbsrecht, Art. 86, Rdn. B 148f.; Jung in Grabitz/Hilf, Art. 82, Rdn.149; Schröter in von der Groeben/Thiesing/Ehlermann, Art. 86, Rdn.155.
[652] Vgl. EuGH, Slg. 1985, 1105/1123 (Nr. 22) „CICCE".

Bei Einkaufskooperation kann die Erzwingung von unangemessenen Einkaufspreisen und Konditionen im Verhältnis Hersteller/Händler zur Einkaufskooperation oder deren Mitgliedern auftreten. Maßgebend für die Beurteilung ist die Fähigkeit der Anbieter, auf andere Handelspartner oder benachbarte Produktmärkte auszuweichen, so daß sie auf die Einkaufskooperation mit ihrer entsprechenden Marktmacht nicht angewiesen sind und auf deren Preisforderungen eingehen müssen. Weiterhin ist dann im Vergleich zu anderen Märkten ein Preisvergleich anzustellen, um die „Unangemessenheit" dieser Einkaufspreise zu kontrollieren. Die Unangemessenheit der Konditionen findet durch eine Interessenabwägung statt.

(3) Einschränkung des Absatzes

Art. 82 S.2 lit. b EGV nennt weiterhin als mißbräuchliches Verhalten die Einschränkung der Erzeugung, des Absatzes oder der technischen Entwicklung zum Schaden der Verbraucher. Hiervon wird sowohl die Einschränkung eigenen als auch fremden Absatzes erfaßt. Im Rahmen von Einkaufsbündelungen besteht die Möglichkeit, daß von dieser der fremde Absatz eingeschränkt wird. Unter die Einschränkung fremden Absatzes fallen auch ausschließliche Bezugsbindungen, die der Marktbeherrscher seinen Geschäftspartnern auferlegt,[653] denn hierdurch werden nicht nur die Abnehmer beeinträchtigt, sondern es wird auch der Absatz anderer Lieferanten beeinträchtigt.

Für Einkaufsbündelungen bedeutet das, daß die Vereinbarung einer Bezugspflicht für ein bestimmtes Produkt dazu führt, daß es den Mitgliedern der Einkaufskooperation unmöglich gemacht wird, ihren Lieferanten bzw. Händler nach den für sie jeweils besten Bedingungen auszusuchen. Sie sind gezwungen, das jeweilige Produkt über die Einkaufskooperation bei einem ganz bestimmten Lieferanten bzw. Händler zu beziehen. Durch diese Bezugspflicht wird dann der Absatzmarkt der Lieferanten bzw. Händler beeinträchtigt, weil die durch eine Bezugspflicht gebundenen Unternehmen nicht frei ihren Lieferanten bzw. Händler wählen können. Neben der Einschränkung des Absatzes muß diese Bezugspflicht zum Schaden des Verbrauchers führen. Der Begriff des Verbrauchers in Art. 82 S.2 lit. b EGV ist weit auszulegen.[654] Als Verbraucher kann man in der Konstellation der Einkaufsbündelungen sowohl die Mitglieder der Einkaufsbündelungen sehen als auch die Endabnehmer der Mitgliedsunternehmen. Zum Schaden der Mitglieder wird diese Bezugpflicht dann, wenn diese dadurch zu ungünstigeren Preisen als bei anderen Lieferanten einkaufen und zum Schaden bei den Endverbrauchern führt dies, wenn die Mitglieder dadurch den Produktpreis gegenüber den Endverbrauchern erhöhen müssen bzw. nicht senken können.

Aber auch wenn eine Bezugspflicht der beteiligten Unternehmen nicht gegeben ist, kommt eine Anwendung des Art. 82 S.2 lit. b EGV in Betracht. Dies ist dann der Fall, wenn die beteiligten Unternehmen auf ihren Absatzmärkten eine Vereinheitlichung der Preise und Konditionen vornehmen. Eine Wettbewerbsbeschränkung auf den Bezugsmärkten kann dagegen dadurch auftreten, daß ein faktischer ausschließlicher Bezug vorliegt. Dies kommt dadurch zustande, daß durch die Einkaufsbündelungen vergleichsweise günstigere Preise und Bedingun-

---

[653] Kommission, ABl. der EG 1998 Nr. L 246 Seite 1/46ff. (Nr. 263ff.) „Van den Bergh Foods"; Möschel in Immenga/Mestmäcker, EG-Wettbewerbsrecht, Art. 86, Rdn. B 173ff.; Emmerich, Seite 441; Schröter in von der Groeben/Thiesing/Ehlermann, Art. 86, Rdn. 171.

[654] Emmerich in Dauses, Handbuch des EU-Wirtschaftsrechts, H. I § 1, Rdn.367.

gen erzielt werden und häufig auch betriebswirtschaftliche Hilfen gegeben werden, wodurch die Mitglieder mittelbar gebunden werden.[655]

(4) Diskriminierung

Art. 82 S.2 lit. c EGV führt als Mißbrauch die Anwendung unterschiedlicher Bedingungen bei gleichwertigen Leistungen gegenüber Handelspartnern an, wodurch diese im Wettbewerb benachteiligt werden.
Im Rahmen von Einkaufskooperation liegt eine Anwendung unterschiedlicher Bedingungen gegenüber Handelspartnern jedoch nur im Verhältnis Lieferant bzw. Hersteller zu anderen Abnehmern vor, wenn diese nicht die gleichen günstigen Preise und Konditionen wie die Unternehmen der Einkaufskooperation erhalten, weil sie nicht die Nachfragemacht der Einkaufskooperation besitzen. Die marktbeherrschende Stellung nimmt aber die Einkaufskooperation ein, so daß Art. 82 S.2 lit. c EGV diesbezüglich nicht zur Anwendung gelangt.

(5) Anwendungsfälle der Generalklausel

Die Generalklausel des Art. 82 Abs. 1 EGV dient dazu, Fälle zu erfassen, die nicht unter die zuvor erläuterten Regelbeispiele fallen, es handelt sich also um einen Auffangtatbestand. Somit werden von der Generalklausel Sachverhalte erfaßt, die den Verhaltensweisen im Beispielkatalog annähernd ähnlich sind oder atypische Mißbrauchstatbestände darstellen[656].
Das von der Einkaufskooperation aufgrund ihrer marktbeherrschenden Stellung ausgeübte Verhalten in Bezug auf die Lieferanten/Händler und die Mitglieder der Kooperation werden von den Regelbeispielen in Art. 82 S.2 lit. a – c EGV grundsätzlich erfaßt, so daß es in diesem Fall nicht zur Anwendung der Generalklausel kommt.

3. Rechtsfolgen

Art. 82 EGV ist ebenso wie das deutsche Mißbrauchsverbot des § 19 Abs. 1 GWB ein unmittelbar anwendbares gesetzliches Verbot[657], dessen Geltung namentlich von einer vorgängigen Entscheidung der Kommission unabhängig ist (Art. 1 der VO Nr. 17). Ausnahmen von diesem Verbot kennt der Vertrag nicht, so daß die Kommission unter keinem rechtlichen Gesichtspunkt mißbräuchliche Verhaltensweisen erlauben kann.[658]
An besonderer Bedeutung gewinnt dies, wenn ein marktbeherrschendes Kartell sowohl gegen Art. 81 Abs. 1 EGV als auch gegen Art. 82 EGV verstößt. In diesem Fall schließt die Anwendbarkeit des Art. 82 EGV neben Art. 81 EGV eine Freistellung des Kartells nach Art. 81 Abs. 3 EGV aus; hinzu kommt, daß freigestellte Kartelle – trotz der Entscheidung der Kommission – nichtig bleiben, wenn die Abrede zugleich gegen Art. 82 EGV verstößt.[659]

---

[655] Eine Ausnahme gilt freilich nach Meinung des Gerichtshofs für Bezugsgenossenschaften, sofern sich die den Mitgliedern auferlegten Beschränkungen im Rahmen dessen halten, was zur Sicherstellung der Funktionsfähigkeit der Genossenschaft erforderlich ist: EuGH, Slg. 1994 I, 5671/5687f. „DLG".
[656] Emmerich, Seite 445; Schröter in von der Groeben/Thiesing/Ehlermann, Art. 86, Rdn.201ff.
[657] Siehe oben zur Rechtsfolgevon § 19 GWB: Seite 61.
[658] EuGH, Slg. 1989, 803/848 „Flugtarife".
[659] EuGH, Slg. 1989, 803/848 „Flugtarife"; EuG Slg. 1990 II, 347/356ff. „Tetra Pak I".

Die zivilrechtlichen Folgen von Mißbräuchen richten sich nach nationalem Recht. Im deutschen Recht ergeben sie sich aus § 134 BGB und § 823 Abs. 2 BGB, da das Mißbrauchsverbot des Art. 82 EGV ein gesetzliches Verbot und Schutzgesetz ist.[660]

VI. Zusammenschlußkontrolle

Während Art. 81 EGV (Kartellverbot) und Art. 82 EGV (Mißbrauchsverbot) sich gegen ein dem freien Wettbewerb schädliches Marktverhalten wenden, enthält der EGV keinen (ausdrücklichen) Schutz vor einer Veränderung der Marktstruktur durch den Zusammenschluß von Unternehmen zu einem marktbeherrschenden Unternehmen. Somit muß in diesem Zusammenhang auf die Fusionskontrollverordnung (FKVO) zurückgegriffen werden.
Die FKVO gilt nur für Zusammenschlüsse von gemeinschaftsweiter Bedeutung (Art. 1 Abs. 1 FKVO). Was in diesem Sinn unter einem Zusammenschluß zu verstehen ist, ergibt sich aus Art. 3 FKVO, während Art. 1 Abs. 2 und 3 festlegt, wann ein Zusammenschluß als gemeinschaftsweit zu qualifizieren ist.
Einkaufsbündelungen sind in den überwiegenden Fällen derart gestaltet, daß ein von den Mitgliedern gegründetes Gemeinschaftsunternehmen den gemeinsamen Einkauf übernimmt (Außengesellschaft). Hierbei besteht dann die Gefahr, daß das Gemeinschaftsunternehmen der Zusammenschlußkontrolle unterliegt.

1. Anwendbarkeit der FKVO

Ein Zusammenschluß im Sinne des Art. 3 Abs. 1 lit. a FKVO liegt vor, wenn zwei oder mehrere bisher voneinander unabhängige Unternehmen „fusionieren". Unter Fusion wird zunächst die Verschmelzung durch Aufnahme oder Neugründung verstanden.[661]

Bei Einkaufsbündelungen kommt es regelmäßig nicht zu einer solchen Fusion, da ein Zusammenschluß den mit der Kooperation verfolgten Zielen entgegensteht. Die Bildung der Einkaufsbündelungen dient dazu, daß die kleinen und mittleren Unternehmen durch den gemeinsamen Einkauf mehr Marktmacht erlangen wollen, um dadurch bessere Konditionen aushandeln zu können. Hierdurch sollen sie dann ihren Nachteil gegenüber großen und somit auch marktstärkeren Unternehmen ausgleichen. Folglich geht es den einzelnen Mitgliedern der Einkaufskooperation gar nicht darum miteinander zu fusionieren, denn abgesehen vom gemeinsamen Einkauf wollen sie selbständig bleiben.

Jedoch ist dadurch die Kontrolle anhand der FKVO nicht ausgeschlossen, denn die Vorschriften der FKVO gelangen auch bei kooperativen und konzentrativen Vollfunktionsgemeinschaftsunternehmen grundsätzlich zur Anwendung, bei denen der Schwellenwert des Art. 1 Abs. 2 und Abs. 3 FKVO überschritten ist[662], da hier ein Zusammenschluß im Sinne des Art. 3 Abs. 1 lit. b EGV vorliegt. Ist dies nicht der Fall, so unterliegen die Einkaufskooperationen, die als Gemeinschaftsunternehmen organisiert sind, nur der Kontrolle des Art. 81 EGV.

---

[660] EuGH, Slg. 1980, 2481/2500 „Estée Lauder"; Slg. 1997 I, 4449/4470 "GT-Link"; EuG Slg. 1990 II, 347/364 „Tetra Pak I"; Slg. 1992 II, 2250/2267 „Automec II"; Steindorff, ZHR 162, 290/305ff.
[661] Vgl. Kommission, ABl. der EG 1993 Nr. L 217, Seite 35/36ff. „KNP/BT/VRG"; Kommission v. 21.11.1990, WuW/E EV 1547ff. „AG/Amev".
[662] Siehe oben zu den Gemeinschaftsunternehmen Seite 73ff.

2. Untersagungsvoraussetzungen

Nach Art 2 Abs. 3 FKVO sind Zusammenschlüsse, die eine beherrschende Stellung begründen oder verstärken, für unvereinbar mit dem gemeinsamen Markt zu erklären, sofern dadurch wirksamer Wettbewerb im gemeinsamen Markt oder einem wesentlichen Teil desselben erheblich behindert würde. Gemäß Art. 2 Abs. 2 FKVO sind andere Zusammenschlüsse hingegen für zulässig zu erklären. Die hierfür erforderlichen Untersagungsvoraussetzungen ergeben sich im einzelnen aus Art. 2 Abs. 1 S.2 FKVO.

a) Begründung oder Verstärkung einer beherrschenden Stellung

Nach Art. 2 Abs. 3 FKVO muß der Zusammenschluß eine beherrschende Stellung im Sinne des Art. 82 EGV begründen oder verstärken und gerade durch die Begründung oder Verstärkung der beherrschenden Stellung muß wirksamer Wettbewerb im Gemeinsamen Markt oder in einem wesentlichen Teil desselben erheblich behindert werden. Der Begriff der beherrschenden Stellung wird hier ebenso wie der in Art. 82 EGV interpretiert.[663] Hiernach ist eine marktbeherrschende Stellung gegeben, „wenn ein Unternehmen eine wirtschaftliche Machtstellung besitzt, die es in die Lage versetzt, die Aufrechterhaltung eines wirksamen Wettbewerbs auf dem relevanten Markt zu verhindern, indem sie ihm die Möglichkeit verschafft, sich seinen Wettbewerbern, seinen Abnehmern und letztlich dem Verbraucher gegenüber in einem wesentlichen Umfang unabhängig zu verhalten".[664]

Entscheidend ist somit, wie bei der Fusionskontrolle der relevante Markt zu bestimmen ist, wobei sich die Bestimmung des relevanten Marktes in diesem Zusammenhang als problematisch erweist. Bei der Bestimmung des sachlich relevanten Marktes greift die Kommission wie bei Art. 82 EGV auf das Bedarfsmarktkonzept zurück.[665] Hierbei kommt es darauf an, welche Produkte und Dienstleistungen aus der Sicht der Marktgegenseite austauschbar sind. Geht es dagegen, wie bei der Einkaufsbündelung, um die Nachfrageseite des Marktes, ist bei der Abgrenzung des sachlich relevanten Marktes entsprechend auf die Sicht der Marktgegenseite, also der Anbieter, abzustellen.[666] Es ist zu prüfen, welche Ausweichmöglichkeiten für die Anbieter (in diesem Fall die Lieferanten) bestehen (sog. Nachfragesubstituierbarkeit).

Schwieriger erweist sich die Bestimmung des räumlich relevanten Marktes bei der Fusionskontrolle. Die räumliche Marktabgrenzung dient der Festlegung des Gebietes, in dem die Auswirkungen des entsprechenden Zusammenschlusses zu untersuchen sind. Hierbei orientiert sich die Kommission an der Definition in Art. 9 Abs. 7 FKVO. Der räumliche Markt umfaßt danach ein Gebiet, auf dem die betroffenen Unternehmen als Anbieter oder Nachfrager von Waren oder Dienstleistungen auftreten, in dem Wettbewerbsbedingungen hinreichend homogen sind und das von den benachbarten Gebieten abgegrenzt werden kann, weil sich die in ihm herrschenden Wettbewerbsbedingungen von denen in den letztgenannten Gebieten deutlich unterscheiden. Folglich bedarf es bei der Bestimmung des räumlich relevanten Marktes einer Berücksichtigung des jeweils nachgefragten Produkts, so daß der Markt für jedes

---

[663] Siehe oben: beherrschende Stellung Seite 112.
[664] EuGH, Slg. 1979, 461/520 „Hoffmann-La Roche"; Slg. 1983, 3461/3503f. „Michelin".
[665] Kommission, Bekanntmachung über die Definition des relevanten Marktes, ABl. der EG 1997 Nr. C 372 Seite 5, Tz.7, 13ff.
[666] Siehe oben Seite 96.

Produkts einzeln zu bestimmen ist. Aus diesem Grund unterscheidet die Kommission Weltmärkte, europaweite Märkte, nationale Märkte, sowie regionale und lokale Märkte.[667]

Auch im Rahmen der FKVO muß durch die beherrschende Stellung der Gemeinsame Markt oder ein wesentlicher Teil desselben betroffen sein. Somit ist der räumlich relevante Markt nur von Bedeutung, wenn er zumindest einen wesentlichen Teil des Gemeinsamen Marktes darstellt. In Art. 82 EGV wird die gleiche Formulierung im Rahmen der beherrschenden Stellung verwendet, so daß darauf zurückgegriffen werden kann.[668] Entscheidend ist, welche Relevanz, d.h. wirtschaftliche Bedeutung, der betroffene Markt für den Wettbewerb in der Gemeinschaft hat.[669] Um die Gemeinschaftsrelevanz eines Marktes beurteilen zu können, stellt der Gerichtshof jedoch nicht alleine auf räumliche Kriterien ab, sondern in erster Linie auf die Struktur des betreffenden Marktes sowie auf Größe und Umfang der Produktion und des Verbrauchs, so daß vor allem qualitative Gesichtspunkte berücksichtigt werden.[670]
Bei der Prüfung der Entstehung einer marktbeherrschenden Stellung sind jedoch zwei Märkte zu trennen: Der Dienstleistungsmarkt des Gemeinschaftsunternehmens und die Absatz- oder Beschaffungsmärkte der Mitgliedsunternehmen.[671] Dies kommt dadurch, daß bei Einkaufskooperationen zum einen der Markt berücksichtigt werden muß, auf dem die Dienstleistung „gemeinsamer Einkauf" angeboten wird und zum anderen muß untersucht werden inwieweit der Nachfragemarkt für das jeweilige Produkt davon behindert wird.

b) Behinderungsklausel

Gemäß Art. 2 Abs. 2 und 3 FKVO muß zu der beherrschenden Stellung hinzukommen, daß durch die beherrschende Stellung der wirksame Wettbewerb im Gemeinsamen Markt oder in einem wesentlichen Teil desselben erheblich behindert wird (sog. Behinderungsklausel). Fraglich ist, was darunter zu verstehen ist. Die Kommission hat in einigen Fällen die Auffassung vertreten, daß dadurch sichergestellt werden soll, daß bloß vorübergehende beherrschende Stellungen für die Untersagung eines Zusammenschlusses nicht ausreichend sind.[672] In letzter Zeit dagegen hat die Kommission die Behinderungsklausel eher im Sinne einer „De-minimis-Regel" verstanden (Spürbarkeit). Dies bedeutet, daß eine spürbare Veränderung der Marktverhältnisse durch den Zusammenschluß eingetreten sein muß, wobei eine Erhöhung des Marktanteils um 5% bis 10% als ausreichend angesehen wird.[673]

---

[667] Siehe zuletzt Rösler, NZG 2000. 761/766ff. m. w. N.
[668] Siehe oben Seite 111 zum „ wesentlicher Markt".
[669] Emmerich in Dauses, Handbuch des EU-Wirtschaftsrechts, H. I § 1, Rdn.330.
[670] EuGH, Slg. 1975, 1663/1995f. und 2011ff. „Suiker Unie"; Slg. 1978, 207/283ff. „United Brands"; Slg. 1979, 461/514ff. „Hoffmann-La Roche".
[671] Köhler, K & R 2000, 569/571; Sedemund/Montag in Dauses, Handuch des EU-Wirtschaftsrechts, H. I, Rdn.316; Bergmann, Seite 64ff.
[672] Kommission, ABl. der EG 1991 Nr. L 333, Seite 32/60 „Aeropatiale-Alenia/de Havilland".
[673] So Kommission, ABl. der EG 1999 Nr. L 274 Seite 1/4ff. (Nr. 21ff.) „REWE/Meinl"; Hirsbrunner, EuZW 1999, 389/390ff.

Dritter Teil: Kartellrechtliche Kontrolle neuer Formen der Einkaufsbündelungen

Die Bedeutung von Einkaufsbündelungen wird durch die fortschreitende Liberalisierung der Märkte stetig größer. So hat in den letzten Jahren eine Aufhebung der Gebietsversorgungsmonopole für Strom und Gas stattgefunden. Zusätzlich erweitert die neue Kommunikationsform „Internet" die Möglichkeiten der Einkaufsbündelungen. Die Folge dieser Entwicklung ist, daß einige Einkaufsbündelungen mit neuen Formen besonderes Gewicht erlangen: Einkaufsbündelungen in der Stromnachfrage, Einkaufsbündelungen über das Internet und Einkaufsbündelungen der Öffentlichen Hand.

Der Dritte Teil der Arbeit soll gerade diese neuen Formen der Einkaufsbündelung hinsichtlich ihrer Vereinbarkeit mit dem deutschen und dem europäischen Kartellrecht untersuchen.

A. Einkaufsbündelungen über das Internet (Internetplattformen)

Dieser Teil der Arbeit beschäftigt sich mit Einkaufsbündelungen, die erst dadurch zur Entstehung gelangen konnten, daß sich auf dem Markt das Medium „Internet" gebildet hat. Durch dieses neue Medium „Internet" treten jedoch gerade im Bereich der Nachfragebündelung besondere Probleme bei der kartellrechtlichen Beurteilung auf.
Allerdings werden nur die rechtliche Probleme behandelt, die gerade durch die Bündelung der Nachfrage entstehen bzw. mit der Nachfragebündelung in enger Verbindung stehen. Es sind gerade die Problem, die aufgrund des gemeinsamen Einkaufs entstehen. Die weiteren kartellrechtlichen Problem, die auch dadurch entstehen, daß die Unternehmen über das Internet untereinander in Kontakt treten, wie beispielsweise horizontale Preisabsprachen, Exklusivität in Form von Zugangsverweigerungen, Kontaktaufnahme zwischen Wettbewerbern, Informationsaustausch und Markttransparenz, werden im Rahmen dieser Arbeit nicht behandelt.

I. Allgemeine Beschreibung

1. Das Prinzip des Einkaufsbündelung über das Internet

Die Einkaufsbündelung über das Internet beruht auf einer alten Idee, die außerhalb des Internets, wie zuvor bereits beschrieben, schon lange existiert. Im Bereich des Internets ist sie jedoch eine neue hochaktuelle Bezugsform und stellt eine Variante des Online-Einkaufs dar. Dies wird im Internet von verschiedenen Unternehmen angeboten. Die dahinter stehende ökonomische Idee ist recht einfach: Bündelung der Nachfrage durch Bildung virtueller Einkaufsbündelungen zur Erzielung besserer Einkaufspreise. Durch die Einkaufsbündelung im Internet wird den Nachfragern die Gelegenheit gegeben, sich mit anderen preisbewußten Käufern zusammenzuschließen. Die Bezugsform zeichnet sich somit dadurch aus, daß durch eine Bündelung der Nachfrage an einem bestimmten Gut bessere Einkaufspreise erzielt werden.

Grundsätzlich unterscheidet man zwischen vertikalen und horizontalen Internet-Marktplätzen.[674] Auf horizontalen Marktplätzen werden Produkte (Waren und Dienstleistungen) aus den unterschiedlichsten Branchen angeboten. Vertikale Marktplätze konzentrieren sich dagegen auf einen bestimmten Sektor.[675]

Trotz der Vielfalt an elektronischen Marktplätzen beruhen diese auf ein und demselben Grundkonzept, das in folgender Definition zusammengefaßt werden kann: Elektronische Marktplätze stellen ein bestimmtes System von Lieferanten, Händlern, Dienstleistungserbringern, Infrastrukturanbietern und Kunden dar, das das Internet zur Kommunikation und zur Durchführung von Transaktionen nutzt.[676] Die Organisation dieser elektronischen Marktplätze obliegt einem dahinter stehenden Dienstleistungs-Unternehmen. Hierbei kann es sich um unabhängige Unternehmen, um einzelne Handels- und Herstellerunternehmen, die für ihre eigenen Bedürfnisse einen Internet-Marktplatz einrichten oder aber um rechtlich selbständige Gemeinschaftsunternehmen handeln, die von einer Mehrzahl von Nutzern unter Beteiligung eines IT-Unternehmens gegründet werden.[677]

Den gemeinsamen Einkauf über das Internet gibt es sowohl im Bereich der privaten Endverbraucher (Business-to-Consumer: B2C) als auch im Bereich von Unternehmen (Business-to-Business: B2B). Bei der genaueren Beschreibung und Beurteilung des gemeinsamen Einkaufs muß zwischen diesen beiden Erscheinungsformen der Nachfragebündelung im Internet unterschieden werden.[678]

2. Virtuelle Einkaufsbündelungen im Bereich der privaten Endverbraucher

a) Funktionsweise der Einkaufsbündelung über das Internet

Es gibt in diesem Zusammenhang verschiedene Erscheinungsformen des gemeinsamen Einkaufs (auch CoShopping[679] oder „Powershopping" genannt[680]). Diese Bündelung erfolgt freilich nicht auf privater Ebene, sondern durch professionelle Händler, die den Mengennachlaß, den sie bei ihren Lieferanten erhalten, teilweise an ihre Abnehmer weitergeben. Zu diesem Zweck bieten sie bestimmte Waren zeitlich befristet im Internet auf zweierlei Art und Weise zum Kauf an: Die meisten Anbieter verkaufen in eigenem, einige jedoch nur in fremdem Namen. Bei einigen Anbietern ist es auch produktabhängig, ob sie in eigenem Namen oder im fremden Namen verkaufen, so daß sie einige der CoShopping-Angebote für ihre Vertragspartner vermitteln.

---

[674] Jestaedet, BB 2001, 581/581.

[675] Beispielsweise Anlagenbau (ec4ec), Automobilindustrie (Covisint); Chemie (Chemplorer und CC-markets), Flugzeugbau (MyAircraft.com) oder Konsumgüterindustrie (CPGmarket.com).

[676] Blumenthal, Antitrust Report 34, May 2000, 34: „a distinct system of suppliers, distributors, commerce service providers, infrastructure providers and customers that use the internet for communications and transactions".

[677] Köhler, K & R, 2000, 569/570.

[678] So auch Schaub, Kartellrechtliche Probleme des elektronischen Marktplatzes aus der Sicht der EG-Kommission, Seite 1.

[679] „CoShopping" ist aus dem Begriff „Community Shopping" entstanden.

[680] Der Begriff „Powershopping" beruht auf einer Kreation des zur Zeit wohl größten und erfolgreichsten deutschen Anbieters, der Firma RTL-Primus-Power GmbH. Anzutreffen sind weiterhin Bezeichnungen wie „Power-Buying", „Xtreme-Shopping" usw.

Beim CoShopping muß allerdings unterschieden werden, ob nur ein fester Preis vorgegeben ist oder ob zwischen verschiedenen Preisstufen unterschieden wird, die von der jeweiligen Käuferzahl abhängig sind. Zum besseren Verständnis muß zwischen diesen beiden Grundtypen unterschieden werden.

(1) Fester Preis

Die erste Möglichkeit des CoShoppings besteht darin, daß Produkte zu einem festen Preis angeboten werden, der regelmäßig unter der aus Werbegründen aufgeführten unverbindlichen Preisempfehlung des Herstellers liegt. Dieses Angebot[681] ist mengenmäßig limitiert und steht unter der Bedingung, daß sich eine bestimmte Anzahl von Käufern findet. Der am Erwerb interessierte kann sich jederzeit darüber informieren, wieviel Käufer noch benötigt werden, damit die angegebene Preisstufe erreicht wird. Gibt der CoShopper sein Angebot ab, so kommt der Vertrag jedoch erst zu dem Zeitpunkt zustande, zu dem sich genügend Interessenten für das jeweilige Produkt gemeldet haben.

(2) Mehrere Preisstufen

Wesentlich typischer ist jedoch, daß der CoShopper zu jedem Produkt eine mehrstufige Preisskala findet. Dort sehen sie, wie viele CoShopper sich bereits für das Produkt entschieden haben und auf welcher Preisstufe es sich zur Zeit befindet. Denn welche Preisstufe erreicht ist, hängt von der aktuellen Zahl an Nachfragern ab. Auf der Skala erkennt der Käufer ebenfalls, wie viele Käufer für die nächst niedrigere Preisstufe oder den Besten Preis benötigt werden, und wie lange das Angebot noch offen bleibt.
Wenn schon vor dem eigentlichen Verkaufsende genügend CoShopper zusammengekommen sind, wird das Angebot geschlossen, und es werden keine neuen Käufer mehr angenommen.

Es ist von Anbieter zu Anbieter verschieden, wie der Vertragsschluß dann endgültig aussieht. Bei der einen Variante des CoShoppings kommt der Vertrag über das gewählte Produkt schon zu dem Zeitpunkt endgültig zustande, zu dem der CoShopper über das Internet ein Angebot abgibt und das CoShopping-Unternehmen dies annimmt. Es besteht dann nicht mehr die Möglichkeit, daß man sein Vertragsangebot zurücknimmt. Bei anderen Anbietern dagegen besteht auch nach Angebotsabgabe noch die Möglichkeit, dieses wieder zurück zu nehmen, denn mit dem Absenden der E-Mail wird erst der Auftrag gesendet, die Bestellung des angegebenen Produkts „vorzumerken“. Diese Vormerkung ist zunächst unverbindlich und kann bis zu fünf Tage vor dem jeweils angegebenen Angebotsende jederzeit widerrufen werden. Ab dem fünften Tag vor Ablauf des Angebotsendes findet eine verbindliche Bestellung des vom CoShopper angegebenen Produkts statt.

Jedoch haben die Käufer bezüglich der Abgabe eines Vertragsangebots die Wahl, wobei auch hier die Einzelheiten von Anbieter zu Anbieter variieren können: Möchten sie das Produkt auf jeden Fall kaufen, so muß sich der Käufer in der höchsten Preisstufe eintragen. Wenn sich genügend Käufer für eine niedrigere Preisstufe finden, zahlt er den günstigeren Preis. Das ist je

[681] Rechtlich handelt es sich hierbei um eine invitatio ad offerendum: vgl. Köhler, NJW 1998, 185/187; Taupitz/Kritter Jus 1999, 839/840f.; kritisch Mehrings, MMR 1998, 30/32.

nach Käuferzahl, entweder der Beste Preis oder einer der darüberliegenden CoShopping-Preise. Möchte der Käufer das Produkt nur zum Besten Preis erwerben, kommt der Vertrag nur dann zustande, wenn sich bis Angebotsende genügend andere CoShopper gefunden haben und der beste Preis tatsächlich erreicht wurde.

Bei CoShopping-Aktionen mit verschiedenen Preisstufen kann man dann jederzeit das abgegebene Kaufangebot nachträglich in eine teurere Preisgruppe verschieben, sofern die maximale Bestellmenge in der niedrigeren Preisstufe noch nicht erreicht ist. Es kann zwar nachträglich die Stückzahl der Bestellung bis zur angegebenen Höchstbestellmenge erhöht werden, aber eine Reduzierung des Kaufangebots im Preis und in der Stückzahl ist ausgeschlossen.

Das System des CoShoppings wird durch das auf der Website von „Powershopping" dargestellte Beispiel eines Fahrradkaufes[682] verdeutlicht:

Stückzahl	**Käuferanzahl**	**fehlende Käufer**	**Preis**
0-20	1	0	500
21-40	4	17	450
41-60	9	32	400
61-80	14	47	350
81-100	74	7	300

Bestellen 1-20 Personen das Fahrrad, beträgt der Preis 500 DM (Preisstufe 1). Dieser Preis reduziert sich auf 450 DM (Preisstufe 2), wenn mindestens 21 Käufer gefunden werden, auf 400 DM (Preisstufe 3) bei 41 Käufern, auf 350 DM (Preisstufe 4) bei 61 Käufern und auf bis zu 300 DM (Preisstufe 5), wenn mindesten 81 verbindliche Kaufangebote abgegeben werden. Dabei ist jeweils abrufbar, wie viel Käufer in welcher Preiskategorie noch fehlen. Finden sich also zum Beispiel keine 81 Käufer, so erhält die geringere Anzahl von Käufern das Fahrrad zu dem Preis der für die Preisstufen 1-4, je nach Zahl der Käufer, maßgeblich ist. Es verbleibt bei dem Preis von 500 DM in der Preisstufe 1, dem Ausgangspreis, wenn sich nicht mehr als 20 Käufer finden. Diese erhalten dann das Fahrrad auch nur zum Preis von 500 DM. Gibt man also ein Kaufangebot für die Preisstufe 3 (400 DM) ab, bekommt man den Artikel zu diesem Preis, wenn mindestens 41 Käufer für dieses Produkt in dieser oder einer teureren Preisgruppe abgegeben haben.

Finden sich hingegen mehr als 20 Käufer, die 450 DM oder 500 DM bereit sind zu zahlen, so erhält jeder dieser Käufer das Fahrrad für 450 DM selbst dann , wenn er ursprünglich 500 DM angeboten hat. Mit der Abgabe des Gebots kommt ein Kaufvertrag zustande und der CoShopper weiß zu diesem Zeitpunkt nicht zu welchem Preis.

Weiterhin ist es möglich, das Kaufangebot in einer Preiskategorie abzugeben, die noch nicht erfolgreich ist. Sollte der Käufer das Fahrrad höchstens für 300 DM kaufen wollen, muß er darauf hoffen, daß mindestens 80 andere Käufer 300 DM oder mehr bieten. Aber Vorsicht: Die Reihenfolge nach der die Kaufangebote bedient werden richtet sich danach, in welcher Preiskategorie das Angebot abgegeben wurde, für welche Stückzahl das Angebot gilt und wie früh das Angebot abgegeben wurde. Finden sich im oben genannten Beispiel 120 Kaufinteressenten für das Fahrrad, so erhalten 100 von ihnen das Rad für 300 DM. 20 Kaufangebote kön-

[682] Siehe hierzu OLG Hamburg, WRP 2000, 412, wo das Beispiel als Anlage abgedruckt ist.

nen nicht bedient werden. Hier fallen die Angebote heraus, die von vornherein sich in die tiefste Preiskategorie eingetragen haben. Somit kann ein Angebot in einer höheren Preiskategorie ausschlaggebend für den Zuschlag in einer tieferen Preiskategorie sein.
Sollte für eine Preiskategorie nicht genügend Käufer zusammenkommen, bleiben alle Angebote dieser Kategorie unberücksichtigt.

b) Zeitliche Grenze eines Angebots

Beim CoShopping gibt es immer eine Zeitbegrenzung[683], die je nach Produkt variiert. Zum vorgegebenen Datum wird das Angebot um 24:00 Uhr geschlossen. Die Zeitbegrenzung dient dazu, allen CoShoppern eine Chance zu geben, ein Angebot wahrzunehmen und den Kunden, die bereits gekauft haben, die Wartezeit für ihr Produkt zu verkürzen. Falls die gewünschte Anzahl Käufer vor Ablauf der Frist erreicht wird, gilt der beste Preis und das Angebot wird sofort geschlossen. Falls die gewünschte Anzahl Käufer vor Abblauf der Frist nicht erreicht wird, wird das Produkt zu dem Preis verkauft, der am Ende erreicht worden ist.

3. Virtuelle Einkaufsbündelungen im Bereich von Unternehmen

Auch im Bereich der Unternehmen, die diese Einkaufsmöglichkeit dazu nutzen, um bestimmte Produktionsmittel oder andere benötigte Artikel günstiger einzukaufen und dadurch ihre Kosten senken, gibt es die Möglichkeit des gemeinsamen Einkaufs über das Internet. Häufig wird hierfür der Ausdruck der „Internetplattform“ oder des „Internet-Marktplatzes“ verwendet.[684] Die Bezeichnungen für elektronische Marktplätze variieren ebenso wie die konkrete Ausgestaltung: „B2B Exchanges“, „B2B Websites“, Internet Trading Hubs“, „Virtual Marketplaces“, „Internet Market Places“, „B2B-Marktplätze“ oder „Internet-Handelplattformen“ sind nur einige der verwendeten Namen.

Im Bereich der Einkaufsbündelung von Unternehmen gibt es grundsätzlich verschiedene Arten, der Einkaufsbündelung.[685] Zum einen geschieht dies auf dem Weg, daß es Internet-Marktplätze gibt, die den Unternehmen die Möglichkeit geben, eine „Ausschreibung“ zu machen über diejenigen Produkte, die sie benötigen. Der eigentliche Sinn dieser Internet-Marktplätze besteht darin, daß die Anbieter dieser bestimmten Produkte den Nachfragern über das Internet Angebote machen können und sich so die Anbieter gegenseitig unterbieten. Es handelt sich um eine sogenannte Einkaufsauktion. Der eigentliche Sinn und Zweck dieser Business-to-Business Marktplätze besteht somit darin, daß der „Ausschreiber“ ein besonders günstiges Angebot erhält.
Weiterhin wird anderen Unternehmen die Möglichkeit gegeben sich den Unternehmen anzuschließen, die eine Ausschreibung ins Internet gestellt haben, um dadurch die nachgefragte Menge zu erhöhen und somit günstigere Preise zu erhalten. Dadurch findet eine sogenannte Nachfragebündelung statt.

---

683 Meistens zwei bis drei Wochen, zum Teil auch länger.
684 FAZ v. 1. November 2000, Seite 31: „Internet-Marktplätzen drohen Fallen im EG-Kartellrecht“; Köhler, K & R 2000, 569; Lange, EWS 2000, 291; Immenga/Lange, RIW 2000, 733.
685 Vgl. Bundeskartellamt: Diskussionspapier für die Sitzung des Arbeitskreises Kartellrecht am 9. und 10. Oktober 2000 - „Kooperationen zwischen Wettbewerbern - Ist eine Neubewertung erforderlich?“; Nourry/Lawrence, Global Counsel, October 2000, 33/34; End/Klein, Seite 105.

Zum anderen gibt es aber auch Internet-Marktplätze, die sowohl Privatpersonen als auch Unternehmen die Möglichkeit einer Nachfragebündelung über das Internet geben. Dies funktioniert dann für die Unternehmen grundsätzlich genauso wie das CoShopping für die privaten Verbraucher.[686]

Als weitere Möglichkeit des gemeinsamen Einkaufs haben sich im Bereich der Unternehmen einige von diesen entschlossen, ihren Einkauf in das Internet zu verlagern und gemeinsam Joint Ventures, insbesondere durch die Gründung von Gemeinschaftsunternehmen, zum Betrieb elektronischer Marktplätze zu gründen[687].
Hieran wird ersichtlich, daß im B2B-Bereich das Spektrum des gemeinsamen Einkaufs von spontanen und flüchtigen Kooperationen zur Realisierung einzelner Projekte bis hin zum festen Gemeinschaftsunternehmen, das als Handelsplattform tätig wird, reicht.

II. Beurteilung nach deutschem Kartellrecht

Gerade bei der kartellrechtlichen Beurteilung muß zwischen privaten Endverbrauchern (B2C) und Unternehmen (B2B) unterschieden werden.
In der Rechtsprechung und im überwiegenden Teil der Literatur[688] wird, zumindest im B2C-Bereich, hauptsächlich ein Verstoß gegen das Rabattgesetz und gegen § 1 UWG geprüft und die Überprüfung der kartellrechtlichen Zulässigkeit vernachlässigt. Somit bleibt die Frage, welche kartellrechtlichen Schranken für das „CoShopping“ bestehen, weitgehend offen.
Sowohl im Bereich B2C als auch im B2B-Bereich sind verschiedene Ansatzpunkte für die kartellrechtliche Beurteilung vorstellbar.
Die kartellrechtliche Beurteilung findet anhand des Kartellverbots gemäß § 1 GWB, des Preis- und Konditionenkartells gemäß § 14 GWB, der Ausschließlichkeitsbindung gemäß § 16 Nr. 2 GWB, der Mißrauchsaufsicht gemäß § 19 Abs. 4 GWB, dem Diskriminierungsverbot gemäß § 20 Abs. 1 – 4 GWB und anhand der Fusionskontrolle gemäß §§ 35ff. GWB statt.

1. Anwendbarkeit des deutschen Kartellrechts

Der virtuelle Charakter dieses Mediums wirft zunächst die Frage auf, welchen Kartellrechtsordnungen die Gründung und vor allem der Betrieb von Internetmarktplätzen bzw. Internetplattformen, und dem damit in Verbindung stehenden CoShopping, unterworfen sind.
Bei der Frage, welches Recht auf diese virtuellen Marktplätze anwendbar ist, ist es unbeachtlich, wo das hinter dem Internet-Marktplatz stehende Unternehmen seinen Sitz hat.[689] Sie beantwortet sich vielmehr nach dem Auswirkungsprinzip: Anwendbar ist stets das Kartellrecht des Ortes, an dem sich die Wettbewerbsbeschränkung auswirkt. Das bedeutet, daß bei Auswirkungen auf den deutschen Markt das deutsche Kartellrecht gemäß § 130 Abs. 2 GWB gilt, selbst wenn die Wettbewerbsbeschränkung im Ausland vorgenommen wird. Diese Norm sagt

---

686 Siehe dazu oben: B2C Seite 124.
687 Vgl. Covisint (Handelsplattform von Daimler Crysler AG, Ford Motor Company, General Motors Corporation und Renault/Nissan), Elemica (Handelsplattform von BASF, Bayer, Atofina, BP Amoco, Dow, DuPont, Celanese, Ciba) oder CPG Market.com (Handelsplattform von Nestlé und Danone).
688 Vgl. OLG Hamburg, Urteil vom 18.11.1999 - 3 U 230/99 in BB 2000, 115; Mankowski in EWiR 2000, 247; Huppertz in MMR 2000, 65.
689 Ensthaler/Gesmann-Nuissl, BB 2000, 2265/2269.

insofern in zweifacher Hinsicht etwas über den Anwendungsbereich des Gesetzes aus: Sie unterwirft im Ausland veranlaßte Wettbewerbsbeschränkungen mit Inlandsauswirkungen dem deutschen Kartellrecht, auch wenn daran ausschließlich ausländische Unternehmen beteiligt sind und klammert im Inland veranlaßte Wettbewerbsbeschränkungen ohne Inlandsauswirkung aus dem Anwendungsbereich aus.
Bei diesen Merkmalen des § 130 Abs. 2 GWB muß unterschieden werden, ob es sich um eine Inlandsauswirkung handelt, die im Inland veranlaßt worden ist, oder um eine Inlandsauswirkung, die im Ausland verursacht worden ist.[690]

a) Inlandsauswirkungen, die im Inland veranlaßt worden sind

An Inlandsauswirkungen, die im Inland veranlaßt worden sind, werden folgende Anforderungen gestellt: Das deutsche Kartellrecht ist anwendbar, wenn die Wettbewerbsbeschränkung spürbar ist und sich unmittelbar oder mittelbar im Inland auswirkt bzw. geeignet ist, sich auszuwirken. Allerdings muß diese Einkaufsbündelung im Inland verursacht worden sein. Unbeachtlich ist in diesem Zusammenhang allerdings, ob an dieser Einkaufsbündelung inländische oder ausländische Unternehmen beteiligt sind.

Dies bedeutet für die Einkaufsbündelung über das Internet, daß Wettbewerbsbeschränkungen inländischer und ausländischer Unternehmen, die im Inland veranlaßt worden sind, auch dann in den Anwendungsbereich des deutschen Kartellrechts gemäß § 130 Abs. 2 GWB fallen, wenn sie sich nur mittelbar auf den Inlandsmarkt auswirken. Dies ist dann der Fall, wenn durch die jeweiligen Unternehmen Wettbewerbsbeschränkung auf einem Export- oder Drittmarkt hervorgerufen werden, die sich dann mittelbar wieder auf den Inlandsmarkt auswirken. Gerade im Bereich des Internets besteht eine größere Wahrscheinlichkeit, daß solche Probleme auftreten, was damit zusammenhängt, daß die Angebotspalette eines sogenannten Internet-Marktplatzes ohne Probleme auch vom Ausland her zugänglich ist und auch von dort genutzt werden kann.[691] In diesem Fall kann sich die Wettbewerbsbeschränkung auch mittelbar über den ausländischen Markt auf das Inland auswirken, indem dadurch der Export in das Drittland beeinträchtigt wird. Diese Beeinträchtigung muß jedoch nicht tatsächlich vorliegen, sondern eine Eignung zur Beeinträchtigung ist schon ausreichend.

b) Anforderungen an im Ausland veranlaßte Wettbewerbsbeschränkungen - extraterritorial

Durch den Halbsatz „auch wenn sie außerhalb des Geltungsbereiches dieses Gesetzes veranlaßt werden“ ist der Anwendungsbereich des deutschen Kartellrechts auch dann eröffnet, wenn die Wettbewerbsbeschränkungen von ausländischen Unternehmen ausgehen. Bei den Wettbewerbsbeschränkungen, die im Ausland veranlaßt worden sind, werden zum Teil andere Anforderungen an die bereits oben erwähnten Merkmale gestellt. In diesem Zusammenhang muß besonders beachtet werden, daß die Auslegung des § 130 Abs. 2 GWB in Bezug auf ausländische Unternehmen, die die Wettbewerbsbeschränkung im Ausland veranlaßt haben, sich in den völkerrechtlichen Schranken des Auswirkungsprinzips hält.

---

[690] Zum Teil wird auch danach unterschieden, ob es sich um ein inländisches oder ein ausländisches Unternehmen handelt; siehe Rehbinder in Immenga/Mestmäcker, § 130 Abs.2; Rdn.72; Schwartz, Deutsches Internationales Kartellrecht, Seite 100.
[691] Zum Teil beschränkt sich die Auslieferung aber auf Deutschland: als Beispiel ist letsbuyit.com anzuführen.

Durch die Anwendung des Auswirkungsprinzips kommt es zu einer extraterritorialen Anwendung des Gesetzes. Diesem Auswirkungsprinzip werden völkerrechtliche Schranken gesetzt, indem bestimmte Mindestanforderungen an die Inlandsauswirkung gestellt werden.[692] Diese Mindestanforderungen entsprechen weitgehend den schon oben angeführten Merkmalen.
In Bezug auf Einkaufsbündelungen bedeutet dies, daß das deutsche Kartellrecht anwendbar ist, wenn die Wettbewerbsbeschränkungen eine Mindestintensität aufweisen, unmittelbar und eigenverantwortlich verursacht worden sind und die Beschränkung aus dem Ausland aufgrund abstrakter Tatsachen geeignet ist, eine Inlandsauswirkung hervorzurufen. Das bedeutet, daß auch Einkaufsbündelungen, die im Ausland veranlaßt worden sind, nach deutschem Kartellrecht überprüfbar sind.

Gerade im Bereich des Internets ergeben sich in diesem Zusammenhang Probleme, die dadurch verursacht werden, daß die Einkaufsbündelungen mittels Internet überall auf der Welt vereinbart werden können und somit häufig auch grenzüberschreitend sind. Dies hängt damit zusammen, daß die jeweiligen Internetseiten weltweit zugänglich sind und sich die Tätigkeiten ausländischer Unternehmen somit auch auf Märkte auswirken, in denen das jeweilige Unternehmen nicht seinen Sitz hat. Dies ist genau die Situation, die von § 130 Abs. 2 GWB erfaßt wird, nämlich die Veranlassung einer Wettbewerbsbeschränkung außerhalb des Geltungsbereichs der Bundesrepublik Deutschland, aber mit einer Auswirkung im Inland.

Folglich ist die Anwendung des deutschen Kartellrechts sowohl gegeben, wenn die Veranlassung des Internet-Marktplatzes im Inland stattfindet als auch wenn die Veranlassung im Ausland stattfindet und sich dann auf das Inland auswirkt.

2. Kartellverbot gemäß § 1 GWB

Die über das Internet zustande kommende Nachfragebündelung könnte gegen § 1 GWB verstoßen. Gemäß § 1 GWB sind Vereinbarungen zwischen miteinander im Wettbewerb stehenden Unternehmen, Beschlüsse von Unternehmensvereinigungen und aufeinander abgestimmte Verhaltensweisen, die eine Verhinderung, Einschränkung oder Verfälschung des Wettbewerbs bezwecken oder bewirken, verboten.

a) Tatbestandsvoraussetzungen des Kartellverbots

(1) Unternehmen

Das Kartellverbot wendet sich zunächst nur gegen Unternehmen und ihre Vereinigungen. Heutzutage wird der sogenannte funktionale Unternehmensbegriff verwendet, das bedeutet, daß der Begriff des Unternehmens weit auszulegen ist. Er umfaßt somit natürliche und juristische Personen, die sich als Anbieter oder Nachfrager von Waren oder Leistungen gegen Entgelt am Wirtschaftsleben beteiligen.[693] Eine Tätigkeit im geschäftlichen Verkehr, die lediglich

---

[692] Rehbinder in Immenga/Mestmäcker, § 130 Abs. 2, Rdn.71ff.; Jungbluth in Langen/Bunte, § 130 Abs. 2, Rdn.116ff.; Koenigs in Gemeinschaftskommentar, § 98 Abs. 2 a. F., Rdn.49.

[693] BGH v. 26.10.1961, WuW/E BGH 442/449f. „Gummistrümpfe"; Stockmann in Wiedemann Handbuch des Kartellrechts, § 7, Rdn.43; Bunte in Langen/Bunte, § 1, Rdn.12ff.

der Deckung des eigenen privaten Verbrauchs dient, ist keine unternehmerische Tätigkeit im Sinne des § 1 GWB.[694]

Damit im vorliegenden Fall eine genaue Beurteilung bezüglich des Vorliegens eines Unternehmens stattfinden kann, muß zwischen den verschiedenen „Parteien“ unterschieden werden, die auf ihre Unternehmenseigenschaft hin untersucht werden: Einkaufsbündelungen im B2C-Berich und im B2B-Bereich.

(a) Einkaufsbündelung im privaten Bereich (B2C)

Beim CoShopping im privaten Bereich stellt sich die Frage, ob die privaten Nachfrager, die ausschließlich für den privaten Gebrauch die jeweiligen Produkte über das Internet einkaufen, unter den Unternehmensbegriff des § 1 GWB fallen.
Die einzelnen Käufer (Nachfrager), die sich der Nachfragebündelung im Internet (CoShopping) anschließen, sind als private Endverbraucher vom Unternehmensbegriff ausgeschlossen, so daß sie nicht den Vorschriften des GWB unterliegen. Folglich ist der Tatbestand des § 1 GWB durch das CoShopping im Bereich der privaten Endverbraucher nicht erfüllt, und es liegt diesbezüglich kein Kartellverbot vor.

(b) Einkaufsbündelung im Bereich der Unternehmen (B2B)

Im Bereich der Nachfragebündelung der Unternehmen sieht es bei der Beurteilung der Nachfrager anders aus als im B2C-Bereich. Findet im Bereich von Unternehmen eine Einkaufsbündelung statt, so handelt es sich nicht mehr um private Endverbraucher, die sich hier zusammenschließen, sondern um Unternehmen im Sinne des GWB. Es ist zwar nicht immer der Fall, daß die Unternehmen die so erlangte Ware weiterverteilen, aber auch der Endverbrauch fällt unter den Unternehmensbegriff, solange er nicht ausschließlich auf privater Ebene erfolgt. Die unternehmerische Tätigkeit besteht darin, daß die Beteiligten mit ihrer Leistung am Wirtschaftsleben teilnehmen und untereinander oder mit Dritten im Wettbewerb stehen.[695]

(2) Vereinbarung zwischen miteinander im Wettbewerb stehenden Unternehmen

Damit ein Kartellverbot nach § 1 GWB vorliegt, muß zwischen den beteiligten Unternehmen eine Vereinbarung oder eine abgestimmte Verhaltensweise vorliegen. Es müssen auf beiden Vertragsseiten Unternehmen beteiligt sein, so daß es nicht ausreichend ist, wenn diese persönliche Voraussetzung nur bei einem Vertragspartner vorliegt.[696] Es ist somit zu überprüfen, ob zwischen den Nachfragern, die unter den Unternehmensbegriff des § 1 GWB fallen, also im B2B-Bereich, eine Vereinbarung oder eine abgestimmte Verhaltensweise vorliegt.

---

[694] Ballerstedt in Festschrift für v. Nell-Breuning, Seite 212/223ff.; Gandenberg, Was ist ein Unternehmen?, Seite 95ff.; Immenga in Immenga/Mestmäcker § 1 Rdn.26; BGH v. 20.10.1970, WuW /E BGH 1142/1143 „Volksbühne II“; a. A. Langer, Der Begriff Unternehmen im GWB, Seite 110ff.
[695] BGH v. 9.11.1982, WuW/E BGH 1980/1980 „Ingenieurvertrag“; BGH v. 16.12.1976, WuW/E BGH 1474/1476f. „Architektenkammer“, KG v. 11.12.1991, WuW/E OLG 4914/4917 „Mustermietvertrag“.
[696] Huber/Baums in Frankfurter Kommentar, § 1 Rdn.97; Bunte in Langen/Bunte, § 1, Rdn.34; a. A. Rittner, § 7, Rdn.22.

(a) Vorliegen einer Vereinbarung

Der Begriff der Vereinbarung umfaßt unstreitig alle Verträge im zivilrechtlichen Sinne und darüber hinaus jede förmliche oder formlose, ausdrückliche oder stillschweigende[697] Willenseinigung zwischen zwei oder mehreren natürlichen oder juristischen Personen, durch die das Marktverhalten wenigstens eines Vertragspartners geregelt wird[698].
Im vorliegenden Fall fehlt es beim gemeinsamen Einkauf über eine Internetplattform grundsätzlich an einer vertraglichen Vereinbarung zwischen den einzelnen nachfragenden Unternehmen, denn alleine durch das gleichzeitige Nutzen eines Angebots auf einer Website einer Internetplattform liegt noch keine Willenseinigung vor. Hierdurch wird ausschließlich eine Verpflichtung gegenüber dem hinter der Internetplattform stehenden Unternehmen geschaffen, aber nicht zwischen den Nachfragern untereinander. Es liegt somit keine Vereinbarung zwischen den einzelnen nachfragenden Unternehmen vor.
Auch ist nicht von einem gentlemen's agreement auszugehen, da es hierfür an einer Bindung fehlt, sei es auch nur gesellschaftlicher, moralischer oder wirtschaftlicher Art. Dies hängt damit zusammen, daß gerade bei der Einkaufsbündelung über das Internet die Anonymität der Unternehmen gewahrt bleibt, so daß keine Bindungswirkung erzeugt wird.

Anders sieht es dagegen aus, wenn eine Vielzahl von Unternehmen ihren Einkauf ins Internet verlegen und gemeinsam Joint Ventures, insbesondere in Form eines Gemeinschaftsunternehmens, zum Betrieb einer Handelsplattform gründen. In diesem Fall liegt zwischen den Nachfragern eine Vereinbarung über den gemeinsamen Betrieb dieses Gemeinschaftsunternehmens vor.
Der Unterschied zwischen den beiden geschilderten Konstellation besteht vor allem darin, daß in dem zuerst geschilderten Fall eine virtuelle Handelsplattform entwickelt wird, über die dann die Nachfrager die Möglichkeit erhalten, hierüber gemeinsam günstig einzukaufen. Die Initiative geht grundsätzlich von dem hinter dem Internet-Marktplatz stehenden Unternehmen aus, so daß zwischen den einzelnen Nachfragern keine Vereinbarung vorliegt.
Bei einer von mehreren Unternehmen gegründeten Handelsplattform dagegen, geht die Initiative von den Nachfragern aus, die vereinbaren, daß sie eine Internetplattform beispielsweise in Form eines Gemeinschaftsunternehmens gründen, über die sie dann gemeinsam ihren jeweiligen Produktbedarf decken können.
Probleme bei der kartellrechtlichen Beurteilung im Rahmen des § 1 GWB ergeben sich somit hauptsächlich dann, wenn zwischen den Nachfragern keine ausdrückliche Vereinbarung über den gemeinsamen Einkauf gegeben ist, und sei es auch nur in der Form, daß sie hierfür ein Joint Ventures in Form eines Gemeinschaftsunternehmen gründen.

(b) Sternverträge

Fraglich ist jedoch wie es zu beurteilen ist, daß zwischen den nachfragenden Unternehmen, bei denen die Initiative nicht von diesen, sondern von dem „Internetunternehmen" ausgeht, zwar keine Vereinbarung zwischen den nachfragenden Unternehmen vorliegt, aber alle den

---

[697] BGH v. 15.2.1962, WuW/E BGH 495/497 „Ausschreibung für Üutzarbeiten II"; BGH Beschluß v. 17.12.1970, WuW/E BGH 1147/1153 „Teerfarben"; Immenga in Immenga/Mestmäcker, § 1, Rdn.86 m. w. N.
[698] BGH, Beschluß v. 15.2.1962, WuW/E BGH 495/497 „Ausschreibung für Putzarbeiten II"; Immenga in Immenga/Mestmäcker § 1, Rdn.85ff. m. w. N.; Bunte in Langen/Bunte, § 1, Rdn.34ff.

gleichen vertikalen Austauschvertrag mit dem hinter dem Internet-Marktplatz stehenden Unternehmen geschlossen haben; es handelt sich hierbei um parallele Vertikalvereinbarungen. Grundsätzlich werden von § 1 GWB nur horizontale Vereinbarungen erfaßt. Es werden von dem Vereinbarungsbegriff jedoch auch dann vertikale Austauschverträge erfaßt, soweit sich hieraus eine horizontale Absprache ergibt. Dies ist zum Beispiel dann der Fall, wenn zwar keine Vereinbarung zwischen den beteiligten Unternehmen vorliegt, es aber eine Mehrzahl von Vereinbarungen der jeweils beteiligten Unternehmen mit einem identischen Partner gibt.[699] In diesem Fall können parallele Vertikalabsprachen der miteinander im Wettbewerb stehenden Unternehmen mit einem gemeinsamen Partner unter den Anwendungsbereich des § 1 GWB fallen. Dies aber nur dann, wenn hierdurch ein horizontaler Charakter der Vereinbarung hervorgerufen wird.[700] In diesem Fall spricht man von sogenannten Sternverträgen. Sternverträge sind eine besondere Form der Vereinbarung.[701]
Aber auch dies bedeutet, daß zwischen den beteiligten Unternehmen, sei es auch nur im Vertikalverhältnis, eine Vereinbarung vorliegen muß. Weiterhin ist noch zu beachten, daß auch für einen sogenannten Sternvertrag zu fordern ist, daß den parallelen Vertikalverträgen der Wettbewerber eine horizontale Abstimmung zu Grunde liegt.[702]

Die Beteiligten einer Einkaufsbündelung werden häufig durch ein sehr umfangreiches Vertragssystem in diese Kooperation eingebunden. Dies hängt oft auch damit zusammen, daß die jeweils gewünschte Organisationsform schon bestimmter Formvorschriften bzw. eines bestimmten Vertragsrahmens bedarf.
Beim (gemeinsamen) Einkauf über einen Internet-Marktplatz ist die Voraussetzung der vertikalen Vereinbarung grundsätzlich in der Form gegeben, daß jeder einzelne Nachfrager eine Vereinbarung, in diesem speziellen Fall einen Kaufvertrag, mit dem hinter dem Internet-Marktplatz stehenden Unternehmen abschließt. Bei diesem Kaufvertrag handelt es sich um ein Austauschverhältnis und somit um eine vertikale Vereinbarung. Fraglich ist jedoch, ob dieser reine Kaufvertrag für die Annahme eines Sternvertrages ausreichend ist bzw. ob man aufgrund dessen von einer Wettbewerbsbeschränkung zwischen den Nachfragern ausgehen kann. Betrachtet man ausschließlich die vertikale Vereinbarung, bei der es sich um einen Kaufvertrag zwischen dem einzelnen Nachfrager und dem hinter dem Internet-Marktplatz stehenden Unternehmen handelt, so ist kein Grund ersichtlich, warum Kaufverträge nicht die Grundlage für Sternverträge bilden sollen.

Weiterhin ist jedoch im Bereich der Vereinbarung zu beachten, daß, wie bereits zuvor erwähnt, auch für einen sogenannten Sternvertrag zu fordern ist, daß den parallelen Vertikalverträgen der Wettbewerber eine horizontale Abstimmung zugrunde liegt. Das bedeutet für die Nachfragebündelung im Internet, daß den vertikalen Verträgen zwischen den jeweiligen Nachfragern und dem Internetunternehmen eine horizontale Abstimmung zwischen den Nachfragern untereinander zugrunde liegen muß.

---

[699] Bunte in Langen/Bunte, § 1, Rdn.47ff.; Immenga in Immenga/Mestmäcker, 2. Aufl., § 1, Rdn.172ff.
[700] Vgl. BGH, Beschluß v. 19.6.1975, WuW/E BGH 1367/1368f. „Zementverkaufsstelle Niedersachsen"; KG, v. 16.10.1985, WuW/E OLG 3675/3676 „Baumarkt Statistik"; OLG Düsseldorf v. 8.5.1990, WuW/E OLG 4599/4600f. „Abschlepp-Gemeinschaft"; OLG Düsseldorf v. 12.6. 1990, WuW/E OLG 4691/4691f.
[701] Bunte in Langen/Bunte, § 1, Rdn.47ff.
[702] Bunte, NJW 1999, 93/96; Immenga in Immenga/Mestmäcker, 2. Aufl., § 1, Rdn.173; K. Schmidt, Kartellverbot, Seite 136.

Von einer Abstimmung ist dann auszugehen, wenn Unternehmen ihr Marktverhalten einverständlich aufeinander ausrichten und voneinander abhängig machen, ohne sich dem Partner gegenüber dazu zu verpflichten.[703] Diese Abstimmung kann durch jede Fühlungnahme zwischen den Unternehmen stattfinden, wobei es unabhängig davon ist, auf welchem Weg und mit welchen Mitteln dies geschieht.

Im vorliegend geschilderten Fall, der Nachfragebündelung von Unternehmen im Internet, muß somit eine Abstimmung zwischen den beteiligten nachfragenden Unternehmen stattfinden. Beim gemeinsamen Einkauf mehrerer Nachfrager über die Website eines Internet-Marktplatzes ist die Abstimmung darin zu sehen, daß die Teilnehmer bewußt hierüber einkaufen, damit andere Unternehmen ebenso über diese Internetplattform einkaufen, und es dadurch gerade über diese besondere Kommunikationsform zu einer Bündelung der Nachfrage und somit zu einem gemeinsamen Einkauf zu günstigeren Konditionen kommt. Somit läuft in diesen Fällen die Kontaktaufnahme der jeweiligen nachfragenden Unternehmen über die Website des Internet-Marktplatzes.

Wie bereits oben angeführt, ist jede Form der Fühlungnahme, um zur Annahme einer Abstimmung zu gelangen, möglich, jedoch ergibt sich im vorliegenden Fall das Problem, daß zumindest zwischen den Nachfragern keine unmittelbare Fühlungnahme bzw. Kontaktaufnahme vorliegt, sondern der Kontakt über die jeweilige Website des Internet-Marktplatzes stattfindet. Fraglich ist somit wie diese Fühlungnahme über die Website eines Dritten zu qualifizieren ist.
Grundsätzlich beruht eine Abstimmung darauf, daß sich die beteiligten Unternehmen direkt untereinander abstimmen. Es können jedoch auch Dritte eingeschaltet werden, so daß von einem „Abgestimmt-werden" auszugehen ist.
Das Problem bei der Einkaufsbündelung tritt bei dem Tatbestandsmerkmal der Abstimmung dadurch auf, daß die Nachfrager nicht unmittelbar in Kontakt treten und in den überwiegenden Fällen nicht einmal feststellen können, wer sich noch an dem gemeinsamen Einkauf über das Internet beteiligt. Es herrscht somit Anonymität zwischen den nachfragenden Unternehmen. Die Fühlungnahme zwischen den Nachfragern findet in der Form statt, daß jedes einzelne Unternehmen dadurch, daß es sich bereiterklärt, ein Produkt über einen Internet-Marktplatz zu beziehen, dies mit dem Bewußtsein macht mit anderen Unternehmen gemeinsam und somit zu günstigeren Konditionen einzukaufen. Diese Handlung des einzelnen Unternehmen stellt somit auch gleichzeitig eine Aufforderung für andere Unternehmen dar, auch auf diese Weise ihre Produkte zu beziehen, um somit die gemeinsame Nachfrage zu bündeln. Folglich ist in der jeweiligen Angebotsabgabe jedes einzelnen nachfragenden Unternehmen gegenüber dem Internetmarktplatz bzw. dem dahinterstehenden Unternehmen gleichzeitig ein Angebot zur Nachfragebündelung zu sehen. Dieses wird dann in der gleichen Art und Weise angenommen. Fraglich ist jedoch ob diese Tatsache ausreichend ist, um in diesen Fällen eine Abstimmung zwischen den Nachfragern anzunehmen.

Nicht unter den Begriff der abgestimmten Verhaltensweise fällt eine Abstimmung über einen Dritten jedoch dann, wenn die Initiative alleine von dem Dritten ausgeht.[704] In diesem Fall

[703] Siehe zur näheren Erläuterungen Seite 15.
[704] Roth in Frankfurter Kommentar, § 25, Rdn.13; OLG Stuttgart v. 26.10.1984, WuW/E OLG 3332/3333 „Familienzeitschrift"; Benisch in Gemeinschaftskommentar, § 25 Abs. 1; Rdn.8; Belke in ZHR 139, 51/94ff.

liegt keine Abstimmung zwischen den beteiligten Unternehmen vor, sondern allenfalls eine Empfehlung des Dritten an die jeweiligen Unternehmen.
In den geschilderten Fällen, in denen die Initiative für den gemeinsamen Einkauf grundsätzlich nicht von den Nachfragern, sondern von dem Unternehmen ausgeht, das eine Internetplattform eingerichtet hat, ist zum einen zu beachten, daß eine gewisse Initiative auch bei den Nachfragern vorliegen muß, da es ansonsten nicht zu dem gemeinsamen Einkauf kommt und zum anderen, daß die Nachfrager nicht nur ein gleichförmiges Verhalten aufweisen, das voneinander unabhängig ist, sondern, daß es in dem Maße voneinander abhängig ist, daß sie nur günstigere Preise erzielen und damit eine Einkaufsbündelung erreichen, wenn sie gerade bewußt zusammenwirken. Der gemeinsame Einkauf beruht nicht auf der alleinigen Initiative eines Dritten.
Es liegt mehr als nur ein gleichförmiges Verhalten aufgrund einer Empfehlung eines Dritten vor. Der Einkauf über eine Internetplattform stellt ein bewußtes praktisches Zusammenwirken dar, bei dem die Abstimmung unter den Unternehmen über einen Dritten stattfindet. Es handelt sich um eine Zusammenarbeit, die über das Internet von einem Dritten organisiert wird. Das Internet dient in diesem Fall als eine besondere Kommunikationsform, die aber erst durch die Initiative eines Dritten ermöglicht worden ist, so daß hierin eine Art Vermittlertätigkeit zu sehen ist.
Somit ist in dem gemeinsamen Einkauf mehrer Nachfrager über das Internet eine Abstimmung zwischen diesen zu sehen. Folglich stellt diese horizontale Abstimmung zwischen den Nachfragern die Grundlage für die vertikalen Vereinbarungen zwischen diesen und den jeweiligen Anbieter im Internet dar, so daß in diesem Fall Vereinbarungen in Form von Sternverträgen gegeben sind: Eine Vielzahl paralleler Vertikalverträge, denen eine Abstimmung der einzelnen Nachfrager zugrunde liegt.

Als besonders problematisch erweist sich jedoch bei Sternverträgen die Frage, ob zwischen den beteiligten Unternehmen eine horizontale Wettbewerbsbeschränkung vorliegt. Dies ist jedoch kein Problem, das im Rahmen der Vereinbarung geklärt werden muß, sondern erweist sich als Problem im Bereich der Wettbewerbsbeschränkung zwischen Wettbewerbern.[705]

Der einzige Unterschied zwischen den sogenannten Sternverträgen und abgestimmten Verhaltensweisen ist derjenige, daß bei Sternverträgen zusätzlich zu einer horizontalen Abstimmung zwischen den Wettbewerbern, noch eine Vielzahl paralleler Vertikalverträge gegeben sind, die dem System eine gewisse Verbindlichkeit verleiht. An dieser Gegenüberstellung wird deutlich, daß es sich bei Sternverträgen im Rahmen des § 1 GWB seit der 6. GWB-Novelle um eine besondere Form der abgestimmten Verhaltensweise handelt, die durch vertikale Vereinbarungen gestärkt wird. Sternverträge stellen eine Mischung zwischen Vereinbarungen und abgestimmten Verhaltensweisen dar.

(c) Miteinander im Wettbewerb stehende Unternehmen

Jedoch verbietet § 1 GWB nur Vereinbarungen und abgestimmte Verhaltensweisen zwischen miteinander im Wettbewerb stehenden Unternehmen, also nur die sogenannten horizontalen Vereinbarungen und abgestimmten Verhaltensweisen und nicht die vertikalen. Die vertikalen Wettbewerbsbeschränkungen sind somit überwiegend aus dem Anwendungsbereich des § 1

[705] Nähere Erläuterung dazu unten auf Seite 132f. und 143f.

GWB herausgenommen. Unternehmen stehen dann miteinander im Wettbewerb, wenn zwischen ihnen ein Wettbewerbsverhältnis besteht.

(aa) Wettbewerbsverhältnis

Von einem Wettbewerbsverhältnis zwischen den Unternehmen ist jedoch nur dann auszugehen, wenn sie auf dem gleichen sachlich, räumlich und zeitlich relevanten Markt tätig sind.
Im Rahmen des gemeinsamen Einkaufs über eine virtuelle Einkaufsbündelung im Internet, erweist sich die Bestimmung des relevanten Marktes als problematisch. Die meisten Entscheidungen, die im Rahmen der B2B-Marktplätze ergangen sind, stammen aus dem Bereich der Fusionskontrolle, so daß bei der Bestimmung des relevanten Marktes hierauf zurückgegriffen kann und muß.

Der sachlich relevante Markt umfaßt alle Nachfrager, auf die die Lieferanten ohne große Schwierigkeiten ausweichen können.[706] Diesbezüglich ergeben sich für den gemeinsamen Einkauf durch virtuelle Einkaufsbündelung jedoch Besonderheiten, denn es stellt sich die Frage, ob Produkte, die über das Internet angeboten werden, einen eigenen Markt darstellen, oder ob nach wie vor der gesamte Markt für das jeweilige betroffene Produkt gemeint ist, d.h. ob Internetverkäufe nur eine andere Bezugsmöglichkeit darstellen.[707]
Aus diesem Grund sind für eine genauere Marktabgrenzung der jeweiligen Güter und Dienstleistungen besondere Kriterien heranzuziehen. Zum einen ist zu untersuchen, ob es sich bei den gehandelten Güter und Dienstleistungen um solche handelt, „die als branchenspezifisch anzusehen sind“[708], und zum anderen, ob die Güter und Dienstleistungen „durch den Handel via Internet besondere Eigenschaften aufweisen“[709].

Von sogenannten branchenspezifischen Besonderheiten ist dann auszugehen, wenn die entsprechenden Güter und Dienstleistungen nur von einer ganz bestimmten Branche genutzt werden. Davon zu unterscheiden sind sogenannte MRO-Produkte (Maintenance Repair Operations), d.h. Produkte und Dienstsleistungen, die jedes größere Unternehmen weitgehend unabhängig von der Branchenzugehörigkeit benötigt.[710]
Spezifische Eigenschaften von Produkten, die über das Internet gehandelt werden können, liegen beispielsweise dann vor, wenn die Produkte über das Internet virtuell ausprobiert werden können oder aber spezielle Internet-Beratungsleistungen damit verbunden sind.[711] Diese besonderen Eigenschaften der über das Internet vertriebenen Produkte führen dann zu einer Begrenzung des sachlich relevanten Marktes auf den Vertrieb über das Internet. Dennoch ist nicht grundsätzlich von einer Differenzierung des Internetmarktes vom herkömmlichen Markt auszugehen.
Sowohl die branchenspezifischen Besonderheiten als auch besondere Interneteigenschaften müssen für die jeweilige Internetplattform und die darüber angebotenen Produkte gesondert bestimmt werden. In den überwiegenden Fällen wird es sogar so sein, daß im Rahmen einer

---

[706] Nähere Erläuterung zur Bestimmung des sachlich relevanten Marktes siehe oben Seite 18.
[707] Vgl. dazu Vajda/Gahnström, E.C.L.R. 2000, 94/97f.; Ruttley, E.C.L.R. 1998, 186/195.
[708] BKartA, Beschluß v. 23.10.2000, WuW/E DE-V 355/358 Tz.32 „SAP-GU“.
[709] BKartA, Beschluß v. 23.10.2000, WuW/E DE-V 355/358 Tz.32 „SAP-GU“.
[710] BKartA, Beschluß v. 26.01.2001, WuW/E DE-V 423/425 Tz.23 „RubberNetwork.com“.
[711] vgl. BKartA, Beschluß v. 26.01.2001, WuW/E DE-V 423/425 Tz.24 „RubberNetwork.com“; BKartA, Beschluß v. 23.10.2000, WuW/E DE-V 355/358 Tz.34 „SAP-GU“.

Internetplattform auch noch zwischen den verschiedenen angebotenen Gütern und Dienstleistungen unterschieden werden muß. Dies wirkt sich in der Form auf die Bestimmung des sachlich relevanten Marktes aus, daß nur auf die Unternehmen ausgewichen werden kann, die gerade diese Produkte auf diese bestimmte Art und Weise beziehen. Diese stehen dann auch in einem sogenannten Nachfrage-Wettbewerbsverhältnis.

Handelt es sich weder um branchenspezifische noch um internetspezifische Produkte, so findet hierdurch keine weitere Einschränkung des relevanten Marktes statt, so daß der sachlich relevante Markt alle Nachfrager ohne Einschränkung erfaßt, auf die die Lieferanten (Internetplattformen) grundsätzlich ohne große Schwierigkeiten ausweichen können.[712]

Besondere Probleme ergeben sich weiterhin bei der Bestimmung des räumlich relevanten Marktes. Bei den Beschaffungsmärkten ist grundsätzlich darauf abzustellen, welche räumlichen Ausweichmöglichkeiten für die Anbieter bestehen.[713] Seit der 6. GWB-Novelle kennt auch das deutsche Kartellrecht bei der Ermittlung des räumlich relevanten Marktes keine normative Begrenzung mehr,[714] so daß diesbezüglich auch der europäische und der weltweite Markt betroffen sein können[715].
Bietet ein Unternehmen seine Produkte und Dienstleistungen über das Internet an, so können Nachfrager aus aller Welt auf diese Angebote zurückgreifen. Aus diesem Grund sind die Internetmarktplätze weltweit zugänglich, so daß die Unternehmen als weltweit im Wettbewerb stehend eingestuft werden könnten.[716] Somit stellt sich nun die Frage, ob der räumlich relevante Markt mit dem World Wide Web identisch ist, so daß jeweils der Weltmarkt betroffen ist.[717]
Betrachtet man grundsätzlich einmal die Ausweichmöglichkeiten der Anbieter, so können diese auf Nachfrager auf der ganzen Welt ausweichen. Jedoch ist dies nicht der alleinige Ansatzpunkt für die Bestimmung des räumlich relevanten Marktes, denn weiterhin muß bei der Bestimmung des relevanten Marktes auch noch das jeweilige Produkt mit seinen Eigenarten mitberücksichtigt werden. Aus diesem Grund ist es nicht sinnvoll, per se einen Weltmarkt anzunehmen.[718] So können zum Beispiel technische Besonderheiten der Produkte ein Ausweichen auf Nachfrager aus dem Ausland verhindern.[719] Weiterhin ist zu beachten, daß bestimmte Produkte durch besonders hohe Transportkosten gekennzeichnet sind, so daß weite Transportwege vermieden werden müssen. Folglich spielen hohe Transportkosten immer dann eine Rolle, wenn der Transport im Verhältnis zu den Gesamtkosten besonders aufwendig ist.[720] Hohe Transportkosten stellen aus diesem Grund häufig ein Handelshindernis dar und sprechen

---

712 Zum Teil a. A. Jestaedt, BB 2001, 581/586; Lampert/Michel, K & R, 505/507.
713 Näherer Erläuterungen zur Bestimmung des räumlich relevanten Marktes Seite 19.
714 Siehe oben Seite 19.
715 Vgl. BKartA, Beschluß v. 26.01.2001, WuW/E DE-V 423/425 Tz.26 „RubberNetwork.com"; BKartA, Beschluß v. 23.10.2000, WuW/E DE-V 355/358 Tz.37 „SAP-GU".
716 Vgl. dazu Vajda/Gahnström, E.C.L.R. 2000, 94/97f.; Ruttley, E.C.L.R. 1998, 186/195.
717 Vgl. dazu Beck, WuW 1999, 460/463; Ruttley, E.C.L.R. 1998, 186/194f.
718 Lange, EWS 2000, 291/293f.; Koenig/Müller/Trafkowski, EWS 2000, 97/103f.
719 So ist z.B. der DVD-Bereich in drei Zonen global aufgeteilt (Amerika, Asien, Europa), so daß nicht von einem einheitlichen räumlich relevanten Markt ausgegangen werden kann.
720 KomE, v. 4.9.1992, Az IV/M.239 „Avesta/British Steel/NCC/AGA/Axel Johnson", nicht veröffentlicht, Tz.25.

für eine enge Marktabgrenzung;[721] geringe Transportkosten sind umgekehrt eine Argument für eine weite Marktabgrenzung.[722] Hieraus wird ersichtlich, daß Transportkosten und besondere Transportempfindlichkeit eines Produkts eine gewisse räumliche Marktabgrenzung liefern, so daß kein Weltmarkt als räumlich relevanter Markt mehr angenommen werden kann.

Weiterhin eine wichtige Rolle bei der Marktabgrenzung spielen Zölle, Steuern und andere Importbeschränkungen, denn hierdurch wird der Handel zwischen den einzelnen Staaten eingeschränkt.[723] Die dadurch entstehenden Schranken zwischen den einzelnen Staaten werden zwar im Rahmen der Gemeinschaft immer weiter abgebaut werden, jedoch ändert dies nichts an den Marktzutrittsschranken zu Drittstaaten.[724]
Nicht zu unterschätzen ist auch die Sprache einer Website als räumliche Marktbeschränkung.[725] So kann eine in niederländisch verfaßte Website in erster Linie die Gegenden erfassen, die von der niederländischen Sprache geprägt sind.[726] Anders sieht es allerdings bei einer englischsprachigen Website aus, da aufgrund der weltweiten Bedeutung der englischen Sprache dadurch keine Marktabgrenzung stattfindet.

Durch Internet-Marktplätze wird zwar der Kreis der Kunden und der der Konkurrenten erweitert, aber es handelt sich nicht per se um einen weltweiten Marktplatz.[727] Aus den zuvor aufgeführten Gründen kann somit nur dann von einem Weltmarkt ausgegangen werden, wenn die jeweiligen Produkte und Dienstleistungen über das Internet tatsächlich weltweit angeboten und auch sinnvoll nachgefragt werden können.

Bei der Bestimmung des zeitlichen relevanten Marktes muß im Rahmen des Internets besonders beachtet werden, daß es sich bei den virtuellen Nachfragebündelungen teilweise nur um spontane, einmalige ad hoc Kooperationen handelt, die sich nach der einmaligen Tätigung des gemeinsamen Einkauf sofort wieder auflösen.

(bb) Sternverträge

Noch nicht weiter geklärt ist jedoch, wie die Vielzahl der Vertikalvereinbarungen zwischen den nachfragenden Unternehmen und dem hinter der Internetplattform stehenden Unternehmen, denen eine Abstimmung zwischen den nachfragenden Unternehmen zugrunde liegt,[728] im Rahmen des Tatbestandsmerkmals „miteinander im Wettbewerb stehen" zu behandeln sind: also die sogenannten Sternverträge. Es stellt sich die Frage, ob bei diesen Sternverträgen

---

[721] KomE v. 28.7.1992, WuW/E EV 2001/2004., Tz.16 „Elf Atochem/Rohm and Haas"; KomE, 22.7.1992, ABl. der EG 1992 Nr. L 356, Seite 1/8ff., Tz.24-29 und 31 „Nestlé/Perrier"; KomE v. 6.6.1991, WuW/E EV 1626/1629, Tz.16 „Viag/Continental Can".
[722] KomE v. 12.5.1992, WuW/E EV 1856/1859, Tz.21 „Mondi/Frantschach"; KomE v. 17.12.1991, WuW/E EV 1740/1744, Tz.10 „Alcatel/AEG Kabel".
[723] Siehe KomE v. 28.7.1992, WuW/E EV 2001/2001, Tz.16 „Elf Atochem/Rohm and Haas"; KomE v. 10.8.1992, WuW/E EV 1983/1985f., Tz.6.3 „Rhône-Poulence/SNIA"; KomE v. 20.5.1993, Az. IV/M.284, „Hoechst/Wacker", nicht veröffentlicht, Tz.14.
[724] So auch Lange, EWS 2000, 291/293.
[725] Siehe dazu auch Seeliger, WuW 2000, 1174/1185f.
[726] So KomE, 15.9.1998, Az. IV/JV.11, Rz.17, „@Home Benelux B.V.".
[727] So auch Seeliger, WuW 2000, 1174/1185f.; Lange, EWS 2000, 291/293; Koenig/Müller/Trafkowski, EWS 2000, 97/103f.; Vajda/Gahnström, E.C.L.R. 2000, 94/97f.
[728] Nähere Erläuterung siehe Seite 132.

überhaupt eine Vereinbarung zwischen miteinander im Wettbewerb stehenden Unternehmen vorliegt.
Im Sinne des bisherigen § 1 GWB a. F. mußte grundsätzlich erst einmal ein gemeinsamer Zweck der beteiligten Unternehmen vorliegen.[729] Es war weitgehend unstreitig, daß der gemeinsame Zweck dazu diente, die horizontalen Wettbewerbsbeschränkungen des § 1 GWB und die Vertikalvereinbarungen der §§ 15ff. GWB a. F. (= §§ 14ff. GWB n. F.) voneinander abzugrenzen.[730] Ein gemeinsamer Zweck lag bei vertikalen Vereinbarungen dann vor, wenn diese nach der Zielsetzung der Parteien dazu dienen sollten, den zwischen ihnen aktuellen oder potentiellen Wettbewerb zu beschränken.[731] Dies wurde insbesondere dann angenommen, wenn entweder die Wirksamkeit des Einzelvertrages nach dem Willen der Beteiligten von den übrigen Verträgen abhängig war, die parallelen Bindungen nach der Zielsetzung der Beteiligten also nur im Zusammenwirken sinnvoll war oder wenn sie auf horizontaler Abstimmung zwischen den gebundenen Unternehmen beruhte.[732] Es genügte aber, wenn die Vertikalverträge so gestaltet waren, daß man das vertikale Vertragsverhältnis gar nicht eingehen konnte, ohne einer horizontal wirkenden Abstimmung zuzustimmen.[733]

Seit der 6. GWB-Novelle muß jedoch kein „gemeinsamer Zweck" mehr vorliegen, sondern die Unternehmen müssen „miteinander im Wettbewerb stehen". Somit müssen die beteiligten Unternehmen auch bei Sternverträgen miteinander im Wettbewerb stehen.
Im Fall der Sternverträge sind mehrere parallele Vereinbarungen zwischen vertikal zueinander stehenden Unternehmen gegeben, die sich jedoch gerade auf das horizontale Wettbewerbsverhältnis zwischen den Unternehmen auswirken, das bedeutet auf Unternehmen, die miteinander im Wettbewerb stehen. Somit liegt in diesem Fall keine unmittelbare Vereinbarung zwischen miteinander im Wettbewerb stehenden Unternehmen vor. Aber man kann entweder von einer mittelbaren Vereinbarung zwischen den miteinander im Wettbewerb stehenden Unternehmen ausgehen oder man stellt in dieser Konstellation darauf ab, daß die vertikale Vereinbarung auf einer horizontalen Abstimmung zwischen den Unternehmen beruht. Dies läßt sich damit begründen, daß durch die 6. GWB-Novelle bezüglich des Merkmals des gemeinsamen Zwecks keine grundsätzliche Änderung eintreten sollte.

Bei Sternverträgen liegen vertikale Vereinbarungen vor, die sich auf ein horizontales Wettbewerbsverhältnis auswirken. Es handelt sich um Vertikalvereinbarungen zwischen Nicht-Wettbewerbern zur Regelung von Drittwettbewerb. Diese Vertikalvereinbarungen werden von § 1 GWB seit der 6. GWB-Novelle jedoch nicht mehr erfaßt. Dies hat zur Folge, daß im Rahmen der Sternverträge alleine auf die Abstimmung zwischen den nachfragenden Unternehmen abzustellen ist, damit das Tatbestandmerkmal „miteinander im Wettbewerb stehen" diesbezüglich möglicherweise angenommen werden kann.[734]

---

[729] Bunte in Langen/Bunte, § 1, Rdn.47ff.; Bunte, NJW 1999, 93/95f.
[730] BGH v. 6.5.1997, WuW/E BGH 3137/3137 „Sole"; K. Schmidt, BB 1979, 1173/1174; Emmerich, 7.Aufl., § 5, 5.c); Schwarz, Kartellvertrag und sonstige wettbewerbsbeschränkende Verträge, Seite 125; Rittner, 5.Aufl., § 7 Rdn.12 und 27.
[731] Bunte, WuW 1997, 857/860f.
[732] Bunte in Langen/Bunte, § 1, Rdn.47ff.
[733] OLG Düsseldorf v. 12.6.1990, WuW/E OLG 4691/4692.
[734] Im Ergebnis ähnlich Hootz in Gemeinschaftskommentar, § 1, Rdn.67.

Folglich erfüllen die Vertikalvereinbarungen zwischen dem jeweils nachfragenden Unternehmen und dem Internet-Marktplatz nur dann das Tatbestandmerkmal „miteinander im Wettbewerb stehen", wenn man auf die horizontale Abstimmung zwischen den Nachfragern abstellt. Dies entspricht auch dem hinter diesen Vertikalvereinbarungen stehenden Sinn und Zweck.

(3) Wettbewerbsbeschränkungen

(a) Allgemeine Beschreibung

Nachfragebündelungen verstoßen dann gegen das Kartellverbot, wenn sie den zwischen den beteiligten Unternehmen bestehenden Nachfragewettbewerb beschränken.
Auch durch die Nachfragebündelung über das Internet wird grundsätzlich der Nachfragewettbewerb zwischen den beteiligten Unternehmen beeinträchtigt[735], indem sie nicht mehr frei und selbständig ihre Aktionsparameter einsetzen. Dies ist auch dann der Fall, wenn die Beteiligten keinem Bezugszwang unterliegen. Ein Bezugszwang wird beim gemeinsamen Einkauf über das Internet in den wenigsten Fällen gegeben sein, da sich die Unternehmen nicht verpflichten werden ihren gesamten Bedarf über das Medium Internet zu decken. Auch der Anbieterwettbewerb zwischen den über das Internet nachfragenden Unternehmen ist dann beeinträchtigt, wenn die beteiligten Unternehmen durch den gemeinsamen Einkauf zu annähernd gleichen Preisen weiterverkaufen.[736]
Hinzukommen muß dann noch eine Beeinträchtigung Dritter.[737] Diese Beeinträchtigung Dritter äußert sich in den meisten Fällen in der Form, daß den Lieferanten (Anbieter) die Möglichkeit genommen wird, auf anderer Nachfrager auszuweichen und so dem Druck der Einkaufsbündelung bezüglich günstiger Konditionen ausgeliefert sind.

Fraglich ist, ob diese Ansätze so auch auf die Nachfragebündelung über das Internet anzuwenden sind. In diesem Zusammenhang ist nämlich zu beachten, daß die klassischen Einkaufskooperationen gerade aus dem Grund verboten werden, damit die Nachfrager nicht den Preis durch ihre gemeinsame Nachfragemacht in der Weise beeinflussen können, daß diese stark unter das Wettbewerbsniveau gedrückt werden.[738]
Möglicherweise muß hier zwischen klassischen nachfragegesteuerten Nachfragebündelungen und ad hoc nachfragegesteuerten und anbietergesteuerten Nachfragebündelungen im Rahmen des Internets unterschieden werden. Betrachtet man die Einkaufsbündelungen über das Internet, so wird deutlich, daß die wirtschaftliche Bedeutung im Vergleich zur klassischen Einkaufskooperation eine andere ist. Bei Einkaufsbündelungen über das Internet ist aufgrund der Schnelligkeit und der Anonymität der Kommunikation eine vorvertragliche Abstimmung der Nachfrager nicht sinnvoll, aber auch nicht erforderlich.[739] Die Abstimmung findet erst durch die Nutzung und Bestellung über die jeweilige Internetplattform statt. Anders als bei der klassischen Einkaufsbündelung steht der Anbieter nicht einer geschlossenen Front von Nachfragern gegenüber, die die Initiative bezüglich des gemeinsamen Einkaufs ergriffen hat, sondern dem Anbieter wird die Möglichkeit gegeben, dieser Gruppe von Nachfragern ein entsprechen-

---

[735] Näherer Erläuterungen zum Nachfragewettbewerb Seite 21.
[736] Näherer Erläuterungen zum Absatzwettbewerb Seite 23.
[737] Ausführliche Stellungnahme siehe Seite 27ff.
[738] Dies wird in der Entscheidung KG v.26.2.1986, WuW/E OLG 3737/3746f. „Selex-Tania" besonders deutlich.
[739] Jestaedt, BB 2001, 581/585ff.

des günstiges Angebot zu machen. Dieses Angebot wird der Anbieter dann auch dementsprechend wählen bzw. ausgestalten, daß es durch seine eigenen Kosteneinsparungen gerechtfertigt ist und der Preis nicht unter das Wettbewerbsniveau fällt. Der Rationalisierungseffekt für den Anbieter liegt dann darin, daß er nicht mehrere kleine Aufträge bearbeiten muß, sondern nur einen großen, wodurch auf jeden Fall die Transaktionskosten reduziert werden. Nicht zu vernachlässigen sind auch die Lager- und Transportkosten, die sich dadurch für den Lieferanten (Anbieter) verringern.

Fraglich ist nun, wie sich diese wirtschaftlichen und organisatorischen Unterschiede zwischen den klassischen Einkaufsbündelungen und den anbietergesteuerten Einkaufsbündelungen auf das Tatbestandsmerkmal der Wettbewerbsbeschränkung auswirken.
Unter anderem dient § 1 GWB der Wahrung eines wirksamen Wettbewerbs und damit auch dem Schutz der Marktgegenseite.[740] Allerdings kann der Schutz der Marktgegenseite dann nicht zur Anwendung gelangen, wenn die Nachfrager aufgrund der Initiative der Anbieter ihre Nachfragemacht bündeln, es sich also um eine anbietergesteuerte Nachfragebündelung handelt. Fraglich ist, ob aus diesem Grund das Vorliegen einer Wettbewerbsbeschränkung in Form der Beschränkung der Handlungsfreiheit der Marktgegenseite verneint werden muß.[741]
Durch den gemeinsamen Einkauf über eine anbietergesteuerte Internetplattform werden die Auswahlmöglichkeiten der Marktgegenseite nicht eingeschränkt, denn die Anbieter haben hierfür die Initiative ergriffen und somit ihre Auswahlmöglichkeiten selbst in die Hand genommen. Der Grund hierfür liegt in der Einsparung von Kosten auch für den Anbieter (Lieferanten). Der Rationalisierungseffekt für den Anbieter liegt darin, daß er nicht mehrere kleine Aufträge bearbeiten muß, sondern nur einen großen, wodurch auf jeden Fall einmal die Transaktionskosten reduziert werden. Nicht zu vernachlässigen sind auch die Lager- und Transportkosten, die sich dadurch für den Lieferanten (Anbieter) verringern.

Nicht zu vernachlässigen in diesem Zusammenhang ist aber, daß immer noch eine Wettbewerbsbeschränkung zwischen den Nachfragern und im Rahmen des Anbieterwettbewerbs stattfindet. Die ausschließliche Beschränkung des Wettbewerbs zwischen den nachfragenden Unternehmen ist jedoch für die Annahme einer Wettbewerbsbeschränkung im Rahmen des § 1 GWB nicht ausreichend, sondern es muß zusätzlich noch eine Beschränkung des Drittwettbewerbs vorliegen.[742] Zu prüfen bleibt somit in diesem Zusammenhang, ob anstatt einer Beschränkung der Handlungsfreiheit der Anbieter (Lieferanten) in diesem Fall eine andere Beschränkung des Drittwettbewerbs gegeben ist.
Diese Beschränkung des Drittwettbewerbs kann dann gegeben sein, wenn die Nachfrager einer Bezugspflicht unterliegen oder aber wenn der Absatzwettbewerb auf der Wirtschaftsstufe der Nachfrager in der Form beeinträchtigt wird, daß die Einkaufsvorteile an die niedrigere Wirtschaftsstufe durch günstigere Angebote weitergegeben werden[743], wodurch andere Anbieter auf dem Absatzmarkt der Mitglieder der Einkaufsbündelung möglicherweise nicht mehr konkurrenzfähig sind.
Liegt eine dieser Beschränkungen des Drittwettbewerbs vor, so ist es für die Annahme einer Wettbewerbsbeschränkung i.S.d. § 1 GWB unerheblich, daß durch die anbietergesteuerte Nachfragebündelung eine Beschränkung der Handlungsfreiheit der Marktgegenseite nicht ein-

[740] Siehe Erläuterungen zu Sinn und Zweck des § 1 GWB Seite 9.
[741] So Jestaedt, BB 2001, 582/585.
[742] Siehe oben Seite 27.
[743] Siehe zur Veränderung des Marktzustandes zu Lasten Dritter Seite 23ff.

tritt. Aus diesem Grund führt eine anbietergesteuerte Nachfragebündelung nicht automatisch dazu, daß keine Wettbewerbsbeschränkung i.S.d. § 1 GWB gegeben ist.

Aber auch nachfragerinitiierte Nachfragebündelungen müssen nicht unbedingt eine Wettbewerbsbeschränkung i.S.d. § 1 GWB hervorrufen. Um dies beurteilen zu können, muß auch hier auf die Sicht der Anbieter (Lieferanten) abgestellt werden. Dadurch, daß die Nachfragebündelung ad hoc erfolgt, d.h. daß keine planmäßige vorvertragliche Abstimmung zwischen den nachfragenden Unternehmen stattfindet, wird auf die Lieferanten kein unangemessener Druck bezüglich der Vereinbarung der Preise ausgeübt. Dies wiederum kann dann, wie bei der anbietergesteuerten Nachfragebündelung, dazu führen, daß eine Wettbewerbsbeschränkung zu Lasten der Anbieter nicht vorliegt.
Fraglich ist jedoch, ob diese Situation dazu ausreicht, daß eine Wettbewerbsbeschränkung ausgeschlossen werden kann. Hierzu ist anzuführen, daß alleine die Tatsache, daß es sich nicht um eine lange im voraus geplante Abstimmung zwischen den nachfragenden Unternehmen handelt, nichts an der Beurteilung der Beschränkung der Handlungsfreiheit ändert, weil auch in dieser Situation die jeweiligen Anbieter einem gewissen Preisdruck ausgesetzt sind, der auch durch eine ad hoc Einkaufsbündelung hervorgerufen bzw. verstärkt werden kann. Selbst wenn man eine Beschränkung der Handlungsfreiheit der Lieferanten der Einkaufsbündelung ablehnt, besteht immer noch die Möglichkeit einer Wettbewerbsbeschränkung zu Lasten Dritter in der Form, daß eine Bezugspflicht vereinbart worden ist oder auf dem Absatzmarkt weiteren Wettbewerbern die Konkurrenzfähigkeit genommen wird.
Aus diesen genannten Gründen ist im Rahmen der ad hoc nachfragegesteuerten Einkaufsbündelung in den überwiegenden Fällen von einer Wettbewerbsbeschränkung auszugehen.[744]

Es liegt allerdings dann ohne Zweifel keine Wettbewerbsbeschränkung i.S.d. § 1 GWB vor, wenn die Einkaufsplattform bzw. der dadurch verursachte gemeinsame Einkauf der Unternehmen lediglich darauf angelegt ist, Kostenersparnisse durch eine optimale Marktübersicht und eine schnellere Abwicklung herbeizuführen. Alleine in dieser Zweckbestimmung ist noch keine Wettbewerbsbeschränkung im Rahmen des § 1 GWB zu sehen.[745] Allerdings muß im Rahmen einer anbietergesteuerten Einkaufsbündelung entweder eine Bezugspflicht oder eine Beschränkung des Absatzwettbewerbs vorliegen, damit es zu einer Wettbewerbsbeschränkung zu Lasten Dritter kommt.
Folglich bedarf es einer genauen Untersuchung der jeweiligen Einkaufsbündelung, wobei in den überwiegenden Fällen eine Wettbewerbsbeschränkung anzunehmen ist. Bei der Beurteilung, ob in dem jeweiligen Fall eine Wettbewerbsbeschränkung vorliegt, ist es grundsätzlich auch unerheblich, ob eine Bezugspflicht vereinbart worden ist oder nicht und, ob es zu einem generellen oder nur speziell für den Einzelfall organisierten gemeinsamen Einkauf kommt.[746]

---

744 So auch Jestaedt, BB 2001, 582/585.
745 In der Covisint-Entscheidung des Bundeskartellamts, v. 25.9.2000, WuW/E DE-V 321 (K & R 2000, 604ff.) haben sich die Gründer verpflichtet, daß Covisint nicht zulassen wird, daß die Autohersteller gemeinsam über Covisint einkaufen. Die auf Covisint ausgelagerten Geschäfte würden nur nicht automobil-spezifische Produkte umfassen. Allerdings heißt es einschränkend: „.......wobei es im Einzelfall möglich sein kann, daß sich ein Nutzer von Covisint, wie etwa ein Zulieferer, seinerseits an dem Einkaufsgeschäft, das Covisint für einen Hersteller durchführt, beteiligt. Solche Geschäfte stehen aber unter dem Vorbehalt, daß sie dem jeweils anwendbaren Wettbewerbsrecht entsprechen."
746 Köhler, K & R 2000, 569/575f.

(b) Sternverträge

Sternverträge stellten vor der 6. GWB-Novelle hauptsächlich ein Problem der Wettbewerbsbeschränkung dar. Im Sinne des bisherigen § 1 GWB mußte grundsätzlich erst einmal ein gemeinsamer Zweck vorliegen.[747] Ein gemeinsamer Zweck lag unter anderem vor, wenn die vertikale Vereinbarung nach der Zielsetzung der Parteien dazu dienen sollte, den zwischen ihnen aktuellen oder potentiellen Wettbewerb zu beschränken.[748] Dies war insbesondere dann der Fall, wenn entweder die Wirksamkeit des Einzelvertrages nach dem Willen der Beteiligten von den übrigen Verträgen abhängig war, die parallelen Bindungen nach der Zielsetzung der Beteiligten also nur im Zusammenwirken sinnvoll waren oder wenn sie auf horizontaler Abstimmung zwischen den gebundenen Unternehmen beruhten.[749]

Fraglich ist nun, ob Sternverträge auch nach der Neuformulierung des § 1 GWB weiterhin eine Wettbewerbsbeschränkung darstellen können. Probleme ergeben sich insbesondere in dem Bereich dadurch, daß die vereinbarte Wettbewerbsbeschränkung sich auch auf den zwischen den Parteien bestehenden Wettbewerb beziehen muß.[750] Problematisch könnte dies deswegen sein, weil ausschließliche Drittwirkungen keine Wettbewerbsbeschränkung im Sinne des § 1 GWB darstellen.[751] Nach der Neuformulierung des § 1 GWB ist es für das Vorliegen einer Wettbewerbsbeschränkung nicht mehr ausreichend, wenn durch die Vereinbarung oder abgestimmte Verhaltensweise ausschließlich der Drittwettbewerb beschränkt wird, sondern es muß eine Beschränkung des Wettbewerbsverhältnis zwischen den Parteien vorliegen.

Zum Teil wird angenommen, daß sich auch nach der Neuformulierung nichts daran geändert hat, so daß Sternverträge unter den oben genannte Umständen weiterhin ohne Probleme eine horizontale Wettbewerbsbeschränkung darstellen[752], also eine Wettbewerbsbeschränkung zwischen den Unternehmen, die in einem Wettbewerbsverhältnis stehen.
Das Problem der Sternverträge im Rahmen Wettbewerbsbeschränkung entsteht aber vor allem dadurch, daß eine Wettbewerbsbeschränkung nur dann vorliegt, wenn gerade die wettbewerbliche Handlungsfreiheit der an der Vereinbarung beteiligten Unternehmen beeinträchtigt wird[753]. Ausschließliche Drittwirkungen von Wettbewerbsbeschränkungen fallen nicht unter das Kartellverbot gemäß § 1GWB.[754] Bei einer Einschränkung der wirtschaftlichen Handlungsfreiheit eines der Vertragsbeteiligten, die sich allerdings auch auf die Regelung des Wettbewerbsverhältnisses im Verhältnis zu Dritten beziehen kann, liegt eine Wettbewerbsbeschränkung im Sinne des § 1 GWB vor.

Bei Sternverträgen ergibt sich diesbezüglich das Problem, daß grundsätzlich zwischen den an der vertikalen Vereinbarung beteiligten Unternehmen keine Wettbewerbsbeschränkung auftritt, sondern wenn, dann zwischen den miteinander im Wettbewerb stehenden Unternehmen, zwischen denen eine Abstimmung gegeben ist. Fraglich ist nun, ob diese Wettbewerbsbe-

---

[747] Bunte in Langen/Bunte, § 1, Rdn.47ff.; Bunte, NJW 1999, 93/95f.
[748] Bunte, WuW 1997, 857/860f.
[749] Bunte in Langen/Bunte, § 1, Rdn.47ff.
[750] Huber in Frankfurter Kommentar, Kurzdarstellung § 1, Rdn.51.
[751] Siehe oben Seite 23ff. und 27ff.
[752] Bunte in Langen/Bunte, § 1, Rdn.47ff.
[753] Bahr, WuW 2000, 954/956f.; Bunte in Langen/Bunte, § 1, Rdn.135; Hootz in Gemeinschaftskommentar, § 1, Rdn.99f.
[754] Siehe hierzu Seite 25ff.

schränkung als Beeinträchtigung der wettbewerblichen Handlungsfreiheit der an der Vereinbarung beteiligten Unternehmen angesehen werden kann. Grundsätzlich handelt es sich hierbei um eine Wettbewerbsbeeinträchtigung Dritter. Hieran ändert sich auch dadurch nichts, daß diese Unternehmen jeweils an der vertikalen Vereinbarung beteiligt sind.
In diesem Zusammenhang muß allerdings beachtet werden, daß die horizontale Abstimmung zwischen diesen Unternehmen als Grundlage für die parallelen vertikalen Vereinbarungen dient und auch nur aus diesem Grund das Tatbestandsmerkmal „miteinander im Wettbewerb stehenden Unternehmen“ erfüllt ist.[755] Weiterhin muß berücksichtigt werden, daß bei Sternverträgen gerade die vertikalen Vereinbarungen und die horizontale Abstimmung zusammen gesehen sich wie eine horizontale Vereinbarung zwischen den Wettbewerbern auswirken. Aus dieser gesamten Betrachtung der Sternverträge wird deutlich, daß eine ausschließliche Wettbewerbsbeschränkung zwischen den Wettbewerbern als ausreichende Innenwirkung angesehen werden muß.

Für die Nachfragebündelung über eine Internetplattform bedeutet das, daß eine Beschränkung des Nachfragewettbewerbs im Rahmen von Sternverträgen für die Annahme einer Wettbewerbsbeschränkung gemäß § 1 GWB ausreichend ist, wobei auch bei Sternverträgen nicht auf eine zusätzliche Beeinträchtigung Dritter verzichtet werden kann[756]. Hierbei bedarf es wiederum der Unterscheidung zwischen anbieter- und nachfragegesteuerten Einkaufsbündelungen.

(4) Spürbarkeit

Unter der Spürbarkeit versteht man die konkret feststellbare Veränderung der relevanten Produktions- und Marktfaktoren zum Nachteil Dritter, wobei hierunter besonders die Einschränkungen der Auswahlalternativen der Lieferanten zu berücksichtigen sind.[757] Grundsätzlich ist im Rahmen der Spürbarkeit auf einen Marktanteil der gemeinsam nachfragenden Unternehmen abzustellen. Diesbezüglich ist besonders zu beachten, ob es sich bei den nachgefragten Gütern um „nicht-strategische“ Güter, wie den in diesem Zusammenhang gern genannten „Bleistift“, oder um „strategische“ Güter, also industriespezifische Rohstoffe und Zulieferteile handelt. Hier ist der Markt enger als bei den „nicht-strategischen“ Gütern. Die Bündelung einer Nachfrage führender Unternehmen einer Branche kann bei „strategischen“ Produkten schnell kartellrechtlich spürbar werden.[758]

Die Besonderheiten der Einkaufsbündelung über das Internet, daß es sich in einigen Konstellationen um eine anbietergesteuerte Nachfragebündelung handelt[759] und aus diesem Grund gegenüber den Anbietern zum Teil eine Wettbewerbsbeschränkung zu Lasten Dritter abzulehnen ist, kann sich auch im Rahmen der Spürbarkeit auswirken. Die Nachfragebündelung ist im Falle der Annahme einer Wettbewerbsbeschränkung möglicherweise nicht spürbar.[760]
Liegt dagegen keine anbietergesteuerte, sondern eine ad hoc nachfragegesteuerte Nachfragebündelung vor, so kann in einzelnen Fällen davon ausgegangen werden, daß auch diese nicht

[755] Hierzu bereits oben Seite 132ff.
[756] Dazu bereits im Rahmen der Allgemeinen Wettbewerbsbeschränkung Seite 140.
[757] Nähere Erläuterungen hierzu siehe Seite 33.
[758] So auch Böge, Elektronische Marktplätze und Kartellrecht, Seite 19.
[759] Siehe oben Seite 140ff. im Rahmen der Wettbewerbsbeschränkung.
[760] Jestaedt, BB 2001, 581/585.

spürbar sind, wenn die Nachfragebündelungen nur vereinzelt[761] und für einen kurzen Zeitraum erfolgen. Handelt es sich dagegen um eine Einkaufsbündelung, die als feste Institution anzusehen ist, also immer wieder auftaucht, so ist nicht mehr von einem Einzelfall auszugehen.

Bei der Beurteilung der Spürbarkeit kommt es somit gerade auf die jeweilige Ausgestaltung der Einkaufsbündelung an, also in welchen „festen" Formen sich diese bewegt. Hinzu kommt, daß der Schwerpunkt der Beurteilung der Spürbarkeit der Wettbewerbsbeschränkung gar nicht auf dem Marktanteil der jeweiligen Einkaufsbündelung liegt,[762] sondern vielmehr auf deren Marktposition, die wiederum von der Dauer und der Intensität der Unternehmensverbindung abhängt. Dies sind gerade die Kriterien, die bei virtuellen und häufig zeitlich befristeten Einkaufsbündelungen sehr schwer zu beurteilen sind. Und zusätzlich ist zu jedem Zeitpunkt die Gefahr gegeben, daß sich die Nachfragebündelung beim Einschreiten der Kartellbehörde schon wieder aufgelöst hat.[763] Folglich sind Einkaufsbündelungen über das Internet sehr schwer greifbar und aus diesem Grund schwer zu beurteilen.

b) Rechtsfolgen

Im Rahmen der Rechtsfolge ist besonders darauf zu achten, wie sich die Nichtigkeit der horizontalen Vereinbarung oder Abstimmung entsprechend auf die vertikalen Vereinbarungen der Sternverträge auswirkt.[764] Allerdings ist dies kein spezielles Problem von Sternverträgen, sondern stellt ein grundsätzliches Problem der Behandlung von Ausführungs- und Folgeverträgen dar. Es handelt sich hierbei um vertikale Verträge mit Nichtwettbewerbern, die der Durchführung, Verstärkung oder Ausdehnung der horizontalen Vereinbarung oder Abstimmung dienen.

Die im Rahmen der Einkaufsbündelung über eine Internetplattform zwischen den jeweils nachfragenden Unternehmen und dem hinter dem Internet-Marktplatz stehenden Unternehmen geschlossenen vertikalen Austauschverträge erfüllen nach der Neufassung des § 1 GWB nicht den Tatbestand des Kartellverbots, weil die an ihm beteiligten Unternehmen nicht in einem Wettbewerbsverhältnis stehen. Aus diesem Grund stellt sich die Frage, inwieweit sich die Unwirksamkeit bzw. Nichtigkeit der horizontalen Vereinbarung oder der abgestimmten Verhaltensweise zwischen den nachfragenden Unternehmen auch auf diese vertikalen Vereinbarungen auswirkt.
Vertikalvereinbarungen werden dann von der Unwirksamkeit der Horizontalvereinbarung erfaßt, wenn sie als Mittel der Umsetzung der wettbewerbsbeschränkenden Horizontalvereinbarung oder –abstimmung anzusehen sind.[765] Dies ist wiederum dann der Fall, wenn die horizontale Wettbewerbsbeschränkung durch die Vertikalvereinbarungen „weitergegeben" wird, d.h. die gleichlautenden Vertikalvereinbarungen erst zur Durchsetzung der Wettbewerbsbeschränkungen zwischen den Kartellmitgliedern führt.[766]

---

[761] Jestaedt, BB 2001, 581/585.
[762] So für das europäische Kartellrecht im Rahmen von Art. 81 Abs. 1 EGV: Lange, EWS 2000, 291/294; Vajda/Gahnström, E.C.L.R. 2000, 94/106; Ensthaler/Gesmann-Nuissl, BB 2000, 2265/2269.
[763] So auch Ensthaler/Nuissl, BB 2000, 2265/2269.
[764] Zimmer in Immenga/Mestmäcker, § 1, Rdn.186ff.
[765] Vgl. K. Schmidt, Kartellverbot, Seite 129ff.
[766] Zimmer in Immenga/Mestmäcker, § 1, Rdn.340.

Die vertikalen Austauschverträge zwischen den nachfragenden Unternehmen und den Lieferanten führen im Rahmen des gemeinsamen Einkaufs über eine Internetplattform dazu, daß es überhaupt erst zu einer Abstimmung zwischen den beteiligten Unternehmen kommt, weil erst durch den Austauschvertrag gegenüber dem Lieferanten eine Kontaktaufnahme zwischen den einzelnen Nachfragern stattfindet.[767]
Hieran wird deutlich, daß die vertikale Austauschvereinbarung erst dazu führt, daß zwischen den nachfragenden Unternehmen eine horizontale Wettbewerbsbeschränkung in der Form stattfindet, daß der Nachfragewettbewerb zwischen ihnen beeinträchtigt wird.
Folglich handelt es sich bei den vertikalen Austauschverträgen um sogenannte Ausführungsverträge, die von der Nichtigkeit der Horizontalabstimmung erfaßt werden.

3. Legalisierungsmöglichkeiten

a) Mittelstandskartelle gemäß § 4 Abs. 2 GWB

Nach § 4 Abs. 2 GWB gilt das Kartellverbot nicht für Verträge und Beschlüsse, die den gemeinsamen Einkauf von Waren oder die gemeinsame Beschaffung gewerblicher Leistungen zum Gegenstand haben, ohne einen Bezugszwang für die beteiligten Unternehmen zu begründen, wenn dadurch der Wettbewerb auf dem Markt nicht wesentlich beeinträchtigt wird und der Vertrag oder Beschluß dazu dient, die Wettbewerbsfähigkeit kleinerer oder mittlerer Unternehmen zu verbessern.

(1) Vereinbarungen und Sternverträge

Bei der Freistellung von Nachfragebündelungen gemäß § 4 Abs. 2 GWB ergibt sich das Problem, daß diese Freistellung dann nicht möglich ist, wenn das Kartellverbot auf einer abgestimmten Verhaltensweise zwischen den beteiligten Unternehmen beruht.[768] Anders sieht es dagegen aus, wenn der gemeinsame Einkauf auf einer Vereinbarung zwischen den nachfragenden Unternehmen beruht. Eine Vereinbarung ist beispielsweise auch dann anzunehmen, wenn eine Vielzahl von nachfragenden Unternehmen ihren Einkauf gemeinsam in ein Gemeinschaftsunternehmen auslagern. In diesen Fällen ist davon auszugehen, daß dieser Gründung des Gemeinschaftsunternehmens eine Vereinbarung zwischen den jeweiligen Unternehmen zugrunde liegt.[769]

Fraglich ist aber, wie in diesem Zusammenhang Sternverträge zu behandeln sind. Das besondere an den Sternverträgen ist nämlich, daß sie sowohl Eigenschaften von Vereinbarungen als auch Eigenschaften von abgestimmten Verhaltenweisen haben: Es handelt sich um parallele Vertikalverträge, denen eine horizontale Abstimmung zugrunde liegt. Um für die Behandlung von Sternverträgen im Rahmen des § 4 Abs. 2 GWB eine sachgerechte Lösung zu finden, hilft die Begründung, warum abgestimmte Verhaltensweisen nicht nach § 4 Abs. 2 GWB freigestellt werden können.
Der Grund dafür, daß abgestimmte Verhaltensweisen nach § 4 Abs. 2 GWB nicht freistellungsfähig sind, liegt darin, daß diese nicht bestimmt genug sind, damit sie in Bezug auf die

[767] Siehe hierzu oben Seite 134.
[768] Siehe hierzu Seite 37.
[769] Vgl. dazu die verschiedenen Formen der virtuellen Einkaufsbündelung Seite 132ff.

Beteiligten und ihre Auswirkungen hinreichend vom Bundeskartellamt geprüft werden können.[770] Aus diesem Grund ist eine bewußte Entscheidung des Gesetzgebers gegen die Legalisierungsfähigkeit von abgestimmten Verhalten anzunehmen.[771] Diese Gefahr, die im Rahmen der abgestimmten Verhaltensweisen gegeben ist, wird bei Sternverträgen dadurch begrenzt, daß zumindest vertikale Vereinbarungen gegeben sind, die teilweise über die Beteiligten und den Inhalt der horizontalen Abstimmung Auskunft geben. Weiterhin spricht für die Behandlung der Sternverträge wie Vereinbarungen, daß es sich bei Sternverträgen um eine besondere Form der Vereinbarung handelt[772]. Folglich besteht im Rahmen des § 4 Abs. 2 GWB die Möglichkeit der Freistellung von Sternverträgen und somit auch der damit in Verbindung stehenden Abstimmung.

(2) Gemeinsamer Einkauf von Waren

Gegenstand der Vereinbarung muß der gemeinsame Einkauf von Waren sein. Dieses Tatbestandsmerkmal ist auch überwiegend im Bereich der Nachfragebündelungen über das Internet erfüllt.[773] Es ist selbst dann erfüllt, wenn es bei der Gründung der Internetplattform ausschließlich darum geht, die Transaktionskosten zu senken und die Lieferzeiten zu verkürzen. Der Grund dafür liegt darin, daß es bei dem Tatbestandsmerkmal des gemeinsamen Einkaufs darum geht, alle Aktivitäten zu erfassen, die mit der Beschaffung von Waren zusammenhängen.

In den Fällen des gemeinsamen Einkaufs über eine anbietergesteuerte Internetplattform liegt jedoch schon gar kein Kartellverbot nach § 1 GWB vor, weil keine Wettbewerbsbeschränkung gegeben ist, so daß es gar nicht mehr zur Anwendung des § 4 Abs. 2 GWB kommt.

(3) Kein über den Einzelfall hinausgehender Bezugszwang

In der Regel sind Bezugsverpflichtungen über den Internet-Marktplatz in den Vereinbarungen nicht vorgesehen. Dies läßt sich überwiegend damit begründen, daß es zur Zeit noch nicht so weit ist, daß ein Unternehmen seinen Bezug ausschließlich über dieses neue Medium tätigen wird.[774]

Mit diesem Tatbestandsmerkmal wird weitgehend der Zweck verfolgt, die Selbständigkeit der Unternehmen zu wahren.[775] Somit läßt sich gerade im Rahmen der virtuellen Nachfragebündelung anführen, daß zumindest in den Fällen, in denen es sich um eine spontane ad-hoc-Kooperation handelt, keine Gefahr besteht, daß die Selbständigkeit der Unternehmen gefährdet wird, weil es sich hierbei um spontane einmalige Kooperationen handelt.

Anders sieht es dagegen bei der Gründung einer Internetplattform als Gemeinschaftsunternehmens aus. Zeitliche begrenzte Mindestbezugsmengen der Gründungsgesellschafter von

---

[770] Nähere Erläuterungen hierzu Seite 38ff.
[771] So auch Bunte in Langen/Bunte, § 1, Rdn.85; Bunte in Frankfurter Kommentar, § 5, Rdn.25.
[772] Bunte in Langen/Bunte, § 1, Rdn.47ff.
[773] In der Covisint-Entscheidung des Bundeskartellamts, v. 25.9.2000, WuW/E DE-V 321 (K & R 2000, 604ff.) haben sich die Gründer verpflichtet, daß Covisint nicht zulassen wird, daß die Autohersteller gemeinsam über Covisint einkaufen.
[774] Jestaedt, BB 2001, 581/584.
[775] Nähere Ausführungen hierzu siehe Seite 40.

Marktplätzen, die als Gemeinschaftsunternehmen gegründet werden, treten oft auf. Derartige Vereinbarungen dienen der Sicherung des Gemeinschaftsunternehmens während der Anlaufphase. Sie sind daher in einem gewissen Umfang als notwendige oder immanente Nebenabrede zulässig.[776] In der Begründung des Regierungsentwurfs[777] findet sich hierzu der Hinweis, daß Bezugsverpflichtungen zugelassen sind, die nicht mit der Funktion der Einkaufskooperation als Organisation für den gemeinsamen Einkauf in wesensmäßigem Zusammenhang stehen, sondern als untergeordnetes Element anderen spezifischen Funktionen zuzurechnen sind. Was mit dieser Formulierung gemeint ist bleibt jedoch unklar. Der Bericht des Wirtschaftsausschusses[778] erwähnt als Beispiel einen zeitlich befristeten Bezugszwang im Rahmen einer Markteintrittsunterstützung.
Auch an diesen Begründungen und Stellungnahmen bezüglich des Bezugszwangs in § 4 Abs. 2 GWB wird deutlich, daß dieser zeitlich befristete Bezugszwang zur Sicherung des Gemeinschaftsunternehmen in der Anlaufphase grundsätzlich nicht unter das Tatbestandmerkmal des generellen Bezugszwangs fällt und damit als zulässig erachtet werden muß.

(4) Verbesserung der Wettbewerbsfähigkeit kleiner und mittlerer Unternehmen

Weiterhin muß eine Verbesserung der Wettbewerbsfähigkeit kleiner und mittlerer Unternehmen auftreten, wobei es ausreichend ist, wenn dies auf dem Beschaffungsmarkt geschieht.[779] Probleme im Bereich der virtuellen Nachfragebündelung können sich allerdings bei der Beurteilung ergeben, ob es sich um kleine und mittlere Unternehmen handelt bzw. inwieweit die Beteiligung von Großunternehmen zulässig ist.
Grundsätzlich ist die Freistellung auch für solche Unternehmen möglich, die in ihrer Branche an sich zu den Großunternehmen zählen. Sie müssen lediglich auf dem betreffenden Beschaffungsmarkt zu den kleinen oder mittleren Unternehmen gehören. Nicht die absolute sondern die relative Größe ist maßgebend.[780]
Fraglich ist, ob im Rahmen von Einkaufsbündelungen über das Internet eine Beteiligung von Großunternehmen anders zu beurteilen ist, als bei den Einkaufsbündelungen die nicht über dieses neue Medium zustande kommen.[781] Um zu einem sachgerechten Ergebnis zu kommen muß diesbezüglich zwischen planmäßiger nachfragegesteuerter Einkaufsbündelung einerseits sowie ad hoc nachfragegesteuerter und anbietergesteuerter Einkaufsbündelung andererseits unterschieden werden.

Der Grund für eine andere Behandlung der virtuellen Nachfragebündelung könnte darin zu sehen sein, daß zumindest bei den ad hoc nachfragegesteuerten Nachfragebündelungen nur ein einmaliger spontaner gemeinsamer Einkauf stattfindet, der somit keinen längerfristigen Preisdruck auf die Anbieter hervorruft. Allerdings läßt sich hiergegen anführen, daß eine Beteiligung von Großunternehmen im Rahmen des § 4 Abs. 2 GWB nicht aus dem Grund unzulässig ist, daß der Preisdruck durch größere Marktmacht gegenüber den Anbietern erhöht wird, son-

---

[776] Siehe hierzu Bekanntmachung der Kommission über Nebenabreden zu Zusammenschlüssen nach der Verordnung (EWG) Nr. 4064/89 des Rates v. 21.12.1989 über die Kontrolle von Unternehmenszusammenschlüssen, ABl. der EG 1989 Nr. L 395 Seite 1ff; berichtigte Fassung ABl. der EG 1990 Nr. L 257 Seite 13ff.
[777] Begr. RegEntw. 1989, BT-Drucks. 11/4610 Seite 1/15.
[778] Bericht des Wirtschaftsausschusses 1989, BTDrucks. 11/5949, Seite 5.
[779] Siehe hierzu Seite 42.
[780] Köhler, K & R 2000, 569/576 und 580; Immenga in Immenga/Mestmäcker, § 4, Rdn.110.
[781] Jestaedt, BB 2001, 581/584f.

dem weil es sonst nicht zu dem gewünschten Nachteilsausgleich der kleinen und mittleren Unternehmen gegenüber den Großunternehmen kommt.
Folglich kommt es auch im Rahmen der virtuellen Nachfragebündelung zu keiner anderen Beurteilung bei der Beteiligung von Großunternehmen.

(5) Keine wesentliche Wettbewerbsbeeinträchtigung

Bei der Beurteilung, ob eine wesentliche Wettbewerbsbeeinträchtigung bei der Nachfragbündelung über das Internet vorliegt, bedarf es wiederum der Bestimmung des relevanten Marktes.[782] Hierbei sind die Besonderheiten der Bestimmung des relevanten Marktes im Rahmen der Einkaufsbündelung über das Internet zu beachten.[783] Der sachlich relevante Markt umfaßt nur insoweit alle Nachfrager, auf die die Lieferanten ausweichen können, als es sich weder um branchen- noch um internetspezifische Produkte handelt.
Beim räumlich relevanten Markt von Internet-Marktplätzen handelt es sich nicht per se um einen weltweiten Marktplatz[784], sondern nur dann, wenn die jeweiligen Produkte und Dienstleistungen über das Internet tatsächlich weltweit angeboten und auch sinnvoll nachgefragt werden können.
Bei der Bestimmung des zeitlich relevanten Marktes muß beachtet werden, daß die Nachfragebündelungen teilweise nur für einen sehr kurzen Zeitraum, d.h. die Tätigkeit eines gemeinsamen Einkaufs bestehen und sich danach sofort wieder auflösen.

Auf diesem relevanten Markt muß dann eine wesentliche Beeinträchtigung des Wettbewerbs vorliegen. Wie bereits oben ausgeführt[785], treten bei der ad hoc anbietergesteuerten und teilweise auch bei der ad hoc nachfragegesteuerten Nachfragebündlung keine Wettbewerbsbeschränkungen auf, weil sie keinen entsprechenden Preisdruck auf die Anbieter ausüben. Dies kann sich einerseits in der Form auswirken, daß entweder keine Wettbewerbsbeschränkung oder keine Spürbarkeit der Wettbewerbsbeschränkung i.S.d. § 1 GWB vorliegt. Sind jedoch diese beiden Tatbestandsmerkmale erfüllt, so kann sich dieser wirtschaftliche Unterschied beim gemeinsamen Einkauf über das Internet zumindest in der Form auswirken, daß die Wettbewerbsbeeinträchtigung nicht wesentlich i.S.d. § 4 Abs. 2 GWB ist. Ist dies der Fall, so kann die Nachfragebündelung zumindest nach § 4 Abs. 2 GWB freigestellt werden.

b) Weitere Legalisierungsmöglichkeiten

In den wenigsten Fällen kommen weitere Legalisierungsmöglichkeiten nach §§ 4 Abs. 1, 5, 3, 7, 8 Abs. 1 GWB in Betracht.[786]

4. Kartellrechtliche Kontrolle außerhalb des Kartellverbots

Auch außerhalb des Kartellverbots gibt es Tatbestände, die der Einkaufsbündelung über das Internet entgegenstehen könnten. Sowohl die Einkaufsbündelungen im B2C-Bereich als auch

---

[782] Siehe hierzu nähere Erläuterungen Seite 47.
[783] Siehe hierzu Seite 136.
[784] So auch Seeliger, WuW 2000, 1174/1185f.; Lange, EWS 2000, 291/293; Koenig/Müller/Trafkowski, EWS 2000, 97/103f.; Vajda/Gahnström, E.C.L.R. 2000, 94/97f.
[785] Siehe nähere Erläuterungen hierzu Seite 140ff.
[786] Weitere Ausführungen hierzu Seite 50ff.

im B2B-Bereich müssen anhand der Vorschriften §§ 14 ff. GWB und anhand der Vorschriften über den Zusammenschluß §§ 35ff. GWB überprüft werden.

a) Preis- und Konditionenkartell gemäß § 14 GWB

Gemäß § 14 GWB sind Vereinbarungen zwischen Unternehmen über Waren oder gewerbliche Leistungen, die sich auf Märkte innerhalb des Geltungsbereichs dieses Gesetzes beziehen, verboten, soweit sie einen Beteiligten in der Freiheit der Gestaltung von Preisen oder Geschäftsbedingungen bei solchen Vereinbarungen beschränken, die er mit Dritten über die gelieferten Waren, über andere Waren oder über gewerbliche Leistungen schließt.

Im Rahmen von Einkaufsbündelungen über das Internet tritt dieses für § 14 GWB notwendige Drei-Personen-Verhältnis jedoch nur dann auf, wenn das hinter der Internetplattform stehende Unternehmen dafür sorgt, daß den Nachfragern von den Lieferanten bestimmte günstige Konditionen gewährt werden, d.h., daß der Lieferant in die Vereinbarung mit einbezogen werden muß. In den überwiegenden Fällen wird diese Konstellation jedoch nicht auftreten.
Besonders zu erwähnen ist in diesem Zusammenhang, daß es sich bei den Nachfragern, also den Dritten, nicht um Unternehmen im Sinne des GWB handeln muß, sondern die Vereinbarung kann auch zugunsten von privaten Endverbrauchern getroffen werden.[787] Folglich kann auch eine Einkaufsbündelung im B2C-Bereich gegen § 14 GWB verstoßen, wenn die Vereinbarung zugunsten der privaten Nachfrager geht.
Allerdings muß es sich bei dem hinter dem Internetmarktplatz stehenden Unternehmen um ein Unternehmen i.S.d. § 1 GWB handeln. Im B2C-Bereich kann aus der Tatsache, daß es sich bei privaten Endverbrauchern nicht um Unternehmen i.S.d. § 1 GWB handelt, nicht der Schluß gezogen werden, daß das CoShopping-Unternehmen als Organisation dieser Nachfragebündelung ebenfalls nur Endverbraucher und daher kein Unternehmen ist. Die Tätigkeit des „Internetanbieters" wird vielmehr dadurch gekennzeichnet, daß sie nicht auf privater Ebene, sondern durch professionelle Händler stattfindet, die den Mengennachlaß, den sie bei ihren Lieferanten erhalten, nur zum Teil an ihre Abnehmer weitergeben und dadurch einen Gewinn erzielen. Zwar ist die Frage der Gewinnerzielung unerheblich für die Beurteilung, ob ein Unternehmen im Sinne des GWB gegeben ist[788], aber es ist auch zugleich ein Indiz dafür, daß eine wirtschaftliche Betätigung vorliegt. Da unter den Unternehmensbegriff natürliche und juristische Personen fallen, die sich als Anbieter oder Nachfrager von Waren oder Leistungen gegen Entgelt am Wirtschaftsleben beteiligen, fällt auch der „Internetanbieter" durch den Weiterverkauf bzw. die Vermittlertätigkeit der jeweiligen Produkte unter den Unternehmensbegriff. Diese Situation ist teilweise mit der vom BGH entschiedenen Vermittlertätigkeit der Besucherorganisation für Theatergruppen vergleichbar.[789] Das hinter der Internetplattform stehende Unternehmen nimmt mit der Tätigkeit, dem Weiterverkauf der Ware, und dem daraus erzielten Gewinn am geschäftlichen Verkehr teil und stellt somit ein Unternehmen im Sinne des GWB dar.
Aber auch wenn hinter dem Internet-Marktplatz eine Privatperson steht, die unentgeltlich Aufträge anderer Verbraucher entgegennimmt, um die Sammelbestellung zur Erhaltung günstigerer Bedingungen an den Lieferanten weiterzugeben, liegt in der Privatperson ein Unternehmen

---

[787] Erläuterungen hierzu Seite 54ff.
[788] Emmerich, Seite 14; Bunte in Langen/Bunte, § 1, Rdn.13.
[789] Siehe hierzu im Rahmen des Unternehmensbegriffs des § 1 GWB Seite 10f.

vor. Folglich ist § 14 GWB grundsätzlich auch auf die Nachfragebündelung im privaten Bereich (B2C) anwendbar.

Für Einkaufsbündelungen im Internet ergeben sich ansonsten für das Preis- und Konditionenkartell gemäß § 14 GWB keine Besonderheiten im Vergleich zu den normalen Einkaufsbündelungen.[790]
Eine Legalisierung dieser Vertikalvereinbarungen ist dann möglich, wenn eine Freistellung nach § 4 Abs. 2 GWB vorliegt und diese vertikalen Vereinbarungen damit im Zusammenhang stehen.[791]

b) Ausschließlichkeitsbindung gemäß § 16 Nr. 2 GWB

Nach § 16 Nr. 2 GWB kann die Kartellbehörde Vereinbarungen zwischen Unternehmen über Waren oder gewerbliche Leistungen für unwirksam erklären und die Anwendung neuer, gleichartiger Bindungen verbieten, soweit sie einen Beteiligten darin beschränken, andere Waren oder gewerbliche Leistungen von Dritten zu beziehen und soweit durch das Ausmaß solcher Beschränkungen der Wettbewerb auf dem Markt für diese oder andere Waren oder gewerbliche Leistungen wesentlich beeinträchtigt wird.

Die Ausschließlichkeitsbindung gemäß § 16 Nr. 2 GWB setzt voraus, daß es sich bei beiden an der Vereinbarung Beteiligten um Unternehmen handelt. Folglich gelangt § 16 Nr. 2 GWB nur im B2B-Bereich zur Anwendung und nicht im B2C-Bereich.
Bei der Beurteilung, ob eine wesentliche Beeinträchtigung des Wettbewerbs neben der Ausschließlichkeitsbindung vorliegt, bedarf es wiederum der Bestimmung des relevanten Marktes.[792] Hierbei ist auf die Sicht der geschützten Dritten, also die anderen Anbieter der jeweiligen Produkte, abzustellen. Folglich kommt es darauf an, welchen Anbietern gleichartiger Waren ihre Absatzwege versperrt werden. Hierbei sind im Rahmen der Nachfragebündelung im Internet wiederum die Besonderheiten der Bestimmung des relevanten Marktes zu beachten.[793] Im Rahmen von Einkaufsbündelungen wird es in den wenigsten Fällen zu Bezugsverpflichtungen kommen, weil es sich zum einen um einmalige ad-hoc-Kooperationen handelt und zum anderen werden sich die Unternehmen zum momentanen Zeitpunkt noch nicht verpflichten, ihren gesamten Bedarf über die neue Form eines Internet-Marktplatzes zu beziehen. Eine Vereinbarung über eine Bezugsverpflichtung wird allenfalls bei der Gründung von Gemeinschaftsunternehmen auftreten. Ansonsten ergeben sich für Einkaufsbündelungen im Internet keine Besonderheiten im Vergleich zu den normalen Einkaufsbündelungen.

c) Mißbrauch einer marktbeherrschenden Stellung gemäß § 19 GWB

Gemäß § 19 GWB kann marktbeherrschenden Unternehmen eine mißbräuchliche Ausnutzung ihrer Wettbewerbsstellung durch die Kartellbehörde untersagt werden.
Bei der Beurteilung der Einkaufsbündelung über das Internet gemäß § 19 GWB ergeben sich in der Weise Besonderheiten, daß die nachfragenden Unternehmen nicht immer mit dem hinter dem Internet-Marktplatz stehenden Unternehmen identisch sind. Dies stellt gerade einen

---

790 Vgl. hierzu die näheren Ausführungen auf Seite 53ff.
791 Siehe hierzu Seite 56ff.
792 Siehe Seite 56.
793 Siehe hierzu Seite 136.

wesentlichen Unterschied zu den „normalen" Einkaufsbündelungen dar, bei denen sich die Einkaufskooperation gerade aus den nachfragenden Unternehmen zusammensetzt.
Bei Einkaufskooperationen über das Internet kann es sich bei dem Unternehmen, das die Dienstleistung des Internet-Marktplatzes erbringt, um unabhängige Startup-Unternehmen handeln, oder aber um einzelne Handels- oder Herstellerunternehmen, die für ihre eigenen Bedürfnisse einen Internet-Marktplatz errichten oder um Gemeinschaftsunternehmen, die der Kontrolle der Nutzer unterliegen.[794]

Sind diese Unternehmen identisch, d.h. hat sich der Internet-Marktplatz aus den nachfragenden Unternehmen gebildet, so ist auf die marktbeherrschende Stellung des gegründeten Gemeinschaftsunternehmens abzustellen, da die nachfragenden Unternehmen über dieses Gemeinschaftsunternehmen und damit über den Internet-Marktplatz ihre Marktmacht ausüben.

Handelt es sich dagegen um ein von den nachfragenden Unternehmen (Nutzern) unabhängiges und selbständiges Unternehmen, so ist bei der Untersuchung, ob es sich um ein marktbeherrschendes Unternehmen i.S.d. § 19 Abs. 2 GWB handelt, sowohl auf das Unternehmen, das hinter dem Internet-Marktplatz steht, abzustellen als auch auf die nachfragenden Unternehmen (§ 19 Abs. 2 Satz 2 GWB), die über den Internet-Marktplatz ihre Nachfrage bündeln. Es ist somit in dieser Konstellation zwischen den Nutzern und dem Unternehmen, das hinter dem Internet-Marktplatz steht, zu unterscheiden.
Der Mißbrauch einer marktbeherrschenden Stellung kann somit in diesem Zusammenhang in zweierlei Weise auftreten: Marktbeherrschende Stellung der nachfragenden Unternehmen (Nachfragebündelung) und eine marktbeherrschende Stellung des hinter dem Internet-Marktplatzes stehenden Unternehmens.

Allerdings gelangt § 19 GWB wiederum nur im B2B-Bereich zur Anwendung, da es sich auch hier bei beiden marktbeherrschenden Unternehmen um Unternehmen im Sinne des § 1 GWB handeln muß. Dies ist bei privaten Endverbrauchern im B2C-Bereich nicht der Fall.
Stellt man dagegen alleine auf das hinter dem Internet-Marktplatz stehende Unternehmen ab, so kann dies Unternehmen auch im B2C-Bereich anhand des § 19 GWB überprüft werden, da es sich hierbei unabhängig von den privaten Nutzern um ein Unternehmen i.S.d. § 1 GWB handelt.[795]

(1) Marktbeherrschung

Im Rahmen der Einkaufsbündlungen über das Internet ergeben sich Probleme bei der Bestimmung der marktbeherrschenden Position eines oder mehrerer Unternehmens. Nach § 19 Abs. 2 S.1 GWB ist ein Unternehmen marktbeherrschend, soweit es als Anbieter oder Nachfrager „einer bestimmten Art von Waren oder gewerblichen Leistungen" entweder keinem wesentlichen Wettbewerb ausgesetzt ist (Nr. 1) oder eine überragende Marktstellung besitzt (Nr. 2).

Zur Bestimmung einer marktbeherrschenden Stellung bedarf es der Bestimmung des sachlich, räumlich und zeitlich relevanten Marktes. Handelt es sich bei dem hinter dem Internet-

[794] Köhler, BB 2000, 569/570.
[795] Nähere Ausführungen hierzu auf Seite 150f.

Marktplatz stehenden Unternehmen um ein Gemeinschaftsunternehmen, so üben die nachfragenden Unternehmen ihre Nachfragemacht über den Internet-Marktplatz aus, so daß alleine auf die marktbeherrschende Stellung des Gemeinschaftsunternehmens abzustellen ist.
Wird dagegen ein von den nachfragenden Unternehmen unabhängiges und selbständiges Unternehmen tätig, so ist zu beachten, daß zwischen den nachfragenden Unternehmen und dem hinter dem Internet-Marktplatz stehenden Unternehmen bezüglich des Vorliegens einer marktbeherrschenden Stellung zu unterscheiden ist. Es muß zum einen die beherrschende Stellung der nachfragenden Unternehmen gemäß § 19 Abs. 2 Satz 2 GWB und zum anderen die beherrschende Stellung des Internet Marktplatz-Unternehmens jeweils auf dem Nachfragemarkt gegenüber den Lieferanten festgestellt werden. In dieser Konstellation handelt es sich bei den Nachfragern um mehrere Unternehmen, die gemäß § 19 Abs. 2 Satz 2 GWB marktbeherrschend sind, soweit zwischen ihnen für eine bestimmte Art von Waren ein wesentlicher Wettbewerb nicht besteht und soweit sie in ihrer Gesamtheit marktbeherrschend sind oder eine überragende Marktstellung inne haben.

Grundsätzlich sind auch hier in beiden Konstellationen die Besonderheiten des Internetmarktes bei den Beschaffungsmärkten der nachfragenden Unternehmen zu beachten.[796] Der sachlich relevante Markt umfaßt nur insoweit alle Nachfrager, auf die die Lieferanten ausweichen können, als es sich weder um branchen- noch um internetspezifische Produkte handelt.
Bei der Bestimmung des räumlich relevanten Marktes im Rahmen der Internet-Marktplätze ist nicht grundsätzlich von einem weltweiten Marktplatz auszugehen[797], sondern nur dann, wenn die jeweiligen Produkte und Dienstleistungen über das Internet tatsächlich weltweit angeboten und auch sinnvoll nachgefragt werden können.
Bei dem zeitlich relevanten Markt ist ausschließlich zu beachten, daß es auch Einkaufsbündelungen gerade im Internet gibt, die nur für einen kurzen Zeitraum und sogar nur für einen einzigen gemeinsamen Einkauf geschlossen werden. Bei der Gründung eines Gemeinschaftsunternehmens ist allerdings davon auszugehen, daß dies für einen längeren Zeitraum geplant ist.

Bei der Beurteilung der marktbeherrschenden Stellung des hinter dem Internet-Marktplatzes stehenden Unternehmen, entweder ein von den Nachfragern gegründetes Gemeinschaftsunternehmen oder ein von den Nachfragern selbständiges Unternehmen müssen zwei Märkte getrennt werden: Der Dienstleistungsmarkt „Internet-Marktplatz“ und der Beschaffungs- oder Absatzmarkt der Waren und Dienstleistungen, die über den Internet-Marktplatz vertrieben werden.[798] Bei dem Beschaffungs- und Absatzmarkt der Waren und Dienstleistungen, die über das Internet vertrieben werden, sind auch die Besonderheiten des Internetmarktes zu beachten[799], wie bereits oben erläutert.
Bei dem relevanten Dienstleistungsmarkt des Gemeinschaftsunternehmens oder des selbständigen Unternehmens handelt es sich um einen Markt für B2B-Dienstleistungen. Dabei ist zu klären, mit welchen Unternehmen das „Internetunternehmen“ im Wettbewerb steht bzw. auf welche B2B-Dienstleistungs-Unternehmen die jeweiligen Nachfrager ausweichen können.[800]

---

[796] Näherer Erläuterungen zur Bestimmung des relevanten Marktes siehe Seite 136.
[797] So auch Seeliger, WuW 2000, 1174/1185f.; Lange, EWS 2000, 291/293; Koenig/Müller/Trafkowski, EWS 2000, 97/103f.; Vajda/Gahnström, E.C.L.R. 2000, 94/97f.
[798] Köhler, K & R 2000, 569/571; Ahlborn/Seeliger, EuZW 2001, 552/554; Bahr, WuW 2002, 230/231.
[799] Näherer Erläuterungen zur Bestimmung des relevanten Marktes siehe Seite 136.
[800] Köhler, BB 2000, 569/571.

Ob die Schwelle der Marktbeherrschung auf dem Markt für B2B-Dienstleistungen erreicht wird, hängt grundsätzlich von den Umständen des Einzelfalls ab. Es kommt jeweils darauf an, ob und wie viele andere Unternehmen vergleichbare Produkte auf diesem Wege vertreiben. Allerdings läßt sich in diesem Zusammenhang anführen, daß es eine große Anzahl von Internet-Marktplätzen gibt, die zumindest teilweise miteinander konkurrieren: 1995 gab es weltweit[801] 28 B2B Marktplätze für den Handel zwischen Unternehmen, 1999 waren es bereits 332 Marktplätze und im Juli 2000 1090 Marktplätze.[802] 2003 sollen dann um die 20.000 B2B Marktplätze bestehen.[803] Aus diesen Daten wird ersichtlich, daß es in diesem Bereich unbeachtlich ist, wenn ein weiteres B2B-Unternehmen in Form eines Gemeinschaftsunternehmen gegründet wird, da dieses nur einen sehr geringen Marktanteil einnehmen wird.
Weiterhin ist bei der Erreichung einer Marktbeherrschung auf dem B2B-Dienstleistungsmarkt zu beachten, daß der erfolgsentscheidende Faktor eines B2B-Marktplatzes gerade darin liegt, daß möglichst viele potentielle Nachfrager die Vorgänge auf der Plattform verfolgen und somit potentiell in der Lage sind, ein Angebot zu unterbreiten.[804] Da solche Umstände schwieriger zu beeinflussen sind, ist es dementsprechend auch schwieriger eine marktbeherrschende Stellung zu erreichen. Jedoch ist auch zu beachten, daß der Einkauf über Internetplattformen gerade dann erfolgreich ist, wenn viele Marktteilnehmer nutzen. Aufgrund dieser hinter den Internetplattformen stehenden Strategie besteht eine nicht zu unterschätzenden Gefahr für eine Marktbeherrschung.[805]

(2) Mißbrauch

Bei einer erheblichen Nachfragemacht ist es möglich, daß die Nachfrager (zum Teil auch gleichzeitig die Initiatoren der Internetplattform) ihre Marktstellung mißbrauchen und dieser Mißbrauch über den Internet-Marktplatz ausgeübt wird.[806] Dies kann dazu führen, daß die Nachfrage so gebündelt wird, daß den Lieferanten unüblich niedrige Preise für die jeweiligen Produkte abverlangt werden (Entstehung eines gewissen Preisdruck). In diesem Fall liegt ein Mißbrauch gemäß § 19 Abs. 4 Nr. 2 GWB vor.
Handelt es sich um ein von den nachfragenden Unternehmen unabhängiges Unternehmen, so ist bei der Untersuchung, ob ein Mißbrauch einer marktbeherrschenden Stellung vorliegt, sowohl auf das Unternehmen abzustellen, das die Dienstleistung eines Internet-Marktplatzes erbringt als auch auf die nachfragenden Unternehmen (§ 19 Abs. 2 Satz 2 GWB).
In beiden Fällen kommt es jedoch darauf an, ob die jeweiligen Unternehmen einen Mißbrauch gegenüber den Lieferanten ausüben.

Im Rahmen der Beurteilung, ob es sich gerade um einen Mißbrauch der beherrschenden Stellung handelt, ist wiederum zu unterscheiden, ob eine nachfrage- oder eine anbietergesteuerte Nachfragebündelung vorliegt.

---

[801] So heißt es in dem Vortrag von Böge, Elektronische Marktplätzte und Kartellrecht, Seite 9, daß es in Deutschland im Herbst 1999 34 B2B-Plattformen und Ende Juli 2000 bereits 133 B2B-Plattformen gab.
[802] Quelle: B2B-Marktplätze in Deutschland, Berlecon Research, Berlin Juli 2000.
[803] FTIT, Beilage zur London Financial Times vom 18.10.2000, Seite 1.
[804] Vgl. Schaub, Kartellrechtliche Probleme des elektronischen Marktplatzes aus der Sicht der EG-Kommission, Seite 5 aus der Sicht der EU-Kommission.
[805] So auch Lampert/Michel, K & R 2002, 505/508.
[806] So auch Jestaedt, BB 2000, 581/586.

Handelt es sich um eine anbietergesteuerte Nachfragebündelung, so geht die Initiative für den gemeinsamen Einkauf der Nachfrager gerade von Anbietern aus, so daß nicht davon ausgegangen werden kann, daß die Nachfrager als marktbeherrschende Unternehmen im Sinne des § 19 Abs. 2 Satz 2 GWB Entgelte oder sonstige Geschäftsbedingungen fordern. Ganz im Gegenteil werden ihnen diese Entgelte oder sonstigen Geschäftsbedingungen gerade ab einer bestimmten Abnahmemenge von den Anbietern, d.h. von den hinter den Internet-Marktplätzen stehenden Unternehmen angeboten. Sie werden geradezu aufgefordert, ihren Einkauf gemeinsam zu organisieren, um größere Mengen abnehmen zu können.
Diese anbietergesteuerte Einkaufsbündelung tritt überwiegend auf, wenn die Einkaufsbündelung über selbständige Unternehmen stattfindet.

d) Diskriminierungsverbot gemäß § 20 Abs. 1- 4 GWB

Im Rahmen des Diskriminierungsverbots werden auch die Einkaufsbündelungen im B2C-Bereich überprüft, denn hier stellt der Unternehmensbegriff nicht auf die einzelnen beteiligten Nachfrager ab, sondern auf die Einkaufskooperation. Folglich werden gerade Nachfragebündelungen aus beiden Bereichen von § 20 Abs. 4 GWB erfaßt.

(1) Behinderungsverbot gemäß § 20 Abs. 1, 2 GWB und passive Diskriminierung gemäß § 20 Abs. 3 GWB

Diesbezüglich ergeben sich keine Besonderheiten bei der Nachfragebündlung im Internet im Vergleich zur normalen Nachfragebündelung.[807]

(2) Horizontales Behinderungsverbot gemäß § 20 Abs. 4 GWB

Gemäß § 20 Abs. 4 Satz 1 GWB dürfen Unternehmen mit „gegenüber kleinen und mittleren Wettbewerbern überlegener Marktmacht“ ihre Marktmacht nicht dazu ausnutzen, solche Wettbewerber unbillig zu behindern.
Stehen hinter den Internetplattformen Großunternehmen des Handels, so ist zu berücksichtigen, daß dies eine unbillige[808] und wettbewerbswidrige Behinderung kleiner und mittlerer Unternehmen gemäß § 20 Abs. 4 Satz 1 GWB darstellen kann, die vergleichbare Artikel über das Internet vertreiben.[809] Allerdings ist von einer allgemeinen Behinderung von kleinen und mittleren Unternehmen auf dem sachlich und örtlich relevanten Markt und nicht nur im Bereich des Internets auszugehen, wenn es sich nicht um internetspezifische Produkte handelt[810], da das Internet grundsätzlich keinen anderen Markt, sondern nur eine andere Vertriebsform darstellt.
Weiterhin kann auch ein nicht nur gelegentlicher Verkauf unter Einstandspreis gemäß § 20 Abs. 4 Satz 2 GWB vorliegen.[811] Dies ist vor allem dann der Fall, wenn die über die Internet-

---

[807] Grundsätzliche Erläuterungen hierzu siehe Seite 62.
[808] Das Verhalten eines marktmächtigen Unternehmens, das als sittenwidrig i.S.v. § 1 UWG zu werten ist, stellt regelmäßig auch eine unbillige Behinderung i.Seitev. § 20 Abs. 4 Satz 1 GWB dar.
[809] So auch Stoffmehl, MMR Beilage 8/2001, 35/40; Köhler, BB 2000, Die erste Seite; Leible/Sosnitza, ZIP 2000, 732/739.
[810] Zur Bestimmung des relevanten Marktes im Internet siehe oben Seite 136.
[811] So auch Stoffmehl, MMR Beilage 8/2001, 35/40; Köhler, BB 2000, Die erste Seite; Leible/Sosnitza, ZIP 2000, 732/739.

plattform angebotenen Produkte unter dem Preis an die Nachfrager verkauft werden für den sie eingekauft bzw. hergestellt worden sind.
Besonders zu erwähnen ist bei der Einkaufsbündelung über das Internet, daß vor allem das CoShopping-Unternehmen im privaten Bereich seinen Gewinn regelmäßig aus der Spanne zwischen Ein- und Verkauf bezieht, der nur zum Teil an die Verbraucher in Form von reduzierten Preisen weitergegeben wird[812]. Hieran wird deutlich, daß auch das jeweilige CoShopping-Unternehmen ein Interesse daran hat, nicht unter Einstandspreis zu verkaufen, weil ansonsten kein Gewinn abfällt.

e) Fusionskontrolle gemäß §§ 35ff. GWB

Gerade im Bereich der Einkaufsbündelung über das Internet wird das hinter dem Internet-Marktplatz stehende Unternehmen häufig als rechtlich selbständiges Gemeinschaftsunternehmen von einer Mehrzahl von Nutzern, gegebenenfalls unter Beteiligung eines IT-Unternehmens, gegründet.[813]
Wenn sich die Gründung eines Internet-Marktplatzes auf den deutschen Markt auswirkt, so kann es auch zur Anwendung der deutschen Fusionskontrolle gemäß § 35ff GWB kommen. Voraussetzung ist allerdings, daß das Vorhaben nicht in die Zuständigkeit der europäischen Kommission nach der FKVO fällt (§ 35 Abs. 3 GWB) und die Umsatzschwelle des § 35 GWB überschritten ist.

Weiterhin muß es sich um einen Zusammenschluß im Sinne des § 37 GWB handeln.[814] In den überwiegenden Fällen der Gründung einer B2B-Internet-Plattform in Form eines Gemeinschaftsunternehmens, ist von einem Zusammenschluß gemäß § 37 Abs. 1 Nr. 3 lit. b GWB und § 37 Abs. 1 Nr. 3 Satz 3 GWB auszugehen.[815] Liegt dagegen dem Internet-Marktplatz ein von den Nutzern unabhängiges Unternehmen zugrunde, so findet keine Überprüfung anhand der Vorschriften der Fusionskontrolle statt, da es sich dann nicht um einen Zusammenschluß i.S.d. Fusionskontrolle handelt.

Liegt bei der Gründung eines Gemeinschaftsunternehmens ein Zusammenschluß im Sinne des § 37 GWB vor[816], so bedarf es im Rahmen der Überprüfung der marktbeherrschenden Stellung wiederum der Bestimmung des relevanten Marktes. Besonders zu beachten ist aber, daß hier zwei Märkte zu trennen sind, auf denen eine marktbeherrschende Stellung durch das Gemeinschaftsunternehmen auftreten kann: Der Dienstleistungsmarkt des Gemeinschaftsunternehmens und die Beschaffungs- oder Absatzmärkte der Mitgliedsunternehmen.[817]
Auch hier sind wiederum die Besonderheiten des Internetmarktes bei den Beschaffungsmärkten der Mitgliedsunternehmen zu beachten.[818]
Bei dem relevanten Dienstleistungsmarktes des Gemeinschafsunternehmens handelt es sich um einen Markt für B2B-Dienstleistungen. Dabei ist zu klären, mit welchen Unternehmen das

---

[812] Leible/Sosnitza, ZIP 2000, 732/739.
[813] So auch Böge, Ist dad deutsche Kartellrecht für elektronische Marktplätze noch zeitgemäß?, Seite 11.
[814] Siehe zur Ausgestaltung von Einkaufskooperationen in Form von Gemeinschaftsunternehmen Seite 5.
[815] BKartA v. 26.1.2001, WuW/E DE-V 423/424 „RubberNetwork.com"; BKartA v. 25.9.2000, WuW/ DE-V 321/321 „Covisint"; BKartA v. 23.10.2000, WuW/E DE-V 355/357 „SAP-GU".
[816] Näherer Erläuterungen zu den verschiedenen Konstellationen siehe Seite 66.
[817] Köhler, K & R 2000, 569/571; Ahlborn/Seeliger, EuZW 2001, 552/554.
[818] Näherer Erläuterungen zur Bestimmung des relevanten Marktes im Internetbereich siehe Seite 136.

Gemeinschaftsunternehmen im Wettbewerb steht bzw. auf welche B2B-Dienstleistungs-Unternehmen die jeweiligen Nachfrager ausweichen können. [819]
Ob die Schwelle der Marktbeherrschung auf dem Markt für B2B-Dienstleistungen erreicht wird, hängt davon an, ob und wie viele andere Unternehmen vergleichbare Produkte auf diesem Wege vertreiben. Allerdings läßt sich in diesem Zusammenhang anführen, daß es eine große Anzahl von Internet-Marktplätzen gibt, die zumindest teilweise miteinander konkurrieren. Die Tendenz der Gründung von Internet-Marktplätze ist weiterhin steigend[820], so daß es in diesem Bereich unbeachtlich ist, wenn ein weiteres B2B-Unternehmen in Form eines Gemeinschaftsunternehmen gegründet wird, da dieses nur einen sehr geringen Marktanteil einnehmen wird.

Weiterhin ist eine marktbeherrschende Stellung auch noch davon abhängig, wie viele potentielle Nachfrager die Geschehnisse auf der jeweiligen Internet-Plattform verfolgen, so daß sie potentiell in der Lage sind jederzeit ein Angebot abzugeben.[821]

5. Ergebnis (deutsches Kartellrecht)

Gerade im Bereich des Internets ergeben sich Inlandsauswirkungen, die im Inland veranlaßt worden sind, aber sich auf den Inlandsmarkt nur mittelbar auswirken. Dies geschieht, wenn die Angebotspalette eines Internet-Marktplatzes ohne Probleme auch vom Ausland her zugänglich ist und auch von dort genutzt werden kann. In diesem Fall kann sich die Wettbewerbsbeschränkung auch mittelbar über den ausländischen Markt auf das Inland auswirken, indem dadurch der Export in das Drittland beeinträchtigt wird. Eine Eignung zur Beeinträchtigung ist auch in diesem Fall ausreichend.
Auch Einkaufsbündelungen über das Internet, die im Ausland veranlaßt worden sind, müssen anhand des deutschen Kartellrecht überprüft werden. Besondere Relevanz erreicht dies dadurch, daß die Einkaufsbündelungen mittels Internet überall auf der Welt vereinbart werden können und somit häufig auch grenzüberschreitend sind.

Bei der weiteren kartellrechtlichen Beurteilung von Internet-Marktplätzen muß zwischen B2C- und B2B-Unternehmen unterschieden werden.

a) B2C-Bereich

Bei den virtuellen Einkaufsbündelungen im Bereich der privaten Endverbraucher (B2C) liegt kein Verstoß gegen § 1 GWB vor, weil es schon an der Erfüllung des Unternehmensbegriffs i.S.d. § 1 GWB fehlt.

Anders sieht es dagegen bei einer Beurteilung anhand des § 14 GWB aus, da es sich bei den Dritten, also bei den Nachfragern, nicht um Unternehmen im Sinne des GWB handeln muß, sondern die Vereinbarung auch zugunsten von privaten Endverbrauchern getroffen werden kann. Somit kann auch eine Einkaufsbündelung im B2C-Bereich gegen § 14 GWB verstoßen, wenn die Vereinbarung zugunsten der privaten Endverbraucher geht.

---

[819] Köhler, BB 2000, 569/571.
[820] Wie bereit oben auf Seite 154 näher erläutert.
[821] Siehe ausführliche Erläuterungen unter § 19 GWB, Seite 152.

Eine Legalisierung dieser Vertikalvereinbarungen ist dann möglich, wenn eine Freistellung nach § 4 Abs. 2 GWB vorliegt und diese vertikalen Vereinbarungen damit im Zusammenhang stehen.

Ein Verstoß gegen § 20 Abs. 4 GWB wird im B2C-Bereich selten vorliegen, da CoShopping-Unternehmen im privaten Bereich ihre Gewinne regelmäßig aus der Spanne zwischen Ein- und Verkauf beziehen, der nur zum Teil an die Verbraucher in Form von reduzierten Preisen weitergegeben wird. Hieran wird deutlich, daß auch das jeweilige CoShopping-Unternehmen ein Interesse hat, nicht unter Einstandspreis zu verkaufen, da es sonst keinen Gewinn macht.

b) B2B-Bereich

Bei virtuellen Einkaufsbündelungen im Bereich der Unternehmen (B2B) sieht es dagegen anders aus. Hier muß grundsätzlich zwischen anbieter- und nachfragegesteuerten Einkaufsbündelungen unterschieden werden. Beschließen eine Vielzahl von Unternehmen, daß sie den gemeinsamen Einkauf in das Internet verlagern und gemeinsam Joint Ventures zum Betrieb elektronischer Marktplätze gründen, so liegt hierin eine Vereinbarung zwischen Unternehmen im Sinne des § 1 GWB.
Anders sieht es dagegen aus, wenn die Unternehmen gemeinsam über eine Internetplattform einkaufen und die Initiative von dem dahinter stehenden Unternehmen und nicht ausschließlich von den Nachfragern ausgeht. Hierbei fehlt es an einer vertraglichen Vereinbarung zwischen den einzelnen nachfragenden Unternehmen, denn alleine durch das gleichzeitige Nutzen eines Angebots auf einer Website einer Internetplattform liegt noch keine Willenseinigung vor. In diesem Fall handelt es sich um eine flüchtigere Kooperation, die auf einer Abstimmung zwischen den nachfragenden Unternehmen beruht und in Verbindung mit den vertikalen Vereinbarungen zur Annahme eines Sternvertrages als besondere Form der Vereinbarung führt, wobei die dem Sternvertrag zu Grund liegende Abstimmung über einen Dritten, nämlich die Internetplattform, stattfindet.

Bei der Beurteilung, ob die nachfragenden Unternehmen miteinander im Wettbewerb stehen, treten Besonderheiten bei der Bestimmung des relevanten Marktes auf. Bei der Bestimmung des sachlich relevanten Marktes stellt sich die Frage, ob Produkte, die über das Internet angeboten werden, einen eigenen Markt darstellen, oder ob nach wie vor der gesamte Markt für das jeweilige betroffene Produkt gemeint ist, d.h. ob Internetverkäufe nur eine andere Bezugsmöglichkeit darstellen. Hierbei müssen sowohl branchenspezifische Besonderheiten als auch besondere Interneteigenschaften der Produkte berücksichtigt werden. Sowohl die branchenspezifischen Besonderheiten als auch besondere Interneteigenschaften müssen für die jeweilige Internetplattform und die darüber angebotenen Produkte gesondert bestimmt werden. In den überwiegenden Fällen wird es sogar so sein, daß im Rahmen einer Internetplattform auch noch zwischen den verschiedenen angebotenen Gütern und Dienstleistungen unterschieden werden muß. Dies wirkt sich in der Form auf die Bestimmung des sachlich relevanten Marktes aus, daß nur auf die Unternehmen ausgewichen werden kann, die gerade diese Produkte auf diese bestimmte Art und Weise beziehen. Handelt es sich weder um branchenspezifische noch um internetspezifische Produkte, so findet hierdurch keine weitere Einschränkung des relevanten Marktes statt, so daß der sachlich relevante Markt alle Nachfrager ohne Einschränkung erfaßt, auf die die Lieferanten (Internetplattformen) grundsätzlich ohne große Schwierigkeiten ausweichen können.

Die Bestimmung des räumlich relevanten Marktes weist insoweit Besonderheiten auf, als sich die Frage stellt, ob der räumlich relevante Markt mit dem World Wide Web identisch ist, so daß jeweils der Weltmarkt betroffen ist. Diesbezüglich kann nicht per se ein Weltmarkt angenommen werden, sondern es müssen die Eigenarten des jeweiligen Produkts berücksichtigt werden. Zu diesen Eigenarten zählen beispielsweise technische Besonderheiten, hohe Transportkosten, Transportempfindlichkeit, Zölle, Steuern oder andere Importbeschränkungen. Nicht zu unterschätzen ist in diesem Zusammenhang auch die Sprache einer Website als Marktabgrenzung. Bei der Bestimmung des zeitlichen relevanten Marktes muß im Rahmen des Internets besonders beachtet werden, daß es sich bei den virtuellen Nachfragebündelungen oft nur um spontane, einmalige ad hoc Kooperationen handelt, die sich nach der einmaligen Tätigung des gemeinsamen Einkauf sofort wieder auflösen.
Bei den Vertikalvereinbarungen und Abstimmungen, die den Sternverträgen zu Grunde liegen, muß für das Tatbestandsmerkmal „miteinander im Wettbewerb stehen" auf die horizontale Abstimmung zwischen den nachfragenden Unternehmen abgestellt werden, da dies dem Sinn und Zweck dieses Tatbestandsmerkmals entspricht.

Bei der Beurteilung einer Wettbewerbsbeschränkung muß grundsätzlich zwischen anbieter- und nachfragegesteuerten Einkaufsbündelungen unterschieden werden. Im Rahmen der anbietergesteuerten Einkaufsbündelung kann es sowohl an einer Wettbewerbsbeschränkung als auch an dem Spürbarkeitskriterium fehlen. In dieser Konstellation steht der Anbieter nicht einer geschlossenen Front von Nachfragern gegenüber, die die Initiative bezüglich des gemeinsamen Einkaufs ergriffen hat, sondern dem Anbieter wird die Möglichkeit gegeben, dieser Gruppe von Nachfragern ein entsprechendes günstiges Angebot zu machen. Dieses Angebot wird der Anbieter dann auch dementsprechend wählen bzw. ausgestalten, daß es durch seine eigenen Kosteneinsparungen gerechtfertigt ist und der Preis nicht unter das Wettbewerbsniveau fällt. Dies führt im Rahmen der Wettbewerbsbeschränkung dazu, daß das Vorliegen einer Wettbewerbsbeschränkung in Form der Beschränkung der Marktgegenseite (Beeinträchtigung Dritter) verneint werden muß, weil die Auswahlmöglichkeiten der Lieferanten (Marktgegenseite) durch die Nachfragebündelung nicht eingeschränkt werden. Eine Beschränkung des Drittwettbewerbs liegt nur dann vor, wenn der Absatzwettbewerb auf der Wirtschaftsstufe der Nachfrager in der Form beeinträchtigt wird, daß die Einkaufsvorteile an die niedrigere Wirtschaftsstufe durch günstigere Angebote weitergegeben werden, wodurch andere Anbieter auf dem Absatzmarkt der Mitglieder der Einkaufsbündelung möglicherweise nicht mehr konkurrenzfähig sind oder wenn die nachfragenden Unternehmen einer Bezugspflicht unterliegen, wodurch andere Anbieter in ihrer Handlungsfreiheit eingeschränkt werden.
Bei nachfrageinitiierten Einkaufsbündelungen über einen Internet-Marktplatz wird dagegen, selbst wenn es sich nur um eine ad hoc Kooperation handelt, in den meisten Fällen eine Wettbewerbsbeschränkung anzunehmen sein, weil auf die Anbieter ein Preisdruck ausgeübt wird.
Aus der gesamten Betrachtung der Sternverträge wird deutlich, daß eine ausschließliche Wettbewerbsbeschränkung zwischen den Wettbewerbern und nicht zwischen den an der Vertikalvereinbarung beteiligten Parteien als ausreichende Innenwirkung für die Annahme einer Wettbewerbsbeschränkung zwischen den Parteien angesehen werden muß. Auch im Rahmen der Sternverträge bedarf es bei der Beurteilung, ob eine Wettbewerbsbeschränkung Dritter vorliegt, einer Trennung zwischen anbieter- und nachfragegesteuerten Einkaufsbündelungen.

Sowohl bei anbietergesteuerten als auch bei ad hoc nachfragegesteuerten Einkaufsbündlungen wird in vielen Fällen das Spürbarkeitskriterium nicht vorliegen.

Trotz der Annahme eines Kartellverbots besteht für Einkaufsbündelungen über das Internet noch eine Legalisierungsmöglichkeit nach § 4 Abs. 2 GWB. Hiervon werden auch Sternverträge erfaßt.
Ein über den Einzelfall hinausgehender Bezugszwang wird bei Einkaufsbündelungen über das Internet in den wenigsten Fällen vorliegen, da es zur Zeit noch nicht so weit ist, daß Unternehmen ihren Bezug ausschließlich über dieses neue Medium tätigen.
Auch im Rahmen der Einkaufsbündelungen über das Internet kommt es zu keiner anderen kartellrechtlichen Beurteilung bei der Beteiligung von Großunternehmen, da ansonsten nicht der gewünschte Nachteilsausgleich stattfindet.
Das Vorliegen einer anbietergesteuerten Nachfragebündelung kann sich im Rahmen des Tatbestandsmerkmals „keine wesentliche Wettbewerbsbeeinträchtigung“ auswirken, indem spätestens hier eine wesentliche Wettbewerbsbeeinträchtigung abgelehnt wird, da kein wesentlicher Druck auf die Anbieter ausgeübt wird.

Ein Verstoß gegen § 14 GWB ist nur dann anzunehmen, wenn das hinter der Internetplattform stehende Unternehmen dafür sorgt, daß den Nachfragern von den Lieferanten bestimmte günstige Konditionen gewährt werden, d.h., daß der Lieferant in die Vereinbarung mit einbezogen werden muß. In den überwiegenden Fällen wird diese Konstellation jedoch nicht auftreten, da Vereinbarungen bezüglich der Konditionen ausschließlich zwischen dem hinter der Internetplattform stehenden Unternehmen und den nachfragenden Unternehmen geschlossen werden.
Eine Legalisierung dieser Vertikalvereinbarungen ist möglich, wenn eine Freistellung nach § 4 Abs. 2 GWB vorliegt und diese vertikalen Vereinbarungen damit im Zusammenhang stehen.

Von einer Ausschließlichkeitsbindung nach § 16 Nr. 2 GWB ist im Rahmen der Einkaufsbündelungen über das Internet auszugehen, wenn die nachfragenden Unternehmen einer Bezugsverpflichtung unterliegen. Dies wird in den überwiegenden Fällen nicht der Fall sein, da es sich zum einen häufig um einmalige ad-hoc-Kooperationen handelt und zum anderen werden sich die Unternehmen zum momentanen Zeitpunkt noch nicht verpflichten, ihren gesamten Bedarf über die neue Form eines Internet-Marktplatzes zu beziehen. Eine Vereinbarung über eine Bezugsverpflichtung wird allenfalls bei der Gründung von Gemeinschaftsunternehmen auftreten.

Bei der Beurteilung der Einkaufsbündelung über das Internet gemäß § 19 GWB ergeben sich in der Weise Besonderheiten, daß die nachfragenden Unternehmen nicht immer mit dem hinter dem Internet-Marktplatz stehenden Unternehmen identisch sind.
Bei Einkaufskooperationen über das Internet kann es sich bei dem Unternehmen, das die Dienstleistung des Internet-Marktplatzes erbringt, um ein unabhängiges Startup-Unternehmen, um ein einzelnes Handels- oder Herstellerunternehmen, das für seine eigenen Bedürfnisse einen Internet-Marktplatz errichten oder um ein Gemeinschaftsunternehmen, das der Kontrolle der Nutzer unterliegt, handeln.
Sind die Unternehmen identisch, d.h. hat sich der Internet-Marktplatz aus den nachfragenden Unternehmen gebildet, so ist auf die marktbeherrschende Stellung des gegründeten Gemeinschaftsunternehmens abzustellen, da die nachfragenden Unternehmen über dieses Gemeinschaftsunternehmen und damit über den Internet-Marktplatz ihre Marktmacht ausüben.
Handelt es sich dagegen um ein von den nachfragenden Unternehmen unabhängiges und selbständiges Unternehmen, so ist bei der Untersuchung, ob es sich um ein marktbeherrschendes Unternehmen i.S.d. § 19 Abs. 2 GWB handelt, sowohl auf das Unternehmen abzustellen, das

die Dienstleistung eines Internet-Marktplatzes erbringt als auch auf die nachfragenden Unternehmen (§ 19 Abs. 2 Satz 2 GWB), die über den Internet-Marktplatz ihre Nachfrage bündeln. Bei der Beurteilung der marktbeherrschenden Stellung des hinter dem Internet-Marktplatzes stehenden Unternehmens müssen zwei Märkte getrennt werden: Der Dienstleistungsmarkt „Internet-Marktplatz" und der Beschaffungs- oder Absatzmarkt der Waren und Dienstleistungen, die über den Internet-Marktplatz vertrieben werden. Bei dem relevanten Dienstleistungsmarkt des Gemeinschaftsunternehmens oder des selbständigen Unternehmens wird in den wenigsten Fällen eine marktbeherrschende Stellung erreicht werden, da es eine Vielzahl von B2B-Marktplätzen gibt und die Tendenz steigend ist.
Bei der Beurteilung, ob ein Mißbrauch dieser marktbeherrschenden Stellung vorliegt, ist wiederum besonders zu beachten, daß es sich bei dem Tätigwerden eines unabhängigen und selbständigen Unternehmens um eine anbietergesteuerte Nachfragebündelung handelt. In dieser Konstellation kommt es nicht zu einem Mißbrauch der marktbeherrschenden Stellung der nachfragenden Unternehmen.

Wird das hinter dem Internet-Marktplatz stehende Unternehmen als rechtlich selbständiges Gemeinschaftsunternehmen von einer Mehrzahl von Nutzern, gegebenenfalls unter Beteiligung eines IT-Unternehmens, gegründet, so kann es auch zu einer Überprüfung anhand der § 35 ff. GWB kommen. Auch hier sind zwei Märkte zu trennen: Der Dienstleistungsmarkt des Gemeinschaftsunternehmens und die Beschaffungs- oder Absatzmärkte der nachfragenden Unternehmen, die über das Gemeinschaftsunternehmen die marktbeherrschende Stellung ausüben. Zu einer Marktbeherrschung auf dem B2B-Dienstleistungsmarkt wird es aufgrund der zunehmenden Anzahl von Internet-Marktplätzen nicht kommen.

III. Beurteilung nach europäischem Kartellrecht[822]

1. Anwendbarkeit des EG-Kartellrechts

Es stellt sich die Frage, ob oder wann das europäische Kartellrecht auf Einkaufsbündelung im Internet anwendbar ist. Einkaufsbündelungen über das Internet können überall auf der Welt vereinbart werden und sind häufig gerade grenzüberschreitend angelegt. Eine Regelung, die § 130 Abs. 2 GWB ähnlich ist, gibt es weder im EG-Vertrag noch in der Fusionskontrollverordnung, so daß auf allgemeine Grundsätze des Gemeinschaftsrechts zurückzugreifen ist.
Nach der Zwischenstaatlichkeitsklausel gelangt das europäische Kartellrecht dann zur Anwendung, wenn eine Eignung zur Beeinträchtigung des Handels zwischen den Mitgliedstaaten gegeben ist. Aufgrund der geringen Anforderungen, die von der Verwaltung und der Rechtsprechung an die Zwischenstaatlichkeit gestellt werden[823], ist davon auszugehen, daß der Betrieb von Internet-Marktplätzen regelmäßig den zwischenstaatliche Handel berührt, wenn die Marktteilnehmer, also Nachfrager und Anbieter, nicht lediglich aus ein und demselben Mitgliedstaat sind, sondern aus unterschiedlichen Staaten stammen und auch auf unterschiedlichen räumlichen Märkten tätig sind.[824]

[822] Ensthaler/Gesmann-Nuissl, BB 2000, 2265; Nourry/Lawrence, Global Counsel, October 2000, 33/34f.
[823] Siehe hierzu Seite 69.
[824] So auch Immenga/Lange, RIW 2000, 733/735; Ende/Klein, Seite 106.

Weiterhin muß die Beeinträchtigung des zwischenstaatlichen Handels aber auch spürbar sein, so daß geringfügige Auswirkungen keine Beachtung finden.[825] Bei dem Merkmal der Spürbarkeit geht es darum, die gemeinschaftsrechtliche Relevanz festzustellen.[826] Die Spürbarkeit einer Internetplattform ist je eher anzunehmen, desto mehr große Unternehmen an dieser elektronischen Handelplattform beteiligt sind.[827] In vielen Fällen findet auch eine Einkaufsbündelung zwischen Großunternehmen über eine Internetplattform statt[828], so daß hier das Merkmal der Spürbarkeit keine weiteren Probleme bereitet.
Hinsichtlich der Spürbarkeit ergeben sich indes Probleme, wenn aufgrund der spontanen und kurzfristigen Einkaufsbündelung, eine Spürbarkeit so schnell gar nicht festzustellen bzw. nachzuweisen ist.[829] In diesem Fall wird es gar nicht erst zur Anwendung des europäischen Kartellrechts kommen.

Problematisch ist weiterhin, inwieweit auch Internet-Marktplätze anhand des europäischen Kartellrechts überprüft werden, wenn durch sie eine Wettbewerbsbeschränkungen außerhalb der Mitgliedstaaten hervorgerufen wird. Die Besonderheit der elektronischen Marktplätze, die mit Hilfe des Internets entstehen und funktionieren, ist gerade darin zu sehen, daß sie überall auf der Welt vereinbart werden können und regelmäßig grenzüberschreitend ausgerichtet sind. Gerade diese grenzüberschreitende Ausrichtung führt dazu, daß Unternehmen weltweit über diese Internetplattform einkaufen können. Somit können sich die daraus ergebenden Kartelle weltweit auswirken, auch außerhalb der Mitgliedstaaten.[830]
Nach dem völkerrechtlichen Auswirkungsprinzip[831] ist das EG-Kartellrecht anwendbar, wenn sich die Handlung innerhalb der Gemeinschaft auswirkt. Das bedeutet für die Einkaufsbündelung über das Internet, daß diese anhand des europäischen Kartellrechts überprüft wird, wenn eine Auswirkung innerhalb der Gemeinschaft stattfindet, unabhängig davon, wo diese Einkaufsbündelung mit Hilfe des Internets ins Leben gerufen worden ist.

2. Gemeinschaftsunternehmen[832]

Im Bereich der Gründung von Gemeinschaftsunternehmen stellt sich das Problem, ob Art. 81 EGV überhaupt zur Anwendung gelangt. Für die Beurteilung, ob auf Gemeinschaftsunternehmen Art. 81 EGV und/oder die FKVO zur Anwendung gelangt, muß zwischen Teilfunktionsgemeinschaftsunternehmen und Vollfunktionsgemeinschaftsunternehmen unterschieden werden. Teilfunktionsgemeinschaftsunternehmen unterfallen ausschließlich dem Kartellverbot des Art. 81 EGV i.V.m. der VO Nr. 17, konzentrative Vollfunktionsgemeinschaftsunternehmen unterliegen ausschließlich der Beurteilung anhand der FKVO und kooperative Vollfunktionsgemeinschaftsunternehmen unterliegen sowohl der Überprüfung anhand der FKVO als auch Art. 81 EGV, Art. 2 Abs. 4 FKVO.

---

[825] EuGH, Slg. 1978, 131/149ff. „Miller"; Slg. 1978, 1391/1415 „TEPEA"; Slg. 1988, 1935/1940 „Erauw-Jaquery/La Hesbignonne".
[826] Gayk, Restriktion des Tatbestandes, Seite 56.
[827] Immenga/Lange, RIW 2000, 733/735.
[828] Jestaedt, BB 2001, 581/584f.
[829] So auch allgemein für virtuelle Unternehmen Ensthaler/Gesmann-Nuissl, BB 2000, 2265/2269.
[830] Das Auswirken auf andere Rechtsordnungen als die deutsche und europäische soll im Rahmen dieser Arbeit nicht untersucht werden, muß aber grundsätzlich bei der Gründung von Internet-Marktplätzen beachtet werden.
[831] Siehe hierzu Seite 71.
[832] Köhler, K & R 2000, 569/571.

Die Unterscheidung, ob ein Vollfunktionsgemeinschaftsunternehmen oder Teilfunktionsgemeinschaftsunternehmen vorliegt, wird nach der Selbständigkeit des Unternehmens beurteilt.[833] In den überwiegenden Fällen wird es jedoch bei Internet-Marktplätzen, die als selbständiges Gemeinschaftsunternehmen gegründet werden, häufig als Teilfunktionsgemeinschaftsunternehmens ausgestattet sein.[834] Der Grund hierfür ist darin zu sehen, daß bei Internet-Marktplätzen, die von mehreren Nutzern gegründet werden, lediglich der Einkauf für die Muttergesellschaften von dem Gemeinschaftsunternehmen übernommen wird. Es wird somit nur ein Teil der Aufgaben von dem Gemeinschaftsunternehmen für die Muttergesellschaften übernommen. In diesen Fällen handelt es sich also um ein Teilfunktionsgemeinschaftsunternehmen.

Sollte es sich dennoch in vereinzelten Fällen um ein Vollfunktionsgemeinschaftsunternehmen handeln,[835] das auf Dauer alle Funktionen einer selbständigen wirtschaftlichen Einheit erfüllt, so wird dies als kooperatives Vollfunktionsgemeinschaftsunternehmen ausgestaltet sein.[836] Denn ein konzentratives Gemeinschaftsunternehmen wäre mit dem Ziel einer Einkaufsbündelung kaum vereinbar.[837]

Auf jeden Fall gelangt sowohl bei einem kooperativen Teilfunktionsgemeinschaftsunternehmen als auch bei einem kooperativen Vollfunktionsgemeinschaftsunternehmen Art. 81 EGV zur Anwendung.[838]

3. Verbotene Verhaltensabstimmung gemäß Art. 81 EGV

Hinsichtlich der Beurteilung, ob eine verbotene Verhaltensabstimmung gemäß Art. 81 EGV gegeben ist, muß zwischen einer Beurteilung anhand der Leitlinien der Kommission zur Anwendbarkeit von Art. 81 EGV auf horizontale und vertikale Vereinbarungen und einer Beurteilung anhand der einzelnen Tatbestandesmerkmale unterschieden werden.

a) Praxis der Kommission aufgrund der Leitlinien zur Anwendbarkeit von Art. 81 EGV auf horizontale und vertikale Vereinbarungen

Die Leitlinien finden sowohl auf Vereinbarungen als auch auf aufeinander abgestimmte Verhaltensweisen Anwendung, wobei es sich auch hier bei allen Beteiligten um Unternehmen handeln muß.

Nach den Horizontalleitlinien fallen schon bestimmte Gruppen von Vereinbarungen nicht unter Art. 81 Abs. 1 EGV.[839] Findet ein gemeinsamer Einkauf über eine Internetplattform von Unternehmen statt, die weder auf dem Einkaufs- noch auf dem Verkaufsmarkt miteinander im Wettbewerb stehen, so gelangt Art. 81 Abs. 1 EGV nach den Horizontalleitlinien erst zur Anwendung, wenn Unternehmen mit erheblicher Marktmacht an ihnen beteiligt sind. Trotzdem

---

[833] Siehe Seite 73.

[834] BKartA v. 26.1.2001, WuW/E DE-V 423/424 „RubberNetwork.com"; BKartA v. 25.9.2000, WuW/ DE-V 321/321 „Covisint"; BKartA v. 23.10.2000, WuW/E DE-V 355/357 „SAP-GU"; a.A. Jestaedt, BB 2001, 581/581, der davon ausgeht, daß in den überwiegenden Fällen ein Vollfunktionsgemeinschaftsunternehmen vorliegt.

[835] Für die Annahme von Vollfunktionsgemeinschaftsunternehmen Jestaedt, BB 2001, 581/581.

[836] Siehe Seite 75.

[837] Siehe oben Seite 75.

[838] Nähere Erläuterungen hierzu auf Seite 73ff.

[839] Horizontale Leitlinien (Fn.3) Tz.24.

werden die Unternehmen dann nicht als untereinander im Wettbewerb stehend angesehen, wenn sie nicht auf dem selben nachgeordneten relevanten Markt tätig sind.
Aber auch die Einkaufsbündelungen, die zwischen Wettbewerbern geschlossen werden, müssen in ihrem rechtlichen und wirtschaftlichen Umfeld hinsichtlich Marktmacht und Marktstruktur untersucht werden. Diesbezüglich ist besonders zu beachten, daß an vielen B2B-Internet-Plattformen große Unternehmen beteiligt sind und das häufig sogar als Initiator[840], so daß schon aus diesem Grund von einer großen Nachfragemacht der nachfragenden Unternehmen auszugehen ist. Jedoch ist auch bei der Beurteilung, ob von den beteiligten Unternehmen Marktmacht ausgeht, danach zu unterscheiden, ob es sich um eine nachfrage- oder anbietergesteuerte Einkaufsbündelung handelt, denn Nachfragemacht bedeutet, daß die Preise unter das Wettbewerbsniveau gedrückt werden können.[841] Dies ist bei anbietergesteuerten Einkaufsbündelungen nicht möglich, da die Kontrolle über die Preise in diesem Fall weiterhin bei den Anbietern liegt. Des weiteren geht die Kommission davon aus, daß es in den meisten Fällen unwahrscheinlich ist, daß Marktmacht vorhanden ist, wenn die an der Vereinbarung Beteiligten einen gemeinsamen Marktanteil von weniger als 15% haben.[842]
Fraglich ist, ob im Rahmen von Einkaufsbündelungen über das Internet Marktanteile von über 15% anders zu beurteilen sind, als bei den Einkaufsbündelungen die nicht über dieses neue Medium zustande kommen.[843] Grundsätzlich ist der Unterschied zwischen diesen beiden Einkaufsbündelungen darin zu sehen, daß es sich bei Einkaufsbündelungen über das Internet in vielen Fällen um spontane einmalige ad-hoc-Kooperationen handelt, die sich nach einem einmaligen gemeinsamen Einkauf wieder auflösen. Dies ist zumindest bei anbietergesteuerten Nachfragebündelungen häufig der Fall. Zumindest die Tatsache, daß es sich um eine spontane und einmalige ad hoc Kooperation handelt kann nicht dazu führen, daß Art. 81 Abs. 1 EGV schon aus ökonomischen Gesichtspunkten auch bei über 15% gar nicht erst zur Anwendung gelangt, sondern dies muß im Rahmen des Tatbestandes Berücksichtigung finden.

b) Tatbestandsvoraussetzungen

Sieht man einmal von der Praxis der Kommission aufgrund der horizontalen Leitlinien[844] ab oder aber kommt man zu dem Ergebnis, daß Art. 81 Abs. 1 EGV trotz der horizontalen Leitlinien zur Anwendung gelangt, so findet eine Überprüfung des gemeinsamen Einkaufs mehrerer Unternehmen über eine Internetplattform anhand des europäischen Kartellverbots statt.

(1) Unternehmen oder Unternehmensvereinigungen

Auch bei der Beurteilung der Nachfragebündelung im Bereich des Art. 81 EGV muß grundsätzlich zwischen Marktplätzen im B2B-Bereich und im B2C-Bereich unterschieden werden. Denn wie bereits bei § 1 GWB dargestellt, fallen private Endverbraucher aus dem B2C-Bereich nicht unter den Unternehmensbegriff.[845] Anders sieht es allerdings mit dem hinter der

[840] Vgl. Covisint (Handelsplattform von Daimler Crysler AG, Ford Motor Company, General Motors Corporation und Renault/Nissan), Elemica (Handelsplattform von BASF, Bayer, Atofina, BP Amoco, Dow, DuPont, Celanese, Ciba) oder CPG Market.com (Handelsplattform von Nestlé und Danone).
[841] Horizontale Leitlinien (Fn.3) Tz.130; Geiger, EuZW 2000, 325/327ff.
[842] Horizontale Leitlinien (Fn.3) Tz.130.
[843] Jestaedt, BB 2001, 581/585.
[844] Horizontale Leitlinien (Fn.3) Tz.1ff. und 115ff.
[845] Siehe oben Seite 131.

Internet-Plattform stehenden Unternehmen aus, denn auch wenn es sich um eine Plattform aus dem B2C-Bereich handelt, fällt diese unter den Unternehmensbegriff des Art. 81 Abs. 1 EGV.

(2) Vereinbarung oder abgestimmte Verhaltensweisen von Unternehmen

Im Rahmen der Vereinbarung oder abgestimmten Verhaltensweisen von Unternehmen besteht grundsätzlich kein Unterschied zu § 1 GWB. Im Unterschied zu § 1 GWB werden von Art. 81 Abs. 1 EGV allerdings auch vertikale Vereinbarungen erfaßt, so daß die vertikalen Vereinbarungen, die im deutschen Kartellrecht von §§ 14ff. GWB erfaßt werden, hier auch unter Art. 81 Abs. 1 EGV fallen. Es ergeben sich keine Besonderheiten für die Einkaufsbündelung über das Internet.

(3) Verhinderung, Einschränkung und Verfälschung des Wettbewerbs

Nachfragebündelungen verstoßen gegen das Kartellverbot, wenn sie den zwischen den beteiligten Unternehmen bestehenden Nachfragewettbewerb spürbar beschränken. Die drei Arten der Wettbewerbsbeschränkung müssen nicht streng voneinander abgegrenzt werden, weil Art. 81 Abs. 1 EGV sie wettbewerbsrechtlich alle gleich behandelt.

(a) Regelbeispiele des Art. 81 Abs. 1 EGV

In Art. 81 Abs. 1 lit. a EGV wird als Beispiel für verbotenen Wettbewerbsbeschränkung die Festsetzung von An- und Verkaufspreisen aufgeführt. Zunächst könnte man davon ausgehen, daß auch in diesem Rahmen zwischen anbieter- und nachfragegesteuerten Einkaufsbündelungen unterschieden werden muß und zwar mit der Begründung, daß bei der anbietergesteuerten Einkaufsbündelungen, wie bereits oben erläutert[846], gar kein Druck auf die Anbieter bezüglich des Preises durch die Nachfrager ausgeübt wird. Jedoch liegt der Sinn und Zweck der Vorschrift nicht ausschließlich im Schutz der Marktgegenseite, sondern es geht auch um den Schutz des unverfälschten Wettbewerbs.[847] Dies führt dazu, daß es für die Annahme einer Wettbewerbsbeeinträchtigung in Form von Vereinbarungen bezüglich An- und Verkaufspreisen ausreichend ist, wenn der Wettbewerb beeinträchtigt wird, unabhängig davon., wer die Beeinträchtigung hervorgerufen hat bzw. von wem die Initiative dafür ausgegangen ist.
Folglich kommt es zu keiner anderen Beurteilung im Rahmen von Nachfragebündelungen über das Internet als bei „normalen" Einkaufsbündelungen.

Weiterhin nennt Art. 81 Abs. 1 lit. b EGV als Beispiel für wettbewerbsbeschränkende Vereinbarungen die Einschränkung oder Kontrolle des Absatzes. Dies äußert sich in der Form, daß die Wahlfreiheit von Abnehmern und Lieferanten beeinträchtigt wird.[848]
Fraglich ist in dem jeweiligen Einzelfall, ob eine Bezugspflicht der nachfragenden Unternehmen vereinbart worden ist, wodurch der Absatz der anderen Lieferanten beeinträchtigt wird, da den Unternehmen die Möglichkeit genommen wird, auf andere Anbieter auszuweichen. Jedoch wird ein Bezugszwang beim Einkauf über das Internet in den wenigsten Fällen gegeben

[846] Siehe dazu oben Seite 140.
[847] Dies ergibt sich aus Art. 3 Abs. 1 lit. g EGV.
[848] Müller-Graff in Hailbronner/Klein/Magiera/Müller-Graff, Art. 85, Rdn.99.

sein, da sich die Unternehmen nicht verpflichten werden, ihren gesamten Bedarf über das neue Medium Internet zu decken.
Anders sieht es dagegen bei der Gründung eines Internet-Marktplatzes in Form eines Gemeinschaftsunternehmens aus. Zeitliche begrenzte Mindestbezugmengen der Gründungsgesellschafter von Marktplätzen, die als Gemeinschaftsunternehmen gegründet werden, treten des öfteren auf. Derartige Vereinbarungen dienen der Sicherung des Gemeinschaftsunternehmens während der Anlaufphase. Sie sind daher in einem gewissen Umfang als notwendige oder immanente Nebenabrede zulässig.[849]

Als weiterer einschlägiger Beispieltatbestand ist hier die Anwendung unterschiedlicher Bedingungen gemäß Art. 81 Abs. 1 lit. d EGV anzuführen. Diesbezüglich ergeben sich jedoch bei der Nachfragebündelung über eine Internetplattform keine Besonderheiten, die zu einer anderen kartellrechtlichen Beurteilung als bei „normalen" Einkaufsbündelungen führen.

(b) Wettbewerbsbeschränkung und Wettbewerbsverfälschung

Auch hier muß bei der allgemeinen Wettbewerbsbeschränkung besondere Beachtung finden, daß es sich entweder um eine nachfrage- oder eine anbietergesteuerte Einkaufsbündelung handeln kann. Der Grund dafür liegt darin, daß diese Tatsache darüber entscheidet, ob und wenn ja in welcher Form eine Wettbewerbsbeschränkung vorliegt.
Beim gemeinsamen Einkauf über eine Internetplattformen findet häufig eine Einkaufsbündelung statt, bei der die Initiative über den gemeinsamen Einkauf von den Anbietern ausgeht, was bedeutet, daß die Anbieter die Kontrolle über die jeweilige Nachfragebündelung inne haben.
Der Unterschied von Art. 81 Abs. 1 EGV im Vergleich zu § 1 GWB ist, daß auch die ausschließliche Beeinträchtigung von Drittwettbewerb eine Wettbewerbsbeeinträchtigung i.S.d. Art. 81 Abs. 1 EGV darstellt, führt zu keinem anderen Ergebnis.
Die anbietergesteuerte Nachfragebündelung über eine Internetplattform führt dazu, daß kein unangemessener Preisdruck auf die Anbieter ausgeübt wird, so daß dies wenn überhaupt dazu führt, daß eine Beschränkung des Drittwettbewerbs wegfällt, was aber nicht bedeutet, daß anderweitige Beschränkungen des Drittwettbewerbs gegeben sind. Diese Beschränkungen des Drittwettbewerbs sind unter anderem darin zu sehen, daß die Nachfrager eventuell einer Bezugspflicht unterliegen oder aber, daß der Absatzwettbewerb auf der Wirtschaftsstufe der Nachfrager in der Form beeinträchtigt wird, daß die Einkaufsvorteile an die niedrigere Wirtschaftsstufe durch günstigere Angebote weitergegeben werden.[850]
Folglich ergeben sich keine Unterschiede zu der Wettbewerbsbeschränkung im Rahmen des § 1 GWB.[851]

[849] Siehe hierzu Bekanntmachung der Kommission über Nebenabreden zu Zusammenschlüssen nach der Verordnung (EWG) Nr. 4064/89 des Rates v. 21.12.1989 über die Kontrolle von Unternehmenszusammenschlüssen, ABl. der EG 1989 Nr. L 395 Seite 1ff.; berichtigte Fassung ABl. der EG 1990 Nr. L 257 Seite 13ff.
[850] Siehe Wettbewerbsbeschränkungen im Internet im Rahmen des § 1 GWB Seite 140ff.
[851] Siehe Wettbewerbsbeschränkungen im Internet im Rahmen des § 1 GWB Seite 140ff.

(4) Spürbarkeit

Schwierigkeiten können sich weiterhin bei virtuellen Einkaufsbündelungen über das Internet bei dem ungeschriebenen Tatbestandsmerkmal der Spürbarkeit der bezweckten oder bewirkten Wettbewerbsbeschränkung ergeben.
Diese Schwierigkeiten treten zum einen dadurch auf, daß der Spürbarkeitsnachweis entscheidend von der Marktposition der Unternehmenskooperation abhängt und diese wiederum von der Dauer und der Intensität der Unternehmensverbindung. Und gerade diese Kriterien sind bei virtuellen Unternehmenskooperationen schwierig zu beurteilen, weil es sich häufig nur um zeitlich befristete Kooperationen handelt. Oft geht es sogar soweit, daß sich die Unternehmen nur für einen einzigen Einkauf als Kooperation zusammenschließen und sich die Kooperation danach sofort wieder auflöst.[852]
Zum anderen ergeben sich Probleme bei dem Spürbarkeitsmerkmal daraus, daß es sich in vielen Fällen der Einkaufsbündelung über das Internet um anbietergesteuerte Nachfragebündelungen handelt. Dies führt dann dazu, daß zumindest kein unangemessener Preisdruck von Nachfragern auf die Anbieter ausgeübt wird, sondern die Anbieter den entsprechenden Preis selbst bestimmen können.[853] Das führt dazu, daß selbst wenn eine Wettbewerbsbeschränkung in dieser Konstellation auftritt, eine Spürbarkeit überwiegend nicht anzunehmen ist.

Als dritter Punkt, der sich bei dem Spürbarkeitsmerkmal als problematisch erweist, ist anzuführen, daß die Spürbarkeitsgrenze möglicherweise anzuheben ist, zumindest wenn es sich um eine einmalige ad-hoc-Kooperation handelt. Fraglich ist somit, ob im Rahmen von Einkaufsbündelungen über das Internet Marktanteile von über 5% anders zu beurteilen sind, als bei den Einkaufsbündelungen die nicht über dies neue Medium zustande kommen.[854] Der Unterschied ist auf jeden Fall darin zu sehen, daß es sich bei Einkaufsbündelungen über das Internet in vielen Fällen um ad-hoc-Kooperationen handelt, die sich nach einem einmaligen gemeinsamen Einkauf wieder auflösen. Dies ist sowohl bei nachfragegesteuerten als auch bei anbietergesteuerten Nachfragebündelungen der Fall. Gerade diese Einmaligkeit der Nachfragebündelungen über das Internet, kann dazu führen, daß auch bei einem Marktanteil von über 5% eine Spürbarkeit zu verneinen ist. Dies ist jedoch nur dann der Fall, wenn diese Nachfragebündelungen nur vereinzelt erfolgen.[855] Handelt es sich dagegen um eine Vergemeinschaftung, die als feste Institution anzusehen ist, also immer wieder auftaucht, so ist nicht mehr von einem Einzelfall auszugehen, und eine Spürbarkeit ist anzunehmen. Auch hier kommt es zu keiner anderen Beurteilung als bei dem Spürbarkeitsmerkmal des § 1 GWB.[856]
Die Spürbarkeit der Wettbewerbsbeschränkung ist im Hinblick auf den Markt zu untersuchen, auf den sie sich auswirkt oder voraussichtlich auswirken wird. Für die Internet-Marktplätze bedeutet das wiederum, daß die Besonderheiten des gemeinsamen Einkaufs übers das Internet zu beachten sind.[857] Es gibt keine Unterschiede bei der Bestimmung des relevanten Marktes nach deutschem und europäischem Kartellrecht.[858]

---

[852] Vgl. Ensthaler/Gesmann-Nuissl, BB 2000, 2265/2269.
[853] Siehe hierzu Wettbewerbsbeschränkung bei § 1 GWB Seite 140ff.
[854] Jestaedt, BB 2001, 581/585.
[855] Jestaedt, BB 2001, 581/585.
[856] Siehe hierzu das Spürbarkeitsmerkmal bei § 1 GWB Seite 144.
[857] Siehe zu den Besonderheiten bei der Bestimmung des räumlich und sachlich relevanten Marktes Seite 136f.
[858] Lange, BB 1996, 1997/1998ff.; a.A. BGH, Beschluß v. 24.10.1995, BB 1996, 1901f.; nicht eindeutig Lange, EWS 2000, 291/293.

c) Freistellung gemäß Art. 81 Abs. 3 EGV

Kommt es trotz der Veränderungen einzelner Tatbestandsmerkmal bei der Nachfragebündelung über eine Internetplattform zu der Annahme eines Kartellverbots gemäß Art. 81 Abs. 1 EGV, so besteht dennoch die Möglichkeit einer Freistellung durch eine Gruppenfreistellungsverordnung oder durch eine Einzelfreistellung.

(1) Gruppenfreistellungsverordnung

Da es keine GFVO gibt, die Einkaufskooperationen in ihrer Gesamtheit erfassen,[859] muß diesbezüglich zwischen den horizontalen und den vertikalen Vereinbarungen unterschieden werden, die sich aus dem gemeinsamen Einkauf über eine Internetplattform ergeben, damit eine automatische Freistellung über eine GFVO überhaupt möglich ist.
So kommt es, daß nach der GFVO Nr. 2790/1999[860] das Kartellverbot gemäß Art. 81 Abs. 1 EGV keine Anwendung auf vertikale Vereinbarungen findet, bei denen der Anteil des Lieferanten am relevanten Markt, auf dem er die Vertragswaren verkauft, 30% nicht überschreitet. Bei der Bestimmung des relevanten Marktes müssen auch hier wiederum die Besonderheiten des Internets[861] beachtet werden.
Von den vertikalen Vereinbarungen werden vor allem die Vereinbarungen zwischen den Nachfragern und dem hinter der Internetplattform stehenden Unternehmen und zwischen diesen und den jeweiligen Lieferanten erfaßt, diesbezüglich sind als Beispiele Bezugsverpflichtungen und Preisvereinbarungen zu nennen.
Einschränkungen bezüglich des Anwendungsbereichs der vertikalen Vereinbarungen werden bei Unternehmensvereinigungen gemacht. Grundsätzlich werden diese von der GFVO erfaßt, soweit jedes einzelne Unternehmen keinen Gesamtumsatz von mehr als 50 Mio. EUR hat. Bei der Organisationsform von Internet-Marktplätzen handelt es sich entweder um unabhängige Startup-Unternehmen oder um ein einzelnes Handels- oder Herstellerunternehmen, das für seine eigenen Bedürfnisse eine Internet-Marktplatz einrichtet oder aber um ein rechtlich selbständiges Gemeinschaftsunternehmen von einer Mehrheit von Nutzern. Schon an diesen Organisations- und Beteiligungsformen wird ersichtlich, daß es sich bei Internet-Marktplätzen um Unternehmen und nicht um Unternehmensvereinigungen von Wareneinzelhändlern i.S.d. Art. 2 Abs. 2 der GFVO handelt. Folglich kommt es zu keinen weiteren Einschränkungen bezüglich der vertikalen Vereinbarungen.
Folglich kommt es sowohl zu einer automatischen Freistellung von Bezugsverpflichtungen als auch von Vereinbarungen bezüglich besonders günstiger Konditionen über die vertikale GFVO Nr. 2790/1999[862].

Weiterhin ist zu überprüfen, ob auch eine automatische Freistellung der horizontalen Vereinbarung einer Nachfragebündelung über eine Internetplattform über eine GFVO stattfinden kann, denn die horizontalen Vereinbarungen der Einkaufskooperation werden von GFVO für vertikale Vereinbarungen nicht berührt. Diesbezüglich gibt es jedoch keine Gruppenfreistellungsverordnung, so daß im Rahmen der Einkaufsbündelung horizontale Vereinbarungen, die

---

[859] Zur Begründung siehe oben Seite 98.
[860] Gruppenfreistellungsverordnung (Fn.420).
[861] Siehe Seite 136.
[862] Gruppenfreistellungsverordnung (Fn.420).

unter Art. 81 Abs. 1 EGV fallen, nur aufgrund einer Einzelfreistellung gemäß Art. 81 Abs. 3 EGV freigestellt werden können.[863]

(2) Einzelfreistellung gemäß Art. 81 Abs. 3 EGV

Aus diesem zuvor geschilderten Grund bedarf es bezügliche der horizontalen Vereinbarungen oder der abgestimmten Verhaltensweisen, die gerade zwischen den nachfragenden Unternehmen im Rahmen von Internet-Marktplätzen auftreten,[864] einer Einzelfreistellung gemäß Art. 81 Abs. 3 EGV.
Als wichtigste Voraussetzung muß die horizontale Vereinbarung oder abgestimmte Verhaltensweise der Verbesserung der Warenerzeugung dienen. Dies bedeutet, daß mit dem Kartell im Einzelfall tatsächlich spürbare objektive Vorteile für die Verbraucher gegeben sein müssen, die die mit dem Kartell verbundenen Nachteile überwiegen.[865] Hierbei handelt es sich um eine Art Rationalisierungswirkung.[866] Grundsätzlich ist es im Rahmen von Einkaufskooperationen ausreichend, wenn objektive Vorteile in der Form auftreten, daß Kosten, egal ob beim Einkauf oder beim Transport, eingespart werden[867], so daß auch horizontale Vereinbarungen oder abgestimmte Verhaltensweisen zwischen nachfragenden Unternehmen, die den gemeinsamen Einkauf über einen Internet-Marktplatz betreffen, das Tatbestandsmerkmal der „Verbesserung der Warenerzeugung oder –verteilung" erfüllen können.
Als problematisch erweist sich aber dennoch die Beteiligung von Großunternehmen, wie es bei Internet-Marktplätzen häufig der Fall ist[868]. Denn dadurch wird die marktbeeinflussende Wirkung des koordinierten Einkaufsverhaltens wesentlich verstärkt.[869] Somit muß im Rahmen von Internet-Marktplätzen genau untersucht werden, in welchem Verhältnis die dadurch verursachte marktbeeinflussende Wirkung zu den tatsächlich spürbaren Vorteilen für die Verbraucher stehen. Die Vorteile des gemeinsamen Einkaufs müssen die durch die Beteiligung von Großunternehmen marktbeeinflussenden Wirkungen überwiegen.

Weiterhin müssen die Verbraucher durch reduzierte Preise an dem Gewinn der Kartellmitglieder angemessen beteiligt werden.[870] Diesbezüglich sind allerdings im Rahmen des gemeinsamen Einkaufs über eine Internetplattform keine Besonderheiten im Vergleich zu den „normalen" Einkaufsbündelungen zu beachten.

Probleme ergeben sich jedoch dann, wenn den beteiligten Unternehmen Beschränkungen auferlegt werden, die für die Verwirklichung dieser Ziele nicht unerläßlich sind (Art. 81 Abs. 3 lit. a EGV). Bei Internet-Marktplätzen entsteht dieses Problem vor allem dann, wenn mehrere Nutzer ein rechtlich selbständiges Gemeinschaftsunternehmen gründen, das für den jeweiligen

---

[863] Siehe hierzu Seite 104.
[864] Siehe nähere Erläuterungen zum Vorliegen einer abgestimmten Verhaltensweise Seite 134.
[865] EuG, Slg. 1995 II, 1533/1597ff. „Langnese-Iglo"; Slg. 1995 II, 1611/1662ff. „Schöller".
[866] Emmerich, Seite 423; Sauter in Immenga/Mestmäcker, EG-Wettbewerbsrecht, Art. 85 Abs. 3, Rdn. C 3.
[867] Horizontale Leitlinien (Fn.3) Tz.132; Sauter in Immenga/Mestmäcker, EG-Wettbewerbsrecht, Art. 85 Abs. 3, Rdn. C 9; Schröter in von der Groeben/Thiesing/Ehlermann, Art. 85 Abs. 3, Rdn.301.
[868] Vgl. Covisint (Handelsplattform von Daimler Crysler AG, Ford Motor Company, General Motors Corporation und Renault/Nissan), Elemica (Handelsplattform von BASF, Bayer, Atofina, BP Amoco, Dow, DuPont, Celanese, Ciba) oder CPG Market.com (Handelsplattform von Nestlé und Danone).
[869] So Sauter in Immenga/Mestmäcker, EG-Wettbewerbsrecht, Art. 85 Abs. 3, Rdn. C 17.
[870] Siehe nähere Erläuterungen zur Verbraucherbeteiligung Seite 106.

Einkauf zuständig ist. Bei dieser Form der Organisation und Beteiligung eines Internet-Marktplatzes vereinbaren die beteiligten Unternehmen häufig untereinander, daß eine zeitliche begrenzte Mindestbezugsmenge der Gründungsgesellschafter über den Internet-Marktplatz besteht. Derartige Vereinbarungen dienen der Sicherung des Gemeinschaftsunternehmens während der Anlaufphase. Besonders beachtet werden muß somit in diesem Zusammenhang, daß es sich hierbei in einem gewissen Umfang um eine notwendige oder immanente Nebenabrede handelt, die in gewissem Maße, also in einem begrenzten zeitliche Rahmen, zulässig ist.[871]
Folglich ist eine zeitlich begrenzte Mindestbezugmenge bei der Gründung eines Internet-Marktplatzes in der Form eines Gemeinschaftsunternehmen zu deren Sicherung in der Anlaufphase zulässig.

Als letzte Voraussetzung einer Einzelfreistellung nach Art. 81 Abs. 3 EGV ist nach lit. b zu beachten, daß den beteiligten Unternehmen keine Möglichkeiten eröffnet werden soll, einen Ausschluß des Wettbewerbs zu verursachen. Diesbezüglich muß sowohl der Innen- als auch der Außenwettbewerb berücksichtigt werden. Gerade bei der Beurteilung des Außenwettbewerbs kommt es auf die Marktstruktur und die Marktanteile der beteiligten Unternehmen an.[872] Auch diesbezüglich muß besonders erwähnt werden, daß an vielen Internet-Marktplätzen, zumindest an den rechtlich selbständigen Gemeinschaftsunternehmen, häufig Großunternehmen beteiligt sind[873], was wiederum dazu führt, daß schnell von den beteiligten Unternehmen Marktanteile erreicht werden, die zumindest im Rahmen des Ausschluß des Wettbewerbs als kritisch angesehen werden. Dies kann dann dazu führen, daß es nicht zu einer Einzelfreistellung nach Art. 81 Abs. 3 EGV kommt. Auch wird es zu einer Beschränkung des Nachfragewettbewerbs zwischen den beteiligten nachfragenden Unternehmen kommen, so daß eine Beschränkung des Innenwettbewerbs vorliegt.

Aus den dargestellten Problemen einer Einzelfreistellung bei Nachfragebündelungen über eine Internetplattform wird ersichtlich, daß es gerade dann bezüglich der Freistellung zu Problemen kommt, wenn Großunternehmen über diese Plattform gemeinsam einkaufen oder sogar an der Plattform in Form eines Gemeinschaftsunternehmens beteiligt sind. Folglich müssen gerade bei der Beteiligung von Großunternehmen die Vor- und Nachteil der horizontalen Vereinbarungen und die damit verbundene Einschränkung des Wettbewerbs (Innen- und Außenwettbewerb) im jeweiligen Einzelfall gegeneinander abgewogen werden.
Grundsätzlichen spricht jedoch nichts gegen eine Einzelfreistellung der im Rahmen von Internet-Marktplätzen getroffenen horizontalen Vereinbarungen über einen gemeinsamen Einkauf, solange nicht eine zeitlich unbegrenzte Bezugsverpflichtung vereinbart worden ist.

---

[871] So zumindest in der Bekanntmachung der Kommission über Nebenabreden zu Zusammenschlüssen nach der Verordnung (EWG) Nr. 4064/89 des Rates v. 21.12.1989 über die Kontrolle von Unternehmenszusammenschlüssen, ABl. der EG 1989 Nr. L 395 Seite 1ff.; berichtigte Fassung ABl. der EG 1990 Nr. L 257, Seite 13ff.
[872] Müller- Graff in Hailbronner/Klein/Müller-Graff/Magiera, Art. 85, Rdn.173; Sauter in Immenga/Mestmäcker, EG-Wettbewerbsrecht, Art. 85 Abs. 3, Rdn. C 28; auch Horizontale Leitlinien (Fn.3) Tz.134.
[873] Vgl. Covisint (Handelsplattform von Daimler Crysler AG, Ford Motor Company, General Motors Corporation und Renault/Nissan), Elemica (Handelsplattform von BASF, Bayer, Atofina, BP Amoco, Dow, DuPont, Celanese, Ciba) oder CPG Market.com (Handelsplattform von Nestlé und Danone).

4. Mißbrauch einer marktbeherrschenden Stellung gemäß Art. 82 EGV

Beim Mißbrauch einer marktbeherrschenden Stellung gemäß Art. 82 EGV muß auch hier, wie im Rahmen des § 19 GWB, in bestimmten Konstellationen zwischen verschiedenen Unternehmen unterschieden werden. Dies ist dann der Fall, wenn die nachfragenden Unternehmen nicht auch gleichzeitig Gründungsgesellschafter des hinter der Internetplattform stehenden Gemeinschaftsunternehmens sind.[874]
Auf die Nachfrager eines B2C-Marktplatzes findet auch Art. 82 EGV keine Anwendung, da es sich nicht um Unternehmen im Sinne des Art. 82 EGV handelt.

a) Relevanter Markt

Zur Bestimmung der marktbeherrschenden Stellung bedarf es wieder der Bestimmung des relevanten Marktes. Besonders zu beachten ist aber auch hier, daß zwei Märkte zu trennen sind, auf denen eine marktbeherrschende Stellung durch das Gemeinschaftsunternehmen auftreten kann: Der Dienstleistungsmarkt des Gemeinschaftsunternehmens und die Beschaffungs- oder Absatzmärkte der Mitgliedsunternehmen.[875] Grundsätzlich sind auch hier die Besonderheiten des Internetmarktes bei den Beschaffungsmärkten der Mitgliedsunternehmen zu beachten.[876].

b) Beherrschende Stellung

Eine marktbeherrschende Stellung eines Unternehmens ist anzunehmen, wenn es aufgrund seiner Machtposition in der Lage ist, wirksamen Wettbewerb auf dem relevanten Markt zu verhindern, weil es sich gegenüber seinen Wettbewerbern, seinen Handelspartnern und seinen Verbrauchern autonom verhalten kann.[877]
Als problematisch erweist sich hier besonders die Beurteilung, ob eine marktbeherrschende Stellung der Nachfrager (Nutzer des Internet-Marktplatzes) vorliegt, weil zum einen Nachfragebündelungen über eine Internet-Plattform häufig nur eine kurze Lebensdauer haben.[878] Das führt dazu, daß eine gewisse Marktmacht von diesen virtuellen Unternehmen nur für eine kurze Zeit auf dem Markt gegeben ist und in den überwiegenden Fällen sofort nach dem Tätigen des gemeinsamen Einkaufs wieder verschwindet. Dies trifft jedoch nur auf die ad hoc anbietergesteuerte Nachfragebündelung zu, die sich nur für den einmaligen Abschluß eines Kaufvertrages zusammenschließt und danach in der Form nicht mehr weiter besteht.
Zum anderen muß gerade im Bereich der marktbeherrschenden Stellung der Nachfrager beachtete werden, daß in den anbietergesteuerten Nachfragebündelungen die Initiative von den Anbietern, also den Internet-Marktplätzen selbst ausgeht. Dies hat dann wiederum zur Folge, daß es gerade nicht zu einer Verhinderung des wirksamen Wettbewerb auf dem relevanten Markt kommt, weil sie sich weder gegenüber ihren Wettbewerbern noch ihren Handelspartnern autonom verhalten können.

---

874 Nähere Erläuterungen hierzu siehe Seite 151.
875 Köhler, K & R 2000, 569/571; Ahlborn/Seeliger, EuZW 2001, 552/554.
876 Näherer Erläuterungen zur Bestimmung des relevanten Marktes siehe Seite 136.
877 EuGH, Slg. 1980, 3775/3793 „L'Oréal"; Slg. 1979, 461/520 „Hoffmann-La Roche/Vitamine"; Dirksen in Langen/Bunte, Art. 82, Rdn.9, 12, 13.
878 Ensthaler/Gesmann-Nuissl, BB 2000, 2265/2270.

Bei der Beurteilung, ob auf dem B2B-Dienstleistungs-Markt eine marktbeherrschende Stellung vorliegt, ist zu berücksichtigen, daß jeden Tag neue B2B-Marktplätze gegründet werden[879], so daß es schwierig sein wird, hier eine marktbeherrschende Stellung zu erreichen. Weiterhin ist auch hier zu beachten, daß die marktbeherrschende Stellung eines Internet-Marktplatzes hinsichtlich seiner Dienstleistung auch davon abhängig ist, wie viele potentielle Nachfrager diese Website nutzen.[880]

c) Mißbräuchliche Ausnutzung

Eine mißbräuchliche Ausnutzung der marktbeherrschenden Stellung liegt unter anderem jedoch erst vor, wenn eine unmittelbare oder mittelbare Erzwingung von unangemessenen Einkaufs- oder Verkaufspreisen oder sonstigen Geschäftsbedingungen gegeben ist. Tritt das marktbeherrschende Unternehmen als Nachfrager auf, wie es bei Einkaufskooperationen der Fall ist, so kann die Unangemessenheit in der Erzwingung besonders niedriger Einkaufspreise[881] oder besonders günstiger Konditionen liegen. Diese Erzwingung von unangemessen niedrigen Einkaufspreisen kann zum einen zwischen dem Internet-Marktplatz und den Herstellern auftreten und zum anderen zwischen marktbeherrschenden Nachfragern und dem jeweiligen Internet-Marktplatz. Die zuletzt genannte Konstellation wird allerdings dann nicht relevant, wenn es sich um eine anbietergesteuerte Nachfragebündelung handelt, weil dann die Preise gegenüber der Internetplattform nicht von den Nachfragern erzwungen werden, sondern diese ihre Preise selbst bestimmen. Hinzu kommt dann noch, daß Art. 82 S.2 lit. a EGV dem Schutz der Handelpartner dient, die bei einer anbietergesteuerten Nachfragebündelung nicht gefährdet sind.

Art. 82 S.2 lit. b EGV nennt weiterhin als mißbräuchliches Verhalten die Einschränkung der Erzeugung oder des Absatzes zum Schaden der Verbraucher. Hiervon ist dann auszugehen, wenn die nachfragenden Unternehmen gegenüber dem Internet-Marktplatz einer gewissen Bezugspflicht unterliegen. Dies führt sowohl zu einer Einschränkung der Nachfrager als auch zu einer Einschränkung der anderen Lieferanten, weil die Nachfrager nicht selbständig und frei ihre Vertragspartner aussuchen können.[882]
Fraglich ist aber, wie es zu beurteilen ist, wenn bei der Gründung eines Gemeinschaftsunternehmens die Gründungsgesellschafter einer zeitlich befristeten Bezugsverpflichtung unterworfen sind, die der Sicherung des Unternehmens in der Anfangsphase dient. Auch eine zeitlich befristete Bezugsbindung der Gründungsgesellschafter an ein marktbeherrschendes Gemeinschaftsunternehmens führt zu einer Gefährdung eines wirksamen Wettbewerbs, wenn die Bezugspflicht von einem marktbeherrschenden Unternehmen ausgeht und stellt somit auch einen Behinderungsmißbrauch i.S.d. Art. 82 S.2 lit. b EGV dar. Allerdings ist diesbezüglich zu erwähnen, daß in den wenigsten Fällen ein Internet-Marktplatz in der Anfangsphase, in der es einer Bezugsverpflichtung zur Sicherung des Unternehmens bedarf, schon eine marktbeherrschende Stellung eingenommen hat. Folglich ist eine zeitlich befristete Bezugspflicht nicht mehr zulässig, wenn der Internet-Marktplatz ein marktbeherrschendes Unternehmen darstellt.

---

[879] Siehe hierzu B2B-Marktplätze in Deutschland, Berlecon Research, Berlin Juli 2000; FTIT, Beilage zur London Financial Times vom 18.10.2000, Seite 1.
[880] Siehe hierzu bereits unter § 19 GWB Seite 154.
[881] Vgl. EuGH, Slg. 1985, 1105/1123 (Nr. 22) „CICCE".
[882] Ausführlichere Beschreibung siehe Seite 117.

5. Zusammenschlußkontrolle[883]

Unter die Zusammenschlußkontrolle gemäß der FKVO fallen nicht nur Fusionen, sondern auch Gründungen von Gemeinschaftsunternehmen.[884]

In den überwiegenden Fällen von Einkaufsbündelungen über Internet-Marktplätze oder in der Form eines Internet-Marktplatzes, ist nicht von einer Fusion auszugehen. Der Grund dafür liegt darin, daß eine Fusion bedeutet, daß die beteiligten Unternehmen auf Dauer ihre Aktiva und Passiva zusammenbringen und ein solcher Zusammenschluß dem mit der Kooperation verfolgten Ziel meistens entgegensteht[885]. Im Rahmen der Nachfragebündelung kann als zusätzliches Argument, was gegen eine Fusion spricht, noch angeführt werden, daß es sich häufig nur um eine zeitlich befristete Kooperation und nicht um eine endgültige Fusion handelt.

Allerdings wird in vielen Fällen ein Gemeinschaftsunternehmen gegründet, daß dann auch anhand der FKVO überprüft werden kann. Die FKVO gelangt jedoch nur dann zur Anwendung, wenn es sich um konzentrative oder um ein kooperatives Vollfunktionsgemeinschaftsunternehmen handelt. Bei den Internet-Marktplätzen handelt es sich in den meisten Fällen um ein kooperatives Teilfunktionsgemeinschaftsunternehmen, so daß die Vorschriften der FKVO nicht zur Anwendung gelangen.[886] Eine Kontrolle anhand der FKVO findet im Rahmen von Internet-Marktplätzen dann statt, wenn es sich um eine kooperatives Gemeinschaftsunternehmen handelt. Dies wird bei Internet-Marktplätzen in den überwiegenden Fällen nicht so sein, da es immer nur um den gemeinsam Einkauf geht.

Nach Art. 2 Abs. 3 FKVO muß der Zusammenschluß eine beherrschende Stellung im Sinne des Art. 82 EGV begründen oder verstärken und gerade durch die Begründung oder Verstärkung der beherrschenden Stellung muß wirksamer Wettbewerb im Gemeinsamen Markt oder in einem wesentlichen Teil desselben erheblich behindert werden. Der Begriff der beherrschenden Stellung wird hier ebenso wie in Art. 82 EGV interpretiert[887], so daß diesbezüglich auf die Ausführungen im Rahmen des Art. 82 EGV verwiesen werden kann.[888]

Entscheidend für die Bestimmung der marktbeherrschenden Stellung ist wiederum der relevante Markt. Auch in diesem Bereich sind bei der Bestimmung des relevanten Marktes zwei verschieden Märkte zu trennen: der Dienstleistungs- und der Produktmarkt.

Bei der Bestimmung der Marktbeherrschung auf dem Markt für B2B-Dienstleistungen ist zusätzlich zu beachten, daß bei der Prüfung von Art. 2 lit. b FKVO auch „die Entwicklung des wirtschaftlichen und technischen Fortschritts" zu berücksichtigen sein wird. Folglich findet in diesem Zusammenhang die Tatsache besondere Beachtung, daß durch die immer mehr zunehmenden B2B-Marktplätze[889], jede weitere Gründung solch eines Unternehmens in Form eines Gemeinschaftsunternehmens nicht automatisch zu einer Marktbeherrschung auf diesem Gebiet führt[890]. Damit es allein durch die Gründung eines Gemeinschaftsunternehmens zu einer marktbeherrschenden Stellung kommt, müssen noch zusätzliche Faktoren eine Rolle spie-

---

[883] Köhler, K & R 2000, 569/571.

[884] Zur Anwendbarkeit der FKVO Seite 119.

[885] Siehe hierzu Seite 119.

[886] Siehe hierzu die näheren Erläuterungen bei der Anwendbarkeit von Art. 81 EGV auf Gemeinschaftsunternehmen Seite 162.

[887] Siehe oben: beherrschende Stellung Seite 112.

[888] Siehe zur marktbeherrschende Stellung i.S.d. Art. 82 EGV Seite 171.

[889] Nähere Erläuterungen hierzu siehe Seite 154f.

[890] Köhler, K & R 2000, 569/571.

len. Diesbezüglich läßt sich vor allem der Punkt anführen, daß die marktbeherrschende Stellung eines Internet-Marktplatzes vor allem von den potentiellen Nachfragern abhängig ist, die sich regelmäßig auf der Website informieren und somit jederzeit hierüber ihre Produkte beziehen können und auch wollen.

6. Ergebnis (europäisches Kartellrecht)

Das europäische Kartellrecht findet keine Anwendung auf die Einkaufsbündelungen im privaten Bereich (B2C), weil hier immer das Vorliegen eines Unternehmens vorausgesetzt wird.

Auch das europäische Kartellrecht gelangt im Rahmen von Internet-Marktplätzen zur Anwendung. Die Besonderheit der elektronischen Marktplätze, die mit Hilfe des Internets entstehen und funktionieren, ist gerade darin zu sehen, daß sie überall auf der Welt vereinbart werden können und regelmäßig grenzüberschreitend ausgerichtet sind. Gerade diese grenzüberschreitende Ausrichtung führt dazu, daß Unternehmen weltweit über diese Internetplattform einkaufen können. Somit können sich die daraus ergebenden Kartelle auch weltweit auswirken, so auch außerhalb der Mitgliedstaaten. Das europäische Kartellrecht gelangt zur Anwendung, wenn eine Auswirkung der Einkaufsbündelung über das Internet innerhalb der Gemeinschaft stattfindet, unabhängig davon, wo diese Einkaufsbündelung mit Hilfe des Internets ins Leben gerufen worden ist.

Handelt es sich bei dem Internet-Marktplatz um ein von den nachfragenden Unternehmen gegründetes Gemeinschaftsunternehmen, so wird es sich um ein kooperatives Teilfunktionsgemeinschaftsunternehmen oder ein kooperatives Vollfunktionsgemeinschaftsunternehmen handeln, die beide anhand des Art. 81 EGV zu überprüfen sind. Ein konzentratives Gemeinschaftsunternehmen ist mit dem Ziel einer Einkaufsbündelung nicht vereinbar.
Überprüft man die Einkaufsbündelungen über das Internet anhand der Leitlinien zur Anwendbarkeit von Art. 81 EGV auf horizontale und vertikale Vereinbarungen, so gelangt Art. 81 Abs. 1 EGV nur zur Anwendung, wenn die an der Vereinbarung beteiligten Unternehmen entweder Wettbewerber sind oder erhebliche Marktmacht besitzen. Die Unternehmen werden jedoch nicht als untereinander im Wettbewerb stehend angesehen, wenn sie nicht auf dem selben nachgeordneten relevanten Markt tätig sind. In diesem Zusammenhang ist besonders zu beachten, daß an den Internet-Marktplätzen häufig große Unternehmen beteiligt sind. Diese Beteiligungen führen dann zu einer erheblichen Marktmacht. Handelt es sich dagegen um eine anbietergesteuerte Einkaufsbündelung, so liegt keine Nachfragemacht vor, mit der die Preise unter das Wettbewerbsniveau gedrückt werden.
Gelangt man trotz der Horizontalen Leitlinien zur Anwendung des Art. 81 Abs.1 EGV, weil man grundsätzlich die Beachtung der Leitlinien verneint oder weil diese trotzdem zur Anwendung des Art. 81 Abs. 1 EGV führen, so gelangt man zur Annahme einer Wettbewerbsbeschränkung, soweit es um die Festsetzung von Ankaufspreisen geht. Auch das Vorliegen einer Bezugspflicht führt zu einer Wettbewerbsbeschränkung, wobei bei Einkaufsbündelungen über das Internet dies selten der Fall sein wird. Dies geschieht nur bei der Gründung von Gemeinschaftsunternehmen. Diesbezüglich sind jedoch zeitlich begrenzte Mindestbezugsmengen, die der Sicherung des Gemeinschaftsunternehmens während der Anlaufphase dienen, zulässig.
Schwierigkeiten bei der Beurteilung der Spürbarkeit der Wettbewerbsbeschränkung treten dadurch auf, daß der Spürbarkeitsnachweis entscheidend von der Marktposition der Unternehmenskooperation abhängt und diese wiederum von der Dauer und der Intensität der Unternehmensverbindung. Und gerade diese Kriterien sind bei virtuellen Unternehmenskooperatio-

nen schwierig zu beurteilen, da es sich häufig nur um zeitlich befristete Kooperationen handelt. Teilweise geht es sogar soweit, daß sich die Unternehmen nur für einen einzigen Einkauf als Kooperation zusammenschließen und sich die Kooperation danach sofort wieder auflöst. Des weiteren ergeben sich Probleme bei dem Spürbarkeitsmerkmal daraus, wenn es sich um anbietergesteuerte Einkaufsbündelungen handelt, da in diesem Fall kein Preisdruck auf die Anbieter ausgeübt wird. Selbst wenn man zur Annahme einer Wettbewerbsbeschränkung kommt, wird diese kaum spürbar sein. Handelt es sich bei der Nachfragebündelung über das Internet um eine einmalige und spontane ad-hoc Kooperation, so kann dies weiterhin dazu führen, daß trotz eines Marktanteils von über 5% eine Spürbarkeit zu verneinen ist.

Trotz eines Verstoßes gegen das Kartellverbot des Art. 81 Abs. 1 EGV kann es zu einer Freistellung nach Art. 81 Abs. 3 EGV kommen. Da es keine GFVO gibt, die Einkaufskooperationen in ihrer Gesamtheit erfassen, muß diesbezüglich zwischen den horizontalen und den vertikalen Vereinbarungen unterschieden werden. Die vertikalen Vereinbarungen (Bezugsverpflichtungen und Preisvereinbarungen) zwischen den nachfragenden Unternehmen und den Anbietern bzw. dem hinter dem Internet-Marktplatz stehenden Unternehmen können nach der GFVO Nr. 2790/1999 freigestellt werden.
Eine Freistellung der horizontalen Vereinbarungen über eine GFVO findet nicht statt und kann folglich nur über eine Einzelfreistellung nach Art. 81 Abs. 3 EGV stattfinden. Für das Vorliegen tatsächlich spürbarer objektiver Vorteile für die Verbraucher ist es ausreichend, wenn Kosten, egal ob beim Einkauf oder beim Transport, eingespart werden. Da es im Rahmen des gemeinsamen Einkaufs über einen Internet-Marktplatz häufig zur Beteiligung von Großunternehmen kommt, muß bei diesem Tatbestandsmerkmal besonders beachtet werden, daß die Vorteile des gemeinsamen Einkaufs die durch die Beteiligung von Großunternehmen marktbeeinflussenden Wirkungen überwiegen müssen. Werden den Unternehmen jedoch Beschränkungen auferlegt, die für die Verwirklichung der Ziele nicht unerläßlich sind, so findet keine Einzelfreistellung statt. Bei der Vereinbarung einer zeitlich begrenzten Mindestbezugmenge der Gründungsgesellschafter im Rahmen von Gemeinschaftsunternehmen handelt es sich allerdings um eine notwendige oder immanente Nebenabrede, die der Sicherung des Gemeinschaftsunternehmens in der Anlaufphase dient und somit für zulässig erachtet werden muß.
Aufgrund der Beteiligung von Großunternehmen, gerade im Bereich der Gründung von Gemeinschaftsunternehmen, werden schnell Marktanteile erreicht, die zu einem Ausschluß des Innen- und Außenwettbewerbs führen können.
Aus dem dargestellten Problem einer Einzelfreistellung bei Nachfragebündelungen über eine Internetplattform wird ersichtlich, daß es gerade dann bezüglich der Freistellung zu Problemen kommt, wenn Großunternehmen über diese Plattform gemeinsam einkaufen oder sogar an der Plattform in Form eines Gemeinschaftsunternehmens beteiligt sind. Folglich müssen gerade bei der Beteiligung von Großunternehmen die Vor- und Nachteil der horizontalen Vereinbarungen und die damit verbundene Einschränkung des Wettbewerbs (Innen- und Außenwettbewerb) gegeneinander abgewogen werden. Grundsätzlich spricht jedoch nichts gegen eine Einzelfreistellung der im Rahmen von Internet-Marktplätzen getroffenen horizontalen Vereinbarungen über einen gemeinsamen Einkauf, solange nicht eine zeitlich unbegrenzte Bezugsverpflichtung vereinbart worden ist.

Beim Mißbrauch einer marktbeherrschenden Stellung gemäß Art. 82 EGV muß auch hier, wie im Rahmen des § 19 GWB, in bestimmten Konstellationen zwischen verschiedenen Unternehmen unterschieden werden. Dies ist dann der Fall, wenn die nachfragenden Unternehmen

nicht auch gleichzeitig Gründungsgesellschafter des hinter der Internetplattform stehenden Gemeinschaftsunternehmens sind. Bei der Bestimmung des relevanten Marktes ist auf die Ausführungen zu § 19 GWB zu verweisen, da sich im Vergleich hierzu keine Besonderheiten ergeben.
Liegt eine anbietergesteuerte Einkaufsbündelung vor, so handelt es sich, wenn man zu der Annahme einer marktbeherrschenden Stellung gelangt, zumindest nicht um eine mißbräuchliche Ausnutzung dieser Stellung, da es von Seiten der nachfragenden Unternehmen nicht zu einer Erzwingung der Preise kommt, sondern die Anbieter diese selbst bestimmen und vorgeben. Die Handelspartner sind bei einer anbietergesteuerten Nachfragebündelung nicht gefährdet.
Die Einschränkung der Erzeugung oder des Absatzes zum Schaden der Verbraucher führt auch bei befristeten Bezugsverpflichtungen, wie sie in der Anlaufphase eines Gemeinschaftsunternehmens den Gründungsgesellschafter häufig auferlegt werden, zu einer Gefährdung eines wirksamen Wettbewerbs, und stellt somit einen Behinderungsmißbrauch nach Art. 82 S.2 lit. b EGV dar. Allerdings wird es in den seltensten Fällen dazu kommen, daß die hinter dem Internet-Marktplatz stehenden Unternehmen in ihrer Anlaufphase schon eine marktbeherrschende Stellung inne haben.

Internet-Marktplätze in Form von Gemeinschaftsunternehmen werden nur dann anhand der FKVO überprüft, wenn es sich bei ihnen um ein kooperatives Vollfunktionsgemeinschaftsunternehmen handelt. Von einem kooperativen Vollfunktionsunternehmen ist auszugehen, wenn das Gemeinschaftsunternehmen auf Dauer alle Funktionen einer selbständigen wirtschaftlichen Einheit erfüllt. Dies wird bei Internet-Marktplätzen in den überwiegenden Fällen nicht so sein, da es immer nur um den gemeinsam Einkauf geht.

B. Bündelung der Stromnachfrage

Dieser Teil der Arbeit befaßt sich mit der Einkaufsbündelung in der Stromnachfrage. Die Bündelung der Stromnachfrage hat bereits kurze Zeit nach der Aufhebung der Gebietsmonopole im Energieversorgungsbereich[891] große Bedeutung erlangt. Die Elektrizitätsversorgungsunternehmen sehen sich zunehmend mit Anfragen der verschiedensten Kundenvereinigungen konfrontiert, die im Hinblick auf ihre gebündelte Nachfrage Strompreisreduzierung erreichen wollen.

Indes wirft die „Kundenbündelung" eine Fülle spezieller rechtlicher Fragen auf. Soweit ersichtlich, ist die Nachfragebündelung unter rechtlichen Gesichtspunkten bislang nicht oder nur am Rande untersucht worden. Insbesondere die kartellrechtliche Zulässigkeit erscheint problematisch und soll daher in dieser Arbeit erläutert werden. Dabei ist zunächst festzustellen, daß der gemeinsame Einkauf mit dem Ziel der Verbesserung der Einkaufskonditionen an sich nichts neues ist, sich aber bei der Bündelung der Stromnachfrage ganz spezielle Probleme ergeben, die unter anderem durch die besonderen Eigenschaften des Strommarktes hervorgerufen werden.

I. Allgemeine Beschreibung

Die Bündelung der Stromnachfrage ist in unterschiedlichen Konstellationen vorzufinden, wobei allen Konstellationen gemein ist, daß sie das Ziel verfolgen, eine Strompreisreduzierung herbeizuführen. Diese Strompreisreduzierung erfolgt immer in der Art und Weise, daß die Nachfrage mehrerer Abnehmer gebündelt wird. Dies bringt nicht nur Vorteile für die Abnehmer, sondern auch für die Anbieter (Stromlieferanten), weil sie nur einen großen und nicht mehrere kleine Aufträge bearbeiten müssen.

Die Erscheinungsformen von Einkaufskooperationen im Strombereichbereich reichen von reinen Arbeitsgemeinschaften über Kooperationen ohne und mit gesellschaftsrechtlicher Organisationsform bis hin zu horizontalen Zusammenschlüssen in Form von Gemeinschaftsunternehmen.[892]

1. Akteure der Nachfragebündelung

Durch die Liberalisierung der Strommärkte haben sich auch die Rahmenbedingungen auf diesen Märkten geändert, indem neue Akteure tätig geworden sind. Hierbei handelt es sich insbesondere um Stromhändler[893] und Strommakler[894], wobei in diesem Zusammenhang nicht die Nachfragebündelung zu vernachlässigen ist, die von den Abnehmern ausgeht. Um eine Übersicht über die verschiedenen Konstellationen der Nachfragebündelung zu bekommen, soll zunächst auf die verschiedenen Akteure des gemeinsamen Einkaufs eingegangen werden:

---

[891] Seit dem Inkrafttreten des Gesetzes zur Neuregelung des Energiewirtschaftsgesetzes am 29.4.1998, BGBl. I 1998, Seite 730.

[892] Kühne, RdE 1998, 41/44.

[893] Auch Marketer oder Trader genannt.

[894] Wird auch unter der Bezeichnung Broker geführt.

Ein Stromhändler zeichnet sich dadurch aus, daß er Strom auf eigene Rechnung kauft und verkauft.[895] Durch die Liberalisierung der Energiemärkte treten auf unseren Märkten zum einen auch ausländische Stromhändler auf, die in den USA, in Großbritannien oder in Skandinavien bereits im Stromhandel tätig sind und zum anderen auch speziell für den Stromhandel zuständige Tochterunternehmen von bekannten Energieversorgern.[896] In diesem Fall werden zwischen den Abnehmern und den Stromhändlern Verträge über die Stromabnahme geschlossen.
Fraglich ist, ob in diesem Fall auch eine Bündelung der Nachfrage stattfindet, um bessere Konditionen zu erhalten. Die Nachfragebündelung ist darin zu sehen, daß der Stromhändler für alle Abnehmer gemeinsam den Strom auf eigene Rechnung bezieht und dadurch günstigere Konditionen erhält. Diese Konditionen werden dann aber nur zu einem gewissen Teil an die Abnehmer weitergegeben, so daß der Stromhändler seinen Gewinn aus der Differenz zwischen Einkauf und Weiterverkauf erlangt.[897] Allerdings muß er einen Teil des erlangten Mengennachlasses auch an seine Kunden (Abnehmer) weitergeben, da ansonsten für diese kein Anreiz gegeben ist, ihren Strom bei einem Stromhändler zu beziehen.

Neben den Stromhändlern gibt es auf den Energiemärkten Strommakler. Diese kaufen und verkaufen nicht auf eigene Rechnung Strom, sondern werden lediglich als sogenannte Vermittler tätig: Vermittlung von Stromlieferungsverträgen zwischen den Stromanbietern und den Stromnachfragern.[898] Der Strommakler ist somit zu keinem Zeitpunkt im „Besitz" des gehandelten Stromes. Anders als der Stromhändler erwirtschaftet er seinen Gewinn nicht dadurch, daß er den Strom zu einem höheren Preis weiterverkauft als er ihn eingekauft hat, sondern er arbeitet für seinen jeweiligen Auftraggeber und erhält von diesem eine Provision für seine Vermittlungstätigkeit. Die Höhe dieser Provision hängt von der vermittelten Strommenge und dem dabei ausgehandelten Preisnachlaß ab.[899]
Besonders häufig wird diese Vermittlung in der Form gehandhabt, daß die Strommakler den Strombedarf der einzelnen Auftraggeber zusammenfassen, also eine typische Form der Nachfragebündelung, und dann für diese Auftraggeber einen gemeinsam Stromlieferanten suchen, der besonders günstige Konditionen bietet.[900] Jedoch werden dann Stromlieferungsverträge zwischen dem Stromlieferanten und jedem einzelnen Auftraggeber bzw. Abnehmer geschlossen.[901] Während des Zeitraums der Verhandlungsphase bleiben Nachfrager und Anbieter häufig anonym, so daß eine gewisse Ähnlichkeit zu einer Energiebörse gegeben ist.[902]
Das Gesetz weist, anders als im Rahmen der Stromhändler, weder im Energiewirtschaftsgesetz noch in der Binnenmarktrichtlinie Elektrizität[903] eine besondere Regelungen über Strom-

[895] Ellwanger/Dudenhausen, ET 1998, 501; Schulte-Beckhausen, RdE 1999, 51/54.
[896] Schulte-Beckhausen, RdE 1999, 51/54.
[897] Herrmann/Dick, BB 2000, 885/886
[898] Herrmann/Dick, Die Bündelung der Stromnachfrage als kartell- und energierechtliches Problem, Seite 18; Herrmann/Dick, BB 2000, 885/885.
[899] Ellwanger/Dudenhausen, ET 1998, 501; Schulte-Beckhausen, RdE 1999, 51/55.
[900] Herrmann/Dick, Die Bündelung der Stromnachfrage als kartell- und energierechtliches Problem, Seite 18.
[901] Herrmann/Dick, BB 2000, 885/885; Herrmann/Dick, Die Bündelung der Stromnachfrage als kartell- und energierechtliches Problem, Seite 18.
[902] Schulte-Beckhausen, RdE 1999, 51/55.
[903] Binnenmarktrichtlinie Elektrizität, Richtlinie 96/92/EG, ABl. der EG 1997 Nr. L 27 Seite 20-29.

makler auf. Findet das deutsche Recht auf die Verträge mit den Strommaklern Anwendung, so gelten die allgemeinen Regeln der §§ 652ff. BGB über den Maklervertrag.[904]

Diese soeben dargestellten Akteure der Nachfragebündelung können auf verschiedene Weise tätig werden. In der einen Konstellation geht die Initiative von den Stromhändlern und den Strommaklern aus (Fremdinitiative) und in der anderen Konstellation ergreifen die Abnehmer die Initiative (Eigeninitiative).[905]
Geht die Initiative von den Stromhändlern und den Strommaklern aus, d.h., daß diese ohne einen schon konkret bestehenden Auftrag am Markt gegründet worden sind, so handelt es sich um Unternehmen, die sich aufgrund der Liberalisierung der Märkte gegründet haben und auf Unternehmensgewinn ausgerichtet sind. Es besteht in diesen Fällen kein Unterschied zu Unternehmen aus anderen Bereichen der Wirtschaft.

Anders sieht es dagegen aus, wenn die Initiative von den Nachfragern (Stromabnehmer) ausgeht. In diesem Fall wenden sich die Abnehmer nicht an die schon am Markt tätigen Stromhändler und Strommakler, sondern ergreifen selbst die Initiative zur Bündelung der Stromnachfrage, indem sie sich selbständig für den gemeinsamen Einkauf zusammenschließen. Auch in dieser Konstellation gibt es zwei verschiedene Möglichkeiten, wie dieser Zusammenschluß tätig werden kann. Entweder kauft diese Kooperation den Strom auf eigene Rechnung an, um ihn dann an die einzelnen Mitglieder weiterzuverkaufen, wobei es sich in diesem Fall um eine Art Stromhändler handelt. Der Stromhändler wird von den jeweiligen Nachfragern gegründet und somit dann auch ausschließlich für diese tätig. Der Stromhändler strebt in diesem Fall keinen Gewinn an.
Oder die Kooperation wird nur als Vermittler zwischen Lieferant und den einzelnen Abnehmern tätig. Diese besondere Art des Strommaklers wird von den Stromnachfragern selbst gegründet, damit der Strommakler ohne Gebühr und ohne Provision Stromlieferverträge zwischen den Abnehmern und den Stromlieferanten vermittelt. Auch der Strommakler strebt in diesem Fall keinen Gewinn an.

Der wesentliche Unterschied dieser beiden dargestellten Konstellationen liegt jedoch nicht in dem Punkt, daß von den Nachfragern oder den Strommaklern bzw. den Stromhändlern die Initiative ausgeht, sondern darin, daß bei der Fremdinitiative von den Strommaklern und Stromhändlern eine eigene Gewinnerzielung angestrebt wird, während die Zielsetzung bei der Eigeninitiative der Nachfrager gerade darin liegt, daß die gegründete Kooperation keinen Gewinn erzielt. Vielmehr sollen die besonders günstigen Konditionen auf die dahinter stehenden Nachfrager übertragen werden. Insofern handelt es sich auch hierbei um Strommakler bzw. Stromhändler aber ohne Gewinnerzielungsabsicht.

2. Einkaufsbündelung von Stromnachfragern

Der auf Grund der Nachfragebündelung bezogene Strom kann, unabhängig von der Bezugskonstellation, entweder weiterveräußert werden (Stromverteiler) oder von den Abnehmern

[904] So auch Schulte-Beckhausen, RdE 1999, 51/55; Herrmann/Dick, Die Bündelung der Stromnachfrage als kartell- und energierechtliches Problem, Seite 18; Herrmann/Dick, BB 2000, 885/885.
[905] Hierbei handelt es sich um die gleichen Erscheinungsformen wie im Bereich der Einkaufsbündelung über das Internet: auch hier gibt es die beiden verschiedenen Konstellationen in denen die Initiative entweder von den Nachfragern oder aber von den hinter den Internetplattformen stehenden Unternehmen ausgeht.

verbraucht werden (Endabnehmer). Bei einer genaueren Beschreibung und bei der kartellrechtlichen Beurteilung muß zwischen Einkaufskooperationen von Stromverteilern und Einkaufskooperationen von Endabnehmern unterschieden werden.

a) Einkaufsbündelung von Stromverteilern (Energieversorgungsunternehmen)

Unter dem Begriff der Energieversorgungsunternehmen versteht man gemäß § 2 Abs. 3 EnWG (Gesetz über Elektrizitäts- und Gasversorgung)[906] „alle Unternehmen und Betriebe, die andere mit Energie versorgen oder ein Netz für die allgemeine Versorgung betreiben". Danach gibt es zwei Arten von Energieversorgungsunternehmen im Sinne des EnWG[907]: Entweder es werden andere mit Energie versorgt oder es wird ein Netz für die allgemeine Versorgung betrieben.
Energieversorgungsunternehmen werden auf verschiedenen Marktstufen tätig: überregionale Verbundunternehmen, regionale Stromversorgungsunternehmen und lokale Verteilerunternehmen (insbesondere Stadtwerke).

Fraglich ist, ob auch der Stromhändler und der Strommakler als Energieversorgungsunternehmen anzusehen sind. Der Strommakler vermittelt lediglich den Abschluß von Stromlieferungsverträgen, so daß die eigentliche Versorgung mit Strom vielmehr zwischen den Parteien der Stromlieferungsverträge stattfindet und der Strommakler somit nicht als „Energieversorger im Sinne des EnWG[908] angesehen werden kann. Anders sieht es dagegen bei der Beurteilung des Stromhändlers aus. Der Stromhändler kauft und verkauft Strom auf eigene Rechnung, so daß in diesem Fall von einer Versorgung anderer Abnehmer mit Strom ausgegangen werden kann.[909]
Nicht um ein Energieversorgungsunternehmen im Sinne des EnWG[910] handelt es sich allerdings dann, wenn die Nachfragebündelung in Form eine GbR organisiert ist und nur dazu dient, die jeweiligen Gesellschafter mit Strom zu versorgen.[911] Das Tatbestandmerkmal der „Versorgung anderer" ist in diesem Fall nicht erfüllt.

Künftig ist es möglich, daß sich mehrere Energieversorgungsunternehmen, die bisher einzeln ihren Strom von ein und demselben oder aber von verschiedenen großen Stromanbietern bezogen haben, zu einer Einkaufskooperation zusammenschließen.
Dies ist beispielsweise dann der Fall, wenn sich mehrere Stadtwerke zusammenschließen, um ihren jeweiligen Strombedarf gemeinsam bei einem großen Stromanbieter (höhere Marktstufe) im In- oder Ausland zu decken. Diese Form der Nachfragebündelung wird besonders dann auftreten, wenn die Energieversorgungsunternehmen selbst auch einer Nachfragebündelung von Endabnehmern ausgesetzt sind.

---

[906] Vom 28. April 1998, BGBl. I 1998, Seite 730.
[907] Vom 28. April 1998, BGBl. I 1998, Seite 730.
[908] Vom 28. April 1998, BGBl. I 1998, Seite 730.
[909] So auch Herrmann/Dick, BB 2000, 885/887.
[910] Vom 28. April 1998, BGBl. I 1998, Seite 730.
[911] Herrmann/Dick, BB 2000, 885/887.

b) Einkaufsbündelung von Endabnehmern

Auch bei Endabnehmern ist es möglich, daß sie ihren Einkauf gemeinsam tätigen, um aufgrund der gebündelten Nachfrage bessere Konditionen bei den Energieversorgungsunternehmen zu bekommen. Von Endabnehmern ist auszugehen, wenn nicht wie bei den Energieversorgungsunternehmen andere Abnehmer mit Strom versorgt werden, sondern wenn es um die eigene Versorgung geht und der Strom nicht weiterveräußert wird.
Bei Endabnehmern ist zwischen Sonderabnehmern und Privaten zu unterscheiden. Von Sonderabnehmern ist auszugehen, wenn mit diesen Sonderverträge abgeschlossen werden. Hierbei handelt es sich um Stromlieferungsverträge, die die Stromversorgung der Kunden außerhalb der allgemeinen Anschluß- und Versorgungspflicht nach § 10 Abs. 1 Satz 1 EnWG[912] regeln. Der Abschluß dieser Sonderverträge kann sich entweder aus dem Standort des Kunden oder aus einer Strombelieferung nach Sonderbedingungen ergeben. Besonderheiten aus dem Standort des Kunden ergeben sich, wenn es sich um Kunden aus „fremden Versorgungsgebieten" handelt. Handelt es sich dagegen um einen Kunden aus dem „eigenen Versorgungsgebiet" des Energieversorgungsunternehmens, so kann der Kunde Sonderbedingungen erlangen, wenn er viel elektrische Energie benötigt und regelmäßig nicht aus dem Niederspannungs-, sondern aus dem Mittel- oder Hochspannungsnetz versorgt werden muß[913] (Industriekunden wie zum Beispiel Hüttenwerke oder Aluminiumhersteller).
Auch private Endverbraucher können sich in der Form zusammenschließen, daß sie gemeinsam Strom für die gesamte Straße oder ein Stadtviertel oder einen Ort einkaufen, um günstigere Konditionen zu erzielen.
Bei der kartellrechtlichen Beurteilung der Nachfragebündelung von Endabnehmern ist zwischen Sonderabnehmern und Privaten zu unterscheiden.

Weiterhin noch nicht geklärt ist nun, wie der Strommakler einzuordnen ist. Fraglich ist, ob es sich bei diesem auch um einen Endabnehmer handelt, nachdem er, wie bereits zuvor erläutert, als Energieversorgungsunternehmen ausscheidet. Von einem Endabnehmer ist dann auszugehen, wenn die erworbene elektrische Energie nicht mehr weiterveräußert wird, sondern zum eigenen Verbrauch erworben wird. Da der Strommakler jedoch nur eine Vermittlertätigkeit wahrnimmt und selbst keinen Strom bezieht, ist er nicht als Endabnehmer zu qualifizieren. Folglich ist der Strommakler keiner der zuvor aufgeführten Gruppen zuzuordnen.
Anders sieht es dagegen bei der bereits erwähnten Nachfragebündelung in Form einer GbR aus, die nur dazu dient, die jeweiligen Gesellschafter mit Strom zu versorgen. Hierbei handelt es sich um Endverbraucher.

II. Beurteilung nach deutschem Kartellrecht

1. Anwendbarkeit des deutschen Kartellrechts

Die Frage, ob beim gemeinsamen Stromeinkauf in Form einer Nachfragebündelung das deutsche Kartellrecht zur Anwendung gelangt, richtet sich nach dem Auswirkungsprinzip: Anwendbar ist stets das Kartellrecht des Ortes, an dem sich die Wettbewerbsbeschränkung auswirkt. Das bedeutet, daß bei Auswirkungen auf den deutschen Markt das deutsche Kartellrecht

[912] Vom 28. April 1998, BGBl. I 1998, Seite 730.
[913] Böwing/Rosin, ET 2000, 74/74.

gemäß § 130 Abs. 2 GWB gilt, selbst wenn die Wettbewerbsbeschränkung im Ausland vorgenommen wird. Das bedeutet für Einkaufsbündelungen im Strombereichbereich, daß sie auch dann unter das deutsche Kartellrecht fallen, wenn sie im Ausland vorgenommen werden, sich aber auf den deutschen Markt auswirken.

2. Kartellverbot gemäß § 1 GWB

a) Tatbestandsvoraussetzungen des Kartellverbots

(1) Unternehmen

Bei der Beurteilung, ob ein Unternehmen i.S.d. § 1 GWB vorliegt, muß zwischen Einkaufsbündelungen von Haushaltskunden, Einkaufsbündelungen von Sonderabnehmer (Industriekunden) und Energieversorgungsunternehmen unterschieden werden.
Nach dem funktionalen Unternehmensbegriff[914] scheiden Einkaufsbündelungen von Haushaltskunden aus dem Anwendungsbereich des § 1 GWB aus. Der Grund dafür liegt darin, daß Haushaltskunden nicht die erforderliche Unternehmenseigenschaft besitzen, weil sie ausschließlich elektrische Energie für den privaten Verbrauch beziehen und durch den Unternehmensbegriff gerade der „private Haushalt" aus dem Anwendungsbereich des § 1 GWB ausgegrenzt werden soll.[915] Folglich sind private Endverbraucher nicht Adressat des Kartellverbots gemäß § 1 GWB.
Anders sieht es dagegen mit der Erfüllung des Unternehmensbegriffs i.S.d. § 1 GWB bei Sonderabnehmern (Industriekunden), Energieversorgungsunternehmen und Strommaklern aus. Auch bei Sonderabnehmern handelt es sich um Endverbraucher, jedoch betrifft hier der Stromeinkauf nicht den privaten Haushalt, sondern den Unternehmensbereich, so daß dies keinen Einfluß auf die Überprüfung anhand des Kartellverbots nimmt. Der Anwendungsbereich umfaßt natürliche und juristische Personen, die sich als Anbieter oder Nachfrager von Waren oder Leistungen gegen Entgelt am Wirtschaftsleben beteiligen.[916] Aus diesem Grund werden grundsätzlich sowohl die Sonderabnehmer als auch die Energieversorgungsunternehmen, worunter auch die Stromhändler fallen, vom Unternehmensbegriff des § 1 GWB erfaßt. Der Strommakler bietet zwar nicht die „Ware" Strom an, da er nur vermittelnd zwischen Lieferant und Abnehmer tätig wird, aber er bietet die Leistung „Vermittlung" an, so daß auch er unter den Unternehmensbegriff des § 1 GWB fällt.

(2) Vereinbarung

Vereinbarungen zwischen miteinander im Wettbewerb stehenden Unternehmen können im Rahmen der Bündelung der Stromnachfrage, wie bereits zuvor teilweise erläutert, in verschiedenen Konstellationen auftreten. In diesem Zusammenhang muß vor allem unterschieden werden, ob es sich bei den Akteuren der Nachfragebündelung, d.h. von denjenigen von denen die Initiative ausgeht, um Stromhändler, Strommakler oder die Abnehmer selbst handelt.

[914] Siehe dazu den Unternehmensbegriff § 1 GWB Seite 9f.
[915] Siehe zur Abgrenzung des Unternehmensbegriff zum privaten Verbrauch Seite 9f.
[916] BGH v. 26.10.1961, WuW/E BGH 442/449f. „Gummistrümpfe"; Stockmann in Wiedemann Handbuch des Kartellrechts, § 7, Rdn.43; Bunte In Langen/Bunte, § 1, Rdn.12ff.

(a) Stromhändler

Der Stromhändler kauft für alle Abnehmer, die über ihn ihren Strom beziehen, gemeinsam ein, um besonders günstige Konditionen zu erhalten.[917] In diesem Fall werden zwischen den Abnehmern und den Stromhändlern Verträge über die Stromabnahme geschlossen. Fraglich ist nun, zwischen welchen Unternehmen in diesem Fall eine Vereinbarung über den gemeinsamen Einkauf vorliegt.
Grundsätzlich findet in dieser Konstellation die Nachfragebündelung selbst zwischen den Abnehmern statt, unabhängig davon, ob es sich um Energieversorgungsunternehmen oder um Endverbraucher handelt. Allerdings ist zu berücksichtigen, daß die Initiative nicht von den Abnehmern, sondern von den jeweiligen Stromhändlern ausgeht, die ihren Gewinn dann aus der Differenz zwischen Einkauf- und Weiterverkaufspreis erzielen. Dies führt dazu, daß auch die Stromhändler grundsätzlich die Bündelung der Stromnachfrage in ihrer Person vollziehen. Eine Vereinbarung zwischen den nachfragenden Unternehmen, die den gemeinsamen Einkauf regelt, ist aus diesem Grund nicht gegeben.

Aber auch in dieser Konstellation kann es sich, ähnlich wie bei dem gemeinsamen Einkauf über das Internet um sogenannte Sternverträge handeln[918]: Eine Vielzahl von Unternehmen schließen gleichlautende vertikale Verträge mit ein und demselben Vertragspartner, wobei diesen vertikalen Verträgen eine horizontale Abstimmung zwischen den jeweiligen einzelnen Unternehmen zugrunde liegen muß. Bei dem Stromeinkauf über einen Stromhändler schließen eine Vielzahl einzelner Unternehmen jeweils einen Stromlieferungsvertrag mit dem selben Stromhändler ab, so daß mehrer vertikale Verträge parallel nebeneinander bestehen. Fraglich ist jedoch, ob diesen vertikalen Verträgen eine horizontale Abstimmung zugrund liegt. Von einer Abstimmung ist dann auszugehen, wenn Unternehmen ihr Marktverhalten einverständlich aufeinander ausrichten und voneinander abhängig machen, ohne sich dem Partner gegenüber dazu zu verpflichten.[919] Diese Abstimmung kann durch jede Fühlungnahme zwischen den Unternehmen stattfinden, unabhängig davon auf welchem Weg und mit welchen Mitteln dies geschieht.
Allerdings ergibt sich in diesem Zusammenhang das gleiche Problem wie im Rahmen des gemeinsamen Einkaufs über eine Internetplattform: Es findet keine direkte Fühlungnahme zwischen den Stromnachfragern statt. Die einzelnen Stromnachfrager, also die jeweiligen Vertragspartner des Stromhändlers, nehmen untereinander keinen direkten Kontakt auf, sondern schließen ausschließlich einen Stromlieferungsvertrag mit dem Stromhändler, der dann den Bedarf der einzelnen Nachfrager bündelt. In den überwiegenden Fällen herrscht somit Anonymität zwischen den nachfragenden Unternehmen.

Folglich ist auch in dieser Fallgestaltung eine Abstimmung über Dritte in Betracht zu ziehen. Grundsätzlich beruht eine Abstimmung darauf, daß sich die beteiligten Unternehmen selbst abstimmen. Es können jedoch auch Dritte eingeschaltet werden, so daß von einem „Abgestimmt-werden“ auszugehen ist. Die Fühlungnahme zwischen den Stromnachfragern stellt sich in der Form dar, daß jedes einzelne Unternehmen dadurch, daß es einen Stromlieferungsvertrag mit dem Stromhändler abschließt auch gleichzeitig in dem Bewußtsein handelt, daß dieser Stromhändler durch die Abnahme von größeren Strommengen bessere Konditionen er-

---

[917] Schulte-Beckhausen, RdE 1999, 51/54.
[918] Nähere Ausführungen dazu siehe Sternverträge Seite 132.
[919] Siehe nähere Erläuterungen: Seite 134.

langt und aus diesem Grund die Nachfrage mehrerer Unternehmen bündelt. Diese Konditionen gibt er dann teilweise an die nachfragenden Unternehmen weiter. Diese günstigen Konditionen werden somit nur dadurch erlangt, daß der einzelne Bedarf mehrerer Unternehmen in der Form des Stromhändlers gebündelt wird. Fraglich ist jedoch ob diese getrennt voneinander geschlossenen Stromlieferungsverträge ausreichend sind, um aufgrund dessen eine Abstimmung zwischen den Nachfragern über einen Dritten anzunehmen. Nicht unter den Begriff der abgestimmten Verhaltensweise fällt eine Abstimmung über Dritte nämlich dann, wenn die Initiative alleine von dem Dritten ausgeht.[920] In diesem Fall liegt keine Abstimmung zwischen den beteiligten Unternehmen vor, sondern allenfalls eine Empfehlung des Dritten an die jeweiligen Unternehmen.

In den geschilderten Fällen, in denen die Initiative für den Stromeinkauf grundsätzlich nicht von den Nachfragern, sondern von dem Stromhändler ausgeht, ist zum einen zu beachten, daß trotzdem eine gewisse Initiative auch bei den Nachfragern vorliegen muß, da es ansonsten nicht zu den Nachfragebündelungen kommt und zum anderen, daß die Nachfrager nicht nur ein gleichförmiges Verhalten aufweisen, das voneinander unabhängig ist, sondern, daß es in dem Maße voneinander abhängig ist, daß sie nur günstigere Preise erzielen, wenn sie gerade bewußt zusammenwirken. Der gemeinsame Einkauf beruht nicht auf der alleinigen Initiative des Stromhändlers. In der vorliegend geschilderten Situation des gemeinsamen Einkaufs über einen Stromhändler, von dem die jeweilige Initiative ausgeht, ist zusätzlich noch einmal deutlich zu machen, daß auch die Nachfrager ihren Teil zu der Bündelung der Stromnachfrage beitragen. Würden sich diese nicht bereiterklären über den Stromhändler ihren Strom zu beziehen, weil dieser besonders günstige Konditionen erlangt, wäre eine Bündelung der Stromnachfrage auf diesem Weg nicht möglich. Folglich ist von einer Abstimmung über Dritte, in diesem Fall den Stromhändler auszugehen, so daß man in dieser Konstellation zu der Annahme sogenannter Sternverträge kommt.

(b) Strommakler

Wird dagegen ein Strommakler tätig, von dem auch die Initiative ausgeht, so wird diese Vermittlung in der Form gehandhabt, daß die Strommakler den Strombedarf der einzelnen Auftraggeber zusammenfassen, also eine typische Form der Nachfragebündelung, und dann für diese Auftraggeber gemeinsam einen Stromlieferanten suchen, der besonders günstige Konditionen bietet.[921] Jedoch werden dann Stromlieferungsverträge zwischen dem Stromlieferanten und jedem einzelnen Auftraggeber bzw. Abnehmer geschlossen.[922]
Allerdings ist nur dann von einer Bündelung der Stromnachfrage auszugehen, wenn der Strommakler auch wirklich den Bedarf der Nachfrager zusammenfaßt und die nachfragenden Unternehmen auch bewußt ihren Strom über einen Strommakler beziehen, damit dieser aufgrund einer Nachfragebündelung besonders günstige Preise erzielt.
Auch bei dieser Konstellation der Nachfragebündelung stellt sich das Problem, das sich die stromnachfragenden Unternehmen nicht kennen. Somit liegt auch diesbezüglich keine Ver-

---

[920] Roth in Frankfurter Kommentar, § 25, Rdn.13; OLG Stuttgart v. 26.10. 1984, WuW/E OLG 3332/3333 „Familienzeitschrift"; Benisch in Gemeinschaftskommentar, § 25 Abs. 1, Rdn.8; Belke in ZHR 139, 51/94ff.
[921] Herrmann/Dick, Die Bündelung der Stromnachfrage als kartell- und energierechtliches Problem, Seite 18.
[922] Herrmann/Dick, BB 2000, 885/885; Herrmann/Dick, Die Bündelung der Stromnachfrage als kartell- und energierechtliches Problem, Seite 18.

einbarung der nachfragenden Unternehmen über den gemeinsamen Stromeinkauf vor. Jedoch liegt in dieser Konstellation auch ein sogenannter Sternvertrag vor. Der Grund dafür liegt darin, daß jedes einzelne nachfragende Unternehmen zwar nicht mit dem Strommakler einen Stromlieferungsvertrag abschließt, sondern nur einen vom Strommakler vermittelten besonders günstigen Stromlieferungsvertrag mit einem Stromlieferanten. Aber gerade dadurch handelt es sich wieder um eine Vielzahl paralleler Vertikalverträge. Aber auch diesen Vertikalverträgen muß wiederum eine Abstimmung zwischen den nachfragenden Stromunternehmen, also den im Wettbewerb stehenden Nachfragern zu Grunde liegen. Auch hier findet die Abstimmung zwischen den stromnachfragenden Unternehmen über einen Dritten wie beim Stromhändler statt. Voraussetzung für die Annahme eine Abstimmung zwischen den nachfragenden Unternehmen über den Strommakler ist jedoch, daß die nachfragenden Unternehmen auch bewußt ihren Strom über einen Strommakler beziehen, damit dieser aufgrund einer Nachfragebündelung besonders günstige Preise erzielt. Ansonsten fehlt es an einem gegenseitigen Kontakt in Form von unmittelbarer oder mittelbarer Fühlungnahme.

(c) Initiative der Abnehmer

Anders als bei den zuvor geschilderten Konstellationen gibt es auch die Möglichkeit, daß die Initiative ausschließlich von den stromnachfragenden Unternehmen ausgeht. Wobei auch in diesen Konstellationen teilweise Stromhändler oder Strommakler eingeschaltet werden, die dann aber von den Nachfragern gegründet worden sind.[923] In dieser Konstellation liegt jedoch, anders als in den zuvor beschriebenen Konstellationen eine Vereinbarung zwischen den Abnehmern vor, und dies unabhängig davon, ob sie selbst tätig werden oder einen Strommakler oder Stromhändler mit der Bündelung der Stromnachfrage beauftragen.

(3) Zwischen miteinander im Wettbewerb stehenden Unternehmen

Jedoch verbietet § 1 GWB nur zwischen miteinander im Wettbewerb stehenden Unternehmen geschlossene Vereinbarungen, also nur die sogenannten horizontalen Vereinbarungen und abgestimmten Verhaltensweisen und nicht die vertikalen. Die vertikalen Wettbewerbsbeschränkungen sind somit überwiegend aus dem Anwendungsbereich des § 1 GWB herausgenommen. Unternehmen stehen dann miteinander im Wettbewerb, wenn zwischen ihnen ein Wettbewerbsverhältnis besteht.

(a) Wettbewerbsverhältnis

Von einem Wettbewerbsverhältnis zwischen den Unternehmen ist dann auszugehen, wenn sie auf dem gleichen sachlich, räumlich und zeitlich relevanten Markt tätig sind.

Die sachliche Marktabgrenzung[924] bei dem Absatz von Strom in Deutschland stellt keinen einheitlichen Markt dar[925], sondern es ist zum einen auf der Ebene der Energieversorgungsunternehmen zwischen überregionalen Verbundunternehmen (VU), regionalen Stromversor-

[923] Siehe hierzu die genauere Beschreibung der Akteure Seite 179ff.
[924] BKartA, v. 3.7.2000, WuW/E DE-V 301/304f. „RWE/VEW“.
[925] Böwing/Rosin, ET 2000, 249/251.

gungsunternehmen (REVU) und lokalen Verteilerunternehmen (insbesondere Stadtwerke) zu unterscheiden und zum anderen auf der Ebene der Endverbraucher zwischen Sonderabnehmern und Tarifabnehmern[926]. Darüber hinaus muß im Bereich der Endverbraucher zwischen den verschiedenen Spannungsebenen Niederspannung, Mittelspannung und Hochspannung unterschieden werden.[927] Die Bestimmung des sachlich relevanten Marktes ist somit davon abhängig, auf welcher Marktstufe die Nachfragebündelung stattfindet.

Auch die Bestimmung des räumlich relevanten Marktes erweist sich als problematisch. Die Versorgung der industriellen und privaten Endabnehmer von Elektrizität war in den Mitgliedstaaten über lange Zeit von monopolistischen Strukturen und einer innerstaatlichen Marktaufteilung geprägt. Nach dem Wegfall der Gebietsmonopole hat eine Erweiterung des räumlich relevanten Marktes stattgefunden, denn aufgrund des neuen EnWG[928] bestehen zumindest theoretisch allgemeine Durchleitungsmöglichkeiten, so daß jeder Kunde in Europa erreichbar ist.
Aus diesem Grund stellt sich die Frage, ob nicht das Gebiet der gesamten Bundesrepublik Deutschland oder das gesamte Gebiet der EU als räumlich relevanter Markt zu Grunde gelegt werden muß. Aufgrund der Verabschiedung der Richtlinie für Strom (96/92/EG) begann die Liberalisierung des Strommarktes. Die wichtigsten Ziele der europäischen Liberalisierungspolitik sind die Einführung von Wettbewerb und die Schaffung eines Gemeinsamen Marktes.[929] In Deutschland wurde die Stromrichtlinie durch das Energiewirtschaftsgesetz in nationales Recht umgesetzt. Allerdings verpflichtet die Binnenmarktrichtlinie die Mitglieder nicht zu einer sofortigen und vollständigen Öffnung ihrer Elektrizitätsmärkte, sondern erlaubt ihnen ein schrittweises und damit strukturschonendes Vorgehen.[930] Aus diesem Grund sind in einigen Mitgliedstaaten die Elektrizitätsmärkte noch nicht vollständig geöffnet.[931]
Viel anders sieht es aber auch nicht aus, wenn man den Elektrizitätsmarkt in der Bundesrepublik betrachtet. In der Bundesrepublik werden zwar theoretisch alle Abnehmer von der Marktliberalisierung erfaßt, aber in der Praxis ist dies nicht der Fall. Der Grund dafür liegt zum einen darin, daß die Durchleitungsanträge schleppend bearbeitet werden und sich die Durchleitung noch keiner Akzeptanz erfreut. Und zum anderen liegt der Grund darin, daß bei der Abgrenzung des räumlich relevanten Nachfragemarktes es noch weiterhin auf die Transportfähigkeit und die Transportkosten des jeweiligen Produktes ankommt.[932] So wird die Bestimmung des räumlich relevanten Marktes gerade im Energiebereich durch technisch-betriebswirtschaftliche Daten und Durchleitungsentgelte beeinflußt. So scheint es zum momentanen Zeitpunkt noch sehr problematisch, Einkaufskooperationen zu schließen, die sich über die gesamte Bundesrepublik verteilen. Folglich wird es weiterhin noch so sein, daß der räumlich relevante Markt überwiegend nur das Gebiet erfaßt, das der jeweilige Anbieter mit einem eigenen Netz erschlossen hat.

[926] Böwing/Rosin, ET 2000, 249/251.
[927] Böwing/Rosin, ET 2000, 249/251.
[928] Vom 28. April 1998, BGBl. I 1998, Seite 730.
[929] Schnichels, EuZW 2001, 545.
[930] Klemm, EuZW 2000, 69/70; Schnichels, EuZW 2001, 545.
[931] Vgl. Schulte-Beckhausen, RdE 1999, 51/52; Schnichels, EuZW 2001, 545; so auch Böge, Liberalisierung der Energiemärkte, Seite 2f.
[932] Krimhove in Gemeinschaftskommentart, § 5 c, Rdn.116.

In diesem Sinne hat auch das Bundeskartellamt im neusten Beschluß folgende Ausführungen gemacht:[933]

> „Die Beschlußabteilung hat die sachlich [räumlich][934] relevanten Strommärkte bisher in ständiger Praxis regional nach der Reichweite des Netzes und des damit verbundenen Versorgungsgebietes eines Energieversorgungsunternehmens (EVU) abgegrenzt. Dies beruhte auf dem Umstand, daß die Unternehmen infolge ihres Eigentums an den jeweils eigenen Versorgungsleitungen keinem Wettbewerb ausgesetzt waren. [...] Diese vom BGH noch 1997 bestätigte Abgrenzung[935] ist durch die Neuregelung des Energiewirtschaftsrechts und des damit verbundenen Wegfalls geschlossener Versorgungsgebiete nicht obsolet geworden. Zwar hat im Strombereich aufgrund des dort mit § 6 Abs. 1 EnWG[936] geschaffenen gesetzlichen Anspruchs auf Zugang zu den Leitungsnetzen Dritter und infolge einer ersten „Vereinbarung über Kriterien zur Bestimmung von Durchleitungsentgelten" zwischen [...] ein gewisser Durchleitungswettbewerb eingesetzt, doch hat dieser Durchleitungswettbewerb aufgrund noch vorhandener technischer Schwierigkeiten, hoher und entfernungsabhängiger Durchleitungsentgelte sowie schleppender Bearbeitung von Durchleitungsanträgen bisher nicht die Intensität erreicht, die es erlaubt hätte, die durch das Leitungsnetz des Gebietsversorgers vorgegebene räumliche Marktabgrenzung aufzugeben."

Die zeitliche Marktabgrenzung ist vorliegend unproblematisch, da der Bedarf an Elektrizität durchgehend, also ganzjährig, besteht.

Eine Besonderheit ergibt sich indes bei der Bestimmung des räumlich relevanten Marktes für Stadtwerke. Für das Bestehen eines räumlichen Wettbewerbsverhältnisses ist grundsätzlich ein potentieller Wettbewerb ausreichend. Dies führt hinsichtlich der Stadtwerke zu dem Umstand, daß selbst für den Fall, daß der räumlich relevante Markt der Stadtwerke nicht identisch ist bzw. nicht einmal aneinander angrenzt, sondern es sich um sogenannte Inselversorgung handelt, im Wege der Durchleitung ein Wettbewerb nach den §§ 5ff. EnWG festgestellt werden kann.[937]

Allerdings muß in diesem Zusammenhang erwähnt werden, daß gerade im Bereich der Energieversorgungsunternehmen (EVU), der Strommarkt von vier großen überregionalen EVU (RWE, Eon, Energie Baden Württemberg und Vattenfall Europe[938]) dominiert wird.[939] Diese EVU sind wiederum an kleineren EVU beteiligt (zum Beispiel VEW, HEW, BEWAG, VEAG), so daß diese nicht als unabhängige Wettbewerber betrachtet werden können.[940] An dieser Marktstruktur wir deutlich, daß bei Zusammenschlüssen in Form von Einkaufskoopera-

---

[933] BKartA, v. 3.7.2000, WuW/E DE-V 301/305 „REW/VEW".
[934] Hierbei handelt es sich um einen Redaktionsfehler, da sich der gesamte Abschnitt Tz. 78 auf die Bestimmung des räumlich relevanten Marktes und nicht auf die Bestimmung des sachlich relevanten Marktes bezieht.
[935] BGH v. 15.7.1997, WuW/E DE-R 24/27 „Stromversorgung Aggertal"; BGH v. 15.7.1997, WuW/E DE-R 32/33 „Stadtwerke Garbsen".
[936] Vom 28. April 1998, BGBl. I 1998, Seite 730.
[937] Salje, ET 1999, 625/626.
[938] Zusammenschluß am 21.08.2002.
[939] XIII. Hauptgutachten der Monopolkommission 1998/1999, BT-Drucks. 14/4002, Seite 68f.
[940] XIII. Hauptgutachten der Monopolkommission 1998/1999, BT-Drucks. 14/4002, Seite 68f.

tionen gerade im Bereich der EVU in den überwiegenden Fällen keine Vereinbarung oder abgestimmte Verhaltensweise zwischen „miteinander im Wettbewerb stehenden Unternehmen" gegeben ist, da Unternehmen dann nicht untereinander im Wettbewerb stehen, wenn das eine Unternehmen an dem anderen Unternehmen in irgendeiner Form beteiligt ist.

(b) Sternverträge

Probleme bei dem Tatbestandsmerkmal „miteinander im Wettbewerb stehen" gibt es allerdings beim Vorliegen der sogenannten Sternverträge. Wie bereits oben näher erläutert, liegt die Konstellation der Sternverträge vor, wenn Stromhändler[941] oder Strommakler[942] auf eigene Initiative hin tätig werden und nicht erst von den Abnehmern gegründet werden.
Die Vertikalvereinbarungen zwischen dem jeweils nachfragenden Unternehmen und dem Stromlieferanten erfüllen nur dann das Tatbestandmerkmal „miteinander im Wettbewerb stehen", wenn man bei diesem Tatbestandsmerkmal auf die horizontale Abstimmung zwischen den Nachfragern abstellt.[943]

(4) Wettbewerbsbeschränkung durch die Vereinbarung

(a) Allgemein

Durch den gemeinsamen Stromeinkauf in Form von Nachfragebündelung findet eine Wettbewerbsbeschränkung zwischen den beteiligten Unternehmen statt, indem die einzelnen Abnehmer untereinander nicht mehr um die besten Konditionen für den Stromeinkauf konkurrieren. Sie treten gegenüber den Stromlieferanten nur noch als eine Gemeinschaft auf, sei es in der Person des Stromhändlers oder des Strommaklers, die die Konditionen für alle dahinter stehenden Abnehmer einheitlich verhandelt. Diese Konditionen werden dann an die Abnehmer weitergegeben. Eine nur teilweise Weitergabe der erlangten Konditionen findet allerdings beim Tätigwerden von Stromhändlern statt, die aus dieser Differenz ihren Gewinn erzielen.[944]

Alleine die Wettbewerbsbeschränkung zwischen den Vertragsparteien ist jedoch für die Annahme einer Wettbewerbsbeschränkung im Rahmen des § 1 GWB nicht ausreichend. Hinzu kommen muß des weiteren eine Wettbewerbsbeschränkung mit Außenwirkung.
Bei der Beurteilung, ob auch eine wettbewerbsbeschränkende Außenwirkung gegeben ist, muß auch bei der Bündelung der Stromnachfrage möglicherweise unterschieden werden, ob die Initiative von den Abnehmern ausgeht oder aber von dem Strommakler oder dem Stromhändler. Hinsichtlich der Auswirkungen der Initiative auf die Wettbewerbsbeschränkung ist jedoch anzuführen, daß sich dieser Umstand nicht weiter auf die Wettbewerbsbeschränkung auswirkt. Der Grund hierfür liegt darin, daß es gerade auf die Auswirkungen der Vereinbarung oder Abstimmung auf die Lieferanten ankommt, die sich durch die Bündelung der Stromnachfrage einer einheitlichen und mächtigen Nachfragefront gegenübersehen. Es macht aber keinen Unterschied, ob sich die Stromlieferanten einer Nachfragemacht gegenübersehen, die aus

[941] Nähere Erläuterungen zum Stromhändler Seite 183ff.
[942] Hierzu siehe Strommakler Seite 184ff.
[943] Siehe hierzu die bereits oben gemachten Ausführungen im Rahmen des gemeinsamen Einkaufs über das Internet Seite 138.
[944] Herrmann/Dick, BB 2000, 885/886.

einer Fremdgründung, nämlich von Strommaklern oder Stromhändlern, heraus entstanden ist oder die aus einer Eigengründung heraus selbst tätig geworden ist oder jemanden mit den Verhandlungen beauftragt hat.

Das Erfordernis der Außenwirkung ist somit mit dem Auftreten der Abnehmer als Einkaufskooperation erfüllt, indem die Stromlieferanten einer geschlossenen Gemeinschaft von Nachfragern gegenüberstehen und ihnen dadurch die Möglichkeiten genommen werden, zwischen verschiedenen Nachfragern auszuwählen.

(b) Sternvertrag

Beim Tätigwerden von Stromhändlern und Strommaklern, bei denen dann Vertikalvereinbarungen in Form von Sternverträgen gegeben sind, treten in der Hinsicht Probleme auf, daß keine Wettbewerbsbeschränkung zwischen den an der Vereinbarung beteiligten Unternehmen vorliegt. Diesbezüglich kann grundsätzlich auf die Ausführungen im Rahmen des gemeinsamen Einkaufs über eine Internetplattform verwiesen werden.[945] Aus der dort angestellten Gesamtbetrachtung der Sternverträge ist deutlich geworden, daß eine ausschließliche Wettbewerbsbeschränkung zwischen den Wettbewerbern als ausreichende Innenwirkung angesehen werden muß. Folglich liegt auch bei Sternverträgen eine Wettbewerbsbeschränkung mit Innen- und Außenwirkung vor.

(5) Spürbarkeit

Weiterhin bedarf es einer Spürbarkeit der Wettbewerbsbeschränkung. Unter der Spürbarkeit der Wettbewerbsbeschränkung versteht man, daß von ihr konkret feststellbare Veränderungen der relevanten Produktions- oder Marktfaktoren zum Nachteil Dritter ausgehen müssen, wobei in erster Linie an die Verringerung der Alternativen der Marktgegenseite zu denken ist.[946] Diesbezüglich treten keine neuen bzw. anderen Probleme auf, als bei der Beurteilung von „normalen“ Einkaufsbündelungen, so daß auf bereits gemachte Ausführungen[947] verwiesen werden kann.

b) Rechtsfolge

Handelt es sich bei der Vereinbarung über den gemeinsamen Einkauf von Strom um ein unzulässiges Kartell im Sinne des § 1 GWB, so ist diese Vereinbarung nach § 1 GWB i.V.m. § 134 BGB nichtig. Von dieser Nichtigkeit werden jedoch nicht die Stromlieferungsverträge erfaßt, die von den Mitgliedern des Kartells, also von den Mitgliedern einer unzulässigen Stromnachfragebündelung, mit einem Stromanbieter geschlossen worden sind.[948] Diese sogenannten „Folgeverträge“ sind wirksam.

---

[945] Siehe hierzu Seite 143ff.
[946] Emmerich, Seite 43.
[947] Siehe Seite 33ff.
[948] So auch Böwing/Rosin, ET 2000, 74/78.

3. Legalisierungsmöglichkeiten

Auch im Bereich der Einkaufskooperationen für Strom besteht die Möglichkeit einer Legalisierung der Kartellverbote. Gerade im Bereich der Legalisierungsmöglichkeiten treten im Bereich der Bündelung der Stromnachfrage jedoch besondere Probleme auf.

a) Mittelstandskartelle gemäß § 4 Abs. 2 GWB

Nach § 4 Abs. 2 GWB gilt das Kartellverbot nicht für Verträge und Beschlüsse, die den gemeinsamen Einkauf von Waren oder die gemeinsame Beschaffung gewerblicher Leistungen zum Gegenstand haben, ohne einen Bezugszwang für die beteiligten Unternehmen zu begründen, wenn dadurch der Wettbewerb auf dem Markt nicht wesentlich beeinträchtigt wird und der Vertrag oder Beschluß dazu dient, die Wettbewerbsfähigkeit kleiner oder mittlerer Unternehmen zu verbessern. Soweit es um die Tatbestandsmerkmale des „gemeinsamen Einkaufs" und der Zweckrichtung der „Verbesserung der Wettbewerbsfähigkeit kleiner oder mittlerer Unternehmen" geht, dürften die Anwendungsschwierigkeiten zwar nicht über das Maß hinausgehen, welches der Vorschrift generell innewohnt, beispielsweise im Hinblick auf die Bestimmung „kleiner oder mittlerer Unternehmen"[949].

(1) Vereinbarung oder Beschluß

Der gemeinsame Einkauf beruht auf einer Vereinbarung zwischen den nachfragenden Unternehmen, wenn die Initiative für den gemeinsamen Stromeinkauf von den Abnehmern ausgeht. Eine Vereinbarung ist beispielsweise auch dann anzunehmen, wenn eine Vielzahl von nachfragenden Unternehmen ihren Einkauf gemeinsam in eine Gemeinschaftsunternehmen auslagern. In diesen Fällen ist davon auszugehen, daß dieser Gründung des Gemeinschaftsunternehmens eine Vereinbarung zwischen den jeweiligen nachfragenden Stromabnehmern zu Grunde liegt.

Bei der Freistellung von Nachfragebündelungen gemäß § 4 Abs. 2 GWB ergibt sich jedoch das Problem, daß eine Freistellung nicht möglich ist, wenn das Kartellverbot auf einer abgestimmten Verhaltensweise zwischen den beteiligten Unternehmen beruht.[950] Wie bereits oben dargestellt, ist gerade bei Bündelungen der Stromnachfrage über Stromhändler und Strommakler die Konstellation der Sternverträge gegeben, denen eine Abstimmung zu Grund liegt. Fraglich ist, wie es in diesem Zusammenhang zu behandeln ist, daß die Abstimmung eine Grundlage für die zusätzlich bestehenden Vertikalvereinbarungen bildet. Es stellt sich die Frage, ob eine Legalisierung nach § 4 Abs. 2 GWB überhaupt möglich ist. Das besondere an diesen Sternverträgen ist nämlich, daß sie sowohl Eigenschaften von Vereinbarungen als auch Eigenschaften von abgestimmten Verhaltenweisen haben: Es handelt sich um parallele Vertikalverträge, denen eine horizontale Abstimmung zugrunde liegt. Diesbezüglich ist auf die näheren Ausführungen im Rahmen des gemeinsamen Einkaufs über eine Internetplattform zu verweisen.[951] Hiernach besteht im Rahmen des § 4 Abs. 2 GWB die Möglichkeit der Freistellung von Sternverträgen und somit auch der damit in Verbindung stehenden Abstimmung.

---

[949] Vgl. Immenga in Immenga/Mestmäcker, 2.Aufl., § 5 Rdn.39.

[950] Siehe hierzu Seite 37.

[951] Siehe hierzu die näheren Erläuterungen auf Seite 146ff.

(2) Gemeinsamer Einkauf von Waren

Gegenstand der Vereinbarung muß der gemeinsame Einkauf von Waren oder die gemeinsame Beschaffung gewerblicher Leistungen sein. Ob es sich bei dem gemeinsamen Einkauf von Strom um Einkauf von Waren oder um Beschaffung gewerblicher Leistungen handelt, wird unterschiedlich beantwortet. Überwiegend wird darunter der Einkauf von Waren verstanden[952] oder gar nicht erst zwischen Waren und Dienstleistungen getrennt[953]. Letztendlich kann eine Entscheidung in diesem Zusammenhang dahinstehen, weil beide Varianten von § 4 Abs. 2 GWB erfaßt werden.

(3) Kein über den Einzelfall hinausgehender Bezugszwang

Problematisch wird es dagegen bei der Tatbestandsvoraussetzung des „fehlenden Bezugszwangs für die an der Kooperation beteiligten Unternehmen". Als unter dem Gesichtspunkt der Bezugsbindung für Einkaufskooperationen schädlich werden von der herrschenden Praxis und Meinung alle Formen unmittelbarer Bezugsbindung der Anschlußunternehmen einschließlich der Vereinbarung von Mindestabnahmemengen oder Mindestumsatzklauseln sowie mittelbare Bezugsbindungen durch Auferlegung von Nachteilen für nicht über die Gemeinschaft getätigte Umsätze angesehen.[954] Ein Bezugszwang der sich lediglich daraus ergibt, daß der Bezug über die Kooperation tatsächlich günstiger ist als der Alleinbezug (wirtschaftlicher Bezugszwang), ist jedoch irrelevant[955], weil ansonsten erfolgreiche Einkaufskooperationen kartellrechtlich immer unzulässig wären.[956]

Zu untersuchen ist somit, ob angesichts des für die Strom- und Gaswirtschaft typischen technisch-wirtschaftlichen Zusammenhangs zwischen Erzeugung und Beschaffung einerseits und Absatzplanung andererseits ein effektives Funktionieren von Einkaufsbündelungen bei fortbestehender Bezugsfreiheit der Anschlußunternehmen möglich und vorzustellen ist. Den Kooperationsparteien muß weiterhin die Möglichkeit gegeben sein, auch über Dritte ihre Elektrizität zu beziehen. Sie müssen in ihrer Eigenschaft frei und selbständig bleiben.

Der Strombezug erfolgt in den überwiegenden Fällen, gerade aufgrund der soeben genannten Zusammenhänge zwischen Erzeugung und Absatzplanung, im Rahmen eines Dauerschuldverhältnisses,[957] womit immer ein Abnahmezwang über einen längeren Zeitraum verbunden ist. Somit liegt in diesen Fällen grundsätzlich ein Bezugszwang i.S.d. § 4 Abs. 2 GWB vor. Hieran ändert sich auch dadurch nichts, daß das Dauerschuldverhältnis in erster Linie mit der Einkaufskooperation als solcher geschlossen worden ist, da diese dann den Strom an die jeweiligen Mitglieder weiterleitet und den Bezugszwang in den überwiegenden Fällen dann auch an diese weitergibt. Dies geschieht in der Form, daß die Mitglieder der Kooperation sich

---

[952] EuGH, Slg. 1968, 633/642 „Kommission/Italien".

[953] Kommission und Ministerrat hielten beim Erlaß der Binnenmarktrichtlinie Elektrizität (Fn.903) eine scharfe Abgrenzung zwischen den Kategorien Waren und Dienstleistungen nicht für erforderlich und stützten die Richtlinien auf Ermächtigungsgrundlagen, die den freien Austausch von Waren und Dienstleistungen zum Gegenstand haben (Art. 75 Abs. 2 i.V.m. Art. 66 EGV und Art. 100 a EGV).

[954] Vgl. Immenga in Immenga/Mestmäcker, § 4 c, Rdn.113ff.

[955] Nowack, Seite 115; Herrmann/Dick, Bündelung der Stromnachfrage als kartell- und energierechtliches Problem, Seite 33.

[956] Siehe auch Bechtold, § 4, Rdn.6.

[957] BHGZ 81, 90/91; BGHZ 83, 359/362.

verpflichten müssen, von dieser eine gewisse Menge über einen bestimmten Zeitraum hinweg zu beziehen.[958] Entscheidend für die kartellrechtliche Beurteilung ist, ob die Kooperationsmitglieder einem solchen Bezugszwang unterliegen. Dies ist aber nach § 4 Abs. 2 GWB nicht zulässig, so daß bei dem Vorliegen eines solche Bezugszwangs eine Freistellung nach § 4 Abs. 2 GWB grundsätzlich ausscheiden würde. Dies würde dann in den überwiegenden Fällen dazu führen, daß nur eine ad-hoc-Beschaffung von Strom möglich ist.[959]

Es stellt sich aber die Frage, ob es im Rahmen des § 4 Abs. 2 GWB bei Dauerschuldverhältnissen zu einer anderen Beurteilung kommen kann, weil möglicherweise kein „über den Einzelfall hinausgehender Bezugszwang für die beteiligten Unternehmen" durch das Dauerschuldverhältnis begründet wird. Die Grundlage für ein Dauerschuldverhältnis bildet ein Vertrag, wobei dies nicht dazu führen kann, daß „kein über den Einzelfall hinausgehende Bezugszwang" vorliegt. Diese Annahme würde dazu führen, daß selbst der Abschluß eines Stromlieferungsvertrages für die nächsten 10 Jahre in Form eines Dauerschuldverhältnisses nach § 4 Abs. 2 GWB freistellungsfähig wäre. Dies führt zu unsachgerechten Ergebnissen.
Folglich muß man grundsätzlich feststellen, daß § 4 Abs. 2 GWB nicht für Dauerschuldverhältnisse wie Stromlieferungsverträge verfaßt worden ist, da gerade hier das zeitliche Elemente eine entscheidende Rolle einnimmt. Während der gesamten Laufzeit des Dauerschuldverhältnisses ergeben sich Rechte und Pflichten für die Vertragsbeteiligten, besonders ist die kontinuierliche Bezugspflicht des Abnehmers für den gesamten Zeitraum des Dauerschuldverhältnisses zu erwähnen. Dies ist mit dem Begriff des „Einzelfalls" nicht zu vereinbaren, da der eigentliche Sinn und Zweck des Tatbestandsmerkmals „kein Bezugszwang" derjenige ist, daß die unternehmerische Dispositionsfreiheit der Beteiligten der Einkaufsbündelung nicht im Grundsatz beeinträchtigt wird. Es kann nicht sein, daß die Freistellung davon abhängig gemacht, ob es sich um den einmaligen Abschluß eines Dauerschuldverhältnisses handelt oder um eine Vielzahl einzelner Verträge, denn die Wirkung ist die gleiche.
Jedoch kann dies nicht dazu führen, daß § 4 Abs. 2 GWB bei Dauerschuldverhältnissen gar nicht zur Anwendung gelangt. Vielmehr bietet es sich an, dieses Problem über eine zeitliche Begrenzung des Dauerschuldverhältnisses zu lösen. Um in diesem Zusammenhang zu einer angemessenen Behandlung von Dauerschuldverhältnissen zu kommen, muß der Sinn und Zweck dieses Tatbestandsmerkmals beachten werden. Grundsätzlich wird davon ausgegangen, daß erst dann ein über den Einzelfall hinausgehender Bezugszwang vorliegt, wenn es sich um einen generellen Bezugszwang handelt, der den Mitgliedern ihre Dispositionsfreiheit insgesamt und nicht nur in bezug auf eine bestimmte Situation nimmt. Es soll somit eine übermäßige Beschränkung der Bezugsfreiheit der Mitglieder einer Einkaufsbündelung verhindert werden. Überträgt man diese Tatsache auf Dauerschuldverhältnisse, so muß man zu einer Beschränkung der Laufzeit des Dauerschuldverhältnisses kommen, damit der hinter dem Tatbestandmerkmal „ohne einen über den Einzelfall hinausgehenden Bezugszwang" noch seinen Sinn und Zweck erfüllt. Die zeitliche Bindung muß folglich so beschaffen sein, daß sie den Mitgliedern der Einkaufskooperationen eine Dispositionsfreiheit läßt. Je längerfristig die Bindung aufgrund des Dauerschuldverhältnisses ist, desto mehr ist die Flexibilität der Mitglieder der Einkaufskooperation eingeschränkt.[960]

---

[958] Böwing/Rosin, ET 2000, 74/76.
[959] So auch mit Recht für die Stadtwerkkooperationen das Bundeskartellamt, Tätigkeitsbericht des Bundeskartellamts 1997/1998, BT-Drucks. 14/1139, Seite 123.
[960] Tätigkeitsbericht des Bundeskartellamtes 1995/1996, BT-Drucks. 13/7900 Seite 38f.

Aus diesem Grund können Dauerschuldverhältnisse im Rahmen des gemeinsamen Einkaufs von Strom nach § 4 Abs. 2 GWB nur dann freigestellt werden, wenn es sich trotz eines Dauerschuldverhältnisses um einen kurzfristigen Stromlieferungsvertrag handelt. Dies muß sich in der Art und Weise äußern, daß den Mitgliedern nach einem gewissen Zeitraum, der die Dispositionsfreiheit nicht zu sehr einschränkt, die Möglichkeit gegeben wird, sich von diesem Vertrag zu lösen. Folglich müssen Stromlieferungsverträge zwischen einem Energieversorgungsunternehmen und einer Einkaufskooperation bzw. deren Mitglieder so gestaltet sein, daß sie entweder von vornherein zeitlich begrenzt sind oder aber den Abnehmern die Möglichkeit einer Vertragslösung nach einem relativ kurzen Zeitraum geben wird.[961] Dies bedarf einer zeitlichen Bestimmung für den jeweiligen Einzelfall.

Neben dem unmittelbaren Bezugszwang kann es aber auch einen mittelbaren Bezugszwang zwischen dem Energieversorgungsunternehmen und den Mitgliedern der Einkaufskooperation geben. Dies ist dann der Fall, wenn die Mitglieder zwar nicht verpflichtet werden, einen bestimmten Strombedarf bei dem jeweiligen Lieferanten zu decken, aber im Falle des Nichtbezugs Nachteile in Kauf nehmen müssen. Als Beispiele sind Konzentrationsrabatte zu nennen, die mit zunehmendem Bezug finanzielle Vorteile für die Mitglieder der Einkaufskooperation mit sich bringen. Hierbei handelt es sich um Rabatte, die von der abgenommenen Strommenge abhängig gemacht werden.

Kein Bezugszwang liegt dagegen vor, wenn zwischen der Einkaufskooperation und dem Energieversorgungsunternehmen ein Rahmenvertrag geschlossen wird, in dem den an der Einkaufskooperation beteiligten Unternehmen die Möglichkeit eröffnet wird, Stromlieferungsverträge gemäß den Bedingungen des Rahmenvertrages abzuschließen. Bei einer derartigen Konstellation können die beteiligten Unternehmen einen Stromlieferungsvertrag abschließen, müssen es aber nicht. Wenn keine anderweitige Vereinbarung zwischen den kooperierenden Unternehmen geschlossen worden ist, besteht somit keine Verpflichtung zum Abschluß eines Vertrages und folglich auch kein Bezugszwang.
Diese Konstellation des gemeinsamen Stromeinkaufs liegt nicht unbedingt im Interesse des EVU, da durch die Rahmenverträge den Energieversorgungsunternehmen keine Absatzmengen garantiert werden, aus denen sich ansonsten gerade die besonders günstigen Konditionen ergeben. Es kommen allenfalls dadurch günstigere Konditionen zustande, daß den Energieversorgungsunternehmen zumindest die Möglichkeit gegeben wird, eine größere Anzahl von einzelnen Stromlieferungsverträgen abzuschließen. Die in dem Rahmenvertrag vereinbarten Preisnachlässe sind vergleichsweise gering. Dennoch kommt diese Vertragsgestaltung in der Praxis relativ häufig vor.[962]

(4) Verbesserung der Wettbewerbsfähigkeit kleiner und mittlerer Unternehmen

Damit es zu einer Freistellung gemäß § 4 Abs. 2 GWB kommt, ist weiterhin erforderlich, daß die Vereinbarung dazu dient, die Wettbewerbsfähigkeit kleiner und mittlerer Unternehmen zu

---

[961] So auch Böwing/Rosin, ET 2000, 74/76ff.; a.A. Herrmann/Dick, Die Bündelung der Stromnachfrage als kartell- und energierechtliches Problem, Seite 33ff. und Herrmann/Dick, WuW 1999, 1071/1074; die davon ausgehen, daß bei einer Bezugspflicht der beschriebenen Art ein Freistellung nach § 4 Abs. 2 GWB ausscheidet.
[962] So Böwing/Rosin, ET 2000, 74/76.

verbessern, wobei es ausreichend ist, wenn dies auf dem Beschaffungsmarkt geschieht.[963] Damit die Verhandlungsstärke im Vergleich zu großen Unternehmen verbessert wird, ist es ausreichend, daß die Einkaufsvolumina zusammengefaßt werden und dadurch ein struktureller Nachteilsausgleich gegenüber Großunternehmen bei der Nachfrage geschaffen wird.[964]

Probleme ergeben sich bei dem Tatbestandsmerkmal der „Verbesserung der Wettbewerbsfähigkeit kleiner und mittlerer Unternehmen" hinsichtlich der Beurteilung, ob es sich bei großen Stadtwerken noch um kleine oder mittlere Unternehmen handelt.[965] Entscheidend bei der Beurteilung, ob es sich um kleine und mittlere Unternehmen handelt, ist die Relation zu den großen Konkurrenten auf der Nachfrageseite, denn gerade deren aus der Verhandlungsmacht resultierende Vorteile sollen durch die gesetzliche Erlaubnis von Einkaufskooperationen ausgeglichen werden. Danach treten bei der Beurteilung, ob es sich bei den jeweiligen Stadtwerken um kleine und mittlere Unternehmen handelt, grundsätzlich keine Anwendungsschwierigkeiten der Vorschrift auf, die über das Maß hinausgehen, die der Vorschrift generell innewohnen.[966]
Anders sieht es jedoch aus, wenn man nicht nur die relative Größe der jeweiligen Stadtwerke betrachtet, sondern zusätzlich den Sinn und Zweck des § 4 Abs. 2 GWB hinzunimmt, nämlich gerade die Freistellung von mittelständischen Unternehmen, damit diese mit großen Unternehmen konkurrenzfähig sind. In den überwiegenden Fällen schließen sich Stadtwerke jedoch gerade mit anderen Stadtwerken beim Stromeinkauf zusammen, damit sie durch das Erlangen von günstigeren Konditionen beim Einkauf im Wettbewerb mit privaten Händlern, Verteilern und Erzeugern vorteilhafter oder zumindest zu gleichen Konditionen anbieten können.[967] Es werden somit in vielen Fällen nicht nur Größenvorteil der großen Konkurrenten ausgeglichen, sondern das Ziel des gemeinsamen Einkaufs ist die Verbesserung des Absatzwettbewerbs.
Ist es in dem jeweiligen Fall so, daß die Stadtwerke keinen strukturellen Nachteilsausgleich gegenüber großen Unternehmen durchführen, sondern durch den gemeinsamen Einkauf ausschließlich den Standpunkt erreichen wollen, daß sie gegenüber anderen Anbietern vorteilhafter anbieten können, so fällt diese Verbesserung der Wettbewerbsfähigkeit nicht unter § 4 Abs. 2 GWB. Eine Legalisierung dieses gemeinsamen Einkaufs ist nicht möglich.
Handelt es sich dagegen wirklich um einen Ausgleich von strukturellen Nachteilen beim Nachfragewettbewerb, der sich dann durchaus auch in einer besseren Position im Absatz zu anderen Anbietern wiederspiegeln kann, so ist auch eine Einkaufskooperation von kleinen und mittleren Stadtwerken grundsätzlich nach § 4 Abs. 2 GWB freistellungsfähig.

(5) Keine wesentliche Wettbewerbsbeeinträchtigung

Auch die negative Tatbestandvoraussetzung des „Fehlens einer wesentlichen Beeinträchtigung des Wettbewerbs" erscheint problematisch. Entscheidend kommt es hierbei auf den Nachfragewettbewerb und damit darauf an, welche Ausweichmöglichkeiten den Stromanbietern, zur Verfügung stehen. Hierzu bedarf es der Bestimmung des relevanten Marktes.[968]

---

963 Siehe Seite 42.
964 Immenga in Immenga/Mestmäcker, § 4, Rdn.104 m. w. N.
965 Kühne in Energiewirtschaft, Seite 87.
966 Siehe Seite 44ff.
967 Börner, Versorgungs Wirtschaft 1999, 225/232.
968 Diesbezüglich ist auf die Ausführungen auf Seite 185ff. zu verweisen.

Auf diesem relevanten Markt darf keine wesentliche Wettbewerbsbeeinträchtigung vorliegen. Das Bundeskartellamt geht in den überwiegenden Fällen des Angebots und der Nachfrage von Strom aufgrund der Leitungsgebundenheit der Stromanbieter noch von Regionalmärkten aus,[969] wobei diese Marktabgrenzung langsam zu deutschlandweiten Märkten übergeht[970]. Aus diesem Grund werden bei Kooperationen sehr schnell sehr große Marktanteile erlangt[971], die dann zu einer wesentlichen Wettbewerbsbeschränkung führen. Allerdings berücksichtigt das Bundeskartellamt diese momentane Lage und wird insoweit zunächst einen großzügigen Beurteilungsmaßstab anlegen bzw. eine großzügige Tolerierung praktizieren.[972] Hiermit wird dem Umstand Rechnung getragen, daß abgewartet werden muß, wie sich die entscheidende Frage, nämlich die Abgrenzung des räumlich relevanten Marktes, weiterentwickelt. Schreitet die beabsichtigte Liberalisierung der Märkte stetig voran, so wird dies zur Folge haben, daß die räumlich relevanten Märkte mit der Zeit immer weiter gefaßt werden. Hierdurch relativiert sich dann auch das gegenwärtige Problem, daß durch Einkaufskooperationen sehr schnell große Marktanteil erlangt werden.

Auch muß in diesem Zusammenhang wiederum beachtet werden, daß gerade im Bereich der Energieversorgungsunternehmen (EVU), der Strommarkt von vier großen überregionalen EVU (RWE, Eon, Energie Baden Württemberg und Vattenfall Europe) dominiert wird.[973] Die vier großen EVU sind nicht nur im Bereich der Stromversorgung tätig, sondern ebenfalls auf der Ebene der Verteilung und der Endkundenversorgung. Zwar gibt es auf der Ebene des Vertriebs eine Vielzahl alternativer Anbieter, wobei der Marktanteil dieser Anbieter sehr gering ist.[974] Diese Marktstruktur im Energiebereich führt dazu, daß Einkaufskooperationen von EVU sehr unterschiedlich zu beurteilen sind. Sind an der Einkaufskooperation EVU beteiligt, die nicht zu den großen überregionalen EVU gehören, so wird es aufgrund der geringeren Marktanteile wohl in den wenigsten Fällen dadurch zu einer wesentlichen Wettbewerbsbeeinträchtigung kommen.

(6) Teleologische Einschränkung des § 4 Abs. 2 GWB

Des weiteren stellt sich die Frage, ob man im Rahmen der Bündelung der Stromnachfrage nicht eine teleologische Einschränkung des § 4 Abs. 2 GWB nach dem Normzweck der Vorschrift vornehmen muß. In der Begründung zum Regierungsentwurf zur 5. GWB-Novelle[975] heißt es, daß mit § 5 c GWB a. F. – der fast wörtlich in § 4 Abs. 2 GWB übernommen wurde – die kartellrechtliche Zulässigkeit wettbewerbspolitisch wünschenswerter Einkaufskooperationen rechtlich abgesichert werden sollen. Weiterhin wird in der Regierungsbegründung darauf hingewiesen, daß viele kleine und mittlere Unternehmen ohne die Teilnahme an einer Einkaufskooperation gegenüber Großbetrieben nicht wettbewerbsfähig wären. Hier wird insbe-

[969] BKartA, v. 3.7.2000, WuW/E DE-V 301/305 „REW/VEW".
[970] Tätigkeitsbericht des Bundeskartellamts 1999/2000, BT-Drucks. 14/6300, Seite 37.
[971] Tätigkeitsbericht des Bundeskartellamts 1997/1998, BT-Drucks. 14/1139, Seite 123; Kühne in Energiewirtschaft, Seite 88.
[972] Tätigkeitsbericht des Bundeskartellamts 1997/1998, BT-Drucks. 14/1139, Seite 123.
[973] XIII. Hauptgutachten der Monopolkommission 1998/1999, BT-Drucks. 14/4002, Seite 68f.
[974] XIII. Hauptgutachten der Monopolkommission 1998/1999, BT-Drucks. 14/4002, Seite 68f.
[975] BT-Drucks. 11/4610, Seite 12.

sondere auf die Konzentration im Lebensmitteleinzelhandel abgestellt. § 4 Abs. 2 GWB ist somit grundsätzlich auf den Wareneinkauf von Handelsunternehmen zugeschnitten.[976]
Fraglich ist daher, ob die Vorschrift überhaupt auf den Bezug von Energie angewandt werden kann. Wendet man die Vorschrift unter der Berücksichtigung der gesetzgeberischen Intention direkt auf den Energiebezug, so hätte dies zur Folge, daß nur Stromhändler Einkaufskooperationen bilden könnten, weil es sich bei diesen um eine mit dem Lebensmittelhandel vergleichbare Situation handelt. Betrachtet man nun, wer aber im Energiebereich Stromhandel betreibt, nämlich gerade nicht nur kleine und mittlere Unternehmen, so läßt sich schnell erkennen, daß dieses Ergebnis nicht mit der Absicht des Gesetzgebers vereinbar ist, nämlich die Stärkung des Mittelstandes gegenüber Großunternehmen.
Im Bereich der Stromnachfragebündelung würde dies dazu führen, daß es selten zu einer Freistellung nach § 4 Abs. 2 GWB kommt, weil es sich in den wenigsten Fällen um Stromhändler in Form von kleinen oder mittleren Unternehmen handelt.
Somit stellt sich die Frage, wie das Problem zu lösen ist, daß das Leitbild des Gesetzgebers durch § 4 Abs. 2 GWB gerade Einzelhandelsunternehmen zu privilegieren nicht mit dem Wortlaut des Gesetzes übereinstimmt. Teilweise wird diesbezüglich vorgeschlagen, daß die Vorstellungen des Gesetzgebers nur insoweit maßgebend sind, als daß für eine Freistellung nach § 4 Abs. 2 GWB eine Interessenlage gefordert wird, die mit den Gegebenheiten des Einzelhandels vergleichbar ist.[977]
Beachtet man allerdings, daß der Gesetzgeber durch § 4 Abs. 2 GWB gerade einen Ausgleich struktureller Nachteile kleiner und mittlerer Unternehmen gegenüber Großunternehmen schaffen wollte[978] und dies in der Erwartung zunehmender Wettbewerbsintensität auf dem Anbietermarkt der kleinen und mittleren Unternehmen in Konkurrenz zu den dort ebenfalls tätigen Großunternehmen geschieht, so wird deutlich, daß es dem Gesetzgeber nicht ausschließlich um die Verbesserung des Einzelhandels ging, sondern im Grundsatz um die Stärkung des Mittelstandes. Folglich findet die Intention des Gesetzgebers in § 4 Abs. 2 GWB durch den Wortlaut „kleine und mittlere Unternehmen" ausreichend Berücksichtigung, und es bedarf keiner weiteren Einschränkung, indem man zusätzlich eine Interessenlage fordert, die mit den Gegebenheiten des Einzelhandels vergleichbar ist. Auch muß in diesem Zusammenhang erwähnt werden, daß eine Beschränkung der Normanwendung auf Handelsunternehmen nicht Gesetzesinhalt geworden ist[979].
Eine teleologische Einschränkung des § 4 Abs. 2 GWB findet folglich nicht statt.

b) Weitere Legalisierungsmöglichkeiten

In den wenigsten Fällen kommen weitere Legalisierungsmöglichkeiten nach §§ 4 Abs. 1, 5, 3, 7, 8 Abs. 1 GWB in Betracht.[980]

---

976 So Köhler, WuW 1999, 445/458; siehe darüber hinaus das Merkblatt „Kooperationserleichterungen" des Bundeskartellamt, in Bechtold, Anhang C 4, Seite 922.

977 Herrmann/Dick, Die Bündelung der Stromnachfrage als kartell- und energierechtliches Problem, Seite 39.

978 Siehe Immenga in Immenga/Mestmäcker, § 4, Rdn.10ff.; Bechtold, § 4, Rdn.1; Kiecker in Langen/Bunte, § 4, Rdn.36; Salje, Die mittelständische Kooperation, Seite 50.

979 So auch Dittrich DB 1990, 98 unter B.I.

980 Weitere Ausführungen hierzu Seite 50ff.

4. Kartellrechtliche Kontrolle außerhalb des Kartellverbots

a) Preis- und Konditionenkartell gemäß § 14 GWB

Gemäß § 14 GWB sind Vereinbarungen zwischen Unternehmen über Waren oder gewerbliche Leistungen, die sich auf Märkte innerhalb des Geltungsbereichs dieses Gesetzes beziehen, verboten, soweit sie einen Beteiligten in der Freiheit der Gestaltung von Preisen oder Geschäftsbedingungen bei solchen Vereinbarungen beschränken, die er mit Dritten über die gelieferten Waren, über andere Waren oder über gewerbliche Leistungen schließt.
Betrachtet man die verschiedenen Konstellationen der Bündelung der Stromnachfrage, wie bereits am Anfang näher erläutert[981], so tritt das für § 14 GWB notwendige Drei-Personen-Verhältnis nicht in allen dargestellten Konstellationen auf. So muß unterschieden werden, von wem die Initiative ausgeht: Von den Abnehmern oder von den Anbietern.
Geht die Initiative bezüglich des gemeinsamen Stromeinkaufs von den Abnehmern aus und beauftragen diese ein von ihnen gegründetes Unternehmen, Strommakler, Stromhändler oder ein eigenständiges Unternehmen („Vermittlungsunternehmen"), mit der gemeinsamen Strombeschaffung, so handelt es sich bei jeder dieser Konstellationen um ein Drei-Personen-Verhältnis: Nachfragende Unternehmen, Vermittlungsunternehmen (Einkaufskooperation) und Stromlieferant. Diese für § 14 GWB verlangte Drei-Personen-Verhältnis tritt jedoch nur dann auf, wenn der Stromlieferant mit dem Vermittlungsunternehmen zugunsten der einzelnen Stromnachfrager besonders günstige Preise und Konditionen vereinbart.
Dies ist nicht der Fall, wenn für die Abnehmer ein Stromhändler tätig wird. Dieser wird eigens im Sinne der Einkaufskooperation tätig, wobei er erst den Strom einkauft, den er dann an die Mitglieder der Kooperation weiterverkauft.[982] Zwischen dem Stromhändler und dem Stromlieferanten werden keine besonders günstigen Preise und Konditionen zugunsten der Mitglieder der Einkaufskooperation vereinbart.

Anders sieht es dagegen aus, wenn nicht die Abnehmer die Initiative ergreifen, sondern der Stromhändler oder der Strommakler. In dieser Konstellation ist nur ein Drei-Personen-Verhältnis gegeben, wenn ein Strommakler tätig wird, denn dieser vermittelt Stromlieferungsverträge zwischen den Stromlieferanten und jedem einzelnen der Nachfragebündelung angehörenden Nachfrager. Insofern sucht der Strommakler für das Nachfragebündel den günstigsten Stromlieferanten, der dann mit jedem einzelnen Nachfrager einen zu den vom Strommakler ausgehandelten Bedingungen eine Stromlieferungsvertrag abschließt. Hieraus ergibt sich, daß der Stromlieferant, damit der Sinn und Zweck eines Strommaklers erlangt wird, sich gegenüber diesem verpflichtet, mit den Abnehmern Stromlieferungsverträge zu vorher vereinbarten Bedingungen zu schließen. Auch in dieser Konstellation liegt beim Tätigwerden eines Stromhändlers nicht das erforderliche Drei-Personen-Verhältnis vor.

Eine Legalisierung dieser Vertikalvereinbarungen ist folglich möglich, wenn eine Freistellung nach § 4 Abs. 2 GWB vorliegt und diese vertikalen Vereinbarungen damit im Zusammenhang stehen.[983]

---

[981] Siehe hierzu Seite 177ff.
[982] Hermann/Dick, Die Bündelung der Stromnachfrage als kartell- und energierechtliches Problem, Seite 20.
[983] Siehe hierzu Seite 56ff.

b) Ausschließlichkeitsbindung gemäß § 16 Nr. 2 GWB

Nach § 16 Nr. 2 GWB kann die Kartellbehörde Vereinbarungen zwischen Unternehmen über Waren oder gewerbliche Leistungen für unwirksam erklären und die Anwendung neuer, gleichartiger Bindungen verbieten, soweit sie einen Beteiligten darin beschränken, andere Waren oder gewerbliche Leistungen von Dritten zu beziehen und soweit durch das Ausmaß solcher Beschränkungen der Wettbewerb auf dem Markt für diese oder andere Waren oder gewerblichen Leistungen wesentlich beeinträchtigt wird. Alleinbezugbindungen sind nach § 16 GWB zu beurteilen und nicht nach § 1 GWB, da ansonsten der Norm kein eigener Anwendungsbereich mehr bleibt.[984]

Die Ausschließlichkeitsbindung gemäß § 16 Nr. 2 GWB setzt voraus, daß es sich bei den an der Vereinbarung Beteiligten um Unternehmen handelt, wobei es hierdurch zu keiner Einschränkung bezüglich der verschiedenen Konstellationen der Bündelung der Stromnachfrage kommt. Diese Ausschließlichkeitsbindung tritt im Rahmen der Bündelung der Stromnachfrage auf, wenn die Abnehmer in irgendeiner Form einem gewissen Bezugszwang gegenüber dem Stromlieferanten unterliegen und aus diesem Grund nicht ohne Problem den Stromlieferanten wechseln können. Dieses Problem des Bezugszwangs tritt gerade im Bereich von Stromlieferungsverträgen verstärkt auf, weil es sich häufig um Dauerschuldverhältnisse handelt.[985]

Hieran ändert sich auch dadurch nichts, daß das Dauerschuldverhältnis in erster Linie mit der Einkaufskooperation als solcher geschlossen wird, da diese dann den Strom an die jeweiligen Mitglieder weiterleitet und in den überwiegenden Fällen dann auch den Bezugszwang weitergibt. Dies geschieht dann in der Form, daß die Mitglieder der Kooperation sich verpflichten müssen, von dieser eine gewisse Menge über einen bestimmten Zeitraum hinweg zu beziehen.[986] Entscheidend für die kartellrechtliche Beurteilung ist, ob die Kooperationsmitglieder einem solchen Bezugszwang unterliegen. Dies würde dann in den überwiegenden Fällen dazu führen, daß nur eine ad-hoc-Beschaffung möglich ist.[987]

Aber auch hier stellt sich die Frage, ob es bei Stromlieferungsverträgen in Form von Dauerschuldverhältnissen möglicherweise zu einer anderen Beurteilung kommen muß, weil aufgrund des für die Strom- und Gaswirtschaft typischen technisch-wirtschaftlichen Zusammenhangs zwischen Erzeugung und Beschaffung einerseits und Absatzplanung andererseits ein effektives Funktionieren von Einkaufsbündelung bei fortbestehender Bezugsfreiheit der Anschlußunternehmen möglich und vorzustellen ist.

Es kann nicht sein, daß Dauerschuldverhältnisse immer gegen § 16 Nr. 2 GWB verstoßen, da andernfalls jeder Bezug von nicht speicherbaren Gütern oder auch Dienstleistungen dem § 16 GWB unterfiele.

Die Anwendbarkeit von § 16 Nr. 2 GWB wird überwiegend verneint, wenn eine Partei durch einen Vertrag unmittelbar ihren gesamten Bedarf für eine bestimmte Zeit bei der anderen Partei deckt.[988] Aber auch in diesem Fall ist keine allgemeine Bewertung möglich, sondern man wird auch hier sorgfältig nach den Zwecken der Parteien und den Wirkungen des Vertrages zu differenzieren haben. Gerade bei Dauerschuldverhältnissen handelt es sich um einen Vertrag,

---

[984] Scholtka/Uthoff, Rde 1999, 43/44.

[985] BHGZ 81, 90/91; BGHZ 83, 359/362.

[986] Böwing/Rosin, ET 2000, 74/76.

[987] So auch mit Recht für die Stadtwerkkooperationen das Bundeskartellamt, Tätigkeitsbericht des Bundeskartellamts 1997/1998, BT-Drucks. 14/1139, Seite 123.

[988] Emmerich in Immenga/Mestmäcker, § 16, Rdn.50.

bei dem der Abnehmer für einen bestimmten Zeitraum seinen Bedarf bei einem bestimmten Lieferanten deckt. Der Sinn und Zweck des Abschlusses von Dauerschuldverhältnissen im Bereich der Stromwirtschaft ist aber nicht der, daß die Abnehmer daran gehindert werden sollen, von Dritten (andere Stromlieferanten) ihren Strom zu beziehen, sondern darin, daß es sich zum einen für die Strom- und Gaswirtschaft typischen technisch-wirtschaftlichen Zusammenhang zwischen Erzeugung/Beschaffung einerseits und Absatzplanung andererseits handelt und zum anderen darin, daß es sich um ein nicht speicherbares Gut handelt. Folglich ist es gar nicht möglich Strom unter Ausschluß von Dauerschuldverhältnissen zu verkaufen.
Aus diesem Grund verstoßen Dauerschuldverhältnisse im Rahmen von Stromlieferungsverträgen nicht gegen § 16 Nr. 2 GWB, wobei diesbezüglich beachtet werden muß, daß das Dauerschuldverhältnis zumindest in zeitlicher Hinsicht begrenzt werden muß. Die zeitliche Bindung durch das Dauerschuldverhältnis muß folglich so beschaffen sein, daß sie den Mitgliedern der Einkaufskooperationen eine gewisse Dispositionsfreiheit läßt. Je längerfristig die Bindung aufgrund des Dauerschuldverhältnisses ist, desto mehr ist die Flexibilität der Mitglieder der Einkaufskooperation eingeschränkt.[989] Es darf sich trotz des Dauerschuldverhältnisses nur um einen kurzfristigen Stromlieferungsvertrag handeln. Dies muß sich in der Art und Weise äußern, daß den Mitgliedern nach einem Zeitraum, der die Dispositionsfreiheit nicht zu sehr einschränkt, die Möglichkeit gegeben wird sich von diesem Vertrag zu lösen. Folglich müssen Stromlieferungsverträge zwischen einem Energieversorgungsunternehmen und einer Einkaufskooperation so gestaltet sein, daß entweder von vornherein zeitlich begrenzt sind oder aber die Möglichkeit einer Vertragslösung nach einem kurzen Zeitraum gegeben ist.[990]

c) Mißbrauch einer marktbeherrschenden Stellung gemäß § 19 Abs. 4 Nr. 1, 2 GWB

Gemäß § 19 GWB kann marktbeherrschenden Unternehmen eine mißbräuchliche Ausnutzung ihrer Wettbewerbsstellung durch die Kartellbehörde untersagt werden.
Bei der Bündelung der Stromnachfrage kann die marktbeherrschende Stellung entweder in der Position des Stromhändlers oder des Strommaklers oder bei den nachfragenden Abnehmern auftreten.

(1) Marktbeherrschung

Nach § 19 Abs. 2 S.1 GWB ist ein Unternehmen marktbeherrschend, soweit es als Anbieter oder Nachfrager „einer bestimmten Art von Waren oder gewerblichen Leistungen" entweder keinem wesentlichen Wettbewerb ausgesetzt ist (Nr. 1) oder eine überragende Marktstellung besitzt (Nr. 2). Damit diese marktbeherrschende Stellung festgestellt werden kann, bedarf es der Bestimmung des relevanten Marktes.[991]

---

[989] Tätigkeitsbericht des Bundeskartellamtes 1995/1996, BT-Drucks. 13/7900 Seite 38f.
[990] So auch Böwing/Rosin, ET 2000, 74/76ff.; a.A. Herrmann/Dick, Die Bündelung der Stromnachfrage als kartell- und energierechtliches Problem, Seite 33ff. und Herrmann/Dick, WuW 1999, 1071/1074; die davon ausgehen, daß bei einer Bezugspflicht der beschriebenen Art ein Freistellung nach § 4 Abs. 2 GWB ausscheidet.
[991] Diesbezüglich ist auf die bereits oben auf Seite 185ff. gemachten Ausführungen zu verweisen.

Das Bundeskartellamt geht in den überwiegenden Fällen des Angebots und der Nachfrage von Strom aufgrund der Leitungsgebundenheit noch von Regionalmärkten aus, wobei diese Marktabgrenzung langsam zu deutschlandweiten Märkten übergeht[992]. Aus diesem Grund werden bei Kooperationen noch sehr schnell sehr große Marktanteil erlangt.[993] Allerdings berücksichtigt das Bundeskartellamt diese momentane Lage und wird insoweit zunächst einen großzügigen Beurteilungsmaßstab anlegen bzw. eine großzügige Tolerierung praktizieren.[994] Hiermit wird es dem Umstand Rechnung tragen, daß erst einmal abgewartet werden muß, wie sich die entscheidende Frage, nämlich die Abgrenzung des räumlich relevanten Marktes, weiterentwickelt. Bei einer weiteren Liberalisierung der Märkte, wird dies zur Folge haben, daß die räumlich relevanten Märkte mit der Zeit immer weiter gefaßt werden. Hierdurch relativiert sich dann auch das momentan gegenwärtige Problem, daß durch Einkaufskooperationen sehr schnell große Marktanteil erlangt werden.

Weiterhin läßt sich hinsichtlich einer marktbeherrschenden Stellung von Einkaufskooperationen im Energiebereich feststellen, daß gerade bei den gegenwärtigen, noch durch Gebietsmonopolstruktur geprägten Marktverhältnissen die Entstehung einer nachfragemarktbeherrschenden Stellung als Folge von weiträumigen Einkaufskooperationen naheliegt.[995]

(2) Mißbrauch

Aufgrund der marktbeherrschenden Stellung kann es dazu kommen, daß die Nachfrage so gebündelt wird, daß den Lieferanten unüblich niedrige Preise für die jeweiligen Produkte abverlangt werden (Entstehung von Preisdruck). In diesem Fall liegt ein Mißbrauch gemäß § 19 Abs. 4 Nr. 2 GWB vor. Im Rahmen der Bündelung der Stromnachfrage sind diesbezüglich jedoch gegenüber „normalen“ Einkaufskooperationen keine Besonderheiten zu beachten.[996]

d) Diskriminierungsverbot gemäß § 20 Abs. 1- 4 GWB und Fusionskontrolle gemäß §§ 35ff. GWB

Es ergeben sich weder im Rahmen des Diskriminierungsverbots[997], noch im Rahmen der Fusionskontrolle[998] Besonderheiten bei der Bündlung der Stromnachfrage im Vergleich zur „normalen“ Nachfragebündelung.

5. Ergebnis (deutsches Kartellrecht)

Im Rahmen der Bündelung der Stromnachfrage muß für die kartellrechtliche Beurteilung zwischen der Art der Stromabnehmer danach unterschieden werden, ob es sich um Endverbraucher oder um EVU handelt, und danach, wer jeweils die Initiative für den gemeinsamen Einkauf ergreift. Bei der Initiative für den gemeinsamen Stromeinkauf ist zu unterscheiden, ob

---

992 Tätigkeitsbericht des Bundeskartellamtes 1999/2000, BT-Drucks. 14/6300, Seite 37.

993 Tätigkeitsbericht des Bundeskartellamtes 1997/1998, BT-Drucks. 14/1139, Seite 123; Kühne in Energiewirtschaft, Seite 88.

994 Tätigkeitsbericht des Bundeskartellamtes 1997/1998, BT-Drucks. 14/1139, Seite 123.

995 Kühne in Energiewirtschaft, Seite 88.

996 Siehe zu den Einzelheiten des Mißbrauchs einer marktbeherrschenden Stellung Seite 59ff.

997 Grundsätzliche Erläuterungen hierzu siehe Seite 62ff.

998 Nähere Ausführungen hierzu auf Seite 66ff.

diese von den Stromabnehmern ausgeht (Eigeninitiative) oder ob diese von Stromhändlern und Strommaklern ausgeht (Fremdinitiative).

In allen dargestellten Konstellationen der Bündelung der Stromnachfrage liegt ein Kartellverbot gemäß § 1 GWB vor. Die einzige Ausnahme bildet die Bündelung der Stromnachfrage im Bereich der privaten Endverbraucher, da es sich hier nicht um Unternehmen i.S.d. § 1 GWB handelt.
Anders sieht es dagegen im Bereich der Sonderabnehmer (Industriekunden), Energieversorgungsunternehmen und Strommaklern aus, bei denen allen der Unternehmensbegriff erfüllt wird. Der Strommakler bietet zwar nicht die „Ware" Strom an, da er nur vermittelnd zwischen Lieferant und Abnehmer tätig wird, aber er bietet die Leistung „Vermittlung" an, so daß auch er unter den Unternehmensbegriff des § 1 GWB fällt.
Bei der Beurteilung der Frage, ob eine Vereinbarung zwischen den nachfragenden Unternehmen vorliegt, muß unterschieden werden, ob es sich bei den Akteuren der Nachfragebündelung um Stromhändler, Strommakler oder die Abnehmer selbst handelt. Handelt es ich um Stromhändler, die für die Abnehmer tätig werden und von denen auch die Initiative ausgeht, so liegt keine Vereinbarung, die den gemeinsamen Einkauf regelt, zwischen den nachfragenden Unternehmen vor, weil die Bündelung in der Person des Stromhändlers stattfindet. Allerdings handelt es sich auch in dieser Konstellation um eine Vielzahl vertikaler Verträge, denen eine horizontale Abstimmung zu Grunde liegt (Sternvertrag). Es findet eine Abstimmung über Dritte, in diesem Fall den Stromhändler statt.
Im Rahmen von Strommaklern ist nur dann von einer Nachfragebündelung auszugehen, wenn er den Bedarf der Nachfrager zusammengefaßt wird und die nachfragenden Unternehmen auch bewußt ihren Strom über einen Strommakler beziehen, damit dieser aufgrund einer Nachfragebündelung besonders günstige Preise erzielt. Auch in dieser Konstellation handelt es sich um sogenannte Sternverträge, die sich aus einer Vielzahl vertikaler Verträge zwischen den nachfragenden Unternehmen und dem Stromlieferanten und einer Abstimmung der nachfragenden Unternehmen über den Strommakler, also einen Dritten, zusammensetzen.
Geht die Initiative, anders als bei den zuvor geschilderten Konstellationen, von den Abnehmern aus, so liegt zwischen den nachfragenden Unternehmen eine Vereinbarung vor, unabhängig davon, ob Stromhändler oder Strommakler eingeschaltet werden.
Bei der Beurteilung, ob die Unternehmen miteinander im Wettbewerb stehen, kommt es auf den relevanten Markt an. Hierbei ist besonders zu beachten, daß der sachlich relevante Strommarkt nicht einheitlich ist, sondern es ist zum einen auf der Ebene der Energieversorgungsunternehmen zwischen überregionalen Verbundunternehmen (VU), regionalen Stromversorgungsunternehmen (REVU) und lokalen Verteilerunternehmen (insbesondere Stadtwerke) zu unterscheiden und zum anderen auf der Ebene der Endverbraucher zwischen Sonderabnehmern und Tarifabnehmern. Wobei auf der Ebene der Endverbraucher noch teilweise zwischen verschiedenen Spannungsebenen zu unterscheiden ist. Die Bestimmung des sachlich relevanten Marktes ist somit davon abhängig, auf welcher Marktstufe die Nachfragebündelung stattfindet. Trotz der Liberalisierung der Energiemärkte wird es weiterhin noch so sein, daß überwiegend nur das Gebiet erfaßt wird, das der jeweilige Anbieter mit einem eigenen Netz erschlossen hat. Bei der Bestimmung des räumlich relevanten Marktes von Stadtwerken ist besonders zu beachten, daß auch dann von einem Wettbewerbsverhältnis auszugehen ist, wenn es sich um Inselversorgung handelt. Es handelt sich um Durchleitungswettbewerb nach §§ 5ff. EnWG. Die zeitliche Marktabgrenzung ist unbeschränkt, da der Bedarf an Strom durchgehend, also ganzjährig, besteht.

Gerade im Bereich der Energieversorgungsunternehmen muß beachtet werden, daß der Strommarkt von vier großen EVU dominiert wird, die in unterschiedlichem Umfang an kleineren EVU beteiligt sind, so daß zwischen diesen kein Wettbewerb besteht.
Auch wenn es sich um sogenannte Sternverträge handelt, ist das Tatbestandsmerkmal „miteinander im Wettbewerb stehen“ erfüllt.
Eine wettbewerbsbeschränkende Innenwirkung tritt dadurch auf, daß die nachfragenden Unternehmen untereinander nicht mehr um die besten Konditionen konkurrieren und damit nicht mehr miteinander im Wettbewerb stehen. Das Erfordernis der Außenwirkung ist dadurch erfüllt, daß sich die Lieferanten einer einheitlichen Nachfragefront gegenüber sehen und nicht mehr frei zwischen den Nachfragern auswählen können. Auch bei Sternverträgen liegt diese Innen- und Außenwirkung vor.

Handelt es sich um eine Vereinbarung zwischen den Abnehmern, so ist grundsätzlich eine Freistellung nach § 4 Abs. 2 GWB möglich. Eine Freistellungsmöglichkeit nach § 4 Abs. 2 GWB ist im Rahmen der Bündelung der Stromnachfrage selbst dann möglich, wenn es sich um eine Abstimmung im Rahmen von Sternverträgen bei der Initiative von Stromhändlern oder Strommaklern handelt.
Ob es sich bei dem gemeinsamen Einkauf von Strom um Waren oder Dienstleistungen handelt kann dahinstehen, da beide Varianten von § 4 Abs. 2 GWB erfaßt werden.
Problematisch wird es dagegen bei der die Legalisierung ausschließenden negativen Tatbestandsvoraussetzung des „fehlenden Bezugszwangs für die an der Kooperation beteiligten Unternehmen“. Besonderer Beachtung bedarf es diesbezüglich, daß im Rahmen von Stromlieferungsverträgen häufig Dauerschuldverhältnisse vereinbart werden, da sich hieraus kein Bezugszwang für die Mitglieder der Einkaufskooperation ergeben darf. Der Abschluß der Stromlieferungsverträge in Form von Dauerschuldverhältnissen kann dazu führen, daß ein über den Einzelfall hinausgehender Bezugszwang gemäß § 4 Abs. 2 GWB vorliegt. Jedoch ist diesbezüglich zu berücksichtigen, daß § 4 Abs. 2 GWB nicht für Dauerschuldverhältnisse wie Stromlieferungsverträge verfaßt worden ist. Dies kann aber nicht dazu führen, daß § 4 Abs. 2 GWB bei Dauerschuldverhältnissen nie zur Anwendung gelangen kann, sondern man muß dieses Problem über eine zeitliche Begrenzung des Dauerschuldverhältnisses lösen. Aus diesem Grund können Dauerschuldverhältnisse im Rahmen des gemeinsamen Einkaufs von Strom nach § 4 Abs. 2 GWB nur dann freigestellt werden, wenn es sich trotz eines Dauerschuldverhältnisses um einen kurzfristigen Stromlieferungsvertrag handelt. Dies muß sich in der Art und Weise äußern, daß den Mitgliedern nach einem gewissen Zeitraum, der die Dispositionsfreiheit nicht zu sehr einschränkt, die Möglichkeit gegeben wird, sich von diesem Vertrag, der in der Form eines Dauerschuldverhältnisses ausgestaltet ist, zu lösen. Folglich müssen Stromlieferungsverträge zwischen einem Energieversorgungsunternehmen und einer Einkaufskooperation bzw. deren Mitglieder so gestaltet sein, daß sie entweder von vornherein zeitlich begrenzt sind oder aber den Abnehmern die Möglichkeit einer Vertragslösung nach einem relativ kurzen Zeitraum geben wird.

Bei der Frage, ob es sich bei Stadtwerken noch um „kleine und mittlere Unternehmen“ handelt, liegt das Problem nicht in der Größenbeurteilung, sondern darin, ob die Freistellung von Stadtwerkskooperationen dem Sinn und Zweck dieses Tatbestandmerkmals entspricht. Stadtwerke schließen sich in den überwiegenden Fällen beim Stromeinkauf zusammen, damit sie durch das Erlangen von günstigeren Konditionen beim Einkauf im Wettbewerb mit privaten Händlern, Verteilern und Erzeugern vorteilhafter oder zumindest zu gleichen Konditionen anbieten können, so daß nicht nur Größenvorteile ausgeglichen werden, sondern das Ziel die

Verbesserung des Absatzwettbewerbs ist. Diese Art von Kooperation ist nicht legalisierungsfähig.
Des weiteren kommt es nicht zu einer teleologischen Einschränkung des § 4 Abs. 2 GWB, auch wenn das Leitbild des Gesetzgebers, durch § 4 Abs. 2 GWB gerade Einzelhandelsunternehmen zu privilegieren und damit die Stärkung des Mittelstandes zu erreichen, nicht mit der Freistellungsmöglichkeit von Stadtwerkskooperationen vereinbar ist.

Das für § 14 GWB notwendige Drei-Personen-Verhältnis liegt nur dann vor, wenn ein Strommakler tätig wird, unabhängig davon, ob die Initiative hierfür von dem Strommakler oder von den nachfragenden Unternehmen ausgeht. Unbeachtlich ist es bei der Beurteilung nach § 14 GWB, ob es sich bei den Nachfragern um EVU oder um Endabnehmer handelt.
In den überwiegenden Fällen wird es auch zu einer Legalisierung dieser vertikalen Vereinbarungen kommen, da eine Freistellung nach § 4 Abs. 2 GWB vorliegt und diese vertikalen Vereinbarungen damit im Zusammenhang stehen.

Zu einer Ausschließlichkeitsbindung nach § 16 Nr. 2 GWB kommt es, wenn die Abnehmer in irgendeiner Form einem gewissen Bezugszwang gegenüber dem Stromlieferanten unterliegen und aus diesem Grund nicht ohne Problem den Stromlieferanten wechseln können. Dies ist wiederum gerade durch die Vereinbarung von Dauerschuldverhältnissen der Fall. Aber auch hier kommt man zu dem Ergebnis, daß § 26 Nr. 2 GWB auf Dauerschuldverhältnisse nicht anwendbar ist, wenn eine Partei durch einen Vertrag unmittelbar ihren gesamten Bedarf für eine bestimmte Zeit bei der anderen deckt und man den Zweck der Vereinbarung nicht außer acht läßt. Jedoch muß das Dauerschuldverhältnis entweder von vornherein zeitlich begrenzt sein oder aber die Möglichkeit einer Vertragsauflösung nach einem kurzen Zeitraum gegeben sein.

Der Mißbrauch einer marktbeherrschenden Stellung kann im Bereich der Bündelung der Stromnachfrage entweder in der Position des Stromhändlers oder des Strommaklers oder bei den nachfragenden Abnehmern auftreten. Bei der Beurteilung, ob die Schwelle der Marktbeherrschung erreicht worden ist, ist wiederum die besondere Struktur des Energiemarktes zu berücksichtigen. Gerade im Bereich der EVU wird der Strommarkt von vier großen überregionalen EVU dominiert, die auch auf der Ebene der Verteilung und der Endkundenversorgung tätig sind. Dies führt dazu, daß bei Einkaufskooperationen, an denen einer der großen EVU beteiligt ist, hohe Marktanteile erreicht werden, die zu einer marktbeherrschenden Stellung führen. Des weiteren wird aufgrund der noch momentan vorliegenden Leitungsgebundenheit häufig von Regionalmärkten ausgegangen, was zu einer noch schnelleren Erreichung von hohen Marktanteilen führt.

III. Beurteilung nach europäischem Kartellrecht

Obwohl sich die Öffnung des europäischen Elektrizitätsmarktes als sehr mühsam und langsam erweist, sind grenzüberschreitende Nachfragebündelungen nicht auszuschließen und werden künftig an Bedeutung zunehmen.

1. Anwendbarkeit des EG-Kartellrechts

Grundsätzlich stellt sich die Frage, inwieweit sich der gemeinsame Einkauf von Strom ausschließlich auf das Gebiet der Bundesrepublik Deutschland beschränkt, so daß es gar nicht zu einer Anwendung des europäischen Kartellrechts kommt.
Die Liberalisierung des Energiemarktes geht zur Zeit zwar nur schrittweise voran, aber in den kommenden Jahren wird die Liberalisierung immer größere Fortschritte machen. Alleine schon durch die Bildung eines Energiebinnenmarktes sind nun auch immer häufiger grenzüberschreitende Sachverhalte denkbar, die geeignet sind, den Handel zwischen den Mitgliedstaaten zu beeinträchtigen.[999]

2. Gemeinschaftsunternehmen

Die Gründung von Gemeinschaftsunternehmen tritt, wenn überhaupt, dann nur in der Konstellation auf, in der die Initiative von den Abnehmern ausgeht und diese dann für den Bereich des gemeinsamen Stromeinkaufs ein Gemeinschaftsunternehmen gründen. Und dies auch nur im Bereich der Endverbraucher. Allerdings wird dies dann überwiegend als kooperatives Gemeinschaftsunternehmen ausgestaltet sein, bei dem nur Art. 81 EGV zur Anwendung gelangt und nicht die Vorschriften der FKVO.[1000]

3. Verbotene Verhaltensabstimmung gemäß Art. 81 EGV

Hinsichtlich der Beurteilung der Einkaufsbündelungen im Energiebereich, ob eine verbotenen Verhaltensabstimmung gemäß Art. 81 EGV gegeben ist, muß zwischen einer Beurteilung anhand der Leitlinien der Kommission zur Anwendbarkeit von Art. 81 EGV auf horizontale und vertikale Vereinbarungen und einer Beurteilung anhand der einzelnen Tatbestandesmerkmale unterschieden werden.

a) Praxis der Kommission aufgrund der Leitlinien zur Anwendbarkeit von Art. 81 EGV auf horizontale und vertikale Vereinbarungen

Die Leitlinien finden sowohl auf Vereinbarungen als auch auf aufeinander abgestimmte Verhaltensweise Anwendung. Nach den Horizontalleitlinien fallen schon bestimmte Gruppen von Vereinbarungen nicht unter Art. 81 Abs. 1 EGV[1001]. Schließen sich mehrere Endabnehmer oder EVU zusammen, die nicht miteinander im Wettbewerb stehen, weder auf dem Einkaufsnoch auf dem Verkaufsmarkt, so gelangt Art. 81 Abs. 1 EGV nach den Horizontalleitlinien erst dann zur Anwendung, wenn Unternehmen mit erheblicher Marktmacht an ihnen beteiligt sind. Die Kommission geht davon aus, daß es in den meisten Fällen unwahrscheinlich ist, daß Marktmacht vorhanden ist, wenn die an der Vereinbarung Beteiligten einen gemeinsamen Marktanteil von weniger als 15% haben.[1002] Bei der Bündelung der Stromnachfrage ist jedoch durch die besondere Marktstruktur im Strombereich[1003] bei der Nachfragebündelung der vier großen EVU schnell eine erhebliche Marktmacht erreicht, so daß es hier in den überwiegenden Fällen zu einer Anwendung von Art. 81 Abs. 1 EGV kommt.

---

[999] Kühne in Energiewirtschaft, Seite 85.
[1000] Ausführlicher hierzu Seite 73ff.
[1001] Horizontale Leitlinien (Fn.3) Tz.24.
[1002] Horizontale Leitlinien (Fn.3) Tz.130.
[1003] Siehe zu der besonderen Marktstruktur im Energiebereich Seite 195.

Trotzdem werden die Unternehmen nicht als untereinander im Wettbewerb stehend angesehen, wenn sie nicht auf demselben relevanten nachgeordneten Markt tätig sind.[1004] Besondere Bedeutung erlangt diese Ansicht bei der Bündelung der Stromnachfrage im Bereich der Endverbraucher. Denn gerade in diesem Fall wird der Strom nicht an Stromabnehmer weiterverkauft, sondern für den Eigenverbrauch bzw. für die Industrieproduktion genutzt. Ist dies der Fall, so werden in den wenigsten Fällen die Unternehmen auch auf dem Absatzmarkt der produzierten Produkte in einem Wettbewerbsverhältnis stehen, da der sachlich relevante Markt unterschiedlich sein wird. Folglich gelangt in diesem Fall nach den horizontalen Leitlinien der Kommission Art. 81 Abs. 1 EGV nicht zur Anwendung.

b) Tatbestandsvoraussetzungen

Kommt man zu dem Ergebnis, daß Art. 81 Abs. 1 EGV trotz der horizontalen Leitlinien zur Anwendung gelangt oder sieht man einmal von der Praxis der Kommission aufgrund der horizontalen Leitlinien[1005] ab, so findet eine Überprüfung des gemeinsamen Einkaufs mehrerer Unternehmen im Strombereich anhand des europäischen Kartellverbots statt.

(1) Unternehmen

Nach dem funktionalen Unternehmensbegriff[1006] scheiden Einkaufsbündelungen von Haushaltkunden, wie bereits im Rahmen des § 1 GWB erläutert, aus dem Anwendungsbereich des Art. 81 EGV genauso wie aus § 1 GWB aus. Der Grund dafür liegt darin, daß Haushaltskunden nicht die erforderliche Unternehmenseigenschaft besitzen und somit nicht Adressat des Kartellverbots gemäß Art. 81 EGV sind.
Ansonsten wird von allen an der Nachfragebündelung Beteiligten, unabhängig davon in welcher Konstellation, wie bereits im Rahmen des § 1 GWB dargestellt,[1007] der Unternehmensbegriff i.S.d. Art. 81 Abs. 1 EGV erfüllt.

(2) Vereinbarung oder abgestimmte Verhaltensweisen von Unternehmen

Im Rahmen der Vereinbarung oder abgestimmten Verhaltensweise von Unternehmen besteht grundsätzlich kein Unterschied zu § 1 GWB. Im Unterschied zu § 1 GWB werden von Art. 81 Abs. 1 EGV allerdings auch vertikale Vereinbarungen erfaßt, so daß die vertikalen Vereinbarungen, die im deutschen Kartellrecht von §§ 14ff. GWB erfaßt werden, hier auch unter Art. 81 Abs. 1 EGV fallen. Durch die Erfassung von vertikalen Vereinbarungen von Art. 81 Abs. 1 EGV bestehen auch keine weiteren Schwierigkeiten bei der Erfassung der sogenannten Sternverträge beim Tätigwerden von Stromhändlern und Strommaklern[1008].

[1004] Horizontale Leitlinien (Fn.3) Tz.123.
[1005] Horizontale Leitlinien (Fn.3) Tz.1ff. und 115ff.
[1006] Siehe dazu den Unternehmensbegriff § 1 GWB Seite 9.
[1007] Siehe hierzu Seite 182ff.
[1008] Nähere Erläuterungen zu der Konstellation der Sternverträge siehe Seite 183f. und 184f.

(3) Unternehmenskooperation, die eine Beschränkung oder Verfälschung des Wettbewerbs bezweckt oder bewirkt

Nachfragebündelungen verstoßen dann gegen das Kartellverbot, wenn sie den Wettbewerb spürbar beschränken. Die drei Arten der Wettbewerbsbeschränkung müssen nicht streng voneinander abgegrenzt werden, weil Art. 81 Abs. 1 EGV sie wettbewerbsrechtlich alle gleich behandelt.

(a) Regelbeispiele des Art. 81 Abs. 1 EGV

In Art. 81 Abs. 1 lit. a EGV wird als Beispiel für verbotene Wettbewerbsbeschränkung die Festsetzung von An- und Verkaufspreisen aufgeführt. Im Rahmen der Bündelung der Stromnachfrage tritt dies beispielsweise auf, wenn der Strommakler mit dem Stromlieferanten bestimmte Preise vereinbart, die dieser einer bestimmten Gruppen von Abnehmern, nämlich der, für die der Strommakler vermittelnd tätig wird, gewähren muß. Nicht anders sieht es aus, wenn die Initiative für die Nachfragbündelung von den Abnehmern ausgeht und diese einen von ihnen gegründeten Strommakler mit dieser Aufgabe beauftragen, der dann wiederum mit einem Lieferanten bestimmte Preise für die Abnehmer vereinbart.

Weiterhin nennt Art. 81 Abs. 1 lit. b EGV als Beispiel für wettbewerbsbeschränkende Vereinbarungen die Einschränkung oder Kontrolle des Absatzes. Dies äußert sich in der Form, daß die Wahlfreiheit von Abnehmern und Lieferanten beeinträchtigt wird.[1009] Eindeutig ist dies, wenn die beteiligten Unternehmen jedenfalls für einen nennenswerten Teil ihrer Bezüge einer Bezugspflicht unterliegen.[1010]
Fraglich ist in dem jeweiligen Einzelfall, ob eine Bezugspflicht der nachfragenden Unternehmen vereinbart worden ist, wodurch der Absatz der anderen Lieferanten beeinträchtigt wird, da den Unternehmen keine Ausweichmöglichkeit gegeben wird. Gerade im Bereich der Stromversorgung stellt sich in diesem Zusammenhang wieder das Problem, daß in den überwiegenden Fällen Dauerschuldverhältnisse zwischen den Stromlieferanten und den Abnehmern vereinbart werden.
Es kann nicht sein, daß Dauerschuldverhältnisse immer gegen Art. 81 Abs. 1 lit. b EGV verstoßen, da andernfalls jeder Bezug von nicht speicherbaren Gütern oder auch Dienstleistungen theoretisch (und auch praktisch) kartellrechtlich unzulässig wäre. Der Sinn und Zweck des Abschlusses von Dauerschuldverhältnissen im Bereich der Stromwirtschaft ist nicht der, daß die Abnehmer darin gehindert werden sollen, von Dritten (andere Stromlieferanten) ihren Strom zu beziehen, sondern darin, daß es sich zum einen für die Strom- und Gaswirtschaft typischen technisch-wirtschaftlichen Zusammenhang zwischen Erzeugung und Beschaffung einerseits und Absatzplanung andererseits handelt. Obwohl es sich bei Strom um ein nicht speicherbares Gut handelt, muß die zeitliche Bindung durch das Dauerschuldverhältnis so beschaffen sein, daß sie den Mitgliedern der Einkaufskooperationen eine gewisse Dispositionsfreiheit läßt. Es darf sich trotz des Dauerschuldverhältnisses nur um einen kurzfristigen Stromlieferungsvertrag handeln.[1011]

[1009] Müller-Graff in Hailbronner/Klein/Magiera/Müller-Graff, Art. 85, Rdn.99.
[1010] Kommission, ABl. der EG 1980 Nr. L 51 Seite 19/23 „Lab"; ABl. der EG 1980 Nr. L 260 Seite 24/28 „National Sulphuric Acid Ass"; 11. Wettbewerbsbericht 1971, Tz 40f. (Seite 57f.).
[1011] Ähnliche Ausführungen bereits im Rahmen des § 16 Nr. 2 GWB Seite 198ff.

Als weiterer einschlägiger Beispieltatbestand ist hier die Anwendung unterschiedlicher Bedingungen gemäß Art. 81 Abs. 1 lit. d EGV anzuführen. Diesbezüglich ergeben sich jedoch bei der Nachfragebündelung im Energiebereich keine Besonderheiten, die zu einer anderen kartellrechtlichen Beurteilung führen als im Bereich der „normalen" Einkaufskooperationen.[1012]

(b) Wettbewerbsbeschränkung und Wettbewerbsverfälschung

Besonderer Beachtung bedarf auch diesbezüglich die Konstellation, in der Strommakler und Stromhändler auf eigene Initiative hin tätig werden, da es sich hierbei um die sogenannten Sternverträge handelt und sich hierbei wiederum die Frage stellt, ob auch die vertikale Vereinbarung, die eine Wettbewerbsbeschränkung zwischen den Abnehmern hervorruft, unter Art. 81 Abs. 1 EGV fällt.
Der Unterschied von Art. 81 Abs. 1 EGV im Vergleich zu § 1 GWB ist, daß auch die ausschließliche Beeinträchtigung von Drittwettbewerb zu einer Wettbewerbsbeeinträchtigung i.S.d. Art. 81 Abs. 1 EGV führt.[1013] Aus diesem Grund werden auch die vertikalen Vereinbarungen von Art. 81 Abs. 1 EGV erfaßt, auch wenn sie nur eine horizontale Wettbewerbsbeschränkung hervorrufen, was insbesondere die Sternverträge der Stromhändler und Strommakler betrifft.

(4) Spürbarkeit

Weiterhin bedarf es einer Spürbarkeit der Wettbewerbsbeschränkung. Dabei bilden Marktanteile und Marktstrukturen die wichtigsten Indikatoren für die Beurteilung einer Spürbarkeit.
Im Rahmen der Spürbarkeit treten jedoch grundsätzlich keine neuen bzw. anderen Probleme auf, als bei der Beurteilung von „normalen" Einkaufsbündelungen, so daß auf die bereits gemachten Ausführungen[1014] verwiesen werden kann.

c) Freistellung nach Art. 81 Abs. 3 EGV

Kommt es bei der Bündelung der Stromnachfrage zu der Annahme eines Kartellverbots gemäß Art. 81 Abs. 1 EGV, so besteht die Möglichkeit einer Freistellung durch eine Gruppenfreistellungsverordnung oder durch eine Einzelfreistellung.

(1) Gruppenfreistellungsverordnung

Da es keine GFVO gibt, die Einkaufskooperationen in ihrer Gesamtheit erfaßt,[1015] muß diesbezüglich zwischen den horizontalen und den vertikalen Vereinbarungen unterschieden werden, die sich aus dem gemeinsamen Einkauf im Strombereich ergeben, damit eine automatische Freistellung über eine GFVO überhaupt möglich ist.

1012 Grundsätzliche Ausführungen zu Art. 81 Abs. 1 lit. d EGV Seite 86f.
1013 Siehe hierzu Seite 89ff.
1014 Siehe Seite 94ff.
1015 Zur Begründung siehe oben Seite 98.

Nach der GFVO Nr. 2790/1999[1016] ist das Kartellverbot des Art. 81 Abs. 1 EGV auf vertikale Vereinbarungen im Sinne der GFVO unter den dort aufgeführten Voraussetzungen nicht anwendbar. Um vertikale Vereinbarungen im Rahmen der Bündelung der Stromnachfrage handelt es sich nach der im Rahmen der GFVO aufgeführten Definition vor allem im Verhältnis zwischen den Stromlieferanten und dem jeweiligen Abnehmer bzw. dem dazwischen geschalteten Stromhändler oder Strommakler. Von der GFVO werden bei der Bündelung der Stromnachfrage somit Vereinbarungen bezüglich bestimmter zu gewährender Strompreise und Bezugsbindungen aufgrund der Dauerschuldverhältnisse erfaßt, soweit sie aufgrund der besonderen Einschränkung der Dispositionsfreiheit der Stromabnehmer unter Art. 81 Abs. 1 EGV fallen. Handelt es sich nämlich um ein kurzfristiges Dauerschuldverhältnis oder ein solches, das jederzeit von den Vertragsparteien gekündigt werden kann, so kann nicht von einer Bezugsbindung ausgegangen werden, die dazu führt, daß eine Freistellung durch die GFVO nötig ist.

Begrenzt wird der Anwendungsbereich der vertikalen GFVO durch Art. 2 Abs. 2 HS 1 der GFVO für vertikale Vereinbarungen zwischen Unternehmensvereinigungen und ihren Mitgliedern. Dies geschieht nur dann nicht, „wenn alle Mitglieder der Vereinigung Wareneinzelhändler sind und wenn keines ihrer einzelnen Mitglieder zusammen mit seinen verbundenen Unternehmen einen jährlichen Gesamtumsatz von mehr als 50 Mio. EUR erzielt". Für Großunternehmen des Handels kommt daher diese Freistellung gar nicht erst in Betracht.
Die Verordnung selbst definiert den Begriff der Unternehmensvereinigung von Wareneinzelhändlern nicht. Im Rahmen der Bündelung der Stromnachfrage kann es sich nur dann um eine Unternehmensvereinigung handeln, wenn die Initiative für den gemeinsamen Stromeinkauf von den Abnehmern ausgeht und diese sich hierfür in Form einer Unternehmensvereinigung zusammenschließen, die dann den gemeinsamen Einkauf tätigt. Wird für die Abnehmer ein Strommakler oder ein Stromhändler tätig, so handelt es sich nicht um eine Unternehmensvereinigung der stromabnehmenden Unternehmen.
Weiterhin muß es sich bei den Mitgliedern dieser Unternehmensvereinigung um Wareneinzelhändler handeln und keines der einzelnen Mitglieder einschließlich der mit ihm verbundenen Unternehmen darf einen jährlichen Gesamtumsatz von mehr als 50 Mio. Euro erzielen. Ein Unternehmen betreibt (Waren-)Einzelhandel, wenn es gewerbsmäßig Waren anschafft und sie unverändert oder nach im Einzelhandel üblicher Be- oder Verarbeitung in einer oder mehreren offenen Verkaufsstellen zum Verkauf an jedermann freihält.[1017]
Dies ist ohne Probleme bei Industrieunternehmen der Fall, die mit Hilfe von Energie Produkte produzieren und verkaufen, d. h. als Endverbraucher bezüglich der eingekauften Energie anzusehen sind.
Fraglich ist jedoch, ob darunter auch EVU fallen, da diese die bezogene Energie nicht weiterverarbeiten, sondern ausschließlich weiterverkaufen. Aber auch der unveränderte Weiterverkauf der Waren fällt in den Tätigkeitsbereich eines Einzelhandelsunternehmen.[1018]
Sind die Voraussetzungen des Art. 2 Abs. 2 der Gruppenfreistellung für vertikale Vereinbarungen erfüllt und liegen bei den vertikalen Vereinbarungen die Voraussetzungen von Art. 2 Abs. 4 der GFVO vor, so gilt nach Art. 3 Abs. 1 der GFVO für vertikale Vereinbarungen die Freistellung nur, wenn der Anteil des Lieferanten an dem relevanten Markt, auf dem er die Vertragswaren oder –dienstleistungen verkauft, 30% nicht überschreitet. Bei der Bestimmung

[1016] Gruppenfreistellungsverordnung (Fn.420).
[1017] Tilch, Deutsches Rechts-Lexikon „Einzelhandel", Seite 1152f.
[1018] Tilch, Deutsches Rechts-Lexikon „Einzelhandel", Seite 1152f.

des relevanten Marktes müssen auch hier die Besonderheiten des Strommarktes[1019] beachtet werden, d.h. es muß danach unterschieden werden, auf welcher Marktstufe die Nachfragebündelung stattfindet. Liegt dagegen eine Steigerung des Marktanteils auf über 30 % vor, so richtet sich die Beurteilung nach Art. 9 Abs. 2 Lit. c der GFVO.

Das Vorliegen von in der „Schwarzen Liste" genannten Kernbeschränkungen wird in den überwiegenden Fällen zu verneinen sein, da es im Rahmen der Nachfragebündelung darum geht den Verkäufer an bestimmte Preise zu binden und nicht den Käufer.[1020] Diese Form der Vereinbarung fällt aber nicht unter die Kernbeschränkungen der Schwarzen Liste.
Folglich werden vertikale Vereinbarungen über Preise und Bezugsbindungen, die aufgrund des Stromlieferungsvertrages in Form eines Dauerschuldverhältnisses entstehen, durch die GFVO automatisch von dem Kartellverbot des Art. 81 Abs. 1 EGV freigestellt.

Die horizontalen Vereinbarungen und abgestimmten Verhaltensweisen im Rahmen der Bündelung der Stromnachfrage werden von keiner GFVO automatisch freigestellt. Dies kann nur über eine Einzelfreistellung gemäß Art. 81 Abs. 3 EGV erfolgen.[1021]

(2) Einzelfreistellung

Aus diesem zuvor geschilderten Grund bedarf es bezügliche der horizontalen Vereinbarungen oder der abgestimmten Verhaltensweisen, die gerade zwischen den nachfragenden Unternehmen im Rahmen der Bündelung der Stromnachfrage auftreten,[1022] einer Einzelfreistellung gemäß Art. 81 Abs. 3 EGV.
Als wichtigste Freistellungsvoraussetzung muß die horizontale Vereinbarung oder abgestimmte Verhaltensweise der Verbesserung der Warenerzeugung dienen. Dies bedeutet, daß mit dem Kartell im Einzelfall tatsächlich spürbare objektive Vorteile für die Verbraucher gegeben sein müssen, die die mit dem Kartell verbundenen Nachteile überwiegen.[1023] Grundsätzlich ist es im Rahmen von Einkaufskooperationen ausreichend, wenn objektive Vorteile in der Form auftreten, daß Kosten, egal ob beim Einkauf oder beim Transport, eingespart werden[1024], die dann auch an den Verbraucher weitergegeben werden muß. Bei der Bündelung der Stromnachfrage fallen somit die horizontalen Vereinbarungen oder abgestimmte Verhaltensweisen zwischen nachfragenden Unternehmen unter das Tatbestandsmerkmal der „Verbesserung der Warenerzeugung oder –verteilung"; zwar werden hier keine Transportkosten gespart, aber zumindest findet eine Kosteneinsparung durch Abnahme größerer Strommengen statt.
Als problematisch erweist sich indes auch in diesem Bereich die Beteiligung von Großunternehmen.[1025] Denn dadurch wird die marktbeeinflussende Wirkung des koordinierten Einkaufsverhaltens wesentlich verstärkt.[1026] Daher bedarf es bei der Beteiligung von Großunter-

[1019] Siehe zum relevanten Strommarkt Seite 185ff.
[1020] Siehe hierzu ausführlicher Seite 103.
[1021] Siehe hierzu Seite 104f.
[1022] Siehe nähere Erläuterungen zum Vorliegen einer abgestimmten Verhaltensweise bei der Bündelung der Stromnachfrage Seite 182ff.
[1023] EuG, Slg. 1995 II, 1533/1596ff. „Langnese-Iglo"; Slg. 1995 II, 1611/1662ff. „Schöller".
[1024] Horizontale Leitlinien (Fn.3) Tz.132; Sauter in Immenga/Mestmäcker, EG-Wettbewerbsrecht, Art. 85 Abs. 3, Rdn. C 9; Schröter in von der Groeben/Thiesing/Ehlermann, Art. 85 Abs. 3, Rdn.301.
[1025] Siehe hierzu die besonderer Marktstruktur im Energiebereich Seite 195.
[1026] Sauter in Immenga/Mestmäcker, EG-Wettbewerbsrecht, Art. 85 Abs. 3, Rdn. C 17.

nehmen einer noch genaueren Untersuchung der Auswirkungen des koordinierten Verhaltens auf den Markt und den damit auch verbundenen Vorteilen. Somit muß im Rahmen des gemeinsamen Stromeinkaufs genau untersucht werden was für Unternehmen an der Nachfragebündelung beteiligt sind und in welchem Verhältnis die dadurch verursachte marktbeeinflussende Wirkung zu den tatsächlich spürbaren Vorteilen für die Verbraucher steht. Die Vorteile des gemeinsamen Einkaufs müssen die durch die Beteiligung von Großunternehmen marktbeeinflussenden Wirkungen überwiegen.

Weiterhin müssen die Verbraucher durch Preisreduzierung an dem Gewinn der Kartellmitglieder angemessen beteiligt werden.[1027] Diesbezüglich sind allerdings im Rahmen des gemeinsamen Stromeinkaufs keine Besonderheiten im Vergleich zu den „normalen" Einkaufsbündelungen zu beachten.
Den beteiligten Unternehmen dürfen des weiteren keine Beschränkungen auferlegt werden, die für die Verwirklichung dieser Ziele nicht unerläßlich sind (Art. 81 Abs. 3 lit. a EGV). Diesbezüglich lassen sich jedoch im Bereich der Bündelung der Stromnachfrage keine zusätzliche Probleme im Vergleich zur „normalen" Einkaufsbündelung feststellen.[1028]

Als letzte Voraussetzung einer Einzelfreistellung nach Art. 81 Abs. 3 EGV ist nach lit. b zu beachten, daß den beteiligten Unternehmen keine Möglichkeiten eröffnet werden soll, einen Ausschluß des Wettbewerbs zu verursachen. Diesbezüglich muß sowohl der Innen- als auch der Außenwettbewerb berücksichtigt werden. Gerade bei der Beurteilung des Außenwettbewerbs kommt es auf die Marktstruktur und die Marktanteile der beteiligten Unternehmen an.[1029] Im Energiebereich ist diesbezüglich besonders zu beachten, daß beim gemeinsamen Einkauf von EVU, soweit diese zu den großen EVU gehören, in den meisten Fällen ein hoher Marktanteil erreicht wird, der dann zu einer Ausschaltung des Wettbewerbs führt. Anders sieht es dagegen aus, wenn es sich um EVU handelt, die gerade nicht zu den größten gehören. Diese sind überwiegend so klein und unbedeutend, daß sich ein gemeinsamer Einkauf zumindest auf den Außenwettbewerb nicht so auswirkt, daß dieser ausgeschaltet wird.

4. Mißbrauch einer marktbeherrschenden Stellung

Bei der Bündelung der Stromnachfrage kann sich die marktbeherrschende Stellung dadurch ergeben, daß eine Begründung oder Ausübung von Nachfragemacht verursacht wird. Diese marktbeherrschende Stellung kann entweder in der Position des Stromhändlers oder des Strommaklers oder bei den nachfragenden Abnehmern auftreten.

a) Beherrschende Stellung

Eine marktbeherrschende Stellung eines Unternehmens ist anzunehmen, wenn es aufgrund seiner Machtposition in der Lage ist, wirksamen Wettbewerb auf dem relevanten Markt zu verhindern, weil es sich gegenüber seinen Wettbewerbern, seinen Handelspartnern und seinen

[1027] Siehe nähere Erläuterungen zur Verbraucherbeteiligung Seite 106.
[1028] Siehe zum Tatbestandsmerkmal Unerläßlichkeit Seite 108.
[1029] Müller- Graff in Hailbronner/Klein/Müller-Graff/Magiera, Art. 85, Rdn.173; Sauter in Immenga/Mestmäcker, EG-Wettbewerbsrecht, Art. 85 Abs. 3, Rdn. C 28; auch Horizontale Leitlinien (Fn.3) Tz.134.

Verbrauchern autonom verhalten kann.[1030] Ob diese Schwelle auf dem jeweiligen Markt der nachfragenden Unternehmen erreicht worden ist, hängt auch von der Struktur des Marktes auf der jeweiligen Marktstufe ab.
Es ergibt sich diesbezüglich keine anderweitige Beurteilung als im deutschen Kartellrecht bei § 19 Abs. 4 Nr. 1, 2 GWB,[1031] so daß eine marktbeherrschende Stellung insbesondere dann auftritt, wenn große Unternehmen, besonders im Bereich der EVU an der Bündelung der Stromnachfrage beteiligt sind.

b) Mißbräuchliche Ausnutzung

Zur Bestimmung der marktbeherrschenden Stellung bedarf es wieder der Bestimmung des relevanten Marktes.[1032] Eine mißbräuchliche Ausnutzung der marktbeherrschenden Stellung liegt unter anderem jedoch erst dann vor, wenn eine unmittelbare oder mittelbare Erzwingung von unangemessenen Einkaufs- oder Verkaufspreisen oder sonstigen Geschäftsbedingungen gegeben ist. Tritt das marktbeherrschende Unternehmen als Nachfrager auf, wie es bei Einkaufskooperationen der Fall ist, so kann die Unangemessenheit in der Erzwingung besonders niedriger Einkaufspreise liegen[1033] oder besonders günstiger Konditionen.
Wie bzw. über wen diese Erzwingung der besonders günstigen Strompreise erfolgt, ist davon abhängig, von wem die Initiative bezüglich des gemeinsamen Einkaufs ausgeht und wer die jeweiligen Akteure sind. Geht die Initiative von den Abnehmern aus, so haben diese Unternehmen möglicherweise eine marktbeherrschenden Stellung, die sie über den Stromhändler oder den Strommakler oder ein sonstiges gegründetes Unternehmen gegenüber dem Stromlieferanten mißbräuchlich ausnutzen. Geht die Initiative dagegen von dem Stromhändler und dem Strommakler aus, so daß zwischen den Abnehmern auch nur eine Abstimmung vorliegt, so liegt die marktbeherrschende Stellung bei diesen vor und wird auch von diesen mißbräuchlich ausgenutzt.
Maßgebend für die Beurteilung ist die Fähigkeit der Anbieter, auf andere Handelspartner oder benachbarte Produktmärkte auszuweichen, so daß sie auf die Nachfragebündelung mit ihrer entsprechenden Marktmacht nicht angewiesen sind und nicht auf deren Preisforderungen eingehen müssen.
Gerade in diesem Bereich wirkt es sich somit aus, inwieweit die Liberalisierung der Energiemärkte vorangetrieben worden ist, denn ist diese zwar theoretisch aber nicht praktisch geschehen, so beschränken sich die Ausweichmöglichkeiten der Stromanbieter ausschließlich auf einen bestimmten Teil des Marktes, vielleicht sogar nur auf den lokalen oder regionalen Markt. Dies führt dann dazu, daß es leicht zu der Erzwingung von besonders günstigen Einkaufspreisen und –konditionen kommen kann.

Art. 82 S.2 lit. b EGV nennt weiterhin als mißbräuchliches Verhalten die Einschränkung der Erzeugung, des Absatzes zum Schaden der Verbraucher. Hierunter fallen auch Bezugspflichten die den Stromabnehmern im Verhältnis zu den Stromlieferanten oder den Stromhändlern auferlegt worden sind. Fraglich ist jedoch auch hier, ob alleine aus dem Abschluß eines Dauerschuldverhältnisses eine solche Bezugspflicht erwachsen kann bzw. ob man immer beim

---

[1030] EuGH, Slg. 1980, 3775/3793 „L'Oréal"; Slg. 1979, 461/520 „Hoffmann-La Roche/Vitamine"; Dirksen in Langen/Bunte, Art. 82, Rdn.9, 12, 13.
[1031] Siehe hierzu Seite 199f.
[1032] Diesbezüglich kann auf die bereits gemachten Ausführungen auf Seite 185ff. verwiesen werden.
[1033] Vgl. EuGH, Slg. 1985, 1105/1123 (Nr. 22) „CICCE".

Vorliegen eines Dauerschuldverhältnisses von einer Bezugspflicht ausgehen muß. Diese Frage kann jedoch nicht anders beantwortet werden als schon im Rahmen des deutschen Kartellrechts.[1034] Danach muß bei Dauerschuldverhältnissen darauf abgestellt werden, ob diese entweder auf einen kurzfristigen Zeitraum begrenzt sind oder den Stromabnehmern zumindest nach einem kurzen Zeitraum eine Kündigungsmöglichkeit gegeben ist.
Diese Einschränkung des Absatzes muß zum Schaden des Verbrauchers führen. Als Verbraucher kann man in der Konstellation der Einkaufskooperation sowohl die Mitglieder der Einkaufskooperation sehen als auch die Endabnehmer der Mitgliedsunternehmen. Zum Schaden der Mitglieder wird die Bezugpflicht, wenn diese dadurch zu ungünstigeren Strompreisen einkaufen müssen, weil sie an die Abnahme des Stroms über einen bestimmten Vertragspartner für längere Zeit gebunden sind. Dies führt auch zum Schaden bei den Endverbrauchern, wenn dadurch die Produktionskosten bei Herstellern bzw. bei den EVU die Weiterverkaufspreise des Stroms steigen, so daß von den Endverbrauchern höhere Preise gezahlt werden müssen.

5. Zusammenschlußkontrolle

Unter die Zusammenschlußkontrolle gemäß der FKVO fallen nicht nur Fusionen, sondern auch die Gründung von Gemeinschaftsunternehmen.[1035]
In den überwiegenden Fällen des gemeinsamen Einkaufs von Strom wird es nicht zu einer Gründung eines Gemeinschaftsunternehmens kommen, weil weder die EVU noch die Endabnehmer sich zu einem Gemeinschaftsunternehmen zusammenschließen werden bzw. ausschließlich für den gemeinsamen Einkauf von Strom ein Gemeinschaftsunternehmen gründen werden. Gerade bei EVU, die sich ausschließlich mit dem Ein- und Weiterverkauf von Strom befassen, wird es nicht zu einer Gründung von Gemeinschaftsunternehmen kommen, da sie dadurch ihre Selbständigkeit aufgeben und es zu einem Zusammenschluß i.S.d. FKVO kommt. Dies ist nicht der Sinn und Zweck des gemeinsamen Einkaufs von Strom.
Folglich wird es bei Bündelungen der Stromnachfrage selten zu einer Zusammenschlußkontrolle nach der FKVO kommen. Und selbst wenn dies der Fall ist, so ergeben sich im Vergleich zur „normalen" Einkaufsbündelung keine Besonderheiten.[1036]

6. Ergebnis (europäisches Kartellrecht)

Obwohl sich die Öffnung des europäischen Strommarktes als sehr mühsam und langsam erweist, sind grenzüberschreitende Nachfragebündelungen nicht auszuschließen und werden auch künftig an Bedeutung immer mehr zunehmen.
Im Rahmen der Bündelung der Stromnachfrage muß für die kartellrechtliche Beurteilung zum einen zwischen der Art der Stromabnehmer unterschieden werden, ob es sich um Endverbraucher oder um EVU handelt, und zum anderen zwischen den jeweiligen Initiatoren des gemeinsamen Einkaufs.
Schließen sich mehrere Endabnehmer oder EVU zusammen, die weder auf dem Einkaufs- noch auf dem Verkaufsmarkt miteinander im Wettbewerb stehen, so gelangt Art. 81 Abs. 1 EGV nach den Horizontalleitlinien erst dann zur Anwendung, wenn Unternehmen mit erheblicher Marktmacht beteiligt sind. Für die Bündelung der Stromnachfrage bedeutet das, daß ge-

---

[1034] Siehe zur Auswirkung eines Dauerschuldverhältnisses im Rahmen der Bezugsbindung Seite 198ff.
[1035] Zur Anwendbarkeit der FKVO Seite 119.
[1036] Vgl. hierzu Seite 119ff.

rade im Bereich der vier großen EVU Art. 81 Abs. 1 EGV zur Anwendung kommt, auch wenn die Unternehmen aufgrund der Regionalmärkte nicht im Wettbewerb zueinander stehen. Jedoch werden die Unternehmen nicht als untereinander im Wettbewerb stehend angesehen, wenn sie nicht auf demselben relevanten nachgeordneten Markt tätig sind, was bei der Bündelung der Stromnachfrage im Bereich der Endverbraucher dazu führt, daß in dieser Konstellation Art. 81 Abs. 1 EGV in den überwiegenden Fällen nach den Horizontalleitlinien gar nicht erst zur Anwendung gelangt.
Kommt man zu dem Ergebnis, daß Art. 81 Abs. 1 EGV trotz der horizontalen Leitlinien zur Anwendung gelangt oder sieht man einmal von der Praxis der Kommission aufgrund der horizontalen Leitlinien ab, so kommt es zu einer Überprüfung anhand des Art. 81 Abs. 1 EGV. Einkaufsbündelungen von Haushaltskunden scheiden auch wegen des funktionalen Unternehmensbegriffs aus dem Anwendungsbereich des Art. 81 Abs. 1 EGV aus.
Auch die sogenannten Sternverträge beim Tätigwerden von Stromhändlern und Strommaklern fallen aufgrund des Erfassens von vertikalen Vereinbarungen unter die Vereinbarungen und abgestimmten Verhaltensweisen. Von einer Wettbewerbsbeschränkung im Rahmen der Bündelung der Stromnachfrage ist auszugehen, wenn es um die Festsetzung von Ankaufspreisen geht, also wenn der Strommakler mit dem Stromlieferanten bestimmte Preise vereinbart, die dieser einer bestimmten Gruppe von Abnehmern, nämlich der für die der Strommakler vermittelnd tätig wird, gewähren muß. Genauso verhält es sich, wenn die Initiative von Abnehmern ausgeht und diese einen von ihnen gegründeten Strommakler mit dieser Aufgabe beauftragen, der dann wiederum mit einem Lieferanten bestimmte Preise für die Abnehmer vereinbart. Auch das Vorliegen einer Bezugspflicht führt zu einer Wettbewerbsbeschränkung, so daß sich hier wieder das Problem der Stromlieferungsverträge in Form von Dauerschuldverhältnissen auftritt. Da Art. 81 Abs. 1 EGV nicht dazu führen kann, daß alle Dauerschuldverhältnisse unter das Kartellverbot fallen, muß es auch hier zu einer Einschränkung nach dem Sinn und Zweck der Vorschrift kommen, so daß nur dann von einer Bezugspflicht auszugehen ist, wenn nicht mehr von einem kurzen Stromlieferungsvertrag auszugehen ist, weil den Abnehmern nicht die Möglichkeit offen steht sich von diesem nach einem gewissen Zeitraum zu lösen.

Trotz eines Verstoßes gegen Art. 81 Abs. 1 EGV kann es zu einer Gruppen- oder Einzelfreistellung kommen. Es muß zwischen den horizontalen und vertikalen Vereinbarungen, die der Strombündelung zu Grunde liegen, unterschieden werden. Die vertikalen Vereinbarungen, wie bestimmte zu gewährende Strompreise und Bezugsbindungen auf Grund von Dauerschuldverhältnissen können durch die GFVO Nr. 2790/1999 freigestellt werden. Der Anwendungsbereich der GFVO wird allerdings eingeschränkt, wenn es sich um eine Vereinbarung zwischen einer Unternehmensvereinigung und ihren Mitgliedern handelt, es sei denn es handelt sich um eine Unternehmensvereinigung von Wareneinzelhändlern. Um eine Unternehmensvereinigung handelt es sich im gemeinsamen Stromeinkauf nur dann, wenn die Initiative für den gemeinsamen Stromeinkauf von den Abnehmern ausgeht und diese sich hierfür in Form einer Unternehmensvereinigung zusammenschließen, die dann den gemeinsamen Einkauf tätigt. Um Wareneinzelhändler handelt es sich bei den Abnehmern jedoch nur dann, wenn es sich um Industrieunternehmen handelt, die mit Hilfe des Stromes weitere Produkte produzieren und verkaufen, d. h. als Endverbraucher bezüglich des eingekauften Stroms anzusehen sind. Hierunter fallen auch EVU, die die erworbene Energie ausschließlich weiterveräußern. Eine Kernbeschränkung wird in den überwiegenden Fällen nicht vorliegen, da es im Rahmen der Nachfragebündelung darum geht, den Verkäufer an bestimmte Preise zu binden und nicht den Käufer. Folglich kommt es zu einer Freistellung der vertikalen Vereinbarungen über die GFVO.

Die horizontalen Vereinbarungen können nur über eine Einzelfreistellung freigestellt werden, wobei diesbezüglich notwendig ist, daß aufgrund der Vereinbarung tatsächliche objektive Vorteile für die Verbraucher vorliegen. Dafür ist es ausreichend, daß Kosten, egal ob beim Einkauf oder beim Transport, eingespart werden und diese Kosteneinsparung dann auch an die Verbraucher in Form von Preisreduzierungeb weitergegeben werden. Gerade bei der Beteiligung von Großunternehmen, wie EVU oder großen Industrieunternehmen, müssen die Vorteile des gemeinsamen Einkaufs die durch die Beteiligung von Großunternehmen marktbeeinflussenden Wirkungen überwiegen.
Auch darf es gerade im Bereich der Beteiligung dieser Großunternehmen nicht zu einem Ausschluß des Innen- und Außenwettbewerbs kommen.

Auch bei dem Mißbrauch einer marktbeherrschenden Stellung nach Art. 82 EGV kann es sowohl in der Position des Stromhändlers, des Strommaklers oder bei den Abnehmern zu einer solchen marktbeherrschenden Stellung kommen. Wobei auch in diesem Zusammenhang die besondere Struktur des Energiemarktes zu beachten ist. Zu einem Mißbrauch dieser marktbeherrschenden Stellung kommt es dann, wenn es zur Erzwingung besonders niedriger Einkaufspreise oder besonders günstiger Konditionen kommt. Geht die Initiative von den Abnehmern aus, so haben diese Unternehmen dann möglicherweise eine marktbeherrschenden Stellung, die sie über den Stromhändler oder den Strommakler oder ein sonstiges gegründetes Unternehmen gegenüber dem Stromlieferanten mißbräuchlich ausnutzen. Geht die Initiative dagegen von dem Stromhändler und dem Strommakler aus, so daß zwischen den Abnehmern auch nur eine Abstimmung vorliegt, so liegt die marktbeherrschende Stellung bei diesen vor und wird auch von diesen mißbräuchlich ausgenutzt. Gerade in diesem Bereich wirkt sich die noch nicht so weit fortgeschrittenen Liberalisierung der Strommärkte aus, da den Stromlieferanten dadurch Ausweichmöglichkeiten nicht zur Verfügung stehen und sie somit den Preisforderungen der nachfragenden Unternehmen ausgeliefert sind.
Auch Art. 82 S.2 lit. b EGV nennt als mißbräuchliches Verhalten die Einschränkung des Absatzes zum Schaden der Verbraucher und damit eine Bezugspflicht. Wobei es auch diesbezüglich nicht zu einem generellen Verbot von Dauerschuldverhältnissen kommen darf, so daß es zu einer gleichen Beurteilung wie bei § 16 Nr. 2 GWB kommen muß. Zum Schaden der Verbraucher und damit zum Schaden der Stromabnehmer wird diese Bezugpflicht dann, wenn diese dadurch zu ungünstigeren Strompreisen einkaufen müssen, weil sie an die Abnahme des Stroms über einen bestimmten Vertragspartner für längere Zeit gebunden sind.

Bei der Bündelungen der Stromnachfrage kommt es selten zu einer Zusammenschlußkontrolle nach der FKVO, weil sich weder die EVU noch die Endabnehmer für den gemeinsamen Stromeinkauf zu einem Gemeinschaftsunternehmen zusammenschließen werden.

C. Einkaufsbündelungen der öffentlichen Hand

Dieser Abschnitt der Arbeit befaßt sich mit Einkaufsbündelungen der öffentlichen Hand. In der Bundesrepublik Deutschland bestehen verstärkt Bemühungen, Ausschreibungen von Gemeinden im Bereich ihrer fiskalischen Tätigkeit durch verschiedene Modelle der Zusammenarbeit, vor allem in Form der Einkaufskooperation zu rationalisieren. Hintergrund der Diskussion ist die allgemeine Tendenz der Deregulierung und Privatisierung öffentlicher Aufgaben sowie die Notwendigkeit der Ausnutzung von Einsparpotentialen angesichts der aktuellen Situation der kommunalen Haushalte. Unabhängig von dieser allgemeinen politischen Entwicklung sind Gemeinden auch rechtlich zur Sparsamkeit und Wirtschaftlichkeit bei ihrer Haushaltsführung verpflichtet.[1037]

I. Allgemeine Beschreibung

1. Das Prinzip der Einkaufsbündelungen der öffentlichen Hand

Zunächst kommt der spontane und nur für eine einmalige Beschaffung gedachte Zusammenschluß von Städten und Gemeinden, die im betreffenden Haushaltsjahr eine bestimmte Investitionen vornehmen wollen. Langfristig ist jedoch absehbar, daß kommunale Spitzenverbände oder auch interessierte Städte und Gemeinden Beschaffungsunternehmen mit dem Ziel gründen werden, ihre Mitglieder, aber auch Dritte, dauerhaft bei der Beschaffung von Ausrüstung zu beraten und einzukaufen, um auf diesem Wege Einsparpotential zu verwirklichen. In der Praxis wird dies in der Regel durch die gebündelte Ausschreibung im jeweiligen Marktsegment erfolgen. Dadurch wird es diesen kommunalen Einkaufskooperationen möglich, bisher nicht vorhandene Einsparpotentiale zu realisieren.
Dabei handelt es sich nicht nur um Beschaffungen für den „Eigenbedarf" der Gemeinden (z.B. Feuerwehrgeräte), sondern auch um den gemeinsamen Einkauf von Waren für den Weiterverkauf (z.B. Strom).[1038]

Zusammenfassend erfolgt die Einkaufskooperation von kleinen und mittleren Gemeinden unter vier Gesichtspunkten:

- Durch die Nachfragebündelung wird dem (gesetzlichen) Gebot der Wirtschaftlichkeit entsprochen.
- Einsparpotentiale vor allem im Vergleich zu den Preisen, die Großstädte mit ihrem kontinuierlichen Beschaffungsbedarf bisher erzielen konnten, eröffnen sich dadurch auch für kleine und mittlere Gemeinden.
- Angesichts knapper Haushaltsmittel können vorhandene Gelder effizienter, insbesondere im Bereich der Gefahrenabwehr, eingesetzt werden.
- Schließlich kann die Einkaufskooperation und Nachfragebündelung auch zu einer Verstärkung des grenzüberschreitenden Wettbewerbs, sowohl über die Grenzen der Bundesländer wie auch die Grenzen der Bundesrepublik Deutschland hinaus, führen.

[1037] Vgl. zum Besipiel § 7 Abs. 2 Landeshaushaltsordnung Rheinland Pfalz; § 93 Abs. 2 Gemeindeordnung Rheinland Pfalz.
[1038] Tätigkeitsbericht des Bundeskartellamtes 1999/2000, BT-Drucks. 14/6300, Seite 45.

2. Organisationsformen der Einkaufsbündelungen der öffentlichen Hand

Bei der Einkaufskooperation von kleineren und mittleren Gemeinden sind mehrere Modelle möglich und auch bereits aufgetreten.
Häufig sind die Einkaufsbündelungen der öffentlichen Hand in der Form organisiert, daß eine Gemeinde oder Stadt sowohl für den eigenen Bedarf als auch für zum Kreis gehörende Städte oder Gemeinden eine gemeinsame Ausschreibung durchführt,[1039] wobei der jeweilige Auftrag von jeder an der Ausschreibung beteiligten Stadt/Gemeinde getrennt vergeben wird, so daß auch die Rechnungsstellung an jede Stadt/Gemeinde getrennt zu erfolgen hat.

Eine andere Organisationsform ist diejenige, daß eine Gesellschaft gegründet wird, bei der nicht die Gemeinden oder Städte Gesellschafter sind, sondern ein sogenannter „kommunaler Spitzenverband", der in den überwiegenden Fällen als eingetragener Verein organisiert ist.[1040] Die Gemeinden und Städte sind Mitglieder dieses Vereines. Der Verein organisiert zentral die Beschaffung der jeweils nachgefragten Produkte/Waren für die Städte und Gemeinden. Diese geschieht in der Weise, daß die Mitglieds-Gemeinden/Städte nach ihrem Bedarf an dem jeweiligen Produkt gefragt werden und dann selbst entscheiden, ob und wann sie das jeweilige Produkt über den Verein beschaffen wollen. Nach den Rückmeldungen der einzelnen Mitglieder wird die entsprechende Ausschreibung von dem Verein getätigt, um dann mit den Lieferanten entsprechende Rahmenverträge für die Städte und Gemeinden auszuhandeln. Besonders zu erwähnen ist in diesem Zusammenhang, daß der Verein oft für seine Bündelungstätigkeit auf die ausgehandelten Preise einen Aufschlag erhebt.[1041]

Auch besteht im Rahmen der Einkaufsbündelungen der öffentlichen Hand die Möglichkeit diese in der Form eines Gemeinschaftsunternehmens zu organisieren.[1042] Das Gemeinschaftsunternehmen wird dann im Rahmen einer Ausschreibung stellvertretend und im Auftrag der jeweiligen Städte und Gemeinden tätig.

Als letzte Möglichkeit kann der gemeinsame Einkauf der öffentlichen Hand auch über selbständige und unabhängige Unternehmen, sogenannte Einkaufsagenturen, stattfinden.[1043] Überwiegend findet diese dann in der Form statt, daß die Einkaufsagenturen mit einer unbestimmten Anzahl von Städten und Gemeinden vertikale Verträge (Dienstleistungsverträge) schließen.

[1039] LG Dortmund, v. 13.2.1998, DZWir 1998, 294/294; OLG Düsseldorf, 12.5.1998, WuW/E DE-R 150/150 „Löschfahrzeuge".
[1040] LG Hannover, 6.11.1997, WuW/E Verg. 34/34 „Feuerwehrbedarfsartikel"; OLG Celle, 13.5.1998, WuW/E Verg.188/188 „Feuerwehrbedarfsartikel"; OLG Celle Kartellsenat, v. 31.5.2001, 13 U (Kart) 248/98 -nicht rechtskräftig-, NJW-RR 2002, 476ff.; BGH v. 12.11.2002, .ZIP 2003, 1813ff.
[1041] In dem Urteil des LG Hannover, v. 6.11.1997, WuW/E Verg. 34/34 „Feuerwehrbedarfsartikel" erhob die Gesellschaft einen Aufschlag von 3%.
[1042] Siehe OLG Koblenz, 5.11.1998, WuW/E Verg. 184/184 „Feuerlöschgeräte" wo es sich um ein Gemeinschaftsunternehmen vom Gemeinde- und Städtebund Rheinland-Pfalz e.V. und des Landesfeuerwehrverbandes Rheinland-Pfalz e.V. handelt.
[1043] Bunte in Schwerpunkt des Kartellrechts 1998, Seite 45/52.

II. Beurteilung nach deutschem Kartellrecht

Die Einkaufskooperationen kleiner und mittlerer Städt und Gemeinden, sei es durch einmalige und spontane Zusammenschlüsse, sei es durch die Vermittlung von kommunalen oder auch privaten Beschaffungsunternehmen, können indes den Tatbestand von § 1 GWB erfüllen und daher ein rechtswidriges Nachfragekartell darstellen.

1. Anwendbarkeit des deutschen Kartellrechts

Gemäß § 130 Abs. 1 GWB findet das GWB „auch Anwendung auf Unternehmen, die ganz oder teilweise im Eigentum der öffentlichen Hand stehen oder die von ihr verwaltet oder betrieben werden". Hieraus und aus dem weiten Unternehmensbegriff des Gesetzes wird heute allgemein der Schluß gezogen, daß das Kartellrecht auch auf die wirtschaftlichen Aktivitäten des Staates und seiner Gliederungen anzuwenden ist. § 130 Abs. 1 Satz 1 ist ausschließlich klarstellender Natur.[1044]

Zu beachten ist jedoch, daß die Unternehmen der öffentlichen Hand häufig auch hoheitliche Aufgaben zu erfüllen haben. In diesem Zusammenhang stellt sich somit die Frage, wie in derartigen Fällen der Anwendungsbereich des Kartellrechts vom kartellrechtsfreien öffentlich-rechtlichen Regelungsbereich zu trennen ist.[1045] Hierbei wird darauf abgestellt, ob eine hoheitliche oder eine privatrechtliche Beziehung vorliegt. Bei dieser Beurteilung hat sich inzwischen durchgesetzt, daß man auf die Wettbewerbsbeziehung abstellt, so daß es darauf ankommt, ob eine Wettbewerbsbeziehung besteht, d.h. ob außer dem Staat noch andere Nachfrager für die betreffenden Leistungen vorhanden[1046] oder denkbar sind.[1047] Grundsätzlich ist bei allen von der öffentlichen Hand bezogenen Waren, selbst bei Feuerwehrbedarfsartikeln und Löschfahrzeugen",[1048] davon auszugehen, daß sie mit anderen Nachfragern in einem Wettbewerbsverhältnis stehen können, so daß diesbezüglich von einer grundsätzlichen Anwendbarkeit der Vorschriften des GWB gemäß § 130 Abs. 1 Satz 1 GWB auszugehen ist.

2. Kartellverbot gemäß § 1 GWB

Als erstes Problem in diesem Zusammenhang stellt sich die Frage, ob es sich bei Einkaufskooperationen von Gemeinden um ein Nachfragekartell im Sinne von § 1 GWB handelt. Teilweise muß bei der kartellrechtlichen Beurteilung zwischen den verschiedenen Organisationsformen der Einkaufsbündelungen der öffentlichen Hand unterschieden werden.

[1044] Bechtold, § 130, Rdn.3.
[1045] Weisser in Frankfurter Kommentar, § 130 Abs. 1, Rdn.37.
[1046] BGH, v. 26.5. 1987, WuW/E BGH 2399/2403 „Krankentransporte"; OLG Düsseldorf, v. 24.9.1992, WuW/E OLG 4998/5000f. „Landesapothekenkammer".
[1047] Bechtold § 130, Rdn.5.
[1048] Es gibt auch betriebseigene Feuerwehren von großen Betrieben, die diese Artikel nachfragen.

a) Tatbestandsvoraussetzungen des Kartellverbots

(1) Unternehmen

Nach dem funktions- und tätigkeitsbezogenen Unternehmensbegriff handelt als Unternehmen, wer zum Zweck des marktwirtschaftlichen Leistungsaustausches auf einem Markt als Anbieter oder Nachfrager auftritt. Dieser Unternehmensbegriff ist bei der Beschaffungsaktivität der öffentlichen Hand erfüllt. Auch der Staat und Teile des Staates wie Gemeinden, die in der vorbezeichneten Weise auf dem Markt auftreten, sind Unternehmen des GWB.[1049] Dies wird auch nicht durch § 130 Abs. 2 GWB eingeschränkt, sondern Gemeinden sind nach dem weiten funktionalen Unternehmensbegriff immer dann als Unternehmen i.S.d. GWB anzusehen, wenn sie sich durch das Angebot von wirtschaftlichen Leistungen oder durch die Nachfrage von solchen Leistungen wirtschaftlich betätigen.[1050]
Aus diesem Grund sind sowohl der Staat und Teile des Staates wie Städte und Gemeinden als Unternehmen i.S.d. § 1 GWB als auch der Verein oder die Einkaufskooperation, die die Einkaufsinteressen der Gemeinden wahrnehmen, als Unternehmensvereinigung zu qualifizieren.

(2) Vereinbarungen oder Beschlüsse von Unternehmensvereinigungen

Bei der Beurteilung, ob eine Vereinbarung, eine abgestimmte Verhaltensweise oder Beschlüsse von Unternehmensvereinigungen vorliegen, muß danach unterschieden werden, wie der gemeinsame Einkauf der öffentlichen Hand organisiert ist.[1051] Findet der gemeinsame Einkauf in der Form statt, daß Gemeinde oder Stadt sowohl für den eigenen Bedarf als auch für zum Kreis gehörende Städte oder Gemeinden eine gemeinsame Ausschreibung durchführt, so ist davon auszugehen, daß die Nachfragebündelung aufgrund einer zwischen den Gemeinden geschlossenen Vereinbarung stattfindet.[1052]
Dies gilt auch, wenn ein Gemeinschaftsunternehmen die gemeinsamen Ausschreibungen stellvertretend und im Auftrag der Städte und Gemeinden durchführt,[1053] denn auch hier liegt eine Vereinbarungen zwischen den Gemeinden oder Städten vor.

Wird der gemeinsame Einkauf von einer neu gegründeten Gesellschaft übernommen, deren Gesellschafter nicht die einzelnen Gemeinden oder Städte sind, sondern ein kommunaler Spitzenverband in Form eines eingetragenen Vereines, in dem die Gemeinden/Städte Mitglieder sind, so ergeben sich auch hier keine weiteren Probleme beim Vorliegen von Vereinbarungen. Fraglich ist jedoch, wie es in diesem Zusammenhang zu bewerten ist, daß jede Gemeinde oder Stadt mit der Gesellschaft einen eigenständigen Vermittlungsvertrag abschließt. Stellt man alleine auf diesen Vermittlungsvertrag ab, so kann man zu der Annahme gelangen, daß es sich hier um eine Vielzahl vertikaler Verträge handelt und nicht um Vereinbarungen zwischen den Gemeinden und Städten. Bei dieser Annahme ist jedoch unberücksichtigt geblieben, daß die Gemeinden Mitglieder des kommunalen Spitzenverbandes (eingetragener Verein) sind, der als

---

[1049] LG Dortmund, v. 13.2.1998, DZWir 1998, 294/294; OLG Düsseldorf, v. 12.5.1998, WuW/E DE-R 150/152 „Löschfahrzeuge".

[1050] Jungbluth in Langen/Bunte, § 130 Abs. 1, Rdn.33, 34, 38, 40, 43 m. w. N.; Emmerich in Immenga/Mestmäcker, § 130 Abs. 1, Rdn.29ff. m. w. N.; Bechtold, § 130, Rdn.1, 2.

[1051] Siehe hierzu oben Seite 216f.

[1052] OLG Düsseldorf, v.12.5.1998, WuW/E DE-R 150ff. „Löschfahrzeuge".

[1053] OLG Koblenz, v. 5.11.1998, WuW/E Verg. 184/184 „Feuerlöschgeräte".

alleiniger Gesellschafter die Gesellschaft für den gemeinsamen Einkauf der öffentlichen Hand gegründet hat. Dies geschah zu dem Zweck, das Verhalten der Mitglieder bei der jeweiligen Warenbeschaffung zu koordinieren, um dadurch günstige Konditionen durchsetzen zu können. Die Grundlage für den gemeinsamen Einkauf ist somit die Vereinbarung der Mitglieder (Gemeinden) des kommunalen Spitzenverbandes zur Gründung einer Gesellschaft, die den gemeinsamen Bedarf ausschreibt und dann mit den Lieferanten Rahmenverträge aushandelt. Folglich sind die der Gründung und der Tätigkeit des Vereins bzw. der Einkaufskooperation zu Grunde liegenden Vereinbarungen als solche zwischen Unternehmen (Gemeinden/Städten) einzustufen.[1054]

Problematischer wird es, wenn die Initiative für den gemeinsamen Einkauf der öffentlichen Hand von selbständigen Einkaufskooperationen ausgeht, die mit den Städten und Gemeinden Vermittlungsverträge schließen.[1055] Wenn jede einzelne Stadt/Gemeinde mit der Einkaufsagentur einen Vermittlungsvertrag abschließt, so liegt keine Vereinbarung zwischen den Gemeinden/Städten vor, sondern eine Vielzahl vertikaler Dienstleistungsverträge, die möglicherweise auf einer horizontalen Abstimmung zwischen den Gemeinden/Städten beruhen (sogenannter Sternvertrag).
Fraglich ist, ob diesen vertikalen Verträgen eine horizontale Abstimmung zugrunde liegt. Von einer Abstimmung ist auszugehen, wenn Unternehmen ihr Marktverhalten einverständlich aufeinander ausrichten und voneinander abhängig machen, ohne sich dem Partner gegenüber dazu zu verpflichten.[1056] Diese Abstimmung kann durch jede Fühlungnahme zwischen den Unternehmen stattfinden, wobei es unabhängig davon ist auf welchem Weg und mit welchen Mitteln dies geschieht.
Allerdings ergibt sich in diesem Zusammenhang das gleiche Problem wie im Rahmen des gemeinsamen Einkaufs über eine Internetplattform und bei dem gemeinsamen Stromeinkauf über Stromhändler oder Strommakler von denen die Initiative ausgeht. Es findet keine direkte Fühlungnahme zwischen den öffentlichen Unternehmen statt, sondern es werden ausschließlich Vermittlungsverträge mit der selbständigen Einkaufsagentur geschlossen. Durch diese wird dann die Nachfrage der öffentlichen Unternehmen in einer gemeinsamen Ausschreibung gebündelt. Folglich herrscht in den überwiegenden Fälle Anonymität zwischen den einzelnen öffentlichen Unternehmen.

Es stellt sich somit die Frage, ob hier überhaupt von einer Abstimmung zwischen den öffentlichen Unternehmen auszugehen ist, die den vertikalen Vereinbarungen zu Grunde liegen muß. In dieser Konstellation kann es sich möglicherweise um eine Abstimmung über Dritte handeln. Im vorliegenden Fall kann eine Fühlungnahme zwischen den Unternehmen in der Form stattfinden, daß jeder einzelne einen Vermittlungsvertrag mit der Einkaufsagentur abschließt mit dem Zweck, daß diese den Bedarf mehrerer öffentlicher Unternehmen bündelt, um dadurch bessere Preise und Konditionen zu erlangen. Fraglich ist aber, ob diese getrennt voneinander geschlossenen vertikalen Dienstleistungsverträge mit den Einkaufsagenturen ausreichend sind, um aufgrund dessen eine Abstimmung zwischen den Nachfragern über einen Dritten anzunehmen. Eine Abstimmung über Dritte ist auf jeden Fall dann zu verneinen, wenn die Initiative für den gemeinsamen Einkauf, also die Nachfragebündelung, alleine von dem Drit-

[1054] LG Hannover, v. 6.11.1997, WuW/E Verg. 34/35 „Feuerwehrbedarfsartikel".
[1055] OLG Koblenz, v. 5.11.1998, WuW/E Verg. 184ff. „Feuerlöschgeräte".
[1056] Siehe nähere Erläuterungen hierzu auf Seite 134.

ten ausgeht.[1057] In diesem Fall liegt keine Abstimmung zwischen den beteiligten Unternehmen vor, sondern allenfalls eine Empfehlung des Dritten an die jeweiligen Unternehmen.
In dem vorliegend geschilderten Fall des Einkaufs der öffentlichen Hand über eine Einkaufsagentur ist allerdings davon auszugehen, daß die Initiative in der Form von den Unternehmen der öffentlichen Hand ausgeht, daß diese immerhin bereit sein müssen, über eine Einkaufsagentur einzukaufen, um auf diesem Weg bessere Preise und Konditionen zu erlangen. Der gemeinsame Einkauf der Unternehmen der öffentlichen Hand funktioniert nur, wenn die Einkaufsagentur und die öffentlichen Unternehmen bewußt unter dem Aspekt der Bündelung der Nachfrage zusammenarbeiten. Ist diese Voraussetzung erfüllt, so ist von einer Abstimmung zwischen den einzelnen Unternehmen der öffentlichen Hand auszugehen.
Allerdings führen mehrere vertikale Verträge zwischen den öffentlichen Unternehmen und Einkaufsagentur nicht zwingend auch zu einer Abstimmung zwischen den öffentlichen Unternehmen.[1058] Werden die öffentlichen Unternehmen soweit unabhängig voneinander tätig, daß es sich nicht um eine bewußte Bündelung der Nachfrage über die Einkaufsagentur handelt, so ist nicht von einer Abstimmung zwischen diesen über einen Dritten, nämlich die Einkaufsagentur, auszugehen.
Folglich ist bei dem Einkauf eines öffentlichen Unternehmens sehr genau zu untersuchen, inwieweit hinter den einzelnen vertikalen Verträge eine bewußte horizontale Abstimmung zwischen den einzelnen öffentlichen Unternehmen zu sehen ist.

(3) Zwischen miteinander im Wettbewerb stehenden Unternehmen

Jedoch verbietet § 1 GWB nur Vereinbarungen und abgestimmte Verhaltensweisen zwischen miteinander im Wettbewerb stehenden Unternehmen, also nur die sogenannten horizontalen Vereinbarungen und abgestimmten Verhaltensweisen und nicht die vertikalen. Unternehmen stehen dann miteinander im Wettbewerb, wenn zwischen ihnen ein Wettbewerbsverhältnis besteht.

(a) Wettbewerbsverhältnis

Für den gemeinsamen Einkauf von Unternehmen der öffentlichen Hand bedeutet das, daß nur dann § 1 GWB zur Anwendung gelangt, wenn davon auszugehen ist, daß auch die Unternehmen der öffentlichen Hand in einem Wettbewerbsverhältnis stehen. Davon ist auszugehen, wenn sie auf dem gleichen sachlich, räumlich und zeitlich relevanten Markt tätig sind. Dazu bedarf es erst einmal der Bestimmung dieses relevanten Marktes.
Der sachlich relevante Markt umfaßt die Güter, die aus Sicht der Marktgegenseite einer funktionellen Austauschbarkeit unterliegen.[1059] Da das Wettbewerbsverhältnis durch den Inhalt der Vereinbarung oder der abgestimmten Verhaltensweise berührt werden muß, geht es beim gemeinsamen Einkauf von Unternehmen nicht um den Absatzwettbewerb, sondern den Nachfragewettbewerb, der stets spiegelbildlich aus der Sicht der Anbieterseite betrachtet wird. Zu der weiteren näheren Bestimmung des sachlich relevanten Marktes ist allerdings nur anzufüh-

---

[1057] Roth in Frankfurter Kommentar, § 25, Rdn.13; OLG Stuttgart v. 26.10.1984, WuW/E OLG 3332, 3333 „Familienzeitschrift"; Benisch in Gemeinschaftskommentar, § 25 Abs. 1, Rdn.8; Belke in ZHR 139, 51/94ff.
[1058] Bunte in Schwerpunkt des Kartellrechts 1998, Seite 45/52.
[1059] Vgl. etwa BKartA , WuW/E BKartA 2169/2173 „TUI/Air Conti"".

ren, daß sich dieser nach dem jeweiligen Produkt richtet, daß von den öffentlichen Unternehmen gemeinsam eingekauft wird.

> Als Beispiel läßt sich hier der gemeinsame Einkauf im Bereich der Feuerwehren anführen: So ist im Bereich der Feuerwehren zwischen dem sachlich relevanten Markt für Feuerwehrausrüstungsgegenstände (Beladung) und dem für Feuerwehrlöschfahrzeuge zu unterscheiden[1060]. Der Grund hierfür ist darin zu sehen, daß es einem im Beladungsbereich tätigen Anbieter nicht möglich sein wird, Ausfälle im Absatzbereich der Feuerwehrausrüstungsgegenstände durch das Angebot von Löschfahrzeugen, Aufbauten etc. zu substituieren.

Der räumlich relevante Markt ist sehr unterschiedlich zu bestimmen, so daß es auch diesbezüglich auf das jeweilige Produkt ankommt. Im Bereich des Feuerwehrbedarfs wird so zum Teil angenommen, daß er regional begrenzt sei[1061] oder aber er erstreckt sich auf das Gebiet der gesamten Bundesrepublik.[1062] In den überwiegenden Fällen des gemeinsamen Einkaufs der öffentlichen Hand ist jedoch von einem räumlich relevanten Markt auszugehen, der sich zumindest auf das Gebiet der gesamten Bundesrepublik erstreckt und sich teilweise sogar europaweit ausdehnt, zumindest in der Form, daß eine europaweite Ausschreibung stattfindet[1063]. Innerhalb der Bundesrepublik lassen sich grundsätzlich keine räumlichen Teilmärkte feststellen. Selbst im Energiebereich wird durch die immer weitergehende Liberalisierung der Energiemärkte der früher bestehende regionale Energiemarkt immer weiter ausgedehnt, so daß es in nächster Zeit zu einem europaweiten Energiemarkt kommen wird.[1064]

Bei der Bestimmung des zeitlich relevanten Marktes sind im Vergleich zur „normalen" Einkaufskooperation keine Besonderheiten zu beachten.

Von einem Wettbewerb zwischen den Unternehmen i.S.d. § 1 GWB ist allerdings dann nicht auszugehen, wenn zwischen den entsprechenden Unternehmen eine Konzernverbindung besteht.[1065] § 1 GWB setzt voraus, daß die beteiligten Unternehmen zueinander rechtlich und wirtschaftlich selbständig sind. Die öffentliche Hand ist kein einheitlicher Rechtsträger und ist somit nicht wie ein großer Konzern zu betrachten.[1066] Folglich stehen die beteiligten Unternehmen der öffentlichen Hand rechtlich und wirtschaftlich selbständig zueinander, so daß zwischen ihnen auch ein Wettbewerbsverhältnis bestehen kann.

Folglich stehen die Städte und Gemeinden zumindest auf dem Nachfragemarkt in einem Wettbewerbsverhältnis.

[1060] OLG Celle Kartellsenat, v. 31.5.2001, 13 U (Kart) 248/98 -nicht rechtskräftig-, NJW-RR 2002, 476ff.; bestätigt durch BGH v. 12.11.2002, ZIP 2003, 1813, 1816.

[1061] OLG Celle, v. 13.5.1998, WuW/E Verg. 188/190 „Feuerwehrbedarfsartikel".

[1062] OLG Celle Kartellsenat, v. 31.5.2001, 13 U (Kart) 248/98 -nicht rechtskräftig-, NJW-RR 2002, 476ff.; bestätigt durch BGH v. 12.11.2002, ZIP 2003, 1813, 1816 ; OLG Koblenz, v. 5.11.1998, WuW/E Verg. 184/185 „Feuerlöschgeräte".

[1063] Vgl. hierzu OLG Düsseldorf, v. 12.5.1998, WuW/E DE-R 150/150 „Löschfahrzeuge"; OLG Koblenz, v. 5.11.1998, WuW/E Verg. 184/185 „Feuerlöschgeräte": die Antagsteller sind europaweit tätige Anbieter der ausgeschriebenen Löschfahrzeuge.

[1064] Siehe hierzu oben bei der Bündelung der Stromnachfrage Seite 186f.

[1065] Huber in Frankfurter Kommentar, Kurzdarstellung § 1 n. F., Rdn.36.

[1066] Bunte, Kartellrechtlicher Beurteilung von Einkaufsgemeinschaften der öffentlichen Hand, Seite 52.

Wie es dagegen auf dem Anbietermarkt aussieht ist bis jetzt nicht eindeutig geklärt.[1067] Es handelt sich bei dem gemeinsamen Einkauf der Städte und Gemeinden um eine Vereinbarung zwischen Unternehmen der öffentliche Hand, die miteinander im Wettbewerb stehen.

(b) Sternverträge

Probleme bei der Beurteilung der Sternverträge treten auch hier wiederum bei dem Tatbestandsmerkmal „miteinander im Wettbewerb stehen" auf. Wie bereits oben näher erläutert, liegt die Konstellation der Sternverträge dann vor, wenn eine Vielzahl von Unternehmen vertikale Austauschverträge mit dem selben Geschäftspartner schließen und diesen vertikalen Verträgen eine horizontale Abstimmung zwischen den einzelnen Unternehmen der öffentlichen Hand zugrunde liegt. Diese Vertikalvereinbarungen erfüllen nur dann das Tatbestandsmerkmal „miteinander im Wettbewerb stehen", wenn man in diesem Zusammenhang auf die horizontale Abstimmung zwischen den Nachfragern abstellt.[1068] Zu dieser Betrachtungsweise kommt man, wenn man das System der Vertikalverträge mit einem Unternehmen unter Berücksichtigung seiner wirtschaftlichen Zusammenhänge und Folgen betrachtet.
Folglich ist auch bei den sogenannten Sternverträgen im Rahmen der Einkaufskooperationen der öffentlichen Hand von der Erfüllung des Tatbestandsmerkmals „miteinander im Wettbewerb stehen" auszugehen.

(4) Wettbewerbsbeschränkung durch Vereinbarungen

Einkaufskooperationen, d.h. auch Einkaufskooperationen von kleinen und mittleren Gemeinden oder Städten, sind unabhängig von den dahinter stehenden öffentlichen Interessen zunächst von dem Zweck der Durchsetzung günstigerer Preise im Vergleich zu Einzelbeschaffungen gekennzeichnet. Fraglich ist aber, ob die Kooperation von Städten und Gemeinden zu diesem Zweck tatsächlich bereits ein Nachfragekartell im Sinne von § 1 GWB darstellt. Dies hängt unter anderem davon ab, ob durch die Zusammenarbeit der Gemeinden auch gleichzeitig eine Bezugspflicht ausgelöst wird und dadurch die Nachfrager in ihrer Entscheidungsfreiheit eingeschränkt werden.
Soweit man für die von den beteiligten Gemeinden gewählte Kooperationsform eine Nachfragekartell bejaht, stellt sich dann die Frage, ob dieses den Wettbewerb auf dem relevanten Markt tatsächlich beschränkt. Auch in diesem Zusammenhang stellt sich wiederum die Frage, ob es zwischen den Städten und Gemeinden überhaupt einen Nachfragewettbewerb gibt.

(a) Allgemein

Durch den gemeinsamen Einkauf der Unternehmen der öffentlichen Hand, d.h. durch die Bündelung der Nachfrage, findet möglicherweise eine Beschränkung des Nachfragewettbewerbs statt. Dies geschieht in der Form, daß die einzelnen öffentlichen Unternehmen als Abnehmer nicht mehr um die besten Konditionen und Preise für das jeweilige Produkt konkurrieren, sondern gegenüber den Lieferanten als eine Gemeinschaft auftreten. Diese Gemeinschaft

---

[1067] Siehe hierzu bei dem Tatbestandsmerkmal „der Verbesserung der Wettbewerbsfähigkeit" im Rahmen des § 4 Abs. 2 GWB Seite 42.
[1068] Siehe ausführlicher hierzu die Erläuterungen auf Seite 138ff.

verhandelt dann einheitlich für alle dahinter stehenden Unternehmen die Konditionen und Preise, die dann zumindest zum Teil an die Unternehmen weitergegeben werden. Eine nur teilweise Weitergabe findet zumindest in den Fällen der Gründung einer Gesellschaft durch einen kommunalen Spitzenverband[1069] und der Einkaufsagentur statt.[1070]
Fraglich ist in diesem Zusammenhang, ob zwischen den Unternehmen der öffentlichen Hand nur eine konzerninterne Wettbewerbsbeschränkung vorliegt. § 1 GWB setzt voraus, daß die beteiligten Unternehmen zueinander rechtlich und wirtschaftlich selbständig sind. Vereinbarungen zwischen Unternehmen eines Konzerns beschränken den Wettbewerb daher nicht.[1071] Die öffentliche Hand ist kein einheitlicher Rechtsträger und ist somit nicht wie ein Konzern zu betrachten.[1072] Folglich stehen die einzelnen beteiligten Unternehmen der öffentlichen Hand rechtlich und wirtschaftlich selbständig nebeneinander, so daß zwischen ihnen auch eine Beschränkung des Nachfragewettbewerbs möglich ist.[1073]

Alleine die Wettbewerbsbeschränkung zwischen den Vertragsparteien ist jedoch für die Annahme einer Wettbewerbsbeschränkung im Rahmen des § 1 GWB nicht ausreichend. Hinzu kommen muß eine Wettbewerbsbeschränkung mit Außenwirkung. Die zwischen den Unternehmen geschlossene Vereinbarung oder abgestimmte Verhaltensweise muß neben einer Wettbewerbsbeschränkung zwischen den Parteien auch eine sogenannte Drittwirkung ausstrahlen.[1074]
Grundsätzlich wird durch die Nachfragebündelung im Bereich der öffentlichen Hand auch die Auswahlmöglichkeit der Lieferanten eingeschränkt, da sie einer einheitlichen Nachfragefront gegenüberstehen. Diese wettbewerbsbeschränkende Auswirkung tritt unabhängig von der gewählten Organisationsform ein, da es in keiner Konstellation der Fall ist, daß die Initiative zur Nachfragebündelung von den Lieferanten ausgeht.[1075] Folglich ist das Erfordernis der Außenwirkung erfüllt, da die Lieferanten einer einheitlichen Nachfragefront gegenüberstehen und ihnen dadurch die Möglichkeit genommen wird zwischen den verschiedenen Nachfragern auszuwählen.

(b) Sternvertrag

Eine gesonderte Beurteilung der Wettbewerbsbeschränkung muß jedoch dann vorgenommen werden, wenn sogenannte Einkaufsagenturen tätig werden, und es sich folglich um Sternverträge handelt. Diesbezüglich treten Probleme bei der Bestimmung der Wettbewerbsbeschränkung auf, denn es stellt sich die Frage, ob es für die Annahme einer Wettbewerbsbeschränkung im Rahmen des § 1 GWB ausreichend ist, daß keine Wettbewerbsbeschränkung zwischen den an der Vereinbarung beteiligten Unternehmen vorliegt. Bezüglich dieses Problems kann grundsätzlich auf die Ausführungen im Rahmen des gemeinsamen Einkaufs über eine Internetplattform verwiesen werden.[1076] Die Verträge haben konkret den Zweck, erhöhte

[1069] Siehe hierzu bereits oben Seite 216f.
[1070] Siehe hierzu oben Seite 216f.
[1071] Bechtold, § 1, Rdn.28.
[1072] Bunte, Kartellrechtlicher Beurteilung von Einkaufsgemeinschaften der öffentlichen Hand, Seite 52.
[1073] Ablehnend OLG Celle Kartellsenat, v. 31.5.2001, 13 U (Kart) 248/98 -nicht rechtskräftig-, NJW-RR 2002, 476ff.
[1074] Siehe hierzu Veränderung des Marktes zu Lasten Dritter Seite 27ff.
[1075] Wie es im Bereich des gemeinsamen Einkaufs über das Internet häufig der Fall ist.
[1076] Siehe hierzu Seite 143ff.

Nachfragemacht zu erzielen und erzeugen dadurch einen Verzicht auf wettbewerbliche Handlungsfreiheit der beteiligten Unternehmen.[1077] An den in diesem Zusammenhang gemachten Ausführungen wird deutlich, daß eine horizontale Vereinbarung zwischen den Unternehmen der öffentlichen Hand als ausreichende Innenwirkung angesehen werden muß, so daß auch diesbezüglich von einer Wettbewerbsbeschränkung i.S.d. § 1 GWB auszugehen ist.

Auch in diesem Zusammenhang ist es irrelevant, ob zwischen den Unternehmen der öffentlichen Hand ein Anbieterwettbewerb besteht, da eine Beschränkung des Nachfragewettbewerbs zwischen den beteiligten Unternehmen als ausreichend anzusehen ist. Folglich wird dieses Problem, ob Unternehmen der öffentliche Hand in einem Anbieterwettbewerbsverhältnis stehen erst im Rahmen der Legalisierungsmöglichkeit des § 4 Abs. 2 GWB relevant.[1078]

(5) Spürbarkeit

Gerade im Bereich der Löschfahrzeuge und der Feuerwehrbedarfsartikel ist zu beachten, daß als Nachfrager alle diejenigen Institutionen einzubeziehen sind, die im Feuerlöschwesen tätig sind, also neben den Städten und Gemeinden etwa Flughäfen und Unternehmen mit Betriebsfeuerwehr. Bei der Beurteilung des Spürbarkeitsmerkmals ist die besondere Struktur des Marktes für Feuerlöschfahrzeuge und Feuerwehrgeräte zu beachten. Charakteristisch für diesen Markt ist, daß es sich bei diesen Produkten um langlebige Wirtschaftsgüter handelt, die durch die Städte uns Gemeinden auf Grund dessen, nur in größeren zeitlichen Abständen nachgefragt werden und damit den Markt, von der Stückzahl gesehen, als besonders klein erscheinen lassen.[1079] Eine weitere Besonderheit ist, daß sich auf diesem Markt nicht eine große Anzahl von Anbietern (Herstellern und Händlern) und Nachfragern gegenübersteht, sondern das diese Produkte nur von einer beschränkten Anzahl von Herstellern angeboten werden, welche die Endabnehmer unmittelbar beliefern, sich also auch an den Ausschreibungen selbst beteiligen. Eine Bündelung der Nachfrage in diesem Bereich von den Unternehmen der öffentlichen Hand trifft damit jeden Hersteller, der sich an solchen Ausschreibungen beteiligt. Eine Veränderung der relevanten Marktfaktoren läßt sich weiterhin auch daran erkennen, daß durch die gemeinsamen Ausschreibungen der Unternehmen der öffentlichen Hand Einkaufsvolumen erreicht werden, die es zumindest kleineren Anbietern schwer fallen lassen, diese Ausschreibung schon vom Volumen her zu erfüllen.[1080] Weiterhin führt diese Erhöhung des Nachfragevolumens möglicherweise dazu, daß jetzt neben den Händlern auch die Hersteller selbst auf die gemachten Ausschreibungen reagieren, weil diese nun auch ein für sie lukratives Volumen erreichen. Diese Bündelung der Ausschreibung hat dann weiterhin zur Folge, daß höhere Anforderungen an den Marktzutritt entstehen und dadurch zusätzliche Schranken entstehen werden. Die Veränderung der Marktverhältnisse ist in diesen Fällen spürbar, denn durch die Bündelung der Nachfrage in diesem Bereich wird die Art und Intensität des Wettbewerbs, der jetzt auch zusätzlich zwischen Herstellern und Händlern eröffnet wird und damit größere Dimensionen erreicht, deutlich verändert.

[1077] Vgl. BGH, v.19.6.1975, WuW/E BGH 1367/1369 „Zementverkaufstelle Niedersachsen"; KG v. 26.2.1986, WuW/E OLG 3737/3744 „Selex-Tania".
[1078] Hierzu Bunte in Schwerpunkt des Kartellrechts 1998, Seite 45/58; Bunte, BB 2001, 2121/2125.
[1079] So auch OLG Koblenz, v. 5.11.1998, WuW/E Verg. 184/185 „Feuerlöschgeräte".
[1080] OLG Celle, v. 13.5.1998, WuW/E Verg. 188/190 „Feuerwehrbedarfsartikel".

Anders sieht es dagegen aus, wenn die Unternehmen der öffentlichen Hand gemeinsam Produkte nachfragen, die nicht ausschließlich von Städten und Gemeinden oder einem sehr begrenzten Kreis an Unternehmen nachgefragt werden. Hierzu zählt unter anderem der gemeinsame Stromeinkauf oder auch der gemeinsame sogenannte „Bleistiftkauf" der Unternehmen der öffentlichen Hand.

b) Rechtsgüterabwägung im Rahmen des § 1 GWB[1081]

Kommt man zu dem Ergebnis, daß die Tatbestandsvoraussetzungen von § 1 GWB grundsätzlich erfüllt sind, ist weiterhin zu prüfen, ob die Bindung an das GWB im Rahmen einer Rechtsgüterabwägung eingeschränkt werden kann bzw. sollte, da die Städte und Gemeinden bei der Rationalisierung und Verbilligung ihrer Beschaffungsmaßnahmen öffentliche Aufgaben wahrnehmen.
Die Anwendung der Rechtsfolgen von § 1 GWB könnte scheitern, wenn die Wettbewerbsbeschränkung aus übergeordneten Gründen zu rechtfertigen ist. Als übergeordnete Gründe sind hier die Wirtschaftlichkeit und Sparsamkeit der öffentlichen Verwaltung[1082] bzw. die Sanierung der öffentlichen Haushalte zu nennen. Dabei ist in der Rechtsprechung grundsätzlich anerkannt, daß Aktivitäten der öffentlichen Hand, die dem Gebot der Wirtschaftlichkeit entsprechen, im Interesse des Gemeinwohls erfolgen.[1083] Insoweit stellt sich die Frage, ob eine Rechtsgüterabwägung bzw. eine Tatbestandsrestriktion im Sinne einer „Rule of Reason" im vorliegenden Zusammenhang denkbar und sinnvoll ist.

Die Literatur und im Anschluß daran auch die bisherige Rechtsprechung stehen einer solchen Rechtsgüterabwägung im Rahmen von § 1 GWB skeptisch gegenüber.[1084] Dennoch wurde immer wieder von einzelnen Stimmen in der Literatur die Überlegung angestellt, ob nicht über den gesetzlich geregelten Ausnahmebereich hinaus bestimmte, aus Gründen des Allgemeinwohls, billigenswerte Kartelle dem Verbot des § 1 GWB nicht unterliegen[1085]. Folgt man dieser Auffassung so wäre bei Vorliegen eines wichtigen Gemeinschaftsinteresses eine Güter- und Interessenabwägung bereits im Tatbestand des § 1 GWB durchzuführen. Dies hätte zur Folge, daß § 1 GWB nicht zur Anwendung gelangt, wenn der hinter dem Kartell stehende Sinn und Zweck höher zu bewerten ist, als die damit verbundenen Beschränkungen des Wettbewerbs. Im vorliegenden Fall bedeutet das, daß § 1 GWB nicht zur Anwendung gelangen würde, wenn man zu dem Ergebnis kommt, daß die Einsparung von Kosten durch den gemeinsamen Einkauf als Gebot der Wirtschaftlichkeit im Interesse des Gemeinwohls höher zu bewerten ist, als die durch das Kartell verursachte Beschränkung des Nachfragewettbewerbs und der Auswahlmöglichkeiten der Anbieter. Als problematisch erweist sich allerdings diesbezüglich die Beurteilung, wann im Einzelfall einem solchem Allgemeininteresse im Hinblick auf die wirtschaftspolitischen Ziele des GWB Vorrang zu gewähren ist.[1086]
Das Bundeskartellamt hat teilweise bei Sachverhalten, bei denen Wettbewerbsbeschränkungen im Zusammenhang mit der Verwirklichung außerökonomischer Ziele standen, d.h. wenn

[1081] Bunte, WuW 1998, 1037/1043; Lange in Lange, Seite 104.
[1082] BVerfGE 79, 127/153.
[1083] Vgl. BGHZ 80, 371, 378.
[1084] Bunte in Langen/Bunte, § 1 Rdn.209ff.; LG Mainz, Urteil v. 20.3.1998 - 11 HO 88/97 Kart.
[1085] Vgl. Huber/Baums in Loewenheim/Belke, § 1, Rdn.200; Immenga in Immenga/Mestmäcker, § 1, Rdn.270; Rehbinder, BB 1964, 899.
[1086] Rehbinder, BB 1964, 899.

Normkonflikte vorlagen, die Einschränkung des Anwendungsbereichs des § 1 GWB durch Rechtsgüter- und Interessenabwägung vorgenommen. Diese Praxis des Bundeskartellamts deutet auf eine Tatbestandsrestriktion des § 1 GWB hin. Allerdings wurde diese Praxis bisher nur zum Schutz von Leben und Gesundheit herangezogen, neuerdings auch zum Schutz der Umwelt.[1087]
Es stellt sich somit in diesem Zusammenhang die Frage, ob nicht auch Wettbewerbsbeschränkungen aus Gründen der Rationalisierung öffentlicher Beschaffungsmaßnahmen in Bereichen, die für die Öffentlichkeit sehr wichtig sind, wie etwa der Brandschutz, im Vergleich zum Wettbewerbsschutz als höherrangig eingestuft werden können oder sogar müssen. Der Grund dafür könnte darin gesehen werden, daß durch die Erlangung besserer Preise öffentliche Gelder eingespart werden. Jedoch darf diesbezüglich nicht vernachlässigt werden, daß es sich bei der Nachfragebündelung der Unternehmen der öffentlich Hand überwiegenden um wirtschaftliche Erwägungen handelt, die sich höchstens mittelbar auf das Gemeinwohl auswirken.
Im Tätigkeitsbericht 1995/96[1088] hat das Bundeskartellamt indes eingeräumt, „in den Anfangsjahren der Kartellrechtsanwendung eine Rechtsgüterabwägung zwischen dem Wettbewerbsschutz und anderen Schutzzwecken" vorgenommen zu haben. Von dieser Praxis rückt es aber deutlich ab mit der Begründung, daß „dies eine Aufgabe des Gesetzgebers ist und ernste Zweifel bestehen, ob diese mit dem Gesetz gegen Wettbewerbsbeschränkungen vereinbar ist". Eine Bestätigung dieser Ansicht findet auch im Tätigkeitsbericht 1997/98[1089] statt und auch im Tätigkeitsbericht 1999/2000[1090] geht das Bundeskartellamt davon aus, daß es bei Einkaufskooperationen der öffentlichen Hand zumindest zu einer grundsätzlichen Anwendung des § 4 Abs. 2 GWB kommt, so daß man hieraus schließen kann, daß es nicht zu einer Tatbestandrestriktion kommt. Aus der Praxis des Bundeskartellamt wird zwar deutlich, daß es durchaus Fälle gab, in denen es im Rahmen des § 1 GWB schon zu einer Tatbestandrestriktion kam, die aber nach der heutigen Auffassung des Bundeskartellamt zu einer nicht kontrollierbaren Durchbrechung des Kartellverbots führen.[1091]

Auch der überwiegende Teil der Rechtsprechung geht davon aus, daß eine Restriktion auf Tatbestandsebene nicht vorzunehmen ist. So hat das OLG Celle[1092] dahinstehen lassen, ob das Argument der Kosteneinsparung der öffentlichen Hand zur Verbesserung der Ausstattung der Einrichtungen der Gefahrenabwehr überhaupt geeignet ist, übergeordnete Interessen zu begründen. Zumindest sei keine Restriktion auf Tatbestandsebene vorzunehmen. Das KG Berlin hat in dem Fall „carpartner"[1093] sich in der Form dazu geäußert, daß es festgestellt hat, daß preisdämpfende, möglicherweise auch verbraucherfreundliche Bemühungen im Rahmen des § 1 GWB außer Betracht zu bleiben haben, denn Nützlichkeits- wie auch Gegengewichtsüberlegungen könnten keine Berücksichtigung finden. Auch der BGH[1094] hat in der gleichen Sache die Verringerung der Mietwagenkosten bei der Schadensregulierung von Kfz-Unfällen als billigenswertes Ziel angenommen, was aber keine Freistellung vom Kartellverbot rechtfertigt.

[1087] Tätigkeitsbericht des Bundeskartellamtes 1983/84, Seite 86; Tätigkeitsbericht 1991/92, Seite 132.
[1088] BT-Drucks. 13/7900, Seite 39.
[1089] BT-Drucks. 14/1139, Seite 43.
[1090] BT-Drucks. 14/6300, Seite 45f.
[1091] So auch Immenga in Immenga/Mestmäcker, § 1, Rdn.310.
[1092] OLG Celle, v. 13.5.1998, WuW/E Verg. 188/191 „Feuerwehrbedarfsartikel".
[1093] KG, v. 29.5.1996, WuW/E OLG 5677/5693 „carpartner"
[1094] BGH v. 13.1.1998, WuW/E DE-R 115/121 „Carpartner".

Dies hat der BGH auch in der Entscheidung „Europapokals-Heimspiel“[1095] angeführt. Dort heißt es, daß auch billigenswerte sportpolitische Ziele keine Freistellung vom Kartellverbot rechtfertigen; auch der DFB habe die im GWB gezogenen Grenzen zu beachten.

Eine Restriktion des § 1 GWB auf Tatbestandsebene ist folglich nicht vorzunehmen. Sollten übergeordnete Interessen dennoch eine Ausnahme vom Kartellverbot verlangen, eröffnet die Legalisierungsmöglichkeit nach § 8 GWB die Möglichkeit, aus Gemeinwohlinteressen Ausnahmen zuzulassen.[1096] Einkaufskooperationen der öffentlichen Hand können somit nicht durch höherrangige Ziele, wie etwa der wirtschaftlichen und sparsamen Beschaffung der öffentlichen Hand, gerechtfertigt werden.

3. Legalisierungsmöglichkeiten

Wenn man einer Tatbestandsristriktion von § 1 GWB nicht zustimmt, stellt sich die Frage, ob § 4 Abs. 2 GWB - Privilegierung von Nachfragekooperationen kleiner und mittlerer Unternehmen - auf die gebündelte Beschaffung von kleinen und mittleren Gemeinden entsprechende Anwendung findet. In diesem Fall könnten die Beschaffungsaktivitäten vom Kartellverbot freigestellt sein.
In der letzten Zeit kommt es verstärkt zu gerichtlichen Auseinandersetzungen zwischen Einkaufskooperationen von kleinen und mittleren Gemeinden bzw. kommunalen Beschaffungsunternehmen und Händlern, die gegen die gebündelte Vergabe gerichtlich vorgehen möchten. Hierbei stehen die Rechtsfragen im Vordergrund, ob und gegebenenfalls unter welchen Voraussetzungen § 4 Abs. 2 GWB entsprechend auch auf Städte und Gemeinden Anwendung findet. Höchstgerichtliche Entscheidungen liegen hierzu noch nicht vor.

a) Mittelstandskartell gemäß § 4 Abs. 2 GWB

Nach § 4 Abs. 2 GWB gilt das Kartellverbot nicht für Verträge und Beschlüsse, die den gemeinsamen Einkauf von Waren oder die gemeinsame Beschaffung gewerblicher Leistungen zum Gegenstand haben, ohne einen Bezugszwang für die beteiligten Unternehmen zu begründen, wenn dadurch der Wettbewerb auf dem Markt nicht wesentlich beeinträchtigt wird und der Vertrag oder Beschluß dazu dient, die Wettbewerbsfähigkeit kleiner oder mittlerer Unternehmen zu verbessern. Gerade im Bereich der Nachfragebündelung der öffentlichen Unternehmen treten bei der Legalisierungsmöglichkeit nach § 4 Abs. 2 GWB Probleme und viele Fragen auf, die noch nicht hinreichend geklärt sind und zum Teil auch sehr unterschiedlich beurteilt werden.

(1) Vereinbarung oder Beschluß

Bei der Freistellung von Nachfragebündelungen der öffentlichen Hand ergeben sich im Rahmen des Tatbestandsmerkmals „Vereinbarung oder Beschluß“ Probleme, wenn das Kartellverbot auf einer Abstimmung zwischen den Unternehmen beruht,[1097] es sich also um Stern-

[1095] BGH v. 11.12.1997, WuW/E DE-R 17/22 „Europapokalheimspiel“.
[1096] Vgl. KG, v. 29 5.1996, WuW/E OLG 5677/5683 = WuW 1997, 49/55 „Carpartner“; Bunte in Langen/Bunte, § 1, Rdn.213.
[1097] Siehe hierzu Seite 37.

verträge handelt. Wie bereits oben schon erläutert, ist dies gerade dann der Fall, wenn eine selbständige und unabhängige Einkaufsagentur für die Unternehmen der öffentliche Hand tätig wird. Jedoch können auch Sternverträge gemäß § 4 Abs. 2 GWB grundsätzlich von dem Kartellverbot freigestellt werden. Zu der Beurteilung dieser Sternverträge im Rahmen des § 4 Abs. 2 GWB, ist auf die näheren Ausführungen im Rahmen des gemeinsamen Einkaufs über eine Internetplattform hinzuweisen.[1098] Somit können auch die Sternverträge von Einkaufsagenturen mit den öffentlichen Unternehmen, die auf einer Abstimmung beruhen, grundsätzlich freigestellt werden, wenn die weiteren Tatbestandsvoraussetzungen gegeben sind.

(2) Gemeinsamer Einkauf von Waren

Im Bereich der Einkaufsbündelungen der öffentlichen Hand findet der gemeinsame Einkauf in verschiedenen Bereichen statt: Es beginnt beim gemeinsamen „Bleistifteinkauf", geht über den gemeinsamen Einkauf von Feuerwehrbedarfsartikeln (Eigenbedarf) bis hin zum gemeinsamen Einkauf von Strom (Weiterverkauf).
Da § 4 Abs. 2 GWB nicht voraussetzt, daß auch die eigentlichen Vertragsabschlüsse noch auf der Ebene der Kooperation (also mit dem Gemeinschaftsorgan der Kooperation) vorgenommen werden[1099], wird auch die Konstellation von § 4 Abs. 2 GWB erfaßt, in der die Einkaufskooperation ausschließlich die Ausschreibung macht und die Rahmenbedingungen mit dem Lieferanten für die jeweils zu beliefernden Städte und Gemeinden aushandelt. Der einzelne Liefervertrag wird dann ausschließlich zwischen den Städten und Gemeinden und dem Lieferanten geschlossen.

(3) Kein über den Einzelfall hinausgehender Bezugszwang

Eine Einkaufskooperation der öffentlichen Hand kann nur dann nach § 4 Abs. 2 GWB freigestellt werden, wenn die Einkaufskooperation oder deren Mitglieder keinem Bezugszwang unterworfen sind. Dies ist eine Frage der Ausgestaltung der Kooperation im Einzelfall.
In den überwiegenden Fällen wird für die Städte und Gemeinden nur ein für den Einzelfall bestehender Bezugszwang begründet. Es findet über die Einkaufskooperation in regelmäßigen Abständen eine Nachfragebündelung der Städte und Gemeinden statt, indem der Bedarf an einzelnen Produkten bei den Städten und Gemeinden nachgefragt wird und dann zwischen den Städten/Gemeinden und der Einkaufskooperation eine Vereinbarung getroffen wird. In dieser Vereinbarung wird festgehalten, daß das von der Einkaufskooperation ausgeschriebene und für die Städte/Gemeinden beschaffte Produkt zu dem von ihr ausgehandelten Preis erworben wird.[1100] Es geht somit darum, daß die Städte und Gemeinden ihren Bedarf an die Einkaufskooperation verbindlich melden und diese dann eine gebündelte Ausschreibung durchführt. Eine solche Verfahrensweise ist auch vergaberechtlich vorgegeben[1101] und zur Planungssicherheit notwendig. Die Städte und Gemeinden sind somit vor jeder anstehenden Beschaffung in ihrer Entscheidung frei, den Gegenstand selbst oder über die Einkaufskooperation zu erwerben.

[1098] Siehe hierzu die näheren Erläuterungen auf Seite 146ff.
[1099] Vgl. Kiecker in Langen/Bunte, § 5 c, Rdn.43; Bechtold, § 5 c, Rdn.1.
[1100] OLG Celle Kartellsenat, v. 31.5.2001, 13 U (Kart) 248/98 -nicht rechtskräftig-, NJW-RR 2002, 476ff.; bestätigt durch BGH v. 12.11.2002, ZIP 2003, 1813ff.
[1101] Bunte in Schwerpunkt des Kartellrechts 1998, Seite 45/55.

(4) Verbesserung der Wettbewerbsfähigkeit kleiner und mittlerer Unternehmen

Damit es zu einer Freistellung gemäß § 4 Abs. 2 GWB kommt, ist weiterhin erforderlich, daß die Vereinbarung dazu dient, die Wettbewerbsfähigkeit kleiner und mittlerer Unternehmen zu verbessern. Hierbei entstehen hinsichtlich der Einkaufskooperationen der öffentlichen Hand zwei Probleme: Handelt es sich bei den Städten und Gemeinden um kleine und mittlere Unternehmen i.S.d. § 4 Abs. 2 GWB und wird durch den gemeinsamen Einkauf dieser deren Wettbewerbsfähigkeit verbessert.

Auf den ersten Blick erscheint die Anwendung dieser Vorschrift auf die öffentliche Hand zweifelhaft,[1102] da es bei der Einführung des § 4 Abs. 2 GWB (§ 5 c GWB a. F.) darum ging, strukturbedingte Nachteile von kleinen und mittleren Unternehmen auszugleichen, um damit den Mittelstand zu schützen und zu erhalten. Sinn und Zweck des § 4 Abs. 2 (§ 5c GWB) ist der Nachteilsausgleich für Einkaufskooperation kleiner und mittlerer Handelsunternehmen und Mittelstandschutz[1103]. Hieraus und daraus, daß die öffentliche Hand schon weitere Wettbewerbsvorteile hat,[1104] stellt sich die Frage, ob es überhaupt noch einer Anwendung des § 4 Abs. 2 GWB bedarf.

Bezüglich der Anwendbarkeit des § 4 Abs. 2 GWB auf kleine und mittlere Städte und Gemeinden besteht Uneinigkeit in der Rechtsprechung[1105] und Literatur[1106]. Das Bundeskartellamt nahm bislang zwar ein unzulässiges Nachfragekartell und eine fehlende Legalisierungsmöglichkeit nach § 4 Abs. 2 GWB (§ 5 c GWB a. F.) an. Es hat aber im Rahmen des Aufgreifermessens unter bestimmten Vorausetzungen von Untersagungen abgesehen. Ob eine Tolerierung auch nach dem 1.1.1999 und der hiermit bestehenden Anmeldepflicht für neue Einkaufskooperationen und solche, die den bisherigen Anforderungen des § 5 c GWB a.F. nicht entsprachen, möglich ist, war bislang offen. Im neusten Tätigkeitsbericht 1999/2000[1107] des Bundeskartellamtes heißt es dagegen „auch bei kleinen und mittleren Gemeinden gibt es im Beschaffungswesen durch die Größe bedingte Nachteile, weshalb ein durch die Vorschrift bezweckter struktureller Nachteilsausgleich auch im öffentlichen Sektor erreicht werden kann". Aus diesem Grund, weil die Interessenlage kleiner und mittlerer Unternehmen mit den der kleinen und mittleren Gemeinden vergleichbar oder sogar übereinstimmend ist, nimmt das Bundeskartellamt eine unmittelbare Anwendung des § 4 Abs. 2 GWB auf die öffentliche Hand an.
So hat auch das LG Dortmund[1108] ausgeführt, daß die Einkaufskooperation im Vergleich zu großen Gemeinden die bestehenden strukturellen wirtschaftlichen Nachteile ausgleicht. Auch die Probleme der Haushalte kleiner und finanzschwacher Gemeinden, daß sie aufgrund ihrer wesentlich geringeren Nachfragemacht teurer einkaufen müssen als große Gemeinden, wird dadurch behoben. Genau dies entspricht auch dem Gedanken des Gesetzgebers, der zur Einführung des § 4 Abs. 2 GWB (§ 5 c GWB a. F.) geführt hat.

[1102] Tätigkeitsbericht des Bundeskartellamtes 1999/2000, BT-Drucks. 14/6300 Seite 45.
[1103] Fritzsche, Seite 156; Tätigkeitsbericht des Bundeskartellamtes 1999/2000, BT-Drucks. 14/6300, Seite 45.
[1104] Jüttner-Kramny, Der Staat als Wettbewerber und Auftraggeber privater Unternehmen, Seite 92f.
[1105] Vgl. OLG Düsseldorf, v. 12.5.1998, WuW DE-R 150ff. „Löschfahrzeuge"; LG Hannover, v. 6.11.1997, WuW/E Verg. 34/36f. „Feuerwehrbedarfsartikel".
[1106] Bunte, WuW 1998, 1037/1043ff.; Bunte in Schwerpunkt des Kartellrechts 1998, Seite 45/54ff.; Schumacher/Schalast, DZWir 1998, 296/298; ablehnend dagegen Bunte, BB 2001, 2121/2125.
[1107] Tätigkeitsbericht des Bundeskartellamtes 1999/2000, BT-Drucks. 14/6300, Seite 46.
[1108] LG Dortmund, v. 13.2.1998, DZWir 1998, 294/295.

Diesem Argument wird entgegengehalten[1109], daß es bei Städten und Gemeinden gar nicht um den Ausgleich strukturbedingter Nachteile gehen könne, weil sie nicht in einem Wettbewerbsverhältnis zueinander stünden. Auch das LG Hannover[1110] wendet weiterhin gegen die Anwendung des § 4 Abs. 2 GWB auf Einkaufskooperationen der öffentlichen Hand ein, daß die Freistellungs- bzw. Legalisierungsmöglichkeit des § 4 Abs. 2 GWB eine Privilegierung für kleine und mittlere Unternehmen enthält und der Verbesserung der Wettbewerbsfähigkeit dieser Unternehmen als Wiederverkäufer gegenüber Großunternehmen dient, so daß die Regelung auf den gemeinsamen Einkauf öffentlicher Hände weder unmittelbar noch mittelbar anwendbar ist. Nach diesen Auffassungen ist § 4 Abs. 2 GWB auf den gemeinsamen Einkauf der öffentlichen Hand weder unmittelbar noch mittelbar anwendbar, da dies schon nicht mit dem Sinn und Zweck der Vorschrift vereinbar ist.

Für eine Anwendung des § 4 Abs. 2 GWB auf Einkaufskooperationen von kleinen und mittleren Gemeinden läßt sich aber als entscheidendes Argument anführen, daß es weder nach der Systematik noch nach dem Zweck des GWB einen Grund gibt, der es rechtfertigt, das GWB mit einem gespaltenen Unternehmensbegriff auf Staat und Gemeinden anzuwenden.[1111] Und dies in der Form, daß der Staat und die Gemeinden den dem Unternehmen obliegenden (Verhaltens-) Pflichten aus § 1 GWB unterworfen werden, aber nicht die mit dem Unternehmen in Verbindung stehenden Rechte und Privilegien aus § 4 Abs. 2 GWB geltend machen können.
Diesbezüglich ist noch zusätzlich zu erwähnen, daß die in § 4 Abs. 2 GWB enthaltene Beschränkung der Normanwendung nicht die Art der Unternehmen betrifft, sondern nur die Größe der Unternehmen.[1112] Eine Beschränkung der Normanwendung auf Einkaufskooperationen von Handelsunternehmen ist nicht Gesetz geworden, so daß es auch aufgrund dessen nicht zu einer Einschränkung des § 4 Abs. 2 GWB kommen kann.[1113] Folglich ist es unbeachtlich, um was für eine Art von Unternehmen es sich handelt, solange von einer wirtschaftlichen Betätigung auszugehen ist. Grundsätzlich schließen somit weder der Wortlaut der Vorschrift noch der Normzweck die Anwendbarkeit des § 4 Abs. 2 GWB auf die öffentliche Hand aus.

Weiterhin bedarf es der genauen Untersuchung, ob es sich bei den Städten und Gemeinden gerade auch um „kleine und mittlere" Unternehmen handelt. Entscheidend für diese Beurteilung ist die Relation zu den großen Konkurrenten auf der Nachfrageseite, denn gerade deren aus der Verhandlungsmacht resultierende Vorteile sollen durch die gesetzliche Erlaubnis von Einkaufskooperationen (Einkaufsbündelungen) ausgeglichen werden.
Bei dem Merkmal „kleine und mittlere Unternehmen" ist besonders zu untersuchen, ob stets auf die Gemeinde oder die Stadt als Gebietskörperschaft abzustellen ist oder - wenn eine solche Organisation vorliegt - auf den kommunalen Eigenbetrieb oder auf das privatwirtschaftlich organisierte Unternehmen in kommunaler Trägerschaft.[1114] Stellt man alleine auf die Größe des kommunalen Eigenbetriebs oder des privatwirtschaftlich organisierten Unternehmens in kommunaler Trägerschaft ab, so ist dies nur dann möglich, wenn man die Zusammenfassung von städtischen Betrieben verneint, obwohl sie derselben Gebietskörperschaften zu-

[1109] So vor allem Bunte, BB 2001, 2121/2125.
[1110] LG Hannover, v. 6.11.1997, WuW/E Verg. 34/37 „Feuerwehrbedarfsartikel".
[1111] OLG Düsseldorf, v. 12.5.1998, WuW/E DE-R 150/152 „Löschfahrzeuge".
[1112] Tätigkeitsbericht des Bundeskartellamtes 1999/2000, BT-Drucks. 14/6300, Seite 46.
[1113] OLG Düsseldorf, v. 12.5.1998, WuW/E DE-R 150/152 „Löschfahrzeuge".
[1114] Bunte in Schwerpunkt des Kartellrechts 1998, Seite 45/56f.

zuordnen ist. Hierzu müßte man eine einheitliche Leitung der Kommunalbetriebe verneinen, damit die Gebietskörperschaften mit allen dazugehörigen Betrieben nicht als wettbewerbliche Einheit zu sehen sind. Dies führt dann dazu, daß bei der Beurteilung, ob es sich um kleine oder mittlere Gemeinden oder Städte i.S.d. § 4 Abs. 2 GWB handelt beispielsweise nur auf die Größe des kommunalen Eigenbetriebs oder des Unternehmens in kommunaler Trägerschaft abzustellen ist und nicht auf die Größe der dahinter stehenden Stadt oder Gemeinde und der zur Verfügung stehenden Ressourcen. An dieser Auffassung erscheint jedoch zweifelhaft, daß es in den überwiegenden Fällen so sein wird, daß die Städte und Gemeinden Einfluß auf die jeweiligen Unternehmen der öffentlichen Hand haben. Aus diesem Grund wird man eher eine einheitliche Leitung der Kommunalbetriebe annehmen müssen, so daß es auf die Größe der Gemeinde oder der Stadt und die damit in Verbindung stehenden Ressourcen ankommt.[1115]

Da es für die Beurteilung, ob es sich um „kleine und mittlere" Unternehmen handelt, entscheidend auf die Relation zu den großen Konkurrenten auf der Nachfrageseite ankommt, kann gerade im Vergleich der Städte untereinander beispielsweise § 4 Abs. 1 GO NW einen Anhalt für die Qualifizierung bieten. Danach wird eine kreisangehörige Gemeinde mit mehr als 60 000 Einwohnern als „Große kreisangehörige Stadt", eine solche mit mehr als 25 000 Einwohnern als „Mittlere kreisangehörige Stadt" bezeichnet. Ist die Schwelle von 25 000 Einwohnern nicht überschritten, so geht man von einer kleineren Stadt aus.

Bei der Beurteilung, ob es sich um kleine oder mittlere Unternehmen handelt, ist es weiterhin unbeachtlich, daß die Einkaufskooperation formal allen Städten und Gemeinden zugänglich ist, also auch den großen selbständigen Städten.[1116] Allein die gelegentliche Teilnahme einer größeren Stadt oder Gemeinde hindert nicht die Anwendung des § 4 Abs. 2 GWB. Der gemeinsame Einkauf muß objektiv dem Zweck dienen, Nachteile der kleinen und mittleren Städte und Gemeinden auf dem Nachfragesektor zu beseitigen.[1117]

Die Legalisierung nach § 4 Abs. 2 GWB setzt weiterhin den Zweck voraus, daß die Wettbewerbsfähigkeit der kleinen und mittleren Unternehmen durch die Einkaufskooperation verbessert wird. Im Rahmen des Tatbestandsmerkmal „Verbesserung der Wettbewerbsfähigkeit" ergibt sich der Streit, ob sich die Verbesserung der Wettbewerbsfähigkeit auf den Beschaffungsmarkt bezieht oder nur (bzw. auch) auf den Absatz-(=Angebots-)Markt der Kooperationspartner. In dieser Frage sind die einzelnen Meinungen geteilt.
Müssen den Mitgliedern nur Vorteile bei der Beschaffung entstehen, so läßt sich dies in den überwiegenden Fällen annehmen, da die Verhandlungsposition durch Einkaufsbündelungen immer gestärkt wird, so daß es bei jeder Bündelung der Nachfrage zu Vorteilen bei der Beschaffung kommt, was in diesem Fall dazu führt, daß das Tatbestandsmerkmal der Verbesserung der Wettbewerbsfähigkeit grundsätzlich leerlaufen würde.[1118] Schwieriger wird es dagegen, wenn sich auch eine Verbesserung der Wettbewerbsfähigkeit auf dem Absatzmarkt einstellen muß. Das bedeutet, daß sich die Vorteile bei der Beschaffung auch positiv auf das Marktverhalten auf dem Absatzmarkt auswirken muß.

[1115] So auch Bunte in Schwerpunkt des Kartellrechts 1998, Seite 45/57.
[1116] OLG Celle Kartellsenat, v. 31.5.2001, 13 U (Kart) 248/98 -nicht rechtskräftig-, NJW-RR 2002, 476ff.; bestätigt durch BGH v. 12.11.2002, ZIP 2003, 1813, 1815.
[1117] Siehe zu der Beteiligung von Großunternehmen im Rahmen des § 4 Abs. 2 GWB Seite 44ff.
[1118] So auch OLG Koblenz, v. 5.11.1998, WuW/E Verg. 184 „Feuerlöschgeräte".

Unproblematisch ist diese Frage zu beantworten, wenn die über die Einkaufskooperation erworbenen Waren weiterveräußert werden, d. h. die Gemeinden auch auf der Absatzseite im Wettbewerb stehen, wie es beispielsweise beim Weiterverkauf von Strom der Fall ist. Schwieriger und umstritten ist die Frage allerdings dann, wenn die Kooperationen zur Deckung des Eigenbedarfs gebildet werden, wie bei Feuerwehrgeräten und dem sogenannten „Bleistiftkauf", da die Gemeinden diesbezüglich nur als Nachfrager und nicht als Anbieter im Wettbewerb stehen.
Gemeinden und Städte stehen grundsätzlich in keinem Wettbewerb zueinander, sondern sie erfüllen die ihnen zugewiesenen Aufgaben im Rahmen ihres Zuständigkeitsbereichs.[1119] Die beschafften Güter werden somit für die Ausübung hoheitlicher Aufgaben eingesetzt (Feuerwehr, Polizei etc.), bei denen die Städte und Gemeinden nicht in einem Anbieterwettbewerb stehen. Folglich kann in diesem Fall die Wettbewerbsfähigkeit der Gemeinden durch die Nachfragebündelung auf der Anbieterseite nicht verbessert werden.

Damit die Verhandlungsstärke zu großen Unternehmen verbessert wird, ist es, wie bereits oben[1120] näher ausgeführt, ausreichend, daß die Einkaufsvolumina zusammengefaßt werden und dadurch ein struktureller Nachteilsausgleich gegenüber Großunternehmen bei der Nachfrage geschaffen wird.[1121] Folglich ist es ausreichend, wenn diese Verbesserung auf dem Beschaffungsmarkt stattfindet. Würde man auch eine Verbesserung des Wettbewerbs auf den Anbietermärkten verlangen, so würde gerade der Anwendungsbereich des § 4 Abs.2 GWB für Beschaffungskooperationen der öffentlichen Hand eingeengt, da die Städte und Gemeinden bei der Erfüllung der hoheitlichen Aufgaben, für die die Beschaffung in den überwiegenden Fällen erfolgt, nicht in einem Anbieterwettbewerb stehen.

Gegen die Erfüllung des Tatbestandsmerkmals „Verbesserung der Wettbewerbsfähigkeit" wird gerade im Bereich des Vergaberechts, also im Bereich der öffentlichen Unternehmen, eingewendet, daß schon der Gedanke des strukturellen Nachteilsausgleichs dem Ansatz nach nicht eingreife. Der Grund dafür sei darin zusehen, daß der Vergabewettbewerb, der grundsätzlich dezentral durchzuführen ist, das Mittel zum Zweck sein solle, die überlegene Markt – und Verhandlungsposition der öffentlichen Auftraggeber zu begrenzen. Läßt man nun über die Bildung von Einkaufskooperationen Nachfragebündelungen zu, so wird gerade dem Ziel des Vergabewettbewerbs entgegengewirkt[1122]. Aus diesem und aus den bereits oben gemachten Ausführungen[1123] wenden sich zum Teil die Rechtsprechung und Teile der Literatur[1124] gegen eine Anwendung des § 4 Abs. 2 GWB auf Einkaufskooperationen der öffentlichen Hand.

Trotz dieser Gegenargumente genügt es für die Anwendung des § 4 Abs. 2 GWB, wenn die Einkaufskooperation die Marktposition der beteiligten nachfragenden kleinen Gemeinden gegenüber den Anbietern verstärkt und dadurch der Nachteil im Vergleich zu größeren Nachfra-

---

1119 OLG Koblenz, v. 5.11.1998, WuW/E Verg. 184/186f. „Feuerlöschgeräte".
1120 Siehe zu der näheren Erläuterung der Anforderungen an das Tatbestandsmerkmal „Verbesserung der Wettbewerbsfähigkeit" Seite 42ff.
1121 Immenga in Immenga/Mestmäcker, § 4, Rdn.26 m. w. N.
1122 Bunte, BB 2001, 2121/2125.
1123 Siehe hierzu Seite 42ff.
1124 Bunte, BB 2001, 2121/2125; OLG Koblenz, v. 5.11.1998, WuW/E verg. 184/186 „Feuerlöschgeräte"; LG Hannover, v. 6.11.1997, WuW/E Verg. 34/36f. „Feuerwehrbedarfsartikel".

gern ausgeglichen wird.[1125] Dies folgt aus der Begründung des Regierungsentwurfs zur 5. GWB-Novelle. Der Normzweck des strukturellen Nachteilsausgleichs deckt sich weitgehend mit dem des § 5 b GWB a. F. (§ 4 Abs. 1 GWB n. F.), allerdings mit dem wesentlichen Unterschied, daß die bloße Erzielung von günstigeren Konditionen aufgrund größerer Verhandlungsstärke nicht für die Verbesserung der innerbetrieblichen Verhältnisse von Aufwand und Ertrag ausreichend ist. Damit es auch in diesen Fällen zu einer Freistellung kommen kann, ist der § 5 c GWB a. F. eingeführt worden.[1126] Folglich ist eine Verbesserung der Wettbewerbsfähigkeit auf dem Nachfragemarkt ausreichend.
Es besteht beim Bezug von Feuerlöschgeräten ein ausreichender Wettbewerb zwischen Städten und Gemeinden und Unternehmen mit Betriebsfeuerwehr etc., also ein Nachfragewettbewerb. Diese Ansicht entspricht auch dem größten Teil der Literatur und der Rechtsprechung.[1127]

Folglich ist auch im Rahmen von Einkaufskooperationen der öffentlichen Hand von einer Verbesserung der Wettbewerbsfähigkeit auf den Nachfragemärkten auszugehen, was für die Erfüllung des Tatbestandsmerkmal „Verbesserung der Wettbewerbsfähigkeit" gemäß § 4 Abs. 2 GWB als ausreichend anzusehen ist.

(5) Keine wesentliche Wettbewerbsbeeinträchtigung

Eine weitere Voraussetzung der Legalisierung des § 4 Abs. 2 GWB ist, daß keine wesentliche Beeinträchtigung des Wettbewerbs auf dem Markt eintritt. Zur Feststellung, ob eine wesentliche Beeinträchtigung vorliegt, ist zunächst der relevante Markt abzugrenzen und dann zu klären, was unter einer wesentlichen Wettbewerbsbeeinträchtigung zu verstehen ist. Erst dann kann festgestellt werden, ob auf diesem relevanten Markt eine wesentliche Wettbewerbsbeschränkung vorliegt.

Zur Bestimmung des relevanten Marktes in sachlicher und räumlicher Hinsicht sind bereits im Rahmen des § 1 GWB beim Tatbestandsmerkmal „miteinander im Wettbewerb stehen" Ausführungen gemacht worden, auf die in diesem Zusammenhang verwiesen werden kann.[1128] Jedoch kommt es sowohl bei der Bestimmung des sachlich relevanten Marktes als auch bei der Bestimmung des räumlich relevanten Marktes auf das jeweils speziell nachgefragte und ausgeschriebene Produkt der Städte und Gemeinden an, so daß diesbezüglich keine allgemeingültigen Aussagen getroffen werden können.

Auf diesem sachlich, räumlich und zeitlich relevanten Markt darf keine wesentliche Wettbewerbsbeeinträchtigung eintreten. Bei der Schwelle der noch nicht wesentlichen Beeinträchtigung des Wettbewerbs orientiert man sich an Marktanteilsquoten der gebündelten Nachfrage,

---

[1125] Siehe zu der näheren Erläuterung der Anforderungen an das Tatbestandsmerkmal „Verbesserung der Wettbewerbsfähigkeit" Seite 42ff.
[1126] Begr. RegEntw. 1989, BT-Drucks. 11/4610, Seite 15.
[1127] Bunte in Schwerpunkt des Kartellrechts 1998, Seite 45/57ff; Bunte, WuW 1998, 1037/1049; OLG Celle Kartellsenat, v. 31.5.2001, 13 U (Kart) 248/98 -nicht rechtskräftig-, NJW-RR 2002, 476ff.; bestätigt durch BGH v. 12.11.2002, ZIP 2003, 1813, 1815; OLG Düsseldorf, v. 12.5.1998, WuW/E DE-R 150/153f. „Löschfahrzeuge"; LG Dortmund, 13.2.1998, DZWir 1998, 294/294f.; Tätigkeitsbericht des Bundeskartellamtes 1999/2000, BT-Drucks. 14/6300, Seite 46.
[1128] Siehe hierzu Seite 220ff.

bezogen auf den Beschaffungsmarkt. Die kritische Marktanteilgrenze läßt sich zwar nicht allgemein und nicht für alle Beschaffungsmärkte einheitlich bestimmen, aber zumindest läßt sich festhalten, daß eine wesentliche Beeinträchtigung auf jeden Fall dann ausgeschlossen ist, wenn eine gemeinsame Ausschreibung von Gemeinden einen Anteil von der Gesamtnachfrage auf dem sachlich relevanten Markt von weit unter 10% ausmacht.[1129] Dagegen sind Vereinbarungen bei einem Marktanteil oberhalb von 10% bis 15% nicht mehr freistellungsfähig.[1130]

In einer Vielzahl von Fällen wird es zu einer wesentlichen Beeinträchtigung des Wettbewerbs auf dem Markt kommen. Dies ergibt sich vor allem im Bereich des Eigenbedarfs, d.h. beispielsweise im Bereich der Feuerwehrausstattung oder Polizei, schon dadurch, daß es neben den öffentlichen Unternehmen als Nachfrager nur sehr wenige Alternativen für die Anbieter dieser Produkte gibt, auf die diese ausweichen können. Auch muß in diesem Bereich besonders beachtet werden, daß durch das besonders große Volumen der Ausschreibungen vielen kleineren und regionalen Händlern und Lieferanten die Möglichkeit genommen wird, sich an der Ausschreibung zu beteiligen, da sie nicht über die entsprechenden Kapazitäten verfügen. Es entstehen Marktzutrittsschranken, die zu einer wesentlichen Beeinträchtigung des Wettbewerbs führen.

Folglich kommt es bei der Bündelung der Nachfrage in diesem Bereich sehr schnell zu einer wesentlichen Wettbewerbsbeeinträchtigung. Damit eine Freistellung vom Kartellverbot im Bereich der öffentlichen Hand weiterhin eine Ausnahme bleibt, bedarf es einer besonders strengen Kontrolle im Rahmen diese Tatbestandmerkmals. Auch das Bundeskartellamt wird bei der Frage der „wesentlichen Beeinträchtigung des Wettbewerbs" strenge Maßstäbe anlegen.[1131]

b) Weitere Legalisierungsmöglichkeiten

Als weitere Legalisierungsmöglichkeit ist, wie bereits oben erwähnt, § 8 Abs. 1 GWB in Betracht zu ziehen.
Nach § 8 Abs. 1 GWB besteht die Möglichkeit einer Freistellung als Sonderkartell durch Erlaß des Bundesministers für Wirtschaft, das deswegen auch „Ministerkartell" genannt wird, wobei der Bundesminister bis heute selten davon Gebrauch gemacht hat.
Dies ist dann der Fall, wenn die Wettbewerbsbeschränkung aus überwiegenden Gründen der Gesamtwirtschaft und des Gemeinwohls notwendig ist. Im Rahmen dieses Tatbestandsmerkmals wäre es dem Minister aufgrund seines weiten Beurteilungsspielraums[1132] möglich, die Freistellung von Einkaufsbündelungen der öffentlichen Hand mit der Begründung zuzulassen, daß diese Wettbewerbsbeschränkung dem Gemeinwohl dient. Dieses Gemeinwohlinteresse kann sich entweder daraus ergeben, daß es in der Rechtsprechung grundsätzlich anerkannt ist, daß Aktivitäten der öffentlichen Hand, die dem Gebot der Wirtschaftlichkeit entsprechen, im Interesse des Gemeinwohls erfolgen[1133] oder aus dem Gedanken, daß wirtschaftliche Überlegungen dem allgemeinen Interesse dienen, indem von den öffentlichen Geldern aufgrund der

---

1129 OLG Düsseldorf v. 12.5.1998 – U (Kart) 11/98, WuW/E DE-R 150/156 „Löschfahrzeuge".
1130 OLG Celle v. 13.5.1998 – 13 U (Kart) 260/97. WuW/E Verg. 188/191 „Feuerwehrbedarfsartikel"; a. A. ohne Begründung Loewenheim in Loewenheim/Belke, § 5 c, Rdn.19.
1131 Tätigkeitsbericht des Bundeskartellamtes 1999/2000, BTDrucks. 14/6300, Seite 46.
1132 Immenga in Immenga/Mestmäcker, § 8, Rdn.37.
1133 Vgl. BGHZ 80, 371/378; BGH v. 10.2.1987, GRUR 1988, 73/76.

Einsparungen beispielsweise mehr Brandschutzmittel gekauft werden können, die dann für eine höhere Sicherheit bei der Bevölkerung sorgen.
Dieses Argument läßt sich allerdings nur im Rahmen von öffentlichen Beschaffungsmaßnahmen anführen und nicht bei Besorgungen, die nicht den Eigenbedarf, sondern den Fremdbedarf, wie beispielsweise den Stromeinkauf, betreffen.

4. Kartellrechtliche Kontrolle außerhalb des Kartellverbots

a) Preis- und Konditionenkartell gemäß § 14 GWB

Gemäß § 14 GWB sind Vereinbarungen zwischen Unternehmen über Waren oder gewerbliche Leistungen, die sich auf Märkte innerhalb des Geltungsbereichs dieses Gesetzes beziehen, verboten, soweit sie einen Beteiligten in der Freiheit der Gestaltung von Preisen oder Geschäftsbedingungen bei solchen Vereinbarungen beschränken, die er mit Dritten über die gelieferten Waren, über andere Waren oder über gewerbliche Leistungen schließt.
Im Rahmen der Einkaufskooperationen der öffentlichen Hand tritt dieses Drei-Personen-Verhältnis auf, wenn die Einkaufskooperation mit den Lieferanten Rahmenverträge aushandelt, in denen die Konditionen für die Lieferverträge zwischen den Städten/Gemeinden und den Lieferanten festgelegt sind. Da es in den überwiegenden Fällen nicht ausschließlich zu Lieferverträgen zwischen der Einkaufskooperation und dem einzelnen Lieferanten kommt, sondern diese nur die gemeinsame Ausschreibung für die beteiligten Städte und Gemeinden durchführt und die daraus entstehenden Konditionen vereinbart, wird in diesen Konstellationen immer von einem Drei-Personen-Verhältnis auszugehen sein.

Eine Legalisierung dieser Vertikalvereinbarungen ist möglich, wenn eine Freistellung nach § 4 Abs. 2 GWB vorliegt und diese vertikalen Vereinbarungen damit im Zusammenhang stehen.[1134] Dies wird bei Einkaufskooperationen der öffentlichen Hand in den überwiegenden Fällen gegeben sein, so daß bei einer Freistellung nach § 4 Abs. 2 GWB auch diese Vertikalvereinbarungen, die mit der Einkaufskooperation und deren Funktionieren bzw. deren Organisation in einem engen Zusammenhang steht, freigestellt werden.

b) Ausschließlichkeitsbindung gemäß § 16 Nr. 2 GWB

Nach § 16 Nr. 2 GWB kann die Kartellbehörde Vereinbarungen zwischen Unternehmen über Waren oder gewerbliche Leistungen für unwirksam erklären und die Anwendung neuer, gleichartiger Bindungen verbieten, soweit sie einen Beteiligten darin beschränken, andere Waren oder gewerbliche Leistungen von Dritten zu beziehen und soweit durch das Ausmaß solcher Beschränkungen der Wettbewerb auf dem Markt für diese oder andere Waren oder gewerblichen Leistungen wesentlich beeinträchtigt wird.
Die Ausschließlichkeitsbindung gemäß § 16 Nr. 2 GWB setzt voraus, daß es sich bei den an der Vereinbarung Beteiligten um Unternehmen handelt, was aber im Rahmen der Einkaufskooperationen der öffentlichen Hand zu keinen weiteren Problemen führt.
Von einer Ausschließlichkeitsbindung ist schon dann auszugehen, wenn die nachfragenden Unternehmen einem gewissen Bezugszwang unterliegen, da hierdurch anderen Anbietern eine spätere Liefermöglichkeit genommen wird. Gerade bei Einkaufskooperationen der öffentli-

---

[1134] Siehe hierzu Seite 56ff.

chen Hand kommt es jedoch in den wenigsten Fällen zu einem solchen Bezugszwang. Der Grund dafür liegt darin, daß für die Gemeinden nur ein für den Einzelfall bestehender Bezugszwang begründet wird. Zwar findet über die Einkaufskooperation in regelmäßigen Abständen eine Nachfragebündelung der Städte und Gemeinden statt, indem der Bedarf an einzelnen Produkten bei den Städten und Gemeinden nachgefragt wird und dann zwischen diesen und der Einkaufskooperation eine Vereinbarung getroffen wird. In dieser Vereinbarung wird festgehalten, daß das von der Einkaufskooperation ausgeschriebene und für die Städte und Gemeinden beschaffte Produkt zu dem von ihr ausgehandelten Preis erworben wird.[1135] Es geht somit darum, daß die Städte und Gemeinden ihren Bedarf an die Einkaufskooperation verbindlich melden und diese dann eine gebündelte Ausschreibung durchführt. Die Städte und Gemeinden sind somit vor jeder anstehenden Beschaffung in ihrer Entscheidung frei, den Gegenstand selbst oder über die Einkaufskooperation zu erwerben, so daß in diesem Fall kein Bezugszwang vorliegt.

c) Mißbrauch einer marktbeherrschenden Stellung gemäß § 19 GWB

Gemäß § 19 GWB kann marktbeherrschenden Unternehmen eine mißbräuchliche Ausnutzung ihrer Wettbewerbsstellung durch die Kartellbehörde untersagt werden. Nach § 19 Abs. 2 S.1 GWB ist ein Unternehmen marktbeherrschend, soweit es als Anbieter oder Nachfrager „einer bestimmten Art von Waren oder gewerblichen Leistungen" entweder keinem wesentlichen Wettbewerb ausgesetzt ist oder eine überragende Marktstellung besitzt. Auch diesbezüglich bedarf es wiederum der Bestimmung des relevanten Marktes.[1136]

Auf diesem jeweils relevanten Markt muß es zu einer marktbeherrschenden Stellung der nachfragenden Unternehmen der öffentlichen Hand kommen. Gerade bei Einkaufskooperationen der öffentlichen Hand im Bereich der Erfüllung öffentlicher Aufgaben besteht die Gefahr eines Mißbrauchs einer marktbeherrschenden Stellung, weil sich die Nachfrage an solchen Gütern fast ausschließlich auf die öffentliche Hand beschränkt. So kommen im Bereich der Feuerwehr höchstens noch Unternehmen mit betriebseigener Feuerwehr als Nachfrager in Betracht. Dies führt in vielen Fällen dazu, daß zwischen den Städten und Gemeinden gar kein Wettbewerb mehr bei der Nachfrage besteht, weil diese entweder gemeinsam einkaufen oder aber zur Zeit keinen Bedarf an dem jeweiligen Produkt haben und dadurch auch häufig Marktanteile erreicht werden, die zu einer marktbeherrschenden Stellung führen. Die wenigen Unternehmen, die dann neben den Städten und Gemeinden noch solche außergewöhnlichen Produkte benötigen, wie beispielsweise die Unternehmen mit einer betriebseigenen Feuerwehr, können keinen ausreichenden Nachfragewettbewerb mehr aufrechterhalten. So hat auch das OLG Koblenz[1137] in einem Urteil eine marktbeherrschende Stellung auf dem Markt für Löschfahrzeuge und Feuerschutzgeräte angenommen. Hieraus wird deutlich, daß es zumindest in diesem besonderen Bereich der Erfüllung öffentlicher Interessen in den überwiegenden Fällen zu marktbeherrschenden Stellungen kommt.

Die Gefahr des Mißbrauch ist dann schon dadurch gegeben, daß aufgrund der wenigen Nachfrager für solche Produkte jeder Lieferant oder Händler darauf angewiesen ist, den Zuschlag für die Ausschreibung zu bekommen. Hierdurch setzt die Einkaufskooperation extrem günsti-

---

[1135] OLG Celle Kartellsenat, v. 31.5.2001, 13 U (Kart) 248/98 -nicht rechtskräftig-, NJW-RR 2002, 476ff.; bestätigt durch BGH v. 12.11.2002, ZIP 2003, 1813ff.

[1136] Diesbezüglich kann auf die bereits oben auf Seite 220ff. gemachten Ausführungen verwiesen werden.

[1137] OLG Koblenz, v. 5.11.1998, WuW/E Verg. 184/184 „Feuerlöschgeräte".

ge Preise durch, wodurch es zu einem Ausbeutungsmißbrauch nach § 19 Abs. 4 Nr. 2 GWB kommt.[1138]

Anders sieht es dagegen in Bereichen aus, in denen auch andere Unternehmen einen Bedarf aufweisen, wie bei dem sogenannten „Bleistiftkauf". Hier wird es nur selten zu marktbeherrschenden Stellungen i. S. d. § 19 GWB kommen, da die öffentlich Hand nicht als ausschließliche Nachfrager auf dem Markt tätig wird, sondern einer unter vielen anderen Nachfragern ist mit einem nicht besonders großen Abnahme- oder Nachfragevolumen.

d) Diskriminierungsverbot gemäß § 20 Abs. 1- 4 GWB

Diskriminierungen, die von marktstarken Unternehmen ausgehen, stellen regelmäßig eine Gefahr für die Wettbewerbsordnung dar. Aus diesem Grund soll diese Diskriminierung verhindert werden, damit eine allseitige Öffnung der Märkte gewährleistet wird.[1139]
Auch ist die öffentliche Hand Adressat des Diskriminierungsverbots. Für die öffentliche Hand gelten keine Sonderregelungen. Sie unterliegt dem Behinderungs- und Diskriminierungsverbot, wenn sie als Unternehmen tätig wird und insoweit über eine Machtposition i.S.d. § 20 Abs. 1 oder 2 S.1 GWB verfügt.[1140]

(1) Behinderungsverbot gemäß § 20 Abs. 1, 2 GWB

Gerade im Bereich der Einkaufskooperationen der öffentlichen Hand wird beim Tätigwerden im Interesse der Öffentlichkeit zumindest eine nachfragebedingte Abhängigkeit gemäß § 20 Abs. 2 GWB anzunehmen sein. Von einer nachfragebedingten Abhängigkeit ist auszugehen, wenn der Händler oder Lieferant aufgrund der besonderen Beschaffenheit des sachlich relevanten Marktes die entsprechende Ware nicht anderweitig absetzen kann. Eine nachfragebedingte Abhängigkeit eines Lieferanten setzt nach § 20 Abs. 2 S.1 GWB voraus, daß der Lieferant auf bestimmte Absatzkanäle angewiesen ist, weil es keine zumutbaren Ausweichmöglichkeiten gibt.[1141] Es ist somit zu überprüfen, ob der betreffende Absatzmarkt für den Hersteller unverzichtbar ist.
Wie bereits im Rahmen des § 19 GWB erläutert,[1142] besteht gerade bei Einkaufskooperationen der öffentlichen Hand die Gefahr, daß die Lieferanten und Händler von Waren, die überwiegenden oder sogar fast ausschließlich von der öffentlichen Hand bezogen werden, wie beispielsweise Produkte für den Feuerwehrbedarf, auf die Abnahme der öffentlichen Hand angewiesen sind. Gerade in diesem Bereich gibt es höchstens Unternehmen mit einer eigenen Betriebsfeuerwehr, die Nachfrager dieser Produkte sind. Handelt es sich bei den Lieferanten oder Händlern dann noch um kleine und mittlere Unternehmen[1143], so liegen die Voraussetzungen des § 20 Abs. 2 GWB vor.

[1138] Zur Beurteilung, ob die Einkaufskooperation extrem niedrige Preise gegenüber den Lieferanten/Händlern durchgesetzt hat, wird das Vergleichsmarktkonzept herangezogen, siehe hierzu Seite 60ff.
[1139] Monopolkommission Sondergutachten 7, Tz.217ff.; BReg., in Tätigkeitsbericht des Bundeskartellamtes 1975, Seite IV; 1977, Seite IV.
[1140] Schultz in Langen/Bunte, § 20, Rdn.21.
[1141] Emmerich, Seite 220ff.
[1142] Siehe Seite 236ff.
[1143] Siehe zu diesem Begriff die Erläzerungen im Rahmen des § 4 Abs. 2 GWB auf Seite 44ff.

Dies führt allerdings nicht automatisch zu der Annahme eines Diskriminierungsverbots, sondern es bedarf weiterhin einer unbilligen Behinderung und grundlosen Diskriminierung anderer Unternehmen in einem Geschäftsverkehr, der gleichartigen Unternehmen üblicherweise zugänglich ist. Eine mittelbare Behinderung ist unter anderem anzunehmen, wenn die Mitglieder der Einkaufskooperation einem zumindest teilweisen Bezugszwang unterliegen, so daß sie nicht frei auf andere Lieferanten ausweichen können. In den überwiegenden Fällen wird für die Gemeinden nur ein für den Einzelfall bestehender Bezugszwang begründet. Zwar findet über die Einkaufskooperation in regelmäßigen Abständen eine Nachfragebündelung der Städte und Gemeinden statt, indem der Bedarf an einzelnen Produkten nachgefragt und dann zwischen den Städten/Gemeinden und der Einkaufskooperation eine Vereinbarung getroffen wird. In dieser Vereinbarung wird festgehalten, daß das von der Einkaufskooperation ausgeschriebene und für die Städte und Gemeinden beschaffte Produkt zu dem von ihr ausgehandelten Preis erworben wird.[1144] Es geht somit darum, daß die Städte und Gemeinden ihren Bedarf an die Einkaufskooperation verbindlich melden und diese dann eine gebündelte Ausschreibung durchführt. Eine solche Verfahrensweise ist zur Planungssicherheit notwendig. Die Städte und Gemeinden sind somit vor jeder anstehenden Beschaffung in ihrer Entscheidung frei, das Produkt selbst oder über die Einkaufskooperation zu erwerben. Aus diesem Grund wird es in den wenigsten Fällen zu einem Diskriminierungsverbot nach § 20 Abs. 1, 2 GWB kommen.

(2) Passive Diskriminierung gemäß § 20 Abs. 3 GWB und horizontales Behinderungsverbot gemäß § 20 Abs. 4 GWB

Es ergeben sich weder im Rahmen der passiven Diskriminierung[1145], noch im Rahmen des horizontalen Behinderungsverbots[1146] Besonderheiten bei Einkaufskooperationen der öffentlichen Hand im Vergleich zur „normalen" Nachfragebündelung.

e) Fusionskontrolle gemäß §§ 35ff. GWB

Eine Fusionskontrolle bei Einkaufskooperationen der öffentlichen Hand ist in Betracht zu ziehen, wenn es hierbei zu einer Gründung eines Gemeinschaftsunternehmens kommt. So besteht auch im Rahmen der Einkaufsbündelungen der öffentlichen Hand die Möglichkeit diese in der Form eines Gemeinschaftsunternehmens zu organisieren.[1147] Das Gemeinschaftsunternehmen wird dann im Rahmen einer Ausschreibung stellvertretend und im Auftrag der jeweiligen Städte und Gemeinden tätig.

Diesbezüglich ergeben sich zur „normalen" Einkaufsbündelung[1148] keine Besonderheiten.

[1144] OLG Celle Kartellsenat, v. 31.5.2001, 13 U (Kart) 248/98 -nicht rechtskräftig-, NJW-RR 2002, 476ff.; bestätigt durch BGH v. 12.11.2002, ZIP 2003, 1813, 1816.

[1145] Grundsätzliche Erläuterungen hierzu siehe Seite 62ff.

[1146] Erläuterungen hierzu siehe Seite 64ff.

[1147] Siehe OLG Koblenz, 5.11.1998, WuW/E Verg. 184/184 „Feuerlöschgeräte" wo es sich um ein Gemeinschaftsunternehmen vom Gemeinde- und Städtebund Rheinland-Pfalz e.V. und des Landesfeuerwehrverbandes Rheinland-Pfalz e.V. handelt.

[1148] Siehe hierzu Seite 66ff.

5. Ergebnis (deutsches Kartellrecht)

Die Einkaufskooperation von kleinen und mittleren Gemeinden erfolgt unter vier Gesichtspunkten: Gebot der Wirtschaftlichkeit, Einsparpotentiale, effizienterer Einsatz der zur Verfügung stehenden Gelder und Verstärkung des grenzüberschreitenden Wettbewerbs.
Das GWB ist aufgrund des § 130 Abs. 1 GWB und des weiten Unternehmensbegriffs auch auf die wirtschaftlichen Aktivitäten des Staates und seiner Gliederungen anzuwenden, soweit es sich nicht um hoheitliche Aufgaben der öffentlichen Hand handelt. Dies ist dann nicht der Fall, wenn der Staat sich in einer Wettbewerbsbeziehung befindet.
Sowohl der Staat als auch Teile des Staates wie Gemeinden sind als Unternehmen i.S.d. § 1 GWB zu qualifizieren.
Grundsätzlich liegen zwischen den Unternehmen (Gemeinden oder Städte) Vereinbarungen vor, es sei denn die Initiative für den gemeinsamen Einkauf der öffentlichen Hand geht von selbständigen Einkaufskooperationen (Einkaufsagentur) aus, die dann mit den jeweiligen Gemeinden Vermittlungsverträge schließen. In diesem Fall handelt es sich wiederum um sogenannte Sternverträge, d.h. einer Vielzahl von Vertikalverträgen, denen eine Abstimmung über Dritte, nämlich die Einkaufsagentur zu Grunde liegt. Dies aber nur, soweit es sich um eine bewußte Bündelung der nachfragenden Gemeinden über die Einkaufsagentur handelt.
Jedoch gelangt § 1 GWB nur zur Anwendung, wenn die Unternehmen der öffentlichen Hand auch in einem Wettbewerbsverhältnis stehen. Zwischen den einzelnen öffentlichen Unternehmen besteht keine Konzernverbindung, da die öffentliche Hand kein einheitlicher Rechtsträger ist, so daß von einem Nachfragewettbewerb zwischen den einzelnen Gemeinden auszugehen ist. Dieses Tatbestandsmerkmal erfüllen auch die Sternverträge.
Durch den gemeinsamen Einkauf der öffentlichen Unternehmen wird zum einen der Nachfragewettbewerb zwischen den Unternehmen beschränkt, da sie nicht mehr um die günstigsten Konditionen konkurrieren und zum anderen entfaltet diese Nachfragbündelung auch Drittwirkung in der Form, daß den Lieferanten die Möglichkeit genommen wird, zwischen verschiedenen Nachfragern auszuwählen. Sie stehen einer einheitlichen Nachfragefront gegenüber. Dies ist auch bei Vereinbarungen von Sternverträgen der Fall.
Bei dem Tatbestandsmerkmal der Spürbarkeit ist gerade im Bereich derjenigen Produkte, die fast ausschließlich von der öffentlichen Hand nachgefragt werden, besonders zu beachten, daß sich zum einen keine große Anzahl von Herstellern und Nachfragern gegenübersteht zum anderen, daß es sich häufig um langlebige Wirtschaftsgüter handelt. Des weiteren werden durch die gemeinsame Ausschreibung Einkaufsvolumen erreicht, durch deren Größe kleineren Anbietern die Chance genommen wird, sich überhaupt an der Ausschreibung zu beteiligen. Es werden somit erhöhte Anforderungen an den Marktzutritt entstehen. Aufgrund dieser Marktstruktur wird eine Spürbarkeit der Wettbewerbsbeschränkung anzunehmen sein.
In den überwiegenden Fällen der Nachfragebündelung der öffentlichen Hand wird somit das Vorliegen eines Nachfragekartells gemäß § 1 GWB anzunehmen sein, sei es aufgrund einer Vereinbarung zwischen den Gemeinden oder Städten oder aufgrund einer Vielzahl vertikaler Verträge zwischen den Gemeinden/Städten und der Einkaufskooperation, denen eine horizontale Abstimmung zwischen den Gemeinden/Städten zu Grunde liegt. Dieses Nachfragekartell kann auch nicht durch eine Restriktion im Rahmen des § 1 GWB legalisiert werden. Sollten übergeordnete Interessen dennoch eine Ausnahme vom Kartellverbot verlangen, eröffnet die Legalisierungsmöglichkeit nach § 8 GWB die Möglichkeit, aus Gemeinwohlinteressen Ausnahmen zuzulassen.

Grundsätzlich kommt es auch bei Einkaufskooperationen der öffentlichen Hand zu einer ummittelbaren Anwendung des § 4 Abs. 2 GWB, so daß auch in diesem Bereich eine Legalisie-

rung dieser Einkaufskooperationen grundsätzlich möglich ist. Allerdings bedarf es in jedem Einzelfall einer genauen Untersuchung anhand der einzelnen Tatbestandmerkmale, damit es nicht zu einem zu weiten Anwendungsbereich des § 4 Abs. 2 GWB im Bereich der Einkaufskooperationen der öffentlichen Hand kommt. Eine generelle Aussage, wonach § 4 Abs. 2 GWB auf Beschaffungskooperationen der öffentlichen Hand seinem Zweck nach nicht anwendbar ist, läßt sich nicht treffen.
Werden selbständige und unabhängige Einkaufsagenturen für die Unternehmen der öffentlichen Hand tätig, so handelt es sich um Sternverträge, die aber auch von § 4 Abs. 2 GWB freigestellt werden können.
Dadurch, daß die Nachfragebündelung der Städt und Gemeinden in der Form stattfindet, daß der Bedarf an Produkten bei diesen nachgefragt wird und dann zwischen den Städte/Gemeinden und der Einkaufskooperation eine Vereinbarung getroffen wird, in der festgehalten wird, daß das von der Einkaufskooperation ausgeschriebene Produkt zu dem von ihr ausgehandelten Preis erworben wird, geht es nur um die verbindliche Meldung des jeweiligen Bedarfs. Die Städte und Gemeinden sind somit vor jeder anstehenden Beschaffung in ihrer Entscheidung frei, den Gegenstand selbst oder über die Einkaufskooperation zu erwerben. Es liegt keine Bezugsverpflichtung vor.
Auch bei kleinen und mittleren Gemeinden gibt es im Beschaffungswesen durch die Größe bedingte Nachteile, weshalb ein durch die Vorschrift bezweckter struktureller Nachteilsausgleich auch im öffentlichen Sektor erreicht werden kann. Weder nach der Systematik, noch dem Zweck der Vorschrift gibt es einen Grund, der es rechtfertigt, das GWB mit einem gespaltenen Unternehmensbegriff auf Staat und Gemeinden anzuwenden: Der Staat und die Gemeinden werden den dem Unternehmen obliegenden (Verhaltens-) Pflichten aus § 1 GWB unterworfen, können aber nicht die mit dem Unternehmen in Verbindung stehenden Rechte und Privilegien aus § 4 Abs. 2 GWB geltend machen.
Eine Einkaufskooperation öffentlicher Unternehmen ist legalisierbar, wenn an ihr kleine und mittlere Gemeinden/Städte beteiligt sind. Dabei ist aufgrund der einheitlichen Leitung der Kommunalbetriebe auf die Größe der Gemeinde oder Stadt und die damit in Verbindung stehenden Ressourcen abzustellen, auch wenn es sich um einen kommunalen Eigenbetrieb oder ein privatwirtschaftlich organisierte Unternehmen in kommunaler Trägerschaft handelt. Für die Bestimmung der Größe der Gemeinde kann auf die Regelungen in den jeweiligen Gemeindeordnungen zurückgegriffen werden. Allein die gelegentliche Teilnahme einer größeren Stadt/Gemeinde hindert nicht die Anwendung des § 4 Abs. 2 GWB.
Bei dem Tatbestandsmerkmal der „Verbesserung der Wettbewerbsfähigkeit" ist es ausreichend, wenn diese Verbesserung der Wettbewerbsfähigkeit ausschließlich auf dem Beschaffungsmarkt auftritt. Würde man des weiteren auch einer Verbesserung auf dem Absatzmarkt verlangen, so würden sich zumindest dann Probleme ergeben, wenn sie die erworbenen Produkte nicht weiterverkaufen, sondern für die Ausübung hoheitlicher Tätigkeiten eingesetzt werden. Diesbezüglich stehen die Städte und Gemeinden nicht in einem Anbieterwettbewerb. So kann in diesem Zusammenhang höchstens von einem Standortwettbewerb zwischen den Städten und Gemeinden ausgegangen werden.
Bei dem Tatbestandsmerkmal, daß „der Wettbewerb auf dem Markt nicht wesentlich beeinträchtigt" werden darf, ist besonders die Struktur zu beachten, die sich im Bereich des Eigenbedarfs der Städte und Gemeinden teilweise ergibt. Gerade im Bereich der Ausübung hoheitlicher Tätigkeiten läßt sich im Bereich der Städte und Gemeinden feststellen, daß es sich um Produkte handelt, die neben den öffentlichen Unternehmen nur von sehr wenig anderen Unternehmen nachgefragt werden. Weiterhin führen Ausschreibungen von großen Einkaufsvo-

lumen dazu, daß kleine Anbieter, die das Volumen nicht erfüllen können, vom Markt verdrängt werden.

Als weitere Legalisierungsmöglichkeit ist § 8 Abs. 1 GWB in Betracht zu ziehen. Im Rahmen der öffentlichen Beschaffungsmaßnahmen läßt sich als Argument anführen, daß die Einsparung von finanziellen Mitteln in diesem Bereich dem Schutz von Leben und Gesundheit dient, soweit dadurch mit den gleichen Mitteln mehr Sicherheit erlangt werden kann. Bei Produkten für den Fremdbedarf greift dieses Argument allerdings nicht.

Ein Preis- und Konditionenkartell nach § 14 GWB tritt auf, wenn die Einkaufskooperation mit den Lieferanten Rahmenverträge aushandelt, in denen dann die entsprechenden Konditionen für die Lieferverträge zwischen den Städten/Gemeinden und den Lieferanten festgelegt sind. Eine Legalisierung dieser Vertikalvereinbarungen ist jedoch dann möglich, wenn eine Freistellung nach § 4 Abs. 2 GWB vorliegt und diese vertikalen Vereinbarungen damit im Zusammenhang stehen.

In den wenigsten Fällen der Nachfragebündelung der öffentlichen Hand wird es zu einer Ausschließlichkeitsbindung nach § 16 Nr. 2 GWB kommen, da für die Gemeinden nur ein für den Einzelfall bestehender Bezugszwang begründet wird. Es geht ausschließlich darum, daß die Gemeinden ihren Bedarf für den jeweiligen Einzelfall verbindlich melden. Es handelt sich nicht um eine längerfristige Bezugsverpflichtung.

Gerade bei Einkaufskooperationen der öffentlichen Hand im Bereich der Erfüllung öffentlicher Aufgaben, beispielsweise im Bereich der Feuerwehr und Polizei, besteht die Gefahr eines Mißbrauchs einer marktbeherrschenden Stellung nach § 19 GWB, weil sich die Nachfrager an solchen Gütern fast ausschließlich auf die öffentliche Hand als Nachfrager beschränkt. Dies führt in vielen Fällen dazu, daß zwischen den Städten und Gemeinden gar kein Wettbewerb mehr bei der Nachfrage besteht, weil diese entweder gemeinsam einkaufen oder aber zur Zeit keinen Bedarf an dem jeweiligen Produkt haben und dadurch auch häufig Marktanteile erreicht werden, die zu einer marktbeherrschenden Stellung führen.
Die Gefahr eines Ausbeutungsmißbrauchs ist dadurch gegeben, daß aufgrund der wenigen Nachfrager für solche Produkte jeder Lieferant oder Händler darauf angewiesen ist, den Zuschlag für die Ausschreibung zu bekommen. Die Einkaufskooperationen üben dadurch dann einen enormen Preisdruck aus.
In Bereichen, wie dem sogenannten „Bleistifteinkauf“ wird es so gut wie nie zu einer marktbeherrschenden Stellung kommen.

Gerade im Bereich der Einkaufsbündelung der öffentlichen Hand wird beim Tätigwerden im Bereich der Gefahrenabwehr zumindest eine nachfragebedingte Abhängigkeit gemäß § 20 Abs. 2 GWB anzunehmen sein. Dies ergibt sich dadurch, daß bei Produkten im Bereich der Gefahrenabwehr die Lieferanten gerade auf die Unternehmen der öffentlichen Hand als Abnehmer angewiesen sind, da es keine zumutbaren Ausweichmöglichkeiten gibt. Jedoch unterliegen die Städte und Gemeinden gegenüber der Einkaufskooperation keiner Bezugspflicht, so daß diese auch auf andere Lieferanten ausweichen können.

Auch Einkaufskooperationen der öffentlichen Hand können als Gemeinschaftsunternehmen tätig werden, dessen Aufgabe dann die Beschaffung der jeweiligen Produkte durch eine stellvertretende Ausschreibung ist. Diese Gemeinschaftsunternehmen müssen dann anhand der § 35 ff GWB überprüft werden.

III. Beurteilung nach europäischem Kartellrecht

1. Anwendbarkeit des EG-Kartellrechts

Nicht zu vernachlässigen ist in diesem Zusammenhang die Beurteilung nach europäischem Kartellrecht. Der Grund hierfür ist darin zu sehen, daß es in vielen Fällen der Ausschreibungen der öffentlichen Hand sogar zu einer europaweiten Ausschreibung kommt.[1149] Es stellt sich die Frage, ob oder wann das europäische Kartellrecht auf Nachfragebündelung der öffentlichen Hand anwendbar ist. Nach Art. 81 Abs. 1 EGV bzw. Art. 82 EGV und Art. 2 EGV setzt die Anwendung dieser Wettbewerbsregeln voraus, daß die wettbewerbsbeschränkende Vereinbarung oder der Mißbrauch der marktbeherrschenden Stellung geeignet ist, den Handel zwischen den Mitgliedstaaten zu beeinträchtigen (sogenannten Zwischenstaatlichkeitsklausel). Eine extraterritoriale Anwendung des EG-Kartellrechts findet dagegen statt, wenn sich die Handlung innerhalb der Gemeinschaft auswirkt.

Auch wenn die Nachfragbündelung sich weiterhin wohl so gestalten wird, daß regionale Gemeinden und Städte den Einkauf gemeinsam tätigen, so kann diese Bündelung sowohl den Handel zwischen den Mitgliedstaaten beeinträchtigen, als sich auch innerhalb der Gemeinschaft auswirken, wenn Anbieter aus der europäischen Gemeinschaft aufgrund der Ausschreibung tätig werden. Dazu trägt alleine schon die Tatsache bei, daß für die jeweiligen Produkte in einer Vielzahl der Fälle eine europaweite Ausschreibung stattfindet.[1150]

2. Gemeinschaftsunternehmen

Einkaufskooperationen der öffentlichen Hand können auf verschiedene Art und Weisen organisiert sein[1151], so auch als Gemeinschaftsunternehmen. Gerade im Bereich der Gründung von Gemeinschaftsunternehmen stellt sich das Problem, ob Art. 81 EGV zur Anwendung gelangt. Für die Beurteilung, ob auf Gemeinschaftsunternehmen Art. 81 EGV und/oder die FKVO zur Anwendung gelangt, muß zwischen Teilfunktionsgemeinschaftsunternehmen und Vollfunktionsgemeinschaftsunternehmen unterschieden werden. Teilfunktionsgemeinschaftsunternehmen unterfallen ausschließlich dem Kartellverbot des Art. 81 EGV i.V.m. der VO Nr. 17, konzentrative Vollfunktionsgemeinschaftsunternehmen unterliegen ausschließlich der Beurteilung anhand der FKVO und kooperative Vollfunktionsgemeinschaftsunternehmen unterliegen sowohl der Überprüfung anhand der FKVO als auch Art. 81 EGV, Art. 2 Abs. 4 FKVO.

Die Unterscheidung, ob ein Vollfunktionsgemeinschaftsunternehmen oder Teilfunktionsgemeinschaftsunternehmen vorliegt, wird nach der Selbständigkeit des Unternehmen beurteilt.[1152] Beim gemeinsamen Einkauf der öffentlichen Hand wird es in den überwiegenden Fällen nicht zu der Gründung eines Gemeinschaftsunternehmens kommen. Der Grund dafür ist

[1149] OLG Düsseldorf, v. 12.5.1998, WuW/E DE-R 150/150 „Löschfahrzeuge".

[1150] Vgl. hierzu OLG Düsseldorf, v. 12.5.1998, WuW/E DE-R 150/150 „Löschfahrzeuge"; OLG Koblenz, v. 5.11.1998, WuW/E Verg. 184/185 „Feuerlöschgeräte": die Antagsteller sind europaweit tätige Anbieter der ausgeschriebenen Löschfahrzeuge.

[1151] Siehe hierzu bereits oben Seite 216ff.

[1152] Siehe Seite 73.

schon darin zu sehen, daß die öffentliche Hand nur in gewissen zeitliche Abständen die Mittel und das Interesse hat, Produkte vor allem für den Feuerwehrbedarf zu beziehen. Dies führt dazu, daß der gemeinsame Einkauf der öffentlichen Hand über eine Einkaufskooperation in den überwiegenden Fällen nur für einen speziellen Fall getätigt wird und jede Gemeinde oder Stadt weiterhin ihre Selbständigkeit wahrt. Gründet die öffentliche Hand ein Gemeinschaftsunternehmen, so wird dies ausschließlich für den gemeinsamen Einkauf tätig und somit überwiegend als kooperatives Gemeinschaftsunternehmen ausgestaltet sein, bei dem nur Art. 81 EGV zur Anwendung gelangt und nicht die Vorschriften der FKVO.[1153]

3. Verbotene Verhaltensabstimmung gemäß Art. 81 EGV

Nach Art. 81 Abs. 1 EGV sind alle Vereinbarungen zwischen Unternehmen, Beschlüsse von Unternehmensvereinigungen und aufeinander abgestimmte Verhaltensweisen, die den Handel zwischen Mitgliedstaaten zu beeinträchtigen geeignet sind und eine Verhinderung, Einschränkung oder Verfälschung des Wettbewerbs innerhalb des gemeinsamen Marktes bezwecken oder bewirken, unzulässig; verschiedene Beispiele nennt Art. 81 Abs. 1 2. HS EGV. Nach Art. 81 Abs. 2 EGV sind gegen dieses Verbot verstoßende Vereinbarungen oder Beschlüsse nichtig.

Bei der kartellrechtlichen Beurteilung gemäß Art. 81 EGV von Einkaufskooperationen der öffentlichen Hand, muß zwischen einer Beurteilung anhand der Leitlinien der Kommission zur Anwendbarkeit von Art. 81 EGV auf horizontale und vertikale Vereinbarungen und einer Beurteilung anhand der einzelnen Tatbestandsmerkmale des Art. 81 Abs. 1 EGV unterschieden werden.

a) Praxis der Kommission aufgrund der Leitlinien zur Anwendbarkeit von Art. 81 EGV auf horizontale und vertikale Vereinbarungen[1154]

Die Leitlinien finden sowohl auf Vereinbarungen als auch auf aufeinander abgestimmte Verhaltensweisen Anwendung, was dazu führt, daß bei der Anwendbarkeit auf Einkaufsagenturen der öffentlichen Hand, wodurch ein Vertragssystem in Form von Sternverträgen entsteht, keine besonderen Probleme auftreten.

Nach den Horizontalleitlinien fallen schon bestimmte Gruppen von Vereinbarungen nicht unter Art. 81 Abs. 1 EGV[1155].Dies ist dann der Fall, wenn sich Unternehmen der öffentlichen Hand für den gemeinsamen Einkauf zusammenschließen, die nicht miteinander im Wettbewerb stehen, weder auf dem Einkaufs- noch auf dem Verkaufsmarkt, so gelangt Art. 81 Abs. 1 EGV nach den Horizontalleitlinien erst dann zur Anwendung, wenn Unternehmen mit erheblicher Marktmacht an ihnen beteiligt sind. Die Kommission geht davon aus, daß es in den meisten Fällen unwahrscheinlich ist, daß Marktmacht vorhanden ist, wenn die an der Vereinbarung Beteiligten einen gemeinsamen Marktanteil von weniger als 15% haben.[1156]

Wie bereits oben schon näher erläutert, stehen Unternehmen der öffentlichen Hand bei Produkten, die sie ausschließlich für den Eigenbedarf einkaufen, nie in einem Wettbewerbsverhältnis auf dem Verkaufsmarkt. Als Beispiele sind hier der Einkauf von Feuerwehrbedarfsar-

---

[1153] Ausführlicher hierzu Seite 73ff.

[1154] Horizontale Leitlinien (Fn.3) Tz.1ff. und 115ff.

[1155] Horizontale Leitlinien (Fn.3) Tz.24.

[1156] Horizontale Leitlinien (Fn.3) Tz.130.

tikeln und der sogenannte „Bleistifteinkauf" zu nennen. Anders sieht es dagegen auf dem Einkaufsmarkt aus, denn hier wird in den überwiegenden Fällen von einem Markt auszugehen sein, der sich sogar über die gesamte Bundesrepublik oder sogar Europa erstreckt, so daß entweder alle Gemeinden und Städte in einem Wettbewerbsverhältnis stehen, soweit sie das gleiche Produkt nachfragen oder aber zumindest die regionalen Gemeinden und Städte.
Trotzdem werden die Unternehmen dann nicht als untereinander im Wettbewerb stehend angesehen, wenn sie nicht auf demselben relevanten nachgeordneten Markt tätig sind.[1157] Folglich führt diese Voraussetzungen gerade im Bereich der Einkaufsbündelungen der öffentlichen Hand dazu, daß nach den horizontalen Leitlinien Art. 81 Abs. 1 EGV gar nicht erst zur Anwendung gelangt, soweit es um Produkte für den Eigenbedarf geht.

b) Tatbestandsvoraussetzungen

Sieht man einmal von der Praxis der Kommission aufgrund der horizontalen Leitlinien[1158] ab, so findet eine Überprüfung des gemeinsamen Einkaufs mehrerer Unternehmen der öffentlichen Hand aufgrund des europäischen Kartellverbots statt.

(1) Unternehmen

Grundsätzlich ist Art. 81 EG auf Unternehmen anwendbar. Vorliegend geht es jedoch um die öffentliche Hand. Fraglich ist somit, ob Art. 81 EGV auch auf die öffentliche Hand bzw. Unternehmen der öffentlichen Hand Anwendung findet.
Die Anwendbarkeit des europäischen Kartellrechts (Art. 81, 82 EGV) auf Unternehmen der öffentlichen Hand und auf die wirtschaftliche Tätigkeit der öffentlichen Hand, erweist sich als problematisch und nicht eindeutig geklärt.
Hierbei geht es zum einen um die Frage, ob und inwieweit wirtschaftliche Tätigkeiten staatlicher Einheiten die Unternehmenseigenschaft des Staates (bzw. staatlicher Untergliederungen) begründet. Zum anderen geht es um die Frage, wann überhaupt von „wirtschaftlicher" Tätigkeit des Staates gesprochen werden kann.[1159] Denn überwiegend vollzieht sich staatliche Tätigkeit in der Form hoheitlichen Handelns, das nicht unter den Anwendungsbereich der Art. 81ff. EGV fällt.[1160]
Fraglich ist somit, ob es eine dem § 130 GWB entsprechende Vorschrift auch im EG- Vertrag gibt. Die einzige Vorschrift im EGV, die sich mit öffentlichen Unternehmen befaßt, ist Art. 86 EGV.[1161] Jedoch geht es in dieser Vorschrift nicht um die Anwendbarkeit des Art. 81 EGV auf Unternehmen der öffentlichen Hand oder auf die öffentliche Hand selbst, sondern Art. 86 Abs. 1 EGV richtet sich an die Mitgliedstaaten selbst. Sie sind verpflichtet, in Bezug auf öffentliche Unternehmen keine dem Vertrag widersprechende Maßnahmen zu treffen oder beizubehalten. Somit läßt sich hieraus nicht die Anwendbarkeit der Wettbewerbsregeln auf die wirtschaftliche Tätigkeit der öffentlichen Hand ableiten.

1157 Horizontale Leitlinien (Fn.3) Tz.123.
1158 Horizontale Leitlinien (Fn.3) Tz.1ff. und 115ff.
1159 In EuGH, Slg. 1997 I, 1547/1587 "Diego Cali" unterscheidet der Gerichtshof zwischen der Tätigkeit des Staates „als öffentliche Hand", auf die Art. 81ff. EGV keine Anwendung finden soll, und der Ausübung „wirtschaftlicher Tätigkeiten industrieller oder kommerzieller Art...., die darin besteht, Güter und Dienstleistungen auf dem Markt anzubieten".
1160 Roth/Ackermann in Frankfurter Kommentar, Grundfragen Art. 81 Abs. 1, Rdn.38.
1161 Hochbaum in von der Groeben/Thiesing/Ehlermann, Art. 90, Rdn.1.

Bei der wirtschaftlichen Tätigkeit der öffentlichen Hand muß zwischen öffentlichen Unternehmen, d.h. Unternehmen der öffentlichen Hand und der wirtschaftlichen Tätigkeit der Öffentlichen Hand selbst unterschieden werden.
Die Art. 81ff. EGV gelten gemäß Art. 86 Abs. 1 EGV für alle „öffentlichen Unternehmen". Als „öffentliche Unternehmen" wird dabei jedes Unternehmen verstanden, auf das die öffentliche Hand auf Grund Eigentums, finanzieller Beteiligung, Satzung oder sonstiger Bestimmungen, die die Tätigkeit des Unternehmens regeln, unmittelbar oder mittelbar einen beherrschenden Einfluß ausüben kann.[1162] Auf die privatrechtliche oder öffentlich-rechtliche Organisationsform des Unternehmensträgers kommt es nicht an.[1163]
Nicht so eindeutig verhält es sich dagegen, wenn die öffentliche Hand nicht in Form eines von ihr gegründeten Unternehmens tätig wird (sog. öffentliches Unternehmen), sondern wenn sie selbst unternehmerisch tätig wird. Hilfreich ist es jedoch, wenn man auch in diesem Zusammenhang von dem funktionalen Unternehmensbegriff ausgeht.[1164] Dementsprechend wird jede eine wirtschaftliche Tätigkeit ausübende Einheit als Unternehmen bezeichnet, unabhängig von ihrer Rechtsform, von dem Vorliegen oder Fehlen der Gewinnerzielungsabsicht, sowie von der Art ihrer Finanzierung.[1165]

Es ist somit zu untersuchen, ob die staatliche Einheit (Städte, Gemeinden etc.) in Bezug auf die zu untersuchende Tätigkeit als Unternehmen zu qualifizieren ist. Trotz der weiten Auslegung des Unternehmensbegriff, werden von Art. 81 EGV keine Gemeinden erfaßt, die in ihrer Eigenschaft als Träger öffentlicher Gewalt handeln, und Unternehmen, die mit der Wahrnehmung einer öffentlichen Aufgaben betraut sind.[1166] Handelt es sich somit um eine hoheitliche Tätigkeit, so ist Art. 81 EGV unanwendbar.[1167] Anders sieht es dagegen aus, wenn eine zurechenbare unselbständige Einheit (Regiebetrieb; unselbständige Anstalt) des Staates, der Länder oder der Kommunen etc. wirtschaftlich – als Anbieter oder Nachfrager am Markt – tätig wird.[1168] Diese wirtschaftliche Tätigkeit des Staates und seiner Untergliederungen, die die Unternehmenseigenschaft begründet, liegt im gesamten Bereich der Nachfragetätigkeit vor,[1169] da es sich hierbei nicht um privaten Endverbrauch handelt.[1170] Somit ist festzuhalten, daß der Staat, die Länder, die Kommunen etc. als Unternehmen im Sinne des Art. 81 Abs. 1 EGV an-

---

1162 Badura, ZGR 1997, 291/292; Art. 2 der Richtlinie 80/723 EWG: ABl. der EG 1980 Nr. L 195 Seite 35; geändert durch Richtlinie 85/413/EWG, ABl. der EG 1985 Nr. L 229 Seite 20 und Richtlinie 93/84/EWG, ABl. der EG 1993 Nr. L 254 Seite 16.
1163 Gleiss/Hirsch, Art. 85, Rdn.32; Schröter in von der Groeben/Thiesing/Ehlermann, Art. 85, Rdn.36; BGH, ZIP 1999, 1021/1023 „Lottospielgemeinschaft"; OLG Düsseldorf, EuZW 1999, 188/189.
1164 Siehe oben zum Unternehmensbegriff bei § 1 GWB.
1165 EuGH, Slg. 1984, 2999/3016 „Hydrotherm"; Slg. 1991 I, 1979/2016f. "Höfner"; Slg. 1997 I, 7140/7147 „Job-Centre".
1166 EuGH, Slg. 1988, 2479/2512ff. „Bodson/Pompes Funebres".
1167 Roth/Ackermann in Frankfurter Kommentar, Grundfragen Art. 81 Abs. 1, Rdn.41; Bunte in Langen/Bunte, Art. 81, Rdn.8.
1168 EuGH, Slg. 1987, 2599/2623 „Kommission/Italien"; Slg. 1993 I, 5335/5379 „Decoster"; Kommission, ABl. der EG 1998 L 252 Seite 47/53 „Amministrazione Autonoma dei Monopoli di Stato"; ABl. der EG 1998 Nr. L 230 Seite 10/17 „Alpha Flight Services/Aéroports de Paris"; Emmerich in Immenga/Mestmäcker, EG-Wettbewerbsrecht, Art. 85 Abs. 1 A, Rdn.28; Gleiss/Hirsch, Art. 85 Abs. 1, Rdn.32; Grill in Lenz, Art. 85 Abs. 1, Rdn.32.
1169 Gleiss/Hirsch, Art. 85 Abs. 1, Rdn.38, 40; Emmerich in Immenga/Mestmäcker, EG-Wettbewerbsrecht, Art. 85 Abs. 1, Rdn. A 28.
1170 Gleiss/Hirsch, Art. 85 Abs. 1, Rdn.38.

zusehen sind, wenn sie oder ein unselbständiger Teil von ihnen wirtschaftlich – als Anbieter oder Nachfrager am Markt - tätig werden.
Hiermit ist jedoch noch nicht geklärt, wann von einer wirtschaftlichen Tätigkeit und wann von einem hoheitlichen Handeln des Staates oder seiner Untergliederung auszugehen ist. Nach Sinn und Zweck der Art. 81, 82 EGV ist die öffentliche Hand dann als Adressat zu verneinen, wenn es um eine Tätigkeit geht, die mit der Ausübung hoheitlicher Gewalt verbunden ist.[1171]
Der EuGH stellt in seiner „Eurocontrol" - Entscheidung[1172] bei der Beurteilung, ob ein hoheitliches Handeln vorliegt, entscheidend darauf ab, ob die Tätigkeit der öffentlichen Hand in ihrer Zweckrichtung zumindest auch oder sogar primär Interessen der Allgemeinheit wahrnimmt und diese Tätigkeit nach Art, Gegenstand und den für sie geltenden Regeln mit der Ausübung von Vorrechten (Eingriffsbefugnisse) verknüpft ist, die typischerweise hoheitlicher Natur sind.
Nach Entscheidungen der Kommission kommt es darauf an, ob der staatlichen Stelle in Bezug auf die konkret erbrachten Leistungen hoheitliche Zuständigkeiten zugeordnet sind.[1173] Ist dies nicht der Fall kommt wirtschaftliche Tätigkeit in Betracht.[1174]
Anders dagegen sieht es eine Rechtsprechung des EuGH, die traditionell als Staatsaufgabe begriffene staatliche Tätigkeit als „wirtschaftliche Tätigkeit" qualifiziert und es dafür ausreichen läßt, daß die Tätigkeit nicht „notwendig" von öffentlichen Einrichtungen betrieben werden muß und „nicht immer" von öffentlichen Einrichtungen betrieben worden ist.[1175]

Auch im Bereich der Einkaufsbündelung der öffentlichen Hand geht es primär um den Abschluß von Kaufverträgen mit besonders günstigen Konditionen, die gerade durch die Bündelung der Nachfrage und die daraus entstehende Marktmacht bedingt sind. Dies hat zur Folge, daß sowohl nach der Auffassung der Kommission als auch nach der Rechtsprechung des EuGH die Nachfrage der öffentlichen Hand stets als wirtschaftliche Tätigkeit einzuordnen ist, denn es handelt sich um eine Tätigkeit, die weder aufgrund einer hoheitlichen Zuständigkeit stattfindet, noch unbedingt von einer öffentlichen Einrichtung berieben werden muß.
Weiterhin ist in diesem Zusammenhang noch zu erwähnen, daß es einen insofern „privaten Endverbrauch" der öffentlichen Hand nicht gibt[1176], so daß auch dies keinen Grund darstellt, der gegen eine wirtschaftliche Tätigkeit der öffentlichen Hand anzuführen wäre.
Folglich begründet die öffentliche Hand (staatliche Einheit) mit dieser wirtschaftlichen Tätigkeit in Form der gebündelten Nachfrage die „Unternehmenseigenschaft" im Sinne des Art. 81 Abs. 1 EGV. Als Nachfrager ist die öffentliche Hand somit Adressat der Art. 81ff. EGV.

[1171] Emmerich in Immenga/Mestmäcker, EG-Wettbewerbsrecht, Art. 85 Abs. 1, Rdn.15, 21; Schröter in von der Groeben/Thiesing/Ehlermann, vor Art. 85, Rdn.33; Gleiss/Hirsch, Art. 85 Abs. 1, Rdn.21.
[1172] EuGH, Slg. 1994 I, 43/60ff. „SAT Fluggesellschaft/Eurocontrol".
[1173] Roth/Ackermann in Frankfurter Kommentar, Grundfragen Art. 81 Abs. 1 EGV, Rdn.44.
[1174] Kommission, ABl. der EG 1998 L 252, Seite 47/53f. „Amministrazione Autonoma dei Monopoli di Stato"; Kommission, ABl. der EG 1999 L 106, Seite 14/21 „Richtlinien für die Berufsausübung"; BGH, ZIP 1999, 1021/1023 „Lottospielgemeinschaft".
[1175] EuGH, Slg. 1991 I, 1979/2016 „Höfner"; Slg. 1997 I, 7119/7147 „Job Centre". Im Gegenschluß mag man folgern, daß Tätigkeiten, die in allen Mitgliedstaaten durch die Öffentliche Hand ausgeführt werden, als hoheitliche Tätigkeit anzusehen sind: Roth/Ackermann in Frankfurter Kommentar, Grundfragen Art. 81 Abs. 1, Rdn.45.
[1176] Kapp in Frankfurter Kommentar, Art. 86 EGV, Rdn.11.

(2) Vereinbarung oder abgestimmte Verhaltensweisen von Unternehmen

Bei der Beurteilung, ob es sich um eine Vereinbarung oder abgestimmte Verhaltensweise i.S.d. Art. 81 Abs. 1 EGV handelt, bestehen keine grundsätzlichen Unterschiede zu der Beurteilung im Rahmen des § 1 GWB. Den einzigen Unterschied bilden die vertikalen Vereinbarungen, die auch von Art. 81 Abs. 1 EGV erfaßt werden, was im Rahmen von § 1 GWB nicht der Fall ist. Folglich werden von Art. 81 Abs. 1 EGV auch die Vereinbarungen erfaßt, die im deutschem Kartellrecht unter die §§ 14ff. GWB fallen. Dies sind die vertikalen Vereinbarungen, die zwischen den Lieferanten und den öffentlichen Unternehmen bzw. den dazwischen geschalteten Einkaufsagenturen oder Einkaukaufskooperationen vereinbart werden.
Durch die Erfassung von vertikalen Vereinbarungen von Art. 81 Abs. 1 EGV bestehen auch keine weiteren Schwierigkeiten bei der Erfassung der sogenannten Sternverträge beim Tätigwerden von Einkaufsagenturen.[1177]

(3) Unternehmenskooperation, die eine Beschränkung oder Verfälschung des Wettbewerbs bezweckt oder bewirkt

Nachfragebündelungen der öffentlichen Hand verstoßen gegen das Kartellverbot des Art. 81 Abs. 1 EGV, wenn sie den zwischen den beteiligten Unternehmen bestehenden Nachfragewettbewerb spürbar beschränken. Die drei Arten der Wettbewerbsbeschränkung müssen nicht streng voneinander abgegrenzt werden, weil Art. 81 Abs. 1 EGV sie wettbewerbsrechtlich alle gleich behandelt.

(a) Regelbeispiele des Art. 81 Abs. 1 EGV

In Art. 81 Abs. 1 lit. a EGV wird als Beispiel für verbotene Wettbewerbsbeschränkung die Festsetzung von An- und Verkaufspreisen aufgeführt. Bei Einkaufskooperationen der öffentlichen Hand treten diese Formen der Absprachen dann auf, wenn die Einkaufskooperation mit den Lieferanten Rahmenverträge abschließt, die die späteren Lieferverträge mit ihren Konditionen zwischen den Unternehmen der öffentlichen Hand und den Lieferanten betreffen.

Weiterhin nennt Art. 81 Abs. 1 lit. b EGV als Beispiel für wettbewerbsbeschränkende Vereinbarungen unter anderem die Einschränkung oder Kontrolle des Absatzes. Dies äußert sich in der Form, daß die Wahlfreiheit von Abnehmern und Lieferanten beeinträchtigt wird.[1178] Eine Bezugspflicht der nachfragenden Unternehmen liegt vor, wenn der Absatz der anderen Lieferanten beeinträchtigt wird, da den Unternehmen keine Ausweichmöglichkeit gegeben wird.
In den überwiegenden Fällen wird für die Städt und Gemeinden nur ein für den Einzelfall bestehender Bezugszwang begründet. Zwar findet über die Einkaufskooperation in regelmäßigen Abständen eine Nachfragebündelung der Städte und Gemeinden statt, indem der Bedarf an einzelnen Ausrüstungsgegenständen bei diesem nachgefragt wird und dann zwischen diesen und der Einkaufskooperation eine Vereinbarung getroffen wird. In dieser Vereinbarung wird festgehalten, daß das von der Einkaufskooperation ausgeschriebene und für die Städte und

[1177] Siehe zu der näheren Beschreibung der Konstellation der Einkaufsagenturen Seite 216f.
[1178] Müller-Graff in Hailbronner/Klein/Magiera/Müller-Graff, Art. 85, Rdn.99.

Gemeinden beschaffte Produkt zu dem von ihr ausgehandelten Preis erworben wird.[1179] Es geht somit darum, daß diese ihren Bedarf an die Einkaufskooperation verbindlich melden und diese dann eine gebündelte Ausschreibung durchführt. Die Städte und Gemeinden sind somit vor jeder anstehenden Beschaffung in ihrer Entscheidung frei, den Gegenstand selbst oder über die Einkaufskooperation zu erwerben.

(b) Wettbewerbsbeschränkung und Wettbewerbsverfälschung

Besonders erwähnenswert ist in diesem Zusammenhang die Konstellation, wenn sogenannte Einkaufsagenturen für die öffentlichen Hand tätig werden, da es sich in dieser Konstellation um Sternverträge handelt. Diesbezüglich stellt sich dann die Frage, ob vertikale Vereinbarungen auch dann von Art. 81 Abs. 1 EGV erfaßt werden, wenn eine Wettbewerbsbeschränkung nur zwischen den nachfragenden Unternehmen der öffentlichen Hand auftreten und nicht zwischen den Beteiligten, die den vertikalen Vertrag geschlossen haben, also der Einkaufsagentur und dem jeweiligen Unternehmen der öffentlichen Hand.
Der Unterschied von Art. 81 Abs. 1 EGV im Vergleich zu § 1 GWB ist, daß auch die ausschließliche Beeinträchtigung von Drittwettbewerb zu einer Wettbewerbsbeeinträchtigung i.S.d. Art. 81 Abs. 1 EGV führt.[1180] Aus diesem Grund werden auch die vertikalen Vereinbarungen von Art. 81 Abs. 1 EGV erfaßt, auch wenn sie nur eine horizontale Wettbewerbsbeschränkung hervorrufen.

(4) Spürbarkeit

Weiterhin bedarf es einer Spürbarkeit der Wettbewerbsbeschränkung. Dabei bilden Marktanteile und Marktstrukturen die wichtigsten Indikatoren für die Beurteilung einer Spürbarkeit. Bei der Bestimmung des relevanten Marktes kann auf die bereits im Rahmen des Tatbestandsmerkmals „miteinander im Wettbewerb stehen“ gemachten Ausführungen verwiesen werden.[1181]
Gerade im Bereich der Löschfahrzeuge und der Feuerwehrbedarfsartikel ist zu beachten, daß als Nachfrager alle diejenigen Institutionen einbezogen sind, die im Feuerlöschwesen tätig sind, also neben den Städten und Gemeinden etwa Flughäfen und Unternehmen mit Betriebsfeuerwehr. Bei der Beurteilung des Spürbarkeitsmerkmals ist die besondere Struktur des Marktes für Feuerlöschfahrzeuge und Feuerwehrgeräte zu beachten. Charakteristisch für diesen Markt ist, daß es sich bei diesen Produkten um langlebige Wirtschaftsgüter handelt, die durch die Städte und Gemeinden aufgrund dessen nur in größeren zeitlichen Abständen nachgefragt werden und damit den Markt, von der Stückzahl gesehen, als besonders klein erscheinen lassen.[1182] Eine weitere Besonderheit ist, daß sich auf diesem Markt nicht eine große Anzahl von Anbietern (Herstellern und Händlern) und Nachfragern gegenübersteht, sondern das diese Produkte nur von einer beschränkten Anzahl von Herstellern angeboten werden, die Endabnehmer teilweise unmittelbar beliefern, sich also auch an den Ausschreibungen selbst

[1179] OLG Celle Kartellsenat, v. 31.5.2001, 13 U (Kart) 248/98 -nicht rechtskräftig-, NJW-RR 2002, 476ff; bestätigt durch BGH v. 12.11.2002, ZIP 2003, 1813ff.
[1180] Siehe hierzu Seite 89ff.
[1181] Siehe zur Bestimmung des relevanten Marktes im Bereich der öffentlichen Unternehmen Seite 220ff.
[1182] So auch OLG Koblenz, v. 5.11.1998, WuW/E Verg. 184/185 „Feuerlöschgeräte“.

beteiligen. Eine Bündelung der Nachfrage in diesem Bereich von den Unternehmen der öffentlichen Hand trifft damit jeden Hersteller, der sich an solchen Ausschreibungen beteiligt. Eine Veränderung der relevanten Marktfaktoren läßt sich weiterhin auch daran erkennen, daß durch die gemeinsamen Ausschreibungen der Unternehmen der öffentlichen Hand Einkaufsvolumen erreicht werden, die es zumindest kleineren Anbietern schwer fallen lassen, diese Ausschreibung zu erfüllen.[1183] Weiterhin führt diese Erhöhung des Nachfragevolumens möglicherweise dazu, daß jetzt auch die Hersteller selbst auf die gemachten Ausschreibungen reagieren, weil diese nun auch ein für sie bedeutendes Volumen erreichen. Diese Bündelung der Ausschreibung hat weiterhin zur Folge, daß höhere Anforderungen an den Marktzutritt entstehen und zusätzliche Schranken aufgerichtet werden. Die Veränderung der Marktverhältnisse ist in diesen Fällen spürbar, denn durch die Bündelung der Nachfrage in diesem Bereich wird die Art und Intensität des Wettbewerbs, der jetzt auch zusätzlich zwischen Herstellern und Händlern eröffnet wird und damit größere Dimensionen erreicht, deutlich verändert.

Anders sieht es dagegen aus, wenn die Unternehmen der öffentlichen Hand gemeinsam Produkte nachfragen, die nicht ausschließlich von Städten und Gemeinden oder einem sehr begrenzten Kreis an Unternehmen nachgefragt werden. Hierzu zählt unter anderem der gemeinsame Stromeinkauf oder auch der gemeinsame sogenannte „Bleistiftkauf" der Unternehmen der öffentlichen Hand.

c) Freistellung nach Art. 81 Abs. 3 EGV

Gelangt man bei der Nachfragebündelung der öffentlichen Hand zu der Annahme eines Kartellverbots gemäß Art. 81 Abs. 1 EGV, so kann es dennoch zu einer Freistellung nach Art. 81 Abs. 3 EGV in Form einer Einzel- oder einer Gruppenfreistellung kommen.

(1) Gruppenfreistellungsverordnung

Da es keine GFVO gibt, die Einkaufskooperationen in ihrer Gesamtheit erfassen,[1184] muß diesbezüglich zwischen den horizontalen und den vertikalen Vereinbarungen unterschieden werden, die sich aus dem gemeinsamen Einkauf der öffentlichen Hand ergeben, damit eine automatische Freistellung über eine GFVO überhaupt möglich ist.
Nach der GFVO Nr. 2790/1999[1185] ist das Kartellverbot des Art. 81 Abs. 1 EGV auf vertikale Vereinbarungen im Sinne der GFVO unter den dort aufgeführten Voraussetzungen nicht anwendbar. Um vertikale Vereinbarungen handelt es sich bei Einkaufsbündelungen der öffentlichen Hand nach der in GFVO aufgeführten Definition, bei Vereinbarungen zwischen dem jeweiligen Lieferanten und dem Unternehmen der öffentlichen Hand, wobei gerade im Bereich der öffentlichen Hand diese Vereinbarung mit der dazwischen geschalteten Einkaufskooperation oder Einkaufsagentur geschlossen wird. Von dieser GFVO werden insofern insbesondere Vereinbarungen erfaßt, die sich auf die Preise und die Konditionen der in der gemeinsamen Ausschreibung befindlichen Produkte beziehen. Dies allerdings nur insoweit, als sie aufgrund der besonderen Einschränkung der Dispositionsfreiheit der Lieferanten unter Art. 81 Abs. 1 EGV fallen.

[1183] OLG Celle, v. 13.5.1998, WuW/E Verg. 188/190 „Feuerwehrbedarfsartikel".
[1184] Zur Begründung siehe oben Seite 98.
[1185] Gruppenfreistellungsverordnung (Fn.420).

Der Anwendungsbereich der GFVO wird allerdings dann eingeschränkt, wenn die vertikalen Vereinbarungen zwischen Unternehmensvereinigungen und ihren Mitgliedern geschlossen werden. Handelt es sich um eine derartige vertikale Vereinbarung, so gelangt die GFVO nur dann zur Anwendung, wenn „alle Mitglieder der Vereinigung Wareneinzelhändler sind und keines ihrer einzelnen Mitglieder zusammen mit seinen verbundenen Unternehmen einen jährlichen Gesamtumsatz von mehr als 50 Mio. EUR erzielt".
Die Verordnung selbst definiert den Begriff der Unternehmensvereinigung von Wareneinzelhändlern jedoch nicht. Aus der Formulierung „Vereinigung und ihren Lieferanten"[1186] läßt sich jedoch erkennen, daß die Unternehmensvereinigung auch ein eigenes Geschäft betreibt und, daß sie „Mitglieder" haben muß, in deren Eigentum sie steht und deren Kontrolle sie unterworfen ist. Untersucht man die Einkaufsbündelungen der öffentlichen Hand hinsichtlich dieser Kriterien, so kommt man zu dem Ergebnis, daß dann keine Unternehmensvereinigung vorliegt, wenn der gemeinsame Einkauf über eine sogenannte Einkaufsagentur läuft[1187], da sich in diesem Fall die Unternehmen der öffentlichen Hand nicht untereinander zusammenschließen, sondern jedes Unternehmen gesondert die Einkaufsagentur mit der Beschaffung bzw. der Ausschreibung der jeweils benötigten Produkte beauftragt. Die Initiative für die Bündelung der Nachfrage geht in dieser Konstellation von der Einkaufsagentur aus.

Anders sieht es jedoch aus, wenn die Initiative für den gemeinsamen Einkauf von der öffentlichen Hand ausgeht und diese für den gemeinsamen Einkauf bzw. für die jeweilige Ausschreibung eine Einkaufskooperation gründet. In dieser Konstellation stellt sich nämlich die Frage, ob es sich bei den Unternehmen der öffentlichen Hand um Wareneinzelhändler i. S. d. Art. 2 Abs. 2 der GFVO handelt. Ein Unternehmen betreibt (Waren-) Einzelhandel, wenn es gewerbsmäßig Waren anschafft und sie unverändert oder nach im Einzelhandel üblicher Be- oder Verarbeitung in einer oder mehreren offenen Verkaufsstellen zum Verkauf an jedermann freihält.[1188] Dies führt gerade im Bereich der Einkaufsbündelung der öffentlichen Unternehmen zu Problemen bei der Beurteilung, ob es sich um Wareneinzelhändler handelt, denn in den überwiegenden Fällen des gemeinsamen Einkaufs werden Produkte bezogen, die ausschließlich der Deckung des Eigenbedarfs dienen. Dies ist nur dann nicht der Fall, wenn es um den gemeinsamen Einkauf von Produkten geht, die von den Unternehmen an (End-) Verbraucher weiterveräußert werden, wie dies beispielsweise im Bereich des gemeinsamen Stromeinkaufs häufig der Fall ist.
Dies führt somit im Bereich der Einkaufsbündelung der öffentlichen Hand dazu, daß die Freistellung durch diese Gruppenfreistellungsverordnung von vertikalen Vereinbarungen zwischen der Einkaufskooperation und den Unternehmen der öffentlichen Hand oder aber zwischen der Einkaufskooperation und den Lieferanten nicht für Produkte gilt, die ausschließlich für den Eigenbedarf bezogen werden und somit nicht weiterveräußert werden. Nicht betroffen von dieser Einschränkung sind somit aber die Produkte, die die Städte und Gemeinden weiterverkaufen.

Sind entweder die Voraussetzungen des Art. 2 Abs. 2 der Gruppenfreistellung für vertikale Vereinbarungen erfüllt, was nur bei Produkten der Fall ist, die nicht ausschließlich dem Eigenbedarf dienen, oder handelt es sich gar nicht erst um eine Unternehmensvereinigung, so

[1186] Siehe Art. 2 Abs. 2 der Verordnung Nr. 2790/99 (Fn.420).
[1187] Siehe zum gemeinsamen Einkauf der öffentlichen Unternehmen über eine Einkaufsagentur Seite 216f.
[1188] Tilch, Deutsches Rechts-Lexikon „Einzelhandel", Seite 1152f.

müssen weiterhin die Voraussetzungen von Art. 2 Abs. 4 der GFVO vorliegen. Das bedeutet, daß die vertikale Vereinbarung nicht zwischen Wettbewerbern vorliegen darf. Im Rahmen der öffentlichen Unternehmen findet die vertikale Vereinbarung grundsätzlich nicht zwischen Wettbewerbern statt.
Weiterhin gilt nach Art. 3 Abs. 1 der Gruppenfreistellung die Freistellung jedoch nur dann, wenn der Anteil des Lieferanten an dem relevanten Markt, auf dem er die Vertragswaren oder –dienstleistungen verkauft, 30% nicht überschreitet. Liegt dagegen eine Steigerung des Marktanteils auf über 30 % vor, so richtet sich die Beurteilung nach Art. 9 Abs. 2 Lit. c der GFVO.

Das Vorliegen von in der Schwarzen Liste genannten Kernbeschränkungen wird in den überwiegenden Fällen nicht gegeben sein, da es Sinn und Zweck der Nachfragebündelung ist, den Verkäufer an bestimmte Preise zu binden und nicht den Käufer.[1189] Diese Form der vertikalen Vereinbarung fällt aber nicht unter die Kernbeschränkungen der Schwarzen Liste.

Folglich werden vertikale Vereinbarungen im Bereich der Einkaufsbündelung der öffentlichen Hand insoweit durch die GFVO freigestellt, als es sich nicht um den Einkauf von Produkten für den Eigenbedarf handelt oder aber es sich nicht um eine Unternehmensvereinigung handelt, wie dies bei der Organisation durch eine Einkaufsagentur der Fall ist. Handelt es sich dagegen um Produkte für den Eigenbedarf, so kann eine Legalisierung nur über eine Einzelfreistellung nach Art. 81 Abs. 3 EGV erfolgen.

Ebenso verhält es sich mit den horizontalen Vereinbarungen und abgestimmten Verhaltensweisen im Rahmen der Nachfragebündelung der öffentlichen Hand, diese werden nicht von der GFVO erfaßt, sondern können auch nur über eine Einzelfreistellung gemäß Art. 81 Abs. 3 EGV legalisiert werden.[1190]

(2) Einzelfreistellung

Bei der Beurteilung der Vereinbarungen der öffentlichen Hand muß in diesem Zusammenhang zwischen den vertikalen und horizontalen Vereinbarungen unterschieden werden, bei denen es einer Einzelfreistellung gemäß Art. 81 Abs. 3 EGV bedarf. Bei den vertikalen Vereinbarungen, bei denen es nicht zu einer Freistellung durch die Gruppenfreistellungsverordnung kommt, handelt es sich um Vereinbarungen, die zwischen der Einkaufskooperation als Unternehmensvereinigung und den öffentlichen Unternehmen geschlossen worden sind, wobei die Besonderheit ist, daß es sich bei den öffentlichen Unternehmen nicht um Wareneinzelhändler handelt, weil sie die gemeinsam eingekauften bzw. ausgeschriebenen Waren nicht weiterveräußern, sondern für den Eigenbedarf nutzen. Gerade durch die ausschließliche Nutzung dieser Produkte für den Eigenbedarf entstehen jedoch auch Probleme bei einer Einzelfreistellung gemäß Art. 81 Abs. 3 EGV. Als wichtigste Freistellungsvoraussetzung muß die vertikale Vereinbarung der Verbesserung der Warenerzeugung dienen. Hierbei handelt es sich um eine Art Rationalisierungswirkung.[1191] Grundsätzlich ist es im Rahmen von Einkaufskooperationen ausreichend, wenn objektive Vorteile in der Form auftreten, daß Kosten, egal ob beim Einkauf

[1189] Siehe hierzu ausführlicher Seite 103.
[1190] Siehe hierzu Seite 104f.
[1191] Emmerich, Seite 423; Sauter in Immenga/Mestmäcker, EG-Wettbewerbsrecht, Art.85 Abs. 3, Rdn. C 3.

oder beim Transport, eingespart werden.[1192] Diese vertikalen Vereinbarungen bei der Nachfragebündelung der öffentlichen Hand erfüllen grundsätzlich das Tatbestandsmerkmal der „Verbesserung der Warenerzeugung oder –verteilung“, zwar werden hier keine Transportkosten gespart, aber zumindest findet eine Kosteneinsparung durch größere Abnahmemengen statt. Allerdings müssen mit diesem Kartell im Einzelfall auch noch tatsächlich spürbare objektive Vorteile für die Verbraucher gegeben sein, die die mit dem Kartell verbundenen Nachteile überwiegen.[1193] Das bedeutet, daß die erreichten Kosteneinsparungen dann auch an den Verbraucher weitergegeben werden müssen. Mit „Verbraucher“ ist nicht notwendigerweise der Endverbraucher gemeint, ebenso können Weiterverarbeiter oder Zwischenhändler „Verbraucher“ i. S. d. Art. 81 Abs. 3 EGV sein.[1194] Gerade diese Weitergabe der Kosteneinsparung an den Verbraucher erweist sich bei den genannten vertikalen Vereinbarungen als problematisch, weil die auf diesem Weg bezogenen Produkte dem Eigenbedarf dienen und nicht an den Verbraucher weitergegeben werden. Folglich kann an diese auch keine Kosteneinsparung weitergegeben werden. Hiernach ist eine Einzelfreistellung dieser vertikalen Vereinbarungen nach Art. 81 Abs. 3 EGV nicht möglich.
Es stellt sich allerdings die Frage, ob es in diesem Rahmen einer besonderen Berücksichtigung dessen bedarf, daß es gerade durch den gemeinsamen Einkauf der öffentlichen Unternehmen zu einer Einsparung der öffentlichen Mittel kommt. Dagegen spricht der Wortlaut des Art. 81 Abs. 3 EGV, der ausdrücklich von einer Verbraucherbeteiligung spricht und auch keine anderweitige Auslegung zuläßt und der hinter dieser Vorschrift stehende Sinn und Zweck. Der Grund für dieses Tatbestandsmerkmal ist darin zu sehen, daß das System des unverfälschten Wettbewerbs dem Vorteil des Verbrauchers dienen soll. Dies ist nur dann der Fall, wenn der Verbraucher unmittelbar an den erlangten Kosteneinsparungen beteiligt wird. Folglich können die vertikalen Vereinbarungen nicht freigestellt werden.

Auch die horizontalen Vereinbarungen oder abgestimmten Verhaltensweisen bei der Nachfragebündelung der öffentlichen Hand erfüllen grundsätzlich das Tatbestandsmerkmal der „Verbesserung der Warenerzeugung oder –verteilung“, es werden hier keine Transportkosten gespart, aber zumindest findet eine Kosteneinsparung durch größere Abnahmemengen statt. Anders sieht es dagegen auch dann wieder aus, wenn es um das Tatbestandsmerkmal der „angemessenen Beteiligung der Verbraucher“ geht. Tätigen die öffentlichen Unternehmen den gemeinsamen Einkauf, um ihren Eigenbedarf an dem jeweiligen Produkt zu decken, so verhält es sich hierbei genauso wie mit den vertikalen Vereinbarungen in diesem Bereich. Eine Beteiligung der Verbraucher ist in diesem Bereich nicht möglich, so daß es nicht zu einer Einzelfreistellung nach Art. 81 Abs. 3 EGV kommen kann.

Handelt es sich dagegen um horizontale Vereinbarungen zwischen den öffentlichen Unternehmen über den gemeinsamen Einkauf von Produkten, die weiterveräußert werden, wie dies beispielsweise beim gemeinsamen Stromeinkauf der Fall ist, der dann nicht selbst verbraucht wird, sondern an Verbraucher weiterverkauft wird, so ist eine Einzelfreistellung nicht ausgeschlossen. Allerdings bedarf es hierbei der Erfüllung weiterer Freistellungsvoraussetzungen. So scheidet eine Freistellung trotzdem aus, wenn den beteiligten Unternehmen Beschränkungen auferlegt werden, die für die Verwirklichung dieser Ziele nicht unerläßlich sind (Art. 81

[1192] Horizontale Leitlinien (Fn.3) Tz.132; Sauter in Immenga/Mestmäcker, EG-Wettbewerbsrecht, Art. 85 Abs. 3, Rdn. C 9; Schröter in von der Groeben/Thiesing/Ehlermann, Art. 85 Abs. 3, Rdn.301.
[1193] EuG, Slg. 1995 II, 1533/1596ff. „Langnese-Iglo“; Slg. 1995 II, 1611/1662ff. „Schöller“.
[1194] Schröter in von der Groeben/Thiesing/Ehlermann, Art. 85 Abs. 3, Rdn.211.

Abs. 3 lit. a EGV). In diesem Zusammenhang ist zu überprüfen, ob zur Erreichung der genannten Vorteile, die dem Verbraucher zufließen müssen, Vereinbarungen getroffen werden können, die weniger wettbewerbsbeschränkend sind, aber die gleiche Wirkung entfalten (sogenannter Verhältnismäßigkeitsgrundsatz).[1195] In den wenigsten Fällen des gemeinsamen Einkaufs von öffentlichen Unternehmen wird es jedoch möglich, sein auf andere Weise so günstige Konditionen zu erlangen, die dann in Form von Preissenkungen an die Verbraucher weitergegeben werden können. Allerdings darf es nicht zu weitergehenden Beeinträchtigungen kommen, die unerläßlich sind. Dies kann dann auftreten, wenn die beteiligten Unternehmen einem Bezugszwang unterworfen werden, der jedoch nicht unerläßlich ist, um den erforderlichen Umfang für die Erzielung von Größenvorteilen zu erlangen. Gerade im Bereich des gemeinsamen Stromeinkaufs wird es jedoch zu einem gewissen Bezugszwang aufgrund der Dauerschuldverhältnisse kommen.[1196] Diese Dauerschuldverhältnisse sind allerdings aufgrund der besonderen Eigenschaft des Stroms als nicht speicherbares Gut unerläßlich.
Als letzte Freistellungsvoraussetzung darf den beteiligten Unternehmen durch die Vereinbarung keine Möglichkeit eröffnet werden, für einen wesentlichen Teil der betreffenden Waren den Wettbewerb auszuschließen. Es muß weiterhin sowohl ein funktionierender Innenwettbewerb als auch ein funktionierender Außenwettbewerb bestehen.[1197] Gerade bei der Beurteilung, ob noch ein wirksamer Außenwettbewerb besteht, kommt es auf die Marktstruktur und die Marktanteile der beteiligten Unternehmen an. Bei der Nachfragebündelung der öffentlichen Unternehmen muß diesbezüglich besonders berücksichtigt werden, daß hiernach nur die Nachfragebündelungen beurteilt werden, die den gemeinsamen Einkauf von Produkten betreffen, die nicht ausschließlich dem Eigenbedarf dienen. Das bedeutet, daß Produkte aus dem Feuerwehrbedarf aufgrund ihrer besonderen Eigenschaften, fast ausschließlich von Städten und Gemeinden nachgefragt zu werden, diesbezüglich nicht berücksichtigt werden. Folglich handelt es sich nicht um Produkte, die nicht ausschließlich von öffentlichen Unternehmen nachgefragt werden, sondern bei denen auch andere Unternehmen als Nachfrager tätig werden. Dies wiederum führt bei der Berücksichtigung der jeweils speziellen Marktstrukturen dazu, daß selbst wenn einige Städte und Gemeinden ihre Nachfrage in dem bestimmten Bereich bündeln, weiterhin ein funktionierender Außenwettbewerb besteht, der durch die Nachfragbündelung der öffentlichen Unternehmen nicht beeinträchtigt wird.

4. Mißbrauch einer marktbeherrschenden Stellung gemäß Art. 82 EGV

Bei der Bündelung der Nachfrage öffentlicher Unternehmen kann sich eine marktbeherrschende Stellung insbesondere dadurch ergeben, daß diese Nachfragebündelung gerade hinsichtlich solcher Produkte stattfindet, die fast ausschließlich von diesen Unternehmen bzw. den dahinter stehenden Städten und Gemeinden nachgefragt werden.

a) Relevanter Markt

Zur Bestimmung der marktbeherrschenden Stellung bedarf es wiederum der Bestimmung des relevanten Marktes. Eine einheitliche Bestimmung des räumlich relevanten Marktes für die

[1195] Sauter in Immenga/Mestmäcker, EG-Wettbewerbsrecht, Art. 85 Abs. 3, Rdn.C 23.
[1196] Siehe hierzu die näheren Erläuterungen auf Seite 198ff.
[1197] Ausführlicher hierzu siehe Seite 108ff.

Nachfragebündelung der öffentlichen Unternehmen ist nicht möglich, da es hier auf das jeweils gemeinsam nachgefragte Produkt ankommt.[1198]

b) Beherrschende Stellung

Auch im Tatbestand des Art. 82 EGV wird verlangt, daß es sich um eine marktbeherrschende Stellung eines oder mehrerer Unternehmen handelt. Der Unternehmensbegriff unterscheidet sich nicht von dem des Art. 81 Abs. 1 EGV, so daß diesbezüglich auf die bereits gemachten Ausführungen verwiesen werden kann. Bei der Beurteilung, ob ein oder mehrere Unternehmen eine marktbeherrschende Stellung inne haben, die sie auch mißbräuchlich ausnutzen, ist auf die an der Nachfragebündelung beteiligten öffentlichen Unternehmen abzustellen.

Auf dem für das jeweilige Produkt relevanten Markt muß es dann zu einer marktbeherrschenden Stellung dieser nachfragenden Unternehmen der öffentlichen Hand kommen. Eine marktbeherrschende Stellung eines Unternehmens ist anzunehmen, wenn es aufgrund seiner Machtposition in der Lage ist, wirksamen Wettbewerb auf dem relevanten Markt zu verhindern, weil es sich gegenüber seinen Wettbewerbern, seinen Handelspartnern und seinen Verbrauchern autonom verhalten kann.[1199] Gerade im Bereich der Nachfragebündelung der öffentlichen Hand ergibt sich das Problem, daß im Bereich der Erfüllung öffentlicher Aufgaben das Risiko des Mißbrauchs einer marktbeherrschenden Stellung gegeben ist. Der Grund hierfür liegt darin, daß in diesem Bereich Produkte gemeinsam nachgefragt werden, bei denen die öffentlichen Unternehmen bzw. die dahinter stehenden Städte und Gemeinden als ausschließliche oder zumindest fast ausschließliche Nachfrager auf dem entsprechenden Markt tätig werden. Durch diese besondere Marktstruktur besteht verstärkt die Gefahr, daß durch die Nachfragebündelung der öffentlichen Unternehmen die Aufrechterhaltung eines wirksamen Wettbewerbs verhindert wird. Die wirtschaftliche Machtstellung der öffentlichen Unternehmen äußert sich insbesondere in der Fähigkeit dieser Unternehmen, Einfluß auf die Bestimmung der Preise zu nehmen.
Anders sieht es dagegen in Bereichen aus, in denen neben den Städten und Gemeinden noch weitere Unternehmen das jeweilige Produkt nachfragen. In diesen Bereichen wird es in den wenigsten Fällen zu einer marktbeherrschenden Stellung der gemeinsam nachfragenden öffentlichen Unternehmen kommen, weil in diesen Fällen den Anbietern weiterhin die Möglichkeit offen steht, auf andere Nachfrager auszuweichen, so daß diese nicht der Marktmacht der öffentlichen Unternehmen ohne Ausweichalternativen ausgesetzt sind.

c) Mißbräuchliche Ausnutzung

Nicht alleine die marktbeherrschende Stellung eines oder mehrer Unternehmen führt schon alleine zu einem Verstoß gegen Art. 82 EGV, sondern es bedarf weiterhin einer mißbräuchlichen Ausnutzung dieser marktbeherrschenden Stellung. Eine mißbräuchliche Ausnutzung der marktbeherrschende Stellung liegt unter anderem vor, wenn eine unmittelbare oder mittelbare Erzwingung von unangemessenen Einkaufs- oder Verkaufspreisen oder sonstigen Geschäftsbedingungen gegeben ist. Tritt das marktbeherrschende Unternehmen als Nachfrager auf, wie es bei Einkaufskooperationen der Fall ist, so kann die Unangemessenheit in der Erzwingung

---

[1198] Siehe die differenzierte Beschreibung des räumlich relevanten Marktes im Rahmen des § 1 GWB Seite 220ff.
[1199] EuGH, Slg. 1980, 3775/3793 „L'Oréal"; Slg. 1979, 461/520 „Hoffmann-La Roche/Vitamine"; Dirksen in Langen/Bunte, Art. 82, Rdn.9, 12, 13.

besonders niedriger Einkaufspreise [1200] oder besonders günstiger Konditionen liegen. Im Rahmen der Nachfragebündelung der öffentlichen Hand findet diese Erzwingung der besonders günstigen Preise über das Unternehmen statt, das die gemeinsame Ausschreibung vornimmt, ist aber dennoch als Mißbrauch der öffentlichen Unternehmen anzusehen, da diese sich bewußt für eine gemeinsame Ausschreibung entschieden haben, um besonders günstige Preise und Konditionen zu erlangen. Auch hier ist wieder die Möglichkeit der Anbieter maßgebend, ob diese auf andere Handelspartner oder benachbarte Produktmärkte ausweichen können. Folglich wirkt sich auch in diesem Bereich wieder die besondere Marktstruktur im Bereich derjenigen Produkte aus, bei denen die öffentlichen Unternehmen bzw. die dahinter stehenden Städte und Gemeinden fast ausschließlich auf dem Markt tätig sind. Die Anbieter sind dem Preisdruck der öffentlichen Unternehmen ausgeliefert, da ihnen keine Ausweichmöglichkeiten zur Verfügung stehen.

Art. 82 S. 2 lit. b EGV nennt weiterhin als mißbräuchliches Verhalten die Einschränkung der Erzeugung des Absatzes zum Schaden der Verbraucher. Hierunter fallen insbesondere Vereinbarungen, die zu einer Einschränkungen des Absatzes führen. Dies ist jedoch nur dann der Fall, wenn die Mitglieder der Einkaufskooperation an diese durch eine bestimmte Bezugpflicht gebunden werden. Gerade im Bereich der Nachfragebündelung der öffentlichen Hand treten solche Vereinbarungen nicht auf, weil die Unternehmen der öffentlichen Hand nur für den jeweiligen Einzelfall einem Bezugszwang unterliegen, indem sie der Einkaufskooperation ihren Bedarf mitteilen und mit dieser weiterhin vereinbaren, daß das von der Einkaufskooperation ausgeschriebene und für die Städte und Gemeinden beschaffte Produkt zu dem von ihr ausgehandelten Preis erworben wird.[1201] Es geht somit darum, daß die Städte und Gemeinden ihren Bedarf an die Einkaufskooperation verbindlich melden und diese dann eine gebündelte Ausschreibung durchführt. Es handelt sich nicht um einen Bezugszwang dem die Unternehmen der öffentlichen Hand unterliegen.

d) Ergebnis

Gerade im Bereich der Feuerwehrbedarfsdeckung wird es in den überwiegenden Fällen zu einer marktbeherrschenden Stellung der öffentlichen Unternehmen kommen. Wobei gerade im Bereich der Nachfragebündelung der öffentlichen Hand nur ein Ausbeutungsmißbrauch nach Art. 82 S.2 lit. a EGV vorliegen kann, wenn durch diese marktbeherrschende Stellung besonders günstige Konditionen bei den Lieferanten erzwungen werden.

5. Zusammenschlußkontrolle

Unter die Zusammenschlußkontrolle gemäß der FKVO fallen nicht nur Fusionen, sondern auch die Gründung von Gemeinschaftsunternehmen.[1202]
Beim gemeinsamen Einkauf der öffentlichen Hand wird es in den überwiegenden Fällen nicht zu der Gründung eines Gemeinschaftsunternehmens kommen. Der Grund dafür ist schon darin zu sehen, daß die öffentliche Hand nur in gewissen zeitlichen Abständen die Mittel und das Interesse hat, Produkte vor allem für den Feuerwehrbedarf zu beziehen. Dies führt dazu, daß

[1200] Vgl. EuGH, Slg. 1985, 1105/1123 (Nr. 22) „CICCE".
[1201] OLG Celle Kartellsenat, v. 31.5.2001, 13 U (Kart) 248/98 -nicht rechtskräftig-, NJW-RR 2002, 476ff.; bestätigt durch BGH v. 12.11.2002, ZIP 2003, 1813ff.
[1202] Zur Anwendbarkeit der FKVO siehe Seite 119.

der gemeinsame Einkauf der öffentlichen Hand über eine Einkaufskooperation in den überwiegenden Fällen nur für einen speziellen Fall getätigt wird und jede Gemeinde oder Stadt weiterhin ihre Selbständigkeit wahrt. Gründet die öffentliche Hand ein Gemeinschaftsunternehmen, so wird dies ausschließlich für den gemeinsamen Einkauf tätig und somit als kooperatives Gemeinschaftsunternehmen ausgestaltet sein, bei dem nur Art. 81 EGV zur Anwendung gelangt und nicht die Vorschriften der FKVO.[1203] Folglich wird es im Rahmen des gemeinsamen Einkaufs der öffentlichen Unternehmen nicht zu einer Zusammenschlußkontrolle nach der FKVO kommen.

6. Ergebnis (europäisches Kartellrecht)

Aufgrund der teilweise stattfindenden europaweiten Ausschreibung der öffentlichen Hand, bedarf es auch einer Überprüfung anhand des europäischen Kartellrechts. Auch wenn die Nachfragbündelung sich weiterhin wohl so gestalten wird, daß regionale Gemeinden und Städte den Einkauf gemeinsam tätigen, so kann diese Bündelung sowohl den Handel zwischen den Mitgliedstaaten beeinträchtigen, als sich auch innerhalb der Gemeinschaft auswirken, wenn Anbieter aus der europäischen Gemeinschaft aufgrund der Ausschreibung tätig werden.
Gründet die öffentliche Hand ein Gemeinschaftsunternehmen, so wird dies ausschließlich für den gemeinsamen Einkauf tätig und somit überwiegend als kooperatives Gemeinschaftsunternehmen ausgestaltet sein, bei dem nur Art. 81 EGV zur Anwendung gelangt und nicht die Vorschriften der FKVO.

Bei der Anwendung der horizontalen Leitlinien auf die Einkaufsbündelungen der öffentlichen Hand, kommt man zu dem Ergebnis, daß es nie zur Anwendung des Art. 81 Abs. 1 EGV kommt, soweit die Unternehmen der öffentliche hand ausschließlich für den Eigenbedarf einkaufen, da sie dieselbezüglich nicht in einem Wettbewerbsverhältnis mit den anderen Gemeinden stehen. Dies führt dazu, daß in diesem Bereich daß nach den horizontalen Leitlinien Art. 81 Abs. 1 EGV gar nicht erst zur Anwendung gelangt, soweit es um Produkte für den Eigenbedarf geht.

Überprüft man die Einkaufsbündelungen der öffentlichen Hand anhand der Tatbestandvoraussetzungen des Art. 81 Abs. 1 EGV, so stellt sich erst einmal die Frage, ob das Kartellverbot überhaupt auf Unternehmen der öffentlichen Hand Anwendung findet. Hierbei geht es zum einen um die Frage, ob und inwieweit wirtschaftliche Tätigkeiten staatlicher Einheiten die Unternehmenseigenschaft des Staates (bzw. staatlicher Untergliederungen) begründet. Der Staat, die Länder, die Kommunen etc. sind als Unternehmen im Sinne des Art. 81 Abs. 1 EGV anzusehen, wenn sie oder ein unselbständiger Teil von ihnen wirtschaftlich – als Anbieter oder Nachfrager am Markt - tätig werden.
Sowohl die Vereinbarungen als auch die sogenannten Sternverträge im Rahmen der Einkaufsbündelung der öffentlichen Hand werden von Art. 81 Abs. 1 EGV erfaßt.
Als Wettbewerbsbeschränkung i.S.d. Art. 81 Abs. 1 EGV ist die Festsetzung von Ankaufspreisen zwischen der Einkaufskooperation und den Lieferanten zugunsten der Unternehmen der öffentlichen Hand zu nennen. Auch die Sternverträge begründen Wettbewerbsbeschränkungen.

[1203] Ausführlicher hierzu Seite 73ff.

Bezüglich des Merkmals der Spürbarkeit läßt sich auch anführen, daß gerade im Bereich der Gefahrenabwehr die Struktur dieses Marktes zu berücksichtigen ist, die zur Annahme der Spürbarkeit der Wettbewerbsbeschränkung führt. Diesbezüglich kann auf die Ausführungen im Rahmen des Tatbestandsmerkmals „miteinander m Wettbewerb stehen" verwiesen werden.

Trotz des Vorliegens eines Kartellverbots ist noch eine Gruppen- oder Einzelfreistellung möglich. Nach der GFVO Nr. 2790/1999 werden vertikale Vereinbarungen freigestellt, die zwischen dem jeweiligen Lieferanten und dem Unternehmen der öffentlichen Hand hinsichtlich der jeweils zu gewährenden Preise und Konditionen vereinbart worden sind. Die Einkaufsbündelungen der öffentlichen Hand werden insoweit von der Einschränkung der Anwendung der GFVO erfaßt, als die Initiative für den gemeinsamen Einkauf von den Unternehmen der öffentlichen Hand ausgeht und diese hierfür eine Einkaufskooperation gründen. Bei den Unternehmen der öffentlichen Hand handelt es sich jedoch nur dann um Wareneinzelhändler, wenn sie die Produkte nicht ausschließlich für den Eigenbedarf beziehen, sondern noch weiterveräußern. Folglich werden vertikale Vereinbarungen im Bereich der Einkaufsbündelung der öffentlichen Hand insoweit durch die GFVO freigestellt, als es sich nicht um den Einkauf von Produkten für den Eigenbedarf handelt oder aber es sich nicht um eine Unternehmensvereinigung handelt, wie dies bei der Organisation durch eine Einkaufsagentur der Fall ist.

Sowohl die horizontalen Vereinbarungen als auch die, die nicht von der GFVO erfaßt werden, können noch durch eine Einzelfreistellung nach Art. 81 Abs. 3 EGV freigestellt werden.
Bei der Freistellung der vertikalen Vereinbarungen, die aufgrund der Deckung des Eigenbedarfs nicht von der GFVO erfaßt werden, ergeben sich des weiteren auch ähnliche Probleme bei der Einzelfreistellung. So muß die vertikale Vereinbarung als wichtige Freistellungsvoraussetzung tatsächliche spürbare objektive Vorteile für die Verbraucher mit sich bringen, die die mit dem Kartell verbundenen Nachteile überwiegen. Gerade diese Weitergabe der Kosteneinsparung an den Verbraucher erweist sich bei den genannten vertikalen Vereinbarungen als problematisch, weil die auf diesem Weg bezogenen Produkte dem Eigenbedarf dienen und nicht an den Verbraucher weitergegeben werden. Folglich kann an diese auch keine Kosteneinsparung weitergegeben werden. Hiernach ist eine Einzelfreistellung dieser vertikalen Vereinbarungen nach Art. 81 Abs. 3 EGV nicht möglich.
Genauso verhält es sich auch mit den horizontalen Vereinbarungen, die dem gemeinsamen Einkauf von Produkten des Eigenbedarfs zu Grunde liegen, so daß es auch diesbezüglich nicht zu einer Einzelfreistellung nach Art. 81 Abs. 3 EGV kommt.
Handelt es sich dagegen um horizontale Vereinbarungen zwischen den öffentlichen Unternehmen über den gemeinsamen Einkauf von Produkten, die weiterveräußert werden, wie dies beispielsweise beim gemeinsamen Stromeinkauf der Fall ist, der dann nicht selbst verbraucht wird, sondern an Verbraucher weiterverkauft wird, so ist eine Einzelfreistellung nicht ausgeschlossen.
Jedoch ist besonders zu beachten, daß den Unternehmen durch die Vereinbarung keine Möglichkeit eröffnet werden darf, für einen wesentlichen Teil der betreffenden Waren den Wettbewerb auszuschließen. Bei der Beurteilung, ob noch ein wirksamer Außenwettbewerb vorliegt, muß berücksichtigt werden, daß es sich hierbei nur um Produkte handelt, die weiterveräußert werden und in den Bereichen auch andere Unternehmen tätig werden.

Bei der Beurteilung, ob eine Legalisierungsmöglichkeit der mit der Nachfragebündelung der öffentlichen Unternehmen in Zusammenhang stehenden Vereinbarungen möglich ist, muß folglich differenziert werden, ob es sich um den gemeinsamen Einkauf von Produkten handelt, die für den Eigenbedarf bestimmt sind, oder aber es sich um Produkte handelt, die an Verbraucher weiterveräußert werden. Handelt es sich um eine Nachfragebündelung öffentlicher Unternehmen, die Produkte betrifft, die ausschließlich der Deckung des Eigenbedarf dieser Unternehmen dienen, so handelt es sich um ein Kartell i. S. d Art. 81 Abs. 1 EGV, das weder durch eine Gruppenfreistellungsverordnung, noch durch eine Einzelfreistellung gemäß Art. 81 Abs. 3 EGV legalisiert werden kann.

Bei der Bündelung der Nachfrage öffentlicher Unternehmen kann sich eine marktbeherrschende Stellung insbesondere dadurch ergeben, daß diese Nachfragebündelung gerade hinsichtlich solcher Produkte stattfindet, die fast ausschließlich von diesen Unternehmen bzw. den dahinter stehenden Städten und Gemeinden nachgefragt werden. Durch diese besondere Marktstruktur besteht verstärkt die Gefahr, daß durch die Nachfragebündelung der öffentlichen Unternehmen die Aufrechterhaltung eines wirksamen Wettbewerbs verhindert wird.
Im Rahmen der Nachfragebündelung der öffentlichen Hand findet diese Erzwingung der besonders günstigen Preise über das Unternehmen statt, das die gemeinsame Ausschreibung vornimmt, ist aber dennoch als Mißbrauch der öffentlichen Unternehmen anzusehen, da diese sich bewußt für eine gemeinsame Ausschreibung entschieden haben, um besonders günstige Preise und Konditionen zu erlangen. Auch hierbei muß wiederum beachtet werden, ob es sich um Produkte handelt, die auch noch andere Unternehmen nachfragen. Ist dies nur sehr eingeschränkt der Fall, so liegt ein Mißbrauch vor.

Beim gemeinsamen Einkauf der öffentlichen Hand wird es in den überwiegenden Fällen nicht zu der Gründung eines Gemeinschaftsunternehmens kommen, da jeweils die Selbständigkeit der öffentlichen Unternehmen gewahrt bleiben soll.

Vierter Teil: Zusammenfassende Bewertung

Die vorgelegte Arbeit behandelt neue Formen von Einkaufsbündelungen. Die Neuheit der Formen der Einkaufsbündelungen bezieht sich dabei sowohl auf die zeitliche als auch die qualitative Komponente der Einkaufsbündelung. Die untersuchten Phänomene haben seit den neunziger Jahren des vergangenen Jahrhunderts zunehmend an wirtschaftlicher Bedeutung gewonnen. Die rechtliche Würdigung dieser Phänomene, insbesondere die kartellrechtliche Analyse hat der wirtschaftlichen Entwicklung nicht Schritt gehalten. Dabei handelt es sich um Einkaufsbündelungen über das Internet, Einkaufsbündelungen im Rahmen der Stromnachfrage und Einkaufsbündelungen der öffentlichen Hand. Ihre wirtschaftliche Funktion und Bedeutung sowie die kartellrechtlichen Grundlagen und Schranken sind Gegenstand der vorgelegten Arbeit.

Einkaufsbündelungen über das Internet haben sich als neue Bezugsform etabliert und stellen eine Variante des Online-Einkaufs dar. Hinter dieser Entwicklung steht das ökonomische Bedürfnis nach Bündelung der Nachfrage durch Bildung virtueller Einkaufsbündelungen zur Erzielung besserer Einkaufskonditionen. Durch die Einkaufsbündelung im Internet wird den Nachfragern auf sogenannten elektronischen Marktplätzen die Gelegenheit gegeben, sich mit anderen Kaufinteressenten zusammenzuschließen. Neben der Nutzung des Internets zur Information sowie für den Verkauf von Waren und Dienstleistungen an Verbraucher bzw. Nutzer dient das Internet als Kommunikationsweg, um damit den Kontakt für den Handel zwischen Unternehmen herzustellen. Durch das Internet entsteht die Möglichkeit, den gemeinsamen Einkauf schneller und unkomplizierter, sei es regional, landesweit, europaweit oder auch weltweit, zu organisieren.

Bei den Einkaufsbündelungen über das Internet ist für die kartellrechtliche Würdigung zwischen zwei Konstellationen zu unterscheiden : Die Initiative für den gemeinsamen Einkauf geht von den Nachfragern aus oder die Initiative für den gemeinsamen Einkauf geht von den Anbietern aus. Beschließt eine Vielzahl von Unternehmen den gemeinsamen Einkauf in das Internet zu verlagern und gemeinsam Joint Ventures zum Betrieb elektronischer Marktplätze zu gründen, so geht von diesen nachfragenden Unternehmen auch die Initiative aus. Es handelt sich hierbei um eine nachfragegesteuerte Einkaufsbündelung. Anders ist die Ausgangslage, wenn die Unternehmen gemeinsam über eine Internetplattform einkaufen, indem sie Angebote wahrnehmen, die auf einem Internetmarktplatz ausgeschrieben sind. In diesem Fall geht die Initiative von dem hinter der Internetplattform stehenden Unternehmen (Anbieter) und nicht von den Nachfragern aus. Es handelt sich um eine anbietergesteuerte Nachfragebündelung. Diese anbietergesteuerte Einkaufsbündelung führt zum einen dazu, daß der Kontakt zwischen den Unternehmen nicht mehr unmittelbar, sondern über die Internetseite eines Dritten hergestellt wird und zum anderen dazu, daß der Anbieter keiner geschlossenen Front von Nachfragern gegenübersteht, welche die Initiative bezüglich des gemeinsamen Einkaufs ergriffen haben. Dem Anbieter wird hierbei die Möglichkeit gegeben, der Gruppe von Nachfragern ein entsprechend günstiges Angebot zu unterbreiten.

Im Zuge der Liberalisierung der Energiemärkte ist es zu einer Aufhebung der Gebietsversorgungsmonopole für Strom und Gas gekommen. Die Energiemärkte vergrößern sich schrittweise und strukturschonend, so daß es zu einer ständigen Veränderung und Ausweitung der

Märkte kommt. Durch diese Liberalisierung der Energiemärkte wird den Unternehmen die Möglichkeit eröffnet, sich mit anderen Unternehmen für den gemeinsamen Stromeinkauf zusammenzuschließen, um gemeinsam günstigere Konditionen zu erlangen. Dieser Zusammenschluß findet auf verschiedenen Ebenen der Stromnachfrage statt. So werden die Energieversorgungsunternehmen mit Anfragen der verschiedensten Kundenvereinigungen konfrontiert, die eine Strompreisreduzierung erreichen wollen: Hierbei ist danach zu unterscheiden, ob Endverbraucher oder Energieversorgungsunternehmen, zum Beispiel Stadtwerke, gemeinsam die Stromnachfrage bündeln und ob es sich um Eigen- oder Fremdinitiative aus der Sicht der Nachfrager handelt.

Auch die öffentliche Hand mit ihren wirtschaftlichen Aktivitäten ist inzwischen dazu übergegangen, ihren Bedarf zu bündeln, um kostengünstiger einzukaufen. Zunächst wurden spontane, nur für einmalige Beschaffungen gedachte Zusammenschlüsse von Städten und Gemeinden vereinbart, um eine bestimmte Investitionen vorzunehmen. In den letzten Jahren wurden von Ländern, von kommunalen Spitzenverbänden oder auch von interessierten Städten und Gemeinden Beschaffungsunternehmen mit dem Ziel gegründet, ihre Mitglieder bei der Beschaffung von Ausrüstungen zu beraten und für sie einzukaufen. In der Regel erfolgt dies durch die gebündelte Ausschreibung im jeweiligen Marktsegment. Dadurch wird es diesen kommunalen Einkaufskooperationen möglich, bisher nicht vorhandene Einsparpotentiale zu realisieren. Obwohl die Nachfragebündelung so ausgestaltet ist, daß regionale Gemeinden und Städte den Einkauf gemeinsam tätigen, kommt es sogar zu europaweiten Ausschreibungen der öffentlichen Hand.
Besonderheiten im Rahmen der Einkaufsbündelungen der öffentlichen Hand ergeben sich dadurch, daß die Städte und Gemeinden ihre Nachfrage ausschließlich zur Verbesserung der strukturbedingten Nachteile beim Einkauf im Verhältnis zu großen bzw. größeren Gemeinden bündeln. Sie befinden sich in keinem Absatzwettbewerb zu anderen Unternehmen der öffentlichen Hand, da sie ausschließlich für den Eigenbedarf einkaufen. Somit findet keine Verbesserung der Stellung im Anbieterwettbewerb mit anderen Unternehmen statt und eine Reflexwirkung auf den Anbieterwettbewerb bleibt aus.
Ferner liegt im Bereich der öffentlichen Unternehmen eine besondere Marktstruktur vor. Es handelt sich überwiegend um langlebige Wirtschaftsgüter, die fast ausschließlich von der öffentlichen Hand nachgefragt werden.
In einigen Fällen gehen die beschriebenen neuen Formen der Einkaufsbündelungen auch ineinander über. Ein derartiger Fall liegt vor, wenn Unternehmen der öffentlichen Hand ihren Strombedarf bündeln, um günstigere Konditionen zu erhalten.

Die Entwicklung und die Bedeutung dieser neuen Formen der Einkaufsbündelungen und die daraus resultierenden Besonderheiten werfen die Frage auf, ob das bestehende deutsche und europäische Kartellrecht den Anforderungen, die sich aus diesen neuen Formen ergeben, gewachsen ist und auch den wirtschaftlichen und rechtspolitischen Anforderungen gerecht wird. Unter Ansehung dieser Besonderheiten ist eine kartellrechtliche Analyse vorzunehmen.

Bei der Beurteilung der neuen Formen der Einkaufsbündelungen nach deutschem und europäischem Kartellrecht steht eine Kontrolle anhand des Kartellverbots gemäß § 1 GWB und Art. 81 EGV mit den jeweiligen Legalisierungsmöglichkeiten im Vordergrund. Da im deutschen Kartellrecht die Vertikalvereinbarungen nicht von § 1 GWB erfaßt werden, bedarf es einer zusätzlichen Kontrolle anhand des § 16 GWB. Aber auch eine Kontrolle anhand der

Vorschriften über den Mißbrauch einer marktbeherrschenden Stellung im deutschen und europäischen muß im Rahmen der Einkaufsbündelungen stattfinden, da die Gefahr einer Begründung bzw. Ausübung von Nachfragemacht gerade bei Einkaufsbündelungen gegeben ist. Ein Verstoß gegen das Diskriminierungsverbot gemäß § 20 Abs. 1 – 4 GWB kann auftreten, indem die Nachfrager ihre Marktmacht ausnutzen und andere Unternehmen sowohl horizontal als auch vertikal behindern. Die Bündelung des gemeinsamen Einkaufs kann in vereinzelten Fällen auch zu einem Unternehmenszusammenschluß führen, so daß eine Überprüfung anhand der Zusammenschlußvorschriften notwendig wird.

Beim gebündelten Einkauf über eine Internetplattform ergibt sich das Phänomen, daß die Einkäufer nicht unmittelbar Kontakt aufnehmen, sondern dieser Kontakt über einen Dritten, in diesem Fall die Internetplattform, hergestellt wird. Es handelt sich somit nicht um „eine Vereinbarung zwischen Unternehmen“, sondern um eine Abstimmung der Verhalten über Dritte. Diese Besonderheit kann durch die Konstruktion der Sternverträge bewältigt werden und kann somit auch im deutschen Kartellrecht anhand des Kartellverbots kontrolliert werden. Der Wettbewerb kann somit auf diesem Weg hinreichend geschützt werden.

Bei der Einkaufsbündelung über das Internet ergeben sich weitere Besonderheiten bei der Bestimmung des relevanten Marktes, der für die Beurteilung von Wettbewerbsbeschränkungen maßgebend ist. Diese Marktbestimmung ist mit den hergebrachten Mitteln der Marktbestimmung möglich. In diesem Zusammenhang bedarf es im Rahmen des sachlich relevanten Marktes einer besonderen Berücksichtigung, ob es sich um branchen- oder internetspezifisch Produkte handelt. Von sogenannten branchenspezifischen Besonderheiten ist dann auszugehen, wenn die entsprechenden Güter und Dienstleistungen nur von einer ganz bestimmten Branche genutzt werden. Spezifische Eigenschaften von Produkten, die über das Internet gehandelt werden können, liegen beispielsweise dann vor, wenn die Produkte über das Internet virtuell ausprobiert werden können oder aber spezielle Internet-Beratungsleistungen damit verbunden sind. Diese Besonderheit der branchen- oder internetspezifische Produkte hat zur Folge, daß es zu einer weitergehenden Einschränkung des jeweils sachlich relevanten Marktes kommt. Der räumlich relevante Markt weist die Besonderheit auf, daß die Internet-Kommunikation eine Beschränkung auf regionale, und nationale Märkte in bestimmten Fällen sogar auf europäische Märkte nicht mehr zuläßt..

Kartellrechtlich ist zwischen anbieter- und nachfragegesteuerten Einkaufsbündelungen zu unterscheiden. In der Konstellation der anbietergesteuerten Einkaufsbündelung steht der Anbieter nicht einer „geschlossenen Front“ von Nachfragern gegenüber, die die Initiative bezüglich des gemeinsamen Einkaufs ergriffen haben. Dies hat nicht nur zur Folge, daß kein wirtschaftlicher Druck auf den Anbieter ausgeübt wird, sondern daß rechtlich davon auszugehen ist, daß die Anbieter selbst das Einkaufsangebot unterbreiten. Diese Besonderheit der anbietergesteuerten Einkaufsbündelung und deren Auswirkungen auf den Wettbewerb findet im Kartellrecht vor allem in den Merkmalen der „Wettbewerbsbeschränkung“ und der „Spürbarkeit“ hinreichende Berücksichtigung. Es kommt zu einer den unternehmerischen Vorteilen dieser Bündelungen gerecht werdenden Bewertung, wobei der Wettbewerb erhalten bleibt.

Im Internet kommt es aufgrund der besonderen Technik zu einer Beschleunigung der Verfahrensabläufe; es findet teilweise die Gründung von Einkaufsbündelungen für nur einen gemeinsamen Einkauf statt. Es stellt sich das Problem, diese Bündelung überhaupt erst einmal festzustellen und nachzuweisen und dann im Bedarfsfall noch rechtzeitig gegen sie einzuschreiten, bevor es wieder zu einer Auflösung der Bündelung gekommen ist. Dies stellt aber kein kartellrechtliches, sondern vielmehr ein technisches Problem durch das neue Medium „Internet" dar. Aus diesen Tatsachen ergibt sich die Notwendigkeit einer immer enger werdenden Zusammenarbeit der Wettbewerbsbehörden untereinander, da grenzüberschreitende Kooperationen immer mehr in den Vordergrund treten werden. Das bestehende Kartellrecht wird den Anforderungen der Einkaufsbündelung über das Internet gerecht.

Im Bereich der Bündelung der Stromnachfrage muß bei der rechtlichen Beurteilung berücksichtigt werden, daß die Liberalisierung der Energiemärkte nur zögerlich stattfindet. Es handelt sich um ein schrittweises und strukturschonendes Vorgehen, wodurch es zu einer ständigen Verschiebung und Ausweitung der (relevanten) Märkte kommt. Diese Änderungen können durch die Bestimmung des relevanten Marktes hinreichend berücksichtigt werden.

Die Besonderheit, daß im Bereich der Stromnachfrage in vielen Verträgen, vor allem zu Endabnehmern, eine Bindung über einen längeren Zeitraum aufgrund von Dauerschuldverhältnissen stattfindet, führt zu der grundsätzlichen Annahme eines Bezugszwangs. Ein derartiger Bezugszwang wird im Rahmen der kartellrechtlichen Normen als Wettbewerbsbeschränkung angesehen und aus diesem Grund untersagt. Jedoch muß man im Bereich der Bündelung der Stromnachfrage zu einem anderen Ergebnis kommen. Dies ist mit dem bestehenden Kartellrecht in der Weise möglich, indem bei dem Tatbestandsmerkmal des „Bezugszwangs" eine teleologische Reduktion vorgenommen wird. Dieses Problem muß somit über eine zeitliche Begrenzung des Dauerschuldverhältnisses gelöst werden, so daß Dauerschuldverhältnisse im Rahmen des gemeinsamen Stromeinkaufs dann freigestellt werden können, wenn es sich trotz dieses Dauerschuldverhältnisses um einen kurzfristigen Stromlieferungsvertrag handelt. Dies ist dann der Fall, wenn den Mitgliedern nach einem gewissen Zeitraum, der die Dispositionsfreiheit nicht zu weit einschränkt, die Möglichkeit gegeben wird, sich von diesem Dauerschuldverhältnis zu lösen. Folglich müssen diese Stromlieferungsverträge so ausgestaltet sein, daß sie entweder eine zeitliche Begrenzung enthalten oder aber den Abnehmern die Möglichkeit einer Vertragsauflösung zugestanden wird. Somit kann selbst diese Besonderheit und Abweichung von den ursprünglichen Formen der Einkaufsbündelungen im Rahmen des bestehenden Kartellrechts hinreichend berücksichtigt werden.

Die Absicht des Gesetzgebers, eine Legalisierung von Einkaufskooperationen gerade für kleine und mittlere Unternehmen zu ermöglichen, um deren Wettbewerbsfähigkeit durch Ausgleich von Größennachteilen zu verbessern, muß insbesondere bei der Beurteilung von Einkaufsbündelungen der Stadtwerke berücksichtigt werden. So können Stadtwerke unabhängig von ihrer Größe dann nicht freigestellt werden, wenn sie sich zusammenschließen, damit sie im Wettbewerb mit privaten Händlern, Verteilern und Erzeugern vorteilhafter oder zumindest zu gleichen Konditionen anbieten können, so daß nicht nur Größenvorteile ausgeglichen werden, sondern das Ziel gerade die Verbesserung des Absatzwettbewerbs ist. In diesem Fall muß eine Einschränkung der Legalisierung über den Sinn und Zweck der Legalisierungsnorm stattfinden.

Für kleinere Energieversorgungsunternehmen bieten sich vielfältige Chancen durch die gemeinsame Bündelung des Stromeinkaufs zu günstigeren Konditionen einzukaufen und sie dadurch in ihrer Wettbewerbsfähig zu stärken. Diese Tatsache entspricht den wirtschafts- und rechtspolitischen Zielen, die kleinen und mittleren Unternehmen zu schützen, und sie wettbewerbsfähiger zu machen. Somit wird auch bei der Bündelung der Stromnachfrage das Kartellrecht durch teleologische Reduktion und Beachtung des jeweiligen Sinn und Zwecks der Norm den neuen Anforderungen gerecht.

Auf Einkaufsbündelungen der öffentlichen Hand findet das Kartellrecht ohne weiteres Anwendung, so daß auch in diesem Bereich eine Kontrolle der Einkaufsbündelungen möglich ist. Bei Einkaufsbündelungen der öffentlichen Hand bedarf es keiner Restriktion auf der Tatbestandsebene durch eine Rechtsgüterabwägung aufgrund übergeordneter Interessen, wie zum Beispiel Wirtschaftlichkeit und Sparsamkeit der öffentlichen Verwaltung bzw. der Sanierung öffentlicher Haushalte, damit ein wirtschaftlich und rechtspolitisch vertretbares Ergebnis erlangt wird. Diesbezüglich ist die grundsätzliche Möglichkeit einer Ministererlaubnis oder einer Legalisierung als ausreichend zu erachten.
Eine Freistellung im Rahmen einer Ministererlaubnis ist insoweit denkbar, als die Einsparung von finanziellen Mitteln im Bereich der öffentlichen Beschaffungsmaßnahmen dem Schutz von Leben und Gesundheit dient, soweit mit den eingesparten Mitteln zusätzliche Sicherheit erlangt bzw. erworben werden kann.

Auf die rechtliche Beurteilung im deutschen Kartellrecht wirkt sich die Besonderheit der Einkaufsbündelungen der öffentlichen Hand, daß es ausschließlich zu einer Verbesserung der strukturbedingten Nachteile im Vergleich zu großen bzw. größeren Gemeinden im Nachfragewettbewerb und nicht zu einer Verbesserung der Stellung der Unternehmen im Anbieterwettbewerb kommt, nicht aus. Im Rahmen des deutschen Kartellrechts bedarf es keiner Verbesserung der Stellung im Anbieterwettbewerb, sondern allein die Verbesserung der Position im Nachfragewettbewerb ist als ausreichend zu erachten. Folglich steht diese Tatsache einer Freistellung im deutschen Kartellrecht nicht entgegen.
Im europäischen Kartellrecht werden dagegen weitergehende Anforderungen an eine Legalisierung gestellt. Hier bedarf es im Rahmen einer Einzelfreistellung zusätzlich noch einer angemessenen Beteiligung der Verbraucher. Handelt es sich somit um eine Einkaufsbündelung, die ausschließlich der Deckung des Eigenbedarfs dient, ist eine Freistellung nicht möglich. Bei der Deckung des Eigenbedarfs findet keine unmittelbare Verbraucherbeteiligung statt. Eine Einsparung der öffentlichen Mittel ist für die Annahme einer angemessene Verbraucherbeteiligung nicht ausreichend.

Als weitere Besonderheiten im Rahmen der rechtlichen Würdigung ist die Marktstruktur im Bereich der öffentlichen Unternehmen anzuführen. Es handelt sich überwiegend um Produkte oder Produktgruppen, die fast ausschließlich von der öffentlichen Hand nachgefragt werden. Dies hat zur Folge, daß sich keine große Anzahl von Herstellern und Nachfragern gegenüber stehen. Diese Marktstruktur wird noch dadurch verstärkt, daß es sich häufig um langlebige Wirtschaftsgüter handelt. Diese besondere Marktstruktur wirkt sich vor allem auf die Spürbarkeit der Wettbewerbsbeeinträchtigungen und auf das Vorliegen einer marktbeherrschenden Stellung aus.
Auf diese Tatbestandsmerkmale wirkt sich ferner die Tatsache aus, daß durch die gemeinsamen Ausschreibungen von Städten und Gemeinden und die gegründeten Beschaffungsunternehmen Einkaufsvolumen erreicht werden, durch deren Umfang kleinen Anbietern die Chance genommen wird, sich an derartigen Ausschreibungen zu beteiligen. Es entstehen dadurch erhöhte Anforderungen an den Marktzutritt. Aber auch diese Tatsachen werden im Rahmen

des Kartellrechts durch das Tatbestandsmerkmal der Spürbarkeit und beim Vorliegen einer marktbeherrschenden Stellung hinreichend berücksichtigt.

Gerade im Rahmen der Einkaufsbündelungen der öffentlichen Hand wird deutlich, daß durch diese neue Form der Einkaufsbündelung eine Vielzahl von Gefahren für den Wettbewerb, vor allem für kleine und mittlere Anbieter, entstehen. Jedoch sind diese Gefahren mit dem bestehenden Kartellrecht zu kontrollieren, wobei aufgrund dieser Vielzahl von Gefahren in diesem Bereich eine sehr genaue Untersuchung hinsichtlich möglicher Wettbewerbsbeschränkungen stattfinden muß.

Eine Wettbewerbsgefährdung kann in diesem Bereich mit den zur Verfügung stehenden Mitteln, dem deutschen und europäischen Kartellrecht, vermieden werden. Es besteht derzeit grundsätzlich kein Anlaß, die kartellrechtlichen Vorschriften im deutschen oder europäischen Recht zu ändern, um diese Einkaufsbündelungen zu kontrollieren und um dem Sinn und Zweck des Kartellrechts, den Wettbewerb zu schützen, gerecht zu werden.

Einer Änderung des bestehenden deutschen Kartellrechts bedarf es allenfalls im Rahmen der Kontrolle der Einkaufsbündelungen der öffentlichen Hand, wenn eine Legalisierung nur bei Bestehen eines Absatzwettbewerbs zwischen den gemeinsam einkaufenden Unternehmen möglich sein soll. Die zur Zeit bestehende Gesetzeslage im deutschen Kartellrecht führt dazu, daß eine Freistellung möglich ist, obwohl eine Verbesserung beim Anbieterwettbewerb bei den öffentlichen Unternehmen ausbleibt. Mit dem Sinn und Zweck der Legalisierung im deutschen Kartellrecht, strukturelle Größenvorteile auszugleichen und damit kleine und mittlere Unternehmen für den Wettbewerb zu stärken, ist die Einkaufsbündelung von kleinen und mittleren Städten und Gemeinden vereinbar. Jedoch besteht aufgrund dessen eine unterschiedlichen Beurteilung im deutschen und europäischen Kartellrecht bei Einkaufsbündelungen der öffentlichen Hand für den Eigenbedarf kommt

Zusammenfassend läßt sich zu den neuen Formen der Einkaufsbündelungen feststellen, daß das deutsche und europäische Kartellrecht seine den Wettbewerb schützende Bedeutung in Bezug auf die neuen Formen der Einkaufsbündelungen entfalten kann. Dies resultiert vor allem daraus, daß die einschlägigen Tatbestandsmerkmale eine hinreichende Berücksichtigung der jeweiligen Besonderheiten zulassen. Der Kartellrechtsanwender kann berücksichtigen, daß die neuen Formen der Einkaufsbündelung auf der einen Seite eine Wettbewerbsintensivierung gerade im Bereich der kleinen und mittleren Unternehmen bewirken; auf der anderen Seite kann Wettbewerbsgefährdungen, die durch den Einsatz des Internets, durch die Liberalisierung der Strommärkte und durch die wirtschaftliche Tätigkeit der öffentlichen Hand durch Maßnahmen der Einkaufsbündelungen entstehen, entgegengetreten werden.

Olaf Christiansen

Gemeinsame Beschaffung und Wettbewerb

Einkaufskooperationen im EG-Kartellrecht

Frankfurt am Main, Berlin, Bern, Bruxelles, New York, Oxford, Wien, 2003.
L, 226 S.
Europäische Hochschulschriften: Reihe 2, Rechtswissenschaft. Bd. 3769
ISBN 3-631-51242-2 · br. € 51.50*

Kooperationen im Bereich des Einkaufs werden gerade für kleinere und mittlere Unternehmen, aber auch für Großunternehmen zum Bestehen im Wettbewerb immer bedeutender. Die Arbeit beleuchtet umfassend die kartellrechtlichen Probleme, die sich aus den verschiedenen dargestellten Formen der Zusammenarbeit im Bereich des Einkaufs ergeben können. Aus dem Blickwinkel des europäischen Kartellrechts wird diskutiert, inwieweit die Zusammenarbeit im Einkauf überhaupt wettbewerbsbeschränkend wirken kann, wenn der Begriff der Wettbewerbsbeschränkung kooperationsfreundlich, in Einklang mit dem Schutzbedürfnis des freiheitlichen Wettbewerbs und den Prämissen des Gemeinschaftsrechts ausgelegt wird. Leitbild ist hierbei immer der Erhalt der Autonomie des kooperierenden Unternehmens. Ferner werden Möglichkeiten der Freistellung vom Kartellverbot und fusionskontrollrechtliche Implikationen untersucht.

Aus dem Inhalt: Einführung · Einkaufskooperationen · Konzeption des Europäischen Kartellrechts · Einkaufskooperationen und Art. 81 EG · Einkaufskooperationen und die Fusionskontrollverordnung · Ergebnisse der Untersuchung

Kolibri 360 GmbH
Ferdinand-Jühlke-Straße 7
99095 Erfurt, Deutschland
produktsicherheit@kolibri360.de

Druck:
CPI Druckdienstleistungen GmbH
im Auftrag der
Kolibri 360 GmbH
Ferdinand-Jühlke-Str. 7
99095 Erfurt